D1727081

BEITRÄGE
ZUR NEUEREN
LITERATURGESCHICHTE
Band 419

HORST GUNDLACH

Wissen-
schaftler

Vierhundert Jahre
Begriffsgeschichte
einer Wörtersippe

Universitätsverlag
WINTER
Heidelberg

Bibliografische Information der Deutschen Nationalbibliothek

Die Deutsche Nationalbibliothek verzeichnet diese Publikation
in der Deutschen Nationalbibliografie;
detaillierte bibliografische Daten sind im Internet
über *http://dnb.d-nb.de* abrufbar.

UMSCHLAGBILD

Schaffer, J. F. (1838). *Nouveau dictionnaire français-allemand
et allemand-français*. 2. Tome. *Allemand-français*. 3. Section. S–Z.
Hanovre: Hahn

ISBN 978-3-8253-4914-1

© 2022 Universitätsverlag Winter GmbH Heidelberg
Imprimé en Allemagne · Printed in Germany
Druck: Memminger MedienCentrum, 87700 Memmingen

Gedruckt auf umweltfreundlichem, chlorfrei gebleichtem
und alterungsbeständigem Papier.

Den Verlag erreichen Sie im Internet unter:
www.winter-verlag.de

Inhaltsverzeichnis

Ein jeder entdeckt seine Blösse alsdenn,
wenn er sich von etwas zu schreiben vornimmet,
das er nicht verstehet.

Zedler (1748), Bd. 57, *Wissenschafft*, Sp. 1405

Einführung

Das Deutsche besitzt unterschiedliche Wörter, mit denen wissenschaftlich Beschäftigte bezeichnet werden können. Das unterscheidet die Wissenschaften im Allgemeinen von den vielen speziellen Wissenschaften, für die meist ein einziges Wort ausreicht.

Hier soll durch Zitate aus mehreren Jahrhunderten vorgeführt werden, in welchem Kontext in welchem Zeitraum die unterschiedlichen Wörter eingesetzt wurden. Soweit erforderlich werden die Zitate, aus denen der Kontext und die Bewertungen des oder der Betroffenen erschließbar erscheinen, sowie die zitierten Autoren mit erläuternden Bemerkungen versehen.

Es wurde versucht, bis in die Mitte des neunzehnten Jahrhunderts, eine möglichst umfangreiche Zitatensammlung vorzulegen. Danach wird jedoch die Anzahl des Zitierbaren so umfangreich, dass Schritt für Schritt eine immer engere Auswahl unumgänglich wurde.

Der Leser wird durch eine mäandernde Landschaft der Dicta sich bewegen können, bei der zwar nicht wenige sprachliche Experten deutliche Unterscheidungen zwischen zwar ähnlichen, aber unterschiedlichen Wörtern treffen, denen jedoch nicht alle Schreibenden folgen wollen oder können oder dieses meistern. Es fehlt, glücklicher- oder unglücklicherweise, eine sprachraumweite und anerkannte Autorität, die Schriftstellern, Lehrern und Setzern bindende Reglements erteilt. Im zwanzigsten Jahrhundert wird eine solche Sprachmacht einzuführen versucht.

Die Zahl des Zitierten wird im zwanzigsten Jahrhundert eher niedrig gehalten, nur für einen bestimmten, politisch definierbaren Zeitraum wird sie leicht erhöht. Damit wird unternommen zu zeigen, dass die Differenz in der Wortnutzung, die heute zwischen der Bundesrepublik Deutschland einerseits und der Schweiz und Österreich andererseits festzustellen ist, auf die Zeit der NS-Herrschaft zurückzuführen ist und durch gewisse quasi-amtliche Rechtschreibelexika, an erster Stelle den unvermeidlichen Duden, dem Volk der Schreibenden und der Drucksetzenden oktroyiert wurde.

Zu bedauern, doch nicht zu ändern ist der simple Umstand, dass die Suche nach der Nutzung der Wörter sich auf die schriftlichen, zumal die gedruckten Quellen beschränken muss. Dass die gedruckten Quellen die gesprochene Nutzung der Wörter redlich und zuverlässig wiedergeben, kann von niemandem angenommen werden. Doch dieses Problem ist nicht neu, denn es betrifft alle wort- und begriffsgeschichtlichen Untersuchungen, die länger zurückliegende Zeitabschnitte untersuchen.

Ein wunderliches Rätsel wird bleiben, wie es kam, dass in Deutschland, im Westen wie im Osten, die an Universitäten und anderen Bildungseinrichtungen in Geistestätigkeiten spürbar Ausgebildeten dazu übergehen konnten, sich selbst mit dem noch vor kurzem herabwürdigenden Wort ‚Wissenschaftler‘ zu bezeichnen.

Dem denkbaren Verdacht, mit diesem Buch werde die Absicht verfolgt, diese ungewollte oder unbemerkte Eigenironie zu verändern und rückgängig zu machen, muss energisch widersprochen werden. Mutationen des Wortschatzes und selbst der Grammatik einer Sprache treten unaufhörlich auf, und die Anzahl der Kräfte, die darin mitspielen, ist zahllos, wenn auch gelegentlich die eine oder andere Kraft rekonstruierbar sein mag. Eine solche Rekonstruktion soll hier versucht werden. Sie gilt nur der Vergangenheit, doch weder der Gegenwart noch der Zukunft. Ob sie halbwegs gelungen sein mag, wird dem Urteil der Leser überlassen sein müssen.

Von der Wissenschaft zu dem Wissenschafter und verwandten Wörtern

Bevor die Wörter ‚Wissenschafter‘, ‚Wissenschaftler‘ und ähnliche erfunden wurden, hatte zunächst das Stammwort ‚Wissenschaft‘ ein Erweitern seiner begrifflichen Bedeutung zu ertragen und nachfolgend ein Verlagern seines Gewichtes auf die neuere Bedeutung durchzustehen.

Das Wort ‚Wissenschaft‘, um diese Geschichte kurz zu halten, bezeichnete zunächst so etwas wie ein Wissen, eine Nachricht oder Kunde, die jemand besaß oder zu besitzen annahm und die er anderen Personen mitteilte oder auch vor ihnen geheimhielt. Dieses Wissen konnte aus einer simplen Mitteilung bestehen, etwa der Art „Kurfürst eingetroffen". Es konnte ebenso ein Gebiet geographischer, politischer, kulinarischer, idealer oder sonstiger Art betreffen, in dem jemand sich auskannte oder zumindest den Eindruck des Auskennens erzeugte. ‚Wissenschaft‘ bezeichnete somit zunächst den persönlicher Wissensbesitz eines Menschen oder einer Menschenansammlung, der schlicht oder auch vielschichtig sein mochte.

Daraus wurde ‚Wissenschaft‘ zögernd die Bezeichnung eines nicht persönlichen, sondern gemeinschaftlichen Besitzes systematisch geordneter und strukturierter Art, also etwa die eines Faches, einer Disziplin, die befähigte Personen lehrten und von ihnen gelernt werden konnte. Im Zeitalter der Aufklärung wurde das Wort ‚Wissenschaft‘ in dieser neueren Bedeutung häufiger benutzt. Sie übernahm gemächlich die dominante Bedeutungsessenz, wie sie heute gängig ist. Die ältere Geltung wurde allmählich unterdrückt.

Einen ähnlich doppelten Sinn besaß schon die lateinische *scientia*. Das *Handwörterbuch* des Georges[1] aus der Mitte des 19. Jahrhunderts unterscheidet zum einen die subjektive Kunde, die persönliche Wissenschaft, deren Gegenstück *ignorantia* heißt, von der anderen, der klaren und

---

[1] Georges, Karl Ernst (1862). *Lateinisch-Deutsches Handwörterbuch aus Quellen zusammengetragen, 2. Bd., 5. Aufl.* Leipzig: Hahn. Sp.1403-1404. Sowie Georges (1861). *Deutsch-Lateinisches Handwörterbuch etc., 2. Bd., 5. Aufl.* Leipzig: Hahn. Sp. 1910.

systematischen Kenntniss, der objektiven Wissenschaft oder dem philosophisch gründlichen Wissen, dessen Gegenstück Cicero *inscientia* nannte. Es ist nicht verwunderlich, dass die Tochtersprache des Lateinischen, das Französische, bei *science* auch diese Sinnesbreite vorweist. Wie im Deutschen rutschte hier die Hauptbedeutung langsam in das Objektive und verdrängte schließlich das Subjektive. Um zu verdeutlichen, dass diese Verdrängung im Französischen ähnlich wie im Deutschen im neunzehnten Jahrhundert erfolgreich wird, sei ein älteres *Dictionnaire* aus der letzten Dekade des achtzehnten Jahrhunderts herangezogen, in der noch beide Bedeutungen dargestellt werden.

In diesem umfangreichen *Nouveau Dictionnaire*[2] erscheint *science* buchstäblich zweimal, vorgaukelnd, es handle es sich nicht nur semantisch, sondern schon orthographisch erkennbar um zwei verschiedene Wörter. Im ersten Fall wird *science* zu Deutsch wiedergegeben mit „die Wissenschaft, der Zustand, da man etwas weiß, Kentniß oder Nachricht von einer Sache hat". Im zweiten Eintrag wird *science* übersetzt als „die Wissenschaft, der Inbegriff aller klaren und deutlichen Begriffe, welche man von einer Sache, sowohl von ihren Wirkungen als Ursachen hat, in welcher Bedeutung man im Deutschen wohl auch die Kentniß oder Gelehrsamkeit sagt, [...] der Inbegriff in einander gegründeter, allgemeiner Wahrheiten".

Für die Wandlung des Wortes ‚Wissenschaft' von der Benennung persönlicher und subjektiver Gegebenheiten in die Bezeichnung eines unpersönlichen und nahezu objektiven, jedenfalls überpersönlichen und gegründeten Gegebenheitenzusammenhang gehörte als einer der hauptsächlichen Anstöße die Gründung jener Forschungseinrichtungen, die im Deutschen Akademien oder Gesellschaften der Wissenschaften benannt wurden. Diese Einrichtungen orientierten sich an Vorbildern, die zunächst in den ökonomisch und wissenschaftlich führenden Staaten entstanden. Anders als auf den Universitäten war darin das Lehren nicht maßgeblicher Zweck, die Bezeichnung ‚Gelehrter' für Akademiemitglieder somit zwar nicht falsch, doch etwas irreleitend, wenn man annimmt, sie bezeichne allein gelehrte und belehrende Professoren.

---

[2] Schwan, Christian Friedrich (1793). *Nouveau dictionnaire de la langue allemande et françoise composé sur le dictionnaire de l'Académie Francoise, et sur celui de M. Adelung, Enrichi des termes propres des sciences et des arts. Ouvrage utile et même indispensable à tous ceux qui veulent traduire ou lire les ouvrages de l'une ou de l'autre langue, 4. Bd.* Mannheim: C. D. Schwan et M. Fontaine. S. 326.

Diese Akademien seien an berühmten und bekannten Beispielen knapp vorgeführt. In Oxford wurde 1645 eine Gesellschaft gegründet, die sich mit der neuen Wissenschaft, der *nova scientia*[3] befasste. Die Gesellschaft verlegte sich 1658 nach London als *College for the Promoting of Physico-Mathematical Experimental Learning*, ein Name, der die programmatische Vereinigung der empirischen Naturuntersuchung mit der Mathematik unüberhörbar vorlegt. Daraus wurde dort 1660 the *Royal Society of London*, ab 1663 the *Royal Society of London for the Improvement of Natural Knowledge*. Das Wort ‚science' kommt in den englischen Namen nicht vor, doch in Frankreich wird es die maßgebliche Bezeichnung.

Die zwar nicht erste, wohl aber die berühmteste französische Einrichtung ähnlicher Art war die *Académie des Sciences*, 1666 von Finanzminister Jean-Baptiste Colbert errichtet. 1699 erhielt sie durch Ludwig XIV. ein erstes Reglement und konnte sich jetzt *Académie royale des Sciences* nennen. 1793 wurde sie im wankenden Ablauf der französischen Revolutionen verboten, geraume Zeit später erneut gegründet.

Beide königlichen Akademien, die englische und die französische, verfügten über gesicherte Finanzierungen, teils durch private, teils durch königliche Stiftungen, beide verfügten über eigene Sitzungsräumlichkeiten, eigene Bibliotheken und Laboratorien sowie Schriftenreihen. Vergleichbares existierte noch nicht im durch den Dreißigjährigen Krieg niedergedrückten Deutschland.

Kleinere private Einrichtungen hatte es im Reich gegeben, doch waren sie von beschränkter Dauer, abgesehen von einer denkwürdigen Ausnahme. 1652 gründeten vier Ärzte in Schweinfurt die *Academia naturae curiosorum*. Sie schaffte sich 1662 erste Statuten an und brachte seit 1670 eine eigene Schriftenreihe heraus. Immerhin wurde sie 1677 von Kaiser Leopold I. priviligiert und nannte sich nun stolz *Academia Caesarea Leopoldina naturae curiosorum*. Weitere Kaiser bestätigten oder erweiterten die Privilegien, so dass sie schließlich den majestätischen Namen trug *Sacri Romani Imperii Academia Caesarea Leopoldina-Carolina Naturae Curiosorum*. Sie konzentrierte sich auf Medizin sowie deren Hilfswissenschaften wie Chemie, Zoologie und Botanik. Trotz der hoheitvollen Bezeichnung hatte sie selten eine gesicherte Zukunft. Nach

---

[3] Diese Bezeichnung wurde wohl dem Titel des Buch des Nicolò Tartaglia (1537), *Nova scientia inventa da lui*, Vinegia: Stephano da Sabio, entnommen. Darin wurde die systematische Vereinigung zwischen Mathematik und empirischer Wissenschaft verfolgt.

wechselhaften Überlebensversuchen wurde sie 2008 zur deutschen Nationalen Akademie der Wissenschaften, ansässig in Halle, ernannt.

Gottfried Wilhelm Leibniz kannte die englische Society und die französische Académie und ihre Publikationen bestens. Er wünschte sich eine ähnliche, wohlausgerüstete Einrichtung für Deutschland. Mit seiner Idee der Gründung einer Akademie überredete er Sophie Charlotte, Gattin des preußischen Kurfürsten Friedrich I., der 1701 König in Preußen wurde. 1700 wurde tatsächlich die *Kurfürstlich Brandenburgische Societät der Wissenschaften* in Berlin gegründet, doch eröffnete man sie erst 1711. Der königliche Nachfolger Friedrich Wilhelm I. hätte sie mit seinem krankhaften Sparzwang und seiner Abneigung gegen die Wissenschaften fast ruiniert. Doch sein Sohn und Nachfolger, Friedrich II., belebte sie 1744 als *Königliche Akademie der Wissenschaften* unter neuem, doch weiterhin etwas haushälterisch blassen Glanz. Durch den wandelreichen Verlauf der deutschen, zumal der Berliner Geschichte im zwanzigsten Jahrhundert hatte diese Akademie namentliche und strukturelle Wendungen durchzustehen.

Die Bezeichnung ‚Gesellschaft‘ oder ‚Akademie der Wissenschaften‘ setzte sich jedoch nicht nur in Berlin, sondern auch in anderen Städten Deutschlands durch. In der Universitätsstadt Göttingen wurde 1750 die *Göttingische Societät der Wissenschaften* gegründet. Da die Herrscher des Königreichs Englands in Personalunion auch Herrscher des Kurfürstentums Hannover waren, nannte man sich auch *Königliche Gesellschaft der Wissenschaften zu Göttingen*. Sie wurde in *Akademie der Wissenschaften zu Göttingen* im Jahre 1942 umbenannt, da man erneut beschäftigt war, Englisches und englisch Klingendes zu bekämpfen.

1754 wurde die *Churfürstlich-Mayntzische Academie nützlicher Wissenschaften* zu Erfurt gegründet. In preußischen Zeiten Erfurts hieß sie *Königliche Akademie der nützlichen Wissenschaften* und wurde später die heutige *Akademie gemeinnütziger Wissenschaften* zu Erfurt.

Eine Sparte der Wittelsbacher Herrscherfamilie errichtete 1755 die *Churpfälzische Akademie der Wissenschaften* in Mannheim. Sie wurde 1803 bei der Übernahme Mannheims durch Baden aufgelöst. In München wurde 1759 die *Kurfürstlich-Baierische Akademie der Wissenschaften* durch den anderen Zweig der Wittelsbacher eingerichtet, die später unter Napoleons Oberherrschaft und dessen Beförderung dieser Wittelsbacher zu Königen Baierns *Königlich Baierische Akademie der Wissenschaften* heißen durfte.

In den Niederlanden gründete man 1752 in Haarlem die *Koninklijke Hollandsche Maatschappij der Wetenschappen*. Es sei nebenher bemerkt,

dass die entsprechende Personenbezeichnung ‚Wetenschapper' in achtzehnten und neunzehnten Jahrhundert in der niederländischen Schriftsprache wenig verwendet wurde.

Was in den Akademien beforscht wurde, hieß Wissenschaft in der
neueren Bedeutung, und diese übernahm in den Jahrzehnten nach der
Einrichtung dieser Akademien allmählich die bis heute dominierende
Herrschaft im Sinne der damaligen englischen *nova scientia* oder *new
science* und der französischen *Académie des Sciences.*

Verdeutlichen wir diesen semantischen Wandel an Beispielen. Eine
eindeutige Verwendung des Wortes ‚Wissenschaft' in seiner alten
Bedeutung, in der durchaus Possessivpronomen verwendet werden können,
findet sich noch um 1800, also in einer Zeit, in der die Bedeutungsver-
schiebung dieses Wortes bereits in vollem Gange, wenn auch noch nicht
abgeschlossen war. Dazu ein Beispiel aus dem berühmten Rezensionenblatt
der *Göttinger Gesellschaft.*

anon. (1790). [Rezension:] Loretz, Johannes (1789). Ratio disciplinae
unitatis fratrum A. C. oder Grund der Verfassung der Evangelischen
Brüder-Unität, Augsburger Confession. Barby, Leipzig: Paul Gotthelf
Kummer. *Göttingische Anzeigen von gelehrten Sachen, Jg. 1790, 5.
Stück*, 61-63.

S. 61
Die aktuelle Beschaffenheit der Brüderunität beschreibt Herr L. aus
eigener Wissenschaft, als vieljähriger Augenzeuge.

Die betonte eigene Wissenschaft ist nichts anderes als das persönliche
Wissen des Verfassers, seine eigene Kenntnis, die er in dieser Darstellung
der Herrnhuter Brüdergemeinde ausbreitet.

1771 wurde ein schönes Beispiel dafür gedruckt, wie das Wort ‚Wissenschaft' in wechselnder Bedeutung verwendet werden konnte. Ein Rezensent
beschrieb ein Lehrbuch der Zahnmedizin und dessen Autor, Adam Anton
Brunner, Wundarzt und Zahnarzt der Theresianischen Militarpflanzschule.

anon. (1771). [Rezension:] Brunner, Adam Anton (1771). Abhandlung
von der Hervorbrechung der Milchzähne. Wien: Joseph Kurzböck.
*Kaiserlich Königliche allergnädigst priviligirte Realzeitung der
Wissenschaften und Künste, 2 (35)*, 558-559.

S. 558
Schon vor einigen Jahren hat er sich durch ein kleines Werk: Einleitung
zur nöthigen Wissenschaft eines Zahnarztes bekannt gemacht, und
unsere Journale haben ihm die Gerechtigkeit wiederfahren lassen, daß

es sehr gute und nützliche Dinge enthielt, daß es eines von den besten brauchbarsten in dieser Wissenschaft ware; hier ist er aber viel weiter geschritten, und viel gemeinnütziger geworden. Wissenschaft ist hier deutlich das nötige Wissen, das jeder einzelne Zahnarzt als Individuum besitzen soll, und gleichzeitig ist es das abstrakte und systematische Wissen dieser entstehenden Wissenschaft. Nebenher wird aus diesem Beispiel deutlich, dass eine Wissenschaft keineswegs ein Fach sein muss, das an Universitäten gelehrt wurde. Die zahnärztliche Wissenschaft ist nicht die einzige, an der dies gezeigt werden kann.

Wenn Goethe in den 1770er Jahren den Archivarius Clavigo im ersten Akt von sich sagen lässt, er sei „Geliebt von den Ersten des Königreichs, geehrt durch meine Wissenschaften, meinen Rang!", dann geht es um seinen überragenden persönlichen Wissensbesitz. Wenn er im zweiten Akt vorbringt, „ich wünschte, daß ich einigermassen etwas zu der Verbesserung des Geschmaks in meinem Lande, zur Ausbreitung der Wissenschaften beytragen könnte", dann geht es schon um einen gemeinschaftlichen, unpersönlichen Besitz, vielleicht sogar um etwas, das heute den Namen ‚Wissenschaft' trägt.[4] Die Bedeutung des Wortes für einen gemeinsamen Besitz systematisch geordneter und strukturierter Art übernimmt zu Goethes Lebzeiten langsam die Vorherrschaft.

Der Bedeutungswandel braucht einige Generationen, bis der Austausch sich vollends durchsetzt. In der Übergangszeit tritt ein eigenartiges Beispiel auf, bei dem die neue Bedeutung in Ansätzen zur Definition der älteren verwendet wird. 1792 lieferte der Literaturhistoriker und Hochschullehrer Eschenburg ein Muster.

Eschenburg, Johann Joachim (1792). *Lehrbuch der Wissenschaftskunde. Ein Grundriß der Wissenschaftskunde*. Berlin: Friedrich Nicolai.
S. 4

Wissenschaft ist also, subjektivisch genommen, eine klare und deutliche, zugleich aber auch vollständige Kenntniß zusammenhangender Wahrheiten und Einsicht in ihren Zusammenhang.

Das sind Eigenschaften, die von Johannes Loretzs Darstellung kaum gefordert werden kann. Da genügt es, dass er vieles recht gut weiß. Anzunehmen, dass er eine „vollständige Kenntniß zusammenhangender Wahrheiten" über die Herrnhuter Brüdergemeine verbreitet, wäre aber unangebracht. So definiert Eschenburg die andere Seite der Wissenschaft.

---

[4] Goethe, Wolfgang (1775). *D. Goethens Schriften, Zweyter Theil*. Berlin: Christian Friedrich Himburg. S. 173, S. 185.

S. 4

Objektivisch hingegen versteht man darunter die Summe oder den Inbegrif dieser Wahrheiten selbst, in so fern sie mit einander verknüpft, in einander gegründet, und Gegenstände historischer und philosophischer Erkenntniß sind.

Der Zweck der Behandlung der Ära, in der unter dem einen Wort ‚Wissenschaft' zwei unterschiedliche und nicht vermengbare Sachverhalte bestehen und nur der Kontext aufklären kann, von welchem geredet wird, ist einfach. Es wäre ohne Bedeutung, wollte man jemanden, der subjektivische Wissenschaft verfügt, einen Wissenschafter zu nennen. Wer etwa weiß, wie und wann am besten von Lübeck nach Livland gesegelt wird, kann nicht Wissenschafter genannt werden. Clavigo mag zwar „geehrt durch meine Wissenschaften" gewesen sein, doch wird niemand ihn deretwegen Wissenschafter nennen wollen. Solange die Verdrängung der subjektivischen Bedeutung sich noch nicht durchgängig eingestellt hat, mag mancher Autor dazu neigen, das Wort ‚Wissenschafter' nicht zu verwenden und lieber andere Ausdrücke zu gebrauchen, etwa ‚Gelehrter' oder ‚wissenschaftlicher Mann' oder ‚Mann der Wissenschaft'.

Das Wort ‚Wissenschaft' in der neueren Bedeutung erfreut sich im achtzehnten Jahrhundert allmählich breiterer Beliebtheit und wird für Vielerlei eingesetzt. Um 1800 treten auf, eine willkürliche Auswahl alphabetisch aufgereiht: Artilleriewissenschaft, Arzneywissenschaft, Bergbauwissenschaft, chirurgische Wissenschaft, Erfahrungswissenschaft, Feuerpolizeywissenschaft, Finanzwissenschaft, Forstwissenschaft, Gewerbwissenschaft, Geschichtswissenschaft, Handlungswissenschaft, Heilwissenschaft, Jagdwissenschaft, Justizwissenschaft, Kameralwissenschaft, Kriegswissenschaft, Landwirthschaftswissenschaft, mechanische Wissenschaft, Militärwissenschaft, Münzwissenschaft, Naturwissenschaft, Pastoralwissenschaft, Polizeywissenschaft, Rechtswissenschaft, Regierungswissenschaft, Staatswissenschaft, Thierarzneywissenschaft, Tonwissenschaft, Wundarzneywissenschaft, Zergliederungswissenschaft, schließlich auch die Hülfswissenschaft.

Vertreten sind Fächer, teils auch auf Universitäten gelehrt, teils auf beruflich fördernden Einrichtungen, teils wohl auch von Person zu Person ohne nennenswerte formale Strukturen übermittelt.

‚Wissenschaft' in objektiver Bedeutung wird also für ein Feld genutzt, teils enger, teils auch breitester Ausdehnung, doch der Angehörige eines Faches heißt noch nicht einfach und allgemein Wissenschafter. Die allgemeine Einführung und Akzeptanz für diese Umstellung braucht noch mehr Zeit. Traditionell verbreitet ist weiterhin, dass man sie Gelehrte nennt, so etwa in Zedlers *Universal-Lexikon.*

> anon. (1748). Wissenschafften. *Grosses vollständiges Universal Lexicon Aller Wissenschafften und Künste, Welche bißhero durch menschlichen Verstand und Witz erfunden und verbessert worden, Bd. 57,* Sp. 1399-1527. Halle: Johann Hinrich Zedler.
>
> Sp. 1399
>
> Es ist oben in dem Artickel: Wissenschafft, angemercket worden, wie daß man dieses Wort auch in solchem Verstande gebrauche, daß es eine Lehre bedeutet, [...].
>
> Sp. 1433
>
> Wer von der Beschaffenheit der Wissenschafften, oder auch derer, die sich darauf legen, keinen gnugsamen Begriff und Einsicht hat, der wird daher schwerlich glauben und sich überreden lassen können, daß zwar eine unzehliche Menge Menschen in dem Reiche der Wissenschafften anzutreffen; gleichwohl aber, wenn man denen meisten ungeheuchelt nach dererselben Beschaffenheit unter die Augen leuchtet, klagen müsse, daß die wenigsten ihre Wissenschafften recht gelernet haben, und also den Nahmen der Gelehrten mit Recht nicht behaupten können.

Angemerkt sei, dass die orthographischen Varianten ‚Wissenschafft‘ und ‚Wissenschaft‘ in der ersten Hälfte des 18. Jahrhundert nebeneinander üblich bleiben. In der zweiten Hälfte geriet die längere Variante langsam in Vergessenheit. Im 19. Jahrhundert tritt sie nur als seltene Variante auf, nicht zuletzt in Zitaten aus alten Zeit.

Wie Zedler feststellt, treffen sich unter ‚Wissenschaft‘ durchaus Fähige, doch auch weniger Fähige und Unfähige. Wie man sie, die sich als Könner oder Anhänger einer Wissenschaft präsentieren, benennen sollte, wird zu fragen und noch zu klären sein.

Auf den Universitäten war es üblich, je nach Fakultätsangehörigkeit von einem Gottesgelehrten, einem Rechtsgelehrten oder Arzneygelehrten zu reden. Das findet sich etwa im Baierischen Landbote vom Ende des 18. Jahrhundert.

> anon. (1791). An den baierischen Landboten (vom zu frühen Begrabenen)[5]. *Der Baierische Landbot, Nro. 15,* 117-120.
>
> S. 117

---

[5] So die Überschrift im Abdruck des Artikels im *Salzburger Intelligenzblatt, Jg. 1791, Nr. 5,* Sp. 72.

Der noch lebende geschickte Arzneygelehrte P** ward in seiner Jugend zu Ingolstadt, wo er diese Wissenschaft studirte, gefährlich krank, und es erfolgte bey ihm jener Uebergang in starre Sinnlosigkeit, die man für Tod zu halten pflegt.

Mit der sich ausbreitenden Übernahme des objektiven Begriffes der Wissenschaft und der hohen Bewertung eines Wissens- oder Meinensgebietes, dem dieser Name zugeordnet wird, entsteht eine weitere zentrale Frage: Was ist richtige Wissenschaft, was wird zu Unrecht so bezeichnet?

Immanuel Kant hat sich mit dieser Angelegenheit befasst. Seine Angaben sind allerdings recht schwer zugänglich, und deshalb mag es sinnvoller sein, statt seine Ausführungen in dieser Sache darzustellen, auf eine vereinfachte und vermutlich weiter verbreitete Fassung zurückzugreifen, wie sie der anonyme Verfasser der Rezension eines Büchleins des Gutsbesitzers und Astronomen Johann Wilhelm Pastorff (1767–1838) vorbrachte.

anon. (1792). [Rezension:] Pastorff, Johann Wilhelm (1792). Opfer ländlicher Einsamkeit, 1. Hft. Berlin: Wilhelm Dieterici. *Allgemeine Literatur-Zeitung, Jg. 1792, Nr. 321*, Sp. 502-504.

Sp. 502

Weil Kant bewiesen hat, daß nicht alles wirklich Wissenschaft ist, was man dafür hält und verkauft; [...].

Es muss also irgendwann die Folge der Entwicklung zu klären sein, was tatsächlich eine Wissenschaft und was dagegen eine Schein- oder Pseudowissenschaft ausmacht, wie man sich im 20. Jahrhundert auszudrücken pflegte. Das ist hier jedoch keine zentrale Frage, wenn sie auch mit dem zusammenhängt, das zuvor auszuführen sich empfahl, nämlich ein Wort zu entwickeln, mit dem ein Betreiber oder Anhänger einer wahren Wissenschaft bezeichnet werden kann.

Die einfachste Benennung eines Mitwirkenden einer Wissenschaft ist die Bildung des nomen agentis oder Sprosswortes auf das Stammwort, in alter Orthographie ‚Wissenschaffter' oder in neuerer ‚Wissenschafter'. Ergänzt man die letzte Silbe dieses Wortes um den Buchstaben l, gelangt man zu ‚Wissenschaftler'. Auch dieses Wort wurde vorgeschlagen und eingesetzt, wenn auch mit anderer Färbung, nämlich für weniger Fähige und offensichtlich Unfähige, zudem auch für Personen, die sich als wissenschaftlich Tätige ausgeben, allerdings mit etwas befassen, das die Bezeichnung ‚Wissenschaft' nicht verdient. Hält man zudem eine Diphthongisierung für angebracht, stellt sich mit gleicher Verfärbung der ‚Wissenschäftler' oder der ‚Wissenschäfter' ein. Das Niederländische, dem Niederdeutschen eng verwandt, bildete ‚Wetenschapper', hat jedoch meines Wissens keine abwertende Variante aus derselben Wortsippe entwickelt. Kluges *Etymologischen Wörterbuch der deutschen Sprache* in der 20. Auflage von 1967 sagt, es sei „‚Wissenschafter' neben ‚Forscher' und ‚Gelehrter' entbehrlich". Hingegen sei ‚Wissenschaftler' eine Scherzbildung. ‚Wissenschäftler' wurde vermutlich zu selten eingesetzt und außerdem zu heftig abwertend, als dass es einer Erwähnung Kluges bedürfte.[6] Meinungen sind reichlich erzeugt worden. Wer aber wird zum Richter über die Verwendung dieser Wörter ernannt? Und von wem? Kluges neueste und noch dickere Auflage von 2011 befasst sich nicht mehr mit Trivia dieser Art. Allein das Wort ‚Wissenschaft' wird noch behandelt[7], deren Betreiber wurden verschluckt, wegen Entbehrlichkeit, so sei gefragt, oder wegen Vielschichtigkeit der Geschichte?

Das Urteil „entbehrlich" gegenüber dem ‚Forscher' und ‚Gelehrter' übersieht, dass neben den Einwortbezeichnungen auch andere Bezeichnungen verwendet wurden, die aus mehreren Wörtern bestehen. Über hundert Jahre waren die Formulierungen ‚wissenschaftlicher Mann' und ‚wissenschaftlicher Mensch' oder ‚Mann der Wissenschaft' favorisiert, nicht zuletzt deswegen, weil sie sich an einem in Frankreich benutzten Vorbild orientierten. Auf diese Varianten wird einzugehen sein. Ihr Auftreten war vermutlich einer der Faktoren, die damit zu tun hatten, dass ‚Wissenschafter' nach seinem Auftreten von manchen Linguisten als wenig kultiviert eingeschätzt wurde.

Dieter Wuttke ließ kurz nach der letzten Jahrtausendwende seinen Vortrag *Über den Zusammenhang der Wissenschaften und Künste* als Buch[8] erscheinen. Es enthält sehr gelehrte Ausführungen über die Zeit seit etwa 1500 bis zur Gegenwart und belegt, dass anfänglich keinerlei grundsätzliche Trennung zwischen Wissenschaft und Kunst konstruiert war, vielmehr Wissenschafter sich auch als Künstler und umgekehrt betätigten. Wuttke kommt etwas sprunghaft auf eine andere Trennung, die Trennung zwischen dem, was Naturwissenschaften und Mathematik einerseits, andererseits Geisteswissenschaften genannt wurde. Diese Abtrennung ist

---

[6]   Kluge, Friedrich (1967). *Etymologischen Wörterbuch der deutschen Sprache*, *bearbeitet von Walther Mitzka, 20. Aufl.* Berlin: Walter de Gruyter. S. 865.
[7]   Kluge, Friedrich (2011). *Etymologischen Wörterbuch der deutschen Sprache*, *bearbeitet von Elmar Seebold, 25. Aufl.* Berlin: Walter de Gruyter. S. 993.
[8]   Wuttke, Dieter (2003). *Über den Zusammenhang der Wissenschaften und Künste.* Wiesbaden: Harrassowitz.

hauptsächlich im neunzehnten Jahrhundert vollzogen worden. Wuttke traut sich jedoch nicht, die Mathematik als das zu benennen, was sie ist, eine der reinsten Geisteswissenschaften. Auch geht er kaum auf die Frage ein, was diese beiden großen Trennungen zu einem einheitlichen Thema vereinen könnte. Doch in der hier verfolgten Fragestellung ist das von eher geringer Bedeutung. Es dürfte nur etwas überraschen, dass er durchgehend das Wort ‚Wissenschaftler‘ verwendet, eingeschlossen die Komposita ‚Geisteswissenschaftler‘, ‚Kulturwissenschaftler‘, ‚Kunstwissenschaftler‘, ‚Naturwissenschaftler‘. Damit wendet er sich, wie zu zeigen sein wird, vom neunzehnten Jahrhundert ab. Und er fördert dadurch die Trennung zwischen dem Sprachgebrauch der Bundesrepublik Deutschland einerseits und Österreich sowie der Schweiz andererseits, denn dort ist noch sehr wohl bekannt geblieben, welche Entwertung durch das eingeschleuste l hervorgerufen wird. Dies wird durch die nachfolgenden Zitate deutlich werden.

Wenn ich ergänzend bemerken darf, weshalb der Gegensatz zwischen den Wörtern ‚Wissenschafter‘ und ‚Wissenschaftler‘, der mir seit Jahren aufgefallen war, mich zu einer näheren Betrachtung anregte. Es gibt in der Bundesrepublik Deutschland noch immer den Gegensatz zwischen den Wörtern ‚Gewerkschafter‘ und ‚Gewerkschaftler‘, bei dem zweifellos die erste Version von denen verwendet wird, die der Gewerkschaftsbewegung angehören oder zumindest ihr gegenüber freundlich eingestellt sind. Wer hingegen die zweite Version verwendet, ist entweder ihr gegenüber ablehnend eingestellt oder er hat irgendwo das Wort ohne nähere Sachkenntnis aufgeschnappt. Ebenfalls gibt es seit geraumer Zeit den Gegensatz zwischen ‚Burschenschafter‘ und ‚Burschenschaftler‘. Auch hier ist es eindeutig der Fall, dass diejenigen, die der ersten Version anhängen, den Burschenschaften angehören oder ihnen gegenüber wohlwollend eingestellt sind. Wer hingegen die zweite Version verwendet, kann Burschenschaften nicht leiden oder hat dies Wort irgendwo ohne Sachwissen aufgefangen.
Dann gab und gibt es im Deutschen andere Wörter gleichartiger Genese, bei denen eine um das l erweiterte Fassung schlicht nicht gebraucht wird, etwa ‚Botschafter‘, ‚Gesellschafter‘ oder ‚Kundschafter‘. Schließlich gibt es eine Menge Tätigkeitsbezeichnungen, die mit -er enden, ohne dass daraus ein -ler geworden wäre, was ausgesehen hätte wie etwa ‚Denkler‘, ‚Dichtler‘, ‚Fischler‘, ‚Forschler‘, ‚Priestler‘, ‚Richtler‘. Falls jemand solche Wörter einsetzte, würden sie wohl als Verkohlungen aufgefasst. Gewiss gibt es weitere Wörter auf -ler, doch die stammen aus Verben, zu deren Stamm dieses l bereits gehört, etwa ‚Grantler‘, ‚Grübler‘, ‚Sammler‘,

‚Spieler'. Es bleiben seltene Ausnahmen, bei denen die Herkunft dunkel geblieben ist, der ‚Künstler' könnte von ‚künsteln'[9], der Tischler von ‚tischlern' abstammen. Beide Verben übertragen nicht gerade Komplimente, und es macht nachdenklich, dass entsprechende Wörter im nahe verwandten Niederländisch fehlen; es gibt dort zwar das Verbum ‚kunstelen', doch der Könner der Kunst heißt ‚kunstenaar', der Könner der Schreinerei wird ‚schrijnwerker' genannt. Ergänzt sei dies durch eine Feststellung des frühen deutschen Lexikographen Adelung aus dem Jahre 1786: „Der Künstler [...] ein jeder, welcher eine Kunst ausübet, und so fern er dieselbe ausübet. Ehedem Künstner, Künster [...]"[10]. Wann, wo, wie und weshalb diese älteren, im Niederländischen sehr wohl erhaltenen Wörter gegen das tendenziell degradierende Wort mit dem l ausgetauscht wurden, sollte anderswo untersucht werden.

Mit den Wörtern ‚Wissenschafter' und ‚Wissenschaftler' gab es einmal im deutschen Sprachraum den dargelegten analoge gegensätzliche Verhältnisse in den Wissenschaften zwischen geschätzten Könnern und verachtenswerten Pfuschern. Nur hat sich heute in Deutschland die pejorative und degradierende Version durchgesetzt, allerdings nicht etwa nur bei den Verächtern der Wissenschafter oder bestimmter Wissenschafter und deren Tätigkeiten, sondern bei den Wissenschaftern selbst, also bei Geistesarbeitern, denen man ein gesteigertes Gespür für die Feinheiten ihrer Sprache zuschreiben sollte. Hinzugefügt sei, dass in südlichen deutschsprachigen Nachbarländern die ältere Gegensätzlichkeit durchaus noch lebendig ist und dort der Gast aus Deutschland bei Verwendung der längeren Version mit dem eingepfropten l Vorsicht walten lassen sollte, um nicht als beleidigend oder bildungsbedürftig eingestuft zu werden.

Eine gültige oder gar endgültige Erklärung dieses regionalen Wortgebrauchswandels in Deutschland innerhalb politischer Grenzen ist meines Wissens noch nicht gefunden worden. Zwei einfache Hypothesen liegen nahe. Die Geusenhypothese, also die Selbstzuschreibung eines verachtungssatten Wortes durch die verachteten Rebellen, die, wie etwa die aufständischen Niederländer, die eigenen Leute über den hässlichen

---

[9] Zum Verbum ‚künsteln', das heute seltener vorkommt, werden einige ältere Beispiele seiner Verwendung in die Belege eingesetzt.

[10] Adelung, Johann Christoph (1786). *Versuch eines vollständigen grammatisch-kritischen Wörterbuches der Hochdeutschen Mundart, mit beständiger Vergleichung der übrigen Mundarten, besonders aber des Oberdeutschen. Zweyter Theil, F-K.* Brünn: Joseph Georg Traßler. Sp. 1837.

Eindruck, vom Gegner verachtet zu werden, zu gesteigerter Widerstands-
bereitschaft aufstachelten. Oder die Ignorantenhypothese, nach der zu viele
Leute, deren sprachliches Gespür zu dürftig ausgeprägt war, um die
Feinheiten des Unterschiedes zwischen den Wörtern mit diesem l und
denen ohne zu hören, als Wissenschafter ausgebildet wurden.

Es lässt sich eine weitere These vorlegen. Der Verlust des Wortes
‚Wissenschafter' im Deutschen Reich wird, wenn nicht verursacht, dann
zumindest verstärkt durch den Duden. Die Wörter ‚Wissenschafter' und
‚Wissenschaftler' fehlten in der ersten Auflagen. Das ist noch kein Grund,
aber dann wurden sie kurz vor Untergang des deutschen Kaiserreichs
eingeführt als unklares ‚Wissenschaft(l)er', und dies sollte möglicherweise
ihre Gleichwertigkeit bezeichnen. In der Nazizeit wurde dann ‚Wissenschafter' im Duden mit einem Kreuz, †, versehen, dem Zeichen für veraltet
oder ausgestorben. Das Kreuzzeichen aus der NS-Zeit wurde nach dem
Zweiten Weltkrieg einmal im Duden übernommen, bis dort der Wissenschafter wieder nonexistent wurde. Als monopolistische Bezeichnung für
wissenschaftlich Beschäftigte jedweden Grades gehört ‚Wissenschaftler'
zu den Trümmerstücken *Aus dem Wörterbuch des Unmenschen.* Denn in
Nachkriegsauflagen des Duden trat ‚Wissenschafter' überhaupt nicht mehr
auf, nur noch ‚Wissenschaftler'. Noch später jedoch fiel sogar dem Duden
auf, dass in Österreich und in der Schweiz die Sachlage anders gesehen
wurde. So vermerkte er dies als regionale oder absonderliche Eigentüm-
lichkeit. Es in der Geschichte des Duden, der sich gern als quasi-amtliches
Werk vorzeigte, nicht aufgefallen, dass hier nicht einfach eine gleich-
wertige orthographische Variante vorlag, sondern zwei Wörter mit
unterschiedlicher Bedeutung. Auch darf vermutet werden, dass die
Versimpelung während der NS-Zeit befeuert wurde, in der Wissenschaften
und Wissenschafter nicht besonders hoch geachtet wurden, zumal wenn aus
diesen Zirkeln Bedenken oder Zweifel an der herrschenden Ideologie
vorgebracht wurden. Solche Personen wurden ausgestoßen und auf
manchen Lehrstühlen durch NS-Ideologen ersetzt, die dann tatsächlich
nichts besseres als Wissenschaftler mit l waren. Die Zitate, die den
Sprachgebrauch dokumentieren, weisen in diese Richtung. Zu Beginn des
Kapitels über das zwanzigste Jahrhundert wird darüber ausführlicher
berichtet.

Es wird sich zeigen, dass in Zeiten, in denen das Wort ‚Wissenschafter'
langsam auftauchte, auch andere Möglichkeiten auftraten, die mit
Wissenschaft befasste Personen benennen sollten. Daher werden in den
Zitaten weitere Möglichkeiten belegt. So gibt es im 17. Jahrhundert die

Benennung ‚künstlicher Mensch‘, die heute falsche Assoziationen hervorrufen mag und in alter Bedeutung schon lange ausgestorben ist. Es bedeutete jedoch einen kunstreichen Menschen und zeigt, dass die Trennung zwischen Künsten und Wissenschaften damals nicht existierte und auch heute etwas künstlich wirken kann. ‚Kunst‘, abgeleitet von ‚können', war noch nicht reduziert auf die bildenden Künste, wie es heute üblich geworden ist.

Andere Benennungen zogen ein Wort ins Deutsche, das aus dem Französischen oder dem Englischen geborgt sein mochte. Sie benannten wissenschaftlich Beschäftigte mit dem orthographisch wandelbaren ‚Scientificer‘ oder ‚Scientifiker‘ oder ‚Szientifiker‘, doch diese Erfindungen erzeugten kein beträchtliches Echo und sind heute nur noch in der Wissenschaftsgeschichte zu finden.

Da ‚Wissenschafter‘ in Zeiten seiner Kreation und Einführung als Neologismus einigen Augen missfiel, wurde es von manchen Schriftstellern ungern eingesetzt, und diese griffen lieber zu ‚Mann der Wissenschaft‘ oder ‚Mann von Wissenschaft‘ oder ‚wissenschaftlicher Mann‘ und seltener ‚wissenschaftlicher Mensch‘ ohne Verweis auf ein Geschlecht. Diese Formulierungen hatten beträchtlich mehr Erhabenheit und Würde zu bieten. Auch ‚wissenschaftlicher Forscher‘ und andere mit diesem Adjektiv ausgestattete Substantive erschienen in mancherlei Variationen. Sogar ein *scientifischer* Mann trat auf. Doch mehr dazu in den folgenden Kapiteln.

Zum Ende dieser einleitenden Bemerkungen noch einige Anmerkungen zu Formalia. In den Belegen und Zitaten werden Wörter wie ‚Wissenschafter‘ und ähnliche kursiv gesetzt, um die Aufmerksamkeit auf sie zu lenken. Da auch die Titel eines Buches oder einer Sammelausgabe kursiv gesetzt werden, wurde in den seltenen Fällen, in denen das interessierende Wort darin erscheint, dieses recte gesetzt. Zitate werden nach dem Original geschrieben, nicht an die heute verbreitete Orthographie angepasst. Dies gilt auch dort, wo die Annahme, es handele sich bereits im Original um Setzfehler, sehr wahrscheinlich ist.

Anfänge im siebzehnten Jahrhundert

Joachim Jungius (1587–1657), Philosoph, Mathematiker, Physiker, Mediziner, Naturforscher, könnte einer der ersten Gelehrten gewesen sein, die mit dem Wort ‚Wissenschafter' bei der Eindeutschung fremder Wörter versuchsweise umgingen, es jedoch nicht in Druck brachten. Denn es findet sich nur eine handschriftlich Spur in seinem Nachlass. So jedenfalls hat es der Herausgeber der Manuskripte Jungii, *Analogia teutonica* und *Vocabula technicae Germaniae*, wiedergegeben.

> Guhrauer, G. E. (1850). *Joachim Jungius und sein Zeitalter*. Stuttgart: J. G. Cotta.

S. 225

> Philosof ein *Wissenschafter* (ein Botschafter, kundschafter) oder weißheitgeflissener (wie vaterverlassener) oder weißheitjünger oder schüler, weiser Meister oder weißmeister, (wie altvater, altmutter, altfrav etc. antiquitas eine Altschaft, antiquarius ein Altschafter); [...].

Wenn das Wort ‚Philosof' einen Angehörigen der philosophischen Fakultät bezeichnet, dann ist die Übersetzung nicht verkehrt. Ob das Gedruckte untadelig aus dem Manuskript übertragen wurde, mag angezweifelt werden, denn Jungius schrieb gemeinhin ‚Wissenschafft' mit dem doppeltem f, so in seinem 1634 gedruckten *Nomenclator Latino-Germanicus Hoc est Latinae Linguae Compendium In usum Scholae Hamburgensis concinnatum & excusum*. Hamburg: Barthold Offermann. Dort S. 174 bei seiner Übersetzung des Wortes ‚Scientia'. Auf S. 194 übersetzt er „Philosophus" einfach mit „ein Weltkluger / gelahrter Mann" ohne den Wissenschafter. Dem folgt der „Philosophaster", und dies heiße „einer der Weltklug wil sein". Das Manuskript aus dem Nachlass wird wohl eine Vorarbeit für diesen *Nomenclator* gewesen sein. Es müsste dann vor 1634 niedergeschrieben worden sein. Dass Jungius kein l in das Wort setzte, steht außer Zweifel, denn er zieht die Analogie zu ‚Botschafter' und ‚kundschafter' – und wer hätte je von einem Botschaftler oder einem Kundschaftler gehört oder gelesen.

Der erste, meinerseits aufgelesene Fall, in dem das Wort ‚Wissenschafter' im Druck eingesetzt wurde, stammt von „dem berühmten Chymico

Jacob Barner"[11] (1641–1686). Er war „ein Medicus und sehr berühmter Chemicus"[12] und hatte studiert bei seinem Leipziger Lehrer und Vorgänger Johannes Michaelis (1606–1667), gleichfalls bekannt als „ein berühmter Medicus und erfahrner Chemicus"[13]. Barner arbeitete als Professor der Medizin und Chemie anfangs zu Padua, später in Leipzig. Schließlich wurde er Physikus und polnischer Leibarzt in seiner Geburtsstadt Elbing, der Hauptstadt des damals polnischen Kreises Malborskie oder Marienburg. Er ist zwar heute wenig bekannt. Aber einer seiner Biographen nannte ihn noch 1820 *assez célèbre*[14], ziemlich berühmt.

Manche Autoren erklären 1709 für Barners Todesjahr[15], was damit zusammenhängen mag, dass seine unter Chemiehistorikern sehr geschätzte Darstellung der Chemie[16] 1689 erschien, also posthum, falls 1686 als Todesjahr zutrifft. Diese Autoren halten seine Chemie für keineswegs

---

[11] Leporin, Christian Polycarp (1719). *Das Leben der Gelehrten so in Deutschland vom Anfang des MDCCXIXten Jahrs dieses Zeitliche geseegnet, kurtz, jedoch ausführlich, und nach der Wahrheit beschrieben, 1. Th.* Quedlinburg: Theodorus Jeremias Schwan. S. 662.

[12] Kestner, Christian Wilhelm (1740). *Medicinisches Gelehrten-Lexikon Darinnen Die Leben der berühmtestem Aerzte, etc.* Jena: Johann Meyers seel. Erben. S. 82f.

[13] Kestner, C. W. (1740), 546f. Auf Kestners Ausführungen beruhend: Eckart, Wolfgang U. (1992). Anmerkungen zur „Medicus Politicus" und „Machiavellus Medicus"-Literatur des 17. und 18. Jahrhunderts. Udo Benzenhöfer & Wilhelm Kühlmann (Hrsg.), *Heilkunde und Krankheitserfahrung in der frühen Neuzeit. Studien am Grenzrain von Literaturgeschichte und Medizingeschichte*, S. 114-130. Tübingen: Max Niemeyer. S. 121.

[14] J. [vermutlich A.-J.-L. Jourdan] (1820). Barner (Jacques). Jourdan (Hrsg.), *Dictionnaire des sciences médicales, Biographie médicale, 1*, S. 560. Paris: C. L. F. Panckouckee.

[15] So Adrien Phillippe, übersetzt von Hermann Ludwig (1858). *Geschichte der Apotheker bei den wichtigsten Völkern der Erde seit den ältesten Zeiten bis auf unsere Tage nebst einer Uebersicht des gegenwärtigen Zustandes der Pharmacie in Europa, Asien, Afrika und Amerika*, 2. Aufl., S. 497. Jena: Friedrich Mauke.

[16] Barner, Jacob (Phil. et Med. D.) (1689). *Chymia Philosophica Perfecte Delineata, Docte Enucleata & Feliciter Demonstrata à Multis Hactenus Desiderata nunc vero Omnibus Philatris Consecreta Cum brevi sed accurata et fundamentali salium Doctrina. Medicamentis etiam sine igne culinari facile parabilibus, nec non Exercitio Chymiae Appendicis loco locupletata. Cum Indece rerum consummatissimo. Publice nunc juris fasta.* Nürnberg: Andreas Otto.

posthum publiziert, so ebenfalls auch die anonyme Satire[17] auf Ärzte, 1698 erschienen, die auch ihm zugerechnet wird. Jedenfalls steht dieses Jahr auf dem Titelblatt der Satire. Dort fehlt eine Angabe des Autorennamen, der Druckort wirkt erfunden, und erfunden könnte auch das Druckjahr sein. Barner war als Verehrer des Wittenberger Professors Daniel Sennert oder Sennertus (1572–1637), „einer der größten und berühmtesten teutschen Aerzte"[18], der zu Wittenberg „die chemischen Medicamenten" zuerst bekannt machte. Auch gilt er als Anhänger eines der Begründer der Iatrochemie oder Chymiatrie, Johannes-Baptista van Helmont (1577 oder 1580–1644), somit als einer der frühen Mediziner, die sich für eine Chemie als Hilfs-Wissenschaft der Medizin einsetzten.

Es gibt keinen Grund anzunehmen, dass Jacob Barner habe das Wort ‚Wissenschaffter' sich selbst einfallen lassen. Eher ist anzunehmen, dass es in der akademischen Umgangssprache wenn nicht üblich, so doch nicht ungebräuchlich genug war. Seine Schreibweise mit den doppelten f ist nicht personenspezifisch, denn damals wurde auch das Wort ‚Wissenschafft' so geschrieben, nicht anders als Wörter wie ‚Botschafft' oder ‚Gesandschafft' oder ‚Gesellschafft' oder ‚Kundschafft' oder ‚Wirthschafft'. Entsprechend schrieb man ‚Botschaffter' und ‚Gesandschaffter' und ‚Gesellschaffter' und ‚Kundschaffter' und ‚Wirthschaffter'. Philologische Quelle dieser Wörter ist offenbar das Schaffen, das heute noch mit doppeltem f im Duden steht. Denn nur so lässt es sich von den Schafen unterscheiden.

Im Laufe des achtzehnten Jahrhundert konkurrierte diese Schreibweise mit der neuen Schreibart, die lediglich ein einziges f einsetzte und langsam die orthographische Vorherrschaft übernahm. Im einundzwanzigsten Jahrhundert stößt man gelegentlich auf die ältere, nicht Duden-mäßige Schreibweise. Selten ist zu erkennen, ob das nur ein Fehler ist oder eine Laune ausdrücken soll.

Das etwas widerspenstig wirkende Wort ‚Wissenschaffter' findet sich bereits im Titel sowie auf einigen Seiten einer Abhandlung Barners, die 1675 in Leipzig gedruckt und anscheinend nicht paginiert wurde. Der barockisch überausführliche Titel lautet:

---

[17] Philiatrus (1698). *Machiavellus Medicus, Seu Ratio Status Medicorum, Secundum Exercitium Chymicum delineata, & in certas Regulas redacta, atque Ob usum, quem Junioribus Practicis praestat, publicae luci donata.* Argentoratum (das bereits französische Straßburg als fiktiver Druckort): o. n.

[18] Kestner (1740). *Medicinisches Gelehrten-Lexikon [...].* S. 779f.

Barner, Jacob (1675). *Epistola Invitatoria oder Einladungs-Schreiben,*
An alle und iede Liebhaber der Natur und dero Schlüssel der Chymie,
Wes Standes und dignitäten sie seyn, Daß sie Zu den Jährlichen
Relationes curiosorum naturae & artis, so da was neues, in der Natur
und Kunst heraus kommen, und so wohl in denen Miscellaneis naturae
curiosis unseres Teutschlandes, als in der Philosophical-transaction der
Engelländer, denen Journal der Frantzosen und Italiäner, den Actis
Medicis Haffniensibus, Ferner auch in vielen Lateinischen gedruckten
curiosen Tractätgen, absonderlich In unterschiedlichen desfalls ein-
lauffenden Correspondentz-Schreiben, enthalten, begreiffen, Und
hinführo mit Göttlicher Hülffe in unserer Muttersprache Jährlichen
sollen gedruckt werden, Daß sage ich Hiezu alle Wissenschaffter *und*
geneigte Liebhaber von ihren Experimentis und Observationibus durch
Schreiben zu diesem Wercke und Vorhaben eines oder das andere
GOTT zu Ehren und zu sonderbahrem Auffnehmen dieser Wissenschafft
conferiren und beytragen wollen. Leipzig und Dreßden: Johann
Fritzsche.
Außerdem steht noch auf dem Titelblatt
Herausgegeben von Jacob Barnern, der Philosoph und ArtzneyKunst
Doctorn, des Löbl. Collegii Medici zu Augspurg Collegiato &c.
Mit den *Miscellaneis naturae curiosis* meint Barner die 1670 begründete
Publikationsreihe der zu Schweinfurt eingerichteten *Academia Naturae*
Curiosorum. Barner war zwar kein Mitglied dieser *Academia*, doch in
dieser Schriftreihe wurden medizinische oder naturwissenschaftliche
Beobachtungen auch von Nicht-Mitgliedern publiziert. Hier zeigt sich die
Beziehung zwischen der in Deutschland noch konkurrenzlosen Akademie
und der Verwendung des Wortes für Personen der Wissenschaft, unwichtig,
welcher Rechtschreibungsvariante es unterliegt.
      Barner, damals in Augsburg ansässig, war immerhin Mitglied einer
anderen wissenschaftlichen Vereinigung, des *Collegium Medicum*
Augustanum, der ersten ärztlichen Standesvertretung in Deutschland. Sie
wurde 1582 offiziell genehmigt, existierte aber inoffiziell schon seit einigen
Jahrzehnten. Er erwähnt diese ansehenbringende Collegiatenschaft auf dem
Titelblatt seiner *Epistola.* Es seien die beiden Sätze der *Epistola* Barners
zitiert, in der das besagte Wort verwendet wird.
      Barner, Jacob (1675), [Titel etc.] ohne Paginierung.
etwa vierte Seite
      Gelanget demnach an meine allerseits Hochgeehrte Herren und werthe
      Freunde mein unterdienstliches Ansuchen und Bitten, Sie geruhen dieses

mein Wercklein vor gut an- und auff zu nehmen, wie Sie daraus meine Zuneigung, dabenedenst auch Dienstwilligkeit ersehen, also werden sie mit dergleichen Favor demselben zu begegnen auch belieben.

Des Werck aber und mein Vorhaben selbst belangende, wie allbereits erwehnet, wann ich diese dedication an Sie gerichtet, und damit Sie als weitberühmte *Wissenschaffter* einen würcklichen Anfang zu sothaner freundlichen communication machen, als lebe der gefasten Hoffnung, Sie werden solches auch thun; So geneigt Sie nun und alle andere vornehme Liebhaber sich hiezu befinden werden, so willigst wollen wir. ich in Verfassung des Wercks, der Herr Verleger aber zu dem Druck und finden lassen.

Etwa in der Mitte der Schrift steht erneut, etwa auf der zwölften Seite: Ich an meinem Theil könte anführen, wie daß in Preussen J. G. einer der vornehmsten von Adel und Ritter Achatius Borcke, nicht allein ein Liebhaber, sondern auch ein trefflicher *Wissenschaffter* sey.

Dies zitierte Heft erläutert Barners Vorhaben, eine Jahresschrift in deutscher Sprache bei dem Verleger Johann Fritzsche zu Leipzig herauszugeben, in der hauptsächlich Beobachtungen und Experimente aus Chemie und der Wissenschaft der Natur behandelt werden. Es ist anzunehmen, dass sich diese Absicht nicht verwirklichen ließ. So viel über Jacob Barner, möglicherweise ein bahnbrechender Wegbereiter nicht nur der Medizin und der Chemie, sondern auch sprachlicher Art.

Im selben Jahr wie Barner verwendete auch Johann Georg Albinus (1624–1679) das hier zu behandelnde Wort. In Jena und in Leipzig hatte er evangelische Theologie studiert. Er wurde 1653 Rektor der Naumburger Domschule und 1657 Hauptpastor der dortigen Kirche St. Othmar. Auch beschäftigte er sich als Schriftsteller. Als solcher übersetzte er die lateinischen, schon mehrfach gedruckten *Pia Desideria* des Jesuiten Hermann Hugo (1588–1629) ins Deutsche, deren Originalausgabe 1624 in Antwerpen im Verlag Aertsius erschien. Albinus fügte seiner Übersetzung eine *Vorrede an den Leser* bei, der das Zitat und auch das zu betrachtende Wort entnommen wurden.

Albinus, Johann Georg (1675). *Himmel-flammende Seelen-Lust. Oder: Hermann Hugons Pia Desideria, das ist: Gottselige Begierden, Allen inbrünstig verliebten Jesus-Seelen, in hochteutscher gebundener und ungebundener Rede andächtig vorgestellet.* Franckfurt: Georg Müller und Johann Nicals Humm. Unpaginiert.

Aus des Albini Vorrede:

Wan heute ein Buch ein wenig Honigs oder Zuckers bey sich führet, das
ist, dem Leser eine Ergetzligkeit machet, daß ihm darüm ein holdseliges
Auge geschencket wird, da komt ein grosser *Wissenschaffter* und
Vielhalter von sich selbst, so aus Neidsucht berstet und vor grossem
Unmuht fast dahin stirbt, und wendet alle Listigkeit an, ihm gern eine
Klette anzuwerffen.

Leider ließ sich keinerlei Hinweis darauf finden, ob die Texte des einen den
anderen inspiriert haben. Da jedoch das Wort wahrscheinlich in sprechender Kommunikation durchaus zu hören war, muss keinerlei Inspiration
zwischen diesen Angehörigen verschiedener Orte und Fächer vorgelegen
haben. Nicht uninteressant sollte aber sein, dass der Theologe Albinus das
Wort als ein schmachtragendes einsetzt, der Mediziner Barner hingegen als
lobende Gütebezeichnung.

Das Wort ‚Wissenschaffter' wurde im den Publikationen des 17.
Jahrhunderts nur selten verwendet. Ein weiterer Fall stammte von dem Arzt
Jacob Rösser oder Röser, der 1642 in Buttstädt in Thüringen geboren, also
nur ein Jahr nach Barner, und etwa 1712 oder 1715 starb. Dieser Rösser
promovierte im September 1673 in Jena zum Doktor[19] der Medizin und
praktizierte als Arzt in Nürnberg, Fürth, Berlin und Hamburg. Er publizierte etwa 1685, ungefähr 10 Jahre nach Barners Beispiel, eine Verteidigung
seines Natursalzes unter dem Titel:

> Rösser, Jacob (1685). *Kurtzer Bericht von dem bey ihm befindlichen
> NaturSaltz. Worbey unterschiedliche Fragen erörtert werden und derer
> vermeynten Besitzer und* Wissenschaffter, *Das ist Die sich ohne Grund
> dieser Wissenschafft rühmen Gewissenloses Beginnen Affterreden und
> Verleumbdungen widerleget und dem Wahrheitliebenden zu Nutz
> männiglich vor Augen gestellet wird.* s. l.: s. n.

Weder Druckort noch Verlag werden aufgeführt. Im laufenden Text wird
jenes gesuchte Wort noch ein weiteres mal eingesetzt.
S. 14f.

> Es macht ja das eitele Rühmen warhafftig keinen vollkommenen
> *Wissenschaffter* sintemahl diese herrliche Kunst nicht in blossen
> ruhmsüchtigen Einbildungen oder Wahn sondern auff unumstößlichen
> Grundsätzen beruhet.

Weitere Verwendungen des Wortes mit dem doppelten f konnte ich nicht
aufspüren. Man wird annehmen dürfen, dass es in der gebildeten Sprache
wie vielleicht auch in Briefen verwendet wurde. Allerdings ist zu bedenken,

---

[19] Jacobus Roeserus (1673). *Dissertatio medica de epilepsia.* Jena: Werther.

dass Gelehrte zu dieser Zeit vorrangig lateinische Texte und wohl auch Briefe verfassten, der Bedarf an diesem Wort daher als gering einzuschätzen ist.

Zu bemerken ist allerdings, dass Barners Plan einer jährlichen Zeitschrift betont, sie solle auf Deutsch erscheinen. Da er damit keineswegs nur auf akademisch Gelehrte, sondern ebenso auf praktisch erfahrene Leute als Leser und als Beiträger abzielte, bedarf das keiner weiteren Erklärung.

Nach Barner, Albinus und Rösser folgen Jahrzehnte, in denen dieses Wort im Druck nicht anzutreffen ist, was gewiss nicht ausschließt, dass gründlichere Forschungen noch einige Exemplare auftreiben könnten.

Es sei ein Exkurs erlaubt, dessen Thema mit dem dieses Buches mehr zu tun hat, als zunächst anzunehmen. Die französische Sprache hat über Jahrhunderte erhebliches Gewicht auf die Entwicklung des Deutschen gehabt. Das zeigt sich auch hier. Die Wendung ‚homme scientifique' hat wahrscheinlich den Ausdruck ‚wissenschaftlicher Mensch' vorgegeben, wohl auch den kürzeren ‚Wissenschaffter'. Der französische Ausdruck ist älter als die deutsche Bezeichnung, die erst im späten 17. Jahrhundert erscheint. Hier Beispiele für die französische Version aus den 16. und 17. Jahrhunderten, soweit sie aus Druckschriften zu belegen sind.

Robert Gaguin (1433–1501), Humanist und Philosoph aus der späten Renaissance, befasste sich mit der Geschichte Frankreichs, wie noch üblich auf Lateinisch. Nach seinem Tod wurden Übersetzungen in Französische gedruckt, so etwa 1515 als *Les croniques de france*. Im Kapitel über König Ludwig, den Heiligen, liest sich, er habe die Lehre des Griechischen durch ein Collegium oder durch einen wissenschaftlichen Mann gefördert.

Gaguin, Robert (1515). *Les croniques de france: excellens faictz & vertueux gestes des tres chretiens roys & princes qui ont resgné au dict pays depuis l'exidion de Troye la grande, jusques au resgne du tres chrestien vertueux & magnanime roy François premier de ce nom, à présent resgnant* [etc.]. Paris: François Regnault & Jehan Frellon. unpaginiert

[...] enseignement de sentence greque ou dun college ou dun *homme scientifique*.

Zwei weitere Beispiele des Gebrauchs des *homme scientifique* im 16. Jahrhundert, eins aus der Belletristik und eins aus der Lexikographie. *I Trionfi* des Petrarca erschienen 1554 in Prosa in Französisch. Im Kapitel über *La Renommée I* äußert Petrarca einen Wunsch.

Petrarca, Francesco (1554). *Les Triumphes Petrarqve. Le Triumphe d'Amour. Le Triumphe de Chasteté. Le Triumph de la Mort. Le*

Triumphe de Renommée. Le Triumphe de Temps. Le Triumphe de Divinité. Paris: Estienne Groulleau.

S. 168

[...] il y eust en ce lieu vn *homme scientifique* & docte avec moy, lequel en simple sermon & commun langage print le labeur & diligente estude de descrire & metre par memoire tout ce que voeys & clerement aperceuoys au triumphe d'icelle venerable Dame.

Die verehrungswürdige Dame ist *la Renommée*, der Ruf, der Ruhm. Das Original für ‚homme scientifique & docte' ist ein schlichtes ‚maestro'.[20]

In diesem Jahrhundert gab es anscheinend einen Bedarf an Lexika, die zwischen Französisch und Flämisch oder Niederländisch vermittelten. Dafür das nächste Beispiel.

Meurier, Gabriel (1574). *Dictionaire François-Flameng.* Antwerpen: Jean Waesberghe.

unpaginiert

homme Scientifique, een mensch die vol consten is.

‚Consten' heißt auf Hochdeutsch ‚Künste'. Nicht uninteressant ist, dass ‚homme' mit ‚mensch' übersetzt wird, nicht mit ‚Mann'. Denn das französische Wort ‚homme' wird in dreierlei Hauptbedeutungen benutzt, es mag für ‚Mensch' stehen, für ‚Mann' oder für ‚geschlechtsreifer Mann'.

So viel für das 16. Jahrhundert. Es folgen Muster aus dem 17., die nachweisen, dass der Ausdruck ‚Homme scientifique' weiterhin benutzt und auch übersetzt wird.

Canal, Pierre (1603). *Dictionaire françois et italien, 2. ed.* s. l., s. n.

unpaginiert

Homme scientifique, Huomo dotto.

Im Italienischen liegt anscheinend keine analoge Ausdrucksweise vor, es wird auf den Gelehrten zurückgegriffen. Anders sieht es im Spanischen aus. Dort ist etwas Analoges entstanden, falls angenommen werden darf, dass er nicht vom Autor selbst eingeführt wurde.

Oudin, César (1621). *Tesoro de las dos lenguas francesa y española. Thesor des deux langues françoise et espagnolle.* Paris: Adrian Tiffaine.

unpaginiert

Homme scientifique, hombre scientifico.

Auch in historischen Darstellungen verwendet man in Frankreich diese oder eine ähnliche Ausdrucksweise. So etwa der Kapuziner Pacifique de Provins (1588–1648), Gründer einer Mission in Isfahan 1627.

---

[20] Petrarca, *I Triumphi*, Triumphus Fame I, Zeile 14.

Pacifique de Provins (1632). *Relation du voyage de Perse, Où vous verrez les remarques particulieres de la Terre Saincte, & des lieux où se sont operez plusieurs miracles depuis la creation du monde, jusques à la mort & passion de nostre seigneur Jesus-Christ* [...]. Lille: Pierre de Rache.

S. 489

De la curiosité des Persiens. Ils ne sont pas fort inuentifs, mais ils ont l'esprit si subtil que quand ils ont veu vne chose ils l'imitent incontinent. C'est pourquoy ils font toutes les caresses du monde, soit aux *hommes de science*, ou aux hommes de mestier, & taschent aussi tost d'apprendre ce que vous sçauez, afin de n'auoir plus que faire de vous, & de gaigner ce que vous gaigneriez.

Das Flämische war weiterhin durch viele Lexika vertreten.

d'Arsy, Ian Louys (1643). *Le Grand Dictionaire François-Flamen, de nouveau revû, corrigé, & augmenté de plusieurs mots & sentences* [...]. Rotterdam: Pierre de Waesbergue.

unpaginiert

homme Sçientifique, Een mensch die vol konsten is, of van veelderhande dinghen verstant heeft.

Das klingt etwa umständlich und wird auch in späteren Auflagen wiederholt. Durch Johann-Herman Widerhold wird das (Hoch-)Deutsche lexikalisch zugänglich. Auch dort werden Künste als eine Möglichkeit der Übersetzung angeboten.

anon. (1675). *Nouveau Dictionnaire François-Aleman et Aleman-François, Qu'accompagne Le Latin [...]. Neues Dictionarium In Frantzösisch-Teutscher und Teutsch-Frantzösischer Samt beygefügter Lateinischer Sprach [...]*, 2. ed. Genff: Jean-Herman Widerhold.

S. 1050

Science, f. Kunst, Wissenschaft, Erfahrung, Doctrina, scientia, erudition. Scientifique, *homme scientifique*, Ein künstlicher Mensch, der voller Künste ist, intelligentissimus vir.

Das ‚künstlich' ist zu verstehen als ‚kunstreich', ‚kunstvoll', abgeleitet von ‚Kunst'. Die Übersetzung des ‚homme' mit ‚Mensch' statt ‚Mann' fällt auf. Nicht minder auffällig und zeittypisch ist die Übersetzung der ‚Science' mit ‚Kunst' und .Wissenschaft' und ‚Erfahrung'. Kunst und Wissenschaft wurden als zusammengehörig, ja kaum trennbar aufgefasst und erst nach einem langem Zeitraum als getrennt, wenn nicht als unvereinbar konzipiert. Zu bemerken ist, dass im selben Jahr 1675, in dem dieses Lexikon gedruckt wurde, Barner und Albinus mit ‚Wissenschaffter' auftraten.

Dabei ist festzuhalten, dass der Ausdruck ‚künstlicher Mensch' im
deutschen Sprachraum schon früher auftrat. Ein Beispiel lieferte Paracelsus.
Theophrastus Paracelsus (1574). *schreiben von tribus Principiis aller
Generate. Mit bestem fleiß uberlesen und an tag geben, durch Doct.
Adamen von Bodenstein. s. l.: s. n.*
S. 153

Es mag auch ein *künstlicher mensch* wie ich mir gedenck mit rechter
auffmerckung vnnd zubereitung umbgehn mit den metallen, dz er mit
vernunfft die verenderung in die metallen zur vollkommenheit mehr
würckt vnnd regiert, dann alle die zeichen vnnd planeten des himmels
lauff thun.

Auch im nächsten Jahrhundert tritt der künstliche Mensch in dieser
Bedeutung auf.

Johann Rudolph Glauber (1604–1670), Apotheker, Chemiker und
Alchemist, verfasste zahlreiche Bücher.

Glauber, Johann Rudolf (1658). *Opera chymica, Bücher und Schrifften,
so viel deren von ihme bißhero an Tag gegeben worden. Jetzo von
neuem mit Fleiß übersehen, auch mit etlichen neuen Tractaten
vermehret* [...]. Franckfurt am Mäyn: Thomas Matthias Götz.
S. 421

Es mag auch ein *Künstlicher Mensch*, wie ich mir wol gedenck, mit
gerechter Auffmerckung und Zubereitung vmbgehn mit den Metallen,
das er mit vernunfft die Verenderung in die Metallen zu der vollkommenheit mehr wirckt, vnd regiert, dann alle Zeichen und Planeten
deß Himmels Lauff thun.

Weitere hundert Jahre später hat der künstliche Mensch die Rolle des
kunstreichen Könners hinter sich gelassen. Er vertritt jetzt den Gegensatz
zu einem Naturmenschen, so etwa bei Schiller.

Schiller, Friedrich (1795). Briefe über die ästhetische Erziehung des
Menschen. *Die Horen, Jg. 1795, 1*, 7-48.
S. 37

Wo der Naturmensch seine Willkühr noch so gesetzlos mißbraucht, da
darf man ihm seine Freyheit kaum zeigen; wo der *künstliche Mensch*
seine Freyheit noch so wenig gebraucht, da darf man ihm seine Willkühr
nicht nehmen.

Etwas später nur wird der künstliche Mensch ein homunculus, wie ihn Dr.
Frankenstein, Professor in Ingolstadt, in Mary Shelleys Roman (1818)
erschafft. Es folgt, dass der Ausdruck ‚künstlicher Mensch' irgendwann im
18. Jahrhundert das ablegt hat, was mit ‚homme scientifique' in aller

Vagheit ausgedrückt werden konnte. Verlassen wir ihn hier als einen alten Kandidaten, über den zeitgemäß entschieden wurde. Der ‚homme scientifique' sucht nach einer anderen Übersetzung und greift dafür auf das zentrale ‚science' zurück. Der ‚scientifische Mann' wird im 18. im 19. Jahrhundert eine Nebenrolle darin spielen, wenn auch nicht die Hauptrolle.

Der Dichter und Satiriker Louis Petit, der sich Le Petit[21] nannte, aus Rouen stammte und mit Corneille befreundet war, verwendete in seiner zwölften Satire, die sich gegen La Mode richtet, ‚homme scientifique'. Er lästert gegen die neueste Mode, als purer Cartesianer, also als homme scientifique, aufzutreten und sämtliche Lehren des Aristoteles zu verachten.

Le-Petit, Louis (1686). *Discours satyriques et moraux ou satyres générales*. Rouen: Richard Lallemant.

S. 108

Pour paroistre à la Mode *Homme scientifique*,
Soûtient que ce Réveur a gasté la Physique,
Que sa doctrine n'est que pour les seuls pedants,
Mais que celle de l'autre est pour les vrais sçavans,

Ce Réveur ist niemand anders als Aristoteles, sa doctrine die Lehre des Aristoteles; l'autre ist selbstverständlich Descartes.[22]

Auch das Englische weist einen Ausdruck ähnlicher Bedeutung auf, dessen Auftritt schon früh zu finden ist. Dazu Beispiele.

anon. (1595). *The Pedlers Prophecie*. London: Tho. Creede.[23]

unpaginiert

I pray you tell me, are you a Pedler by your occupation,
I judge you rather to be a *man of science*.

Der Peddler ist ein Hausierer.

Nicolas Caussin (1583–1651), Jesuit, verfasste *La cour sainte, ou institution chrétienne des grands* (1624) in fünf Bänden, Lyon: Antoine Molin. Man übersetzte sie ins Englische.

---

[21] Van Roosbroeck, Gustave L. (1922). Corneille's relations with Louis Petit. *Modern Language Notes, 37 (5)*, 307-309.

[22] Nur müssen „les vrais sçavans", die richtigen Wissenschafter, zur Kenntnis nehmen, dass seine meisten Bücher seit 1663 dem Index librorum prohibitorum unterliegen, ein Faktor, der ihre Modernität zweifelsfrei unterstrich.

[23] Die Buchausgabe dieses kleinen komischen Schauspiels hat viele Drucke und Drucker ertragen. Als Autor vermutet man Robert Wilson, über dessen Leben wenig bekannt ist. Kermode, Lloyd Edward (2012). Wilson, Robert. Sullivan, Garrett A. & Stewart, Alan (Hrsg.) *The Encyclopedia of English Renaissance Literature, Bd. 3.* Chichester: Wiley-Blackwell. S. 1059-1060.

Caussin, Nicholas (1650). The *Holy Court in Five Tomes. The first, Treating of Motives* [...]. London: William Bentley.
S. 166f.

> And what intentions had they, but to cut the trees of Basan, to make oars for the vessel of St. Peter, but to lay their wealth at the feet of God, who according to the Prophets, made himself a foot-step of Saphirs, to save as a ladder for glory; but to maintain on earth an image of the Heavenly Jerusalem, to grant to the Church *men of science* and conscience, men of courage and fidelity, for the ornament, support, and maintenance thereof?

Die in der englischen Übersetzung zitierte Stelle steht im 2. Band des Originals auf S. 8. Der Teilsatz heißt: [...] „donner à l'Eglise des *hommes de science*, & de conscience, hommes de courage and fidelité," [...].

Gäbe es nicht schon Wilsons *Pedlers Prophecie*, könnte man gezwungen sein annehmen, ,men of science' sei dem Französischen nachgeahmt.

Sergeant, John (1696). *The Method to Science*. London: W. Redmayne.
S. 222

> [...] such men may deserve the name of Virtuosi, or Curious and Ingenious persons; yet since (as will be shewn hereafter) they cannot, by that Method alone, without making use of Principles, refund Effects into their proper Causes, nor give the true reason of the Effects they Experience; nor Deduce so much as one Scientifical Conclusion; they cannot, in true speech, be call'd *Men of Science* or *Philosophers*.
>
> Those of the Vulgar who have had good Mother-wits, and addict themselves to think much and attentively of some certain Natural Objects, may, by practical Self-evidence, well improv'd, arrive to such a true Knowledge of the Causes of things, as may rank them in the next Class of Knowers to *Scientifical Men*, or true *Philosophers*.

Weitere Beispiele des englischen Gebrauchs werden im Kapitel für das nächste Jahrhundert folgen.

Welche Sprache die entscheidende dafür war, dass auch in Deutschland der Wunsch nach einer passenden Bezeichnung für die Menschen entsteht, die etwas mit Wissenschaft zu tun hatten, ist nicht entscheidbar. Da das Französische und das Englisch wechselseitig auf sich einwirkten, ist eine klare Entscheidung nicht unentbehrlich. Doch steht fest, dass damals das Französische generell sich stärker auf das Deutsche auswirkte.

Das achtzehnte Jahrhundert

Der Chronologie folgend sollen zunächst Wörterbücher betrachtet werden, die den Ausdruck ‚homme scientifique' ins Deutsche übertragen.

Jablonski, Johann Theodor (1711). *Nouveau Dictionnaire François-Allemand, Contenant Tous les mots les plus connus & usités De La Langue Françoise Ses expressions propres, figurées, proverbiales & burlesques Avec Plusieur termes des arts et des sciences.* Leipzig: Thomas Fritsche.

S. 522

Un *homme scientifique*: ein mann von großer wissenschaft.

Woraus sich die Beigabe des ‚großer' ergibt, bleibt unausgesprochen.

Sprögel, Johann Christoph (1717). *Unter Gottes Seegen sichere und zuverläßige Kinder-Pflege.* [...]. Hamburg: Samuel Heil.

S. 12

[...], in jener aber wird das Geblüte von den Unreinigkeiten, die sonsten durch des Sanctorii Transpiration weggiengen, immer mehr und mehr angefüllet, verdicket und der äusserlichen Haut angenehme Farbe gemindert bis zuletzt Cachexia draus wird, daß man künstelt und künstelt, woran, wegen Überfluß der Unreinigkeiten und Zartheit der Eingeweyde, die grosse Curen gar nicht ertragen können, nichts zu erkünsteln ist, [...].

Dies als ein Beispiel für das herabsetzende Wort ‚künsteln'.

Als Mann der Wissenschaft aufzutreten, wurde Mode. Manche Ehrgeizlinge versuchten es schon damals, so eingeschätzt zu werden, ohne auf eine angemessene Grundlage zu verfügen.

Frisch, Johann Leonhard (1719). *Nouveau Dicionaire Des Passagers François-Allemand Et Allemand-François, Oder neues Frantzösisch-Teutsches und Teutsch-Frantzösisches Wörter-Buch, Worinnen Alle Frantzösische Wörter, auch der Künste und Wissenschafften, aus den vollkommensten und neuesten Dictionariis, nebst den nöthigsten Constructionen und Redens-Arten, durch kürtzlich gezeigte Etymologie, und durch das gebräuchlichste auch reineste Teutsche erkläret worden;* [...] *Andere Aufl.* Leipzig: Friedrich Gleditschens Sohn.

Sp. 1474

faire le *scientifique*, vor einen Gelehrten gelten wollen.

Etwas Sein Wollen und etwas Sein Können, müssen sich nicht decken. Die Erwähnung dieses Unterschieds kann zu der Idee führen, dass zwei unterscheidbare Ausdrücke erfordert werden.

> Bayer, Jacob (S. J.) (1724). *Paedagogus latinus germaniae juventutis sive lexicon germanico-latinum et latino-germanicum, utriusque linguae vocabula, idiotismos, phrases, adagia, aliasque elegantias exhibens* [...]. Mainz: Johann Georg Häffner.
> S. 401
> Künstlich, *Ein künstlicher Mensch.* Artificiosus. Ingeniosus. Multis artibus praeditus. In arte multum versatus.

Jean de La Fontaine (1621–1695), klassischer Schriftsteller, immer noch bekannt für manche seiner Feststellungen, so auch jene über die Sektion Liebe und die Erfolgsaussichten eines Wissenschafters.

> La Fontaine, Jean de (1729). *Oeuvres diverses. 1. Bd.* Paris: Jean-Luc Nyon.
> S. 349
> Or soyez sûr qu'en amours,
> Entre l'homme d'épée & *l'homme de science,*
> Les Dames au premier inclineront toujours; [...].

Der Chronologie gemäß werden zwei anglophone Autoren zitiert. George Berkeley (1685–1753), anglikanischer Theologe und Bischof sowie Philosoph in Irland, verwendet den Ausdruck ‚Man of Science', der dem ‚Homme de Science' stark ähnelt und zweifellos als ‚Mann der Wissenschaft' ins Deutsche übertragen werden kann. Diesen setzt er in einer anonymen Schrift mit dem Ausdruck für moderne Freidenker gleich.

> anon. (1732). *Alciphron: Or, The Minute Philosopher. In Seven Dialogues. Containing an Apology for the Christian Religion, against those who are called Free-thinkers. 2. ed., 2. vols.* London: J. Tonson.
> S. 51
> LYS. But what if I know the Nature of the Soul? What if I have been taught that whole Secret by a modern Free thinker? a *Man of Science* who discovered it not by a tiresome Introversion of his Faculties, not by amusing himself in a Labyrinth of Notions, or stupidly thinking for whole Days and Nights together, but by looking into Things, and observing the Analogy of Nature.

Die französische Übertragung vermeidet auffälligerweise dieses bedenkliche Gleichsetzen des modernen Freidenkers mit dem Mann der Wissenschaft und setzt ein anderes Wort ein.

anon. (1734). *Alciphron, ou le petit philosophe; en sept dialogues: contenant une Apologie de la Religion Chretienne contre qu'on nomme Esprits-forts, 2. Bd.* La Haye: P. Gosse & J. Neaulme.

S. 53

> Lys. Mais, que direz-vous, si je connois la Nature de l'Ame? Ce Secret m'a été revelé par un Esprit-fort moderne, qui est parvenu à cette Decouverte, sans se perdre dans un Labyrinthe d'Idées abstraites, & sans passer des Jours & des Nuits à mediter, mais en observant l'Analogie de la Nature.

Die deutsche Übersetzung, die sich hierin an die französische Version hält, vermeidet ebenfalls den Mann der Wissenschaft.

anon. (1737). *Alciphron ou le petit Philosophe Das ist: Schutz-Schrifft Für die Wahrheit Der Christlichen Religion, wider die so genannten starcken Geister, in sieben Gesprächen verfasset. Nach dem Original und der Frantzösischen Ubersetzung verdeutscht von Wigand Kahler.* Lemgo: Johann Heinrich Meyer.

S. 443

> Lysicles. Aber was wolt ihr denn sagen, wenn ich die Natur der Seelen kenne? Diese Heimlichkeit ist mir von einem der heutigen starcken Geister entdeckt worden, als welcher zu solcher Untersuchung gelanget, ohne sich den Kopf durch einen Haufen abstractivischer Begriffe zu zerbrechen, und ohne Tag und Nacht nichts andres zu thun als nach-zudencken, sondern nur der Aehnlichkeit der Natur zu folgen, und darauf acht zu geben.

Auch in Berkeleys nächstem Buch erscheint ‚Man of Science' nicht sehr vorteilhaft, etwa wenn er einem Computer gegenübergestellt wird, einem Kalenderberechner, der bewegliche Festtage kalkuliert, also jemandem, der zur Bestimmung seines Ergebnisses immerhin Prinzipien und Regeln einsetzt.

Berkeley, George (1734). *The Analyst; or, a Discourse Addressed to an Infidel Mathematician.* London: J. Tonson.

S. 53

> But then it must be remembred, that in such case although you may pass for an Artist, Computist, or Analyst, yet you may not be justly esteemed a *Man of Science* and Demonstration.

S. 88

> Whether the Difference between a mere Computer and a *Man of Science* be not, that the one computes on Principles clearly conceived, and by Rules evidently demonstrated, whereas the other doth not?

Es wird noch öfters zu spüren sein, dass Theologen zu Menschen der Wissenschaft ein gebrochenes Verhältnis pflegen. Die *nova scientia* setzt nicht selten eine eigene Autorität gegen die der Theologie, so etwa liest sich's bei Galileo.

Des Satirikers und Ironikers Jonathan Swifts (1667–1745) knappe Erzählung heißt Squire Bickerstaff Detected: Or, the Astrological Impostor Convicted. Sie steht in

> anon. (1735). *The Works of J. S., D. D, D. S. P. S., 1. Vol.* Dublin: George Faulkner.

S. 169

> But, I thank my better Stars, I am alive to confront this false and audacious Predictor, and to make him rue the Hour he ever affronted a *Man of Science* and Resentment.

Der Man of Science ist der Verfasser, dem der Predictor sein Sterbedatum genannt hatte, der diesen Tag aber ohne das denkwürdige Ereignis durchlebte.

Ein weiteres Sprachlexikon:

> Rondeau, Pierre & Buxtorf, Auguste Johann (1739). *Nouveau Diction-naire François-Allemand Contenant Tous Les Mots Les Plus Connus et Usités de la Langue Françoise Ses expressions propres, figurées, proverbiales & burlesques Avec Plusieur Termes des Arts et des Sciences.* Basel: Veuve de Feu J. Conrad de Mechel.

S. 693

> Un *homme scientifique*: ein mann von grosser wissenschaft.

Um die Geltung des Französischen in damaligen Zeiten in Erinnerung zu bringen, sei ein Satz aus dem unpaginierten Vorwort des Bearbeiters und Herausgebers August Johann Buxtorf aus dem unpaginierten Vorwort dieses *Dictionnaire* vorgestellt.

> Der müßte in Europa gantz fremde seyn, der nicht wissen solte, wie wenig einer in der Kaufmannschafft, in verschiedenen Künsten und Wissenschafften, ja in dem Umgang mit anderen Menschen fortkommen könne, wann er der Frantzösischen Sprache nicht kundig ist.

Die Wörterbücher, die ‚homme scientifique' zu Deutsch wiedergeben wollen, verdeutlichen, dass das Wort ‚Wissenschaffter' aus dem 17. Jahrhundert sich nicht entsprechend bekannt machen ließ. Es entsteht der Eindruck, es sei noch kein deutscher Ausdruck in allgemeinem Gebrauch zu finden, der dem französischen in Deutlichkeit gleichkommt. Ein ‚künstlicher Mensch' hilft wenig, und ein ‚Mann von großer Wissenschaft' klingt eher unzweckmäßig. Die einfachste, dem Französischen entsprechende Formel ‚wissenschaftlicher Mensch' oder ‚Mann' wird erst gegen Ende des 18. Jahrhundert in breiteren Gebrauch einziehen. Der Ausdruck ‚wissenschaftlicher Mann' wird im neunzehnten Jahrhundert beliebter als ‚Wissenschafter' und lässt sich auch im zwanzigsten Jahrhundert noch antreffen. Doch vor dessen Auftritt lassen sich andere Ausdrücke wie ‚Wissenschafter' und verwandte finden, an denen nicht bemerkt werden kann, dass oder ob sie aus einer anderen Sprache übergenommen wurden.

Die früheste, mir begegnete gedruckte Fassung des Wortes ‚Wissenschafter' dieses Jahrhunderts bietet sich in einem Büchlein dar, das ein Jemand, der sich Gottfried Wackermann nannte, in Jahre 1742 mit der Druckortsangabe Löwen der lesenden Welt vorlegte. Diese Universitätsstadt war wie der Verfassername vorgetäuscht, gedruckt wurde es in einer ihm näher liegenden Universitätsstadt, in Jena. Eine Verlagsnennung fehlt vermutlich wegen des satirischen Charakters des Buches; es mag der Jenaer Verleger Christian Hinrich Kuno gewesen sein, der auch weniger unseriöse Bücher des sich hier Wackermann nennenden Verfassers verlegte.

Wackermann, Gottfried (1742). *Des Heiligen Apostels Pauli Treugemeinte Warnung Colloss. 2. v. 8.*[24] *vor den Parforce-Philosophen. Nebst Erörterung der Fragen: Ob man alles demonstriren könne? Und warum GOtt die heilige Schrift nicht nach der demonstrativischen Methode eingegeben? Ans Licht gestellet.* Löwen: s. n. Zweck dieses Büchleins der Warnung S. Pauli ist die Verteidigung des christlichen Glaubens und seiner Schriften gegen neuere philosophische Ansichten und Werke, die wie auch ihre Autoren in grobianistischer Manier angefallen und niedergeputzt werden. Zu den oft angeherrschten Philosophen gehören Descartes und Spinoza[25], weniger deutlich, aber keineswegs milder Gottfried Wilhelm Leibniz und besonders Christian Wolff.

---

[24] Coloss. 2, 8. Βλέπετε μή τις ὑμᾶς ἔσται ὁ συλαγωγῶν διὰ τῆς φιλοσοφίας καὶ κενῆς ἀπάτης κατὰ τὴν παράδοσιν τῶν ἀνθρώπων, deutsch „Sehet zu, daß euch niemand beraube durch die Philosophia und lose Verführung nach der Menschen Lehre." So in Büchner, Gottfried (1750). *Biblische Real- und Verbal-Hand-Concordanzien oder Inbegrif der biblischen Gottesgelahrtheit darinnen die Personen, Länder, Städte, Flecken, Gegenden, Berge, Götzen, Gebräuche, Münz, Gewicht und Maas [...].* S. 1914. Jena: Christian Hinrich Kuno. Über dem Brief des Paulus an die Kolosser, 2, Vers 8; siehe das dortige Stichwort *Philosophia,* S. 1453.

[25] Nicht nur Descartes, auch Spinoza unterlag dem Index librorum prohibitorum.

Der ‚Wissenschafter' wie auch ‚Wissenschaft' werden bei Wackermann mit einfachem f geschrieben. Dabei bleibt die Aussprache unverändert. Diese orthographische Abwandlung hat keinerlei erkennbare Bedeutung. Das Wort wird an zwei Stellen verwendet, in beiden Fällen als Compositum. Die erste Wackermannsche Stelle lautet

S. 7

> Und es ist gantz falsch, wenn man so überhaupt und zwar dictatorisch hinschreiben will: Es könne kein Object gefunden werden, welches nicht einer philosophischen Erkenntniß unterworfen. Denn die heilige Schrift ist kein Stück menschlicher Gelehrsamkeit, sondern eine über alle menschliche Gelehrsamkeit erhabne göttliche Weisheit. Der größte Möglichkeits-*Wissenschafter* kan nicht alle Warheiten in der Philosophie, und eben so wenig die Geheimnisse demonstriren; so wenig es ein anderer vernünftiger Gelehrter kan, welcher die Philosophie ohne Prahlerey studirt.

Gottfried Wackermanns Offensive gegen Möglichkeits-Wissenschafter[26], auch Poßibilitäts-Krämer, Überforscher oder Omniscibilisten genannt, kann sich gegen Descartes, Spinoza und Leibniz richten, verurteilt jedoch hauptsächlich Christian Wolff, der in seiner *Philosophia*[27] *prima, sive ontologia* (1732), Sectio II., Caput I., die Philosophie definierte als die Wissenschaft von allem Wirklichen und Möglichen, insofern es sein kann.

Die zweite Stelle, an der ‚Wissenschafter' erscheint, trifft man in *Pauli Warnung* bei einer Fabel über eine Figur namens Blasius Pneumatologus. Ob Wackermann diesen Blasius erfunden hat, um auf das Wort ‚blasphemus' anzuspielen, oder ob er damit auf die antike Gestalt des Caius Blasius, eines Schülers des Stoikers Antipatros, hinweisen wollte, bleibe offen. Blasius Pneumatologus beschloss, nach China zu reisen, um die Asche des Confutius zu verehren. Die Wertschätzung dieses heidnischen Chinesen wurde schon Leibniz von manchen Christen übelgenommen. Wolff hielt

---

[26] Dieses Wort hat sich durch einen Sprung über Jahrhunderte und einen kleinen Wechsel in der Orthographie in die Gegenwart verlaufen. Da sagt Sina Farzin zu Wolf Lepenies: „Wenn man Sie als Möglichkeits*wissenschaftler* liest, fällt auf, dass Sie neben wissenschaftlichen Quellen wie Hirschmann auch immer sehr stark aus der Literatur geschöpft haben. Was ist das für ein Verhältnis?" Lepenies, Wolf & Farzin, Sina (2017). So ein richtiger Soziologe bin ich ja nicht ... *Soziologie, 46 (4),* 377-388. S. 378.

[27] Wolff, Christian (1732). *Philosophia prima, sive ontologia, methodo scientifica pertracta, qua omnis cognitionis humanae principia continentur.* Frankfurt: Renger.

1721 seine Hallenser Rektoratsrede *Oratio de Sinarum philosophia practica*[28] über eben diesen Konfuzius. Prompt sorgten christliche Universitätskollegen dafür, dass er aus Preußen schändlich vertrieben wurde. Er zog nach Marburg und ließ als Marburger Professor die Rede drucken. Wer hier als Blasius veralbert werden soll, ist somit deutlich.

Blasiusens Chinareise endet unglücklich in einem Sturm im Pazifik nebst erfolgendem Schiffbruch und der Notlandung auf einer menschenleeren Insel[29].

S. 23
Endlich stieß dieses elende Kahn ans Ufer. Mein Grund-*Wissenschafter* stieg, ohne sich lange zu besinnen, aus, und das Both nahm in aller Geschwindigkeit hinter ihm seinen Abschied.

Dort sucht er Trinkwasser, findet einen Bach, weiß aber nicht, ob er daraus trinken sollte, denn grund-sätzlich sei es möglich, dass dies Wasser giftig ist, und er kenne keinen zureichenden Grund, aus welchem folge, dass dem nicht so sei. Blasius, auch Grund-Wissenschafter genannt, trinkt schließlich vor unerträglich angeschwollenem Durst, vergiftet sich nicht und wird damit von seinem Möglichkeits-Fimmel erlöst.

Vor solchen Menschen, [...] „welche eine Wissenschaft aller möglichen Dinge, warum und wie ferne sie möglich sind, affectiren, und keine Wahrheit, welche nicht aus ungezweifelten Grund-Sätzen hergeleitet und kettenmäßig zusammen gehängt werden, annehmen wollen,“ [...] (Wackermann 1742, S. 10), warne schon der im Titel genannte Apostel Paulus. Aus gutem Grund, ließe sich Wackermann entgegnen, denn auch seine eigene Trinität, umfassend „Die Erfahrung, die Vernunft und die heilige Schrift“ (S. 15), enthält durchaus bezweifelbare Stellen.

So viel zu diesem Buch, das ausführlicher behandelt wurde, um zu verdeutlichen, dass hier das Wort ‚Wissenschafter‘ spöttisch oder höhnisch, jedenfalls erniedrigend eingesetzt wird. Die Tatsache, dass darin das damals in der Schriftsprache unübliche Wort ‚Wissenschafter‘ verwendet wird, zeigt sich durch eine Rezension, welche die Schimpfwörter und damit

---

[28] Wolff, Christian (1721). *Oratio de Sinarum philosophia practica, in solemni panegyri recitata.* Frankfurt: Joh. B. Andreae & Henr. Hort.

[29] Defoes Bestseller *Robinson Crusoe* war 1719 erschienen, deutsche Übersetzungen ab 1720. Nachahmungen und Inselromane, genannt Robinsonaden, ließen nicht lange auf sich warten. Wackermann schrieb also eine solche.

auch ‚Wissenschafter' wiedergibt. Der Rezensent des Buches gibt sich wenig amüsiert.

anon. (1742). [Rezension:] Wackermann, Gottfried (1742). Des Heiligen Apostels Pauli Treugemeinte Warnung etc. *Göttingische Zeitungen von gelehrten Sachen, Jg. 1742, 63. Stück*, 542-544.

S. 544

Die Erdichtung von der Manier, wie Blasius an der Demonstrier-Sucht geheilet worden, wird den Witz und Verstand eines unparteyischen Lesers gar wenig belustigen. Die gelehrten Schimpfwörter der Omniscibilisten, Poßibilitäts-Krämer, Möglichkeits *Wissenschafter,* der Q.e.d.macher, Demonstrations-Becker, Parforce-Philosophen praestabilitio harmonificata etc. wollen es nicht allein ausmachen.

Eine weitere Möglichkeit, das noch seltene Wort, welchem man vermutlich im gesprochenen Deutsch häufiger als im gedruckten begegnete, was heute sich nicht mehr empirisch nachweisen lässt, tritt auf in der zweiten Auflage *Des H. Apostels Pauli Treugemeinte Warnung* (Wackermann 1745). Hier werden erstmalig Orts- und Verlegerangabe, nämlich Jena und Joh. Friedr. Ritter, getreulich wiedergegeben. Sonst aber widerspricht nichts dem Eindruck, dass mit dem neuen Titelblatt die unverkauften Überreste der ersten Auflage eingepackt und auf den Markt geschoben wurden.

Der Göttingische Rezensent von 1742 hatte, konnte oder wollte nicht verraten, was es mit dem wackeren Namen des Robinsonaden-Poeten auf sich hat. Doch den gedruckten Hinweis auf seinen echten, vermutlich nicht wenigen Leuten bekannten Namen brachte Friedrich August Weiz 1780 in seinem *Das gelehrte Sachsen oder Verzeichniß derer in den Churfürstl. Sächs. und incorporirten Ländern jetztlebenden Schriftsteller und ihrer Schriften*, Leipzig: Carl Friederich Schneider, auf Seite 32. Das gleiche vollzieht etwas gründlicher auch Emil Ottokar Weller 1858 auf Seite 53 in seiner Arbeit über *Die falschen und fingirten Druckorte. Repertorium der seit Erfindung der Buchdruckerkunst unter falscher Firma erschienen deutschen Schriften*. Leipzig: Falcke und Rössler. Dessen zweite Auflage der *Druckorte* erledigt dies sogar noch etwas ausführlicher.[30]

---

[30] Weller, Emil Ottokar (1864). *Die falschen und fingirten Druckorte. Repertorium der seit Erfindung der Buchdruckerkunst unter falscher Firma erschienen deutschen, lateinischen und französischen Schriften. 1. Bd., 2. Aufl.* Leipzig: Wilhelm Engelmann. S. 82.

Danach heißt der als Wackermann sich tarnende Erzähler wirklich Gottfried Büchner[31] (1701–1780), der wirkliche Druckort auch der ersten Auflage ist Jena, deren Verleger Johann Friedrich Ritter. Büchner studierte ab 1718 evangelische Theologie in Jena, war dort ab 1725 akademischer Dozent und wurde später Rector der Stadtschule zu Querfurt. Bekannt wurde er durch seine *Biblische Real und Verbal Hand-Concordanz Oder Exegetisch-homiletisches Lexicon Darinne Die verschiedene Bedeutungen derer Wörter und Redensarten angezeigt, Die Sprüche der gantzen heiligen Schrift, so wohl den nominibus als auch verbis und adjectivis nach, ohne weiter Nachschlagen, ganz gelesen, Ingleichen Die nomina propria, als Länder, Städte, Patriarchen, Richter, Könige, Propheten, Apostel und andere angeführet, Die Artikel der Christlichen Religion abgehandelt, Ein sattsamer Vorrath zur Geistlichen Rede-Kunst dargereichet Und was zu Erklärung dunckler und schwerer Schriftstellen nützlich und nöthig, erörtert wird.* Jena: Peter Fickelscherr, 1740, gefolgt von vielen Auflagen.

Ein Theologe, der wüste, wenn auch gelehrte Schimpferien gegen andere Gelehrte und Verhöhnungen gegen Philosophen nicht nur in unbeherrschten Wutanfällen aussprach, sondern diese absichtlich in Druck gab, war damals keineswegs ungewöhnlich. In der Zeitschrift *Fortgesetzte Sammlung von Alten und Neuen Theologischen Sachen, Zur geheiligten Ubung Ertheilet von Einigen Dienern des Göttlichen Wortes, Erster Beitrag Auf das Jahr 1743*, erscheinend in Leipzig bei Carl Ludwig Jacobi, trifft man auf eine Darstellung des Elends der Zeit aus protestantisch-theologischer Sicht. Diese Darstellung nennt keinen Verfasser, heißt zunächst sachlich *Kurtzgefaßte Kirchen-Geschichte des 1742sten Jahres* und erstreckt sich über die Seiten 63 bis 69. Der erste Satz ertönt anfänglich erschreckend, doch endet einigermaßen beruhigend.

In dieser gefährlichen Zeit, darin mörderisches Kriegs-Feuer fast gantz Europa in Flammen gebracht, und das durch [Kaiser] Carls des 6ten Tod entstandene Toben der Völcker, die so gerne kriegen, sich augenscheinlich vermehret hat, gefiel es der Göttlichen Aufsicht, der Evangelischen Kirche etwas Ruhe vor ihren Feinden mitzutheilen. (anon. 1743, S. 63)

Die erste Partie des österreichischen Erbfolgekrieges war gerade abgeschlossen, der tatsächlich in evangelischem Gelände für weniger Kämpfe

---

[31] Er sollte nicht verwechselt werden mit Johann Gottfried Büchner (1695–1749), einem Historiker und Archivar.

sorgte. Doch fürchtete die dort eingebürgerte Theologie weiterhin andere, keineswegs neue Gefahren. Dazu zählt besonders:

> Die Zerrüttung der wahren Theologie durch die zur Herrschafft greifende Wolffische Philosophie hat noch nicht aufgehöret; also hat das bekannte: Quo ruitis? [...] fortgesetzt werden müssen. Die unter dem Nahmen G. Wackermanns edirte nachdrückliche Schrift gegen die Parforce-Philosophen gehöret hieher. (anon. 1743, S. 63)

Hier wird der Name des Attackierten genannt, den zu erwähnen Wackermann alias Büchner unterließ. Sein Schimpf gilt Christian Wolff, dem der neue preußische König 1740 die Rückkehr nach Halle gestattete, sehr zum Verdruss der dortigen Theologen, die 1723 seine Vertreibung durch den Vater Friedrichs II. hervorgerufen hatten. Er galt gewiss nicht minder den Wolffianern, den Anhängern, die seine Lehren weithin vermittelten. Die im Volk verbreitete Rede vom Bösen Wolf sorgte für gesteigerte Emotionalisierung dieser Feindschaft.

Es zeigt sich also, dass der erste gedruckte Gebrauch des Wortes ‚Wissenschafter‘ mit einfachem f als Schimpfwort eintritt, das sich gegen Wolff, gegen die Wolffianer, gegen die gesamte Aufklärung richtet.

Wenn es tatsächlich so sein könnte, dass Wackermann alias Büchner erster schriftlicher Benutzer dieses Wortes mit simplem f ist, so wäre es dennoch eine unbegründete Behauptung, er sei Erfinder dieses Wortes gewesen. Es mag sich schon geraume Zeit zuvor in mündlicher Verwendung befunden haben, die zwischen f und ff nicht unterscheidet. Denn ein Wort, das zudem als Schimpfwort gilt, kann Jahre gesprochen eingesetzt werden, ohne schriftlich in Erscheinung zu treten. ‚Wissenschafter‘ als gelehrtes Schmähwort mag so grobianisch und niederschmetternd gewesen sein, dass es nur mühsam den Weg in die Schriftsprache fand. Doch es könnte eher für matter als manches andere wetternde Wort gegolten haben, so dass man lieber zum gröbsten griff. Der gelehrte Ausdruck ‚Omniscibilist‘ etwa, der sich auch bei Wackermann findet, zeigt sich schon früher als bei Wackermann, nämlich zu Beginn des 18. Jahrhunderts.

Ein Autor, der bald nach Gottfried Wackermann alias Gottfried Büchner das Wort ‚Wissenschafter‘ im Druck erscheinen lässt, heißt Johann Friederich Willisch. Sein Geburtsjahr ist unbekannt, es liegt vermutlich wenige Jahre vor 1700, gestorben ist er 1763. Er hatte Theologie in Leipzig studiert, in dem Land, in dem auch Büchner tätig war. Nach Erreichen des Magistergrades suchte er berufliche Wege außerhalb der Theologie, ging ins Baltikum, wurde 1722 Subrektor und 1725 Konrektor der Domschule zu Riga und später Bibliothekar der Rigaer Stadtbibliothek. Über seinen

Umbau dieser Bibliothek schrieb er ein 1743 erschienenes Buch mit dem ausgiebigen Titel.

Willisch, Johann Friederich (1743). *Die bißhero unbekannt und verborgen gewesene Bibliotheque Der ehemals Königlichen, nunmehro Kayserl. Kauf- und Handels-Stadt Riga, hat mit Genehmhaltung E. Hoch-Edl. u. Hochweisen Magistrats Dem Publico bekannt machen Und allen respectivè fürnehmen Patronen und Freunden der Gelehr-samkeit, Der gesamten wehrten Bürgerschaft und besonders der studirenden Jugend Den publiquen Gebrauch derselben pflicht-schuldigst eröffnen Und zugleich Von denen in alten Zeiten verlornen, in den neuern Zeiten aber häuffig aufgerichteten so öffentlichen, als privat-Bibliothequen eine kurtze Nachricht mittheilen wollen.* Riga: Samuel Lorentz Frölich.

Das Buch ist kürzer als das Ausmaß des Titels vermuten lässt, wurde nicht paginiert, enthält jedoch das seltene oder seltsame Wort ‚Wissenschafter'. circa S. 4f.

Denn ist die Weltweißheit eine Wissenschaft aller möglichen Dinge auf der Welt, warum und wie ferne sie möglich sind: wer wolte doch zweifeln, daß ein eintziges Object gefunden würde, das nicht einer Philosophischen Erkenntniß unterworffen, und daß folglich alle Gelehrsamkeit in der Weltweißheit allein anzutreffen sey? Allein zugeschweigen daß die gesunde Vernunft wohl einsiehet, daß durch diese allzuweit um sich greiffende Definition der Unterschied zwischen der Allwissenheit, die dem unendlichen GOtt zukomt, und zwischen einer endlichen Wissenschafft, welche sich nur bey Menschen findet, gantz unvorsichtig aufgehoben wird: so erfordert die wahre Gelehrsam-keit in ihren Umfang weit mehr, als eine Reihe Philosophischer definitionen, distinctionen und abstractionen aus einer canonisirten Metaphysique, vermittelst welcher ein Möglichkeits-*Wissenschafter* ebenso wenig, als ein andrer vernünftiger Gelehrter, der die Weltweiß-heit nicht bloß aus Ruhmsucht studiret, zu einer vollkommener Gelehrsamkeit in diesen Leben gelangen kan. Wer weiß aber nicht, daß zu einer menschlich-vollkommenen Gelehrsamkeit nicht blos die Philosophie, sondern auch die Theologie, Jurisprudence und Medicine, ja die Philologie und Critiqve mitzurechnen sind? Wiewohl das menschliche Wissen, es erstrecke sich soweit es wolle, nur ist ἐκ μέρους, ein Stückwerck. 1. Cor. 13.[32]

---

[32] Vollständig 1. Cor. 13, 9.

Die Ähnlichkeit mit Wackermanns alias Büchners *Treugemeinter Warnung* aus dem Vorjahr fällt auf, nicht allein durch das ansonsten seltene Wort, sondern auch in der Anschuldigung der Philosophie, wohl nicht sämtlicher, jedoch bestimmter Richtungen derselben. Man darf vermuten, dass Wackermanns Buch nach Riga gelangte, dem Bibliothekar Willisch, der sich in der Theologie auskannte, in die Hände kam und ihm die Wortwahl eingab.

Es ist festzuhalten, dass das ältere Wort ‚Wissenschaffter‘, dem man im siebzehnten Jahrhundert begegnet, unzweifelhaft einerseits anerkennend gemeint war, von iatrochemisch orientierten Medizinern verwendet wurde und auf ein Publikum zielte, das empirische Erfahrungen auch ohne akademischen und damit lateinsprachlichen Hintergrund besitzt. Doch andererseits verwendete es der Theologe Albinus auch in ablehnender Weise.

Das vermutlich erste Auftreten des Wortes ‚Wissenschafter‘, in der Mitte des achtzehnten Jahrhundert, geschrieben mit nur einem f, wird nicht von Chemikern benutzt. Es wird von lutherischen Theologen als Schimpf oder Ermahnung für Kollegen aus der Philosophischen Fakultät eingesetzt, um deren angeblich christenfeindliche Ansichten zu veralbern. Doch diese Verwendung erzeugt anscheinend keine bindende Tradition, denn in diesem Jahrhundert treten bald auch andere Verwendungsweisen auf.

Gottfried Büchner fand noch eine andere Verwendung des Wortes ‚Wissenschafter‘, erneut als zweiten Teil eines Kompositums.

Büchner, Gottfried (1756). *Von den zweimal Verstorbenen und von dem Ort wo sich deren Selen in der Zwischenzeit von dem Tage ihres Todes bis zu deren Wiedererweckung zu diesem Leben aufgehalten handelt nach Schrift und Vernunft.* Jena: Güthische Buchhandlung.

S. 125

Ich sehe keinen Grund ein, warum man einem gelehrten Mann übel auslegen könne, daß er bei gewissen Dingen, in deren Erforschung er nicht festen Fus fassen kan, offenherzig sagt: Ich weis nicht. Die Weltweisheit ist ia nicht ohne Geheimnisse, welche auch der tiefsinnigste *Grundwissenschafter*, so lange die Welt steht, nicht in ein wissenschaftlich Licht setzen wird. Warum sollte sich nun ein Gelehrter schämen, wenn er, auser den götlichen Geheimnissen, wegen einiger Umstände, welche die heilige Offenbarung bei Erzählung einer besondern Begebenheit verschweigt, die Erklärung thut, daß er sich nicht entschließen könne, ein Urtheil zu fällen.

Das Wort ‚Grundwissenschaft‘ entstand um 1700. Christian Thomasius etwa riet 1713 den Studenten der Juristerei, von der Lehre der Ökonomie, einer „Klugheit ein Vermögen zu erwerben und zu administriren, so wohl zu Vermeydung der Armuth als auch der Betteley“, [sich eine] „kurtze aber dabey deutliche Grund-Wissenschaft zu wege zubringen“.[33] Dies sei zumal deswegen zu empfehlen, da diese Wissenschaft nicht auf Universitäten gelehrt werde.

Diese breite Verwendung des Wortes ist leicht verständlich. Daneben liegt eine engere Verwendung vor, die Christian Wolff, dem Büchner bekanntermaßen wenig wohlgesonnen war, in der Philosophie prägte. Wolff lieferte Erläuterndes.

Die Ontologiam nenne ich im deutschen die Grund-Wissenschafft, nicht die Dinger-Lehre, als welches Wort man gebraucht hat, wenn man diese Wissenschafft lächerlich machen wollte. Ich brauche des Wort Grund-Wissenschafft, weil man in diesem Theile der Welt-Weisheit die ersten Gründe der Erkäntnis erkläret.[34]

Es ist anzunehmen, dass Gottlieb Büchner sich in *den zweimal Verstorbenen* auf die engere Verwendung als Verdeutschung des Wortes ‚Ontologie‘ und damit auf und gegen Wolff bezieht.

Ein englischer Spötter freute sich weiter Beliebtheit[35], nicht nur in England und nicht nur in diesem Jahrhundert.

Sterne, Laurence (1760). *The life and opinions of Tristram Shandy, gentleman, Bd. 1.* London: R. and J. Dodsley.

S. 31

My Lord, if you examine it over again, it is far from being a gross piece of daubing, as some dedications are. The design your Lordship sees, is good, the colouring transparent, – the drawing not amiss; – or to speak more like a *man of science*, – and measure my piece in the painter's scale, divided into 20, – I believe, my Lord, the out-lines will turn out as 12, – the composition as 9, the colouring as 6, – the expression 13

---

[33] Thomasius, Christian (1713). *Höchstnöthige Cautelen, welche ein Studiosus Juris, Der sich zu Erlernung der Rechts-Gelahrtheit Auff eine kluge und geschickte Weise vorbereiten will, zu beobachten hat. Nebst einem dreyfachen und vollkommenen Register.* Halle: Renger. S. 423; S. 429.

[34] Wolff, Christian (1726). *Ausführliche Nachricht von seinen eigenen Schrifften, die er in deutscher Sprache von den verschiedenen Theilen der Welt-Weißheit heraus gegeben.* Franckfurt: J. B. Andreä und Henr. Hort. S. 30.

[35] Der *Index librorum prohibitorum* nahm auch dieses Werk auf.

and a half, – and the design, – if I may be allowed, my Lord, to understand my own design, and supposing absolute perfection in designing, to be as 20, – I think it cannot well fall short of 19.

Übertragungen auf den Kontinent werden demnächst diagnostiziert.

Gustav Georg König von Königsthal (1717–1771) studierte Jura in Altdorf und in Jena, wurde Dr. iuris und 1759 geadelt.

Koenig de Koenigsthal, Gustavvs Georgivs (1760). *Corpvs Ivris Germanici Pvblici Ac Privati: Hactenvs Ineditvm E Bibliotheca Senckenbergiana Emissvm Et Praefamine Ipsivs Splendidissimi Possessoris Ornatvm. Tomus I, Exhibens Partem Primam Et Secvndam Qvarvm Argvmenta Tabvla Cvivis Praefixa Indicat.* Frankfurt am Main: Johann August Raspius.

S. XCIV

Ja man findet in der bekanten Constitution Friedrichs des II. von 1236. Rudolphs von Habsburg von 1291. &c. bey Schitern Tom. 2. Paralipom. p. 4. & 13. Daß kain Stat yemand sein aigen Man oder der sein aigen Man oder der sein recht Leben ist, einnehmen solle zu Pürger und wär es, daß kain (d. i. einige) Stat darüber tät, mag dann des Mannes Herr oder sein *wissenschafter* Amtman den Man bestellen inner Jahrs-Frist, als recht ist, so soll die Stat den Man dem Herrn wieder antworten. Allein auch dieses scheinet entweder nicht in die Ubung gebracht, oder doch mit der Zeit in Abgang gekommen zu seyn, [...].

Da Koenig Substantive mit großem Buchstaben setzen lässt, liegt nahe, dass ‚wissenschafter' hier adjektivisch eingesetzt sein soll. Der Fall begegnet selten. Ein Tradition ist daraus nicht entstanden.

Einige Jahre nach Büchners ‚Grundwissenschafter' konnte ich das Substantiv ‚Wissenschafter' in einer seiner bis heute in Deutschland gebräuchlichen Abwandlungen auffinden. Das älteste schriftliche Zeugnis nämlich des gleichartigen, doch buchstabenreicheren Wortes ‚Wissenschaftler', trifft man im ersten Band des Berliner *Wochenblatt zum Besten der Kinder* aus dem Jahr 1760. Es steht dort mit einer Selbstverständlichkeit, die anzunehmen nahelegt, es müsse schon eine gute Weile im Gebrauch gewesen sein, im mündlichen, wohl auch in Briefen geschriebenen, möglicherweise selbst im gedruckten.

Herausgeber dieses *Wochenblatts* war in den ersten Jahren Samuel Krickende (1736–1797), Oberkonsistorialrath und Pastor in Scheidelwitz und Tschörplitz bei Brieg an der Oder in Schlesien. Er ist vermutlich der Autor des zu zitierenden Satzes eines Artikels, der mit dem Buchstaben K. endet. Thema sind die 1759 erschienenen und hochgelobten drei Bücher der Fabeln des Gotthold Ephraim Lessing. Thema des Satzes sind jene Schullehrer, denen es nicht gelingt, den Kindern die Lehre oder Moral einer Fabel zu erläutern.

K. (1760). [Rezension:] *Wochenblatt zum Besten der Kinder, 1. Th., 2. Abschnitt, 36. Stück*, 561-576. Berlin: Fried. Wilh. Birnstiel.

S. 565

Er kann indessen ein guter Schulphilosoph, Mathematiker und *Wissenschaftler* seyn: weil er aber, vermöge einer gewissen thörichten Pedanterei, in seiner Jugend dieses Feld der Sittenlehre, und überhaupt das Feld der schönen Wissenschaften seines Anbaus unwürdig geachtet hat; so bleibt er bei allen Ehren seines treflichen Kopfes ein schlechtes Genie in einem Felde, worin er sich so wenig umgesehen hat.

Das modifizierte Wort ‚Wissenschaftler‘ klingt zwar nicht ausdrücklich so herablassend wie ‚thöricht‘, doch ist anzunehmen, dass der Autor es unterlassen wollte, das damals übliche Wort für jemanden, der Wissenschaften beherrscht, ‚Gelehrter‘, auf einen genügsamen und unzureichend ausgebildeten Schullehrer anzuwenden.

Wer immer der Verfasser des folgenden Aufsatzes über die nötigen Eigenschaften eines Lehrers war, jedenfalls solle er „ein Mann von Geschmack und in den schönen Wissenschaften wohl gewiegt seyn." Auch in diesem Zitat derselben Zeitschrift wird der Wissenschaftler mit dem l eingesetzt, erneut ohne Erläuterung.

M. (1761). [Über die erforderlichen Eigenschaften eines Lehrers.] *Wochenblatt zum Besten der Kinder, 2. Th., 1. Abschnitt, 50.-52. Stück*, 49-64+65-80+81-89.

S. 58

Solche Carrikaturen von schönen *Wissenschaftlern* verderben unendlich mehr, als sie schaden könnten, wenn sie wahrhafte Idioten wären.

S. 59f.

Sollen diese Kinder gar zu den Wissenschaften zubereitet, und auf einen Beruf mit denselben angewiesen werden: so werden sie Zeitlebens trockne schale Köpfe bleiben, wenn sie nicht unter der Hand eines vollkommenen *Wissenschaftlers*, eines wirklichen schönen Geistes gestanden haben.

Das hier eingebrachte Feld der schönen Wissenschaften ist kein anderes als das der *belles lettres*, das man mit dieser Floskel oder mit ‚schöne Literatur' eindeutschte. Auf diesen Acker gehören auch die Fabeln, die Schulkindern zu erläutern anscheinend manchen Lehrern misslang, keineswegs wegen allgemeiner intellektueller Schwächen, vermutlich wegen einer streng pietistischen Erziehung. Zu den Schönen Wissenschaften bald mehr.

Gelegentlich tritt das Wort ‚Wissenschafter' in einer Lage auf, in der unentscheidbar bleibt, ob sich ein Absicht oder ein Setzfehler darin verbirgt. Im behandelten Jahr 1760 zeigt sich ein solcher Fall. Es handelt sich um einen Nachruf auf den Geistlichen Hermann Heinrich Pagendarm (1674–1749), verfasst von Henrich Jacob , seinem Sohn.

Hermann Heinrich Pagendarm wurde in Osnabrück geboren, doch zog die Familie bald nach Lübeck. Dort besuchte er das humanistische Katharineum, in dem zweihundert Jahre später als Zöglinge die Brüder Heinrich und Thomas Mann mit unterschiedlichem Erfolg auftraten.

Pagendarm, Henrich Jacob (1760). Lebensbeschreibungen des sel. M. Hermann Heinrich Pagendarm, weyl. Past. zu Heyen und Frenke. *Braunschweigische Anzeigen, 16, (8+9+11)*, Sp. 113-121+133-139+ 169-174.

Sp. 116

Ausser den Stunden, darin er zu den Füßen der öffentlichen Schullehrer sas, lies er sich auch noch von andern braven Männern in andern *Wissenschaftern* unterweisen.

Dies bezieht sich auf die Schulzeit des Vaters Pagendarm.

Setzfehler sind nicht völlig ausrottbar. Sie sind jedoch nicht Grund-gedanke dieser Untersuchung. Deshalb soll nur ein einziges, deutlich erkennbares Beispiel eines einschlägigen Setzfehlers vorgeführt werden. Es trat einige Jahre später auf und sei hier gegen die Chronologie des besonderen Themas wegen vorgeführt. Berichtet wird, dass die Zarin Katharina II zur Verbesserung der Abläufe in der russischen Akademie der Wissenschaften zu Sankt Petersburg im Jahre 1766 eine Kommission zusammenstellte.

anon. (1767) Aus Rußland. *Augspurgische Ordinari Postzeitung, von Staats-politischen und andern Neuigkeiten, 33 (9)*, unpaginiert.

zweite und dritte Seite

Diese allerhöchst verordnete Commißion hat nicht nur alle Departe-ments der Academie der *Wissenschafter* und die bisher geführte Haushaltung bey derselben zu untersuchen, sondern auch die täglich vorkommenden Canzley-Geschäfte zu verwalten, in allen Departements eine bessere Ordnung einzuführen, eine richtigere Verwaltung der Academischen Gelder zu besorgen, und sich zu bestreben, die Academie der Wissenschaften in ihr ehemahliges Ansehen wieder herzustellen; [...].

‚Academie der *Wissenschafter*' ist nicht der offizielle Name dieser 1724 gegründeten Akademie. Man muss daher einen Setzfehler annehmen. Das haben jedenfalls jene Publikationen angenommen, die sich dieses Berichtes bedienten und statt ‚Wissenschafter' das amtlich zutreffende Wort ‚Wissenschaften' setzen ließen, so etwa der *Reichspostreuter* mit dem Redaktionsmotto „relata refero" vom Anno 1767, No. 15, Dienstag, 27. Januar, zweite Seite. So auch die *Fortgesetzte neue genealogisch-historische Nachrichten von den vornehmsten Begebenheiten, welche sich an den Europäischen Höfen zutragen, worinn zugleich vieler Stand-Personen Lebens-Beschreibungen vorkommen, 70. Th.,* 1. Innhalt: *Die Regierungs-Geschichte der Rußischen Kaiserinn im Jahr 1766,* S. 635-650, darin S. 639-640.

Nach diesem Exkurs über orthographische Irrtümer sei zurück in das Jahr 1760 gezogen und ein erneutes Auftreten des Grundwissenschafters vorgeführt.

Der evangelische Theologe Johann Christian Harenberg (1696–1774) hatte an der Universität Helmstedt, auch Helmstädt, studiert, wurde 1720 Rektor der Stiftsschule zu Gandersheim und 1733 Generalinspektor der Schulen im Herzogtum Braunschweig. 1738 ernannte man ihn zum Auswärtigen Mitglied der Königlich Preußischen Akademie der Wissenschaften in Berlin sowie 1745 zum Professor für Kirchengeschichte und politische Geographie am Collegium Carolinum in Braunschweig, bald danach zum Propst des St. Lorenz-Stifts bei Schöningen.

Er publizierte zahlreiche Schriften, darunter ein umfangreiches Werk über die Geschichte des Ordens der Jesuiten, dessen Seiten bandübergreifend nummeriert sind. Im zweiten Band dieser Geschichte spricht er *Von den Verdiensten der Jesuiten in der Gelahrtheit und den Wissenschaften.* Ausführlich schildert er deren Unterrichtswesen. In der Philosophie oder Weltweisheit orientiere man sich an Aristoteles, soweit er nicht mit heiligen Schriften in Widerrede stehe, und an Thomas von Aquin. Das im Unterricht Vorgeführte werde in der geschilderten Art debattiert.

Harenberg, Johann Christian (1760). *Pragmatische Geschichte des Ordens der Jesuiten, seit ihrem Ursprunge bis auf die gegenwärtige Zeit, 2 Bde.* Halle: Carl Hermann Hemmerde.

S. 974f.

Zuerst tritt ein Theologe wider einen Metaphysikus oder philosophischen Großhändler auf. Hierauf tritt ein Physikus gegen einen Metaphysikus auf dem Kampfplatz. Nach Mittage ringen *Grundwissenschafter* mit einem Respondenten ihrer Zunft, physikalische Ritter mit einem naturkundigen Klopffechter, Vernünftler mit einem Flügelmann der

Vernunftlehre. Wer die ganze Logik oder Vernunftlehre noch nicht zu Ende gehöret hat, demselben gebühret nicht sich bey diesen Schattenkriegen zu zeigen.

Besondere Bedeutung wird den Büchern über die Moral des Aristoteles zuschrieben. Harenberg nennt sie die Bücher über die Morale oder die Sittlichkeit und folgt damit dem Unterschied, den das Französische durch die ungleichen Geschlechter zwischen ‚le moral' und ‚la morale' verdeutlicht. Im Deutschen ist diese Unterscheidung verschwunden. Dies muss erwähnt werden, um folgenden Satz verständlich zu machen.

S. 976

Wenn die, so die Metaphysike studiren, daheim oder öffentlich über gewisse Sätze monatlich disputiren, so ist der letzte Satz jederzeit aus der Morale genommen, und disputiret dagegen ein *Grundwissenschafter* etwa eine Viertelstunde.

Nicht nebensächlich erscheint Harenbergs Übersetzung des Titels der Arbeit des Donatus oder Donat Hofmann (1703–1783), eines katholischen Priesters und Piaristen.

S. 1578f.

Der P. Donatus, Vicerektor des Collegii Scholarum piarum zu Rastadt bey Baden am Rheine hat es in der neuern Philosophie ganz weit gebracht. Er gab zu Rastadt schon 1754 in vier Oktavbänden, die zusammen fünf Alphabete ausmachen, eine *Einleitung in die Vernunftlehre, Grundwissenschaft und Sittenlehre* heraus und bediente sich darinn einer Lehrart, welche leicht und natürlich ist.

Harenbergs Benennung des Titels hat eigene Tücken. Der Originaltitel dieser *Einleitung* wird in einer Fußnote auf S. 1578 angegeben als *Introductio in Logicam, Dialecticam, Philosophiam primam, et Ethicam* [...]. Dabei bleibt unübersehbar, dass Harenberg nur drei der vier Themen des Donatus übersetzt, und daher bleibt offen, wofür ‚Grundwissenschaft' stehen soll. Bei Betrachtung des lateinischen Werkes *Introductio in universam Philosophiam, veterem, et novam, exegeticam, et dialecticam*[36] werden auf den vier Bänden die vier Themen aufgeführt: Tomus I erläutert *logicam, seu rationalem*, Tomus II *metaphysicam, seu rectius primam philosophiam*, Tomus III *physicam, seu naturalem*, Tomus IV *ethicam, seu moralem aut rectius iuris prudentiam naturalem*. Bei T. II und III zeigt

---

[36] Donatus [Hofmann, Donat] (1754). *Introductio in universam Philosophiam, veterem, et novam, exegeticam, et dialecticam, 4 Bde.* Campidonenis [Kempten]: Andreas Stadler. Mehrere Auflagen bei verschiedenen Verlagen.

sich wiederum, dass Harenberg etwas geschludert hat. Doch lässt sich aus Tomus II entnehmen, dass es wohl die *prima philosophia* ist, die Harenberg in ‚Grundwissenschaft' übertrug, denn eine *physicam* zu nennen, hat er unterlassen. Ist dieser Schluss zutreffend, dann ist der Grundwissenschafter ein primus philosophicus, vermutlich ein Ontologe. Über Harenbergs Werke wird noch einiges gesagt werden müssen.[37]

Auf der britischen Insel gewöhnt man sich an die mehrfach erwähnte Wendung der men of science. So auch David Hume (1711–1776), jener immer noch berühmte schottische Philosoph, Ökonom und Historiker[38], von dem Immanuel Kant sich entscheidend anregen ließ.

Hume, David (1764). *Essays and treatises on several subjects, New edition, Vol. I.* London: A. Millar.

S. 119

Whoever, upon comparison, is deemed by a common audience the greatest orator, ought most certainly to be pronounced such, by *men of science* and eruditi.

Der Grundwissenschafter erschien erneut im Buch eines Phileleutherios, der eigentlich Johann Konrad Füssli (1704–1775) heißt. Er studierte Theologie und wurde Pfarrer, der über reichlich Zeit für literarische Tätigkeit verfügte. Sein Pseudonym bedeutet Freund der Freiheit.

Phileleutherios (1765). *Der Christe ein Soldat unter den Heydnischen Kaysern, in der Geschichte des Kriegs-Obersten Moriz und der Thebäischen Legion, der vermeynten Märtyrer, beleuchtet und von allen Seiten aus kritischen Gründen in XXV. Briefen aufgekläret.* Frankfurt: s. n.

S. 300

Warum kan Archimomus dies nicht einsehen? Warum will ein Mann über alles seinen Urtheilsstab brechen? Ist er etwa ein *Grundwissenschafter* und tiefsinniger Philosoph? Ist er etwa ein Held in der tiefen

---

[37] Dies bestätigt ein Urteil über Harenbergs *Geschichte des Ordens der Jesuiten* als „verworrene Compilation" ebenso wie die Feststellung über ihn in Adelungs *Fortsetzung und Ergänzungen zu Christian Gottlieb Jochers allgemeinen Gelehrten-Lexiko, worin die Schriftsteller aller Stände nach ihren vornehmsten Lebensumständen und Schriften beschrieben werden, 2. Bd., C bis J.* Leipzig: Johann Friedrich Gleditsch, 1787, Sp. 1802: „Er besaß viele Gelehrsamkeit, ein großes Gedächtniß und eine starke Einbildungskraft (daher er in seiner Jugend auch Geister und Gespenster sahe,) aber desto weniger Beurtheilungskraft, welches besonders aus seinen historischen Schriften erhellet."

[38] Der Vatican nahm seine Werke auf in den Index librorum prohibitorum.

Beschäftigung mit Zahlen und Linien? Hat er etwa grosse Verdienste in der Weltlichen- und Kirchengeschichte? [...].

Archimomus soll einen Erztadler oder Meisterspotter bezeichnen. Dieses rare Wort erstarb vor Jahrhunderten. Auch dieser Theologe Phileleutherios hält wenig von Grundwissenschaftern und tiefsinnigen Philosophen.

Eine sehr frühe Behandlung der unwissenschaftlichen Person zeigt sich in einer pädagogischen Darstellung über die schönen Wissenschaften und die schönen Künste.

N. (1768). Abhandlung über einen Schullehrbegrif der Alterthumsforschung. *Magazin für die Schulen und die Erziehung überhaupt, 3 (1)*, 3-19.

S. 5

Seitdem ist es, daß man dem schönen Geiste auch die Theorie der schönen Künste zu kennen auferlegt, nicht sowol um ihrer selbst willen, als weil die Methaphysik des Schönen die eine, wie die andere, unter sich begreift. Mit gleicher Billigkeit fordert man von dem Künstler diese neuerworbene Wissenschaft, und den unstudirten und *unwissenschaftlichen Meister* in die Geheimnisse der schönen Natur vertraulich einzuleiten, wird jezt eine Pflicht des Gelehrten, die zugleich in dem Reiche der Gelehrsamkeit eine große Reforme macht, indem sie allen Kentnissen des Gelehrten in der Mase einen Werth nimt oder gibt, als sie zu diesem Zwekke des algemeinern Nuzens unnuze oder förderlich sind.

Auch Rousseaus Werke wurden ins Englische übersetzt, und auf der Insel erscheinen men of science.

Rousseau, Jean-Jacques (1768). *Thoughts on Different Subjects, 2. vol.* London: S. Crowder, J. Coote, W. Griffin, and J. Knox.

S. 35

We seldom see thinking persons much addicted to gaming, which suspends this habit, or diverts it to dry combinations. One of the good things, and, perhaps, the only one which a taste for the sciences has produced, is the deadning a little this sordid passion: *men of science* would rather chuse to exercise themselves in proving the utility of gaming, than give themselves up thereto.

Mit ‚passion' ist die Glücksspielsucht gemeint. Wie die ‚men of science' im Rousseauschen Original heißen, ließe sich scheinbar leicht erraten. Doch da steht etwas Unerwartetes.

Rousseau, Jean-Jacques (1762). *Oeuvres de J. J. Rousseau de Genève, 8. Bd. = Émile, ou de l'éducation, 3. Bd.* Amsterdam: Jean Néaulme.[39]
S. 206

> On voit rarement les penseurs se plaire beaucoup au jeu, qui suspend cette habitude ou la tourne sur d'arides combinaisons; aussi l'un des biens, & peut-être le seul qu'ait produit le goût des sciences; est d'amortir un peu cette passion sordide: on aimera mieux s'exercer à prouver l'utilité du jeu que de s'y livrer.

Übersetzt wurde nicht, wie aus der englischen Ausgabe zu folgern ist, ein Aperçu über das Glücksspiel, sondern ein Ausschnitt aus einem umfangreichen Roman. Ein unbekannter, wohl französischer Herausgeber hatte mit ähnlichen willkürlichen Ausschnitten aus Rousseaus Werken ein separates Buch[40] gezimmert.

Anton Franz Xaver Sailer (1714–1777), katholischer Theologe, stellte sich gegen bestimmte Prediger, die er Wissenschafter nannte. Das war in Kreisen dieser Art kein Kompliment.

> Sailer, Anton Franz Xaver (1770). *Festpredigten zur Verbesserung des menschlichen Herzens und der Sitten auf verschiedenen Ehrenkanzeln vorgetragen, und auf vieles Verlangen dem Drucke überlassen.* Augsburg: Matthäus Rieger und Söhne.

S. 152

> Sage ich ja wohl, und recht, wenn ich solche *Wissenschafter* des Evangeliums in diesem Stücke den Wegweisern, die auf den Straßen ausgesteckt sind, genau vergleiche; die den Reisenden den Weg zwar zeigen, welchen sie aber gleichwohl niemals selbsten gehen.

Johann Christian Hardenberg muss erneut vorgefahren werden. In seinem letzten Buch, das den Propheten Daniel behandelt, verwendet er erneut das Wort ‚Wissenschafter‘, diesmal nicht als Teil eines Kompositums, sondern isoliert. Das Werk besteht aus zwei Teilen.

> Harenberg, Johann Christian (1770). *Der erste Teil der Aufklärung des Buchs Daniels aus den besten dazu gebrauchten Quellen und Gründen zur Erbauung der Christen in der Glaubenslehre und in den Pflichten.* Blankenburg: Heinrich Adolph Pape.

---

[39] Rousseaus *Émile* wurde 1762 in den Index eingegliedert. Weitere Werke folgten.
[40] anon. (Hrsg.) (1764). *Les pensées de J. J. Rousseau, citoyen de Genève.* Amsterdam: s. n. S. 217. Vier Jahre später, 1768, erschien eine umfangreichere Ausschnittsammlung in zwei Bänden, der wohl die englische Fassung folgt.

Harenberg, Johann Christian (1772). *Aufklärung des Buchs Daniels für den Verstand und das Herz zur Bevestigung des Glaubens und zur Erbauung.* Blankenburg: Heinrich Adolph Pape.
Das Eigenartige des zweiten Teils liegt darin, dass er auch den ersten Teil enthält. Im folgenden Jahr erscheint ein Buch mit einem neuen Titel in einem anderen Verlag. Diese Ausgabe besteht wieder aus beiden, nur geringfügig veränderten Teilen.

Harenberg, Johann Christian (1773). *Aufklärung des Buchs Daniels aus den Grundsprachen, der Geschichte, und üblichen rechten Hülfsmittel, zum richtigen Verstande der Sätze, zur Bevestigung der Wahrheit, und zur Erbauung durch die Religion.* Blankenburg: Christoph August Reußner.

Erstaunlich und für die Zeit untypisch ist die Vielzahl des Auftritts des Wortes ‚Wissenschafter' und noch seltener, wenn nicht gar seltsamer sind die Figuren, die damit bezeichnet werden. Es sind heidnische Priester, mit denen es Daniel, ein jüdischer Apokalyptiker, Traumdeuter und Seher im babylonischen Exil, zu tun hat. Es seien nur einige Auftritte des Wortes zitiert, zunächst aus dem ersten Teil von 1770.

S. 157

Man darf hievon dasjenige wol nicht absondern, was zu den Lehrern der Chaldäer, der vermeinten Weisen, gehörte, weil der König nicht lange hernach den Daniel zum President derselben *Wissenschafter* verordnete, denen er ohne Zweifel einige Reformationen angedeihen ließ, da er, Daniel, die Religion des wahren Gottes niemals zurüksezte [...].

S. 158

Die Priester und *Wissenschafter* der vom wahren Gottesdienste sich verlierenden Völker masseten sich wegen ihres Ansehens und Gewinns nicht minder eine solche Wissenschaft an, und unter dem Volke GOttes entstanden endlich sogar betriegende Propheten. Im Morgenlande blieb die Erklärung der Träume lange hin gewöhnlich.

S. 160

Die Babylonischen *Wissenschafter* konten dem König [Nebukadnezar] seinen Traum nicht wieder zur Erneuung der Bilder, woraus er bestand, bringen.

S. 166

Die Babylonischen *Wissenschafter* standen unter Einem Vorgesezten, und studirten alles durch, was in den verschiedenen Klassen oder Einteilungen insbesondere nachher getrieben wurde.

S. 167

Wenn die Könige kurzsichtig oder unglüklich waren, hoben sich die *Wissenschafter*, die zugleich Priester waren, in die Höhe und suchten jene einzuschränken. [...]. [Nebukadnezar] brauchte die *Wissenschafter* von Ansehen auch zu Kriegsdiensten. [...]. Aber Nebukadnezar begrif auch sehr wol, daß sich in vorigen Zeiten viele Krätze von Irtümern und Aberglauben eingeschlichen hätte, welche die vermeinten *Wissenschafter* zur Beherrschung des Volks angewendet hatten. [...]. Einige *Wissenschafter* verwarfen die Nativitätstellerei. [...]. Die alten Chaldäer oder Priester, Sternseher und *Wissenschafter* wohnten zusammen bei dem Belstempel zu Babylon in einer eigenen und abgesonderten Gegend, und Seleukus lies sie daselbst wohnen [...], und folgte dem Beispiel des Grossen Alexanders, wie auch der Könige, die vorhin die Stadt Babylon beherrschet hatten. [...]. Die übrigen *Wissenschafter* hatten große Ursachen, dem Daniel ihre Wolfart, ihre Ehre und ihr Leben zu verdanken.

S. 168

Die Babylonischen Priester und *Wissenschafter* trugen lange Bärte.

Nicht das Wort selbst, doch solche Fülle des Gebrauchs dieses Wortes ist eine literarische Neuigkeit. Weitere Zitate, die reichlich anfallen, müssen nicht zusätzlich vorgebracht werden. Es folge nur noch ein einziges Beispiel aus dem zweiten Teil von 1772.

S. 303

Die *Wissenschafter* oder Weisen Babylons vermogten dem König seinen entfallenen Traum nicht wieder in Erinnerung zu bringen.

Das mag ausreichen. Offensichtlich war Harenberg jemand, der das Wort ‚Wissenschafter' in einem bis dahin ungeläufigen Maß einsetzte. Zu erwähnen ist allerdings, dass Harenberg dieses Wort nicht in breiter Vielfalt für ‚Gelehrter' als moderneren Ersatz verwendet, sondern eingeschränkt für eine besondere Art der Gelehrten. Während er die jüdischen Schriftgelehrten, die dem israelitischen Gott die Treue hielten, als Gelehrte bezeichnet, nennt er die heidnischen oder andersgläubigen, hier eben die babylonischen, Wissenschafter oder vermeinte Weise.

Dies geschah in einer Zeit, als an deutschen Universitäten die alte Benennung des Ordinarius als eines Gelehrten langsam und nach Fach und Fakultät in unterschiedlichem Geschwindigkeit durch die neuere, moderne Benennung eines Wissenschafters oder Mannes der Wissenschaft ersetzt wurde. Dass Harenberg als Angehöriger der Theologischen Fakultät die heidnischen Gestalten als Träger dieser neueren Benennung behandelt, mag damit zusammenhängen. Dass es einerseits aberkennend wegen der falschen Götter oder Götzen, andererseits anerkennend wegen ihrer wissenschaftlichen Leistungen, etwa in der Astronomie, gemeint war, ist kaum zu bezweifeln. Rein pejorativ kann es nicht aufgefasst werden. Es spiegelt ein zeitgenössisches Problem vieler Kirchen mit der neuen Wissenschaft wider, deren Verfechter wegen ihrer Erkenntnisse dazu neigten, auch kirchliche Dogmata in Frage zu stellen, zu bestreiten oder zu verspotten.

Die literarische Kritik dieser *Aufklärung des Buches Daniel* hat manches daran auszusetzen, so die vermutlich von Johann August Ernest[41] geschriebene. Stärker, geradezu ungestüm äußert sich ein anonymer Rezensent[42], der schreibt: „Ferner finden wir auf allen Seiten einen, mehrentheils gar nicht zur Sache gehörigen Wust von Geschwätz, um seine Belesenheit sehen zu lassen: die Philologie und Etymologie finden wir äusserst schlecht, und voller Derivationssucht: die Kritick sehr dürftig: die Beweise, wo was zu beweisen war, ganz und gar im Grunde unrichtig: alles dieses vorgetragen aber mit einer fast unerträglichen Schwatzhaftigkeit, mit häufigen Ausfällen oder doch Drohungen gegen allerhand Gegner, mit schönen moralischen Anmerkungen durchwebet, in einer ganz undeutschen und unerhörten Schreibart." (anon. 1773, 516)

Die neue Variante des Wortes ‚Wissenschaftler‘ wird auch in Briefen verwendet, jedenfalls von Johann Gottfried Herder. Er schrieb 1772 ein Schriftstück, in dem er seine nachteilige Einstellung über Göttingen präsentiert.

Herder an Heynes Gattin (November 1772). Düntzer, Heinrich & von Herder, Ferdinand Gottfried (Hrsg.) (1861). *Von und an Herder. Ungedruckte Briefe aus Herders Nachlaß, 2. Bd.* Leipzig: Dyk. 148-151.

S. 149

[...], weil ich mir Göttingen nicht anders als ein Nest voll Professoren und Michaelisse dachte! Polyhistors! *Wissenschaftler!* Büchertitularleute! Compendienmenschen, Trödler, die die Welt betrügen oder

---

[41] Ernest, Johann August (1772) . [Rezension:] Johann Christoph Harenberg, Aufklärung des Buches Daniels [...]: *D. Johann August Ernesti Neueste theologische Bibliothek, darinnen von den neuesten theologischen Büchern und Schriften Nachricht gegeben wird, 2 (10)*, 862-885.

[42] anon. (1773). [Rezension:] Johann Christoph Harenberg, Aufklärung des Buches Daniels [...]. *Allgemeine deutsche Bibliothek, Bd. 20*, 514-517.

junge Leute mit Dunst füllen, oder endlich arbeitsam und fleißig unter der Form und dem Schutt der Wissenschaften erliegen.

Die schlechte Meinung trifft deutlich den Wissenschaftler. Herders Meinung über den Wissenschafter ist dagegen nicht festzustellen.

Jean-François de Saint-Lambert (1716-1803) war Philosoph, Aufklärer, Freund und Mitarbeiter der Enzyklopädisten. Er verfasste eine Biographie des Philosophen und Aufklärers Claude-Adrien Helvetius[43] (1715–1771), die kurz nach dessen Tod als Vorspann seines Gedichtes über die Glückseligkeit anonym, mit falschem Druckort und ohne Verlag erschien. Ein Jahr darauf sah man sie in deutscher Übersetzung. Der Übersetzer, dessen Name ungenannt bleibt, der aber als Heinrich August Ottokar Reichard (1751–1828) identifiziert wurde, behauptet im Vorwort irrtümlich oder absichtlich, Helvetius selbst sei der Verfasser.

anon. (1773). *Ueber das Leben und die Schriften des Herrn Helvetius. Aus dem Französischen.* Gotha: Carl Wilhelm Ettinger.

S. 148
Nur einen einzigen Tag in der Woche, bestimmte er für die bloßen Bekanntschaften. An einem solchen Tag war sein Haus der Sammelplatz des größten Theils der verdienstvollen Männer der Nation, und einer Menge Fremder. Prinzen, Ministers, Philosophen, große Herren, *Wissenschäftler*, alle waren bemüht, den Herrn Helvetius kennen zu lernen.

Was der Übersetzer mit ‚Wissenschäftler' sagen will, lässt sich nur klären durch einen Blick auf das französische Original. *Le Bonheur* hatte Helvétius noch geschrieben, dessen Lebenslauf jedoch Saint-Lambert.

anon. (1772). *Le Bonheur, Poéme, en six chants.* Londres: s. n.

S. CIV
Ce jour-là, sa maison étoit le rendez-vous de la plupart des hommes de mérite de la Nation & de beaucoup d'étrangers; Princes, Ministres, Philosophes, grands Seigneurs, Littérateurs étoit impressés de connoitre M. Helvétius.[44]

---

[43] Selbstverständlich schlummerten die Werke des Helvetius im Index.

[44] Leichter zu finden ist heute die Ausgabe: de Saint-Lambert, Jean-François (1801). Essai sur la vie et les ouvrages d'Helvétius. *Oeuvres philosophiques de Saint-Lambert, Bd. 5*, 212-284. Paris: H. Agasse. S. 273: „Ce jour-là, sa maison était le rendez-vous de la plupart des hommes de mérite de la nation et de beaucoup d'étrangers; princes, ministres, philosophes, grands seigneurs, littérateurs était impressés de connaitre Helvétius."

Der Übersetzer hat versucht, das kaum wertende Wort ‚Littérateurs' mit dem heftig abwertenden ‚Wissenschäftler' zu übersetzen. Damals war dieses Wort noch nicht verbreitet, möglicherweise hat es der Übersetzer erfunden.

Es dauerte nur wenige Jahre, bis sich in der Literatur dieses neue Wort auffinden ließ, und zwar im Juniheft in einer am Niederrhein publizierten Zeitschrift, die schon im ersten Jahrgang im Jahr 1774 einging. Ein nicht identifizierter R. publizierte dort Teile eines Briefes an einen Hrn. K. D. G., der gleichfalls nicht zu identifizieren ist. Thema des R. ist die Tonkunst und der darin zu beobachtende Gegensatz oder Unterschied zwischen dem Genie und einem schlichtem, nur Vorschriften befolgenden Talent.

> R. (1774). Fragment eines Schreibens an Hrn. K. D. G. *Encyclopädisches Journal, 1,* 496-502.

S. 498

> Denn, Einschlußweise gesagt, bey den Künsten kommt alles auf Glück an, und der Katechismus aller Artisten besteht aus zweyen Worten; sey Genie! Alle die Schaaren Vorschriften, welche kalte und pünktliche *Wissenschäftler* sammelten, können zwar wohl jemanden ein erträgliches, mittelmäßiges Stück herfürbringen helfen, nie aber schaft er damit was Grosses, was Erhabenes.[45]

Die Bezeichnung ‚kalte und pünktliche Wissenschäftler' ist ablehnend und herabsetzend, was das l noch ohne Umlaut des a bereits anderswo gezeigt hat. Die Verumlautung soll dies noch steigern. Ihnen gegenüber erhebt sich das Genie, das nicht platten Vorschriften folgt, sondern höherer Inspiration.

> C. (1774). Ueber das Affterreden. *Beobachtungen über verschiedene Gegenstände aus dem Reiche der Natur und Sitten, 2, 27.+28.+31.+38. St.,* 49-62+72-80+113-124+225-236.

S. 61

> Noch muß ich, um die Abhandlung von Schmähschriften nicht unvollständig zu lassen, wenigstens mit einem Worte, jener kühnen *Wissenschäftler* gedenken, die willkührlich, ohne Auftrag und Bestätigung, die Schriftsteller ihres Zeitalters zu verlästern bemüht sind; die sich im Besitz des Rechtes glauben, nach ihren Gefallen eines Ruf erhöhen, oder erniedrigen zu können.

---

[45] Dieses Schreiben steht auch in Heinzmann, Johann Georg (1788). *Litterarische Chronik, 3. Bd.* Bern: Haller. 283-292.

Auch hier geht es fraglos um die Herabsetzung des behandelten Schriftstellers. Diese Abart des Wissenschaftlers mit dem Umlaut ‚ä' wird noch einige Male zu sehen sein.

Johann Wolfgang Goethe zeigte in seiner Sturm-und-Drang-Zeit, dass auch er das Adjektiv ‚wissenschaftlich' einsetzen konnte, um Menschen ebenso wie deren Schöpfungen zu charakterisieren. Hier allerdings ist anzunehmen, dass die Charakterisierung auf etwas Gemütsfremdes in dem Betroffenen abzielt, nicht auf Anzuerkennendes.

anon. (1774). *Die Leiden des jungen Werthers. Erster Th.* Leipzig: Weygand.

S. 8

Das bewog den verstorbenen Grafen von M.. einen Garten auf einem der Hügel anzulegen, die mit der schönsten Mannigfaltigkeit der Natur sich kreuzen, und die lieblichsten Thäler bilden. Der Garten ist einfach, und man fühlt gleich bey dem Eintritte, daß nicht ein *wissenschaftlicher Gärtner*, sondern ein fühlendes Herz den Plan bezeichnet, das sein selbst hier genießen wollte. Schon manche Thräne hab ich dem Abgeschiedenen in dem verfallnen Cabinetgen geweint, das sein Lieblingspläzgen war, und auch mein's ist.

Heinrich Gottfried Scheidemantel (1739–1788), seit 1782 ordentlicher Professor der Rechtswissenschaft, erst in Jena, dann in Stuttgart an der Hohen Karlsschule.

Scheidemantel, Heinrich Godfried (1775). *Das allgemeine Staatsrecht überhaupt und nach der Regierungsform.* Jena: Joh. Rudolph Cröckers seel. Wittwe.

S. 224f.

Ueberhaupt ist es möglich, daß ein Mensch ein guter Privatmann oder Advocat, Beichtvater, Arzt, Gesellschafter, *schöner Wissenschäftler* und dergleichen ist; aber eben dieses würde oft der schlechteste Minister seyn.

Mit welchem Beigeschmack der schöne Wissenschäftler hier angeführt wird, ergibt sich weniger aus dem Kontext dieses Buches als aus dessen früheren Auftritten.

Bekannt sind weder der Autor des nächsten, mit zwei Paragraphenzeichen unterzeichneten Artikels, außer dass er Jurist sein soll, noch der Herausgeber dieser Zeitschrift, außer dass er sich Theologe nennt. Die Zeitschrift erschien nur ein einziges Jahr.

$$. (1776). Schutzschrift für die juristische Schreibart. *Neueste Manchfaltigkeiten, Meistentheils juristischen Innhaltes*, 21-44. Nördlingen: Carl Gottlob Beck.

S. 33

Einmal hat doch jede menschliche Kenntniß und Wissenschaft ihre besondere Wörter und Ausdrücke, die ihren genau bestimmten Verstand haben, der leicht schwankend wird, wenn man ohne Noth von der gewöhnlichen Sprache abweicht. Den Bauren, den Bürger, den Handwerker, den Kaufmann, den Theologen und Mediciner, den Künstler und den *Schönwissenschaftler* – Jeden hört man seine eigne Sprache reden.

Woher der Verfasser dieses neue Wort bezogen oder ob er es erfunden hat, wird nicht deutlich. Es geht ihm auch um anderes, um die Verbesserung der Sprache der Juristen. Da die anderen Berufsbezeichnungen in diesem Satz sachlich nüchtern und in keiner Weise ausgefallen klingen, könnte gefolgert werden, das gelte auch für den Schönwissenschaftler. Nur wird das Wort alsbald geringschätzig eingesetzt.

In derselben Zeitschrift begegnet man einem weiteren Wort für Wissenschaftler aus einer anderen Fakultät. Wie genau es gemeint sein soll, ist ebenso kaum auszumachen, denn die Darstellung umzirkelt ein ironischer Tonfall. Nachahmer fand dieses Wort kaum. Auch die Variante ohne l wird nur rar eingesetzt. Der Autor Ttsch. sagt über einen Psittakus, also Papagei, genannten Menschen.

Ttsch. (1776). Juristen, Rabulisten, Legulejen, Empiriker, Rechtsgelehrte, Rechtsverständige. *Neueste Manchfaltigkeiten, Meistentheils juristischen Innhalts*, 186-196. Nördlingen: Carl Gottlob Beck.

S. 191

Er verlangt auch nicht, sich in Geschäften brauchen zu lassen, sondern macht nur diejenigen verdrießlich, denen er durch seine Sagereyen Glauben machen will, als ob auch er ein *Rechtswissenschaftler* wäre.

Dass das letzte Hauptwort herabsetzend gemeint ist, steht außer Frage.

Zwischen der britischen Insel und festländischem Frankreich gibt es anregenden Literaturaustausch. Auch Sternes Roman *Tristram Shandy* überquerte den Kanal.[46]

Sterne, Laurence (1776). *La vie et les opinions de Tristram Shandy, Première partie*. Paris: Ruault.

S. 17

---

[46] Er landete einige Jahrzehnte später auch auf dem Index librorum prohibitorum.

On peut encore, vis-à-vis d'un *homme scientifique*, l'apprécier d'une manière plus précise. Mesurez-la, si vous voulez, sur l'échelle du peintre, divisée en vingt parties.

Im englischen Original (1760) steht hier „man of science".[47] Ob sich der Übersetzer durch die englische Wendung hatte inspirieren lassen oder ob die französische Formulierung bereits alteingesessen und gebräuchlich war, bleibt ungewiss.

Ein englisch-deutsches Wörterbuch wird zitiert, da hierin ein englisches Wort genannt wird, das in späteren Lexika mit ‚Wissenschaftler' wiedergegeben wird.

Arnold, Theodor / Rogler, Johann Bartholomäus (1777). *A Compleat Vocabulary English And German, oder vollständig kleines Wörterbuch, Englisch und Deutsch, worinnen alle in der Englischen Sprache gebräuchliche Wörter, mit ihrem sowohl geschwinden als auch langen Accent bezeichnet, ingleichen mit ihrer Aussprache und deutschen Bedeutung enthalten; [...] verb. Aufl.* Züllichau: Waysenhaus und Frommann.

S. 262

Sciolist, [...], ein Halbgelehrter (Vielwisser).

Es erscheint sinnvoll, noch einige Übersetzungen ins Deutsche aufzugreifen. Nehmen wir den Aufsatz des Louis-Sébastien Mercier, *Le bonheur des gens de lettres*, gedruckt in der 1776 erschienenen Aufsatzsammlung *Eloges et discours philosophiques, Qui ont concouru pour les Prix de l'Académie Françoise & de plusieurs autres Académies*, 5-58. Amsterdam: E. Van Harrevelt. Verfasst wurden diese Aufsätze, wie im *préface* der Herausgeber sagt, der vermutlich auch der Verfasser ist, vor neun oder zehn Jahren, also in der Mitte der 1760er Jahre. Gleichfalls konstatiert er, dass Theologen den darin ausgebreiteten Thesen erbarmungslos widersprachen und damit verhinderten, dass ihnen irgendein Preis zugesprochen wurde.

Louis-Sébastien Mercier (1740–1814) war ein geschwind bekannt gewordener Pariser Romancier, Journalist, manche sagen auch Philosoph, und später Abgeordneter des Nationalkonvents. Die deutsche Übersetzung der *Eloges* erschien 1777 ohne Benennung des Übersetzers. Hier folgen

---

[47] Weitere Übersetzungen des Tristram Shandy seien kurz erwähnt. Die erste deutsche (1763) spricht von einem „Gelehrten" (S. 22), die zweite (1774) folgt darin der früheren (S. 20). Eine spätere französische Übersetzung (1842) schreibt „homme de science" (S. 13).

zwei Beispiele. *Hommes de lettre*, im Original S. 18, oder *L'homme de lettres*, dort S. 27, werden auf S. 25 mit ‚Gelehrte' übersetzt, auf S. 41 mit ‚Mann von Wissenschaft'. Somit zur Übersetzung.

Mercier, Louis-Sebastien (1777). Das Glück der Gelehrten. *Philosophische Abhandlungen und Lobreden über Preisaufgaben der Französischen und verschiedener andrer Akademien, Bd. 1*, 1-96. Leipzig: Kummer.

S. 25
Nicht immer seyd ihr, Gelehrte, so glücklich, der Wahrheit solche Opfer zu bringen; aber immer habt ihr euer ganzes Leben hindurch angenehme Banden zu durchbrechen.

S. 41
Der *Mann von Wissenschaft* wird sich also nicht der Gesellschaft entziehn, so bald diese nur sein Genie nicht weibisch machen kann. Was sage ich? gerade er ist es, der die meisten Annehmlichkeiten darüber verbreiten muß. Jene liebenswürdige Heiterkeit, die Begleiterinn der Unschuld und der Freiheit, wird seine Gespräche beleben, wird ihnen jene natürliche Anmuth leihen, die, ich weis nicht was geistvolles und gründliches ankündiget und die eine lautere Klarheit mit einer glücklichen Gründlichkeit verbindet.

Die Zunft der Übersetzer hat somit die Möglichkeit, zu einem hergebrachten Wort der Tradition zu greifen oder auf eine neuere, etwa umständliche Wendung.

Um einige der folgenden Varianten des Wortes ‚Wissenschaftler' besser zu verstehen, sei bemerkt, dass die Baierische Akademie der Wissenschaften zunächst über zwei Klassen verfügte, eine für Geschichte, die andere für Philosophie. Diese befasste sich vorwiegend mit Physik und hatte den Namen erhalten, da Physik zur Philosophischen Fakultät der Universitäten gehörte. Im Jahre 1777 wurde eine dritte Klasse eingerichtet, die Klasse der Schönen Wissenschaften.[48]

‚Schöne Wissenschaften' ist seit der Mitte des achtzehnten Jahrhunderts dabei, sich auszubreiten. Die Bezeichnung versucht, wie erwähnt, eine Eindeutung der französischen Wendung ‚belles lettres', die auch mit ‚schöne Literatur' oder ‚Dichtkunst' wiedergegeben werden könnte.

---

[48] anon. (1806). [Rezension:] Lorenz Westenrieder (1804). Geschichte der baierischen Akademie der Wissenschaften, 1. Th. 1759-1777. *Allgemeine Literatur-Zeitung vom Jahre 1806, 4. Bd., Num. 263+264*, Sp. 225-232+233-235; Sp. 232.

Michael Engel (etwa 1755–1813), Professor für klassische Literatur in Mainz und Professor der Philosophie sowie einer der Herausgeber des *Magazin der Philosophie und schönen Literatur* denkt noch an eine unerlässliche Verbindung zwischen beiden und spottet: „Heut zu Tage gibt es noch Gelehrte und Halbgelehrte, die auf schöne Wissenschaften und Philosophie stolz herabsehen, weil, nach ihrer Meinung, die eine nur räsonniren, und die andern nur sprechen lehren. Diesen könnte man ihre traurige Gelehrsamkeit gerne gönnen, wenn sie nur, ohne Philosophie, nicht räsonniren, und, ohne Kenntniß der Sprachen und schönen Wissenschaften, nicht sprechen oder schreiben wollten."[49] Er ahnt nicht, was Kant zehn Jahre später postulieren wird.

Den unwiderrufbaren Hinauswurf aus den Sprache der Wissenschaft besorgte ex cathedra Immanuel Kant in seiner *Critik der Urtheilskraft* (1792, S. 174), in der es heißt: „Es giebt weder eine Wissenschaft des Schönen, sondern nur Critik, noch schöne Wissenschaft, sondern nur schöne Kunst. [...] eine Wissenschaft, die, als solche, schön seyn soll, [ist] ein Unding."

Dem Ausdruck ‚Schöne Wissenschaften' gelang es nicht, zum Repräsentanten eines eindeutigen Begriffes[50] zu werden. Nach vielerlei Streitigkeiten über den Begriff, der mit dem Ausdruck transportiert werden sollte, verschwand er gegen Ende des 19. Jahrhunderts.[51]

Die im Folgenden zitierten Arbeiten, in denen eine neue Variante des Wortes ‚Wissenschaftler' als Kompositum auftaucht, werden im Ablauf der mitgeteilten Erscheinungsjahre dargestellt, auch wenn daraus gewisse kurzfristige Unklarheiten oder sogar Widersprüche sich zeigen mögen.

Zunächst geht es um die anonyme Besprechung einer literarischen Neuigkeit, die in der Zeitung des 18. November 1777 zu lesen ist. Die namenlosen Autoren werden anderenorts angegeben als die beiden Schweizer Johann Rudolf Sulzer[52] (1749–1828) und Johann Jacob Hottinger (1750–1819). Sie greifen literarische Größen von Klopstock bis

---

[49] Engel, Michael (1781). Anmerkungen über obigen Brief. *Magazin der Philosophie und schönen Literatur, 2*, 137-149; S. 148.

[50] Vergleiche anon. (1770/1771). Gedanken über die verschiednen Begriffe, die man sich von den schönen Wissenschaften macht. *Hannoverisches Magazin, 8. Jg., 17. Stück*, 257-272.

[51] Strube, Werner (1990). Die Geschichte des Begriffs „Schöne Wissenschaften". *Archiv für Begriffsgeschichte, 33*, 136-216.

[52] Gerber-Hess, Rudolf (1972). *Johann Rudolf Sulzer 1749–1828. Biographische Untersuchungen zur Entstehung der Mediationsverfassung.* Bern: Herbert Lang.

Goethe spöttelnd an, ebenso auch Lavater und seine Physiognomie, die dabei war, weite Anerkennung zu gewinnen. Es muss erläutert werden, dass eine Rezension im Jahre 1777 über ein Buch des Jahres 1778 keinen Irrtum enthalten muss. Schon lange und auch heute noch war üblich, dass nach der Herbstbuchmesse die Jahreszahl auf der Titelseite unter dem Verlagssignet schon das kommende Jahr wiedergab.

anon. (1777). [Rezension:] anon. (1778), Brelocken an's Allerley der Groß- und Kleinmänner. Leipzig: Dyk. *Nürnbergische Gelehrte Zeitung auf das Jahr 1777, 92. Stück,* S. 771-774. Nürnberg: M. J. Bauer.

S. 772

Der *Schönwissenschaftler* spricht wie ein Buch von Orthodoxie und Kezereyen, schreibt Schauspiele, die nicht zu schauen sind, thront sich selbst hinauf über alle Himmel, schimpft auf Unglauben, bezweifelt alle Grundsätze, spielt mit Feuergewehren, hat Freyheitsbrausen, achtet keiner Ordnung und Gesetze, und nagt ruhig die Beine vom Tische der Grossen.

Dieser Satz stammt aus dem rezensierten Buch. Für unsere Zwecke erscheint es sinnvoll, sofort das besprochene Buch anzugehen. Zur Erläuterung des Titels sei das heutigentags verstorbene Wort ‚Brelocke' erläutert. Es stammte aus dem französischen ‚la breloque' und bezeichnete eine zierliche Kleinigkeit, besonders ein Uhrgehänge. Im Französischen kann es auch ein Trommelsignal zum Austeilen der Lebensmittel bezeichnen. Doch diese Bedeutung hatte sich nicht ins Deutsche fortgepflanzt.

Das anonyme Brelocken-Buch der Autoren Johann Rudolf Sulzer und Johann Jacob Hottinger serviert hämische Kleinigkeiten über die Literatur und bemerkt recht unzufrieden: „Es ist, weiß Gott! nichts Buntscheckichters, Seltsamers, Lächerlichers, als die meisten Schriftsteller unsers Jahrzehends!" (anon. 1778, S. 49). Danach werden Literatengruppen beurteilt, der Philosoph, der Dichter, der Theolog und schließlich der Träger des hier behandelten Wortes.

anon. (1778). *Brelocken an's Allerley der Groß- und Kleinmänner.* Leipzig: Dyk.

S. 50

Der *Schönwißenschaftler* spricht wie ein Buch von Orthodoxie und Ketzereyen, schreibt Schauspiele, die nicht zu schauen sind, thront sich selbst hinauf über alle Himmel, schimpft auf Unglauben, bezweifelt alle Grundsätze, spielt mit Feuergewehren, hat Freyheitsbrausen, achtet keiner Ordnung und Gesetze, und nagt ruhig die Beine vom Tische der Grossen.

Anders als bei §§ kann hier kein Zweifel aufkommen, dass es sich um eine diskreditierende Benennung handelt. Es finden sich weitere Lästerbezeichnungen, die ebenfalls Schönwissenschaftler bezeichnen wie ‚Schöngeister‘ (S. 71) oder ‚Wißenschaftverdränger‘ (S. 128).

Zunächst zu einem anderen Prosastück aus dem Jahr 1778. Hier wird das Wort ‚Wissenschafter‘ verwendet, um einen Rang zu benennen, der unterhalb des Gelehrten zu suchen ist.

D., F. (1778). Auszüge aus Briefen. *Deutsches Museum, 1. Bd., Junius-Heft*, 555-570. Leipzig: Weygand.

S. 570

Mein Brief ist fürchterlich lang, sonst schriebe ich Ihnen noch mehr von den wenigen Gelehrten hiesiger Gegend, die mehr als bloße *Wissenschafter* sind.

Noch deutlicher wird das Wort ‚Wissenschäftler‘ zur Bekundung der Verachtung in einer Übersetzung aus dem Französischen eingesetzt.

de Baculard d'Arnaud, François-Thomas-Marie (1780). Tsching-Vang oder der Philosoph, eine chinesische Erzählung aus dem Französischen des Herrn d'Arnaud. *Neue Miscellanien historischen, politischen, moralischen, auch sonst verschiedenen Inhalts, 10*, 610-627.

S. 611

O! rief der Kaiser, das ist wahrhaftig nicht mein Mann, den ich suche! Man schicke diesen Menschen fort! und Cham-su-su ward mit Verachtung fortgewiesen. Er starb vor Wut bei dem Herausgehen aus dem Pallast, nachdem er eine blutige Satyre gegen den Kaiser ausgestoßen. Der Kaiser beklagte den elenden *Wissenschäftler*, und lachte über sein Pasquill.

François-Thomas-Marie de Baculard d'Arnaud (1718–1805) war Dichter, Dramatiker und Belletrist. Wann, wo und unter welchem Titel das französische Original dieser Erzählung erschien, konnte ich nicht ermitteln.

anon. (1779). Ausdruck (musikalisch). *Deutsche Encyclopädie oder Allgemeines Real-Wörterbuch aller Künste und Wissenschaften von einer Gesellschaft Gelehrten, 2. Bd., As–Bar*, 384-387.

S. 387

Wie leicht muß es nicht einem *wissenschaftlichen Tonsetzer*, der diese sichere Entdeckungen zum voraus hat, alle mögliche Gemälde mit zuverläßiger Sicherheit zu unternehmen; wie wär es aber, wenn er noch zusammengesetzte Ideen abzuschildern hätte? z. B. ein wiegendes Schiff, wüthend anprellende Fluthen gewaltsam sich durchkreuzende Wellen, das Sausen der Winde, die Dunkelheit des Himmels?

Gottlieb Friedrich Riedel (1724–1784) ist wahrscheinlich der Verfasser des Friedrich-Buches.

> anon. (1780). *Friedrich der Grosse. Ein Original des jetzigen Jahrhunderts, Dritte Aufl.* Augsburg: Albert Friedrich Bartholomäi.
> S. 34
> [...] sie ists, welche der kirchlichen Spaltungen nicht achtet, und unter alle Völker der Erden das Band der Freundschaft, und der brüderlichen Eintracht fester knüpft, durch sie blühen die Künste und *Wissenschafter* alle, sie hebt den Handel des Genie aller Arten, [...]

Liegt ein Setzfehler vor, wäre zu fragen; ist wirklich ‚Wissenschafter‘ gemeint, passte nicht ‚Wissenschaften‘ besser?

> Weygandsche Buchhandlung (1780). *Gothaische gelehrte Zeitungen, 7 (15)*, 119-120.
> S. 119
> Ein bekannter Arzt wird unter dem Titel: Medicinische Annalen alle Jahre in einem Band ein medicinisches Journal herausgeben und damit in diesem Jahr den Anfang machen. [...]. Der Verfasser selbst wird durch einen Briefwechsel mit berühmten Aerzten und Wundärzten ihm alle das Vollständige zu geben suchen, welches eine solche gemeinnützige Schrift haben muß. Ausserdem ersuchen wir aber alle *Männer von Wissenschaft* und Beobachtungsgeist, durch ihre schätzbare Beiträge, der Verf. in dieser Unternehmung zu unterstützen und sie an die unterzeichnete Buchhandlung zu senden.

Diese Medicinischen Annalen sind anscheinend nicht zustandegekommen.

Über die Baierische Akademie der Wissenschaften und ihre dritte Klasse ist weiteres vorzubringen. Sie setzte 1778 die Preisfrage für das folgende Jahr aus: „Welchen Einfluß haben die schönen auf die höhern Wissenschaften?" 1779 erhielt Herder angeblich den Preis für seine Antwort[53]. Eine genauere Darstellung gab die *Nachricht die Preisaufgaben der kurfürstlichen baierischen Akademie der Wissenschaften für die Jahr 1780 und 1781 betreffend* (1780). Danach hatte die Klasse der Schönen Wissenschaften 1779 keinen Preis ausgeteilt. Was Herder tatsächlich erhielt, war eine goldene Medaille, umringt von bescheidenen sechs Dukaten. 1781 wurde seine Bearbeitung in den *Abhandlungen* der Akademie gedruckt. 1781 ist als Jahr des Drucks zu betrachten. Ge-

---

[53] Westenrieder, Lorenz (1807). *Geschichte der königlich baierischen Akademie der Wissenschaften, 2. Th. 1778-1800.* München: Akademischer Buchverlag. S. 97.

schrieben wurde diese Abhandlung 1778 oder 1779. Daraus seien drei Zitate vorgelegt, wobei erst das dritte zu einer Antwort auf die Frage der Überschrift ansetzt.

Herder, Johann Gottfried (1781). Welchen Einfluß haben die schönen auf die höhern Wissenschaften? *Abhandlungen der baierischen Akademie über Gegenstände der schönen Wissenschaften, 1,* 139-168. München: Johann Baptist Strobl.

S. 142

Zu nichts ist die Jugend geneigter, als vom Schweren auf das Leichtere zu springen, zumal wenn dies zugleich angenehm ist und eine schöne Oberfläche hat. Sie läßt also gern die alten Autoren, die die wahren Muster des Schönen sind, Philosophie, Theologie und gründliche Kenntnisse anderer Art ruhen, um sich an den witzigen Schriften ihrer Sprache zu erholen und die Einbildung damit zu füllen. So gehts in Schulen und Akademien, und da in den frühern Lebensjahren der Geschmack seine Richtung erhält, so schreitets fort, wie es begann und auch in Zeiten und Ständen, wo mans nicht vermuthet, siehet man jetzt *Schönwissenschaftler* und Schönkünstler, wie man sie gern entbehrte; ästhetisch-poetische Prediger, witzige Juristen, mahlende Philosophen, dichtende Geschichtschreiber, hypothesierende Meßkünstler und Aerzte. Das Leichte hat über das Schwerere gesiegt, die Einbildung vor dem Verstande Platz genommen, und je mehr Reize und Anlässe es von aussen giebt, diese Auswüchse menschlicher Seelenkräfte und schöner Litteratur zu befördern, desto mehr gedeihen sie und ersticken das Trockne, Schwerere, mit ihrem üppigen Wuchse.

S. 146

[...] ey des schönen Philosophen! des poetischen Gedichtschreibers, des witzigen Mathematikers, des herrlichen Kunstrichters! Alle diese, alle höhere Wissenschaften werden verderbt, wo solche Affen Muster sind und Exempel geben.

S. 149

Schöne Wissenschaften sind die, welche die sogenannten untern Seelenkräfte, das sinnliche Erkenntniß, den Witz, die Einbildungskraft, die sinnlichen Triebe, den Genuß, die Leidenschaften und Neigungen ausbilden; ihre Erklärung selbst zeigts also genugsam, daß sie auf die höhern Wissenschaften, die sich mit dem Urtheile und Verstande, dem Willen und den Gesinnungen beschäftigen, den schönsten und besten Einfluß haben? Alle Kräfte unsrer Seele sind nur eine Kraft, wie unsre Seele nur Eine Seele. [...]. Also ists Irrthum und Thorheit, die höhern ohne die schönen Wissenschaften anzubauen, in der Luft zu ackern, wenn der Boden brach liegt. Das vorletzte Zitat dient dem Zweck, jegliche Unsicherheit über das Ausmaß des animalischen Furors zu beseitigen, mit dem der Theologe und Oberkirchenrath Herder über Schönwissenschaftler und ähnliche Erzeuger angeblich minderer Wissenschafts- oder Kunstprodukte herfällt.

In den in großer Zahl erscheinenden *Gesammelten Werken* Herders wird dieser Akademieaufsatz regelmäßig wiedergegeben und dadurch der Eindruck hervorgerufen, der Gebrauch jenes pejorativen Wortes ‚Schön-wissenschaftler' sei damals verbreitet gewesen. Das ist, soweit es andere gedruckte Texte der Zeit betrifft, nicht der Fall. Im gesprochenen Aus-tausch der Meinungen mag es das gewesen sein, nur lässt es sich nicht nachweisen. Das nächste Erscheinen im Druck dieses Wortes konnte ich erst 1828 bei Krug feststellen, die Variante ohne das l am Anfang der letzten Silbe fand ich bei 1806 bei Oertel, und die Varianten mit zwei Wörtern, ‚schöne(n) Wissenschäftler' tritt 1794 und 1796 auf, vermutlich ohne Nachahmer. Das Grimmsche *Wörterbuch* bringt im neunten Band (1899) nur die Variante mit l und verweist auf Herder, auch wenn es zwei ältere Belege gibt, jedoch von weniger namhaften Schriftstellern.

Nicolai, Ferdinand Friedrich von (1730–1814), Förderer der Kriegs-wissenschaft, bringt eine seltene Benennung wissenschaftlichen Tuns.

Nicolai, Ferdinand Friedrich von (1781). *Die Anordnung einer gemeinsamen Kriegsschule für alle Waffen ein Entwurf des Obersten von Nicolai, Chefs des Herzogl. Württemb. Artillerie-regiments, General-Quartiermeisters und Ritter des Militair-St. Carls-Ordens.* Stutgart: Johann Bededikt Mezler.

S. 182

Blose Ueberbleibsel der Kriegskunst waren es, die man noch hie und da erblikte, Ueberbleibsel, die sich theils an die Kreuzzüge anschloßen, theils in die ummauerte Burgen und Vesten der Fehderitter einquartier-ten; aber so wenig auf dem Schlachtfelde, auf welchem der Religions-eifer Anführer war, als in den Fehdezügen einer auf ihr Raubrecht stolzen Ritterschaft, konnte sich der ächte, der *wissenschaftliche Kriegsheld* bilden. Endlich trug die Turniersucht, die beinahe unter allen Nationen herumlief, das ihrige vollends redlich dazu bei, das ganze Kriegswesen in einen noch romantischeren Mantel einzuhüllen.

Johannes Aloys Blumauer (1755–1798), angesehener Dichter, satirischer Schriftsteller sowie später K. K. Privilegirter Buchhändler in Wien nutzt das Wort ‚*Wissenschaftler*' in einem Gedicht an einen Dichterkollegen.

Blumauer, J. A. (1782). *Gedichte*. Wien: Joh. Ferd. Edler v. Schönfeld.
S. 166
> Aber, Freund, wie kömmt's denn, daß gerade
> Bey uns armen *Wissenschaftlern* Spleen,
> Lebenseckel, trüber Sinn,
> Hypochonder u. s. w. zur Parade
> Auf in unsere Gesichter ziehn?

Das Wort ‚Wissenschaftler‘, so Kluges[54] *Wörterbuch*, sei eine Scherzbildung Blumauers. Kluges Bewertung sollte nicht so verstanden werden, als hätte Blumauer das Wort erfunden. Er ist weder der erste, der es drucken ließen, und sicher wird er nicht der erste sein, der dieses Wort mündlich einsetzte. Er setzt es zweifellos selbstironisch ein, vielleicht abgeleitet aus Herders ‚Schönwissenschaftler‘, das sich in seinen etwas holprigen Trochäus nicht einfügen ließ.

Ein ungezeichneter Artikel verteidigt die *Realzeitung* gegen den feindlichen Beurteiler, den Librettisten und Theaterdichter Johann Friedrich Schink (1755–1835). Herausgeber der *Realzeitung* war wohl Blumauer.
anon. (1782). Schinks Bescheid auf die Beurtheilung des Theateralmanachs in der Realzeitung. Wien 1782. *Realzeitung, oder Beiträge und Anzeigen von gelehrten und Kunstsachen, Jg. 1782 (14)*, 222-224.
S. 224
> [...]; aber nicht als Rezensenten, nein, als billig denkende Menschen, nicht als Liebhaber der Wissenschaften, nein, als eyfrige Patrioten ziehen wir wider die Feinde zu Feld, die ihre nachsichtsvolle Schätzer mit Undank lohnen, den Glanz des Wienerpublikums verdunkeln, mit den hiesigen schlechten Autoren auch die aufkeimenden hoffnungsvollen zurückschrecken, einen Diktatorton führen, sich furchtbar und nothwendig machen, durch Selbstlob und Prahlereien eines unzeitigen *Wissenschaftlers* sich ein Gewicht verschaffen wollen.

Die negative Bewertung ist wiederum unverkennbar. Ähnliches hat auch Heinrich Pestalozzi beabsichtigt, liegt allerdings mit seiner doppelten Verneinung nicht im klarsten Licht. Hier seine anonyme Beleuchtung.
anon. (1782). Zur Beleuchtung der Grundsäzze und Meinungen des N. 37. *Ein Schweizer-Blatt, Des Schweizerblats Zweytes Bändchen*, 209-240.
S. 229

---

[54] Kluge, Friedrich (1967). *Etymologischen Wörterbuch der deutschen Sprache, bearbeitet von Walther Mitzka*, 20. Aufl. Berlin: Walter de Gruyter. S. 865.

[...] irr ich mich, wenn ich sage, es wirft den Stand der Gelehrten ins Koth, daß ihre Heerschaaren ohne häusliche Sitten, ohne häusliche Erziehung, ohne physische Kräfte, ohne Vermögen, ohne Erwerbungsfähigkeit, kurz in allem, was den Menschen in dieser Welt brauchbar macht, ungeübt und unerfahren sind. – Hemmt es den Fortschritt der Erkenntnisse des Zeitalters nicht, daß unsere *Wissenschäftler* nicht ohne Ordnung, ohne Geduld, und ohne Standhaftigkeit sind, und ohne haushalterische Kenntnisse dahin leben, und darum so oft in solche Verwirrungen und Noth geraten, daß sie mitten im Lauf ihrer wissenschaftlichen Bemühungen sich zu armseligen Tagelöhner-Arbeiten und Handlanger-Diensten erniedrigen müssen.[55] N. 37 bezieht sich auf den Beitrag, der unter dieser Chiffre im selben Bändchen des *Schweizer-Blatts* auftrat. Der Artikel, aus dem das Zitat stammt, steht unter N. 39 und N. 40. Das *Schweizer-Blatt* gab Pestalozzi selbst heraus, die meisten Beiträge verfasste er. Es erschien nur 1782. Er stellte es zum Jahresende ein, da die Herausgabe ihn zu sehr belastete.

Verleger und Herausgeber der *Allgemeinen deutsche Bibliothek* war Friedrich Nicolai (1733–1811). Es ist daher durchaus möglich, dass er auch diese ungezeichnete und unbefriedigte Rezension verfasste. Der sich nicht nennende Autor des Romans heißt Heinrich Ludwig Kramann (1756–1793) und betätigt sich in gleicher Weise als Herausgeber.

anon. (1783). [Rezension:] anon. (1782). Lalala, Tralala. Ein Roman mit zween Titeln, worinne der Herausgeber mitunter ein Wörtchen redet. Eisenach: s. n. [Johann George Ernst Wittekindt]. Der zweyte Titel heißt: Minne und Harm eines Volksdichters. *Allgemeine deutsche Bibliothek, 56, 1. Stück*, 138.
S. 138
Der Verfasser, welcher, um hin und wieder eine Note anbringen zu können, gewiß einerley Person mit dem Herausgeber ist, will sich in die launigte Lage des Yoriks versetzen, springt daher öfters aus dem Wege, thut links und rechts Ausfälle auf diesen und jenen angeblichen *schönen Wissenschaftler*, hauptsächlich auf die Volksliederdichter. Vielleicht irren wir uns, wenn wir sagen, daß das Ganze uns noch nicht so vollkommen verdauet zu seyn scheint.

---

[55] Erstabdruck mit Verfassernamen 1870 in *Pestalozzi's sämmtliche Werke. Gesichtet, vervollständigt und mit erläuternden Einleitungen versehen von L. W. Seyffarth, 7. Bd.*, 292. Brandenburg a. H.: Adolf Müller.

Yorik oder Yorick war ein Hofnarr, dessen Schädel in Shakespeares Hamlet exhumiert wird und in Hamlet Erinnerungen weckt. Yorick heißt auch der Pastor, der Tristram Shandy taufte. Er ist ein Spaßvogel, der jedoch nicht bemerken kann, wann er Leute durch Späße verärgert.

In einem umfangreichen Schulwörterbuch kann man auf das Wort ‚Wissenschaftler' treffen. Die den Eintrag ergänzenden Eigenschaftswörter erlauben eine Einschätzung der Konnotationen des griechischen und des deutschen Wortes als lobend und würdigend. Johann Christoph Vollbeding (1757–ca. 1830) war Dr. phil., Philologe, Lehrer, protestantischer Diakon und Prediger. Ob die theologische Ausbildung ihn dazu brachte, das meist missbilligende l in den Wissenschafter zu setzen, bleibe offen.

Vollbeding, Johann Christoph (1784). *Griechisch-Deutsches Handwörterbuch zum Schulgebrauch.* Leipzig: Engelhart Benjamin Schwickert. Sp. 460

Επισήμων, ονος, ὁ, ἡ, Der *Wissenschaftler,* erfahren, verständig. [Episēmōn]

Eigenartig ist, dass ein späteres, sehr viel umfangreicheres, nicht für die Schule vorgesehenes, sondern bei klassischen Philologen gebräuchliches *Handwörterbuch* dieses griechische Wort nicht aufführt. Dort[56] steht ausführlich mit vielen Quellenangaben nur ἐπίσημος, ον, ein Adjektiv mit der Bedeutung gezeichnet, geprägt, auch auffallend, bekannt, berühmt.

Diese Fragen sind hier nebensächlich. Wichtiger ist die Feststellung, dass im Jahre 1784 und wohl zuvor das Wort ‚Wissenschaftler' nicht ungebräuchlich und auch einem Philologen, Lehrer, Diakon und Prediger nicht unbekannt ist.

Ein weiteres Beispiel einer Übersetzung des Louis-Sébastien Mercier sei vorgelegt. Im französischen Original, *Tableau de Paris. Nouvelle édition corrigée & augmentée, Bd. 7,* S. 274, (1781) [Amsterdam: s. n.] steht ‚homme de lettres', das mit der ‚wissenschaftliche Mann' wiedergegeben wird. Damit liegt zwar kein unumstößlicher Beweis vor, dass der deutsche Ausdruck aus einem französischen Vorbild entstanden ist, doch ist es immerhin ein Hinweis, der schon in dem früheren Beispiel zu finden war.

Mercier, Louis Sébastien (1784). *Paris, ein Gemälde, verdeutscht von Bernh. Georg Walch, 7. Th.* Leipzig: Schwickert. S. 270f.

---

[56] Passow, Franz (1847). *Handwörterbuch der griechischen Sprache, neu bearbeitet und zeitgemäss umgestaltet von Dr. Val. Chr. Fr. Rost, Dr. Friedr. Palm und Dr. Otto Kreussler, Bd. 1, 2. Abth.* Leipzig: Fr. Chr. Wilh. Vogel. 1106.

Dieses, ich wiederhohle es nochmals, der Reitz der Hauptstadt; dieses ihr großer, reeller, fortdauernder Vortheil; dieses die Ursache, warum der *wissenschaftliche Mann* einen unaufhörlichen Hang für dieselbe in sich fühlt; er sucht das Element des denkenden Geistes. [...] An andern Orten ist nicht derselbe Ton, nicht dieselbe Wahrheit, nicht dieselbe Fruchtbarkeit. Der *wissenschaftliche Mann* wird nicht verstanden und verstehet auch nicht; er darf nur anhören, ohne zu begreifen. Es ist nicht mehr diese Sprache von Paris, welche berührt und ergründet, welche fliegt und schwebt, die Aehnlichkeiten erweitert, sie mannichfaltig macht und zugleich die scherzhafte und ernsthafte Seite zeigt. Da ist der *wissenschaftliche Mann* nicht in seinem Vaterlande und schweigt lieber, weil er nicht die Richtigkeit, nicht die Reinheit der Begriffe, auch nicht ihre Stärke und Gründlichkeit findet, als daß er diese delikate, zusammengesetzte Sprache entweihen sollte, welche diejenigen auszeichnet, die sich von Worten zu Gedanken aufgeschwungen haben.
Karl Friedrich Wilhelm Herrosee (1754–1821), Hof- und Schlossprediger, Kirchenlieddichter.

Herrosee (1784). Ermunterung zum Vergnügtsein. *Für Aeltere Litteratur und Neuere Lectüre. Quartal-Schrift. 3. St.*, 139-143.
S. 140
Und feilt und künstelt drum und dran
Und bessert alle Tage;
Feilt, künstelt, bessert nichts – und dann
Giebt's nur stets neue Klage. –
Lobend ist die Künsteley gewiss nicht gemeint.

Peter Philipp Wolf (1761–1808) sollte nach seiner Zeit als Zögling des Münchener Gymnasiums Geistlicher werden, entfloh hingegen dem Alumnat und absolvierte eine Lehre als Buchhändler. Wegen einer Schmähschrift hatte er eine Weile in einer Strafanstalt zu verbringen. Danach verzog er sich nach Zürich. Später wurde er Verleger, Journalist und Historiker. Kurz vor seinem Tod erhielt er eine feste Anstellung an der Bayerischen Akademie der Wissenschaften.[57]

Wolf, Peter Philipp (1785). *Trattner, Göbhardt, Strobel und Konsorten. In drei Sessionen.* Bamberg: Göbhard.
S. 79f.

[57] Kluckhohn, August (1881). Zur Erinnerung an Peter Philipp Wolf. *Sitzungsberichte der philosophisch-philologischen und historischen Classe der königlich Bayerischen Akademie der Wissenschaften zu München, Jg. 1881*, 449-480.

So ist es, Strobel läßt sich nun als ein vielbedeutender Mann zu gelten, von Westenriedern, oder andern, die der deutschen Sprache mächtig sind, Briefe aufsetzen und schikt sie in seinem Namen an bekannte Gelehrte, z. B. an Herrn Wieland, die dann Wunder meinen, was Strobel für ein aufgeklärter und *wissenschaftlicher Mann* sei, da es doch seine eigene Bediente wissen, daß er nicht einmal einen deutschen Brief, in welchem ordentlicher Menschenverstand wäre, schreiben kann.

Dieses nicht sehr umfangreiche Werkchen enthält eine Art Drama zwischen und über Buch-Nachdrucker, also Verlegern der räuberischen Sorte. Die im Titel Genannten sind erkennbar reale Personen. Johann Thomas Trattner (1717–1798), Wiener Hofbuchhändler und Verleger, seit 1764 Edler von Trattnern, klaute Werke von Goethe, Schiller, Lessing, Herder, Wieland und entschärfte sie nach Maßgabe der österreichischen Zensur. Tobias Goebhardt (1734–1794), Universitätsbuchhändler in Bamberg und Würzburg. Johann Baptist Strobel (1746–1805), Buchhändler in München, Wolfs *bête noir*. Das Buch endet mit einer langen Liste der Raubdrucke Strobels. Vermutlich war er für Wolfs Gefängnisaufenthalt verantwortlich. Lorenz Westenrieder (1748–1829) war Publizist.

Johann Christoph Adelung (1732–1806) studierte Theologie in Halle, ging nach Leipzig als Zeitschriftenredakteur und wurde germanistischer Lexikograph.

Adelung, Johann Christoph (1786). *Versuch eines vollständigen grammatisch-kritischen Wörterbuches der Hochdeutschen Mundart, mit beständiger Vergleichung der übrigen Mundarten, besonders aber des Oberdeutschen, Bd. 5, 1. Hälfte.* Leipzig: Johann Gottlieb Immanuel Breitkopf.

Dieses gewichtige und umfangreiche Wörterbuch wird erwähnt, um eine negative Feststellung festzuhalten. Zwar erscheinen auf Sp. 261-262 die Wörter ‚Wissenschaft' und ‚wissenschaftlich'. Hingegen fehlen ‚Wissenschafter' oder ‚Wissenschaftler', ebenso in der vollständigen Ausgabe 1788. Noch in der zweiten, vermehrten und verbesserten Ausgabe, Bd. 4, 1801, sind die gesuchten Wörter nicht zu finden. Es könnte sein, dass sie weniger hoch angesehen waren als etwa ‚Gelehrter'. Dass sie gleichwohl damals in einem vollständigen Wörterbuch auftreten sollten, ist nicht bezweifelbar. Doch des Künstelns hat er sich angenommen.

Adelung (1786). *Versuch* [...], *Zweyter Theil, F-K.* Brünn: Joseph Georg Traßler.

Sp. 1836

Künsteln, verb. regul. act. Kunst anwenden, durch Kunst hervorbringen, gemeiniglich im nachtheiligen Verstande, welcher den meisten Diminutivis dieser Art anklebt.

Der „nachtheilige Verstand" wird in vielen Belegen augenscheinlich. Weitere Belege im Bereich Kunst ließen sich ohne weiteres finden, liefern jedoch keine zusätzlichen Einsichten.

Eine anscheinend männliche Person mit hier beschriebenen physischen und wohl auch analogen psychischen Merkmalen erwirbt schon kraft dieser Merkmale den Ruf eines wissenschaftlichen Mannes, wie der ironische Autor dieses Stücks darlegt.

anon. (1786). Vortheile einer guten organischen Bildung. *Reichsstadt Lindauisches Intelligenz-Blatt, Jg. 4 (52)*, unpaginiert.

erste Seite

Glüklich! wen die Natur mit einer harten Hirnschale, mit biegsamen Rükenmuskeln, geläufiger Zunge, groben Nerven und geschmeidigen Sehnen der Füsse versehen hat. [...]. Im Weltumgange gilt er vor einen Artigen, gefälligen, daher auch ganz natürlich für einen geschikten und *wissenschaftlichen Mann*. Sein glänzendes Glük, sein ausgebreiteter Ruf wird am besten gegründet, wenn er Magister oder Doktor wird, und den Frauenzimmern schön thut. Beyfall bekommt er überflüssig!

Johann Salomo Semler (1725–1791), evangelischer Theologe sowie Begründer der historisch-kritischen Bibelwissenschaft, die in der Aufklärungstheologie entstand, äußert sich an dieser Stelle über ein angeblich von Emanuel Swedenborg stammendes Buch.

Semler, Johann Salomo (1787). *Joh. Sal. Semlers Unterhaltungen mit Herrn Lavater, über die freie practische Religion; auch über die Revision der bisherigen Theologie.* Leipzig: Weidmanns Erben und Reich.

S. 325

Die Visionen selbst [...] sind eben von keiner besondern Beschaffenheit. Er siehet Gelehrte und *Wissenschaftler*, darunter Metaphysiker und Scholastiker.

Es mag sein, dass Gelehrte und Wissenschaftler konträr bewertete Figuren wie auch Metaphysiker und Scholastiker darstellen. Wie Semler diese Wörter auffasst, bleibt dunkel, lässt sich aus dem knappen Abschnitt nicht sicher feststellen. Es sieht zudem so aus, als habe Semler in seinen vielen Schriften das Wort ‚Wissenschaftler' nur dieses eine Mal verwendet.

Der Verfasser des Werks über den Dillinger Professor Weber weiß sich zu verstecken. Weder wird sein Name genannt, sondern nur mitgeteilt, es stamme „von einem katholischen Weltmanne", noch werden Druckort oder Verleger erwähnt. Unter dem Vorwort steht, es sei zu Augsburg geschrieben. Entschlüsseler der Anonymität haben jedoch seinen Namen herausgefunden, Franz Joseph Schmid, Tabacksfabrikant zu Augsburg[58]. Schmid wollte den alten volkseigenen Katholizismus erhalten und gegen den aufklärerischen Reinigungsfimmel der neueren Theologen verteidigen, zu denen er eben Herrn Professor Joseph von Weber[59] (1753–1831) in Dillingen rechnet. Für unser Thema gehört, wie Schmid das Schicksal Hiobs oder Jobs und die Bösartigkeiten Satans wiedergibt. Es folgt ein Ausschnitt aus dessen Taten.

anon. (1787). *Ueber die Hexenreformation des Herrn Professor Webers zu Dillingen*. s. l.: s. n.

S. 13f.

Dieß war indeß nur ein kleines Vorspiel, denn er wollte sich nicht blos als Kabalenmacher, sondern auch als alter *Scientificker* in der Experimentalphysik zeigen: er zog daher eine große Masse Feuer am Himmel zusammen, welches auf das Eigenthum Jobs herunterfallen, und dessen Schafe und Knechte verzehren mußte: er machte sich weiters darauf in die Wüste hinaus, ballte die Luft zusamm, und schleuderte die koncentrirte elastische Kraft dieses Elements an das Haus, wo Jobs Kinder beysammen saßen, mit einem so fürchterlichen Erfolge hinan, daß das Gebäude einstürzte, und Söhne und Töchter des Rechtschaffensten, der im Lande war, im Schutte begraben wurden.

In einer im selben Jahr gedruckten Auflage, vermutlich einem Raubdruck, findet sich eine orthographische Variante. Der Scientificker wird auf S. 11 als Scientifiker buchstabiert. Das Buch erregte Windstöße in katholischen Kreisen. Es erschien im selben Jahr eine reguläre zweite Auflage, vermehrt um einen Anhang[60]. Der Scientifiker jedoch kommt nicht mehr vor. Der Autor, sei betont, hat durchaus etwas übrig für die Fortschritte der

---

[58] Meusel, Johann Georg (1795). *Fünften Nachtrags zweyte Abtheilung zu der vierten Ausgabe des Gelehrten Teutschlands*. Lemgo: Meyer. S. 247.

[59] Was Schmid angreift: Weber, Joseph (1787). *Ungrund des Hexen- und Gespenster-Glaubens, in ökonomischen Lehrstunden dargestellt*. Dilingen: Bernhard Kälin.

[60] Der Anhang war vermutlich separat zu haben als: anon. (1787). *Nachschrift des katholischen Weltmannes zur zwoten Auflage seiner Piece: über die Hexenreformation des Herrn Professor Weber zu Dillingen*. (s. l.). Ein Jahr später erschien: anon. (1788). *Des katholischen Weltmanns Erörterung der Professor Weberschen Erklärung ans Publikum die Hexenreformation betreffend* (s. l.).

Wissenschaft in seinem Jahrhundert. Er ist wohl der erste, der den
Scientifickus für einen Wissenschafter einsetzt, wenn auch nicht für einen
homme scientifique, sondern für Gottes Gegenspieler, den Teufel.

Die anonym erschienenen *Briefe eines reisenden Punditen* gehören zu
der Vielzahl Publikationen, die in ihrer mehr oder minder lauten Kritik an
politischen Verhältnissen in Europa und dem Heimatland des Autors in der
Nachfolge der 1721 angeblich in Köln, tatsächlich in Amsterdam gedruckten, anonymen und alsbald von der Zensur verbotenen *Lettres Persanen*
Montesquieus (1689–1755) entstanden. Deren deutsche Übersetzung[61] war
ab 1759 zu erwerben. Trotz Anonymität wurde Montesquieu wegen dieses
Buches bald berühmt. Der Autor der *Briefe eines reisenden Punditen* blieb
bis heute unbekannt[62]. Mit dem Wort ‚Pundit‘ werden Tibeter bezeichnet.

anon. (1787). *Briefe eines reisenden Punditen über Sclaverei, Mön-
cherei, und Tyrannei der Europäer. An seinen Freund in U–pang.*
Leipzig: Weygand.

S. 60f.

Den Wollüstlingen verspricht man Zutritt zu hübschen iungen Wittben
oder Beichtvaterstellen in einem Nonnenkloster, oder bei den Mätressen
der Großen.

Den Supraklugen verheißt man Lektorate, Kateders, Predigtstüle, und
alles, was nun immer ein *wissenschaftlicher Mann* begeren kan. Und
endlich denjenigen, die gern ihre Hände allenthalben im Spiele haben,
wird durch Verheißungen, daß man sie zu Ministern, Königen und
Kaisern bringen, und daselbst als Finanziers oder als Hofnarren
emploiren würde, die Lust eingepfropft, sich einige Zeit unter das
fürchterliche Joch des römischen Despoten zu schmiegen, um nachher
selbst als Despoten despotisiren zu können.

Lucius Cassius Dio, später um das Cognomen Cocceianus verlängert,
geboren etwa 155, gestorben nach 229, war römischer Senator und

---

[61] Montesquieu, Charles Louis de Secondat de (1759). *Des Herrn Montesquiou
Persianische Briefe*; übersetzt von Christian Ludwig Hagedorn. Frankfurt und
Leipzig: Auf Kosten des Uebersetzers.

[62] Über deutsche Nachfolger des Montesquieu siehe: Charlier, Robert (2005).
Montesquieus *Lettres persanes* in Deutschland – Zur europäischen Erfolgs-
geschichte eines literarischen Musters. Effi Böhlke & Etienne François (Hrsg.),
Montesquieu: Franzose-Europäer-Weltbürger, S. 131-153. Berlin: Akademie-
Verlag.

Historiker. Seine *Römische Geschichte*, griechisch geschrieben, *Tōn Diōnos Rōmaikōn Historiōn Eikositria Biblia*, ist unvollständig überliefert.
Cassius Dio (1787). *Römische Geschichte, Bd. 4.* Frankfurt am Main: Johann Christian Hermann.
S. 516
Fürs Schöne hatte übrigens Antonin keinen Sinn, darauf hatte er sich nicht gelegt, und gestand es selbst. Deshalb verachtete er auch jeden von uns, den er als *wissenschaftlichen Mann* kannte.
Dieses Zitat stammt aus Kapitel 77, 11, 2. Antonin ist der römische Kaiser namens Marcus Aurelius Severus Antonin, genannt Caracalla (188–217). ‚Wissenschaftlicher Mann' ist eine damals moderne Übersetzung für jemanden, der sich um die Paideia, wie es bei Dio heißt, kümmerte.
Der Philologe Johann Christoph Vollbeding wird mehrfach auftreten. Seine literarische Produktivität darf man umfangreich nennen.
Vollbeding, J. C. (1788). *Supplemente, Emendationen und Berichtigungen zum Griechisch Deutschen Handwörterbuch.* Leipzig: Schwickert.
Sp. 574
Φιλόκαλος [Philókalos], ein Schönheitling – Liebhaber der Wissenschaften; *Wissenschaftler*, 2) Ehrbarkeit beflissen.
Ob Liebhaber der Wissenschaften und Wissenschaftler verschiedene, wenn nicht sogar entgegengesetzte Bedeutungen tragen, ist nicht erkennbar.
Gottlieb Hufeland (1760–1817) wurde nach Studium in Göttingen und Leipzig 1785 erst von der Philosophischen, dann von der Juristischen Fakultät Jena promoviert. 1788 wurde er dort außerordentlicher Professor der Rechte, später Ordinarius. Danach wirkte er in Würzburg, dann in Landshut, wurde Danziger Bürgermeister und erhielt kurz vor seinem Tod einen Ruf an die Universität Halle. Es ist nicht sicher, dass er die Wendung ‚wissenschaftlicher Forscher' erfand, doch war er offensichtlich einer der ersten, die sie im Druck einsetzten. Sie wird als Variante für ähnliche Wendungen wie etwa ‚wissenschaftlicher Mann' oder ‚Wissenschafter' im neunzehnten Jahrhundert öfters verwendet.
Hufeland, Gottlieb (1788). *Ueber das Recht protestantischer Fürsten unabänderliche Lehrvorschriften festzusetzen und über solche zu halten veranlaßt durch das preussische Religionsedict vom 9 Julius 1788.* Jena: Christ. Heinr. Euno's Erben.
S. 2
Aus dem Zirkel der eigentlich *wissenschaftlichen Forscher* sind auch schon zu den andern Menschenclassen soviel Kenntnisse und Ueberzeugungen ausgegangen, daß auch diese sich täglich veredlen, und daß

vielleicht kein Volk so viele aus gründlicher Ueberzeugung wahrhaft religiöse und tugendliebende Menschen aufzuweisen hat, als das unsrige.

Friedrich August Fritzsche lässt sich biographisch[63] nicht genau bestimmen. Er hatte anscheinend 1781 seine juristische Promotion[64] in Leipzig bestanden und war in der juristischen Praxis als Advocat tätig. Er verwendet noch die ältere Orthographie mit doppeltem f und schreibt daher Wendungen wie ‚wissenschafftliche Person' genauso wie das Gegenteil ‚unwissenschafftliche Person' oder ‚unwissenschafftlicher Mann'.

Fritzsche, Friedrich August (1789). *Der Rechtsgelehrte als Mensch, für Rechtsbeflissene, ausübende Rechtsgelehrte und Publikum.* Dresden: Carl Christian Meinhold.

S. 762

Ferner ist auch unsicher: Jemanden aus einigen Gesprächen, oder bei'm Spiel, oder bei'm Weinglas ganz beurtheilen zu wollen. *Wissenschafftliche Männer* werden schon hier nur zu oft getäuscht; und der *Unwissenschafftliche* muß es dem Glück danken, wenn er doch einen wünschenswürdigen Mann findet.

S. 763f.

Ich habe vorhin schon den Unterschied unter *wissenschafftlichen und unwissenschafftlichen Personen* angenommen; und noch ist er die beste Erklärung der Aufschrifft auch des gegenwärtigen Titels. Nur der *wissenschafftliche Mann* hat Erfahrung, welche ihn berechtigen kann, über den Stand des Rechtsgelehrten zu urtheilen. Der *unwissenschafftliche Mann* aber kann und darf gar nicht urtheilen, wenn ihm jene Erfahrung mangelt, weil er sich und Andere, durch seine schiefen Urtheile, täuschen wird. Hier ist die zwote falsche Quelle schiefer Urtheile über Rechtsgelehrte. [...].

Der Mann kann entsetzlich viel gehört, gelesen, auch wohl gedacht, aber alles ohne die gehörige Sorgfalt gethan haben. Wer nun aber eigentlich ein ächter, *wissenschafftlicher Mann* ist, davon habe ich bereits hinlängliche Winke gegeben.

Mit „Akademie" bezeichnete damals mancher auch eine Universität.

---

[63] Nicht zu verwechseln mit Friedrich August Fritzsche (1806–1887), Jurist und 1849 Mitglied der Frankfurter Nationalversammlung für Sachsen-Altenburg.

[64] Fritzsche, Fridericus Augustus (1781). *Dissertatio de coniunctione eloquentiae cum iurisprudentia.* Leipzig: Klaubarth.

Gottlieb Hufeland war in seiner Jenaer Zeit einer der Mitarbeiter der *Allgemeinen Literatur-Zeitung*. Dort wurde sein neuestes Buch anfang des Jahres 1789 mit einem ungenauen Zitat lobend besprochen. Als Mitarbeiter wird er den ungenannten Rezensenten seines Buches gekannt haben.

anon. (1789). [Rezension:] Hufeland, Gottlieb (1788). Ueber das Recht protestantischer Fürsten unabänderliche Lehrvorschriften festzusetzen und über solche zu halten. Veranlaßt durch das preußische Religionsedict vom 9ten Julius 1788. *Allgemeine Literatur-Zeitung, Jg. 1788, 2*, Sp. 9-15.

Sp. 10
Seitdem der Untersuchungsgeist bey uns allgemeiner geworden ist, sind, nach der richtigen Bemerkung des Vf., aus dem Zirkel der eigentlich *wissenschaftlichen Forscher* auch schon zu den andern Menschenklassen so viel Kenntnisse und Ueberzeugungen ausgegangen, daß vielleicht kein Volk so viel aus gründlicher Ueberzeugung wahrhaft religiöse und tugendliebende Menschen aufzuweisen hat, als das unsrige.

Der wissenschaftliche Forscher ist anscheinend nicht mehr völlig neu.

Thieme (1789). Ueber die Mittel, bei der Jugend das lateinische Sprachstudium zu befördern. *Braunschweigisches Journal philosophischen, philologischen und pädagogischen Inhalts, Jg. 1789, 2. Bd., 5. St.*, 154-218.

S. 182
Selbst diejenigen, welche die Kenntniß der lateinischen Sprache manchem, von dem sie bisher gefodert worden, gern mögten erlassen wissen, lassen sich keineswges einfallen, den Nutzen dieser Sprachkenntniß überhaupt zu läugnen; sondern sie behaupten nur, daß gewisse Menschenclassen theils die nämlichen Vortheile, so weit sie ihnen nöthig sind, auch ohne lateinisch zu lernen, durch andere Mittel gewinnen, theils dieser Vortheile, so groß sie auch seyn mögen, bei ihrer Bestimmung im Staate entbehren könnten, maßen nicht jeder Amtsgelehrte zugleich *wissenschaftlicher Forscher* zu seyn braucht und der Prediger seine Tüchtigkeit zu den ihm aufzutragenden Geschäften eben so gut auch in der Muttersprache beweisen könnte; [...].

Vollbeding bleibt dabei, ein unnötiges oder abwertendes l einzupflanzen.

Vollbeding, Johann Christoph (1790). *Deutsch-Griechisches Wörterbuch*. Leipzig: Schwickert.

Sp. 273

Weltweiser, Φιλόσοφος [philósophos]: ein *Wissenschaftler* von den räsonnirten Weltverknüpfungen.

Ob dies ein unwirscher Wink an Wolff und Wolffianer sein soll, bleibt so wenig deutlich wie die Antwort auf die Frage, ob er es schmeichelnd, abschätzig oder unvoreingenommen meint.

Christoph Ludwig Hoffmann (1721–1807) war Arzt und kurfürstlicher Geheimrat zu Mainz, Aschaffenburg und Eltville.

Hoffmann, Christoph Ludwig (1790). *Erklärung von Eins.* Mainz: Craßische Schriften.

S. 5

Die Rechenkunst wird entweder als ein wissenschaftliches oder als ein empyrisches Stück betrieben. Im ersten Falle muß alles, was darin behauptet wird, aus zureichenden unwidersprechlichen Gründen dargethan werden; im andern aber nimmt man nur die Regeln an, welche der *wissenschaftliche Mann* herausgebracht hatte, verläßt sich auf den Verstand des Einsichtigern, glaubt ihm, und arbeitet dann nach seinen Regeln.

Der *wissenschaftliche Rechenmeister* unterscheidet sich daher von dem empyrischen, wie sich ein Leibnitz von einem gemeinen Rechenmeister; wie sich Kästner von einem gemeinen Landmesser; wie sich der Botaniker von dem Kräutersammler eines Apothekers; wie sich der gründliche Baumeister von dem Handwerker; und wie sich der *wissenschaftliche Arzt* von solchen empyrischen, wie Molliere auf der Schaubühne auftreten ließ, unterscheidet.

S. 16

Ich sehe es ein, Sie als ein *scientifischer Mann*, werden zwar der Erklärung von Eins ihren Werth beilegen. Sie werden aber hier Gegner finden, welche selbige für eine Grillenfängerei halten.

Hoffmann verwendet die seltene Variante ‚scientifischer Mann', die er anscheinend ebenso wie ‚wissenschaftlicher Mann' durchaus lobend meint.

Carl Christian Erhard Schmid (1761–1812) wurde 1791 Professor der Logik und Metaphysik in Gießen, 1793 Professor der Philosophie sowie Diakon und Garnisonspfarrer in Jena sowie 1794 dritter Professor der Theologie. Er gilt als konservativer Anhänger Kants und als Gegner Fichtes, der seinerseits Schmids Feind wurde.

Schmid, Carl Christian Erhard (1790). *Versuch einer Moralphilosophie.* Jena: Cröker.

S. 2

Bey allen Verirrungen einer vernünftelnden Philosophie, bleibt eine künftige Rückkehr zu der verlassenen moralischen Richtigkeit und Einfalt der Begriffe noch immer möglich, und sie ist selbst durch die misleiteten Bemühungen der unkritischen *Scientifiker* über sittliche Gegenstände (moralische Dogmatiker) zweckmäßig vorbereitet worden. Dass ein Pfarrer das Wort ‚Scientifiker' im Druck verwendet, mag an der alten Abneigung der Theologen gegen Christian Wolff liegen, denn mancherlei Schriften Wolffs tragen im Titel die Qualifizierung „methodo scientifica pertracta", zumal seine *Philosophia practica universalis* (1739), seine Moralphilosophie. In Jena wurde dieser Schmid väterlicher Freund des Novalis, der wohl von ihm das Wort ‚Scientifiker' übernahm, dessen Anfang bei den neueren Novalis-Ausgaben mit ‚Sz' zu setzen man für nötig hielt.

Johann Michael Sailer (1751–1832) studierte Theologie in Ingolstadt, wurde dort Professor der Dogmatik und wurde bald wegen Obskurantismus entlassen. Später machte man ihn zum Professor in Dillingen, bis er wegen Illuminatentum ausscheiden musste. Nach einiger Zeit wurde er wieder Professor und schließlich Bischof von Regensburg.

Sailer, J. M. (1791). *Glückseligkeitslehre, Zweyter Theil: Wie man glückselig werden könne.* München: Joseph Lentner.

S. 454

So verhält es sich auch mit dem Rangstreite zwischen den schönen und ernsthaften Wissenschaften. Der bessere Mann ist ausschliessungsweise weder ein Aesthetikus noch ein *Scientifikus*, sondern er lernt von dem ersten die Versinnlichungs- und von dem letztern die Präzisionsgabe, ohne zu saalbadern wie ein sogenannter Aesthetikus, oder Worte zu stechen, wie ein sogenannter *Scientifikus*.

Franz Joseph Schmid (oder Schmidt) arbeitete seine Thesen aus, diesmal, indem er „die Würklichkeit der Zauberey" gegen die Schrift eines ungenannten Landpfarrers verteidigt[65].

anon. (1791). *Und der Satz: Teuflische Magie existirt, bestehet noch. In einer Antwort des katholischen Weltmannes auf die von einem Herrn Landpfarrer herausgegebene Apologie der Professor Weberschen*

---

[65] anon. (1791). *Gedanken eines Landpfarrers über den Ungrund des Hexenglaubens vom Herrn Professor Weber, und über die Hexenreformation von einem katholischen Weltmanne.* München: s. n. Der Autor heißt vermutlich Friedrich Bauer.

Hexenreformation. Mit Erlaubnis der Obern. Augsburg: Johann
Nepomuk Styx.
S. 95f.

Da er nicht läugnen kann, und nicht läugnen darf, daß die zween Sätze:
I. Es giebt verworfene Geister, und
II. Diese verworfene Geister können, wo es Gott zuläßt, auf die
Menschen einwürken,

richtige, wahre, und als Dogmen anerkannte Voraussetzungen seyen,
andererseits aber dem aufgenommenem Berufe, Herrn Weber, es möchte
nun gehen, wie es wollte, rein zu waschen, ein Genüge geschähe; so läßt
er den Modus explicandì, der doch sonst manchem bangen *Scientifiker*
die steife Stute aufzäumen half, sehr weißlich bey den staubichten
Büchern irgend einer alten scholastischen Bibliothek das Winterquartier
halten, und sagt uns kurz und gut, daß der Modus explicandi in der
Hexensache nichts tauge.

Adolf Heinrich Friedrich Schlichtegroll (1765–1822) studierte Philologie
in Göttingen, 1807 wurde er Generalsekretär der Baierischen Akademie der
Wissenschaften. Friedrich Wolfgang Reiz (1733–1790) war klassischer
Philologe, dann der Dichtkunst ordentlicher Professor zu Leipzig.

Schlichtegroll, Friedrich (1791). Friedrich Wolfgang Reiz, der Dicht-
kunst ordentlicher Professor zu Leipzig, des großen Fürsten-Collegiums
Collegiat, und der Universitäts-Bibliothek Director. *Nekrolog auf das
Jahr 1790. Enthaltend Nachrichten von dem Leben merkwürdiger in
diesem Jahre verstorbener Personen, 1. Bd.*, 127-140.
S. 133

Sein Gefühl war richtig, aber nicht besonders warm; daher auch sein
Verdienst um Erklärung prosaischer *wissenschaftlicher oder auch
witziger Schriftsteller* unstreitig größer war, als um Erläuterung und
Berichtigung von epischen oder lyrischen Dichtern.

Ein merkwürdiges Buch erschien 1792 und, da wohl Interesse des lesenden
Publikums sich einstellte, in zweiter Auflage ein Jahr später. Es sei
bemerkt, dass der hier interessierende Ausdruck noch nicht in der älteren,
sondern erst in der zweiten, umfangreicheren Auflage zu finden ist. Um
einiges im Erscheinungsjahr Unklare zu erläutern, seien gleichwohl
zunächst die sehr sparsamen bibliographischen Angaben, die in der ersten
Auflage anzutreffen sind, wiedergegeben.

Doctor Martin Luther! (1792). *Deutsche gesunde Vernunft, von einem
Freunde der Fürsten und des Volks; und einem Feinde der Betrüger der*

Einen und der Verräther des Andern. Nicht in Berlin, auch leider! nicht in Braunschweig, eher noch in Wien! s. l.: s. n. Unverändert ist die Titelei der zweiten Auflage, wenn auch die Seitenzahl um mehr als die Hälfte vergrößert wurde. Der Verfasser wird fleißig daran gearbeitet haben.

Doctor Martin Luther! (1793). *Deutsche gesunde Vernunft, von einem Freunde der Fürsten und des Volks; und einem Feinde der Betrüger der Einen und der Verräther des Andern, 2. Aufl.* Nicht in Berlin, auch leider! nicht in Braunschweig, eher noch in Wien! s. l.: s. n. Die erste Auflage ist im Heinsius nicht zu finden, sehr wohl aber im Supplement die zweite, die bereits einige bisher verschwiegene Angaben einflicht: *Luther, Doctor Martin, deutsche gesunde Vernunft, 8. Altona, Hammerich. 793, 12* [Groschen].[66] Altona bezeichnet die Ortschaft westlich hinter Hamburgs Stadtgrenze, die damals zum Herzogtum Holstein gehörte und in Personalunion mit dem Königreich Dänemark lebte, weshalb mancher sie die zweitgrößte Stadt Dänemarks nannte. Die Konkurrenz zur größeren Nachbarstadt ließ sie eine für das damalige Reich liberale oder fortschrittliche Politik betreiben, in religiös-konfessionellen Fragen ebenso wie in der Zensur gedruckten Materials. Johann Friedrich Hammerich (1763–1827) hatte dort 1789 seinen Verlag gegründet, in dem beide Auflagen dieses Buches fabriziert wurden.

Unbekannt ist noch, wer hinter ‚Doctor Martin Luther!' stecken[67] mag. Dass der bekannte Reformator nicht der Autor war, sondern als Pseudonym genutzt wird, erscheint unbestreitbar, wenn man liest, wie viele Bemerkungen über frischeste literarische Streitigkeiten enthalten sind, zumal zu politischer Zensur. Die Auflösung versteckt sich in dem Lexikon des Berend Kordes[68]. Hinter dem Pseudonym steht der Doktor beider Rechte und in Plön lebende dänischer sowie holsteinischer hohe Beamte August Adolf Friedrich Hennings (1746–1826), ein Angehöriger der deutschen

---

[66] Heinsius, Wilhelm (1798). *Allgemeines Bücher-Lexicon oder alphabetisches Verzeichniß der in Deutschland und den angrenzenden Ländern gedruckten Bücher, nebst beygesetzten Verlegern und Preisen. Erstes Supplement, 1. Bd.* Leipzig: Heinsius. S. 264.
[67] Die heute in Bibliothekskatalogen übliche Gewohnheit, das Pseudonym als Teil des Titels aufzufassen, widerspricht der Meinung der Zeitgenossen Hennings'.
[68] Kordes, Berend (1797). *Lexikon der jetztlebenden schleswig-holsteinischen und eutinischen Schriftsteller.* Schleswig: Johann Gottlob Röhss. S. 166.

Aufklärung. Nun die Sätze des angeblichen Doctor Martin Luther aus der Auflage von 1793, die zum Thema dieser Arbeit bedeutsam sind.

S. 154

> Eigentlich sollte niemand schreiben, als für den auszubildenden, oder den aufgeklärten Verstand. Alle Volksbücher sind Spielerei. Wissenschaften, oder Anweisungen zu Wissenschaften, sind die einzigen guten Schriften. Populair gemachte Wissenschaften sind wahre Empfindelei. Wird der Verstand erhellt, so werden alle Wissenschaften und alle Künste bearbeitet, so wird der Künstler, so wird der Landmann stuffenweise ein *wissenschaftlicher Mann*, so gehet das Licht des Genies bis zum Handwerker und Bauer theoretisch oder praktisch über, so herrscht überall Aufklärung, so will das Volk in seinem Fache eben so vollkommene Schriften, als der Mathematiker in dem Seinigen. Alles andere ist schädliches Vierthel oder Halbwissen.

Deutlich wird, dass ,wissenschaftlicher Mann' nicht unbedingt einen Gelehrten bezeichnen muss. Ein stufenweises Hineinwachsen in diesen Zustand wird selbst Handwerkern und Bauern als Möglichkeit zugestanden. Dies war ein in der Aufklärung nicht selten vertretener Standpunkt.

Carl Christian Ehrhard Schmid hat seine *Moralphilosophie* gründlich überarbeitet. Der Scientifiker erscheint jetzt in geändertem Zusammenhang.

Schmid, Carl Christian Ehrhard (1792). *Versuch einer Moralphilosophie, 2. Aufl.* Jena: Cröker.

S. 9

> Die unkritischen *Scientifiker* müssen erst Dogmatiker werden, und dieser ihr grundloser, in Absicht auf den Grund ununtersuchter und willkührlicher Dogmatismus muß zum Skepticismus hinführen, sobald die Grundlosigkeit oder das Willkührliche des angenommenen Grundsatzes und Grundbegriffes oder der Widerstreit in den Folgen mehrerer abgeleiteter und verschiedenartiger Principien entdeckt wird.

Ein deutscher Schauspieler, Sänger und Schriftsteller, der Dramen und Romane verfasste, Christoph Sigismund Grüner (1757–1808), studierte in Halle und Jena, wurde Schauspieler in Posen, Reval und Breslau. Angeregt durch einen „gelehrten und wissenschaftlichen Mann" verfasste er einen Ratgeber der Diätetik für gesundes Leben in vier Bänden, in denen er vor medizinischen Betrügern und Wunderrezepturen warnte.

Ein Laie, S. G. (1793). *Erfahrungen des Lebens oder das Geheimniß sich ohne Universal-Arzneyen Charlatane und Wunder-Männer, natürliche und teuflische Magie gesund an Leib und Seele zu erhalten, 1. Th.* Danzig: Ferdinand Troschel.

S. 5

Ein eben so biederer, als *wissenschaftlicher Mann*, der die Menschen warlich nicht bloß aus Büchern kannte, gab die erste Veranlassung zur Herausgabe dieser Lebenserfahrungen, die ich der Lebenswelt, bereichert mit meinen geringen Beobachtungen, hiermit feierlich übergebe.

S. 11

Ueberzeugt, daß selbst der *gelehrte und wissenschaftliche Mann* in unsern Lebenserfahrungen hie und da Winke antreffen dürfte, die ihm erfreulich heißen dürften, zu seiner Erhaltung nützlichen Beitrag liefern und ihn überzeugen können, daß der Mensch nie aufhören kann zu lernen, und daß schon diese Wahrheit uns beruhigt und tröstet, wenn uns der Vorwurf der Nichtgelehrsamkeit gemacht werden sollte.

Das sonderbare Buch *Sabbako* kam im Jahr 1793 ohne Namen des Verfassers, ohne Ort, ohne Verlag auf den Markt. Es erscheint kaum noch existent zu sein, jedenfalls ist es in Bibliotheken Deutschlands oder seiner deutschsprachigen Nachbarländer nicht nachgewiesen. Aufgewiesen ist es allein in der Mährischen Landesbibliothek, Moravská Zemská Knihova.

Sabbako wird als ein hervorragender Monarch, Alleinherrscher und Wohltäter seines Landes dargestellt. Der Verfasser hat den Namen mit Sicherheit aus Herodots *Historiae*[69] übernommen, wo er allerdings, wie damals und heute noch üblich, Sabákōn heißt. Was diese Abweichung der Buchstaben des Namens begründet oder bewirkt hat, ist unbekannt.

Der Name des Verfassers bleibt bis heute ungeklärt. Einiges erfährt man bei Wilhelm Heinsius[70], wohl redlich informiert, der den Verlag Ferstl, den Ort Grätz, jetzt Graz, und selbst den Preis nennt. Das Verschweigen des Verlags, des Ortes, der Verfassers und das Fehlen in nahezu allen Bibliotheken sind wohl Mittel gegen die und Folgen der Zensur, denn das Buch enthält erhebliche Attacken gegen die Religion, zumal die katholische, wie auch gegen den Adel. Gelobt werden hingegen die Anhänger der

---

[69] Herodot, *Historiae II, 137*, Σαβάκων. Nicht anders der sizilianische Diodor, *Bibliotheca historica, I, 65*. Im Lateinischen nannte man in Sabaco. Er herrschte während der 25. Dynastie als König über Ägypten, war jedoch kein Ägypter, sondern Nubier. Herodot wie auch der Verfasser des *Sabbako* nennen ihn traditionellerweise einen Äthiopier.

[70] Heinsius, Wilhelm (1798). *Allgemeines Bücher-Lexicon oder alphabetisches Verzeichniß der in Deutschland und den angrenzenden Ländern gedruckten Bücher, nebst beygesetzten Verlegern und Preisen. Erstes Supplement, 1. Bd.* Leipzig: Heinsius. S. 386.

Aufklärung wie der Habsburger Kaiser Leopold II. (1747–1792) und der preußische König Friedrich II. (1712–1786), beide 1793 somit tot.

Im *Sabbako* treten beide Ausdrücke, ‚Wissenschafter' und ‚Wissenschaftler', auf und dies unleugbar in verschiedenen Bedeutungen. Um das deutlich werden zu lassen, sei umfangreich aus diesem raren Buch zitiert.

anon. (1793). *Sabbako, ein historisch-politischer Versuch für den deutschen Bürger und Landmann.* s. l.: s. n.

S. 5f.

Gemeiniglich wird, unter dem spöttischen Ausdrucke: Kannegießereyen, von unsern *Wissenschaftern* sehr unüberlegt gegen den Mittelmann losgezogen, statt ihn zu bewundern, daß er bey gänzlichem Mangel eines vorhergegangenen Unterrichts, oder einiger Vorkenntnisse, noch ein Gefühl für dergleichen Gegenstände zeigt. Seine Schnitzer, statt sie verächtlich zu belachen, sollen vielmehr dem Kenner zur Aufmunterung dienen, ihn zu belehren.

Hier wird ein verbreitetes Verhalten beklagt, aber es wird erkennbar, dass die Wissenschafter Leute sind, die sich mit ihrer Materie gut auskennen.

S. 9f.

Aber nicht nur allein dem Biedermanne, der in einem bürgerlichen Berufe dem Staate nützt, sondern auch unsern sogenannten Ausstudirten – der zahlreichsten Klasse aus allen Gelehrten, die sich nie über die Elementar-Gründe, oder ein und anderes Hilfsmittel zu den Wissenschaften hinweggeschwungen haben, und denen daher ihr ganzes Wissen mit der Zeit zu nichts als einem mechanischen Gedächtnißwerke geworden ist, den sie dem ungeweihten Mittelmanne bey jeder Gelegenheit mit unbändigstem Starrsinne für wahre Gelehrsamkeit aufdringen, weit entfernt sich im geringsten beykommen zu lassen, daß nur jener ein Gelehrter sey, der sich durch rastlosen Eifer von soliden Wissenschaften in deren ganzem Umfange mit der Zeit gründliche Kenntnisse erworben hat – auch diesen *Wissenschaftlern* im ersten Grade, auch jenen Elementar-Gelehrten, sage ich, ist diese vorliegende Schrift nicht minder gewidmet.

Von Wissenschaftern unterscheiden sich somit die Wissenschaftler darin, dass sie in Ansätzen Kenntnisse einer Wissenschaft besitzen, die zwar nach eigener schmeichelhafter Überzeugung ausreichend zur Belehrungen Unwissender sein mögen, dafür jedoch keineswegs genügen.

Es lässt sich annehmen, dass sich der unbenannte Verfasser nicht zu den minder unterrichteten Menschenklassen, zumal nicht den Wissenschaftlern rechnet, sondern sich selbst als einen Wissenschafter ansieht. Das verringert die Anzahl der Kandidaten für die Rolle des Anonymus, doch bedarf es noch einer Detektivarbeit, um dessen Namen zu entdecken, der diese deutliche Unterscheidung zwischen den beiden Bezeichnungen ausspricht. Dass *Sabbako* in Literatenkreisen einigermaßen ernstgenommen wurde, zeigt eine Besprechung, die ihm in der *Allgemeinen Literatur-Zeitung* unter der Rubrik *Volksschriften* in etwa drei Spalten gebracht wurde.

anon. (1794). [Rezension:] anon. (1793). Sabbako, ein historischer-politischer Versuch für den deutschen Bürger und Landmann. *Allgemeine Literatur-Zeitung, Teil 3, 269*, Sp. 436-439.

Diese Besprechung besteht in weiten Teilen aus Zitaten. Die wenigen eigenen Bemerkungen des Rezensenten sind lobender Art. Tadel wird nicht vorgebracht. Ob darin gelegentlich etwas Ironie im Spiele ist, lässt sich nicht ausschließen.

Joseph Weber (1753–1831) studierte am Augsburger Jesuitenkolleg, dann in Dillingen und empfing 1776 die Priesterweihe. Er wurde Dr. phil., Dr. theol. und 1826 geadelt.

Weber, Joseph (1793). *Versuch, die harten Urtheile über die kantische Philosophie zu mildern. Durch Darstellung des Grundrisses derselben mit kantischer Terminologie, ihrer Geschichte, der verfänglichsten Einwürfe dagegen samt ihren Auflösungen, und der vornehmsten Lehrsätze derselben ohne Kants Schulsprache.* Wirzburg: s. n. S. 69f.

In Ansehung der Methode &c. giebt es Naturalisten, die den sogenann-ten gesunden Menschenverstand dem, der a priori und mit deutlicher Einsicht denkt – dem speculativen, vorziehen: und *Scientifiker*, welche systematisch speculiren – entweder dogmatisch, wie Wolf, Stattler, &c. oder skeptisch wie Hume &c. oder kritisch wie Kant.

In der Geschichte eines Abschnitts der katholischen Kirche trifft man im Teilbereich über die Jesuiten auf eine seltenere, doch durchaus verständ-liche Variation der Bezeichnung ,wissenschaftliche Männer'.

Wolf, Peter Philipp (1794). *Geschichte der römischkatholischen Kirche. Unter der Regierung Pius des Sechsten, 2. Bd.* Germanien: s. n. [Leipzig: J. G. B. Fleischer]. S. 551

Bey näherm Lichte betrachtet verschwindet aber auch, wenn man etliche wenige wirklich grosse Männer ausnimmt, der gerühmte Schimmer von Erudizion, in welchem die Jesuiten auftraten; und die meisten aus Ihnen waren weit eher Charlatans, als wirklich *wissenschaftliche Köpfe*.

In einem hämischen Gedicht tritt der bekannte, eindeutig herabsetzend
gemeinte Ausdruck ‚Wissenschäftler' auf, diesmal mit dem Adjektiv
‚schön'. Es sind Angehörige der untersten Schicht, nicht der Wissenschaft
in heutigen Sinn, sondern der Gedichteschmiedekunst gemeint.

Sansculotte (1794). Verständigung. *Musenalmanach. Poetische Blumenlese aufs Jahr 1794*, 171. Göttingen: Ioh. Christ. Dieterich.
S. 171

> Schön kann und soll nicht alles seyn;
> Auch Schärfe, Kraft und Macht, und Drang durch Mark und Bein,
> Verlanget oft gerechter Herzenseifer:
> Was auch darob, wie wahre Scheerenschleifer,
> Die *schönen Wissenschäftler* schrei'n.
> Soll ein Apoll mein Werk, soll's eine Venus seyn,
> So ist's genug, wenn ich nur da den Meißel
> Der Schönheit wohl zu führen weiß:
> Ganz anders ist der Fall bei einer derben Geißel
> Auf einen kecken Krittlersteiß.

Der Poet dieses Gedichts nennt sich Sansculotte. Dieses neue Wort für
aufrührerische Unterschichtler ist hier Pseudonym des Gottfried August
Bürger (1747–1794), Herausgebers dieses Musenalmanachs. Er wird
alsbald einer Rezension unterzogen.

anon. (1794). [Rezension:] Musenalmanach. Göttingen: Joh. Christian
Dieterich. *Neue Bibliothek der schönen Wissenschaften und der freyen
Künste, 52 (1)*, 116-131. S. 125.

Das zehnzeilige Gedicht einschließlich der *schönen Wissenschäftler* wird
in dieser Zeitschrift der *schönen Wissenschaften* in einer Fußnote wiedergegeben. Es wird als Kritik an einer kritischen Besprechung aus dem voran-
gegangenen Jahrgang 1793 der *Neuen Bibliothek der schönen Wissenschaften etc.*[71] aufgefasst und spitz bemerkt, „daß aber auch dasjenige, was
sich durch seine Form als ein Werk der schönen Künste ankündige, nicht
schön zu seyn nöthig habe, dieß kann nur ein Sansculotte behaupten" (S.
125f.). Das war etwa der Inhalt der damaligen Kritik der *Neuen Bibliothek*,
die Bürger offensichtlich für unangemessen gehalten hatte.

Daraus lässt sich ableiten, dass Bürger die Bezeichnung ‚*schönen
Wissenschäftler'* keineswegs als neutrale Bezeichnung oder gar selbst-

---

[71] Siehe anon. (1793). Poetische Blumenlese aufs Jahr 1793. Göttingen: Dietrich
[!]. *Neue Bibliothek der schönen Wissenschaften und der freyen Künste, 49 (1)*,
83-108. Besonders gegen Bürgers Gedichte gerichtet die Seiten 93-108.

ironisch einsetzte, sondern zur Verspottung der Herausgeber der *Neuen Bibliothek der schönen Wissenschaften und der freyen Künste.*

Ein Rezensent, dem der Name Christoph Sigismund Grüner vermutlich nicht bekannt war, behandelt dessen Diätetik. Seine Angabe des Erscheinungsjahres bezieht sich auf die zweite Auflage des ersten Bandes, die 1794 erschien.

R. (1794). [Rezension:] Ein Laie (1794). Erfahrungen des Lebens oder das Geheimniß, sich ohne Universalarzeneyen, Charlatane, und Wunder-Männer, natürliche und teuflische Magie gesund an Leib und Seele zu erhalten. Danzig: Ferdinand Droschel. *Oberdeutsche, allgemeine Litteraturzeitung im Jahre 1794, 7 (77)*, Sp. 1285-1288.

Sp. 1285

Unter der Aufschrift: Statt Vorrede, sagt der Herausgeber dieser Schrift: „Ein eben so biederer, als *wissenschaftlicher Mann*, der die Menschen wahrlich nicht bloß aus Büchern kannte, gab die erste Veranlassung zur Herausgabe dieser Lebenserfahrungen, die ich der Lebenswelt bereichert mit meinen geringen Beobachtungen hiermit feyerlich übergebe.["]

Man darf annehmen, dass der Ausdruck ‚wissenschaftlicher Mann' damals allgemein bekannt und verbreitet war und keiner Erläuterung bedurfte.

George Samuel Albert Mellin (1755–1825) arbeitete als Prediger und Consistorialrath der deutschreformierten Gemeine in Magdeburg. Er wurde anerkannt dank seiner Bemühungen um die Erläuterung der Begriffe Kants.

Mellin, Samuel Albert George (1794). *Marginalien und Register zu Kants Critik der reinen Vernunft. Zur Erleichterung und Beförderung einer Vernunfterkenntniß der critischen Philosophie aus ihrer Urkunde.* Züllichau: Frommann.

S. 214

1032. 3) In Ansehung der Methode waren einige Naturalisten, andere *Scientifiker.*

1033. Die *Scientifiker* waren entweder Dogmatiker, (Wolf), oder Skeptiker (Hume). Noch gab es keinen Critiker.

Diese beiden Bemerkungen, die letzten in diesem Buch, beziehen sich auf die letzten Absätze der Kantschen *Critik der reinen Vernunft, 3. Aufl.* 1790. Riga: Johann Friedrich Hartknoch: „Nun kann man die jetzt in diesem Fache der Nachforschung herrschende Methode in die naturalistische und scientifische eintheilen. [...]. Was nun die Beobachter einer scientifischen Methode betrifft, so haben sie hier die Wahl, entweder dogmatisch oder sceptisch, in allen Fällen aber doch die Verbindlichkeit, systematisch zu verfahren. Wenn ich hier in Ansehung der ersteren den berühmten Wolf, bey der zweyten David Hume nenne, so kann ich die übrigen, meiner jetzigen Absicht nach, ungenannt lassen. Der critische Weg ist allein noch offen." (S. 883+884). Der Vergleich zwischen Kants Text und Mellins Zusammenfassung zeigt, dass Mellin aus den Kantschen Adjektiven Substantive erschafft. Ob Kant diese Substantivierung gefallen hat, ist ungewiss. Jedenfalls hat er sie nicht übernommen.

Georg Friedrich Daniel Goess oder Goes (1768–1851) promovierte 1793 in Erlangen mit einer Arbeit über Aischylos, wurde 1794 am Ansbacher Gymnasium Professor der Geschichte und Philosophie, 1800 Schloßbibliothekar in Ansbach, 1809 Rektor und Professor am Gymnasium in Ulm.

Goess, Georg Friedrich Daniel (1794). *Systematische Darstellung der Kantischen Vernunftkritik zum Gebrauch akademischer Vorlesungen nebst einer Abhandlung ueber ihren Zweck, Gang und ihre Schicksale.* Nürnberg: Felsecker.

S. 164
Einige zogen den sogenannten gesunden Menschenverstand demienigen, der abstract und a priori denkt, d. h. dem speculativen vor, Naturalisten (Popularphilosophen); Andere speculirten systematisch, entweder dogmatisch wie Wolf, oder sceptisch wie Hume, oder kritisch wie Kant, *Scientifiker* (Systematiker).

Der nächste Beitrag wurde der Zeitschrift eingesandt, anscheinend ohne Namen des Verfassers. Der Beitrag richtet sich gegen die „jetzt aufklärenden und aufgeklärten Köpfe", besonders die Philosophen, die sich für die gut Bewanderten, die biblischen Patriarchen hingegen für wenig wissende Figuren halten. Gegen diese Einschätzung wird zu Felde gezogen.

anon. (1795). Etwas über die Philosophie des Moses, Salomo, und der alten Patriarchen. *Kritik über gewisse Kritiker, Rezensenten und Broschürenmacher, 9. Jg. (49+50+51+52),* 491-495+497-503+505-510+513-524.

S. 516
Also! Adam ein *wissenschaftlicher Mann*, bey dem die Geistes- wie die Körperkraft in gleichem Verhältnisse stund, und ihn nothwendig so bildete, daß er beyderseitig mit wahrer Manneskraft da stund, wie es ihm in Gemäsheit seines ihm zugedachten Berufes gebührte. – Nun dann! jetzt ist es schon überflüßig, zu fragen: Was dann dieß für eine Wissenschaft gewesen seyn möchte, [...].

Das Fatale an der langen Demonstration, die hierauf folgt, liegt darin, dass der Verfasser nicht zwischen der alten Bedeutung des Wortes ‚Wissen-

schaft' im Sinne des individuellen Wissens und der neuen im Sinne eines
kollektiven Bemühens um die nie endenwollende Verbesserung dessen, das
als neuester Stand des gemeinsamen Wissens gilt. Jemand, der etwas weiß,
ist nicht auch deshalb schon ein wissenschaftlicher Mann. Da macht sich
vielleicht des Verfassers vermutlich theologische Ausbildung sichtbar.
Johann Wilhelm Ludwig Gleim (1719–1803), Dichter, Anhänger der
Aufklärung, Literaturförderer. Sein zitiertes Gedicht setzt das Wort
,Wissenschaftler' in einem ironisierenden Ton ein, der sich nicht gegen die
Wissenschaft oder die Wissenschafter, sondern gegen jene Herrscherfiguren
richtet, die in der Bildung ihres Volkes eine Gefahr für ihre Herrschaft
sehen, sie deshalb zu ersticken und ihre Betreiber zu fesseln trachten.

Gleim, Johann Wilhelm Ludwig (Juli 1795). Hier zitiert nach Gleim
(1841). *Sämmtliche Werke, Bd. 8, Vater Gleim's Zeitgedichte von
1789-1803.* Leipzig: F. A. Brockhaus.
S. 7

Der gute Rath. (Im Juli 1795)

A

Die Wissenschaften, und die Schriften
Der *Wissenschaftler* sind's, die all' das Böse stiften!
Mein Rath ist: Fesseln gebt dem Geist,
Und Fesseln Allem, was da Wissenschaften heißt.
Wie läßt sich dummes Volk viel besser doch regieren,
Als kluges! Seht nur um Euch her:
Jedweder Hirt, wie leicht kann er,
Wohin er will, die Heerde führen! –

B

Herr Fürst, Herr Graf, Herr Großvezir,
Den hohen guten Rath in Ehren:
Sie hätten völlig recht, wenn wir –
Schaf' und Schweine wären!

In der nächsten Kurzbiographie eines Schauspielers wird der Ausdruck
,wissenschaftlicher Mann' sehr locker und ohne spezifische Erläuterung
verwendet, denn „satirischer Dichter" und „Epigrammatist", Verfasser
kurzer Sinn- oder Spottgedichte, mögen geistreiche Beschäftigungen sein,
verlangen jedoch nicht, zu einer Wissenschaft zu gehören.

anon. (1795). Charakteristik der Mitglieder der preußischen Bühne
1793. *Taschenbuch, fürs Theater. Mannheim. Zwote Abth.,* 30-48.
S. 39

Herr Schultz, 63 Jahr, etl. 40 bei der Bühne. (Hamburg) Gehört unter
die Altermänner der Theaterwelt von Seiten seiner Jahre und seiner
Existenz bei der Bühne. In ältern Zeiten war der Mann als Orosman,
Polikeit etc. berühmt – für die jeztlebenden Zuschauer paßt weder seine
Phantasie noch seine Darstellungsgabe. Er spielt einige Greise und
erscheint nur selten. Uebrigens ein sehr *wissenschaftlicher Mann*,
bekannt als satirischer Dichter und Epigrammatist.

Doch zeigt die Bemerkung, dass der Ausdruck ‚wissenschaftlicher Mann'
sich bereits geräumiger Bekanntschaft erfreuen kann, positive Konnotationen impliziert und nicht unbedingt durch Angabe der Einzelheiten erklärt
werden muss.

Georg Philipp Friedrich von Hardenberg (1772–1801), der sich Novalis
nannte, hat zwei der debattierten Wörter niedergeschrieben. Man findet sie
in posthum publizierten Fragmenten.

> Novalis (1929). *Schriften, Bd. 2: Fragmente und Studien 1-7*, im Verein
> mit Richard Samuel hrsg. von Paul Kluckhohn. Leipzig: Bibliographi-
> sches Institut.
> S. 282
> *Wissenschaftler* – Rhapsodiker, oder Freigeister.

Diese Notiz fand sich in seinen Philosophischen Studien 1795-96. Worauf
sie zielt, ist unbekannt, Rhapsodiker oder Rapsodiker tritt sonst bei Novalis
nicht auf. Da dies Wort einen fahrenden Sänger bezeichnete, könnte ein
Schönwissenschaftler vermutet werden. Ob die Lesung der Herausgeber
zutrifft, ließe sich nur unter Mühen prüfen.

Für die Richtigkeit der Lesung spricht, dass Mähl die gleiche Schreibweise verwendet in seiner Bandausgabe Novalis (1978). Bd. 2, *Das
philosophisch-theoretische Werk*. München: Carl Hanser.

> S. 142
> 394. *Wissenschaftler* – Rapsodiker, oder Freygeister.

Daneben gibt es ein anderes einschlägiges Wort des Novalis.

> Novalis (1993). *Das allgemeine Brouillon: Materialien zur Enzyklopä-
> distik 1798/99*, hrsg. von Richard Samuel, Gerhard Schulz und Hans J.
> Mähl. Hamburg: Felix Meiner.
> S. 145
> Es gibt keine Phil[osophie] in Concreto. Phil[osophie] ist, wie der Stein
> d[er] Weisen – die Quadratur d[es] Zirkels etc. – eine bloße nothw[endi-
> ge] Aufgabe der *Szientifiker* – das Ideal der Wissensch[aft] überhaupt.
> Daher Fichtens W[issenschafts]L[ehre] – nichts, als Beschreibung dieses
> Ideals.

Gedruckt wurde dieser Text bald nach dem Tod des Novalis.

> Schlegel, Friedrich & Tieck, Ludwig (Hrsg.) (1802). *Novalis Schriften, 2. Th.* Berlin: Realschule.

S. 273

> Es giebt keine Philosophie in concreto. Philosophie ist wie der Stein der Weisen, die Quadratur des Zirkels u. s. w. eine bloße nothwendige Aufgabe der *Scientifiker*, das Ideal der Wissenschaft überhaupt; Fichte's Wissenschafts-Lehre ist die Beschreibung dieses Ideals.

Auch in anderen Fragmenten erscheint dieses Wort.

> Novalis (1907). *Schriften, 3. Bd., Fragmente (Fortsetzung)*, hrsg. von J. Minor. Jena. Eugen Diederichs.

S. 308f.

> 844. (Philosophie). [...].
> Es ließe sich eine äußerst instruktive Reihe von spezifischen Darstellungen des Fichtischen und Kantischen Systems denken, z. B. eine poetische, eine chemische, eine mathematische, eine musikalische usw. Eine, wo man sie als *Szientifiker* des philosophischen Genies betrachtete, eine historische usw. Ich habe eine Menge Bruchstücke dazu.

S. 341

> 957. Die moderne Ansicht der Naturerscheinungen war entweder chymisch oder mechanisch [...]. Der *Szientifiker* der praktischen Physik betrachtet die Natur zugleich als selbständig und selbstverändernd und als übereinstimmend mit dem Geiste.

Novalis-Orthographie changiert seltsam post mortem im Lauf der Zeit.

> Novalis (1978). *Bd. 2, Das philosophisch-theoretische Werk*, hrsg. von Hans-Joachim Mähl. München: Carl Hanser.

S. 479

> Die moderne Ansicht der Naturerscheinungen war entweder chymisch oder mechanisch [...]. Der *Scientifiker* der practischen Physik betrachtet die Natur zugleich als selbstständig und Selbstverändernd, und als übereinstimmend harmonisch mit dem Geiste.

S. 571

> 464. Es ließe sich eine äußerst instructive Reihe von specifischen Darstellungen des Fichtischen und Kantischen Systems denken, z. B. eine poëtische, eine chemische, eine mathematische, eine Musikalische etc. Eine, wo man sie als *Scientifiker* des phil[osophischen] Genies betrachtete, eine historische u.s.w. Ich habe eine Menge Bruchstücke dazu.

S. 623f.

640. Item. Es giebt keine Phil[osophie] in Concreto. Phil[osophie] ist, wie der Stein d[er] Weisen – die Quadratur d[es] Zirkels etc. – eine bloße nothw[endige] Aufgabe der *Scientifiker* – das Ideal der Wissensch[aft] überhaupt.

Daher Fichtens W[issenschafts]L[ehre] – nichts, als Beschreibung dieses Ideals. Es giebt, als concrete W[issenschaft] nur Mathematik, und Physik.

Soweit der Versuch, die nachgelassene Prosa des Novalis zeitlich unterzubringen.

Thomas Lechleitner (1740–1797), Theologe und Augustinerchorherr, ist der Autor dieser anonymen Anleitung.

anon. (1795). *Anleitung zu einer neuen und verbesserten Philosophie: oder Sammlung über die Kantische Philosophie und das Dalbergische Grundgesetz der Aehnlichkeit in der Natur. Sammt einem Anhange über die Möglichkeit einer mathematischen Metaphysik, Bd. 1.* Augsburg: Matthäus Riegers sel. Söhne.

S. 24f.

In Ansehung der Methode giebt es Naturalisten, die den sogenannten gesunden Menschenverstand dem a Priori spekulativen vorziehen. Und *Szientifiker*, die systematisch spekuliren, entweder dogmatisch, wie Wolf, oder szeptisch, wie Hume, oder kritisch, wie Amort. Die kritische Methode soll indessen die Vernunft in dem, was ihre Wisbegierde jederzeit beschäftiget, und jederzeit auch getäuschet hat, völlig befriedigen.

Eusebius Amort (1692–1775), katholischer Theologe, Verfasser auch einer philosophischen Schrift. Der Eindruck ist kaum abzuweisen, dass hier jemand als katholischer Vordenker des kritischen Kant, und Kant als dessen protestantischer Nachahmer vorgestellt werden soll.

Andreas Georg Friedrich Rebmann (1768–1824), Jurist und bald auch Publizist, erwarb sich zu Zeiten der französischen Revolution in Deutschland den unberechtigten Ruf eines Jakobiners. Er floh daraufhin in das liberale Altona. Dort wurden seine kritisch beurteilenden *Wanderungen und Kreuzzüge durch einen Theil Deutschlands* unter dem Pseudonym Anselmus Rabiosus, der Jüngere, verlegt. Die erste Auflage erschien 1795, die zweite 1796, ergänzt um einen neuen Band. Dieser zweite Band behandelt weitgehend Leipzig, insbesondere seine Universität und nach der Ordnung der Fakultäten ihre Studenten. Seine Beschreibungen lassen glauben, Leipzig sei mit der unwürdigsten Universität des Reiches versehen. Die Angehörigen der Philosophischen Fakultät nennt er „schöne Wissenschäftler".

Rabiosus, der Jüngere, Anselmus (1796). *Wanderungen und Kreuzzüge durch einen Theil Deutschlands, 2. Bd., 2. Aufl.* Altona: Verlagsgesellschaft.

S. 45f.

Mediziner verdienen wegen ihrer geringen Anzahl kaum erwähnt zu werden. Indessen machen auch sie der Universität Ehre, ungeachtet sich mancher verdorbene Feldscher und mancher Barbier- und Apotheker-Gesell unter ihnen befindet.

Schöne Wissenschäftler kommen mehr in Betracht. Diese Herren halten sich sammt und sonders für die ersten Genies, und sehen stolz an den hinauf, der sich einem bestimmtern Studium widmet. Es sind meist kleine Persönchen, vermuthlich weil über dem geilen Wachsthum des Geistes, der Körper nicht zu seiner gehörigen Reife hat gedeihen können.

Mit dem „bestimmtern Studium" meint er die Theologischen, Juristischen und Medizinischen Fakultäten, deren Studium für bestimmte Berufe qualifiziert. Das konnte von der damaligen Philosophischen Fakultät nicht gesagt werden. Diese war, als sie im Mittelalter erschaffen wurde, Propädeutikum für die drei höheren Fakultäten. Erst im neunzehnten Jahrhundert erwuchsen ihr Aufgaben anderer Qualität, und dazu wurde der neumodische Rang eines Dr. phil. erschaffen. Über den hämischen Klang des ‚schönen Wissenschäftler' ist ausreichend gesagt worden. Wissenschaftliche Männer sind hingegen anderer Qualität.

anon. (1796). Ueber die schnellen Fortschritte der französischen Waffen in Italien. *Neues Hannöverisches Magazin, 64+65+66 Stück*, Sp. 1009-1024+1025-1040+1041-1056.

Sp. 1021

[Ludwig XII.] erließ dem Volke viele Abgaben; teilte Geschenke unter dasselbe aus; bestätigte den Adel und die Geistlichkeit in ihren Gerechtsamen; begnadigte, *berühmte, wissenschaftliche Männer* mit Ehren und Belohnungen, und schützte jeden in seinem Eigenthume.

Im Englischen ist der analoge Ausdruck gebräuchlich, so bei George Wallis (1740–1802), Professor der theoretischen und praktischen Medizin in London. Zunächst zur deutschen Übersetzung.

Wallis, Georg (1796). *Die Kunst Krankheiten vorzubeugen und die Gesundheit wieder herzustellen; Ein Buch für Jedermann, 1. Bd.* Berlin: Ernst Felisch.

S. 101

Man glaubt nemlich, daß jeder Mensch am besten sagen könne, was ihm am allerzuträglichsten sey, weil er durch wiederhohlte Erfahrungen selbst habe darauf kommen müssen. Aber dies bezieht sich ja blos auf die von verschiedenen Ursachen hervorgebrachten Würkungen, die nur dem *wissenschaftlichen Mann*, d. h. dem Arzte zur Ergründung der bestimmten Natur besondere Konstitutionen behülflich seyn können.
Im Original heißt der Ausdruck ‚scientific men‘, ist also im Plural, doch problemlos ins Deutsche übertragen. Der englische Satz steht[72] auf S. 71.

Man findet einen Ausdruck ähnlicher Bedeutung im Bericht über Antoine François de Fourcroys Rede[73] im Jahr 1796 über den 1794 mit der Guillotine getöteten Antoine Laurent de Lavoisier im Lycée des Arts.

anon. (1796). Französische Literatur. *Intelligenzblatt der Allgemeinen Literatur-Zeitung, Nr. 143*, 1202-1212.

Sp. 1203

Sehr kraftvoll und mit allgemeinem Beyfall gehört war die Lobrede, die Fourcroy bey dieser Gelegenheit auf seinen verewigten *Wissenschafts-genossen* ablas.

Der bereits genannte Schauspieler, Sänger und Schriftsteller Christoph Sigismund Grüner verfasste drei Bände seiner *Reisen im Vaterlande*. Der dritte Teil trug zusätzlich einen Sondertitel. Alle Bände erschienen anonym.

anon. (1797). *Reisen im Vaterlande. Kein Roman, aber ziemlich theatralisch. Dritter Theil. Wanderungen im Gebiete des Wider-spruchs. Romantisch, räsonnirend und theatralisch gezeichnet.* Königsberg: Hartung.

S. 123

Ich ehre jeden Stand in seinen würdigen Mitgliedern; man kann Schuster seyn, und ein sehr braver *wissenschaftlicher Mann*; man kann Jahre lang den Bart geputzt haben, und viel wissen; [...].

S. 158

---

[72] Wallis, George (1793). *The art of preventing diseases, and restoring health, founded on rational principles, and adapted to persons of every capacity.* London: G. G. J. and J. Robinson. S. 71.

[73] Die Rede findet sich in Fourcroy, Antoine François de (1796). Notice sur la vie et les travaux de Lavoisier. In Fourcroy (Hrsg.), *Notice sur la vie et les travaux de Lavoisier, précédée d'un discours sur les funérailles, et suivie d'une ode sur l'immortalité de l'âme*, S. 25-47. Paris: Imprimerie de la Feuille du Cultivateur.

Wir lernten den Schulmeister dieses Dorfs als einen *wissenschaftlichen Mann* kennen, der in der Naturgeschichte und Erdbeschreibung recht gut bewandert war und davon den besten Gebrauch machte, indem er der jugendlichen Versammlung bei vielen Veranlassungen Erläuterungen zum Besten gab, die um so nützlicher fielen, da er sie selbst in dem Gebot der Nächsten- und Elternliebe, des Gehorsams, der Demuth und geselligen Tugenden auf die Verrichtungen der Natur hinwies.

Es klingt so, als sei hier der Ausdruck 'wissenschaftlicher Mann' noch sehr viel breiter als üblich werdend eingesetzt worden, etwa mit der Bedeutung eines anständigen und kundigen Mannes. Er klingt nach der alten und langsam ungeeignet werdenden Bedeutung, in der Grüner jemanden bezeichnet, der etwas genauer weiß als manch anderer.

Carl Friedrich Ludwig Angermann, seit 1788 Student in Leipzig, 1793 zum medizinischen Doktor promoviert, später kurfürstlich sächsischer Hofchirurgus und Stadtzahnarzt zu Leipzig. Auch bei ihm erklingt ein ähnlich älterer Gebrauch im spaßigen Wehgeschrei der Zähne.

Angermann, Carl Friedrich Ludwig (1797). Gerechte Klagen der menschlichen Zähne, über die fast grenzenlose Geringschäzzung, die sie von vielen ihrer Besitzer ertragen müssen. *Jahrbuch zur belehrenden Unterhaltung für Damen, Jg. 1797*, 167-187.
S. 185f.

Aber auch hier währt noch diese Geringschätzung fort; rasch entschließt sich der Mensch, unser Todesurtheil auszusprechen; ohne einen *wissenschaftlichen Mann* erst zu Rathe zu ziehn, eilt er zu dem ersten, dem besten, von den er weiß, daß er nur die Operation des Ausziehens verrichten kann, er verlangt sie, sie wird leider! nur zu oft auf dieses Verlangen vollzogen, und – wohl gar des nächsten Tages, hat sie nicht die geträumte Hülfe bewirkt, an einem andern Zahne fruchtlos wiederholt.

Im Nachruf auf den Hallenser Professor der Medizin sowie der Philosophischen Fakultät, Friedrich Albrecht Carl Gren (1760–1798), findet sich erneut der Ausdruck, der deutlich macht, dass die neuere Bedeutung des Wortes 'Wissenschaft' nicht das Wissen eines Einzelnen bezeichnet, sondern ein kollektives Unternehmen, das nach begründetem Wissen sucht.

anon. (1798). Deutscher Nekrolog. Friedrich Albrecht Carl Gren. *Allgemeine Zeitung, (29. December 1798)*, unpaginiert.
ohne Seitenangabe

Denn er arbeitete sich von einem armen ApothekerJungen, der oft die Nacht zu seinem Studieren zu Hilfe nehmen mußte, zum wissenschaftlichen und vorurtheilsfreiesten seiner *WissenschaftsGenossen* empor. Herder wechselt seine Wortwahl vom Wissenschaftler zum wissenschaftlichen Forscher.

Herder, J. G. (1798). *Von Religion, Lehrmeinungen und Gebräuchen.* Leipzig: Johann Friedrich Hartknoch.
S. 42

Und wessen wären sie, diese Gedanken und Kräfte? Der Natur? Natur ist ein schöner Name, Ausdruck alles dessen, was in seiner eigentlichen Art da ist; zulegt Inbegriff aller Naturen, mithin aller Ordnung und Kräfte. Der *wissenschaftliche Forscher* thut wohl, wenn er bei dem Wort bleibet und allenthalben nur Natur d. i. Kräfte, Ordnung, den Lauf und die Regel der Dinge aufsucht, ohne ihnen dort und da willkührlichkleinfügige Absichten unterzuschieben.

Während Immanuel Kant die neuen Ausdrücke ‚Mann der Wissenschaft‘, ‚wissenschaftlicher Mann‘ oder gar ‚Szientifiker‘ anscheinend nie für ein Druckwerk niederschrieb, sich immerhin mit ‚Forscher‘, gelegentlich auch ‚Naturforscher‘ begnügt, ist die englische Version dieser Wörter weiter verbreitet und tritt in Übersetzungen auf.

Kant, Emanuel (1798). An idea of an universal history in a cosmopolitical view. *Essays and Treatises on Moral, Political, and various Philosophical Subjects, v. 1,* 409-432.
S. 411

A passage among the short notices of the twelfth number of the Literary Gazette of Gotha of this year (1784) which was no doubt taken from my conversation with a *man of science,* on his travels, extorted from me this exposition, without which that passage would have no meaning possible to be comprehended.

Dies entspricht einer Fußnote, die Kant der Überschrift seiner Abhandlung „Idee zu einer allgemeinen Geschichte in weltbürgerlicher Absicht“ beigab. Sie erschien zuerst in der *Berlinischen Monatsschrift, 4 (11), Jg. 1784,* 385-411. Dies der Wortlaut Kants:
S. 385

Eine Stelle unter den kurzen Anzeigen des zwölften Stüks der Gothaischen Gel. Zeit. d. J., die ohne Zweifel aus meiner Unterredung mit einem durchreisenden Gelehrten genommen worden, nöthigt mir diese Erläuterung ab, ohne die jene keinen begreiflichen Sinn haben würde.

Es fällt auf, dass ‚Gelehrter' mit ‚man of science', nicht jedoch mit dem traditionellen ‚scholar' übersetzt wurde. Das ist allerdings durchaus nicht unberechtigt. So gibt etwa *The New and Complete Dictionary of the German and English, vol. I, (A-G)* (1796) des John Ebers auf S. 1068 für das Wort ‚Gelehrter' sowohl ‚scholar' als auch ‚man of science' als die möglichen Übersetzungen an.

Hundert Jahre später wurde in Wörterbüchern deutlich unterschieden. Wer ‚Gelehrter' übersetzen wolle, solle zur Kenntnis nehmen, dass ‚scholar' für Philologen das geeignete Wort war, ‚man of science' hingegen für Mathematiker und Naturwissenschafter, für die zusätzlich ‚scientician' und ‚scientist' einsetzbar waren. So der maßgebliche Muret-Sanders (ohne Jahresangabe, wahrscheinlich vor 1900), *Enzyklopädisches englisch-deutsches und deutsch-englisches Wörterbuch, 2. Teil, 1. Bd.*, S. 823. Weitere hundert Jahre später war es gänzlich außer Gebrauch, Mathematiker und Naturwissenschafter Gelehrte zu nennen. Entsprechend empfehlen auch umfangreiche Wörterbücher, wenn es um Gelehrte ging, nur das Wort ‚scholar'.

Gelegentlich trifft man im Englischen auf die vielleicht einem französischen Vorbild entnommene Formel ‚scientific man' oder ‚scientific men':
anon. (1799). Female education. *The Scots Magazine; or general repository of literature, history and politics, 61*, 841-842.
S. 842
What! Should the fair
Abstrusely educated then,
Profoundly deep researches share,
Study with *scientific men*?
Ist das die Stimme der Mannesbeschwerde, die sich empört und wehklagt, dass Frauen, „the fair", nach einer in sich schon abstrusen Erziehungsart auch noch zum Studium auf Universitäten gelangen wollen?

Mit dem Aufblühen der philosophischen Bemühungen in Deutschland und dem Versuch, Philosophie in die Kategorie Wissenschaft einzuordnen, entsteht auch der Versuch, nicht einfach den wissenschaftlichen Mann zu benennen, sondern auch Absolventen bestimmter Fakultäten entsprechend zu fixieren, so etwa jemanden aus der ersten Fakultät.
anon. (1799). [Rezension:] Niemeyer, August Hermann (1799). Briefe an christliche Religionslehrer. Dritte Sammlung. Halle: Waisenhaus-Buchhandlung. *Göttingische Anzeigen von gelehrten Sachen unter der Aufsicht der königl. Gesellschaft der Wissenschaften, Jg. 1799, 2, 126. St.*, Sp. 1251-1255.

Sp. 1253

Wenn der *wissenschaftliche Theologe* mit der Schrift dieses eine innere, nähere oder unmittelbare Theilnahme Gottes an der Besserung des Menschen nennt; so versteht er darunter keine widernatürliche Wirkung (S. 161), und hat auch die Absicht keinesweges, eine ängstliche Aufmerksamkeit auf den unwillkührlichen Lauf der Gedanken, und mit ihr fromme Träumereyen zu befördern; sondern er will es nur verhüten, das man sich Gott nicht als ein Naturwesen ausser uns denke, welches nur durch äussere Mittelursachen auf uns wirke, als wodurch in der That der Mensch von Gott entfernt, und nicht selten von der gänzlichen Läuterung seiner moralischen Gesinnung zurückgehalten wird.

Wie die Theologie zur Wissenschaftlichkeit bewegt wird, so will die Medizin sich in Verbindung zur Philosophie und Physik setzen und dadurch einen wissenschaftlichen Arzt definieren. Um sich damit intensiver zu befassen, wurde ein neues medizinisches Journal hergestellt.

Geier (1799). Analytik des Begriffes der Heilkunde. *Magazin zur Vervollkommnung der theoretischen und praktischen Heilkunde, 1 (2)*, 257-278.

S. 264

Niemand traue sich auf die Ehre eines gründlichen und *wissenschaftlichen Arztes* Anspruch zu machen, der nicht vorerst ein eben so gründlicher Philosoph und Physiker ist! Dieses ist der Gerichtshof aller wissenschaftlichen Heilkunde, – [...].

S. 270

Aus dieser Dedukzion des allgemeinsten Begriffes der Heilung ergeben sich zwei Fragen, die von dem *wissenschaftlichen Arzte* unmöglich übergangen werden können; da sie bisher noch niemals bestimmt aufgeworfen, noch weniger a priori beantwortet worden sind.

Der Autor ist vermutlich Georg Franz Geier (1773–1834), Doktor der Philosophie und der Medizin, 1798 in Würzburg zum letzteren promoviert, später auch Nationalökonom und 1826 bis 1827 Rektor der Universität Würzburg.

Johann Jacob Loos (1776–1838) befasst sich im selben Journal kritisch mit dem Aufsatz über die Beziehung zwischen Philosophie und Medizin des Dr. Geier.

Loos (1799). Ueber Philosophie in Bezug auf Medizin. *Magazin zur Vervollkommnung der theoretischen und praktischen Heilkunde, 3 (2)*, 254-273.

S. 258

Den Organismus in seinem Ursprung zu erklären, ist für den *wissenschaftlichen Arzt* die letzte Stufe seiner Forschung, und hier steht er schon in der Welt des Philosophen.

Das neue medizinische Journal ist alsbald Gegenstand des Rezensionswesens. Der Rezensent bespricht den Aufsatz des Dr. Loos, aus dem soeben ein Zitat vorgelegt wurde. Dabei zeigt er auch auf Schwächen des Aufsatzes von Dr. Geier (1799).

> anon. (1800). [Rezension:] Magazin zur Vervollkommnung der theoretischen und praktischen Heilkunde, 2. und 3. Bd., Frankfurt am Main. *Litteratur-Zeitung, Jg. 1800, 248+249*, Sp. 1977-1992.

Sp. 1990

> Es kommt deswegen darauf an, zu bestimmen: in wie weit die Philosophie ins Gebiet der Heilkunst (?) gezogen werden dürfe. Sie soll für den *wissenschaftlichen Arzt* (ein *nicht wissenschaftlicher Arzt* verdient den Namen des Arztes nicht) den Organismus in seinem Ursprunge erklären.

Der Ausdruck ‚wissenschaftlicher Arzt' erfreut sich im neunzehnten und auch zwanzigsten Jahrhundert wachsender Beliebtheit, verbunden mit den Streitigkeiten, was wissenschaftlich benannt werden darf und was nicht.

An die Stelle des ‚Mann' läßt sich ein Teil des wissenschaftlichen Mannes als ein pars pro toto anwenden. Johann Gottfried Eichhorn (1752–1827), Orientalist, Historiker und Theologe, unternimmt dies. Unsicher bleibt, ob er damit die Tür für weibliche Köpfe öffnen will, da das grammatische Geschlecht des Kopfes zwar als männlich behandelt wird, jedoch selten dieser Körperteil den Frauen abgesprochen wird.

> Eichhorn, Johann Gottfried (1799). *Allgemeine Geschichte der Cultur und Litteratur des neueren Europa, Bd. 2, Geschichte der Künste und Wissenschaften seit der Wiederherstellung derselben bis an das Ende des achtzehnten Jahrhunderts.* Göttingen: Johann Georg Rosenbusch.

S. 38

> Aber wären auch die Werke der alten Klassiker in mehreren Abschriften übrig geblieben, so hätte doch kein Geschichtschreiber aus Livius und Tacitus, kein Redner aus Cicero und Quintilian, kein Dichter aus Virgil und Horaz, kein *wissenschaftlicher Kopf* aus heidnischen Mathematikern und Philosophen sich bilden dürfen. Bigotterie und Aberglaube hatten schon vor dem Einbruch der Barbaren den Christen eine Abneigung gegen alle heidnische Gelehrsamkeit in der schönen und ernsthaften Litteratur beygebracht, [...].

Damit stellt Eichhorn fest, was seit langem auffiel, die Neigung christlicher Personen, der Wissenschaft, der wissenschaftlichen Forschung und den Wissenschaftern zu misstrauen.

Das Werk des George Wallis über die *Kunst Krankheiten vorzubeugen*, im Erscheinungsjahr 1796 behandelt, erschien leicht verbessert, vielleicht als Raubdruck.

> Wallis, Georg (1799). *Die Kunst Krankheiten vorzubeugen und die Gesundheit wieder herzustellen; Ein Buch für Jedermann, 1. Bd.* neueste und verbesserte Auflage. Ofen: K. Hung. Pester Universitäts-buchdruckerey.
>
> S. 103
>
> Man glaubt nemlich, daß jeder Mensch am besten sagen könne, was ihm am allerzuträglichsten sey, weil er durch wiederhohlte Erfahrungen selbst habe darauf kommen müssen. Aber dies bezieht sich ja blos auf die von verschiedenen Ursachen hervorgebrachten Würkungen, die nur dem *wissenschaftlichen Mann*, d. h. dem Arzte, zur Ergründung der bestimmten Natur besondere Konstitutionen behülflich seyn können.

Der Rezensent namens r. verwendet eine seltene Schreibweise für Quintilian.

> r. (1799). Sprachgelehrsamkeit. [Rezension:] Lexicon catholicon linguae latinae conjuncta quorumdam doctorum hominum opera adornatum, 1794; Allgemeines deutsch-lateinisches Wörterbuch, 1796. *Oberdeutsche allgemeine Litteraturzeitung, Jg. 12, St. 57*, Sp. 897-910.
>
> Sp. 899
>
> Eben darum, beherzt gemacht von einem Quinctilian, sollten Lexikographen vollständiger seyn, als ihre Vorgänger, dadurch, daß sie manches griechische Wort in ihre Wörterbücher aufnahmen, oder späterhin so vielfältig von *Scientifikern* neugeschaffene Wörter mit Auswahl beybehielten.

Johann Gottlieb Buhle (1763–1821) studierte in Helmstedt und Göttingen, lehrte dort ab 1787 als Professor der Philosophie, 1804 in Moskau, ab 1815 in Braunschweig. Seine *Geschichte der neuern Philosophie* umfasst acht Bände.[74]

> anon. (1800). Philosophie. *Literaturzeitung von Salzburg vom Jahre 1800, 1. Jg., 1. Bd., 11. und 12. St. + 13. und 14. St. + 15. und 16. St.*, 89-103+105-119+121-136.

---

[74] Buhles *Geschichte der neuern Philosophie* wurde auf den Index librorum prohibitorum gesetzt.

S. 95

Buhle hingegen, ein *Scientifiker* von der ersten Klasse, der die neuesten Versuche kennt, die Philosophie zur Wissenschaft höherer Art zu erheben, wird in seiner Geschichte der Philosophie, von dem regulativen Principe derselben, wirklich geleitet.

Es geht um Buhle (1800). *Geschichte der neuern Philosophie, 1. Bd.* Göttingen: Rosenbusch.

anon. (1800). [Rezension:] Joh. Jak. Wagner (1799). Wörterbuch der Platonischen Philosophie. Göttingen: Dietrich. *Literaturzeitung von Salzburg vom Jahre 1800, 1. Jg, 17.+18. St., 137-143.*

S. 138

Für den Leser hat dieß zwar manche Bequemlichkeit; aber ganz nach dem Geschmacke des *Scientifikers* ist es nicht.

Der unbenannte Verfasser des folgenden Berichts aus Frankreich ist mit dem mehrfach erwähnten Louis-Sébastien Mercier befreundet, der gerade einen lebhaften Streit gegen die sich auch in Frankreich durchsetzende Weltsicht Newtons vollzieht.

anon. (1800). Aus dem Tagebuche eines Deutschen in Paris. *Frankreich im Jahr 1800. Aus den Briefen deutscher Männer in Paris, 2 (5),* 78-87.

S. 79

Ich solle mich nur gedulden, der Streit sey nur im Beginnen, der Handschuh nur hingeworfen. Ihm [Mercier] gäbs im Grunde nicht heiß und nicht kalt, ob er Recht am Ende behalte oder nicht, da er nur ein *schöner-Wissenschaftler* und die ganze Materie seines Amtes nicht sey; 1795 war Mercier zum Mitglied der *Académie des Inscriptions et Belles-Lettres* gewählt worden. ,Belles-lettres' wurde damals mit ,schöne Wissenschaften' übersetzt. Auf diese Mitgliedschaft wird angespielt mit ,schöner-Wissenschaftler'. Zwar sah Mercier ein, dass er von Physik nichts versteht, seinen Kampf gegen Newtonismus[75] zog er gleichwohl heftig durch, auch wenn ihm Sieg oder Niederlage gleichgültig waren.

Einer der letzten Romane des achtzehnten Jahrhunderts hat einen Vorspann, in dem eine Base namens Julchen den Romanverfasser Baldrian

---

[75] Falls Interesse am Blickwinkel Merciers besteht, lese man diesen Artikel: Mercier (1800). Einige vorbereitende Aufsätze zu der grossen Revolution die Mercier, (Mitglied des französischen National-Instituts!!!) in dem bisher angenommenen Welt-Systeme bewirken will. *Frankreich im Jahr 1800. Aus den Briefen deutscher Männer in Paris, 2 (5),* 88-92-95.

rügt und weissagt, er werde mit seinem Erzeugnis Opfer aller schönen Wissenschäftler werden. Ob sie diese Benennung neutral, lobend oder herabsetzend meint, ist nicht recht deutlich. Es spricht aber einiges für das letztere.

Schnurr, Baldrian (1800). Prolegomena. Schnurr, Baldrian & Klaus, Kaspar (1800). *Abenteuer des Junkers aus der Haide*, S. 1-13. Wolfenbüttel: Heinrich Georg Albrecht.

S. 7

[Julchen:] Und welcher Kitzel sticht dich denn, einen Roman schreiben zu wollen, du Baldrian, einen Roman? Daß alle *schönen Wissenschäftler* in Jena, Leipzig, Gotha, Kiel, und wo sie ihre Herberge sonst noch haben mögen, vor aller Welt dich an den Pranger stellen? Daß du dich vor keinem ehrlichen Menschen mehr darfst sehen lassen, ohne roth zu werden, wie ein Schulknabe, der Knipschen gekrigt hat?

Wenn die Bezeichnung ‚schöner Wissenschäftler' in einem Kolportage-roman auftritt, darf man annehmen, dass der Autor davon ausgeht, von einem größeren Teil seiner nicht sehr anspruchsvollen Leser verstanden zu werden. Spätestens in der zweiten Hälfte des neunzehnten Jahrhunderts wird sie aussterben, wohl ähnlich wie das Knipschen, hier als Bezeichnung einer Kinderkrankheit wie Röteln oder Windpocken oder Masern oder Scharlach gebraucht, Erkrankungen, die im achtzehnten Jahrhundert noch nicht als unterschiedlich erkannt waren.

Summa des achtzehnten Jahrhunderts

In den letzten Jahrzehnten des achtzehnten Jahrhunderts treten kon-kurrierende Wörter und Wendungen auf, die Personen bezeichnen, die sich irgendwie mit der Wissenschaft oder den Wissenschaften befassen. Da gibt es den Scientificus oder den Szientifiker, den Mann der Wissenschaft oder den wissenschaftlichen Mann oder den wissenschaftlichen Kopf oder Arzt, den Wissenschafter, den Wissenschaftler oder den Wissenschäftler bis hin zum Schönwissenschaftler oder Schönwissenschäftler. Und immer noch den schon lange gebräuchlichen und angesehenen Gelehrten. Schließlich wird auch der unwissenschaftliche Mann gebraucht.

Welches Wort das passende sei und welche Konnotation mit welchem Wort einhergehe, sind Fragen, über die keine Einigkeit festzustellen ist.

Das neunzehnte Jahrhundert I, 1801-1833

Die ersten Jahre dieses Jahrhunderts sind offensichtlich nicht geneigt, dem Wort ‚Wissenschafter' eine breitere Stelle einzuräumen. Nur ‚Wissenschaftler' und die Verbindung zum ‚Schönwissenschafter' oder ‚schönen Wissenschafter' treten auf. An Wissenschafterstelle treten verschiedene, gleichbedeutende Wörter auf, etwa ‚wissenschaftlicher Mann'. Sie werden mit dem Zitierten nur exemplarisch, keinesfalls erschöpfend vorgeführt.

Johann Gottlieb Fichte (1762–1814) war ab 1794 Professor der Philosophie in Jena. 1799 trat er wie angekündigt zurück, weil ihm ein Verweis wegen Verbreitung atheistischer Ideen und Gottlosigkeit erteilt wurde. 1805 erhielt er einen Lehrstuhl in Erlangen, ging jedoch später an die neue Berliner Universität. Im *Sonnenklaren Bericht* ging es ihm um „diese neusten Bemühungen, die Philosophie zur Wissenschaft zu erheben" (S. IV). Er verwendete nirgends das Wort ‚Wissenschafter', jedoch die etwa gleichbedeutende Wendung ‚wissenschaftlicher Mann' oder ähnliche, zu denen auch brauchbare Negationen vorhanden waren.

Fichte, Johann Gottlieb (1801). *Sonnenklarer Bericht an das größere Publikum über das eigentliche Wesen der neuesten Philosophie. Ein Versuch, die Leser zum Verstehen zu zwingen.* Berlin: Realschulbuchhandlung.

S. VI

Er sollte es wenigstens darum wissen, damit er *wissenschaftlichen Männern*, mit denen er doch als Mensch zu leben hat, nicht Unrecht thue, [...]

S. VIIIf.

[...] unerläßlich zu einer Zeit, da das *unwissenschaftliche Publikum* diese Einladung sich nur zu wohl gefallen lassen, und von der Meinung, daß es sich mit dem Philosophiren eben so von selbst gebe, wie mit Essen und Trinken, und daß über philosophische Gegenstände Jeder eine Stimme hat, der nur überhaupt das Vermögen der Stimme habe, durchaus nicht will abbringen lassen; zu einer Zeit, da diese Meinung so eben großen Nachtheil angerichtet, und philosophische, nur in einem wissenschaftlich-philosophischen Systeme zu verstehende und zu würdigende Sätze und Ausdrücke, wirklich vor den Gerichtshof des

unwissenschaftlichen Verstandes und Unverstandes gezogen worden, und so der Philosophie kein kleiner übler Leumund erwachsen; [...].
S. 161
Und es sollten rohe *unwissenschaftliche Menschen*, die keine Bildung haben, als die des Gedächtnisses, und nicht einmal fähig sind, ein objektiv-wissenschaftliches Räsonnement zusammenhängend zu führen, über jeden ausgerißnen Punkt, so wie sie ihn etwa in einer Zeitung erblickt haben, von Mund aus fähig seyn, ein Urtheil abzugeben; gleichsam, als ob sie nur auszusagen hätten, ob sie eben dasselbe auch schon irgendwo einmal gehört?
Es sei noch etwas zitiert, mit dem eindeutig belegt wird, dass Fichte es nicht nur unternimmt, die Philosophie in eine Wissenschaft zu verwandeln, sondern dass er auch bereit ist, den Namen der wissenschaftlichen Philosophie gegen einen neuen auszutauschen, da offensichtlich zu viele vergangenheitsbesessene Menschen an und in der vor- oder unwissen-schaftlichen Philosophie verweilen wollen: „Will man jedoch den geliebten Ausdruck, Philosophie, und den Ruhm eines philosophischen Kopfes, oder eines philosophischen Juristen, Historikers, Zeitungsschreibers u. dergl. um keinen Preis aufgeben, so lasse man sich jenen, gleichfalls schon ehemals gemachten Vorschlag gefallen, daß die wissenschaftliche Philosophie sich nicht weiter Philosophie, sondern etwa Wissenschaftslehre nenne." (S. XVIf.). So wird dargelegt, dass die Bedeutung der Wissenschaft als eines individuellen Wissens- oder Meinungsbesitzes abgestorben und die neue als eines kollektiven, überprüften Wissenschatzes die gegenwärtige ist.
    Anders ging Joseph Rückert (1771–1813) vor, Professor der Philosophie zu Würzburg. Seine Sicht dessen, was Philosophie zu sein hat, widerspricht der etlicher Philosophen, darunter der Fichtes, der die Philosophie zur Wissenschaft erheben will. Bei Rückert heißt es auf S. 11f. seines Buches über den Realismus: „Da Realität des Wissens jenseits alles Wissens liegt, und Wahrheit eine Aufgabe ist, die nicht durch Wissen gelöset werden kann, so ist eine Philosophie, die als Wissenschaft vollendet, nicht Philosophie; sie kennt nicht ihre wahre Bestimmung, weit gefehlt, daß sie dieselbe, so fern sie Wissenschaft ist, auch nur im mindesten erfüllte. Eine solche Philosophie trägt sich mit eingebildeter Realität. Es liegt in unsrer Aufgabe, daß sie nicht durch Wissen gelöset werden könne; und der Geist jener Aufgabe erwacht und steht mit starken Widersprüchen gegen jede noch so in sich selbst gewisse, wissenschaftliche Philosophie auf.":
    Rückert, Joseph (1801). *Der Realismus, oder Grundsätze zu einer durchaus praktischen Philosophie.* Leipzig: Georg Joachim Göschen.

S. 5f.

[Der echte Philosoph] giebt der Philosophie mit jener Nachfrage eine ernstere Aufgabe [...]. Der Philosoph als Spekulant und *Wissenschaftler* mag sich wohl eine andere geben; dann aber soll er sich ja nicht einbilden, die Aufgabe der Vernunft gelöset zu haben, und den Menschen über das, was ihm Noth thut, aufklären zu können. Er begeht mit diesem Schritte selbst die größeste Inkonsequenz, die irgend ein Philosoph begehen kann.

S. 13

Diese Forderung an die Philosophie thut aber nicht der *Wissenschaftler*, sie thut der Mensch, der sich in einem ernsten Augenblicke des Lebens eine Frage über den letzten Grund seines Denkens und Wissens vorlegt. Mit ‚Wissenschaftler' ist selbstverständlich keine Schmeichelei ausgedrückt, sondern das Gegenstück. Die Briefe, die Fichte und Rückert[76] austauschten, zeigen eine gewisse wohlerzogene Verbindlichkeit. Dergleichen wird bei Schelling und bei Hegel fehlen. Dieses Werk Rückerts wurde rezensiert im *Kritischen Journal der Philosophie*, das Schelling und Hegel herausgaben. Wegen des Zusammenhang mit dem zitierten Werk sei diese Rezension auf der Stelle behandelt, obwohl sie erst 1802 erschien. Rezensent war Schelling, unterstützt von Hegel.

Schelling, Friedrich Wilhelm Joseph (unter Hilfe von Georg Wilhelm Friedrich Hegel) (1802). Rückert und Weiß, oder die Philosophie zu der es keines Denkens und Wissens bedarf. *Kritisches Journal der Philosophie, 1 (2)*, 75-112.

S. 78

Es ist nicht zu läugnen, daß Hr. Rückert eine Neigung zum Soliden, eine gewisse natürliche Anlage zur dritten Dimension, und zum Handfesten hat, die sich nur selten als Plumpheit äußert, wie z. B., wenn er die Philosophen, die sich das Wissen zur Aufgabe setzen, Speculanten, *Wissenschaftler* u. s. w. (S. 6), das Speculiren einen gelehrten Müßiggang nennt [...].

Ob Schelling oder aber Hegel es für richtig hielt, als erster das Wort „Wissenschaftler" anzuführen, ist unbekannt. Hegel hat es in seinen, von ihm selbst veröffentlichten Schriften, soweit ich das einschätzen kann, nicht benutzt. Es soll jedoch einmal in seiner Vorlesung über die Philosophie der

---

[76] Fichte, Imanuel Hermann (1862). *Johann Gottlieb Fichte's Leben und literarischer Briefwechsel, 2. Aufl., 2. Bd.* Leipzig: F. A. Brockhaus. Siehe Ravà, Adolfo (1914), Fichte und Reimer. *Kantstudien, 19*, 497-505.

Weltgeschichte im Semester 1822/1823 gebraucht worden sein. Das jedenfalls notierte einer seiner Studenten, und so steht es in der Ausgabe des Jahres 1996 auf einer der letzten Seiten über die griechische Welt.

Hegel, Georg Wilhelm Friedrich (1996). *Vorlesungen über die Philosophie der Weltgeschichte. Berlin 1822/1823. Nachschriften von Karl Gustav Julius von Griesheim, Heinrich Gustav Hotho und Friedrich Carl Hermann Victor von Kehler. Herausgegeben von Karl Heinz Ilting, Karl Brehmer und Hoo Nam Seelmann.* Hamburg: Felix Meiner.

S. 380f.

Zunächst tritt die Wissenschaft auf als räsonnierender Verstand über alle Gegenstände. Diese Tätigkeit und Betriebsamkeit im Reich der Vorstellung ist weit gerühmt. Die *Wissenschaftler*, die Meister dieser Gedankenwendungen werden Sophisten genannt, was bei uns eine schlimme Bedeutung bekommen hat.

Welcher der mehrfachen studentischen Mitschriften dies entnommen wurde, wird nicht vermerkt. Die Antwort darauf ist einer jüngeren Edition der Hegel-Mitschriften auf inhaltlich gleicher Stelle zu entnehmen.

Hegel, Georg Wilhelm Friedrich (2015). *Vorlesungen über die Philosophie der Weltgeschichte. Nachschriften zu dem Kolleg des Wintersemesters 1822/23. Band 27,1.* Hrsg. Bernadette Collenberg-Plotnikov. Hamburg: Felix Meiner.

S. 341

Zunächst tritt d*ie* Wissensch*a*ft auf als räso*n*irender Verst*a*nd üb*er* alle Gege*n*stände. d*i*se Thät*i*gke*i*t u*nd* Betriebsamke*i*t im R*ei*che der Vorstell*un*g ist weit gerühmt, die Wissenschaftl*er* die sich hie*r*auf legten, wurden Sophisten genannt. So hießen b*ei* d*e*n Gr*ie*chen die Meister d*es* Gedankens u*nd* der Wissensch*a*ft.

Dazu einige Erläuterungen. Die im letzten Zitat kursiv gedruckten Buchstaben sind Ergänzungen der Mitschrift durch die Herausgeberin. Deutlich ist zu erkennen, dass es um die Wiedergabe in der ursprünglichen Orthographie geht, während die Ausgabe von 1996 die zu ihrer eigenen Zeit gängige benutzte. Aus dieser Edition wird deutlich, dass der Text aus der Mitschrift des Heinrich Gustav Hotho (1802–1873) stammt. Die drei anderen Mitschriften dieser Vorlesung, die in Fußnoten berücksichtigt werden, enthalten nicht das Wort „Wissenschaftl*er*". Das lässt leider die Frage ungelöst, ob Hegel dieses Wort aus der Umgebung dessen, das „bei uns eine schlimme Bedeutung bekommen hat", tatsächlich benutzte.

Gleichwohl zeigt Rückerts Buch und dessen Besprechung durch Schelling und Hegel, dass das Wort ‚Wissenschaftler' und wohl auch die Variante ohne das l keineswegs unbekannt geblieben sind. Man kennt beide in gebildeten und wohl auch anderen Kreisen, doch man gebraucht sie nicht im Schriftlichen. Die Variante mit dem l ist offensichtlich ein unhöfliches Schimpfwort, die ohne das l klingt so ähnlich. Doch wird im neunzehnten Jahrhundert diese zunächst verbreitete Nutzungsscheu dahinschwinden.

Mellin zeigt weiterhin unverdrossene Treue gegenüber Kant und auch dem raren Wort *Scientifiker*. Dabei verfolgt er unverändert seine Methode des Substantivierens. Hier schlüsselt er das Revier der Metaphysik auf.

Mellin, George Samuel Albert (1801). *Encyclopädisches Wörterbuch der Kritischen Philosophie oder Versuch einer fasslichen und vollständigen Erklärung der in Kants Schriften kritischen und dogmatischen Schriften enthaltenen Begriffe und Sätze. Mit Nachrichten, Erläuterungen und Vergleichungen aus der Geschichte der Philosophie begleitet, und alphabetisch geordnet. 4. Bd., 1. Abth.* Jena: Friedrich Frommann.

S. 289

Andere sind *Scientifiker*. Diese verfahren wieder entweder dogmatisch, skeptisch oder kritisch. Der Dogmatiker verfährt despotisch, s. Dogmatismus der Metaphysik und Dogmatisch, 2. Der Skeptiker hat den Grundsatz einer kunstmässigen und wissenschaftlichen Unwissenheit, welcher die Grundlagen aller Erkenntniss untergräbt, um überall keine Zuverlässigkeit und Sicherheit derselben übrig zu lassen (C. 451.), s. Skepticismus der Metaphysik. Der Kritiker verfährt so wie im Art. Kriticismus der Metaphysik gezeigt worden ist. Der merkwürdigste Dogmatiker ist der berühmte Wolf (s. Wolf), der merkwürdigste Skeptiker, David Hume (s. Hume), der Urheber des Kriticismus, Kant.

August Ferdinand Bernhardi (1769–1820) studierte Philosophie in Halle, wurde Gymnasiallehrer in Berlin und arbeitete als Schriftsteller und Sprachwissenschafter.

Bernhardi, Aug. Ferd. (1802). VI. Das Reale. Sonette. Bernhardi, *Kynosarges. Eine Quartal-Schrift, 1. St.,* 100-102. Berlin: Heinrich Frölich.

S. 100

I. Der *Wissenschaftler*.

Viel sind der Herren denen ich gedienet,
Doch stets ergab ich mich dem Desertiren,
Zum Denken ließ ich immer mich verführen,

Ja selbst zu denken hab' ich mich erkühnet.
Jacobi, Fichte, Kant hab' ich versühnet, [...].
Joseph Anton Sambuga (1752–1815) war römisch-katholischer Theologe,
der in Heidelberg studiert hatte. Als die Wittelsbacher kurfürstliche Familie
nach München umzog, folgte er. Dort erhielt er den Auftrag, den Thronfol-
ger zu erziehen, der als König Ludwig der Erste von Bayern und Verehrer
des klassischen Griechenlandes bekannt wurde.

> anon. (1802). [Rezension:] Sambuga, Joseph Anton (1802). Predigt auf
> das am Maria Empfängnißtage 1801 in der kurfürstlichen Hofkapelle
> gehaltene hohe Ritterordensfest des heiligen Georgius in höchster
> Gegenwart des durchlauchtigsten Großmeisters Maximilian Josephs des
> IV. unsers gnädigsten Kurfürsten und Herrn als Sr. Durchlaucht
> Kurprinz Ludwig von Pfalzbaiern das Großpriorat des hohen Ritter-
> ordens antraten. München, Joseph Lentner, *Salzburger Literaturzeitung,
> 3 (7)*, 40-43.

> S. 43
> Somit möchte es wohl außer allem Zweifel seyn, daß das Vorgeben
> Einiger: „Die Religion sey für Gelehrte entbehrlich" lediglich Sage eines
> *Wissenschaftlers*, keineswegs aber der Ausspruch der ächten Gelehrsam-
> keit und Weisheit seyn könne.

Wissenschaftler kann Sambuga als studierter Theologe nicht leiden.

Der 1800 erschienene Roman des Junkers aus der Haide wurde zwei
Jahre später mit leichten Abwandlungen besprochen.

> Bb. (1802). [Rezension:] Baldrian Schnurr & Kaspar Klaus (1800).
> Abentheuer des Junkers aus der Haide. Wolfenbüttel: Albrecht. *Neue
> allgemeine deutsche Bibliothek. Anhang zum neun und zwanzigsten bis
> acht und sechzigsten Bande, 1. Abth.*, 207-209.

> S. 208
> Wenn sein Julchen zu ihm sagt, daß dich die *Wissenschäftler* zu Jena,
> Leipzig, Gotha, Kiel, und wo sie ihre Herberge sonst noch haben
> mögen, vor aller Welt an den Pranger stellen, daß du dich vor keinem
> ehrlichen Menschen darfst sehn lassen, ohne roth zu werden wie ein
> Schulknabe, der Knipschen gekrigt hat.

Wer Bb. war, ist nicht festzustellen, doch seine Tonlage lässt Julchens
Prophezeiung ins Gedächtnis zurückkehren, denn Roman und Autor werden
hier schamerzeugend in der Luft zerfetzt. Der Wissenschäftler wird ohne
das Prädikat ‚schön' zitiert, so dass die Vermutung auftritt, der Rezensent
wisse nicht, was einen derart Prädizierten von denen ohne Beiwort
unterscheidet.

Johannes Horn, Sohn des Pastors Horn zu Verden, studierte in Göttingen Theologie, offensichtlich sehr erfolgreich.

anon. (1803). [Rezension:] Horn, Johannes (1802). Narratio pragmatica Conversionum, quas Theologia Moralis saeculo decimo octavo experta est apud Lutheranos, Reformatos, Catholicos atque Sectas Christianas Minores. Commentatio in certamine literario Civium Academiae Georgiae Aug. die IV. Junii MDCCCII. Praemio a Rege Britaniarum Aug. constituto a Theologorum ordine ornata. *Oberdeutsche Allgemeine Literaturzeitung im Jahre 1803, 16 (73+74)*, Sp. 1159-1164+1169-1175.

Sp. 1169

Was dem kathegorischen Imperativ entspricht, die Achtung, verwandelt sich dann von selbst in Liebe, in kindlichen, freudigen Gehorsam u. s. w. Diese Ansicht der Sache für's Leben (nicht bloß äußerlich; sondern zuvörderst rein und ursprünglich!) benimmt indeß jenen Begriffen von Gesetz, Imperativ, Pflicht u. s. w. nichts von ihrem wissenschaftlichen Werthe. Der Mystiker verkennt diesen; und der *Wissenschaftler* (sit venia verbo!) will seine Formen ohne weiters im Leben selbst geltend machen: zwey Extreme, die nur zu oft, wie z. B. die Geschichte des Kriticismus zeigt, sich gegenseitig hervorrufen. In der Mitte liegt auch hier die Wahrheit.

Das Wort ,Wissenschaftler' ist so verrufen, dass der Rezensent um Vergebung bitten muss.

Georg Heinrich Piepenbring (1763–1806) wurde 1805 Professor für Chemie und Pharmazie erst in Marburg, dann an der Universität Rinteln. Er machte 1803 die Gründung einer Lehranstalt für Apotheker in Gotha bekannt. 1805 ließ er bei Ettinger in Gotha sein *Lehrbuch der Fundamental-Botanik* verlegen, wird aber Gotha schon verlassen haben.

Piepenbring, G. H. (1803). Ankündigung einer pharmaceutischen Lehranstalt. *Gothaische gelehrte Zeitungen auf das Jahr 1803, Beylage zum 27ten Stück*, 229-231.

S. 230

In dieser Hinsicht sind wohl unstreitig die besten Anstalten die, welche mit einer Officin in Verbindung stehen, wo der angehende Apotheker in allen ihm nöthigen Wissenschaften theoretisch und praktisch unterrichtet, und so, wenn es anders nicht an Kopf und Lust fehlt, das werden muß, was er seyn soll, nemlich: ein brauchbarer und *wissenschaftlicher Mann*.

Wissenschaftliche Männer müssen somit nicht unbedingt durch Gelehrte einer Universität ausgebildet worden sein.

In folgender Besprechung wird ausgedrückt, wie der wissenschaftliche Arzt Personen nennt, die zwar Arzt sind oder sein wollen, doch eben keine wissenschaftlichen. Er nennt sie rohe Empiriker.

Mk. (1803). [Rezension:] Stoll, Johannes (1802). *Versuch einer medicinischen Beobachtungskunst.* Zürich: Orell. *Neue allgemeine deutsche Bibliothek, 85 (1)*, 21-29.

S. 21

Jeder, der *wissenschaftlicher Arzt* und kein roher Empiriker seyn will, muß von Principien ausgehen, und mit den Gesetzen des Denkens bekannt seyn.

Johannes Stoll (1769–1848) studierte in Gießen, wurde 1793 zum Dr. med. promoviert und arbeitete erst im hessischen, dann im preußischen Staatsdienst. Er orientierte sich größtenteils an Kant und dessen Schülern.

Justus Heinrich Wigand (1769–1817), Arzt, war 1803 Inhaber einer lukrativen Praxis in Hamburg. Er setzte sich ein gegen Scharlatane und schlechte Ärzte.

Wigand, J. H. (1803). Etwas über den Lehnhardschen Gesundheitstrank für Schwangere u. s. w. Auch über den Nutzen abführender Arzeneien in der letzten Hälfte der Schwangerschaft. *Bibliothek der practischen Heilkunde, 9 (4)*, 301-312.

S. 302

Aus diesen Ursachen sollte sich jeder Arzt doch sehr hüten, auch nur auf das Entfernteste Universal-Arzeneien, von Charlatanen ausgeboten, zu vertheidigen. Abnehmer finden sich doch genug, und der *wissenschaftliche Arzt* wird ohnehin wissen, wo Mittel passen, die ähnliche Wirkung haben, und was davon zu halten sey. In den Händen der elenden Aerzte aber, wird eine solche Lobschrift doch wieder zur allgemeinen Anwendung dieses oder ähnlicher Mittel leiten.

Christian August Heinrich Clodius (1772–1836), Dichter und Philosoph. Seit 1800 war er außerordentlicher, ab 1811 ordentlicher Professor der praktischen Philosophie in Leipzig. Er publizierte seinen *Entwurf* anonym.

anon. (1804). *Entwurf einer systematischen Poetik, nebst Collectaneen zu ihrer Ausführung. 1. Th., 2. Th.* Leipzig: Breitkopf und Härtel.

S. 11

Je mehr aber unsere Aufklärer, *Wissenschaftler* und Philosophen einsehen lernen, daß die göttliche Wahrheit nicht erklügelt werden kann, sondern durch Erleuchtung in die Gemüther der Menschen kommt, desto

heiliger wird das Amt der Poesie. Wir, die wir uns der göttlichen Offenbarung rühmen, sollten es am leichtesten einsehen, daß sich Gott keiner wissenschaftlichen Demonstrationen, keines Systems oder Geistesgeripps von abstrakten Begriffen, sondern einer geheiligteren Poesie bedient habe, uns zu unterrichten.
S. 21f.
Mit einem Worte, zwischen Erfahrungs-Theorieen und eigentlicher Wissenschaft liegt eine unausfüllbare Kluft. Die Theorie nimmt zwar ihre Ordnungsbegriffe und Grundsätze als Hypothesen aus den Wissenschaften, sie ist aber deswegen keinesweges angewandte Wissenschaft, sondern nur Anwendung der Wissenschaft zu nennen. Die *Wissenschäftler* gehen also zu weit, wenn sie die Theorieen in ihre Formen zwängen, das Experimentiren vernichten, und alles apriorisiren wollen. Allein auch die Theoretiker gehn zu weit, wenn sie das Daseyn der reinen Wissenschaft läugnen, ihre Theorieen so verwirrt und unlogisch vortragen, wie es noch immer geschieht, und sich um das Thun und Lassen im eigentlichen Felde des Wissens gar nicht bekümmern.

Die Aufzählung der drei Bezeichnungen „Aufklärer, Wissenschaftler und Philosophen" lässt Anhänger der Aufklärung[77] und der Philosophie vermuten, auch „Wissenschaftler" zielt in gleiche Richtung. Das aber hieße, an zwei Fehleinschätzungen eine dritte anzuhängen, die dem damaligen Sprachgebrauch entgegensteht. Als eigenwilliger Vertreter einer Religionswissenschaft, die er „die reine Wissenschaft" nennt, wendet Clodius sich gegen die Aufklärung, gegen die Philosophen nicht nur seiner Zeit und ebenso gegen die Verehrer der Wissenschaft, die er, wie zitiert, mit zwei einander ähnlichen Spottwörtern bezeichnet. Deren erstes steigert er durch Verumlautung, die keinen Zweifel lässt an seiner ablehnenden Einstufung der Personen, die bei ihm ,Wissenschaftler' oder ,Wissenschäftler' heißen.

Johann Christian Reil (1759–1813), ordentlicher Professor der Medizin in Halle, später in Berlin, war einer der bekanntesten Mediziner seiner Zeit. Er sucht in diesem Buch nach einer genauen Bestimmung des wissenschaftlichen Arztes, den er vom Routinier unterscheidet. Dieser wissen-

---

[77] Siehe etwa 2. Th., S. 508: „Der wahre Freund der Aufklärung wird ihre [gemeint: der Bibel] Wohlthaten anerkennen. Er wird sie aber keine [philologischen oder andere] Fehltritte thun lassen. Wenn die Aufklärung dahin geht, alle Begeisterung, allen Enthusiasmus zu tödten, den Gott in die Sprache, wie in die Seele legte, so ist sie der gerade Weg zum Materialismus."

schaftlich nur angeleitete, nicht aber ausgebildete Arzt, der die Armen versorgen soll, müsste auf zu gründenden Pepinieren unterrichtet werden und ärztlicher Routinier heißen.

Reil, Johann Christian (1804). *Pepinieren zum Unterricht ärztlicher Routiniers als Bedürfnisse des Staats nach seiner Lage wie sie ist.* Halle: Curt.

S. 23

Ihr wollt nur *wissenschaftliche Aerzte* im Staate auch für die große Masse dulden? [...]. Ich kenne wohl gelehrte, aber keine *wissenschaftlichen Aerzte*, in denen Wissen und Handeln eins wäre.

S. 29

Der gelehrte Arzt soll im Gegensatze des Routiniers[78] der *wissenschaftliche* seyn.

S. 57

Der *wissenschaftliche Arzt* verbinde eine nüchterne Speculation mit reiner Empirie.

S. 60f.

An Wissenschaft und Kunst schließt sich die Gelehrsamkeit an. Diese Trias ist also das ausschließliche Vorrecht und die Verpflichtung der Akademie in Beziehung auf den Unterricht des *wissenschaftliche Arztes.*

Reils Bücher ziehen umfangreiche Rezensionen auf sich.

B., N. (1804). [Rezension:] Reil (1804). Pepinieren zum Unterricht ärztlicher Routiniers als Bedürfnisse des Staats nach seiner Lage wie sie ist. Halle: Curt. *Jenaische allgemeine Literatur-Zeitung vom Jahre 1804, 1. Jg., 4. Bd., Num. 268+269*, Sp. 265-280.

Sp. 268

Um also den Gegensatz [zwischen der medizinischen Versorgung der Armen und der Reichen] einleuchtend zu machen, und die Charakteristik der in Vorschlag gebrachten neuen Bildungsanstalt für Heilkünstler zum Behuf der niedern und armen Vol[k]sclassen zu vollenden, entwirft der Vf. zuerst, mit kräftigen und treffenden Zügen, das Ideal der medici-

---

[78] Siehe Bischoff, C. H. E. (1815), *Über das Heil-Wesen der deutschen Heere.* Elberfeld: Büschler. S. 252: „Das trügliche Phantom des Routiniers, der sogenannten Landärzte d. h. Halb-Aerzte wird hoffentlich seinen Spuk längst ausgespielt haben und da, wo es etwa noch hauset, hoffentlich schon ohne unser Zuthun, mit Nächstem enden. Wir meynen seyn Erzeuger, der unsterblich verdiente Reil, habe nachdem, was wir vernommen, wahrlich schwer genug seinen Irrtum gebüßt."

nischen Wissenschaften, und des *wissenschaftlichen Arztes*, den er als „den Inhaber der Naturwissenschaft zum technischen Gebrauch der Heilung" bezeichnet, und entwickelt hiebey die Bedingungen sowohl als die Methode, durch welche die Medicin zur Wissenschaft erhoben, der angehende Arzt aber mit dem Geiste wahrer Wissenschaftlichkeit erfüllt, zur Anschauung der höchsten Naturgesetze geleitet, und als philosophischer Betrachter in die Praxis eingeführt werden müsse.

Eine weitere Rezension der Anregung Reils.

anon. (1804). [Rezension:] Reil (1804). Pepinieren zum Unterricht ärztlicher Routiniers als Bedürfnisse des Staats nach seiner Lage wie sie ist. Halle: Curt. *Allgemeine Literatur-Zeitung, 4 (325-327)*, Sp. 353-357+361-368+369-373.

Sp. 361

Dieß Bild des *wissenschaftlichen Arztes* sey nach seiner Vollendung, heißt es dann, das Vorbild der Schule, in welcher er seine Bildung als solcher allein empfangen kann.

Sp. 369f.

Unmöglich kann ein so heller Kopf, ein so ächt *wissenschaftlicher Mann* als Reil so verschwenderisch, so eingenommen von seiner letzten Metamorphose seyn, daß er glauben sollte, nur ein Arzt von dieser Form, nur ein Routinier von diesem Zuschnitt könne Nutzen stiften; unmöglich kann er glauben, daß ein Routinier, wenn er gleich alle Wissenschaft, alles Kunstvermögen des Verfassers der vier Bände über die Erkenntniß und Cur der Fieber, dabey aber keine Empfänglichkeit für Schellingianismus hätte, seine Stelle nur schlecht ausfüllen würde.

Dem Rezensenten missfällt Reils Anhänglichkeit an die Naturphilosophie, also an die Lehre Schellings.

Verfasser der folgenden Bemerkungen wird zwar nicht genannt, es mag jedoch einer der Herausgeber, August v. Kotzebue oder Garlieb Merkel, gewesen sein. Es dreht sich um die neue Anstellung Schellings an der Universität Würzburg und damit verbundene Begebenheiten.

anon. (1804). Anstellungen. *Der Freimüthige oder Ernst und Scherz, 2. Jg., Nro. 4, 16.*

S. 16

Uebrigens hat – der Einsender dessen empfing es von guter Hand – ein Schellingianer, der sich nun auch unter den Angestellten befindet, kürzlich bemerkt und, nach seiner Art, im Gewaltstone behauptet: „jetzt, da die Wissenschaft noch im Laufe sei, müsse man auf *wissenschaftliche Männer* sehen; dann aber, wenn die Wissenschaft ihren Lauf vollendet habe, und die Mystik eintrete, – dann werde man bei Anstellungen auf würdige Menschen sehen müssen u. dgl.".

Es ist vermutlich Johann Jacob Wagner (1775–1841), um den es geht. Wagner war zunächst ein schriller Schellingianer. Er wurde 1803 wie auch Schelling ein „Angestellter", genauer ein Professor der Philosophie, in Würzburg, das soeben an Bayern übergeben worden war. Dort begann er, sich von Schellings Gedanken zu lösen.

Zur Bemerkung über die Giftigkeit der Kartoffel sei eingefügt, dass der erwähnte gescheite Mann nicht völlig danebenlag. Rohe Kartoffeln und Kartoffelschalen enthalten das giftige Alkaloid Solanin.

anon. (1804). Ueber den Genuss der Kartoffel. *Oekonomische Hefte oder Sammlung von Nachrichten, Erfahrungen und Beobachtungen für den Stadt- und Landwirth, 23*, 233-254.

S. 246

Ich hatte vor einigen Jahren Gelegenheit, einen Mann kennen zu lernen, der, ob er gleich sonst ein *sehr gescheiter und wissenschaftlicher Mann* war, solche Furcht und Angst vor den Kartoffeln hatte, daß er sie sowohl für seine Person, als auch für seine ganze Familie als eins der heftigsten Gifte in seinem Küchen-Katalog aufgestellt hatte, und keiner in seinem ganzen Hause dieselben aß.

In dieser Darstellung bleibt ungeklärt, ob der Mann eine Menge wusste oder ob er einer bestimmten wissenschaftlichen Richtung angehörte.

Auch bei folgenden Bemerkungen bleibt diese Frage offen, es sei denn, Experten für Gartenkunst hätten die Geschichte bildender Künste studiert.

N. (1804). Englische Garten- oder Landschafts-Gartenkunst. *Allgemeines teutsches Garten-Magazin oder gemeinnützige Beiträge für alle Theile des praktischen Gartenwesens, 2 (1+2)*, 1-21+45-54.

S. 14

Der *wissenschaftliche Mann* denkt sorgfältig bloß darauf, wie er mit Geschmack Gruppen mit einander verbinden kann, und zwar so schön als die Gemälde der besten Meister sie ihm gezeigt haben. Und da er nun diese Gruppen gerade an Plätzen stehen lassen muß, wo ihre Schönheit sich an besten entfaltet, so wird er nothwendig oft Schönheiten an einem Baume finden, den der andere für nichtsnutzig hält, als zum Umschlagen; [...].

Johann Friedrich Rochlitz (1769–1842), Erzähler, Dramatiker, Komponist, Musikschriftsteller. Das Vorspiel Khosru entstand 1804.

Rochlitz, Friedrich (1805). Khosru, Schach von Persien. Prolog zu dem morgenländischen Märchen: Parisade und Brahman, oder die Zwillinge. *Glyzinie*, 1-42. Züllichau: Darnmann.

S. 12

Wie alter Mann: so schlecht verwahrst du dich?
Des Priesters Herrschsucht und des *Wissenschaftlers*
Gereizter, kindischheftger Eitelkeit
Giebst du dich preis: mit greisem Haupt ein Jüngling?

Das Wort ‚Wissenschaftler' verwendet Rochlitz sichtlich herabsetzend.

Joseph Anton Sambuga verfasste zahlreiche Publikationen, darin diese gegen eine falsche Philosophie.

Sambuga, Joseph Anton (1805). *Ueber den Philosophismus, welcher unser Zeitalter bedroht*. München: Joseph Lentner.

S. 229

Es ist doch der Mühe werth zur kultivirten Klasse zu gehören, um am Geiste Bauer (Verzeihung um des rauhen Ausdruckes willen! aber er hätte am Gegensatze verloren) zu seyn: wo diese es nur der Beschäftigung nach sind, und am Geiste eine den *Wissenschäftlern* oft unbekannte Kultur haben.

Sambuga setzt hier die aus Gott seiende Philosophie dem Philosophismus, alias Philo-Sophismus, entgegen, der sich eigenmächtig als Philosophie bezeichnet. ‚Wissenschäftler' ist definitiv herabwürdigend, wohl nahe dem gottfernen Sophismus.

Karl Wilhelm Gottlob Kastner (1783–1857) war zunächst Pharmazeut und Mediziner, dann Chemiker und seit 1805 Professor für Chemie in Heidelberg, seit 1812 Ordinarius für Physik und Chemie in Halle und 1821 das gleiche zu Erlangen.

Kastner, K. W. G. (1805). *Materialien zur Erweiterung der Naturkunde, 1. Bd.* Jena: Johann Michael Mauke.

S. 6f.

[...]; die Entdeckungen desselben [gemeint ist Galvani] wurden bald Gegenstand der allgemeinen Aufmerksamkeit, Laien und Geweihete traten herzu, um in diesem neuen Tempel derer die Natur belauschenden *Wissenschaftler*, – ihre Opfer zu bringen. Unter denen zahlreichen Versuchanstellern, welche in diesem neuen Felde der Physik sich übten, befanden sich zur Ehre unsers Zeitalters eine bedeutende Anzahl von wahren Naturforschern, die nicht sowohl durch das Neue und Ueberraschende jener Entdeckung, als vielmehr durch innern Trieb, [...], sich jener Menge anzuschließen bewogen fühlten.

Kastner nimmt eine interessante Unterscheidung vor zwischen den Wissenschaftlern und den wahren Naturforschern. Das erlaubt den Schluss, dass er die Menge der Versucheansteller trennt in die Menge der nur neugierigen, ungeeigneten Wissenschaftler, die das Sensationelle des Galvanismus motiviert, und die wahren Naturforscher, die sich um „Aufklärung und lichtere Punkte über das geheimnißvolle Seyn und Leben der Erde" bemühen. ‚Wissenschaftler' ist somit deutlich pejorativ gemeint.

Gottfried Christian Reich (1769–1848), seit 1799 an der Berliner Charité, seit 1809 Professor der Medizin an der Berliner Universität. Er gehört zu den wenigen Autoren, die sich das Wort ‚Scientifiker' aneignen. Das mag damit zusammenhängen, dass er mehrere Werke aus dem Englischen übersetzte, darunter das erwähnte des George Wallis. Reich stellt eine Art Kontrast auf zwischen dem Scientifiker und dem Empiriker, dem der Gegensatz zwischen Wissenschaft und Kunst entsprechen soll.

Reich, Gottfried Christian (1805). *Erläuterung der Fieberlehre. 1. Bd. Vorbereitung*. Berlin: Heinrich Frölich.
S. 594

Es gibt einen Punkt, wo alles Philosophiren unnütz ist, und der Materialismus ins Mittel tritt. Auf diesem Punkte ist die Grenze der Wissenschaft und der Kunst, der Theorie und der Praxis; in entgegengesezter Richtung dehnt sich das Gebiet der einen dorthin, und das der andern dahin aus. Als *Scientifiker* spricht der Chemiker von seinen Verwandschaften und Grundstoffen mit eben dem Rechte, als der Physiker von seinen Qualitäten, und der Naturphilosoph von seinen Actionen und Thätigkeiten spricht. Tadle doch also ja Keiner den andern; es hat Keiner dem Andern etwas vorzuwerfen! Der Arzt schließt sich mit Recht an sie eben so an, als der Mathematiker, der Mechaniker, der Hydrostatiker, der Architekt, der Technolog etc.; ganz anders ist ihr Verfahren, wenn sie als *Scientifiker* sprechen, als es dann ist, wenn sie als Empiriker sich zeigen sollen.

Diese Ausführungen Reichs haben den Wert, dass sie deutlich machen können, was um 1800 unter Kunst verstanden wurde – offensichtlich nicht nur bildende Kunst, sondern allgemein die Praxis, genauer durch Können gesteuerte Praxis. Damit aber auch nicht selten einen Gegensatz zur von unterschiedlichen Theorien durchschossenen Wissenschaft, die mit der Praxis verbunden werden soll, ein Desiderat, das keineswegs immer gelingt.

Friedrich Wilhelm von Hoven (1759–1838) war enger Freund Schillers, dessen Schulkamerad auf der Karlsschule und der daraus entstandenen Herzoglichen Militärakademie. 1803 wurde er Professor in Würzburg.

anon. (1805). [Rezension:] Friedrich Wilhelm von Hoven (1805). Handbuch der praktischen Heilkunde [2 Bde]. Heilbronn: Claß. *Neue Leipziger Literaturzeitung, 2 (74)*, Sp. 1169-1180.
Sp. 1170
Man wird mit dem vortrefflichen Reil, dessen neuere Schrift (Pepinieren zum Unterricht ärztlicher Routiniers) übrigens dem Rec. einen Fieberschauer, und, so Gott will, auch der Preussischen Regierung erweckt hat, allgemein anerkennen, dass der *wissenschaftliche Arzt* eine nüchterne Speculation mit reiner Empirie verbinden müsse; eine solche Speculation ist sein Compass auf dem Ocean des Mannigfaltigen, sie führt ihn von dem Allgemeinen zum Besondern, von den Gründen zu den Erscheinungen, die aus ihnen hervorgehen müssen; die Empirie hat das Mannigfaltige an der Gränze rein aufzufassen, wohin die Speculation nicht dringen kann, es vom Zufälligen zu sondern, und die Natur durch das Experiment im Geiste des Allgemeinen zu fragen, damit sie verständlich antworten könne.
Die Bemerkung des Rezensenten über Reil ist ein Vorwurf gegen von Hofen, der bemerkte, dass: [...], „wenn es Jemand auffallen sollte, nirgends in dem Buche etwas von Naturphilosophie zu finden, dieses nicht daher kommt, weil mir diese Philosophie fremd ist, sondern daher, weil ich überzeugt bin, daß es, wenigstens für jetzt, noch viel zu früh ist, von den Lehren derselben am Krankenbette Gebrauch zu machen. Noch kann und darf die Heilkunst nichts als eine rationelle Empirie seyn," [...][79]. Reil hatte jedoch gesagt, der „wissenschaftliche Arzt verbinde eine nüchterne Speculation mit reiner Empirie" (1804, S. 57), was der Rezensent nachspricht und somit von Hofen widerspricht, der folglich im Reilschen Sinn keinen wissenschaftlichen Arzt darstellt. Dessen Bemerkung über die Naturphilosophie bezieht sich auf Schelling, der damals auch in Würzburg Professor war.
Der folgende Aufsatz verwendet das Wort ‚Wissenschaftler' wie andere vor ihm als pejorativen Spott.
Z-ck (1805). Ueber den Zweck der Geschichte. *Der Freimüthige oder Ernst und Scherz, 3, Nr. 140+142*, 42-43+49-51. (Herausgegeben von A. v. Kotzebue und G. Merkel)
S. 43

---

[79] Hoven, Friedrich Wilhelm von (1805). *Handbuch der praktischen Heilkunde, 1. Bd.* Heilbronn: Johann Daniel Claß. S. III.

Indeß, da der Schein des Ernstes zu groß ist, und mancher *Wissenschaftler* auf eben die Art in den Tag hineinraset, so hab' ich nicht umhin kommen können, dies Gespräch ein wenig zu beleuchten. Z-ck richtet sich gegen den Bericht des Historikers Heinrich Luden (1778–1847).[80]

Eucharius Ferdinand Christian Oertel (1765–1850) studierte Theologie und Philologie in Erlangen und wurde 1789 zum Dr. phil. promoviert. Nach Hauslehrerjahren wurde er Lehrer am Ansbacher Gymnasium. Er produzierte eine umfangreiche Anzahl Bücher, darunter Wörterbücher. Die erste Auflage des dargestellten Wörterbuchs erschien 1804 in Ansbach im Selbstverlag. Da sie mir leider nicht verfügbar war, muss auf die zweite gegriffen werden. Die Auflagen unterscheiden sich weder durch Anzahl der Bände noch durch die Seitenanzahl. Inhaltlich mag einiges verändert sein.

Oertel, Eucharius Ferdinand Christian (1806). *Gemeinnüziges Wörterbuch zur Erklärung und Verteutschung der im gemeinen Leben vorkommenden fremden Ausdrükke. Ein tägliches Hülfsbuch für Beamte, Kaufleute, Buchhändler, Künstler, Handwerker und Geschäftsmänner aus allen Klassen, 1.+2. Bd., 2. Aufl.* Ansbach: Gassert.

S. 109

Belles lettres, franz. spr. bell Letter, v. lat. bellae litterae: die schönen Wissenschaften, schönen Redekünste. Belletrist, *Schönwissenschafter*, Schönredekünstler, Schöngeist, Liebhaber der schönen Wissenschaften. Belletristisch, schönwissenschaftlich, schönredekünstlich, schöngeisterisch.

S. 330

Humaniora, orum, n, (studia), die schönen Wissenschaften, welche den Menschen zum Menschen machen, näml. die alten Sprachen, u. die zum Verständniß der Alten erforderlichen Hülfswissenschaften, Philosophie, Geschichte, Dichtkunst u. Redekunst.

Humanist, *Schönwissenschafter*, der sich mit den Humanioribus oder schönen Wissenschaften beschäftigt.

Humanität, humanitas, ein Modeausdruk von Herder und seinen Nachahmern – [...]

S. 604

Scienz, v. lat. sciencia: Wissenschaft. Szientifisch, *scientificus*, wissenschaftlich, nach der Ordnung der Wissenschaften eingerichtet.

---

[80] Luden, H. (1805), Gespräche über die Geschichte. *Eunomia. Eine Zeitschrift des neunzehnten Jahrhunderts, 5 (1)*, 292-321+323-338.

Die Lemmata, die gemäß der alphabetischen Ordnung angeordnet sind, stammen größtenteils aus dem Griechischen, Lateinischen, Französischen oder Englischen. Auch einige deutsche Stichwörter sind eingemischt, die anscheinend einer Erklärung bedürfen. Auffallend an diesem Buch sind erstens, dass weder das Wort ‚Wissenschafter‘ noch das ähnliche ‚Wissenschaftler‘ erwähnt werden, obwohl sie längst in Gebrauch sind, und zweitens, dass ‚Schönwissenschafter‘ hier ohne das sonst anzutreffende l erscheinen. Während die Schreibweise mit l schon mehrfach eingesetzt wurde, mag es sein, dass Oertel der erste Autor ist, der es ohne l im Druck verwendet, was für gründliche Lexikographen eher ungewöhnlich ist.

Fichte publizierte die Vorlesungen über seine geschichtsphilosophischen Ansichten, die er im Gebäude der Berliner Akademie in den Jahren 1804/05 gehalten hatte, in diesem Buch.

Fichte, Johann Gottlieb (1806). *Die Grundzüge des gegenwärtigen Zeitalters*. Berlin: Realschulbuchhandlung.

S. 274

Es konnte uns, während dieser Schilderung, weder unbekannt seyn, noch entgehen, daß *absolut unwissenschaftliche Menschen* über die Bemühungen der ächten Spekulation, und über die Freunde derselben, ohngefähr eben also sich vernehmen lassen. Wir geben diesen zu, daß, da sie alle Spekulation für Schwärmerei halten müssen, weil für sie überhaupt nichts, denn Erfahrung, vorhanden ist, sie nach ihrer Weise völlig recht haben; [...].

Diese unwissenschaftlichen Menschen halten nichts von der Spekulation, sondern kennen nur die Empirie. Gemeint ist die philosophische Spekulation, also, um es mit einem zeitgenössischen Universallexikon anzudeuten, „die Thätigkeit der Vernunft, wodurch sie mit Hülfe des Verstandes über die Erfahrungswelt hinausgeht und mittels der Schlüsse eine höhere Erkenntniß der Welt, ihrer Erscheinungen, ihrer Ursachen, Verbindung etc. zu erlangen strebt".[81] Fichte hat die Redeweise des ‚unwissenschaftlichen Menschen‘ nicht erfunden, doch er gehört zu denen, die deren Einsatz verbreiteten. Ob statt des üblichen „Männer" die „Menschen" dahin zielen, auch und besonders die Frauen hervorzuheben, bleibt fraglich.

Friedrich Wilhelm Joseph Schelling bespricht die Ausführungen Fichtes über das Wesen des Gelehrten, widerspricht ihnen, noch kräftiger jedoch

---

[81] Pierer, H. A. (Hrsg.) (1845). *Universal-Lexikon der Gegenwart und Vergangenheit oder neuestes encyclopädisches Wörterbuch der Wissenschaften, Künste und Gewerbe, 29, 2. Aufl., 4. Ausg.* Altenburg: H. A. Pierer. S. 285.

den philosophischen Auffassungen Fichtes, zumal, schlicht formuliert, seiner Missachtung der Natur. Dabei unterstreicht er mehrmals seine beträchtliche Achtung der Person Fichtes und betont, dass dieser als Philosoph und wissenschaftlicher Mann Kritik vertragen und beurteilen, nicht aber persönlich nehmen und verurteilen werde.

S., F. W. J. (1806). [Rezension:] Fichte, Johann Gottlieb (1806). Ueber das Wesen des Gelehrten und seine Erscheinungen im Gebiete der Freyheit. Berlin: Himburg. *Jenaische allgemeine Literatur-Zeitung von Jahre 1806, 3. Jg., 2. Bd., Num. 150+151*, Sp. 585-592+593-598.

Sp. 597f.

Nicht alle sind ohne Zweifel dieser Ansicht fähig, welche ewig zu den Mysterien der höheren Menschheit gehören mag. Aber zu eben diesen gehören auch die Wissenschaft, die Poesie und die Kunst. In diese sollen also die Malvolio's nicht einbrechen, die da vermeinen, weil sie tugendhaft sey'n, soll es in der Welt keine Schönheit mehr geben, keine Trefflichkeit der Natur, keine Lebendigkeit außer ihnen, und ihresgleichen; und wenn auch ein übrigens *wissenschaftlicher Mann* durch einen unvertilgbar gemeinen Grundton seiner Natur ihnen gleich wird, so kann man es nicht anders als beklagen.

Malvolio oder Malvoglio heißt eine Figur in Shakespeares *Was ihr wollt.* Der Name charakterisiert sie als jemanden, der Übles will. Schellings Vorwurf gegen Fichte zielt auf dessen Natur und ihren in keiner Weise therapierbaren, gemeinen oder im römischen Sinne ordinären Grundton.

Friedrich August Christian Wilhelm Wolf (1759–1824) betrieb klassische Philologe und Altertumswissenschaft. Er war Professor an der Universität Halle, übersiedelte aber nach deren Schließung durch Napoleon in die Hauptstadt Berlin.

Wolf, Friedrich August (1807). Giambattista Vico über den Homer. Friedrich August Wolf & Philipp Buttmann (Hrsg.), *Museum der Alterthumswissenschaft, 1. Bd.*, 555-570. Berlin: Realschulbuchhandlung.

S. 569f.

Historische Strenge ist zwar nirgends in diesem Räsonnement; kaum scheint Vico davon eine Idee gehabt zu haben. Alles hat eher das Ansehen von Visionen: doch nähern sich solche Visionen oft der Wahrheit mehr und haben größern Werth, als die ebenso unbewiesene Wiederholung des gemeinen beweislosen Glaubens, wie sie sich bis zu einer gewissen Zeit so allgemein in den Schriften unserer Gelehrten und *schönen Wissenschafter* fand.

Johann Gottlieb Radlof (1775–Todesjahr ungewiss) war anerkannter Sprachforscher, nicht ohne Humor. Die baierische Akademie ernannte ihn zum korrespondierenden Mitglied der Philologisch-Philosophischen Klasse.
Radlof, Johann Gottlieb (1807). Verschiedene Personenbenamungen beim Zählen. *Zeitung für die elegante Welt, 7, Nr. 205*, Sp. 1633-1636.
Sp. 1635
[...]; so wenig ja die Herrenhuther es übel nehmen, wenn man sie Gläubige und Fromme begrüßt; so wenig auch angehende *Wissenschafter* die Betitelung Musensöhne sich mißdeuten, obwohl bis heute noch unerklärbar, was doch den göttlich-jungfräulichen Musen wohl Menschliches begegnet, daß sie in Deutschland so viele Söhne bekommen.

Die kontrastierende Variante mit dem l setzt der ungenannte Rezensent der Dussekschen Elégie ein, und sie klingt in diesen Bemerkungen über Louis Ferdinand keineswegs anerkennend, sondern durchaus absprechend.
anon. (1807). [Rezension:] Dussek, Johann Ladislaus [1807]. Elégie harmonique sur la mort de S. A. R. le Prince Louis Ferdinand de Prusse en forme de Sonate sur le Pianoforte. Leipsic: Breitkopf et Härtel. *Allgemeine Musikalische Zeitung, 9. Jg., No. 47*, Sp. 741-747.
Sp. 742f.
[...] durch [Louis Ferdinands] Einsicht in die Nichtigkeit des gewöhnlichen Lebens auch in sogenannten höhern Verhältnissen, wie nicht weniger in die Nichtigkeit des Treibens der meisten ihm nahen *Wissenschaftler* etc. es schien, sag' ich, als sey er dadurch in einen so gewaltsamen Zwiespalt mit sich selbst gesetzt worden, dass sich sein inneres Wesen gleichsam in zwey [...].

Karl Friedrich Kretschmann (1738–1809), sächsischer Lustspielverfasser, Erzähler, Lyriker, bearbeitete mit Klopstock den Stoff der Varusschlacht.
Kretschmann (1807). Abdul-Farukh. Eine orientalische Erzählung. Becker, Wilhelm Gottlieb (Hrsg.) (1807). *Erholungen, 4. Bändchen*, 12-81. Leipzig: Niemann.
S. 66f.
Seine Kunstschätze, noch mehr aber der Ruf seines Vermögens und seiner Freigebigkeit, lockte bald alle neugierige oder hungrige Gelehrte aus der ganzen Gegend zu ihn. Da er sie allesammt gütig aufnahm, so ward, kraft seiner Küche und seines Kellers, sein Haus bald zum Sammelplatze der *Wissenschäftler* und Künstler aller Art: Dichter und Weltweise, Naturforscher und Magier, Maler und Geschichtschreiber, wallfahrteten herbei, um bei dem berühmten Kunst- und Weisheits-

Pfleger zu essen. Gleichwohl mußte er sich gar bald selber gestehn, daß der stolze Eigendünkel der Weisen, das unaufhörliche Gezänk der Gelehrten, die ungesalzenen Schmeicheleien der Dichter, und der Künstler nimmersatte Habsucht, ihm sehr lästig zu werden anfange.
Dieser Text verdeutlicht, dass Kretschmann die Wissenschäftler nicht sonderlich schätzte.

Beliebter und stärker verwendet als ‚Wissenschafter' oder ‚Wissenschaftler' sind in diesen Jahren die längeren zweiwörtigen Ausdrücke, von denen einige beispielhafte Exemplare zitiert wurden und weiterhin werden.

Friedrich Heinrich Jacobi (1743–1819), Philosoph und Schriftsteller; Mitglied mehrerer Akademien der Wissenschaften.

Jacobi, Friedrich Heinrich (1807). *Ueber gelehrte Gesellschaften, ihren Geist und Zweck. Eine Abhandlung, vorgelesen bey der feyerlichen Erneuung der Königlichen Akademie der Wissenschaften zu München.* München: E. A. Fleischmann.

S. 1

Die ältesten der in Europa berühmt gewordenen Akademien sind aus freywilligen Verbindungen *wissenschaftlicher Männer*, die eine gleiche Begierde nach Erkenntnissen gegenseitig anzog, entstanden. Wachsthum der Wissenschaft, dessen Beförderung durch gegenseitige Hülfleistung, durch Gesamtfleiss und freundschaftlichen Wetteifer, war der Zweck ihres Bundes.

S. 19f.

Mehrere dieser Staatsmänner und Weltleute waren im eigentlichen und strengeren Verstande *wissenschaftliche Männer*, Gelehrte im umfassendsten Sinne des Worts. Als zu diesen letzten gehörend nennt uns die Geschichte, unter den ältern Griechen, einen Charondas, Zaleukus, Archytas; einen Dion, Epaminondas, Perikles und Xenophon; einen Phocion und Demetrius von Phalera, nebst noch vielen andern.

Lorenz Westenrieder (1748–1829) studierte am Lyzeum Theologe und wurde Priester, arbeitete als Lyzeallehrer in Landshut und München, wurde Mitglied, bald darauf Sekretär der baierischen Akademie der Wissenschaften und erforschte die Geschichte Baierns.

Westenrieder, Lorenz (1807). *Geschichte der königlich baierischen Akademie der Wissenschaften, auf Verlangen derselben verfertigt, Zweyter Theil, von 1778-1800.* München: Akademischer Bücherverlag.

S. 98

[der Herderschen Akademieschrift entnommen:] wo mans nicht vermuthet, sieht man jetzt *Schönwissenschaftler*, und Schönkünstler, wie man sie gerne entbehrte; [...].

S. 271f.

[Der ächte Beobachtungsgeist] setzt aber eine natürliche Fähigkeit, die nicht jedem eigen ist, voraus. Es giebt *wissenschaftliche Männer*, welche immer sehen, aber niemals denken, so wie es im Gegentheil andere giebt, welche immer denken, aber niemals sehen.

Jean Paul, über den noch einiges zu sagen sein wird, spricht von einem wissenschaftlichen Mann, der allerdings nur eine fiktive Figur ist und als solche Möglichkeiten des Spielens für Kinder entwickelt.

Jean Paul (1807). *Levana oder Erziehungslehre. 1. Bd.* Braunschweig: Friedrich Vieweg.

S. 177

Doch mußte, glaub' ich, ein so *wissenschaftlicher Mann* noch eine dritte schon angedeutete Spielklasse errichten, die nämlich, worin das Kind das Spiel nur spielt, nicht treibt, noch fühlt, nämlich die, wo es behaglich Gestalt und Ton nimmt und gibt – z. B. aus dem Fenster schauet, auf dem Grase liegt, die Amme und andere Kinder hört.

Eine selten auftretende Spezifizierung des wissenschaftlichen Mannes ist Franz Ignaz oder Ignatz Thanner (1770–1825) zuzuschreiben. Er war katholischer Philosoph, hatte den Dr. theol. ebenso wie den Dr. phil. erworben und orientierte sich an der Identitätslehre Schellings. Er lehrte Logik und Metaphysik an der Ludwig-Maximilians-Universität in Landshut, später in Innsbruck und schließlich am Lyzeum in Salzburg.

Thanner, Ignaz (1807). *Handbuch der Vorbereitung und Einleitung zum selbstständigen wissenschaftlichen Studium besonders der Philosophie, Erster formaler Theil, die Denklehre.* München: Joseph Lentner.

S. 127

Formales (logisches) Denken ist eine Seite des Denkens – aber darum keine todte. Wenn es der Geistlose als todt behandelt – bloß mechanisch), und als Pedant verfährt, ist das sein subjektiver Fehler. Uebrigens ist auch in den freysten Formen Regelmäßigkeit; sie erblickt und bezielt der *wissenschaftliche Logiker*.

S. 219

In diesem lebendigen Uebergang zur Reflexion, womit der Logiker (als *wissenschaftlicher Künstler*) auftritt, spaltet sich die lebendige Einheit des Princips; sie erscheint in ihren organischen Formationen.

Heinrich v. Kleist (1777–1811) und Adam Heinrich Müller v. Nitterdorf (1779–1829) gaben im Jahr 1808 die Zeitschrift *Phöbus, Ein Journal für die Kunst*, heraus. Mit Jahresende wurde sie eingestellt. Müller beginnt seinen Aufsatz zur Kunstphilosophie mit einer Zweiteilung der Fähigkeit des Geistes, nach der es die Fähigkeit des Zergliederns und die Fähigkeit des Vereinens gibt. Er nennt sie die anatomische oder chemische und die physiologische oder physicalische Fähigkeiten.

> Müller, Adam (1808). Prolegomena einer Kunst-Philosophie. *Phöbus. Ein Journal für die Kunst, 1. Jg., Hft. 11+12*, 3-27.

S. 5

> Tod und Leben in ihm [dem Erdgeist] eins ist, weil er uns unmittelbar im Bilden das Zergliedern und das Verzehren, und unmittelbar im Verzehren das Bilden zeigt, wir hingegen einer nach dem andern zu vollbringen scheinen, oft wohl sogar bloße, reine, absolute Zergliederer (*Wissenschaftler*) oder bloße Bildner (Künstler) zu sein glauben.

Wie Müller das Wort ‚Wissenschaftler' bewertet, ob neutral, lobend oder herabsetzend, ist seiner Darstellung nicht zu entnehmen.

Stefan Benditsch (1760–1853) aus Oberkrain studierte Medizin in Graz und wurde dort Stadtphysikus und Armenarzt. Er kannte Graz und seine Bewohner gründlich.

> Benditsch, Stephan (1808). *Thopographische Kunde von der Hauptstadt Grätz[82], oder: Aufzählung der merkwürdigsten Gegenstände, welche auf das Leben, die Geistes-Cultur, und die Gesundheit der Einwohner dieser Stadt den nächsten Bezug haben*. Grätz: Joh. Andreas Kienreich.

S. 194

> [Der Grätzer] schläft nach seiner gethanen Arbeit ruhig, und diese Ruhe unterbrechen keine fremden Reitze. Selbst den *wissenschaftlichen Mann*, und den weisen Geschäftsmann, bringt kein eitler Titel aus seiner ökonomischen Philosophie.

Elisa Bürger, geborene Hahn, (1769–1833), dritte Ehefrau des Gottfried August Bürger, arbeitete als Schriftstellerin und Declamatrice.

> Bürger, Elisa (1809). Brief der Elisa, Wittwe des Dichters Bürger, an Sulpiz Boisserée. In Boisserée, Mathilde (Hrsg.) (1862). *Sulpiz Boisserée, 1. Bd.*, 68-69. Stuttgart: Cotta.

S. 68

> In Crefeld habe ich ein dankbares und zahlreiches Auditorium gehabt, 200 Personen waren im Saal versammelt, und einige sehr *kluge und*

---

[82] Älterer Name der Stadt Graz in der Steiermark.

wissenschaftliche Männer lernte ich unter ihnen kennen. Hier lebe ich in einem adelichen Cirkel gesellschaftlich angenehm, nicht wissenschaftlich.

Ob sie mit dem letzten Satz einen Gegensatz zwischen wissenschaftlich und angenehm bekunden wollte, lässt sich nicht klären.

Der unbenannte Rezensent des ersten Teils des Campeschen Wörterbuchs geht ungehalten mit ihnen um, mit Campe wie mit dem Wörterbuch. Er bemängelt, dass zwar viele Komposita aufgenommen wurden, dabei aber viele andere nicht genannt werden. Es wird hervorgehoben, dass es nicht immer eines Schriftstellers bedarf, dessen Benutzung erst ein Kompositum würdig eines Wörterbuchs werden lässt; zudem dass bei der Aufzählung der Synonyma manches fehle. Was der Rezensent mit der Stelle, an der das Wort ,Wissenschafter' auftritt, andeuten will, ist kaum zu erraten.

anon. (1809). [Rezension:] Campes Wörterbuch der deutschen Sprache, [1807,] 1. Th., A-E. Braunschweig: Schulbuchhandlung. *Heidelbergische Jahrbücher der Literatur, 2. Jg., 5. Abth., 8. Hft.,* 349-391. Heidelberg: Mohr und Zimmer.

S. 361

[...] die Personen-Namen Adjektive: Baukundig, Baukünstler, Bauwissenschaftlich – künstig, kundlich und *Wissenschafter*, wofür man zuweilen Forscher und öfter Kenner sagt, Bücherforscher, Lehrforscher, sind erst noch im Werden.

Vermutlich ist ,Bauwissenschafter' gemeint, das tatsächlich bei Campes erster Lieferung nicht auftritt. Immerhin wird das Wort ohne Vorsilbe in der fünften und letzten Lieferung des Wörterbuchs erscheinen.

Franz Ignatz Thanner war bereits dargestellt worden. Auch hier zeigt er die zahlreichen Möglichkeiten, der Formel ,wissenschaftlicher Mann' Variationen zu geben.

Thanner, Ignatz (1809). *Encyclopädisch-methodologische Einleitung zum akademisch-wissenschaftlichen Studium der positiven Theologie, insbesondere der katholischen.* München: Joseph Lentner.

S. 50

Der Akademiker im Beginne ist noch kein Gelehrter, kein *wissenschaftlicher Denker*: er soll es, will es Gott, erst werden.

S. 62f.

Man hat vielfältig Erudition und Wissenschaft verwechselt. Man war der Meinung, der Besitz von jener sey auch der Besitz von dieser, und ein Mann von Erudition sey eben darum ein *wissenschaftlicher Mann*, ein Gelehrter.

S. 138

Die Einheit und Macht und reiche Kraft der Idee [der Theologie] und ihrer Entfaltung soll in das Gemüth des *wissenschaftlichen Theologen* übergeben, daß sie ihn ergreife, daß sie ihn beherrsche, sein Vermögen wie seinen Blick erhebe, erleuchte und leite.

Beliebter aber bleibt der wissenschaftliche Mann.

anon. (1809). Innländische Nachrichten. Ein paar Worte zu Ehren des Toggenburgs. *Der aufrichtige und wohlerfahrene Schweizer-Bote, Jg. 1809, No. 14*, 107-108.

S. 108

Wie reich unser Toggenburg an geschickten Männern sey, beweist der Umstand, daß unter den 9 des kleinen Raths 5 aus dem Toggenburg sind, wovon vor wenigen Monaten Bolt, ein *wissenschaftlicher Mann*, und Doktor Ineich starb.

Christian Hinrich oder Heinrich Wolke (1741–1825) begann spät mit seinen Studien, zuerst der Jura, dann der Mathematik und Physik sowie der Sprachwissenschaft. Als Mitarbeiter Basedows und Lehrer am Philanthropin entwickelte er pädagogische Erfahrungen. In Sankt Petersburg erbaute er eine Erziehungsanstalt nach philanthropischem Muster. Später war er in seiner Geburtsstadt Jever, dann in Dresden und Berlin tätig. Er bemühte sich um eine Reform der Rechtschreibung und des Wortschatzes des Deutschen. Was heute wie Schreibfehler ausschaut, entspricht seinen Vorschlägen, die er in Publikationen durchgehend einsetzte.

Wolke, Christian Hinrich (1810). Beantwortung der Frage: Wird di latinische Sprache von den deutschen Schulmännern so gelehrt, wi es der altromischen gemäs ist, oder barbarisch verunstaltet, gelesen, gesprochen und verundeutlichet? *Neue Bibliothek für Pädagogik, Schulwesen und die gesammte neueste pädagogische Literatur Deutschlands, [2,] Jg. 1810, 2. St.*, 105-144.

S. 112

Warum solten nicht auch jene di Verdienste von disen, und dise von jenen anerkennen, einander gegenseitig und freundschaftlich unterstüsen und benutsen, um zwekmäsig belehrte und erzogne *Wissenschafter* und Geschäftsmänner zum Besten des States zu bilden?

S. 113

Die dessauische Lehr- und Erzihanstalt hat 20 Jahr im Stillen gewirkt, einige hundert junge Leute erzogen, größtteils zu Krigern, Gutsbesitsern, Handelleuten und Geschäftmännern, leider – doch one unsre Schuld –

nur wenige zu Altsprachern und *Wissenschaftern* bestimt. Von den letsten ist nur Professor Gilbert in Halle volklich und ruhmlich bekant.

S. 135

Da dises bisher nicht in dem nötigen Grade geschehen ist, so wird man swerlich unter tausend Schriftstellern – *Wissenschaftern*, Begriffern, (Weisheitern), Geschmakkern, Geschichtern u. s. w. (di von den Unfreunden der wortreichen und bildsamen Deutschin Gelehrte, Philosophen, Aesthetiker (ja sogar Aesthetiker) und Historiker betitelt werden) zehn finden, di mit Recht eigliche Kenner der deutschen Sprache wi unser Dichter Voß u. s. w. heisen können.

S. 142

Dank und Ere der Einsicht und der vatervolklichen Gesinnung diser königlich vereinten *Wissenschafter*!! Den gros und für alle denkende Deutsche erfreuig wird di Folge dises Aufrufes sein. Si wird den Geistswung des deutschen Volkes, seine Fortschritte in den Wissenschaften und Schönkünsten befördern, [...].

Wolkes Veränderungen der Orthographie sehen gelegentlich so aus, als habe die Sprache des Niederdeutschen, seiner Heimat, auf ihn eingewirkt.

Wolke, C. H. (1810). Di Sprachunkunde einer Oberkeit befreiet einen verurteilten Dieb vom Galgen und bringt einen Unschuldigen an denselben. *Allgemeiner Anzeiger der Deutschen, 1. Hälfte, Num. 170*, 1863-1865.

S. 1865

Wen nicht di vereinten *Wissenschafter* in Munchen, mit Genemigung ires weisen und deutschvolkfreundlichen Königs 1807 zu einer Durchmusterung der deutschen Sprache kraftig aufgefodert und zur Liferung einer vernunftmäsigen, musterhaften Regellere der d. Sprache durch einen Preis von 200 Carolinen stark aufgemuntert hätten; so muste ich in der Sele unsers gemeinsamen Vaterlandes gefurchtet haben, das wir Deutschen auch Ansehung unserer Sprache – des Bildes oder Spigels unserer Vernunft, unsers Verstandes, unserer Kentnisse, Sitten u. s. w., unter eine fremde Vormundschaft geraten wurden.

Wolke bleibt unermüdlich.

Wolke (1810). Ein Wort an meine teutschen Sprachgenossen. *Der neue teutsche Merkur, Jg. 1810, 2. St.*, 130-136.

S. 130

Der Aufruf der Vereinten *Wissenschafter* in M. ist und bleibt ein sprechender Beweis von irer tifen Einsicht in das Wesen der Wissen-

schaften, von irem lebhaften Gefüle des Bedürfnisses in unsern Zeiten und von irer warmen Libe gegen das gemeinsame Vatervolk.
Radlof liefert umfangreiche Darstellungen.
Radlof (1810). Teutsch-Kunde. Beurtheilung des Wortes Sprache in Campe's Wörterbuch der deutschen Sprache, als Vorläufer einer SpezialBeurtheilung der sprachlichen KunstSprache dieses Werkes. *Neue Oberdeutsche allgemeine Literatur-Zeitung im Jahre 1810, 2. Jg., 2. Jahreshälfte, 221+222+223+224*, Sp. 737-744+745-752+753-760+761-768.
Sp. 752
Der – *Wissenschafter*, noch selten.
Diese Erklärung sagt durch das ‚noch' vorher, dass sich dies ändern wird.

Wilhelm Traugott Krug (1770–1842) besuchte die Landesschule Pforta, studierte Philosophie und Theologie in Wittenberg, Jena und Göttingen, wurde 1794 in Wittenberg habilitiert und 1801 Professor in Frankfurt (Oder). 1805 ging er als Nachfolger Kants nach Königsberg und 1809 als Professor für Philosophie nach Leipzig. In philosophischen Dingen konnte er sich weder mit dem Idealismus noch mit dem Realismus anfreunden, sondern vertrat einen Transzendentalen Synthetismus. In der Ästhetik legte er eine sprachliche Kritik an damals oft genutzten Ausdrücken vor.
Krug, Wilhelm Traugott (1810). *Geschmackslehre oder Aesthetik (System der theoretischen Philosophie, 3. Th.).* Königsberg: A. W. Unzer.
S. 11
Die Ästhetik ist auch häufig für eine Theorie der schönen Künste und Wissenschaften erklärt und mit eben diesem Titel benannt worden. Allein die Unstatthaftigkeit dieser Erklärung und Benennung erhellet schon daraus, dass es überhaupt keine schönen Wissenschaften, sondern nur schöne Künste giebt.
S. 12f.
Es kann daher nicht einmal die Ästhetik, ungeachtet sie Untersuchungen über das Schöne und die schöne Kunst anstellt, eine schöne Wissenschaft genannt werden – denn auch ihr ist es in dieser Hinsicht nur um Wahrheit zu thun – geschweige irgend eine andre Wissenschaft. Was man sonst schöne Wissenschaften nannte, sind nichts anders als schöne Künste, nämlich die redenden. Durch den für die Kunst überhaupt zufälligen Umstand, dass einige Künste zur Darstellung des Ästhetisch-wohlgefälligen sich der Worte bedienen, mithin ihre Erzeugnisse auch in schriftlichen Werken, gleich den Erzeugnissen der Wissenschaft oder

Gelehrsamkeit, dargelegt und aufbewahrt, und zuletzt selbst wieder Gegenstände einer wissenschaftlichen oder gelehrten Untersuchung werden können, entstand bey den Franzosen zuerst die falsche Benennung *belles lettres* im Gegensatze gegen die *beaux arts*, und hernach bey den leider so oft das Französische nachahmende Deutschen die ebenso falsche Benennung schöne Wissenschaften als Gegensatz der schönen Künste*).

*) Man hat zu den *belles lettres* oder schönen Wissenschaften sogar auch alle die zum Verständniss und zur Beurtheilung alter Kunstwerke nöthigen philologischen, historischen antiquarischen Kenntnisse und überhaupt alles, was man sonst wohl auch Humaniora oder humanistischen Studien nannte, gerechnet. Sonach müsste der Belletrist oder *Schönwissenschaftler* nicht bloß Künstler, sondern ein wahrer Polyhistor seyn.

Die Kritik an den unangebrachten Wörtern ‚schöne Wissenschaften‘ und ‚Schönwissenschaftler‘ wird Krug wiederholen. Wie weit er damit zum Absterben dieser Wörter beitrug, bedürfte einer anderen Untersuchung.

Johann Jacob Engel (1741–1802), Schriftsteller, Theaterdirektor und Philosoph der Aufklärung.

anon. (1810). Charakterzüge und Anekdoten aus dem Leben des Professor Engel während seines Aufenthaltes in Mecklenburg-Schwerin. *Morgenblatt für gebildete Stände, Nro. 277,* 1106-1107.

S. 1106f.

In dem Hause der verwittweten Frau Hofräthinn Benefeld, einer sanften Frau, welche sich in seine oft unerträglichen Launen zu schmiegen wußte, wohnte er, und hatte sich ganz in die Kost gegeben. Als tägliche Gesellschafter hatte er den Vater der Hofräthinn und den jungen Dr. Benefeld; und es besuchten ihn auch zum öftern einige *wissenschaftliche Männer* aus der Stadt.

Johann Georg Schneider (1774–1833), Dr. med., mit großem Interesse an Mineralien.

Schneider, Johann Georg (1810). Oryktognostische und geognostische Beobachtungen über verschiedene Mineralien. *Taschenbuch für die gesammte Mineralogie mit Hinsicht auf die neuesten Entdeckungen, 4 (4),* 69-96.

S. 82

Erfreulich muß es für den *wissenschaftlichen Mann* immer seyn, wenn er sieht, daß diese verschiedenen Wege zum gleichen Ziele der Wahrheit

führen, was auch nie anders seyn kann, vorausgesezt daß die Grund-
säzze dieser Systematiker auf der Wahrheit selbst beruhen.
Joachim Heinrich Campe (1746–1818), Schriftsteller, Sprachforscher,
Pädagoge, Verleger. Sein Name wurde bereits erwähnt, doch für unser
Thema von unmittelbarer Bedeutung war erst die fünfte Lieferung oder der
fünfte Band seines *Wörterbuchs der deutschen Sprache*, in dem er den
semantischen Unterschied zwischen den Wörtern ‚Wissenschafter‘ und
‚Wissenschaftler‘ ausspricht – wie im selben Jahr auch Radlof.

Campe, Joachim Heinrich (1811). *Wörterbuch der deutschen Sprache,
5. Bd., U bis Z.* Braunschweig: Schulbuchhandlung.
S. 747

Der *Wissenschafter*, –s, Mz. gl. einer, der eine Wissenschaft betreibt,
sich mit den Wissenschaften beschäftigt. Wolke.
Der *Wissenschaftler*, –s, Mz. gl. ein Wissenschafter oder Gelehrter, in
verkleinelndem und verächtlichem oder spottendem Verstande.

Campe verweist für das längere Wort mit dem l auf Blumauer, was im
selben Jahr gleichfalls Radlof tat.

Johann Gottlieb Radlof (1775–1827 oder 1829), Lehrer und Sprachforscher, der von den Brüdern Grimm geschätzt wurde.

Radlof (1811). *Trefflichkeiten der südteütschen Mundarten zur
Verschönerung und Bereicherung der Schriftsprache.* München: Ernst
August Fleischmann.
S. 243

Der *Wissenschafter*, wofür Blumauer einmal das kleinelnde *Wissenschaftler* verwendet.
S. 253

Der *Wissenschaftler*, Blumauer; im edleren Sinne *Wissenschafter*.

Beide, Campe wie Radlof, lassen keinen Zweifel daran, dass sich die
Konnotationen der beiden Wörter erheblich unterscheiden. Während die
eine Form neutral bis positiv eingeschätzt wird, wirkt die andere herabsetzend, spottend oder gar beleidigend.

Campe verweist nur auf Blumauer als einzigen Beleg. Radlof weist auch
auf diesen, auch wenn beide damit nicht den ertragreichsten Beleg bieten,
da Blumauer nicht als erster einen gedruckten Beleg lieferte und außerdem
das Wort selbst-ironisch einsetzte.

Radlof verweist außerdem auf die allgemeine Nutzung der Endlung -ler
als verächtlichmachend oder spottend, indem er eine lange Reihe überzeu-
gender Exemplare (S. 250-254) auftischt. Auf S. 250 muss er wenig erbaut
zur Kenntnis nehmen, dass das Wort ‚Künstler‘ auch dort verwendet wird,

wo es nicht herabsetzend gemeint wird, und schlägt eine andere, im Mittelalter verwendete Form vor: „Die Ansylbe ler hat dieselben Bedeutungen, die er und ner, nur dieselben vermindernd oder verächtelnd: Häusler, ein Bauer, der nur ein Häuschen ohne Feld besizet [...]; obwol man dieselbe [Ansylbe] sehr ungut zuweilen auch da gebrauchet, wo sie gar nicht vermindern soll Künstler st. Künstner, Tischler st. Tischner" [...].

Es sei mit der Erfahrung des zwanzigsten Jahrhundert erlaubt zu bemerken, dass nicht nur der armselige Häusler kein Feld besitzt, sondern außerdem auch der noch armseligere Hüttler, regional auch der Hitler benannt.

Radlof (1811). Pasigraphie. *Oberdeutsche Allgemeine Literaturzeitung im Jahre 1811, 24 (=3), 2. Jahreshälfte, (174+175+176+177)*, Sp. 373-380+381-388+389-396+397-400.

Sp. 374

Das Zusammenordnen des Körperlichen konnte zum Ziele nicht führen; darum suchten Gelehrte und *Wissenschafter* den Geist, den Schöpfer der Körper zu erfassen.

Pasigraphie, Schrift, die Menschen unterschiedlicher Sprachen verstehen.

Radlof (1811). Antwort auf Prof. Schmid's Beantwortung im Intell. Bl. Nro. 44. und 45. *Intelligenz-Blatt zur oberdeutschen allgemeinen Literatur-Zeitung, Jg. 1811, Nr. 48+49+50+51, Sp. 171-174+177-182+183-190+191-198.*

Sp. 194

Im leztern Falle ist sie also Sprache durch Schrift; im erstern aber fast gleichgehaltig mit BücherSprache. Wegen dieser beyden schon längst gewöhnlichen Bedeutungen, bleibet es also dem *Wissenschafter* ein Fehler: einer Schrift, die nicht gesprochen werden, doch aber durch Wissenschaftlichkeit und Bestimmtheit über alle bisherigen SchreibungsWeisen sich ganz erheben soll, den ungenauen und doppelsinnigen Namen „Schrift-Sprache" zu geben.

Die herabsetzende Tragweite zeigt sich doppelt in dem Wort ‚Brodwissenschaftler‘[83], eine Parallelbildung zu dem Wort ‚Brotstudent‘, mit dem früher Studenten armer Abstammung bezeichnet wurden, die ohne jene, für bessergestellte Studenten einschlägigen Genüsse und Ablenkungen

---

[83] Ein früher aufgetretenes Wort gleicher Bedeutung lautet ‚Brodforscher‘. Mylius, Christlob (1751). Vorrede, *Physikalische Belustigungen, 1*, 3-10. Berlin: Christian Friedrich Voß. S. 4.

auszukosten, möglichst schnell durch ihr Studium eilten, um alsbald einen Brotberuf aufzugreifen.[84]

Luden, Heinrich (1811). *Handbuch der Staatsweisheit oder der Politik. Ein wissenschaftlicher Versuch (1. Abth.).* Jena: Friedrich Frommann. S. 361

Wir hören jetzt so häufige Klagen über den Verfall des Studienwesens, [...] worin haben sie ihren Grund? Zuerst gewiß darinn, daß so viele Universitätslehrer gemeine *Brodwissenschaftler* sind, ohne Sinn für Wissenschaft und Gelehrtheit, und darum nur verkündigend das Evangelium des Sattessens.

Dieses Kompositum wird auch in späteren Texten auftreten. Eine verächtelnde Bezeichnung ist es jedenfalls.

In dieser Besprechung findet sich ein Zitat aus dem Noth- und Hülfsbüchlein, dessen Original bibliographisch nicht zu identifizieren ist.

anon. (1811). [Rezension:] anon. (1811). Noth- und Hülfsbüchlein für die Kirchenconvente in den Städten und Dörfern des Königreichs Würtemberg. Augsburg: s. n. *Allgemeine Literatur-Zeitung vom Jahre 1811, 2. Bd., No. 202,* Sp. 671-672. Sp. 672

Wenigstens wird seine Vertheidigung der lateinischen Kirchengesänge und Gebete, sein Lob des Gesetzbuchs der Israeliten auf Kosten „der Compilatoren der persischen, griechischen und römischen Gesetze, die elende *Staatswissenschäftler* waren" u. s. w. nicht als günstiges Zeugniß seiner tiefen Einsichten angesehen werden.

Die elenden Staatswissenschäftler werden durchaus unangenehm tituliert. Der sogleich auftretende Staatswissenschafter hingegen kann klagen.

Carl Christian Adolph Neuenhahn (1745–1807), Kaufmann, Branntweinbrenner und Mitglied sächsischer ökonomischer Societäten. Die vierte Auflage richtete Georg Adam Keyser ein, der auch den Verlag übernahm.

Neuenhahn, Carl Christian Adolph (1811). *Das Ganze der Branntweinbrennerei nach theoretischen und praktischen Grundsätzen nebst der dazu erforderlichen Mastung auch Beschreibung eines holzersparenden*

---

[84] Siehe die Feststellung einer biederen Amtmännin: „Da fällt mir immer mein seliger Bruder ein, [...]; er hat auch studirt, aber das war ein gescheuter Kopf, der ließ die Phantasten ablaufen, setzte sich auf seine Brodwissenschaften, heirathete eine gebildete, vernünftige Frau, und Gott hat seinen Ehestand gesegnet." Eichendorff, Joseph (1834). *Dichter und ihre Gesellen.* Berlin: Duncker und Humblot. S. 43f.

Blasenheerds und einer Rauch-Malzdarre, 1. Bd., 4. Aufl. Erfurt: Georg Adam Keyser.

S. 348

So haben Patriotismus und Ernst des *Staatswissenschafter*s [Bergrath Senff] es so weit gebracht, die schädlichen Vorurtheile wider Torf und Steinkohlen zu besiegen, wozu ein Zeitraum von fast drittehalb Hundert Jahren nöthig war; [...].

Die „schädlichen Vorurtheile wider Torf und Steinkohlen" sind im späten zwanzigsten Jahrhundert zu neuem Leben erweckt, allerdings wird jetzt die Schädlichkeit nicht dem Vorurteil, sondern den Sachen selbst zugeordnet. In dieser Besprechung erscheint das Wort ‚schönen Wissenschafter' ohne das l. Es ist gleichwohl herabwürdigend gemeint, aber nicht für die Autoren des besprochenen Buches.

Fhrh., Tr. (1811). [Rezension:] Wolf, Friedrich August & Buttmann, Philipp (1808/1809). Museum der Alterthums-Wissenschaft. Berlin: Realschulbuchhandlung. (1808). Museum antiquitatis studiorum opera. *Jenaische Allgemeine Literatur-Zeitung vom Jahre 1811, 8. Jg., 1. Bd., Nr. 63+64+65*, Sp. 497-504+505-512+513-515.

Sp. 497

Gründlichkeit und Gediegenheit, gleich weit entfernt von der modernen Halbwisserey der *schönen Wissenschafter*, als von der Charlatanerie mancher idealistischer Queerköpfe, welche ihr Unwesen in der Philologie zu treiben beginnen, macht den Charakter auch der vorliegenden Hefte, wie der beiden ersten [...], aus.

Die schönen Wissenschafter werden offensichtlich als schludernde Pfuscher aufgefasst.

Jacob Salat (1766–1851) studierte Philosophie und Theologie am Klerikalseminar Dilligen, wurde 1790 zum Priester geweiht und war seelsorgerisch tätig. Er wurde 1807 Professor der Philosophie an der baierischen Landesuniversität Landshut, die früher in Ingolstadt saß und 1826 nach München verlegt wurde. Die katholische Art der Aufklärung bestimmte seine Position, und er bekämpfte die Positionen Schellings und Hegels sowie die Franz Baaders, Karl Adolf Eschenmayers und Gotthilf Heinrich Schuberts.

Salat, J. (1811). *Die Religionsphilosophie*. Landshut: Joseph Thomann.

S. 263

[...]: so erwächst doch aus dieser frommen Sprache dadurch ein besonderer Nachtheil, daß sie den einseitigen *Scientifiker* reizt, nun dafür seine kritische oder stoische Formel direkt und mit solcher Trennung in das Leben selbst einzuführen.

Es soll wohl aussagen, dass sämtliche *Scientifiker* einseitig sind, nicht nur einige.

Jacobi wurde 1805 Mitglied der Baierischen Akademie der Wissenschaften und 1807 sogar Präsident dieser Akademie.

Jacobi, Friedrich Heinrich (1811). *Von den göttlichen Dingen und ihrer Offenbarung.* Leipzig: Gerhard Fleischer der Jüngere.
S. 152

Selbstständigkeit der Natur setzt, als *wissenschaftlicher Naturforscher*, auch der Theist insofern und dergestalt voraus, daß er sich streng untersagt, irgend etwas in der Natur anders als aus ihr selbst verstehen und erklären zu wollen.

Jacobi erteilt allerlei Tadel gegen Philosophen, der härteste jedoch ist auf ein Mitglied der baierischen Akademie gerichtet, den Schöpfer dessen, das Jacobi die „Zweyte Tochter" (S. 118) der Kritischen Philosophie nennt, der Identitätsphilosophie, also auf Schelling. Den Namen nennt er nicht, aber er ist aus dem Kontext ableitbar. Jacobi spricht von einer „Irrlehre", einem aus der Theologischen Fakultät stammenden Ausdruck, und zitiert dazu einen Absatz Kants, in dem von „Atheismus" die Rede ist (S. 153). Der Vorwurf des Atheismus war damals verderbenbringend. Schelling wehrte sich mit einer eigenen Arbeit, die 1812 erschien und unten erwähnt wird.

Als Abschluss für 1811 noch dieses: Ein Stellung suchender Mann, der seine Sprachkenntnisse aufzählt, würdigt sich selbst als Inhaber des Charakters eines wissenschaftlichen Mannes.

anon. (1811). [Gesuch:] *Regensburger Intelligenzblatt, 35. St.,* 596.
S. 596

Ein *wissenschaftlicher Mann* von gesetztem Alter wünscht in einem Büro angestellt zu werden. Da derselbe außer der lateinischen Sprache auch die französische und italienische regelmäßig schreibt und spricht, so kann er auch als Lehrer in einer der benannten Sprache mit bestem Erfolge verwendet werden.

Wolke benutzt weiterhin seine wunderliche Rechtschreibung.

Wolke, Christian Hinrich (1812). *Anleit zur deutschen Gesamtsprache oder zur Erkennung und Berichtigung einiger (zu wenigst 20) Tausend Sprachfehler in der hochdeutschen Mundart nebst dem Mittel, die zahllosen, – in jedem Jahre den Deutschschreibenden 10000 Jahre Arbeit oder die Unkosten von 5000000 verursachenden – Schreibfehler zu vermeiden und zu ersparen.* Dresden: Selbstverlag.

S. 14f.

Man denke an die Ober- und Unter- Stadt- Land- Krieg- Gericht- Bau-
Forstbeamte, an di *Wissenschafter*, oder Gelehrten, Schriftsteller,
Prediger, Jugendlerer, und Lernende in Schulen und Hausgenosschaften
(des familles) [...].

S. 95f.

Ein Preis von 1000 Goldnapoleonen für ein deutsches fe´lerloses
Wörterbuch kan one Gefahr, er zu bezahlen, ausgesetst werden, wi di
vereinten *Wissenschafter* in Munchen von 1807 bis 1810 bewisen
haben, [...].

S. 169

Dis schaft bildet nur Hauptnamer, von denen einige, wen man si mit -er
behintet, Namen für Manpersonen, mit in für Innen oder Fraupersonen
werden, welche mit dem Voran ein Geschäft oder irgend ein Verhältnis
haben, zB. Botschaft-er, Geselschaft-er, Kundschaft-er, Landschaft-er,
Wirtschafter, *Wissenschafter*, – oder Botschaftin, Geselschaftin, Kund-
schaftin, Landschaftin, Wirtschaftin, *Wissenschaftin*, [...].

Es gibt weitere Seiten, auf denen ‚Wissenschafter' anzutreffen ist, umgeben
von Wolkes Neu-Orthographie-Vorschlägen. Zum ersten Mal wird ein
Vorschlag gemacht, wie eine Frau, die sich wissenschaftlich betätigt,
benannt werden könnte: Wissenschaftin! Es ist bemerkenswert, dass auf
diese ungestellte Frage überhaupt jemand eingeht. Doch hat diese Anregung
anscheinend keinerlei Beifall gefunden. Nur Wolke lässt sie noch einmal
sehen in der zweiten, unveränderten Auflage im Jahre 1816.

Radlof spricht weiterhin eine Art Fluch gegen Fremdwörter, zumal
solche aus dem Lateinischen. Es ist anzunehmen, dass er auch dessen
Tochtersprache, das Französische, mit seiner Verdammung meint.

Radlof, Johann Gottlieb (1812). Auffoderung an alle *Wissenschafter*
Teütschlands. *Literarischer Verkündiger* [1], *Nr. 16+17+18*, Sp. 124-
128+132-136+138-144.

Sp. 124f.

[...]; gleich als drohete noch izo, schon lange zerbrochen des Römer-
Joches, der furchtbare Liktor mit Beil und RuthenBündel, den edelsten
freyen Teutschen das UnterwerfungsGeständniß ewig offentlich ab; oder
als bekännten nur einzig die *Wissenschafter* –, sie gerade die fähigsten,
ja vor Allen am meisten verpflichtet, das schönste GemeinGut der
Völkerschaft, die gemeinsame Sprache wissenschaftlich noch auszubilden – dieser eigenen Sprache so wenig sich mächtig, daß sie auf
eigenes Schaffen gänzlich verzichtend, gezwungen wären, nur todte

Wörter fremder Sprachen sich anzukinden, und die ewig allbeglücken-
den Wahrheiten in einer barbarisch durchmengselten Sprache zu
verkünden, die kein hochgebildeter Mann, nur ein geschmackloser
Barbar schön zu finden vermag.

Johann Christian Friedrich Meister (1758–1828) studierte in Göttingen
Juristerei. 1792 erhielt er eine ordentliche Professur der Rechte an der
Universität Frankfurt/Oder. Als sie mit der Universität Breslau vereinigt
wurde, lehrte er dort. Hier wird ein Satz zitiert, an dem der Rezensent
Anstoß nehmen wird.

Meister, Johann Christian Friedrich (1812). *Über die Gründe der hohen
Verschiedenheit der Philosophen im Ursatze der Sittenlehre, bey ihrer
Einstimmigkeit in Einzel-Lehren derselben.* Züllichau: Darnmann.
S. 53

Zwey durchaus verschiedenartig gestimmte *Wissenschaftler* trafen auf
dem gemeinsamen Gebiete des Naturrechts zusammen: Einmal, der
Philosophe; Alsdann, der Juriste (wenn man vorläufig will, vom
Handwerk!).

Der Philosophe soll Christian Thomasius sein, der auch Jurist war, und
zwar zunächst als Pufendorfianer, danach aber ein eigenes System erschuf.

Der anonyme Rezensent, der dieses Buch als schätzenswert ansieht, hat
gleichwohl einiges über die Anzahl der angeführten Ehrentitel des Autors
zu bemängeln. Am Ende verwundert ihn der Einsatz des Wortes ‚Wissenschaftler' wegen seiner unangenehmen Nebenbedeutung.

anon. (1812). [Besprechung:] Johann Christian Friedrich Meister
(1812). Über die Gründe der hohen Verschiedenheit der Philosophen im
Ursatze der Sittenlehre bey ihrer Einstimmigkeit in Einzel-Lehren
derselben. *Leipziger Literaturzeitung für das Jahr 1812*, Sp. 2449-2455.
Sp. 2455

Dem Worte *Wissenschaftler*, welches der Verf. in guter Bedeutung
braucht, schmiegt sich leicht eine böse Nebenbedeutung an, wie beym
Worte *Vernünftler*. Doch wollen wir jenes Wort nicht ganz verwerfen,
da es sich durch das ähnlich gebildete Wort *Künstler* rechtfertigen lässt,
und das Wort *Gelehrter*, welches man gewöhnlich als Gegensatz von
Künstler braucht, nicht ganz das ausdrückt, was der Verf. mit dem
Worte *Wissenschaftler* (Bearbeiter der Wissenschaft) bezeichnet.

Wieso Meister dieses Wort statt ‚Wissenschafter' einsetzt, ist nicht zu
bestimmen.

Jean Paul, eigentlich Johann Paul Friedrich Richter (1763–1825),
hingegen verwendet ab jetzt die angemessene Schreibung ohne das l, das

jene „böse Nebenbedeutung" ausdünstet. Unabhängig davon muss erklärt werden, dass Wolke sich im Jahr 1811 um Geldspender für sein Buchprojekt *Anleit zur deutschen Gesamtsprache* bemühte, das dann 1812 erschien und im Abschnitt für 1812 behandelt wird. Der von Jean Paul „Bußtext" genannte, angegriffene Aufsatz, der am 12. Dezember 1811 im *Allgemeinen Anzeiger der Deutschen* erschien, war wohl der letzte Versuch, Spenden zu erbitten. Wer ihn geschrieben hat, wird nicht genannt, aber es mag Wolke selber gewesen sein. Er war offensichtlich nicht erfolglos, denn zum Anfang seines *Anleit* stellt er eine Liste der *Beförderer des Anleits* auf. Zu den Bemerkenswerten gehört auch Jean Paul Friedr. Richter, Legations-Rat aus Baireut, der für 1 Exemplar 2 Taler gezahlt hatte. Jean Pauls Text erschien am 11. Februar 1812[85], also mehrere Monate vor Wolkes Anleit-Buch. Er bezieht sich auf den Artikel *Deutsche Sprache* im *Allgemeinen Anzeiger der Deutschen* des Jahrgangs 1811 vom 12. Dezember, in dem über Wolke als W. geredet wird, der aber recht eindeutig von W. selbst verfasst wurde.

Jean Paul (1812). Bußpredigt über den Bußtext im Allg. Anzeiger der Deutschen, Nro. 335, Seite 3617 bis 1622, betreffend deutsche Vorausbezahlung auf Wolkens versprochenes Werk über die deutsche Sprache. *Morgenblatt für gebildete Stände, Jg. 1812*, Nro. 36-39+41-43, 141-142+146-148+149-151+154-155+162-163+165-167+169-170. S. 146

Würde nun eine neue Wort-Barockperle sowol von komischen als von lächerlichen Schriftstellern genugsam getragen und vorgezeigt; – und später das öfter gesehene Wort weiter abgegeben an Aerzte, Scheidekünstler und andere *Wissenschafter*: so möchte das Wort endlich ferner auf der Himmelfahrt durch Geschichtschreiber und Kanzel-Redner sich so weit verklären, dass es im Stande wäre, im Aether der Gedichte zu fliegen, aus welchem es dann nur einen kurzen Schritt hätte in die – beste adelungsche Gesellschaft-Briefe und auf eine, obwol heimliche, Wörter-Propaganda.

Jean Paul veralbert Wolke in Maßen, übernimmt aber auch einige seiner Wort-Vorschläge. Das größere Bestreben Jean Pauls ist ein Angriff auf die Kälte, die Deutsche gegenüber ihrer eigenen Sprache beweisen.

In diesem Postscriptum verteidigt gegen einen strengen Rezensenten Franz von Paula Gruithuisen (1774–1852) seine Neuerscheinung *Neuer*

---

[85] Eine andere Wiedergabe zu Lebzeiten Jean Pauls Steht im Dritten Bändchen der *Herbst-Blumine* 1820.

cosmoaithiologischer Beweis von der Existenz Gottes. Und daß Fr. H. Fries sich in die Philosophie unserer Zeit nicht finden kann. Landshut: Philipp Krüll. Daran lässt das Postscriptum keinen Zweifel.

Gruithuisen (1812). Postscriptum wegen dieses Attestats. *Literarischer Verkündiger, 1, Nro. 35,* Sp. 265-271.

Sp. 267

Wenn der Kritisirer sagt: [„]Wir wollen nur die Hauptsätze von diesem neuen Beweise, aus welchen er zusammengesetzt ist, darlegen", so hat er entweder den ganzen Beweis dargelegt, oder nach seiner gewohnten Weise wieder gelogen; [...] denn in dieser Copie ist eine neue Lüge involvirt, nämlich die: ich „erläutere" den Satz: ohne Kraft kann die Materie der Welt nicht bedungen seyn, mit dem in der Parenthese: „(Es giebt kein philosophisches Luder)", denn dieser Ausdruck ist nur für den immer dreinsprechenden Pöbel, die Conclusion aber für den *Wissenschafter*, welcher einer solchen Episode nicht benöthigt ist.

Sp. 268

Wenn die *Naturwissenschafter* mit den Dichtern eben so rechten wollten, wie die Scribler mit den erstern, wie würde es da wohl aussehen?

Ernst Christian Johann Trautvetter (1870–1859) studierte von 1799 bis 1802 Theologie und Philologie in Göttingen, später Philologie in Jena und wurde 1808 zum Dr. phil. promoviert. Von 1810 bis 1838 arbeitete er als Oberlehrer am Gymnasium Illustre in Mitau, Kurland.

Trautvetter, Ernst Christian (1812). *Der Bardenhain, oder Forschungen zur Reinigung und zu einer neuen Begründung der Lehre vom Eigenthümlichen der deutschen Dicht-, Stimm- und Sängerkunst, wie auch über das Verhältniß der Künste, Wissenschaften und Glaubensarten.* Berlin: C. G. Schöne.

S. 153f.

[Die Seher] treten unter uns, wir erkennen sie nicht, verkennen sie; sie verschwinden und wir fragen, was sie denn eigentlich gethan haben? Aber ihr Thun ist nicht von dieser Welt; sie stiften ein Werk, hinterlassen keine Werke. Sie sind weder große *Wissenschaftler*, noch große Künstler; sie richten weder Kunst- noch Lehrgebäude auf; aber sie streuen himmlische Saamenkörner auf irdischen Boden, und nach ihnen erst keimet und sprosset ihre Saat.

Trautvetter pflegt eine eigenartige Verehrung der Seher, wie sie auch in seinem 1814 erschienenen Buch durchschlägt. Hier wie dort gibt es für sie nur das Wort ‚Wissenschaftler', selbst wenn diese „große" sein sollen.

Entweder hat er als gelernter Theologe nicht mitbekommen, dass dieses l einen wenig appetitlichen Beigeschmack trägt, oder dem Seher gegenüber konnte ihm kein anderes Wort recht sein.

Ignaz Paul Vitalis Troxler (1780–1866), Mediziner und Philosophie-Professor an verschiedenen Schweizer Universitäten, ein früher Anhänger, dann Gegner Schellings.

> Troxler (1812). *Blicke in das Wesen des Menschen.* Aarau: Heinrich Remigius Sauerländer.
>
> S. 115
>
> Keinesweges darf demnach, wie die spekulativen *Scientifiker,* oder die rein dogmatischen Moralisten. annehmen, Vernichtung des Irdischen im Ueberirdischen, oder Ertödung des Leiblichen im Seelischen als Zweck des Lebens gelten.

Das Wort ‚Wissenschafter' bleibt auch in dieser Zeit zweitrangig gegenüber etwa der Wendung ‚wissenschaftlicher Mann'. Dazu im Folgenden eine kleine Auswahl aus der Vielzahl der Fälle im Jahr 1812.

> Goethe, Johann Wolfgang (1812). *Aus meinem Leben. Dichtung und Wahrheit. Zweyter Theil.* Tübingen: J. G. Cotta.
>
> S. 289f.
>
> Ich gewann bald seine Neigung, und er, klüger als Behrisch, holte mich bey Nachtzeit ab, wir gingen zusammen spaziren, unterhielten uns von interessanten Dingen, und ich begleitete ihn endlich bis an die Thüre seiner Geliebten; denn auch dieser äußerlich streng scheinende, ernste, *wissenschaftliche Mann* war nicht frey von den Netzen eines sehr liebenswürdigen Frauenzimmers geblieben.

Den zugehörigen Plural sieht man bei Franz von Paula Gruithuisen (1774–1852), einem Arzt und Astronomen.

> Gruithuisen, Franz von Paula (1812). Ueber die Elkysmometrie, als neuem Zweig der für die Landeskultur höchst wichtigen Meteorologie (Fortsetzung). *Allgemeine Literatur-Zeitung, Literarischer Verkündiger, Nro. 51,* Sp. 397-400.
>
> Sp. 398
>
> Wird es mir wohl glücken, mehrere *wissenschaftliche Männer* zu finden, die sich die Mühe geben, sich in die Sache hinein zu denken, und die mit reinem, unbefangenem Sinn Versuche anstellen? Rechnen kann ich auf Herrn Kanonikus und Konrektor Stark in Augsburg [...].

Schelling verteidigt sich durch einen kräftigen Angriff auf Jacobi und dessen Denkmalsschrift. Auch er spricht nicht von einem Wissenschafter, sondern verwendet die Formel des wissenschaftlichen Forschers, die so klingt, als habe er einen Zugriff auf Jacobis Text mit dessen wissenschaftlichen Naturforscher vorgehabt. Dazu erscheint als originelle Variante der wissenschaftliche Atheist.

Schelling, Friedrich Wilhelm Joseph (1812). *Denkmal der Schrift von den göttlichen Dingen, etc. des Herrn Friedrich Heinrich Jacobi und der in derselben gemachten Beschuldigung eines absichtlich täuschenden, Lüge redenden Atheismus.* Tübingen: J. G. Cotta.
S. 33
Ich bin wieder in dem mir eignen Element; rede von nun an in einem andern Ton, von einem andern Standpunkte, dem des freyen Denkers, des unabhängigen, *wissenschaftlichen Forschers.*
S. 65
Sie eben muß alles versöhnen, wie Gott alles versöhnt, und gleichwie nach Einigen, in der fernsten Zukunft der Zeiten, da Gott alle seine Werke wieder sammelt, auch Satan selbst vor dem Thron des Ewigen erscheint, um sich ihm mit seiner ganzen Schaar zu unterwerfen, so müßte vor dem wahren Theismus, wann er nur in seiner ganzen Vollkommenheit erschiene, selbst der entschiedendste *wissenschaftliche Atheist* niederfallen und anbeten.

Schellings Gegenattacke wird mit einigen Beanstandungen in den *Göttingischen gelehrten Anzeigen* rezensiert.

anon. (1812). [Rezension:] Schelling, Friedrich Wilhelm Joseph (1812). E. W. J. Schelling's Denkmal der Schrift von den göttlichen Dingen etc. des Hrn. Friedr. Heinr. Jacobi und der ihm in derselben gemachten Beschuldigung eines absichtlich täuschenden, Lüge redenden Atheismus. Tübingen: Cottaische Buchhandlung. *Göttingische gelehrte Anzeigen, 2. Bd., 1812, 72. St.,* 713-720.
S. 719
Wir eilen also mit dem Verfasser zu dem dritten und längsten Abschnitte des Buches. Er nennt sich das Allgemeine, eine allegorische Vision. Von Allegorie haben wir nichts bemerkt; vom Allgemeinen wenig; desto mehr vom Besondern. Der Verfasser, der als *wissenschaftlicher Mann* vor das Publicum treten, und als Gelehrter dem Gelehrten sich gegen über stellen will, erzählt einen Traum, worin ihm Hr. Jacobi persönlich erschienen, und persönlich als ein Dummkopf und Heuchler von allen Verständigen und Vernünftigen, denen er seine Lehre vorgetragen, ad absurdum geführt und verspottet worden sey. Man wird uns nicht zumuthen, diesen wissenschaftlichen Traum nachzuerzählen.

Aus der Übermacht der langen Formulierung gegenüber der kurzen, dem Wissenschafter, den auch Wolke verwendet, seien weitere zitiert.

Harl, Johann Paul (1812). *Vollständiges Handbuch der Kriegs-Polizei-Wissenschaft und Militär-Oekonomie mit vorzüglicher Rükksicht sowohl auf die älteste als auch auf die neueste Gesezgebung und Literatur* [...]. Landshut: Philipp Krüll.

S. 312f.

Ist der Gemeine indeß schon von solchen Eigenschaften, so wird der Offizier dann ganz gewiß ein *wissenschaftlicher Mann* seyn, und der Soldat und Gelehrte sich in ihm nicht selten ganz vereinigen, und beide oft Wunder von Heroismus hervorbringen.

Nicht anders in der Rezension eines Buches von Christian Weiß (1774–1853). Er wurde 1795 zum Dr. phil. ernannt, danach zum Professor der Philosophie und Direktor der Stadtschule zu Naumburg.

anon. (1812). [Rezension:] Weiß, Christian (1811). Untersuchungen über das Wesen und Wirken der menschlichen Seele, als Grundlage zu einer wissenschaftlichen Naturlehre derselben. Leipzig: Fr. Chr. Wilh. Vogel. *Morgenblatt für gebildete Stände, Jg. 1812, Uebersicht der neuesten Literatur 1811, No. 16*, 62.

S. 62

Nur von diesem Standpunkte aus knüpft sich das Mannichfaltige in den Erscheinungen an das Eine an, welches der *wissenschaftlicher Forscher* nie aus den Augen verlieren darf. Wir müssen die Bemühungen des Verf. im Ganzen als gelungen betrachten, und es gebührt ihm offenbar das Verdienst, der Seelenlehre zuerst eine würdige Gestalt gegeben zu haben.

Schließlich findet sich eine Formel zu einer Zeit, in der ein deutscher und frankophober Nationalismus aufblühte. Franz Arnold Gräffer (1785–1852), Wiener Schriftsteller, Buchhändler und Bibliograph.

Gräffer, Franz (1812). *Andeutungen über Leben, Geschichte, Philosophie und Literatur.* Grätz: Tanzer.

S. 77

Darum ist der Deutsche der *Mann der Wissenschaft*, wo der Franzose der Begünstigte der Kunst seyn könnte.

Jean Paul unterscheidet zwischen der theoretischen Ästhetik des Täters und meint damit den, der erst als Schriftsteller auftritt, danach auch als Ästhetiktheoretiker. Der bloße Wissenschafter hingegen ist ohne die vorausgehende Tätigkeit ein weniger erfreulicher Theoretiker der Ästhetik.

Jean Paul (1813). *Vorschule der Aesthetik nebst einigen Vorlesungen in Leipzig über die Parteien der Zeit, 1. Abth., 2. Aufl.* Stuttgart: J. G. Cotta.

S. XIV

Die Aesthetik des Thäters ist ein Oberons Horn, das zum Tanzen, die des blossen *Wissenschafters* oft ein Astolfo's-Horn ist, das zum Entlaufen bläset, wenigstens manchen Jünglingen, welche so gern für Schönheiten lebten und stürben.[86]

Der Elfenkönig Oberon entstand im Sagenkreis um Karl den Großen. Er durchwanderte vielerlei Werke, so Shakespeares Sommernachtstraum, Wielands Heldengedicht Oberon, Goethes Faust I. Sein Zauberhorn schützt vor allen Gefahren. Astolfo, ein Paladin Karls des Großen, ist eine fiktive Figur aus Ariostos Orlando Furioso. Er benutzt sein Zauberhorn, um den Riesen Caligorante einzufangen und zu seinen Diensten zu zwingen.

Ein E-r hat sogar den Wissenschaftern arge Vorwürfe darzubieten. Nicht nur, dass er behauptet, in ihren Kreisen seien Doktorhüte käuflich zu erwerben. Er behauptet außerdem, sie pflegten eine arrogante Missachtung der schönen Wissenschaften und erst recht der schönen Künste.

E-r (1813). [Schreiben aus Landshut]. *Gesellschaftsblatt für gebildete Stände, 3, Nr. 18*, Sp. 137-139.

Sp. 137

Unsere Zeit besitzt Gelehrte, die es unter ihrer Würde halten, thätige Freunde irgend einer Kunst zu seyn. Ja diese *Wissenschafter* wähnen sogar, die sogenannten höhern Wissenschaften – sie meinen nämlich die, welche zu erkauften Doctorhüten etc. führen – dürften mit ihren vermeinten Stiefschwestern, den schönen Wissenschaften, noch viel weniger mit den schönen Künsten, Hand in Hand gehen.

Radlof war weiterhin sehr produktiv in linguistischen Themen. Er vermerkt etwas Belustigendes über die Arroganz der Inhaber der Fachkenntnisse der klassischen Philologie gegenüber Besitzern großer Kenntnisse in anderen Gebieten, denen die Bezeichnung ,Gelehrter' nicht gegönnt wurde.

Radlof, Johann Gottlieb (1813). SchlußWorte über die Ausdrücke Literar-, Literatur-Geschichte, und Gelehrter. *Literarischer Verkündiger,* [2], *Nro. 10*, Sp. 77-80.

Sp. 78f.

---

[86] In der ersten Auflage der *Vorschule der Aesthetik*, 1804, *1. Abth.* Hamburg: Friedrich Perthes, ist dieser Vergleich noch nicht enthalten.

Bis beynahe zum J. 1800 galt nehmlich, spaßhaft genug, in einer der berühmtesten Städte Teutschlands nur Derjenige für gelehrt, welcher –, gleich Viel ob wissenschaftlich oder blos gedächtnissmännisch, – sein Griechisch, Latein, Ebräisch, oder auch ihre Alterthümer gut verstund und erklärete; kaum, daß man noch die Kenner des Arabaischen, des Persischen und anderer Sprachen des MorgenLandes für Gelehrte passiren ließ, blos, weil ihnen der Staat keinen reichbegabten, nur einen freyen LehrStuhl gewähret hatte; doch Kenner der neueren Sprachen, der Französischen, der Ängelländischen s. f., und ganz besonders der Teutschen, wurden jenes Ehrenwortes so wenig noch werth geachtet, daß sogar noch im J. 1804 ein berühmter GroßAffe der Alten den vielgelehrten Adelung, blos weil dieser das Griechische nicht eben so fertig, wie doch viele andere Sprachen, zu übersezen vermöge, öffentlich für keinen Gelehrten anerkennen wollte. Männer, die nur durch große Kenntnisse und Erfindungen in den Wissenschaften sich auszeichneten, NaturKündiger, Allthums-Forscher oder Philosophen, kurz *Wissenschafter**) aller Klassen, hatten auf jenes Auszeichnungs-Wort fast keinen Anspruch.

*) Unterscheidet man die mehr gedächtnissmäßige Gelehrsamkeit, mit Recht von der Wissenschaft, so ist doch zwischen dem Gelehrten und dem *Wissenschafter* ein nicht kleiner Unterschied. Möchte doch also die Obernschaft der berühmten Leipziger SchriftenthumsZeitung jenen Rezensir-Helden, der unlängst Gruithuisens *Wissenschafter* für einen Schnizer erklärte, künftig bey ähnlichen Miserklärungen, geradezu in die AnfangsSchule verweisen.

Aufschlussreich ist seine in der Fußnote deutlich ausgesprochene Unterscheidung zwischen Gelehrten und Wissenschaftern.

Radlof, Johann Gottlieb (1813). Auszüge aus einem frauenzimmerlichen Wörter-Buche III. *Morgenblatt für gebildete Stände, 7, Nro. 174*, 694-696.

S. 695

Man sollte daher manche sogenannte Akademie der Wissenschaften, der es nicht selten an *Wissenschaftern* und Wissenden gebricht, geradezu in eine Akademie des Glaubens umbauen: dieser könnte es dann an tauglichen Mitgliedern und ewig jungem Zuwachse doch nimmer fehlen, weil alle verblühenden Damen, von ihren Anbetern verlassen, – die sogenannten alten Weiber ohnehin, – den köstlichen Lebensrest einzig nur ihr, und dem Himmel weihen würden. Ein Himmel auf Erden wäre dadurch in diesen letzten Zeiten ganz unvermeidlich. Wollte man übrigens, um bey der argen Welt jeden bösen Schein zu vermeiden, noch etwas für Wissenschaften thun: so gäbe man jedem jungen Schlucker, nach zehnjähriger Hunger-Probe, wobei der Hartnäckige sich nicht zum Glauben bekehrte, einen Gnadengehalt von baaren hundert Gulden, mit der stillschweiglichen Erlaubniß, dabey zu verhungern, wo's ihm beliebte. Hätte dann der Wicht, nach mehrern Jahren, für Wissenschaft nur wenig, oder noch besser, gar Nichts geleistet, so dürfte man auch öffentlich noch vorschlagen: alle *Wissenschafter* als Taugenichtse aus der menschlichen Gesellschaft zu verbannen.

Es folge die Rezension eines Buches, dessen Verfasser er nicht bei Namen nennt, vermutlich weil er ihn nicht kennt. Er heißt Aurbacher.

Radlof, Johann Gottlob (1813). [Rezension:] anon. (1813). System der Deutschen Orthographie mit besonderer Hinsicht auf das Adelungische Wörterbuch. Nürnberg: Stein. *Literarischer Verkündiger, [2], Nro. 29+30+31*, Sp. 227-234+235-241+241-248 (doppelte Spaltenzählung).

Sp. 233f.

Ohne den Reichthum der Teutschen Sprache jemals sich angeeignet zu haben, um damit die ganze Welt der Gedanken beherrschen zu können, ist nun der SchriftSteller gezwungen, fremdländische Wörter, die sein Geist niemals durchhellet hat, zu Hunderten in seine arme unberichtigte Sprache, die kein Teutscher für Teutsch erkennt, herein zu mengseln; [Dies der Grund, warum die LeseWelt so manche, sonst gehaltreiche Schriften, besonders mancher vielerfindender *Wissenschafter*, ungelesen hinleget. Trägt der Wirth den Nektar und die Ananas in schmuzigen ThierTrögen vor, so müssen ja die besseren Gäste ihn alle verlassen.]

Sp. 248

Pflicht ist es dem SprachForscher und dem *SprachWissenschafter*, fernerhin zu üben, Was ihnen der Name gebietet; [...].

Radlofs nicht sehr freundliche Rezension des *Systems der Deutschen Orthographie* feuerte dessen Verfasser zu einer Verteidigung an. Wie sein *System* so bleibt auch diese anonym. Gleichwohl wurde sein Name bekannt. Es handelt sich um Ludwig Aurbacher (1784–1847), einen Schriftsteller, der zunächst Geistlicher war, dann Lehrer am Kadettenkorps in München.

anon. (1813). System der Deutschen Orthographie mit besonderer Hinsicht auf das Adelungische Wörterbuch. Nürnberg: Stein. *Literarischer Verkündiger, [2], Nro. 42+43*, Sp. 325-333+337-340.

Sp. 326

Er [der Rezensent] will schlechterdings ein System haben, wo doch der Verf. nur Fragmente liefern wollte, so viel nämlich, als er für den Lehrer (freylich nicht für den *Wissenschafter*) zur gründlichern Belehrung als hinlänglich erachtet hat.

> Salat, J. (1813). *Die Moralphilosophie. Mit besonderer Hinsicht auf den Gang der höheren Bildung, 1. Bd., 2. Aufl.* Landshut: Joseph Thomann. S. 259f.
>
> Aber in dem Sinne, welcher den tiefern Grund verkennt, und das Populäre schlechthin für das „Vulgäre" nimmt, mag sie nur dem einseitigen „*Wissenschafter*" vorkommen, sey es auch, daß er sich in seinem beschränkten Felde als einen ausgezeichneten „Wirthschafter" zeige.[87]

Paul Johann Anselm Feuerbach (1775–1833) studierte in Jena in der Philosophischen, dann der Juristischen Fakultät und promovierte in beiden. 1801 wurde er Ordinarius in Jena, wechselte später nach Kiel, das er bald verließ. Er ging nach Bayern als Richter in hohen Ämtern, wurde Mitglied der Akademie der Wissenschaften in München und berühmt.

> anon. (1813). [Rezension:] Feuerbach (1813). Betrachtungen über das Geschworen-Gericht. Landshut: Philipp Krüll. *Allgemeine Literatur-Zeitung, Jg. 1813, 2. Bd., 167+168+169 +178+179+180,* Sp. 497-504 +505-512+513+518+585-592+593-600+601-606.
>
> Sp. 588
>
> Der Widerspruch zwischen Gefühlen und Begriffen erzeugt einen Widerspruch im innern Menschen, bey welchem das Gefühl verlernt, und der Verstand nicht erleuchtet wird. Erst die Wissenschaft stiftet die Versöhnung mit sich selbst, erzeugt Einheit zwischen Wissen und Empfinden, und bringt in das Innerste des Gemüths das Tageslicht der Erkenntniß. Mit diesem *wissenschaftlichen Menschen* hat der so genannte Gebildete nichts zu thun. Von der Sprache des Gefühls entwöhnt, stammelt er sinnlos die Sprache des Wissens.

Der Rezensent reproduziert hier Feuerbachs Darstellung auf p. 235ff. mit der damals seltenen Redewendung vom ‚*wissenschaftlichen Menschen'*.

Christian Wilhelm Harnisch (1787–1864) begann 1806, in Halle Theologie zu studieren, musste dies aber wegen der Koalitionskriege abbrechen. Später konnte er es in Frankfurt/Oder fortsetzen und dort promovieren. 1812 wurde er Dozent am Lehrerseminar in Breslau.

---

[87] Salats erste Auflage, *Die Moralphilosophie* (1810), behandelt S. 360ff. diese Thematik, spricht aber noch nicht über den Wissenschafter.

Harnisch, Christian Wilhelm (1814). *Vollständiger Unterricht in der Deutschen Sprache wissenschaftlich begründet, unterrichtlich dargestelt und mit dazu gehörigen Uebungen versehen, 1. Th., Lautlehre.* Breslau: Graß und Barth.

S. 91

Die Stimme (Vox) ist in gewisser Rüksicht mit einem Kegel zu vergleichen; und die Stimmlaute (Vocales) mit verschiedenen gleichlaufenden-Kegelabschnitten. Es gibt keine nothwendigen Abschnitte in diesem Kegel, sondern nur beliebige. Der *Wissenschafter* kann sich von Vorne herein einer gleichmäßige Eintheilung dieses Kegels denken, vielleicht auch auf den Gedanken kommen, sie zu verwürklichen, und so eine allgemeine Lautkunst als Grundlage zu einer allgemeinen Sprechkunst (denn Sprachkunst wird dies noch nicht sein) aufzustellen; [...].

Salat zeigt mittlerweile aus Gewohnheit das Wort ‚Wissenschafter‘ inklusive des Attributs ‚einseitig‘.

Salat, J. (1814). *Darstellung der Moralphilosophie. Mit besonderer Hinsicht auf den Gang der höheren Bildung, 2. Bd., 2. Aufl.* Landshut: Joseph Thomann.

S. 347

Der Raffinerie, in dieser Bedeutung, stellt sich die Einfalt des Herzens oder, was hier eben so viel ist, die Geiseseinfalt schön entgegen.

Und was kein Verstand der Verständigen sieht,
Das übet in Einfalt ein kindlich Gemüth.

Schiller.

Wer könnte diese Einf. d. G. mit der Dummheit verwechseln? Ja nur der Aufklärling, nur der einseitige *„Wissenschafter"* mag läugnen, dass, wenn auch dort ein gewisser Scharfsinn waltet, hier die Tiefe des Gemüths und so weit der eigentliche Tiefsinn sich finde.

Wolkes Gattin starb 1813 als Opfer ihrer Pflege Verwundeter am Lazarett-Typhus in Dresden.

anon. (1814). Anzeige des Todes einer so sehr geliebten, als hochgeschätzten Frau. *Allgemeiner Anzeiger der Deutschen, Jg. 1814, 1, Num. 92,* Sp. 886.

Sp. 886

Des kaiserl. russ. Hofraths und Professor Wolke Gattin, geboren zu Soroe 1747, ist ihm – dem 73jährigen Greise – am 5. Dec. durch das zur Zeit gewöhnliche Fieber entrissen worden. Sie war seit 1773 bis 1784 in Dessau, seit 1786 bis 1795 in St. Petersburg die liebevolle Pflegemutter einiger hundert Jünglinge, die in den beyden Anstalten ihres Mannes zu *Wissenschaftern*, Geschäfts- und Kriegsmännern gebildet wurden.

Der anwachsende deutsche Nationalismus lässt das Interesse an alten Germanen anschwellen.

Trautvetter, Ernst Christian (1814). *Der Schlüssel zur Edda*. Berlin: J. W. Schmidts Erben.

S. 7

Hier stellen wir also den Satz auf, worin das Wesen aller heiligen Sagen enthalten ist, und wodurch der Seher von dem Geschichtsgelehrten und gemeinen *Wissenschaftler* gradezu unterschieden wird: die Sage oder Dämesage ist eine fortlaufende Vergleichung der großen und kleinen Welt, eine Vergleichung aller Heime und Stufen, der göttlichen und menschlichen Dinge (also der Geschichte und Schöpfungskunde im gewöhnlichen Sinne).

S. 8f.

Die *Wissenschaftler* haben Recht, wenn sie in ihrem Gebiete dem Vergleichen und Verwechseln der Namen und Dinge, wie z. B. in Okens Naturgeschichte sie sich finden, vorbeugen zu müssen glaubten. Und doch hatten auch Leute, wie Oken, Recht, und erschienen doch immer als der geistreichere Theil, so gewiß es auch ist, daß sie gewissermaßen die eigentliche, gemeine Wissenschaft verderben, [...].

Weder „gemeine Wissenschaft" noch „gemeiner Wissenschaftler" mit dem l sind besonders lobende Bezeichnungen. Gemein sind sie im Vergleich zu den heiligen Sagen und zu den Sehern.

Die buchstabenreiche Formulierung des ‚wissenschaftlichen Mannes' bleibt weiterhin dominant. Dazu ein Beispiel.

Edgeworth, Maria (1814). *Vivian oder der Mann ohne Charakter, 1. Th.* Pesth: K. A. Hartleben.

S. 260f.

Ein solcher Mann ist doch als ein miles emeritus zu betrachten. Sie, mein Herr, müssen als *wissenschaftlicher Mann* die ganze Stärke dieser Apologie fühlen, und für jeden Fall will ich, daß meine Tochter Julia mir gehorche, und die Rolle der Kalista spiele, meo periculo.

Kalista heißt die Figur der „Schönen Reuerinn", eines Trauerspiels von Nicholas Rowe, erschienen 1758 in deutscher Übersetzung.

Anlass des Folgenden war ein Buch Salats, das in der *Allgemeinen Literatur-Zeitung* zwecks Rezension vorgelegen hatte, gegen welche Salat Widerrede vorbrachte, gegen die der Rezensent mit Einspruch vorging, gegen welchen Salat hiermit verfuhr. Daraus nun die zweite Bemerkung.

Salat, J. (1815). *Zum Besten der deutschen Kritik und Philosophie.*
Zwey denkwürdige Thatsachen mit Erklärungen und Beylagen nebst
Folgendem: Die Identitätslehre in Bayern; und: Ueber die Ansichten
einer geistreichen Französin von der deutschen Philosophie. Landshut:
Joseph Thomann.

S. 126

Und II. wie passt denn die zur „vernünftigen Gesinnung" entwickelte
oder die schon „wirksame" Vernunft zur Philos. oder (?) Vern. als
Anlage? So arm zeiget sich dieser idealistische „*Wissenschafter*," so
grob erscheint zugleich der Widerspruch!!

Das Wort ‚Wissenschafter' setzt Salat auch hier in Anführungszeichen,
offensichtlich ein Symbol für einen erheblichen Beleidigungswert.

In diesem Jahr das Wort ‚Wissenschafter' anderenorts zu finden, gelang
mir nicht. Statt dessen einigen Ersatz.

anon. (1815). *Russlands glorreiche Selbstaufopferung zur Rettung der*
Menschheit. Nebst einem Versuche der Erörterung der Frage: Was
brachte die Revolution für Gewinn? Leipzig: G. Fleischer d. Jüng.

S. 44f.

Selbst dann war dieß noch der traurige Fall, wenn Buonaparte nur aus
Schlauheit es über sich vermochte, sein wahnsinniges Streben nach
Allgewalt, Pomp und Scheinehre einige Jahre in den Mantel des
Edelsinns zu verhüllen. Zwar schien letzteres zu Anfang seiner
Oberherrschaft wirklich der Fall zu seyn. Er rief die Emigrirten zurück;
er stellte die Religion wieder her; er schien als selbst *scientifischer*
Mann ein Mäcen werden zu wollen.

S. 242

Diese neuen, revolutionairen Franzosen schändeten sich so tief (denn nie
zuvor hatten sich die loyalen Armeen der Könige Frankreichs so
gebrandmarkt), daß sie eigene Beutemäkler umher sandten, um in jedem
eroberten Lande alles bedeutende, welches einigermaßen verfahrbar
war, systematisch zu rauben, und hiezu ließen sich *wissenschaftliche*
Männer von Kenntniß gebrauchen, die dann ebenfalls als sachver-
ständiges Raubgesindel für sich selbst ihr edles Handwerk benutzten.

Der Verfasser der Russischen Selbstaufopferung ist unbekannt geblieben.

Henrik Steffens (1773–1845) studierte Mineralogie in Kopenhagen und
der Freiberger Bergakademie. 1804 wurde er an die Universität Halle
berufen, 1811 nach Breslau, 1832 nach Berlin. Seit 1812 war er aus-
wärtiges Mitglied der Baierischen Akademie der Wissenschaften:

Steffens, Henrich (1815). *Johann Christian Reil. Eine Denkschrift.* Halle: Curt.

S. 43

Wie vieles verdankte ich, wie vieles verdankte die Universität dem herrlichen Reil, der wie ein *wissenschaftlicher Heros*, in der ganzen Umgebung seinen bedeutenden Platz behauptete.

Das ertönt schöner als das kurze ‚Wissenschafter‘.

Wolke lässt 1816 eine zweite Auflage seiner *Anleit* drucken. Titel und Verlag wurden verändert, eine *Bemerke zur zweiten Ausgabe* eingefügt. Doch der Text bleibt unverändert. Beispiel für das Wort ‚Wissenschafter‘ sind daher aus der Ausgabe von 1812 zu entnehmen.

In diesem Jahr schrieb Jean Paul einen Brief mit Vor- und Ratschlägen an und für Wolke.

Jean Paul (1816). Brief an Wolke. Döring, H. (Hrsg.) (1832). Jean Paul, *Das Schönste und Gediegenste aus seinen verschiedenen Schriften und Aufsätzen ausgewählt, gesammelt und geordnet. Nebst Leben, Charakteristik und Bildniß, 8. Bändchen.* 242-243. Leipzig: Ernst Klein.

S. 242f.

Der Dichter muß am meisten das Ohr schonen, und kann also schwer sagen, z. B. die Hoffe (warum nicht lieber die Hoffnis?) weniger hat es nöthig und mehr kann wagen und einführen der *Wissenschafter*, der Scherzmacher.

Friedrich Ludwig Jahn (1778–1852) baute die deutsche Turnbewegung auf, um die deutsche Jugend für den Kampf gegen die Franzosen zu stärken. Zudem gehörte er zu den Antreibern des deutschen Nationalismus, der in diesem Kampf aufblühte. Bemerkenswert, dass er eine frühneuzeitliche Form für ‚Künstler‘einsetzte, die der niederländischen ähnelt.

Jahn, Friedrich Ludwig (1816). Vorbericht. Jahn, Friedrich Ludwig & Eiselen, Ernst (1816). *Die deutsche Turnkunst zur Einrichtung der Turnplätze*, III-XLVIII. Berlin: Auf Kosten der Herausgeber.

S. XIXf.

Kein gründlicher Sprachkenner, kein echtdeutscher Volksmann hat auch je der Wortmengerei die Stange gehalten. Nur Sprachschwache und Afterdeutsche werfen so gern den Zweifel auf: ob man im Deutschen sich auch Deutsch ausdrücken könne? Ihre Sprachschwäche, Unwissenheit und Verkehrtheit dichten sie der edlen deutschen Heldensprache an, verlassen diese feldflüchtig, ergeben sich der Wälschsucht und meindeutschen.

Kunstner und *Wissenschafter* sind in der Regel für reindeutsche Kunstwörter in allen andern Künsten und Wissenschaften. Von den ihrigen kommt es ihnen immer zu schwer vor, und darum lassen sie es auch ohne Versuche bewenden.

Jahns Bewegung fand in vielen Provinzen der deutschen Sprache Anklang.

Bschng. (1816). [Rezension:] Jahn, Friedrich Ludwig & Eiselen, Ernst (1816). Die deutsche Turnkunst zur Einrichtung der Turnplätze. Berlin. *Wiener Allgemeine Literaturzeitung, 4, Nro. 54*, Sp. 849-863.

Sp. 853

Höchstgewichtige Worte sagt der Verf. über die deutsche Sprache und über die in ihr noch immer herrschende Wortmengerey. [...] „Kein gründlicher Sprachkenner, kein echtdeutscher Volksmann hat auch je der Wortmengerey die Stange gehalten. Nur Sprachschwache und Afterdeutsche werfen so gern den Zweifel auf: ob man im Deutschen sich auch Deutsch ausdrücken könne? Ihre Sprachschwäche, Unwissenheit und Verkehrtheit dichten sie der edlen deutschen Heldensprache an, verlassen diese feldflüchtig, ergeben sich der Walschsucht und meindeutschen. Kunstner und *Wissenschafter* sind in der Regel für reindeutsche Kunstwörter in allen andern Künsten und Wissenschaften."

Sp. 857

Diesen beherzigenswerten Sätzen, die wir vollständig unterschreiben [...].

Hier setzt Vollbeding die ‚strenge Wissenschaftler' ein, ohne zu bedenken, dass die Phrase eines strengen Wissenschaftlers ein Oxymoron schildert.

Vollbeding, Joh. Christ. (1816). *Gemeinnützliches Wörterbuch zur richtigen Verdeutschung und verständlichen Erklärung der in unserer Sprache vorkommenden fremdem Ausdrücke. Für deutsche Geschäftsmänner, gebildete Frauenzimmer und Jünglinge.* Berlin: Carl Friedrich Amelang.

S. 160f.

Dilettant: Kunstfreund. Kunstliebhaber, – der nur zu seinem Vergnügen schöne Künste, z. B. Musik treibt. Zum Gegensatz sagt man: eigentliche Gelehrte, Kunstkenner, oder strenge *Wissenschaftler.*

S. 310

Homme de lettres: ein Gelehrter, *Wissenschaftler.*

Nach Jahnscher Kategorisierung wird auch der Mediziner Franz Wilibald Nushard (1795–1847) zu den Afterdeutsche zu zählen sein.

Nushard, Franz Wilibald (1816). *Skizze einer Dermato-Pathologie mit physiologischer Vorbemerkung.* Prag: Sommer.

S. 27

Endlich glaubte man die Mängel in der Nomenclatur der Hautkrankheiten zu vertilgen, und mehr Harmonie in dieselbe zu bringen, wenn ein Verein von *szientifischen Männern* durch Erfahrung, Lektüre und Sprachkenntniss hinlänglich geeignet, ein nosologisches Polyglotten-Lexicon niederschrieben, das nicht so sehr Ausgrüblung der Etymologie und Sprachenverwandtschaft, sondern Berichtigung und Erläuterung vieler zweideutigen Worte durch andere Sprachen zum Hauptgegenstand haben sollte.

Jean Paul benutzt wie in vergangenen Jahren das Wort ‚Wissenschafter‘, und das unterscheidet ihn von anderen berühmten Klassikern der deutschen Prosa. Hier geht es offensichtlich um die Gründung der Berliner Universität. Die „Lücken der geographischen Abründung" spielen auf die von einander isolierten Teile Preußens an.

Jean Paul (1817). Nachsommervögel gegen das Ende des Jahres 1816. *Politische Fastenpredigten während Deutschlands Marterwoche*, 247-264. Stuttgart: J. G. Cotta.

S. 249

[...] so kann man die Verlegung einer Hochschule in eine Hauptstadt, nämlich das Zusammengreifen, wenigstens Zusammenstehen großer *Wissenschafter* mit großen Staats- und Geschäftmännern, das wechselseitige Ineinanderknüpfen der Lehre ins Thun und das Erziehen der Jugend durch Eine Pallas der Tapferkeit und der Weisheit, so kann man dieß alles für ein großes Mittel der Zukunft ansehen, den Lücken der geographischen Abründung durch eine geistige abzuhelfen; [...].

Johann Gottlob Radlof kündigte sein neues Werk dem Publikum an.

Radlof (1817). Kritischer Stammwörter-Buch der gesammten deutschen Sprache, worin nächst den Ur- und Stammwörtern die sämmtlichen Ableitungen, und übersichtlich alle wichtigen und zweifelhaften Zusammensetzungen gewürdiget, berichtiget und erkläret sind; nebst den nothwendigen Vorbemerkungen über Stammwörter und Stammbegriffe, Wörterbau- und Bedeutnißlehre u. a. Gänzlich neu ausgearbeitet von Radlof. 2 Bde. *Allgemeine Literatur-Zeitung, Jg. 1817*, Sp. 97-101.

Sp. 98

Um daher den vielfältigen Auffoderungen kundiger Sprachforscher, Lehrer und *Wissenschafter* noch endlich zu genügen, wird nun Verf. aus den großen Vorräthen seiner vieljährigen Sammlungen und Untersuchungen ein durchaus neu gearbeitetes Wörterbuch liefern, das, in zwey

Bänden, nicht allein des eigen Gesammelten und neu Untersuchten weit Mehr enthält, denn die großen Werke von Adelung und Campe, sondern auch durch Ausscheidung der lichtvollen Höhenpunkte jeden Gebraucher in den Stand setzt, das sonst unübersehbare Wörter-Heer nebst all' seinen Bedeutnissen leicht zu überschauen, und nach Bedarfe zu beherrschen.

Goethe zog weiterhin vor, die „wissenschaftlichen Männer" einzusetzen, und war darin keineswegs der Einzige seiner Generation.

> Goethe, Johann Wolfgang (1817). Schicksal der Druckschrift. Goethe, *Zur Morphologie, 1. Bd.*, 69-72. Stuttgard: J. G. Cotta.

S. 70

> In einer ansehnlichen deutschen Stadt, hatte sich ein Verein *wissenschaftlicher Männer* gebildet, welche zusammen, auf theoretischem und practischem Wege, manches Gute stifteten. In diesem Kreise ward auch mein Heftchen, als eine sonderbare Novität, eifrig gelesen; allein jederman war damit unzufrieden, alle versicherten: es sey nicht anzusehen was das heißen solle?

Das „mein Heftchen" bezieht sich auf J. W. Goethe (1790). *Versuch die Metamorphose der Pflanzen zu erklären.* Gotha: Carl Wilhelm Ettinger.

Gruithuisen bleibt auch bei dieser Ausdrucksweise, die Adjektiv und Substantiv verknüpft, und bietet das im Plural und Singular an.

> Gruithuisen, Franz von Paula (1817). *Lieblingsobjekte im Felde der Naturforschung. Versuche in kleineren Aufsätzen.* München: Joseph Lindauer.

S. 79

> Wird es mir wohl glücken, mehrere *wissenschaftliche Männer* zu finden, die sich die Mühe geben, sich in die Sache hinein zu denken, und die mit reinem, unbefangenem Sinn Versuche anstellen?

S. 132

> Ein *wissenschaftlicher Mensch* ist derjenige, für welchen der synthetische Vortrag verständlich, und welcher selbst einer synthetischen Mittheilung fähig ist.

Emmanuel-Augustin-Dieudonné-Joseph de Las Cases (1766–1842) war französischer Marineoffizier. Auf St. Helena diktierte ihm Napoleon einen Teil seiner *Mémoires*. Sein Sohn Emmanuel Pons Dieudonné de Las Cases (1800–1854) begleitete ihn nach St. Helena.

> anon. (1817). London, 20. Februar. *Frankfurter Ober Postamts Zeitung, Jg. 1817, No. 66*, unpaginiert.

Früher verlebte Lascases schon einige Jahre in England, wo er eine Unterrichts Anstalt unterhielt. Er ist ein geschickter *wissenschaftlicher Mann*; sein Sohn, welcher ihn begleitet, ist gleichfalls interessant, listig und verständig.

Es gab auch nicht wenige, die von wissenschaftlichen Forschern, nicht einfach Männern, sprachen. Dazu ein Beispiel.

Macanez, Pedro de (1817). Neueste Aufschlüsse über die Inquisition. *Beilage zum Oppositions-Blatt, Nro. 32+33*, Sp. 252-256+257-261.

Sp. 259

Puigblanchs Buch ist reich an Beispielen merkwürdiger Schlachtopfer, deren Geschichte zuvor noch nicht bekannt war. Die Inquisition haßte Jeden, der sich durch Schriftstellertalent auszeichnete, am meisten die *wissenschaftlichen Forscher*, Dichter und Humoristen. Nicht nur Cervantes und Quevedo, auch viel harmlosere Dichter waren ihr verdächtig.

Gemeint ist Puigblanch, Antoni [Antonio Puig y Blanch] (1811). *La inquisición sin máscara, ó disertacion, en que se prueban la evidencia los vicios de este tribunal*. Cadiz: José Niel.[88]

Der Autor folgenden Beitrags zitiert den „merkwürdigen Brief" eines Turners Marke Jahnanhänger, in dem ein alter Pfarrer belehrt werden sollte.

anon. (1818). Verteidigung des Turnwesens; (aus der Schweiz mitgetheilt). *Erinnerungsblätter für gebildete Leser aus allen Ständen, Jg. 1818, No. 18+19*, 283-288+295-299.

S. 286

Lieber Herr Pfarrer! Sie haben mir ihre Urtheile über das Turnen als ein Kunster und *Wissenschafter* ihrer Bibel, aber in einer ziemlich undeutschen Mangsprache schriftlich zukommen lassen und dabei verrathen, daß Sie zwar in Ihren Schriften, aber nicht mit der Urthümlichkeit des deutschen Volkthums bekannt sind; sonst würden Sie weder an meiner ächt deutschen Kleidertracht, noch an meinem Turnen ein Aergerniß nehmen.

Friedrich Ludwig Bührlen (1777–1850), Jurist, Schriftsteller und Stuttgarter Kanzleibeamter.

---

[88] Deutsche Übersetzung: Puigblach, Antonio (1817). *Die entlarvte Inquisition, ein historisch-philosophisches Gemälde dieses schrecklichen Gerichts*. Weimar: Landes-Industrie-Comptoir.

anon. (1818). [Rezension:] Bührlen, Friedrich Ludwig (1818). Erzählungen und Miscellen. Tübingen: Laupp. *Allgemeine Literatur-Zeitung
vom Jahre 1818, 2. Bd.*, Sp. 657-662.

Sp. 661

> Der Vf. mag sehen, wie er mit den *Wissenschaftern* zurecht kommt.

Friedrich Christian August Hasse (1773–1848) studierte in Wittenberg
Rechtswissenschaft. Er wurde 1803 Professor der Moral und Geschichte in
Dresden, 1828 Professor der historischen Hülfswissenschaften zu Leipzig.

> Hasse, F. Ch. A. (1818). Einige Tage in Lissabon. Briefe an eine
> Freundin in Deutschland. Bruchstücke einer in den Jahren 1805 und
> 1806 gemachten Reise. *Die Harfe, Bd. 7*, 26-68.

S. 38

> Ich frage nicht, ob diese polizeiliche Genauigkeit Sie unterhält, oder
> langeweilt. Sie haben es nun einmal mit einem deutschen „*Wissen-
> schaftler*" zu tuhn, und diese sind gründlich, selbst in ihren Briefen an
> eine Freundin.

Offensichtlich spricht Hasse in seinem ironischen Ton über sich. Es könnte
ihm zu viel des Eigenlobs gewesen sein, hätte er sich, wenn auch bestimmt
nicht zu Unrecht, als Wissenschafter bezeichnet.

Theodor Heinsius (1770–1849), Grammatiker und Lexikograph. Er
studierte an der Universität Halle Theologie, Philologie und Pädagogik und
unterrichtete später an Berliner Schulen. Er gehörte zu den Begründern der
Berlinischen Gesellschaft für Deutsche Sprache. Sein vierbändiges
Volksthümliches Wörterbuch widmete er dem Russischen Zaren Alexander
I., „dem Befreier", so genannt, weil er den lästigen Napoleon besiegte.

> Heinsius, Theodor (1818). *Volksthümliches Wörterbuch der Deutschen
> Sprache mit Bezeichnung der Aussprache und Betonung für die
> Geschäfts- und Lesewelt, 1. Bd., A-E*. Hannover: Hahnsche Hofbuch-
> handlung.

S. XVf.

> Der Dichter und Redner empfindet das freilich nicht, denn die Sprache
> des Gefühls ist unter uns reich und ausgebildet; aber der *strenge
> Wissenschaftler*, der Künstler, der Krieger, der Kaufmann, hat, jeder für
> sich, nur zu verlieren, weil er seine Sprache nicht aus dem innersten
> Leben des Volks, sondern aus fremdem Boden mit der Sache herüber
> genommen hat.

Der anonyme Rezensent in der *Leipziger Literaturzeitung* (1819), zitiert in
kommenden Jahr, bemängelt Heinsius' Benutzung des Wortes ‚Wissen-

schaftler'. Seine Bezeichnung „strenge Wissenschaftler" war in der Tat ein Oxymoron, zumindest in der damaligen Zeit.

Amandus Gottfried Adolph Müllner (1774–1829), Schriftsteller, Jurist.
Müllner, Adolph (1818). Kostüm. *Almanach für Privatbühnen. Zweites Bändchen auf das Jahr 1818*, 336-350. Leipzig: Georg Joachim Göschen.

S. 349
Ja auch da, wo es für die freie Phantasie mehrere, zur Handlung poetisch passende Kostüme giebt, unter denen sich auch das wissenschaftlich-korrekte befindet, wird dem letzteren der Vorzug einzuräumen seyn, weil es mit den Kunstfreunden auch zugleich die *Wissenschäftler* befriediget.

Der Wissenschäftler als Kostüm wird wahrscheinlich nicht ernstgenommen. Krug befasst sich im dritten Teil des Systems der theoretischen Philosophie mit Ästhetik und behandelt die angeblich schönen Wissenschaften.

Krug, Wilhelm Traugott (1818). *Geschmackslehre oder Aesthetik, 1. Abth.* Wien: Franz Härter.

S. 11
Die Ästhetik ist auch häufig für eine Theorie der schönen Künste und Wissenschaften erklärt und mit eben diesem Titel benannt worden. Allein die Unstatthaftigkeit dieser Erklärung und Benennung erhellet schon daraus, daß es überhaupt keine schönen Wissenschaften, sondern nur schöne Künste gibt.

S. 12
Man hat zu den belles lettres oder schönen Wissenschaften sogar auch alle die zum Verständnis und zur Beurtheilung alter Kunstwerke nöthigen philologischen, historischen, antiquarischen Kenntnisse und überhaupt alles, was man sonst auch wohl die Humanioren oder humanistischen Studien nannte, gerechnet. Sonach müßte der Belletrist oder *Schönwissenschaftler* nicht bloß Künstler, sondern ein wahrer Polyhistor seyn.

In sonstigen Texten dieses Jahres geht man der Frage über die Bedeutungen der Wörter ‚Wissenschafter' und ‚Wissenschaftler' weiterhin aus dem Wege, indem man vom wissenschaftlichen Mann spricht.

anon. (1818). *Neue Speyerer Zeitung, Nro. 81*, (7. July) unpaginiert.

letzte Seite
Statt der ruhigen Forschung, der sich ein *wissenschaftlicher Mann* mit Hintansetzung seiner selbst aufopfern soll, tritt bey geschlossener Weisheit, die schmeichelhafte Selbstbeschauung ein, und die Wissen-

schaft wird zum Mittel herabgewürdigt. Darum schreit man denn bey jeder neuen Erscheinung, die in den Kreis noch nicht aufgenommen ist: Kann denn etwas Gutes von Nazareth kommen?

Die Nazareth-Frage wird zitiert aus dem Evangelium des Johannes, 1, 46.[89] Dieser Varnhagen heißt Friedrich Wilhelm Varnhagen (1783–1842). Er betrieb die Eisenhütte von S. João do Ipanema in Sorocaba. Fellner konnte nicht bestimmt werden

> anon. (1818). Nachrichten aus Brasilien. *Allgemeine Handels-Zeitung, 114+115*, 458-459+641-462.

S. 458

> Die Preußen haben unter ihrer hiesigen Landsmannschaft ein paar des Landes sehr kundige *wissenschaftliche Männer*, Fellner und Varnhagen. Fellner, ein alter praktischer Bergmann aus Schlesien, ist unter allen hiesigen Europäern am meisten in die Wildnisse eingedrungen, und hat mehrere Wochen unter den Ur-Einwohnern, den Botocuden, zugebracht. Varnhagen steht als Director dem Betriebe des Eisen-Bergwerks Sorocaba nächst St. Paul vor; [...].

Ipanema liegt in Brasilien und besitzt einen berühmten Strand.

Joseph Kast (1763–1838) war von 1790 bis 1814 Pfarrer in Volkach, hat dann anscheinend geheiratet. Er verfasste einige wunderliche Büchlein.

> anon. (1818). *Ernster Blick in das künftige Leben, oder das Reich der Geister*. Würzburg: Joseph Dorbath.

S. 139

> Von Essen und Trinken, und also den gewöhnlichen Schmauserein der Menschen kann im Himmel die Rede nicht seyn [...]. [...] man kann denken, daß eine irdische Nahrung dem Geiste nicht genüge; *wissenschaftliche Menschen* genießen schon weniger; der Fromme fastet.

Kast gehört zu frühesten Autoren, die statt ‚wissenschaftliche Männer' bereitwillig ‚wissenschaftliche Menschen' schreiben. Das war in der ersten Hälfte des 19. Jahrhunderts sehr ungewöhnlich.

Johann Karl August Gregor Müglich (1793–1862) studierte Theologie in Leipzig, musste sein Studium abbrechen, setzte es später in Tübingen fort und wurde von der Philosophischen Fakultät promoviert. Er publizierte vielerlei Schriften. Autorennamen wie Christianus stehen ziemlich sicher für ihn selbst.

---

[89] Εκ Ναζαρὲθ δύναται τι αγαθὸν εἶναι; A Nazareth potest aliquid boni esse? Es sollte eine unter Juden verbreitete Redensart gewesen sein.

Christianus (1819). Der Gottmensch. Müglich, Karl (Hrsg.). *Religions- zifferblätter. Dieses Buch ist nicht für die Kinder*, 1-68. Neustadt an der Orla: Johann Karl Gottfried Wagner.

S. 63

Wir sahen *Wissenschafter* wieder anfangen, öfter nach der Bibel zu fragen, da letztere in steigendem Grade von dem greisigen Kant, von Fichte in seiner letzten Zeit, von Schelling noch mehr beaufmerksam-keitet wurde, und als wenigstens die tiefern Deutschen (ausser ihnen St. Martin u. E.) einzusehen begannen, dass unsere allermeisten Schön-geister flach- und frechsinnig tändeln – und sie's eigentlich sind, welche hinter ihrem Zeitalter zurückbleiben. So hat Kunst (die Schlegel, Tieck, Wackerroder u . A.) und Wissenschaft in Deutschland gewirkt. Weltleute nehmen's als Mode.

So mag's ein Theologe sehen. Wissenschafter sind ihm allemal zwielichtige Bibelleser.

August Graf von Platen-Hallermünde (1796–1835) studierte Rechts-wissenschaften in Würzburg. Er wurde insbesondere als Lyriker bekannt. Ignaz Döllinger (1770–1841) war damals Professor der Anatomie an der Universität Würzburg. Johann Jakob Wagner (1775–1841) fungierte als Professor der Philosophie in Würzburg. Der Theologe Johann Heinrich Ernst Keck (1790–1838) arbeitete an einer privaten Erziehungsanstalt in Würzburg und nach seiner Genesung als Vikar in Neudrossenfeld.

Platen, August von (1819). Tagebücher. Laubmann, Georg v. & Scheffler, L. v. (Hrsg.) (1900). *Die Tagebücher des Grafen August von Platen, 2. Bd*. Stuttgart: J. G. Cotta.

S. 194f.

24. Januar 1819. Würzburg. Ich war heute Zeuge eines nur allzu schrecklichen Ereignisses. Doktor Keck, dieser eifrige Anhänger Wagners, der eifrigste Freund des Studiums, der alle Wissenschaften mit gleicher Liebe umfasste, der so große Hoffnungen gab, dessen Fleiß in der That eisern war, dieser junge Mann hat den Verstand verloren. [...]. Aber heute Nachmittag besuchte ich ihn mit Döllinger. Wir fanden ihn zwar rasend nicht, aber völlig wahnwitzig. Ueber Professor Wagner brach er in fürchterliche Flüche aus und ergoss sich in beständigen Wortspielen über diesen Namen und seinen eigenen Ernst Keck. [...]. Er hielt sich für einen zweiten Jesus Christus und hofft, gekreuzigt zu werden. Er nannte zwölf Apostel, worunter auch wir zwei waren, die er die Jünglingmänner hieß, welche *Wissenschafter* und Künstler zugleich wären.

Johann Wilhelm David Korth (1783–1861), Schriftsteller. Nach kaufmännischer Ausbildung wurde er Doktor der Philosophie und arbeitete als Lehrer. Er war einer der Autoren, die Johann Georg Krünitz' *Ökonomisch-technologische Encyklopädie, oder allgemeines System der Staats-, Stadt-, Haus- und Landwirthschaft, und der Kunstgeschichte, in alphabetischer Ordnung,* fortführten. Er wird einer der Autoren gewesen sein, die das alte Wort ‚Gelehrter' mit dem neueren ‚Wissenschafter' verbanden oder ersetzten.

> Korth (1819). Antwort auf die Berichtigungen des Hn. Prof. Flörke, die Krünitz'sche Encyclopädie betreffend. *Allgemeine Literatur-Zeitung, [Jg. 1819,] 59,* Sp. 473-475.

> Sp. 474

> Genug, der Hr. Professor wirft sich nun einmal, durch seine Fähigkeiten berechtigt, zum Zunftmeister in der Literatur auf; daher wollte ich jedem jungen *Wissenschafter,* der in die Literatur zu pfuschen gedenkt, wohlmeinend rathen, sich erst an den Professor der Botanik und Naturgeschichte, Hrn. Flörke in Rostock, zu wenden, um sich von ihm die Befugniss zu diesem Gewerbe ertheilen zu lassen.

Der keineswegs unfreundliche Rezensent des Theodor Heinsius hat auch eine Rüge anzubringen.

> anon. (1819). [Rezension:] Heinsius, Theodor (1818+1819). Volksthümliches Wörterbuch der deutschen Sprache, mit Bezeichnung der Aussprache und Betonung, für die Geschäfts- und Lesewelt. 1.+2. Bd. Hannover: Hahn. *Leipziger Literatur-Zeitung, 1819, 307,* Sp. 2449-2455.

> Sp. 2454

> Rec. tritt daher in dem, was der Verf. hierüber [über Fremdwörterverwendung] sagt, demselben fast durchgehends bey, wenn er gleich Bedenken trägt, mit ihm Wörter zu gebrauchen, wie „*Wissenschaftler*", „verlassbar" u. s. w.

Heinsius nimmt diese Ermahnung ernst, man vergleiche Heinsius (1822).

Vollbeding, jetzt Prediger in Bruchhagen, hat mit seinem *Gemeinnützlichen Wörterbuch* Erfolg, so dass der Verlag eine zweite Auflage druckte.

> Vollbeding, Joh. Christ. (1819). *Gemeinnütziges Wörterbuch zur richtigen Verdeutschung und verständlichen Erklärung der in unserer Sprache vorkommenden fremdem Ausdrücke. Für deutsche Geschäftsmänner, gebildete Frauenzimmer und Jünglinge,* 2. Aufl. Berlin: Carl Friedrich Amelang.

> S. 239

Homme de lettres (spr. Lett'r): Gelehrter.
S. 275
   hommes de lettres (spr. Omm-): Gelehrter, *Wissenschaftler.*
Beim Stichwort Dilettant (S. 177f.) lässt er, anders als in der ersten Auflage
von 1816, die Wendung „strenge Wissenschaftler" nicht mehr auftreten.
Auch bei „Homme de lettres" verschwindet der „Wissenschaftler". Nur bei
„hommes des lettres" kommt er noch vor. Ein Wissenschafter ohne l
hingegen tritt genausowenig auf wie in der ersten Auflage.
   Krug wendet sich gegen die universitätsfeindlichen Maßnahmen im
Deutschen Bund nach dem Mord an Kotzebue. Er spricht von Wissen-
schaftlern und meint dies gewiss in herabsetzender Bedeutung des oder der
so bezeichneten Mörder.
   Krug, Wilhelm Traugott (1819). *Über deutsches Universitätswesen, mit
   Rücksicht auf Kotzebue's literarisches Wochenblatt und gewaltsamen
   Tod.* Leipzig: F. A. Brockhaus.
S. 73
   Aber man verdamme nicht alle, weil eine gesündigt; man entziehe nicht
   allen, was zum Wesen der Sache gehört; man lasse nicht die Wissen-
   schaft entgelten, was dieser oder jener *Wissenschaftler* verbrochen!
Geschrieben wurde dieser Appell, als noch unklar war, ob Karl Ludwig
Sand Einzeltäter oder Mitglied einer Verschwörung war.
   K. (1819). Recensionswesen. *Allgemeine deutsche Real-Encyclopädie
   für die gebildeten Stände. (Conversations-Lexicon.), 5. Aufl., 8. Bd., R-
   Seer,* 54-56. Leipzig: F. A. Brockhaus.
S. 54
   Gleichwohl halten wir kritische Zeitschriften für unentbehrlich. Sie sind
   die wahren Prallleuchten – Reverberen – in den finstern Straßen der
   Literärgeschichte, und für die Kritik, bei Ermangelung andrer Glocken,
   eine Art Minarets, in welchen die Muessins oder die Recensenten, als
   öffentliche Ausrufer, das Volk der Leser und *Wissenschaftler* täglich
   fünfmal (Halle, Leipzig, Göttingen, Jena, Heidelberg) zum Gebet rufen.
Schon zu Beginn des neunzehnten Jahrhunderts gab es Diskussionen und
teils heftige Debatten über das Impfen und dessen Nutzen oder Schaden.
Schutzblattern oder Kuhpocken schützten Milchmädchen vor Menschenblattern oder Pocken, jedoch nicht in sämtlichen Fällen.
   Schmidt, Johann Heinrich (1819). Gegenrecension der im Allgemeinen
   Repertorium im ersten Stücke des zweyten Bandes S. 23 gemachten
   recensirenden Anzeige meiner kleinen Anzeige: Ueber die nicht

unfehlbar und nicht immer schützende Kraft der Schutzblattern[90].
Allgemeine Literatur-Zeitung vom Jahre 1819, 3. Bd., Num. 240, Sp.
215-216.

Sp. 216

Wer aber meine Schrift selbst nicht einmal ordentlich und gehörig
gelesen, sondern nur so obenhin durchgeblättert hat, wird diess unwahr
finden, und sich von der rohen (nicht von der willenschaftlichen
Vernunft beherrschten) Empirie, und der (wie der Herr Recensent zu
sagen beliebt) Unlogik derselben überzeugt fühlen; vorzüglich da der
Herr Recensent, woran kein *wissenschaftlicher Mann* (man lese nur
unter mehrern andern Belegen dazu Nr. 27. der Allgemeinen Literatur-
Zeitung vom Februar 1819) mehr zweifeln kann, noch jetzt nicht einmal
im Stande ist, die Wahrheit: Daß die echten Schutzblattern gegen echte
Menschenblattern nicht absolut, nicht unfehlbar, und nicht immer
schützen, zu folgern, und also hiemit seine völlige Ohnmacht logisch zu
denken (sic) an den Tag legt.

Dieser Leserbrief ohne Titel eines K. H. richtete sich gegen die Mitteilung
„Getaufte Juden und der Schacher" in der *Neuen Speyerer Zeitung, Jg.
1819,* Nro. 117.

H., K. (1819). *Neue Speyerer Zeitung, Jg. 1819,* Nro. 121, unpaginiert.

dritte Seite

Einsender dieses [...] ist weder „ein Doktor der Rechte", noch ist er ein
Jude. Eben so wenig ward er noch jemals von einem Juden bestochen,
und er hat überhaupt durchaus kein persönliches Interesse, den Juden
das Wort zu reden. Ueberdieß ist er auch keineswegs gesonnen, sich zu
ihrem Lobredner aufzuwerfen. Wohl aber ist er der Meinung, daß es
unedel und unwürdig sey, wenn gebildete, *wissenschaftliche Männer,*
sich dadurch gleichsam auf die Seite des niedrigsten Pöbels schlagen,
daß sie unter den jetzigen Zeitumständen in öffentlichen Schriften oder
Blättern gegen die Juden zu Felde ziehen, unbekümmert, wo nicht gar
in der Absicht, den wider diese Klasse herrschenden Verfolgungsgeist
noch mehr aufzureizen.

Georg Heinrich von Deyn (1770–1839) studierte Rechte und wurde Notar
in Jena.

---

[90] Siehe Schmidt, Johann Heinrich (1819). *Die ächten Schutzblattern schützen
gegen Ansteckung mit gewöhnlichen ächten Menschenblattern nicht absolut,
nicht unfehlbar und nicht immer. Eine Wahrheit, die gegen des Verfasser
nirgend widerlegt und nirgend umgestoßen ist.* Braunschweig: G. C. E. Meyer.

Deyn, Georg Heinrich von (1819). An die Leser der Themis. *Themis. Wissenschaftliche Zeitung theologischen, juristischen und politischen Inhalts, für Leser jeden Standes, 1, 1 (1+2+3+4+5+6+7),* Sp. 1-52.

Sp. 9

Gleichwohl rechtfertigt er noch immer mein Urtheil, das ihn, worüber er sich bei seinen Lesern beklagt, für einen sehr *unwissenschaftlichen Mann* erklärt.

Mit dieser damals in schriftlichen Äußerungen ungewöhnlichen Bezeichnung wird ausdrücklich August von Kotzebue angegriffen.

Friedrich Wähner (1785–1839) studierte Theologie, wirkte als Pfarrer und Diakon, als Lehrer und ab 1818 als Privatmann, der Zeitschriftenbeiträge verfasste. Der wissenschaftliche Forscher wird in späteren Jahrzehnten des neunzehnten Jahrhunderts häufiger eingesetzt.

Wähner, Friedrich (1819). [Rezension:] Karicaturen[91] des Heiligsten von Heinrich [recte: Henrich] Steffens, 1. Th. Leipzig: F. A. Brockhaus. *Janus,* Jg. 1819, 37+39+40+41+42+44, 171-172-171[92]+177-180+181+185-188+191-193+199-201.

S. 180

Der *wissenschaftliche Forscher* weiß, warum er den Gegenstand nicht begreift, der ungeübte Denker begreift bloß nicht, ohne einzusehen, warum er nicht begreift.

Auch hier könnte Müglich der Autor sein.

Jacobinus Rationalis (1819). Der Widerchrist. Müglich, Karl (Hrsg.). *Religionszifferblätter,* 69-155. Neustadt an der Orla: Johann Karl Gottfried Wagner.

S. 107

Eure Lehrer verhalten sich zu den griechischen Weisen, wie zu verständigen Ärzten Quaksalber, die den Kranken zu heilen versprechen, unter der Bedingung, dass der Kranke sich mit *wissenschaftlich-Gebildeten* nicht einlasse, damit ihre Scharlatanunwissenheit nicht entdeckt werde.

Dies ist Jean Pauls letzter Roman. Darin wird einem reich gewordenen Bürger erzählt, er sei der illegale Sohn eines Grafen.

Jean Paul (1820). *Der Komet, oder Nikolaus Marggraf. Eine komische Geschichte. Erstes Bändchen.* Berlin: Georg Reimer.

S. 85

---

[91] Rezensiert wurden Caricaturen.
[92] Paginierfehler.

[...]; der Prinz soll kein Vielwisser werden, aber ein Vielerleiwisser; [...] so könne und müsse er noch mehr als *Wissenschafter*[93] alle Felder des Wissens schnell übersehen aus der Vogelperspektive, wenn er die rechten Luftschiffer von Lehrern gehabt zum Aufsteigen.

Matthäus Christian Glaser (1777–1859) reagiert auf einen Artikel des Lorenz Oken (eigentlich Okenfuß) in *Isis oder Encyclopädische Zeitung, Jg. 1819, 2. Bd., VII*, Sp. 1008-1010. Es geht um geistiges Eigentum und Urheberrechte. Glaser war kein Jurist, sondern Theologe und Pfarrer auf der Veste Coburg, später Superintendent zu Königsberg in Franken.

> Glaser, M. Ch. (1820). Antwort auf Herrn Hofrath Okens Aufsatz über den Nachdruck. *Isis, Jg. 1820, 2. Bd., VIII*, Sp. 495-502.

Sp. 501

> Wer aber über seine Handelsgenoßen siegen wollte nicht durch kluge und tüchtige Betreibung seines Geschäftes, nicht durch die Vorzüge desselben, also nicht durch Wetteifer, sondern durch die fremde Hülfe der obrigkeitlichen Gewalt und Uebermacht, der wäre zu vergleichen einem *Wissenschafter*, der im Streite mit seines Gleichen, seine Behauptungen nicht durch Gründe, nicht durch Wissenschaft, sondern durch eben solche Gewalt wollte geltend machen, und seinen Gegner zum Schweigen zu bringen.

Glaser hat mancherlei zum Thema der Urheberrechte, einem damals umstrittenen Terrain, zu Papier gebracht. Der fiktive Wissenschafter wird wegen moralischen Fehlverhaltens gerügt, nicht wegen wissenschaftlicher Pfuscherei.

Ein neuer Auftritt des Jacob Salat, der zum wiederholten Male das Wort ‚Wissenschafter' in Anführungszeichen setzt, versehen mit „einseitig", und damit seine Abneigung gegen die Bezeichnung und wohl auch die Vertreter solcher Artikel proklamiert.

> Salat, J. (1820). *Sokrates oder über den neuesten Gegensatz zwischen Christenthum und Philosophie; mit mehreren Belegen, vornehmlich aus dem protestantischen Deutschlande. Auch ein Beytrag zum Behufe des Besseren im deutschen Vaterlande.* Sulzbach: J. E. Seidel.

---

[93] In Jean Paul (1828). *Sämmtlichen Werken, Bd. LVI*, Berlin: G. Reimer, S. 57, steht: „so könne und müsse er noch mehr als *Wissenschaft* alle Felder des Wissens schnell übersehen" [...]. Es mag sein, dass dies nicht mehr ist als ein Satzfehler. In späteren Ausgaben liest man wieder *Wissenschafter*; etwa Jean Paul (1937). *Sämtliche Werke, 1. Abt., 5. Bd.*, Weimar: Hermann Böhlau, S. 50. Jean Paul (1963). *Werke, 6. Bd.*, München: Carl Hanser, S. 616.

S. XI

Also mag da, wo dem vergleichenden Freunde der Wahrheit zugleich das Fortstreben zum Bessern sich zeiget, nur dem einseitigen *„Wissenschafter"*, nur dem „leeren Spekulanten" eine bloße Wiederholung – in einer solchen Darstellung des Göttlichen – vorkommen.

Karl Ernst Schubarth (1796–1861), Dr. phil., Philosoph, Pädagoge, Oberlehrer, Bewunderer Goethes, den Goethe auch schätzte. Die erste Auflage *Zur Beurtheilung Goethe's* erschien bereits 1818 im selben Verlag. Sie bestand allerdings aus einem Band mit nur 140 Seiten, während die zweite mit zwei Bänden und sehr viel mehr Text ausgestaltet wurde.

Schubarth, Karl Ernst (1820). *Zur Beurtheilung Goethe's, mit Beziehung auf verwandte Litteratur und Kunst, 1. Bd., 2. verm. Aufl.* Breslau: Josef Max.

S. 316f.

Denn man nehme nur z. B. die Theorie aller Künste und Dichtungen! Sie ist fast auch nur ein einzigesmal unmöglich, und es quälen sich Zahllose vergeblich, sie vollständig darzustellen, während die Kunst und Poesie unterdessen hundertmal möglich und wirklich wird. Daraus können wir denn nun sehen, daß es eine wahre Anmaßung der Philosophen und aller *Wissenschaftler*, die das Maaß und die Gränzen des Wissens nicht einsehen, ist, wenn sie das Leben nicht eher bestehen, und zwar als wahr und ächt bestehen lassen wollen, bis sie es erforscht, nach ihrer Art eingesehen, beschrieben und demonstrirt haben.

„Wissenschaftler", bezogen wohlgemerkt auf sämtliche, wird eindeutig herabsetzend verwendet. Die ungünstige Einschätzung zeitgenössischer Wissenschaft wird an vielen Stellen erkennbar.

Friedrich Wilhelm Riemer (1774–1845) studierte seit 1794 in Halle neben Theologie besonders klassische Philologie. Er wurde Lehrer am Gymnasium in Weimar, später Leiter der herzoglichen Bibliothek und Sekretär Goethes. Im Vorwort zum zweiten Band erläutert er die Entstehungsgeschichten der ersten und der zweiten Auflagen und beschwert sich über die Beanstandungen und Sticheleien, denen sie ausgesetzt waren.

Riemer, Friedrich Wilhelm (1820). *Griechisch-Deutsches Hand-Wörterbuch für Anfänger und Freunde der griechischen Sprache, 3. Aufl., 2. Bd., Λ-Ω.* Jena: Friedrich Frommann.

S. XXVIII

Da nur zwey Kräfte die Welt gewältigen, der Poet und der Philosoph, und jener diesen noch übertrifft durch die geleistete Nachbildung; so müßte für die Ausübung der Wissenschaften im Einzelnen auf jedes

Subject zum wenigsten ein halber Poet und ein halber Philosoph gerechnet werden, wenn nur zur Hälfte eine Leistung zu Stande kommen sollte. Eine so reiche Aernte von Genies aber scheint zu abnorm, als daß die Gymnasien und Hochschulen alljährlich liefern könnten; mithin wird man wohl den größten Theil der *Wissenschaftler* nur für Handwerker ansprechen müssen, die allerdings nöthig, nützlich, je ersprießlich doch mit den Künstlern selber nicht rangiren dürfen.

Mit dem Wort ‚Wissenschaftler' wird offensichtlich eine Herabwürdigung betrieben, jedenfalls für alle Handwerkerfiguren aus dem Reich der Wissenschaften. Ob Riemer auch die seltenen Genies so nennen wollte, wird nicht geklärt.

Johann Heinrich Martin Ernesti (1755–1836), Dr. phil., Gymnasial-professor und Verfasser zahlreicher Bücher.

Ernesti, Johann Heinrich Martin (1820). *Neues theoretisch-praktisches Handbuch der schönen Redekünste für die obern Klassen der Gelehrten-Schulen. 1. Th., Dichtkunst, 4. Ausgabe.* München: Ernst August Fleischmann.

S. VIII

Schöne Wissenschaften, wie ich mich in der ersten Ausgabe mit Andern ausgedrückt habe, kann man wohl ein Unding nennen: die Franzosen haben durch ihre belles lettres den Ausdruck veranlaßt. Dicht- und Redekunst sind keine Wissenschaften, und Dichter, als Dichter keine *Wissenschaftler*, Gelehrte, sondern Künstler. Aber Poetik, Rhetorik sind Wissenschaften, und Aesthetik die (allgemeine) Wissenschaft, Philosophie der schönen Künste.

Ernesti bringt hier einen wichtigen Widerruf für eine zentrale These in den früheren Ausgaben vor, indem er Kunst und Wissenschaft und die Bezeichnungen für deren jeweilige Erzeuger strikt voneinander trennt. Das Wort ‚Wissenschaftler' wirkt hier unvoreingenommen.

Georg Christian Müller war Pfarrer in Neumark bei Zwickau und mit Christian Friedrich Böhme einer der Herausgeber der *Zeitschrift für Moral*, deren Hefte je neu paginiert wurden. Das erste Heft erschien 1819, deren weitere 1820. Nach dem dritten Heft schied sie dahin.

Müller, G. Ch. (1820). Ueber Wissenschaft und System in der Ethik, als Vorbereitung zur Kritik der philosophischen Schriften über die Moral, zunächst der Ethik des Prof. Fries in Jena. *Zeitschrift für Moral, 1 (2)*, 25-56.

S. 32

Denn sehen wir der Sache näher auf den Grund, so zeigt es sich, daß es mit jenem bösen Resultate der Schleiermacherschen Kritik nicht viel zu bedeuten habe, und daß nur die Mangelhaftigkeit der wissenschaftlichen Darstellung des Sittlichen dadurch aufgedeckt ist, keinesweges aber die Unsicherheit oder gar Unmöglichkeit sicherer Erkenntnisse darüber behauptet wird; am wenigsten soll und kann dadurch die Realität der sittlichen Dinge selbst in Zweifel kommen. Mögen immerhin die *Wissenschaftler* dadurch in Allarm gerathen, und mit größerer Kraft und Kunst das Gebäude der sittlichen Erkenntniß aufzurichten versuchen; – das ist sehr gut, und darin soll nie Stilstand seyn.

Viele Theologen schätzen es, Männer der Wissenschaft durch Anhängen des -ler herabzusetzen.

Müller, G. Ch. (1820). Welche Pflicht giebt es für die Verbreitung der Wahrheit? *Zeitschrift für Moral, 1 (2+3)*, 87-94+60-82.

Hft. 3, S. 77

Wer kann den Gedanken gebieten? Wer das Wissen aufhalten, das Jemand in einsamer Stille aus sich selbst und durch eigene Kraft sucht? Es ist hier an Gebot oder Verbot durch aus nicht zu denken. Das wohl kann geschehen, daß man die *Wissenschaftler* zwingt, ihre Untersuchungen nicht offen vor der Welt anzustellen, und das Gefundene nicht zu öffentlicher Kenntniß zu bringen, weder in der Rede noch in der Schrift. Ein solcher Zwang könnte indeß kaum in einer asiatischen Despotie eintreten, und ist selbst in den finstern Zeiten den Pflegern der Wissenschaft nie zugemuthet worden.

Decker, C. v. (1820). Aphorismen über das Militairische Aufnehmen. *Militair-Wochenblatt, Jg. 5, No. 231*, 1634-1638.

S. 1634

Ein sogenannter Feldmesser war in den Augen der Klüglinge ein mechanisches Geschöpf, im Besitze einer dürftigen technischen Fertigeit, – viel tiefer stehend als der *Szientifiker*. Wie lohnte es da wohl der Mühe, tiefer einzugehen in eine so untergeordnete Kunst! So bot die Arroganz der Unwissenheit schwesterlich die Hand, und die wahre Kunst hüllte sich in Trauer.

Johann Heinrich Bender (1797–1859) studierte Rechtsgelehrsamkeit in Gießen, promovierte und wurde dort Privatdozent, später Rechtsanwalt.

anon. (1820). [Rezension:] J. H. Bender, Grundriss der deutschen Staats- und Rechts-Geschichte. [Gießen: Heyer]. *Leipziger Literaturzeitung, 189*, Sp. 1510-1512.

Sp. 1510

Gewöhnlich wird aber über der Geschichte des deutschen Rechtes die des deutschen Volkes und seiner herrlichen, eigenthümlichen Entwickelung hintangesetzt, und höchstens eine dem Juristen, nicht aber den übrigen *Wissenschaftsgenossen*, ansprechende Geschichtsdarstellung gegeben.

„Wissenschaftsgenosse" ist ein eher seltener Ausdruck, dessen Bedeutung jedoch offenliegt.

Karl von Rotteck (1775–1840) studierte Rechtswissenschaften, wurde in Freiburg Professor und 1818 Vertreter der Universität Freiburg in der ersten Kammer der Badischen Ständeversammlung. Seine liberale Einstellung erweckte den Unwillen der badischen Regierung, die sich bemühte, ihn auszuschließen.

anon. (1820). Auszug aus der Rede, mit welcher Hr. v. Rotteck in der Sitzung der Ersten Kammer der Badischen Landstände am 13. July seinen Antrag auf Verminderung des Preßzwangs entwickelt hat. *Neue Nationalchronik der Teutschen. Eine politische Zeitschrift, [Jg. 1820], Nr. 39*, Sp. 616-619.

Sp. 618

In einer gegen einen Aufsatz von Paulus, dem *Mann der Wissenschaft* und des Rechts, gerichteten Schrift – das Verhältniß der landständischen Wirksamkeit zum Bundestag betreffend, ward, während man seine Ansichten zu widerlegen suchte, gleichwol in billiger Anerkennung, sein Aufsatz ein scharfsinniger, er selbst ein verdienstvoller und gelehrter Mann genannt. Die Censur strich diese Worte: – dem Censor schien also staatsgefährlich – eigene Achtung für den liberalen Mann auszudrücken, Ihm, welchen das Inland und Ausland feyert, auch nur sein Amtsprädikat „gelehrt" zu geben, und nicht einmal scharfsinnig durfte eine Abhandlung seyn, deren Inhalt mißfällig gewesen.

„Mann der Wissenschaft" wird wie „wissenschaftlicher Mann" im neunzehnten Jahrhundert gern angewendet.

Der in diesem Nachruf gepriesene ist Anton Johann Beinl Edler v. Bienenburg (1749–1820), Professor der Chirurgie an der medizinisch-chirurgischen Josephs-Akademie in Wien und oberster Feldarzt der kaiserlichen Armee.

anon. (1820). Nekrolog. *Erneuerte vaterländische Blätter für den österreichischen Kaiserstaat bereichert durch die Chronik der österreichischen Literatur und deren Intelligenzblatt, Jg. 1820 (1), 61*, 244.

S. 244

Als *wissenschaftlicher Mann* bezeigte der Hingeschiedene in mehreren kleinen Abhandlungen seinen reinen Willen, zu nützen, und sein schon im Jahre 1804 zum Druck beförderter Versuch der militärischen Staatsarzneykunde hat Beinls Beruf zur obersten feldärztlichen Stufe laut bekundet.

Korth berichtet über die Berliner Staats-Bibliothek und Kaffeehäuser.

Korth, David (1821). *Neuestes topographisch-statistisches Gemälde von Berlin und dessen Umgebungen.* Berlin: Schlesinger.

S. 242

Bücher können, außer dem Lesezimmer, nur die Prinzen des Königl. Hauses, Generale, Minister, Staatsräthe, Obersten, mit einem Worte alle angesehene Staatsbeamte, Professoren der Universität und Directoren der Schulen erhalten, alle übrige gebildete Personen, selbst angesehene Gelehrte, können nur Bücher auf dem Lesezimmer bekommen, oder wenn sie solche mit nach Hause nehmen wollen, so muß sich eine von den oben angeführten Personen dafür verbürgen. Diese Einrichtung ist sehr drückend, besonders für *Gelehrte oder Wissenschafter*, von denen die meisten nicht in Aemter stehen; und gerade diese, die der Bücher am meisten bedürfen, sind von dieser Vergünstigung ausgeschlossen und müssen die ihnen knapp zugemessene, kostbare Zeit, mit dem oft vergeblichen Laufen nach der Bibliothek verbringen.

In dem Eckpavillon, nach der Behrenstraße zu, ist im Untergeschoss noch ein Lesezimmer eingerichtet worden, in welchem alle französische, englische und deutsche Zeitungen, Journale und Flugblätter ausgelegt werden. Der Eintritt steht aber nicht jedem *Wissenschafter* offen, sondern nur gewissen Personen.

S. 526

[Kaffeehäuser:] Auch auf diesen Kaffeehäusern finden sich, wie in den Weinhäusern, zu allen Tageszeiten Gäste ein. Das Caffée royal [Unter den Linden, Nr. 24] besuchen nur Gebildete aus allen Ständen; am meisten Officiere, Königl. Beamte, Edelleute, *Wissenschafter* etc.

Carl Philipp Conz (1762–1827), Schriftsteller und Gelehrter, seit 1804 Professor für klassische Philologie in Tübingen. Heinrich Bebel (1473–1518), Dichter, Professor der Beredsamkeit und Poesie in Tübingen.

Conz. (1822). Bebel, Heinrich. Ersch, J. S. & Gruber, J. G. (Hrsg.), *Allgemeine Encyklopädie der Wissenschaften und Künste, 8. Th., Bas-Bendorf,* 274-280. Leipzig: Johann Friedrich Gleditsch.

S. 280

Auch war es ehemals das Loos der Tübingischen Universität, daß die Lehrer von der philosophischen Fakultät, nur als Nebenmänner und Aushelfer betrachtet, daher auch in der altuniversitätischen Sprache nur Artisten genant, hinter den *Wissenschaftlern* beträchtlich zurückstehen mußten, so wie denn wieder die Philosophen die Philologen geringer achteten.

Johann Ludwig Christoph Thilo (1789–1831) wurde Professor der Philosophie an der Universität Frankfurt/Oder, dann in Breslau. Er hat einige nahezu echolose Bücher publiziert, sein Name ist in Vergessenheit versunken. Nicht versunken hingegen ist das Wort Allwissenschaft, das vor und nach Thilo gelegentlich auftaucht.

anon. (1821). [Rezension:] Thilo, Ludewig (1818). Begriff und Eintheilung der Allwissenschaft[94] oder der sogenannten Philosophie. Breslau: Holäufer. *Leipziger Literatur-Zeitung für das Jahr 1821, 1. Halbjahr, Nr. 35+36*, Sp. 279-281.

Sp. 279f.

Der Verf. will den fremden griechischen Namen Philosophie verdrängt wissen, besonders da der gegenwärtige Zustand der Philosophie das Werk deutscher Denker, und sie ein fast ausschließliches Besitzthum *wissenschaftlich Gebildeter* unsers Volks sey. [...]. So wenig von Weltweisheit ein schickliches Beywort abzuleiten ist; eben so wenig dürfte von All-Wissenschaft das passende Concretum: Philosoph gebildet werden können. Oder gefällt etwa dem allwissenschaftlichen Publicum *All-Wissenschaftler*, All-Wissenschaffer oder *All-Wissenschafter*?

Der Spott des Rezensenten ist eher unverdient, denn Thilo behandelt das Thema der Bezeichnung der mit seiner Allwissenschaft beschäftigen Personen nicht, und wenn er solche Personen nennt, dann sagt er Gelehrte.

Johann Isaak von Gerning (1767–1837), Schriftsteller und Diplomat. Der geistliche Fürst war Karl Theodor von Dalberg, bis 1803 Erzbischof

---

[94]Allwissenschaft ist im achtzehnten Jahrhundert tatsächliches, nämlich göttliches oder eingebildetes, menschliches alles Wissen. Herder verwendet das Wort in seiner Allegorie *Aeon und Aeonis* (1802, s. l.: s. n., S. 12). Buquoy verwendet es 1827 für etwas, das noch nicht Philosophie ist, also anders als Thilo in seinen: *Anregungen für philosophisch-wissenschaftliche Forschung und dichterische Begeisterung*. Leipzig: Breitkopf und Härtel. Im zwanzigsten Jahrhundert erscheint das Wort, so nicht selten bei Edmund Husserl (1959). *Erste Philosophie* (1923/24), *2. Teil*, Haag: Martinus Nijhoff, S. 217 (ontologische Allwissenschaft), S. 219 (transzendentale Allwissenschaft), S. 224 (universaler Zusammenhang der Allwissenschaft), S. 357 (Idee einer Allwissenschaft). Weitere Beispiele seien erspart.

von Mainz. Bei Gründung des Rheinbundes 1806 wurde er Fürstprimas des Rheinischen Bundes und erhielt Frankfurt zur Erweiterung seines Herrschaftsbereichs, jetzt Großherzogthum Frankfurt. Was er mit Wissenschaft zu tun hatte, ist ungewiss, genauso wie die Konnotation des Wortes ‚Wissenschaftler'.

Gerning, J. J. von (1821). *Die Lahn- und Main-Gegenden von Embs bis Frankfurt; antiquarisch und historisch.* Wiesbaden: L. Schellenberg.

S. 205

Doch schwebte beständig ein guter Genius über der guten Stadt. Sie wurde zwar, nach tausendjährigem Freiheits-Genuß, im (un-)seeligen Rheinbunde vom politischen Crispin zum souverainen Eigenthum eines geistlichen Fürsten, dann Großherzogs, verschenkt, der wohl als ein mildthätiger Privatmann, Kunstfreund und *Wissenschaftler* schätzbar gewesen; aber [...] gewiß keine ächte Fürstenseele besaß.

Ernst August Philipp Mahn (1787–1845) promovierte 1810 zum Dr. phil. in Göttingen und 1817 zum Dr. theol. in Rostock. Er wurde in Rostock Professor der orientalischen Sprachen.

Mahn, Ernst August Philipp (1821). *Ueber die Modalität des orientalischen Studium nach den Fordernissen der gegenwärtigen Zeit. Ein Sendschreiben an Herrn geheimen Kirchen-Rath Dr. Paulus in Heidelberg.* Sulzbach: J. E. Seidel.

S. 107

Und weil die Theologie-Studirenden unter den Facultäts-*Wissenschaftlern* sich noch am mehrsten um das orientalische Wissen bekümmern, und darum bekümmern müssen; so sind die Superintendenten anzuweisen, bei dem Examen derselben wenigstens auf ein getriebenes gründlichen hebräisches Sprachstudium zu sehen, wie auch Kenntniß der andern Semitischen Dialecte.

Wissenschaftler sind für Mahn anscheinend alle Studierenden.

Peter Alois Gratz (1769–1849), katholischen Bibelwissenschafter, studierte Philosophie und Theologie in Dillingen. 1792 wurde er Priester.

Gratz (1821). *Kritisch-historischer Kommentar über das Evangelium des Matthäus, 1. Th.* Tübingen: Heinrich Laupp.

S. 426

Wer möchte nicht dem Manne nachlaufen, der so mächtig befiehlt, und so wohlthätig rettet? Giebt endlich der Evangelist nicht selbst V. 17. ausdrücklich zu verstehen, daß er hier von keinem Charletan, Schlaukopf oder gemeinen *Scientifiker* Thaten anführe, sondern von einem mächtigen Retter – der nicht blos über Krankheiten erkannte, sondern solche hinwegnahm?

Matthäus 5, 17, zur Bergpredigt gehörend, wird mit faustdicker Großzügigkeit ausgelegt.

Georg Ernst Vend (1781–1831) promovierte in Philosophie und Humanmedizin. Er war Stadtgerichtsphysikus, Armenarzt und von 1821 bis 1830 Professor der ambulanten Klinik der Universität Würzburg.

Vend, Georg Ernst (1821). Erstes und letztes Wort über die Kritik (Freytag, den 33. des Lenzmonats, 24.) meiner Schrift: Innerer Zusammenhang der pathologischen Erscheinungen des erstens Zahnens der Kinder [1820]. *Anzeigeblatt zur Münchener allgemeine Literatur-Zeitung, Jg. 1821, Nro. 5*, 17.

S. 17

Der Rezensent meiner oben angezeigten Schrift berührt den Inhalt und Standpunkt nicht im mindesten; sondern verfängt sich in unnütze Spitzfindigkeiten, so zwar, daß es jeden geraden und *wissenschaftlichen Mann* aneckelt, solche Sudeleyen zu lesen.

Johann Andreas Christoph Hildebrandt (1763–1846) war Prediger in Eilsdorf und schrieb eine Fülle Romane, vorzugsweise Schauerromane.

Hildebrandt, Christoph (1821). *Der Klausner im Schwarzwalde. Ritter-Roman aus dem elften Jahrhundert.* Quedlinburg: Gottfried Basse.

S. 86

Aber eben so bildete Benedikt in wissenschaftlicher Hinsicht Ottocars Geist. Benedikt war nicht ein gewöhnlicher Mönch, dessen ganze Sphäre das Brevier, und die Legenden der Heiligen waren; er war, für damalige Zeiten, ein äußerst gebildeter *wissenschaftlicher Mann.*

In den folgenden Beispielen zeigt sich, dass auch die Bezeichnung „wissenschaftlicher Forscher" begann, geschätzt zu werden.

Georg Alexander Ruperti (1758–1839), klassischer Philologe und evangelischer Theologe, verfolgte eine kirchliche Laufbahn.

anon. (1821). [Rezension:] Ruperti, Georg Alexander (1821). Des heiligen Abendmahls ursprüngliche, bedeutsame und würdige Feier. Hannover: Hahn. *Morgenblatt für gebildete Stände, Intelligenz-Blatt, Nro. 24,* 94.

S. 94

Der *wissenschaftliche Forscher* theologischer Wahrheit erhält die fruchtbarsten Resultate umfassender Studien; aber auch jeder religiöse Leser, der nach tieferer Einsicht in christliche Wahrheit strebt, wird hohes Interesse in einem Werk finden, welches in der Mitte zwischen den Extremen der Zeit seinen Standpunkt genommen hat.

Der Verfasser der *Blätter aus Nizza* war Carl Gustav Jochmann (1789–1830), Jurist, Zeitkritiker und Angehöriger der Spätaufklärung.

anon. (1821). *Blätter aus Nizza. Ueberlieferungen zur Geschichte unserer Zeit, Jg. 1821, Hft. 8,* 329-369.

S. 337

Warme Quellen und sehr merkwürdige Höhlen und Felsenformationen befinden sich im Ueberflusse in ihrer Nähe, und verdienen die Aufmerksamkeit, die manche weniger bedeutende, aber dem *wissenschaftlichen Forscher* zugänglichere Gegenden gefesselt haben.

Der Bericht behandelt die Grafschaft Nizza, die damals zum Königreich Sardinien-Piemont gehörte. 1860 wurde sie als Dankesgabe für Unterstützung des italienischen Einigungsprozess an Frankreich abgetreten.

Heinsius zeigt Einsicht in die Meinungsäußerung des anonymen Rezensenten der *Leipziger Literatur-Zeitung* des Jahres 1819, indem er im vierten Band, zweyte Abtheilung, seines *Wörterbuch*s folgendes darlegt.

Heinsius, Theodor (1822). *Volksthümliches Wörterbuch der Deutschen Sprache mit Bezeichnung der Aussprache und Betonung für die Geschäfts- und Lesewelt, 4. Bd.,2. Abth., U-Z.* Hannover: Hahnsche Hofbuchhandlung.

S. 1660

der *W-schafter,* -s, einer der eine Wissenschaft treibt; der *W-schaftler,* -s, ein Gelehrter in verächtlichem oder spottischem Verstande; [...].

Diese Kehrtwendung des Heinsius erlaubt den Schluss, dass man sich zu dieser Zeit einig wurde über den Kontrast zwischen beiden Wortformen. Verstärkt wird dies dadurch, dass in der Wiener Ausgabe, die vermutlich keine veränderte Auflage ist, dieselbe Unterscheidung unverändert steht.[95]

Johann Karl August Gregor Müglich schreibt einen Versuch mit historischen Grundlagen über den Ausbau der Erziehung.

Müglich (1822). *Eins thut jezt noth, noch bessere Volksbildung in Deutschland. Versuch.* Erlangen: J. J. Palm und Ernst Enke.

S. 24f.

Zusammenlebende, zusammenhandelnde, Menschengesellschaften ziehen jezt unsere Aufmerksamkeit auf sich, Staaten und Städte sind

---

[95] Heinsius, Theodor (1830). *Volksthümliches Wörterbuch der Deutschen Sprache mit Bezeichnung der Aussprache und Betonung für die Geschäfts- und Lesewelt, 4. Bd. Seb-Z.* Wien: Christian Friedrich Schade. S. 775.

mithin das Lezte, was auf dem Globus und auf der Landkarte nachgewiesen wird, die asiatischen zuerst, nemlich die Chinesen, Inder,
Perser, Chaldäer, Hebräer, Foiniker, immer mit Fussung auf die Länder,
die wir zuerst als ihre Vaterländer erblikken, an denen die Bedürfnisse
der Menschen hingen, in denen diese mehr oder weniger einen Kampf
um's Daseyn zu bestehen hatten, ehe Priester und Dichter, Gesezgeber
und Kaufleute, oder gar Künstler und *Wissenschafter* auftreten konnten.
Georg Christian Müller, Pfarrer in Neumark bei Zwickau, publizierte auch
nach dem Eingehen seiner *Zeitschrift für Moral*. Die theologische
Abneigung gegen Wissenschafter bleibt deutlich.

Müller, Georg Christian (1822). *Zwey Bücher vom Wahren und
Gewissen. 1. Buch: Das Buch der Vernunft*. Leipzig: C. H. F. Hartmann.

S. 168

Und doch ist nicht blos der gemeine Verstand, der die Dinge so nimmt,
wie er sie sieht, in dieser Täuschung befangen, sondern auch denkende
Köpfe, sogar *Wissenschafter* unterliegen ihr, [...].

S. 169

[...] so verfallen die naturalistischen *Wissenschafter* an den Grenzen der
Naturforschung und Naturerklärung in die chaotische Nacht zurück, und
suchen Licht in dem grausen Dunkel durch einen Ueberglauben, der als
Unglaube seinem Werthe nach dem grassesten Aberglauben gleichkommt, und den die einfachste Ueberlegung zu nichte machen kann;
[...].

Der Verfasser des besprochenen anonymen Buches heißt Georg Victor
Keller (1760–1827). Er arbeitete als Priester und Hochschullehrer des
Klosters St. Blasien im Schwarzwald.

anon. (1822). [Rezension:] anon. (1819). Ideale für alle Stände oder
Moral in Bildern. Aarau: H. R. Sauerländer. *Leipziger Literatur-
Zeitung, Jg. 1822, 1 (9)*, Sp. 69-72.

Sp. 70

Ausdrücklich idealisirt nämlich hat der Verf. [...] alsdann den „Gelehrten" (auch als blosser *Wissenschafter* im Privatleben betrachtet),
[...].

Über Ernst Woldemar wird noch zu sprechen sein.

Woldemar, Ernst (1822). Erinnerungen aus meinem bergmännischen
Leben. *Hesperus. Encyclopädische Zeitschrift für gebildete Leser, Jg.
1822, Nro. 239*, 953-955.

S. 953

Wir eigentlichen Hypochondristen – [...] – wir sollten nichts in der Welt weniger seyn, als *Wissenschaftler* oder Künstler, Leinweber oder Schneider, Totengräber oder – Schriftsteller.

Ludwig Anton Krug (1769–1837) wurde Doktor der Philosophie, katholischer Priester, fürst-erzbischöflich Salzburgischer geistlicher Rath, Dechant und Pfarrer zu Werfen.

Krug, Ludwig Anton (1822). *Beyträge zur Homiletik, 1. Bd.* Landshut: Joseph Thomann.

S. 85f.

Da wir oben aus der Entwicklung der Begriffe Sprache, Predigt, Volk, Volkspredigt sahen, daß Popularität in der Herabstimmung seiner Gedanken und Darstellungsarten zu der Erkenntnißart des gemeinen Mannes, bestehe, so muß sich der nach Popularität strebende Redner bemühen, das, was er im Standpunkte des *Szientifikers* gedacht hat, in die Erkenntnißform des gemeinen Mannes zu bringen, und für dessen niederes Erkenntnißvermögen zu bearbeiten.

August Friedrich Schweigger (1783–1821), seit 1809 Professor für Botanik und Medizin in Königsberg, rätselhafterweise bei Agrigent ermordet.

anon. (1822). Nekrolog. August Friedrich Schweigger. *Allgemeine Literatur-Zeitung, 1822, 2. Bd.*, 241-244.

S. 242

Durch die unermüdliche Thätigkeit des Baumeisters und zugleich vortragenden Raths bey dem Universitäts-Curatorium, des nachmaligen, schon 1813 als Opfer des Kriegs verstorbenen Regierungs-Directors Schulz, stieg das große Gebäude schnell herauf, durch den vereinten Sinn zweyer solcher *wissenschaftlicher Männer* auf das zweckmäßigste gestaltet; und indess hatte der schaffende Schweigger schon dafür gesorgt, daß im September 1500 Arten von Gewächsen in die weiten Säle für die verschiedenen Temperaturen eingeräumt wurden.

Auch in diesem Jahr dominiert deutlich der wissenschaftlichen Männer.

Karl Emil Adelbert von Herder (1779–1857) war der vierte Sohn Johann Gottfried Herders. Er lernte Landwirtschaft und kaufte sich einen Gutshof in der Oberpfalz, verschuldete sich rasch, so dass der Hof in gerichtliche Administration genommen wurde. Dagegen wehrte er sich in vielen Prozessen so verbissen, dass der Verdacht aufkam, er sei wahnsinnig.

anon. (1822). *Verhandlungen der Zweyten Kammer der Ständeversammlung des Königreichs Bayern in Jahre 1822, Bd. 9*. München: E. A. Fleischmann.

S. 280

Sache des Ausschusses konnte es nicht seyn, diese Edelsteine aus der
großen Sandmasse herauszusuchen, und die Erklärung des neuen
Propheten, daß nach dem Willen Gottes seine Offenbarungen keiner
Zensur unterstellt werden sollen, enthebt ihn der Mühe jeder Kritik, die
hier um so schwieriger seyn müßte, als Herr Einsender seiner Schrift
zwey Atteste der Herren Doktoren, Braunseis und Slavik, aus Alt- und
Neugedein, beyfügt, welche bezeugen, daß sie in ihrem mehrjährigen
Umgange mit Herrn [K. E. A.] von Herder nie eine Spur von Gemüths-
krankheit, Geistesschwäche oder Zerrüttung wahrgenommen, im Gegen-
theile denselben als einen edlen, wahrheitliebenden, äußerst gründlichen, höchst zuverlässigen, *wissenschaftlichen Mann* kennen gelernt
haben.

Nicolas Heinrich Brehmer (1765–1823) studierte Theologie, wechselte zur
Medizin, eröffnete eine Praxis in Lübeck, war später Privatgelehrter.

Brehmer, Nicolas Heinrich (1822). *Entdeckungen im Alterthum, 1. Th.*
Weimar: Landes-Industrie-Comptoir.

S. 265

Möchte doch Forrests Entdeckung der gelegensten Flußstraße, welche
seine Entdeckungen auf dem Meer ehrenvoll zur Seite steht, nicht nur
die Aufmerksamkeit der brittischen Regierung, sondern auch *wissen-*
schaftlicher Forscher auf sich ziehen, und die Beschleunigung des
Briefwechsels zwischen China und Bengalen, auch der höhern Alterthumskunde Gewinn bringen.

Der volle Name des Autors wird in der Aufstellung der Mitarbeiter dieser
Zeitschrift nicht genannt. Nur ein Castelli ohne Vornamen wird erwähnt.

Chastel, B. (1823). Mosaik. *Der Gesellschafter oder Blätter für Geist*
und Herz, 7 (91), 431.

S. 431

Die Franzosen machen einen Unterschied zwischen Savant und Erudit.
Bei ihnen ist Science Wissenschaft und Erudition Gelehrsamkeit.
Könnte man daher nicht sagen: *Wissenschafter* und Gelehrter? Man
bezeichnet ja schon durch die männliche und weibliche Endung (er und
erin) die Ausübung mehrerer durch schaft ausgedrückten Sachen; z. B.
Gesellschaft, Gesellschafter, Gesellschafterin – Botschaft, Botschafter,
Botschafterin – Wirthschaft, Wirthschafter, Wirthschafterin. (Eben so
ließe sich auch aus Liebschaft, Liebschafter und Liebschafterin, statt der
faden Liebhaber und Liebhaberin, sagen.)

Die Wissenschafterin wurde angedeutet, doch zeitgemäß unterschlagen.

Salat, Jacob (1823). *Versuche über Supernaturalismus und Mystizismus. Auch ein Beytrag zur Kulturgeschichte der höhern Wissenschaft in Deutschland. Mit historisch-psychologischen Aufschlüssen über die vielbesprochene Mystik in Bayern und Oberösterreich.* Sulzbach: J. E. von Seidel.

S. 142

Dort ist wohl eine gemüthliche Sprache, aber so populär als erbaulich, indem sie jene Grundbedingungen und folglich Grundpunkte bloß voraussetzt; hier aber, bey diesen neuen „*Wissenschaftern*", waltet die bloße Oberflächlichkeit, trotz dem Gerede von Idealität, Totalität, Universalität u. s. w.

Salat setzt die Wissenschafter weiterhin zwischen Distanz andeutende Anführungszeichen.

Salat, Jacob (1823). Wie gelangt man zur Wahrheit und Wissenschaft? *Isis, Jg. 1823, Hft. XII*, Sp. 1265-1292.

Sp. 1268

Und sehen wir von diesem praktischen Felde auf das theoretische oder wissenschaftliche zurück; so erscheint da, dem Princip zufolge, nichts Besseres, wenn irgend ein „*Wissenschafter*" mit dem Schilde der Philosophie schlechthin von dem „kräftigen Verstande" spricht, oder ihm, dem Verstande (der Denkkraft?), – die Kräftigkeit schlechthin zuschreibt, selbst im Gegensatze mit dem „Gefühle," welches von der Wurzel des Lebens, von dem Willen in der Richtung auf das Göttliche ausgeht.

Der anführungsverzeichnete Wissenschafter tropft vor Ironie und soll die Selbstbezeichnung der angeblichen Supernaturalisten und Mystizisten lächerlich machen. Salat bleibt unermüdlich.

Salat, J. (1823). *Denkwürdigkeiten betreffend den Gang der Wissenschaft und Aufklärung im südlichen Deutschland; veranlaßt durch J. M. Sailers Denkschrift auf P. B. Zimmer.* Landshut: Anton Weber.

S. 141

Das Ergebniß ist dann, vermöge der Folgerichtigkeit, dasselbe, was im Munde gewisser deutschen Anhänger des französischen Materialismus wiederklang: „Metaphysik ist die hohle (leere) Wissenschaft." Und wenn diese „*Wissenschafter*" zu gleicher Zeit über die „Naturphilosophie" loszogen, so mißkannten sie ihr eigenes Interesse: sie hatten der Lehre nicht auf den „Grund" gesehen, – den Kern derselben nicht erkannt!

Der Rezensent zweier Bücher des Joseph Salat bekennt, dass er dessen
philosophischen Auffassungen wohlgesonnen ist. Er verdeutlicht dies
dadurch, dass er anders denkende Subjekte „Wissenschaftler" nennt.

> anon. (1823). [Rezension:] Salat, Joseph (1821). Die Moralphilosophie,
> 3. Aufl. München: Thienemann. / Salat, Joseph (1821). Die Religions-
> philosophie, 2. Aufl. *Leipziger Literatur-Zeitung, Jg. 1823, No. 40*, Sp.
> 315-318.

Sp. 317

> Den beharrlichen und gewandten Zweifler, und eben so den für seine
> dogmatischen falschen Ansichten leidenschaftlich eingenommenen
> *Wissenschaftler* wird Herr S. wohl nie, sey es bekehren oder zum Beifall
> nöthigen, weil er die einzig reine und gesunde Denkungsart über
> philosophische Gegenstände (sie ist bey ihm in das Helldunkel einer
> scheinbar mystischen Ideologie gehüllt) immer nur als ein Erster seiner
> Art vorausgesetzt und fodert, ohne das Hauptmoment derselben (es ist
> die absolute Oberherrschaft des Moralischen, dieses allein eigentlichen
> Idealen, für alle Vernunftüberzeugung in objectivem, wie subjektivem
> Bezug) genugsam hervorzuheben und in seiner ganzen Würde unwider-
> sprechlich aufzuzeigen.

Ernst Woldemar ist kaum zu identifizieren. Er mag sich um ein Pseudonym
handeln, und es klingt mehr nach zwei Vornamen als nach einem wirklichen Namen. Er ironisiert in diesem Artikel seine Erfahrung bei einer
bescheidenen Reise in Mitteldeutschland, bei der er registrieren konnte,
dass die gemeine Bevölkerung von einem Gelehrten, einem Professor oder
Wissenschaftler keine hohe Meinung besitzt.

> Woldemar, Ernst (1823). Die Titelprobe. *Morgenblatt für gebildete
> Stände, Nr. 260-262*, 1037-1038+1041-1042+1046-1047.

S. 1037f.

> Überhaupt muß ich gleich im Allgemeinen versichern, daß auf öffent-
> licher Landstraße kein Titel im Curse niedriger stehe, als die gelehrten.
> Man pflegt dabey nicht blos an die Lungenschwindsucht, sondern noch
> mehr an die des Beutels zu denken. Wer als *Wissenschaftler* nicht
> wenigstens äußerlich dem göttlichen Plato etwas ähnlich sieht, der wage
> sich bey Leibe nicht zu Fuß in das große Weite, sondern warte es lieber
> ab, bis ihm der unerbittliche Plutus mindestens in einer Miethkutsche
> auszureisen erlaubt.

Johann Georg Reiche (1794–1863) wurde mit dieser Dissertation in
Göttingen promoviert.

anon. (1823). [Rezension:] Reiche, J. G. (1821). Rationis, qua Fr. H. Jacobi e libertatis notione Dei existentiam evincit, expositio et censura. Pars prima. Göttingen: Herbst. *Leipziger Literatur-Zeitung, Jg. 1823, No. 284*, Sp. 2269-2271.

Sp. 2271

[Über Philosophen und Theologen und die Beziehung zur Wahrheit]; und eben darum sind sie, von aller anderweitigen Verschiedenheit abgesehen, beyde zu jeder Zeit, vornämlich aber in der unsrigen, wo allerley *Wissenschaftler* entfremdet vom Geiste seiner Wahrheit widerstreben, in jeglicher auch minder gefälligen Erscheinung dennoch hoher Achtung und Empfehlung werth.

Diese Dissertation behandelt eine Position des Friedrich Heinrich Jacobi (1743–1819), Philosoph und Präsident der Akademie der Wissenschaften zu München. Die Besprechung ist kurz und enthält Beanstandungen.

Goethe gehört zu den Autoren, in deren Texten das Wort ‚Wissenschafter' nicht aufzufinden ist. Ob er einmal das Wort ‚Wissenschaftler' einsetzte, kann nicht ganz ausgeschlossen werden. Längere Bezeichnungen mit den Adjektiv ‚wissenschaftlich' treten hingegen auf.

Goethe, Johann Wolfgang (1823). Brief an Carl Ludwig von Knebel. / http://www.zeno.org/Literatur/M/Goethe,+Johann+Wolfgang/Briefe/ 1823

ohne Seitenangaben

Auch Herrn v. Humboldt darf ich nach altem Herkommen nur *wissenschaftliche Männer* empfehlen.

Carl Ludwig Klose (1791–1863) wurde in Königsberg zum Dr. med. promoviert. 1816 habilitierte er sich in Breslau und wurde dort 1818 Extraordinarius.

anon. (1823). [Rezension:] Klose, Carl Ludwig (1822). Allgemeine Aetiologie der Krankheiten des menschlichen Geschlechts. Leipzig: Barth. *Jenaische Allgemeine Literatur-Zeitung, [Jg. 1822], Num. 111*, Sp. 401-408.

Sp. 407

Was soll man dazu sagen, wenn ein akademischer Lehrer bey dem gegenwärtigen Standpunct, den die Bearbeitung der Lehre vom Magnetismus nicht allein durch oben genannte, sondern durch mehrere andere *wissenschaftliche Männer* gewonnen hat, noch ein solches Urtheil aussprechen kann?

Johann Heinrich Daniel Zschokke (1771–1848) studierte Philosophie und Theologie in Frankfurt/Oder, promovierte 1792, wurde Privatdozent für

Philosophie, aber ließ sich in der Schweiz nieder. Er publizierte erfolgreich Romane, edierte Zeitschriften und befasste sich mit liberaler Politik.

Zschokke, Heinrich (1823). Zur Geschichte der Meteorologie und Atmosphäre. *Ueberlieferungen zur Geschichte unserer Zeit, 7*, 437-471. S. 471

Unter den *wissenschaftlichen Männern* aller Zonen besteht in der That schon eine Verbrüderung, welche weder der Unterschied der Sprachen, noch Religionen, noch politischen Strebungen der Höfe trennen kann.

Johann Georg Krünitz (1728–1796), Arzt, Enzyklopädist und Lexikograph, war schon lange verstorben, doch seine Encyklopädie wurde weitergeführt.

Krünitz (1824). Sachsen-Meiningen. *D. Johann Georg Krünitz's ökonomisch-technologische Encyklopädie oder allgemeines System der Staats-, Stadt-, Haus- und Landwirthschaft, und der Kunstgeschichte in alphabetischer Ordnung, 129*, 380-385. Berlin: Pauli. S. 384

Die herzogliche Bibliothek steht den Wissenschaftern zur Benutzung offen; auch befindet sich zu Meiningen ein vortreffliches Naturalien- und ein Münzkabinett, eine Gemälde- und eine Kupferstichsammlung.

Hier werden die Berliner Staatsbibliothek und deren Benutzer dargelegt.

Krünitz (1824). Sammlung (Bücher). *D. Johann Georg Krünitz's ökonomisch-technologische Encyklopädie oder allgemeines System der Staats-, Stadt-, Haus- und Landwirthschaft, und der Kunstgeschichte in alphabetischer Ordnung, 135*, 502-636. Berlin: Pauli. S. 528

Sowohl in Paris, als in den großen Städten des Reichs findet man auch eine große Anzahl Privatbibliotheken, wie sich dieses schon bei einer so großen Anzahl von *Wissenschaftern* etc. denken läßt. S. 630f.

Uebrigens besteht hier die Einrichtung, daß alle Prinzen des Königlichen Hauses, Generale, Minister, Staatsräthe, Obersten, mit einem Wort, alle angesehenen Staatsbeamte, Professoren der Universität, die Mitglieder der Akademie und Direktoren von Schulen, Bücher aus dem Lesezimmer erhalten können, alle übrige gebildete Personen, selbst angesehene Gelehrte, überhaupt Privat-Gelehrte oder *Wissenschafter* und Schriftsteller können nur Bücher auf dem Lesezimmer bekommen, oder wenn sie solche mit nach Hause nehmen wollen, so muß sich eine von den oben angeführten, zur Benutzung der Bücher außer der Bibliothek berechtigten, Personen dafür verbürgen; vielleicht will man hierdurch bezwecken, daß die Bücher nicht in die Hände solcher

Wissenschafter gerathen, die sie, bei ihrer Dürftigkeit, den Antiquaren, Trödlern oder wohl gar den Käsekrämern, nachdem sie Ex Bibliotheca Regia daraus vertilgt, für einen geringen Preis überlassen.

‚Wissenschafter' wird anerkennend verwendet. Anders geht der unbeirrte Salat vor. Er bleibt dabei, ‚Wissenschafter' herabwürdigend einzusetzen.

Salat, Jacob (1824). *Handbuch der Moralwissenschaft. Eine ganz neue Bearbeitung mit besonderer Hinsicht auf den Geist und die Bedürfnisse unserer Zeit.* München: Joseph A. Finsterlin.

S. 333

So erscheint da ein tiefer, metaphysischer Grund; und nur der Aufklärling oder einseitige *Wissenschafter* mag die fromme, erbauliche Sprache mit der populären schlechthin für Eins nehmen.

Gottlieb Wilhelm Gerlach (1786–1864) studierte die Rechtswissenschaft in Wittenberg, wurde 1809 promoviert und habilitierte sich 1811. Ordinarius wurde er 1819 in Halle.

Gerlach, Gottlob Wilhelm (1824). *Grundriß der philosophischen Rechtslehre.* Halle: Gebauer.

S. 12

In dem Rechtsbegriffe denken wir nicht das Handeln im Verhältnisse zu dem allgemeinen sittlichen Gesetze, sondern wir fassen das handelnde sittliche Subject im Verhältnisse zur gegenüberstehenden Willkühr, und reden daher in der Sprache des gebildetern, wie des ungebildeten Lebens, worüber sich der zuletzt doch auch für das Leben wirkende *Wissenschafter* nicht ganz hinwegsetzen kann, auch von einem Rechte zu solchen Handlungen, die übrigens nicht gerade sittlich vollkommen sind.

Radlofs rezensiertes Buch trägt die Jahreszahl 1825. Das muss einer früheren Besprechung nicht im Wege stehen.

anon. (1824). [Rezension:] Radlof, J. G. (1825). Teutschkundliche Forschungen und Erheiterungen für Gebildete, 1. Bd. Berlin: Vossische Buchhandlung. *Allgemeines Repertorium der neuesten in- und ausländischen Literatur für 1824, 4 (21/22=3/4),* 189-191.

S. 190

Da die Zahl der in den ersten Band aufgenommenen Aufsätze sogar gross ist (68), so können wir nur einige ausheben: 2. S. 5. Auffoderung an alle *Wissenschafter* Deutschlands, den Anbau der Endsylbe niss betreffend; [...].

Simon Höchheimer (1744–1828) war jüdischer Abstammung, was damals ein Studium kaum ermöglichte. Er konnte schließlich 1791 in Freiburg als erster Jude dieser Universität den Doktorgrad der Medizin erwerben.

Höchheimer, Simon (1824). *Skizzen Meines frühern Lebens und vom Wissenswerthen zum Civilen und religiösen Leben nebst Neuer Belehrungsart in vier Absätze.* Fürth: Volkharts seel. Wittwe.

S. 13

Zu Hause unterließ ich meiner Gesundheit wegen, meine strenge Lebensart, fing aber an, an ebräische Schriften von *wissenschafter* Art geschmack zu bekommen, und lernte fleißig die Schriften von Aben Eßra die ich aber, weil ich keine ebräische Grammatik kannte, nicht gut verstund, [...].

Das Wort ,wissenschafter' wird hier offensichtlich adjektivisch verwendet, ein seltenes Auftreten, falls es sich nicht etwa um einen Setzfehler handelt.

Johann Heinrich Voß (1751–1826) studierte seit 1772 in Göttingen Philologie. Er arbeitete an verschiedenen Orten und eröffnete Kontakte mit bekannten Dichtern. Er wurde selbst ein berühmter Dichter und verfasste maßgebliche Übersetzungen der Werke Homers und Virgils. Eine Weile lebte er in Jena, ging aber 1805 nach Heidelberg. Großherzog Carl Friedrich hatte ihn als klassischen Philologen mit üppigem Gehalt und ohne Verpflichtung auf die badisch gewordene und erneuerte Universität berufen. Seine *Antisymbolik* richtete sich nicht nur, doch besonders gegen den Heidelberger klassischen Philologen Friedrich Creuzer (1771–1858).

Voß, Johann Heinrich (1824). *Antisymbolik, 1. Bd.* Stuttgart: J. B. Metzler.

S. 352f.

Wissenschaftlich aus dem Urgrund Gott leitet der gottausgründende Theolog die gegebene Dreieinigkeit ohne Weiteres, und aus dem Begriff Ordnung – den Pabst. Urwissenschaftlich weiß der Geschichtdenker dem gegebenen Ereignis ein nicht gegebenes Grundereignis herauszudenken. Nur Erfahrungen des Augenscheins im Voraus zu ordnen, ward man behutsamer, seitdem einem *Wissenschaftler* der Anatom die von vorn geleugneten Nerven nachwies: der leidige Empiriker!

Um das Spöttische Vossens im herabsetzenden Wort ,Wissenschaftler' einzuschätzen, sei wiedergegeben, worüber hier noch gesprochen wird.

S. 352

Des absterbenden Kants Ausleger und Verbesserer haderten um das Erbe des Herscherruhms mit immer feineren Luftgebilden. Aus Luft bildete man Grundlagen der sämtlichen Wissenschaften, die den

Altmodischen auf derben Erfahrungssäzen zu ruhn geschienen. Man
spähete, wie die Sokrateler, unter des Untergrunds Öde hinab, und schuf
eine urgründliche Wissenschaftslehre, aus welcher alles, was in irgend
einer Wissenschaft einmal zu erfahren sei, als weissagender Vorspuk
aufnebelte. Das Emporspannen dieses Nebelspuks nannte man Wissenschaftlichkeit; [...].
S. 370f.
Creuzer hatte bisher auf den Excerpten aus Kant und Fichte, und auf den
romantischen Kunsttheorien, fortgehockt; Daub war abgefallen, von
Kant zu Schelling. Der unreife Philolog ward angesteckt durch den
unreif abgefallenen Philosophen. Wie mochte der Philolog sich
wundern, als sein Philosoph von Schelling wieder zu Hegel abfiel!
Hier wird deutlich, dass Voss sich auch gegen Fichte, Schelling, Hegel und
allgemein gegen die neuen Romantiker richtet. ‚Wissenschaftler' soll
besonders Fichte treffen.
    Nicht anders Carl Julius Weber (1767–1832). Er studierte in Erlangen
und Göttingen die Rechte, wurde Regierungsrat, verließ die Staatsdienste
und privatisierte als Schriftsteller und Satiriker. Während er zunächst für
Rousseau schwärmte, wandte er sich später Voltaire und seiner ironierei-
chen Schreibweise zu.
    Weber, Carl Julius (1824). *Das Ritter-Wesen und die Templer,*
Johanniter und Marianer oder Deutsch-Ordens-Ritter insbesondere,
Dritter Th. Stuttgart: J. B. Metzler.
S. 427
    Aber selbst eigentliche Krieger, große Gesetzgeber, Weltphilosophen
und Denker – durchaus verschieden von Eruditis, Fakultätern, Stubenho-
ckern und *Wissenschaftlern* – sind gleichfalls stets der Meynung der
Alten gewesen.
Der Spott im ‚Wissenschaftler' ist unverkennbar.
    Der Heidelberger Chemiker und Pharmazeut Philipp Lorenz Geiger
(1785–1836) gab bekannt, dass er die Zeitschrift *Magazin für die Pharma-*
cie und die dahin einschlagenden Wissenschaften nach dem Tod des
Gründers, des Karlsruher Medicinal-Raths G. F. Hänle, fortsetzen will.
    Geiger (1824). Anzeige. *Morgenblatt für gebildete Stände. Intelligenz-*
Blatt, Nro. 27, 106.
S. 106
    Alle meine Freunde und *wissenschaftliche Männer* unserer Kunst bitte
ich, mein Unternehmen gütigst mit Beyträgen zu unterstützen.
Geiger ist wohl auch der Rezensent, der eine seltene Variation vorlegt.

anon. (1824), [Rezension:] Candolle, Augustin Pyramus de (1822). Mémoire sur les différentes espéces, races et variétés de choux et des raiforts cultivés en Europe. Paris: Madame Huzard. *Magazin für die Pharmacie und die dahin einschlagenden Wissenschaften*, 2. Jg., 7. Bd., 67-83.

S. 83

Wir glauben das Studium dieser kleinen Schrift dem Botaniker sowohl als dem *wissenschaftlichen Oekonomen* mit gleichem Rechte empfehlen zu können.

In einem Bericht über die französische Akademie wird bemerkt, dass dort mit dem Wort ‚wissenschaftliche Männer' keineswegs Ansehen und Lob verbunden sein müssen.

anon. (1824). Miscellen. *NeckarZeitung, Nro. 183*, 234.

S. 234

Während Männer von Geist die Akademie mit Spott und Geringschätzung behandelten, blieb sie im Allgemeinen doch immer ein Gegenstand ihres Ehrgeitzes. Seit dem Anfang der Regierung Ludwigs XVI. bezeichnete Frankreichs *wissenschaftliche Männer* ein Gepräge der Herabwürdigung, dessen Spur selbst noch jetzt nicht ganz verwischt ist.

Heinrich Julius Klaproth (1783–1835), Orientalist und Sinologe.

anon. (1824). [Rezension:] Klaproth, J. (1824). Tableaux historiques de l'Asie, depuis la Monarchie de Cyrus, jusqu'à nos hours, ouvrage dédié à M. M. Guillaume et Alexandre Humboldt. Paris: A. Schubarth. *Beilage zur Allgemeinen Zeitung, Nro. 176*, 705.

S. 705

Seit dieser großen, in ihren Folgen unermeßlichen Verbindung, haben *wissenschaftliche Männer* sich bemüht, die indischen und chinesischen Denkmäler aufzusuchen und zu studieren. Ihre Mühe trug Früchte [...].

Friedrich Ludewig Bouterweck, auch Bouterwek (1766–1828), Professor der Philosophie in Göttingen, Lehrer Arthur Schopenhauers.

Bouterwek, Friedrich (1824). *Die Religion der Vernunft. Ideen zur Beschleunigung der Fortschritte einer haltbaren Religionsphilosophie.* Göttingen: Vandenhöck und Ruprecht.

S. 55

Noch kürzlich hat ein Schellingianer, einer der geistvolleren dieser Schule, Professor Steffens in Breslau, der, wie alle Schellingianer, der Jacobi'schen Philosophie den Rücken zukehrt, die Lehre, die er nur vom Hörensagen zu kennen scheint, mit der Bemerkung abgefertigt, Jacobi halte sich gläubig an die Bibel, und der *Mann der Wissenschaft*, der

absoluten nämlich oder der schellingischen, habe mit diesem Bibel-
gläubigen eigentlich nichts zu verhandeln.

Krünitz (1825). Scheidekünstler. *Dr. Johann Georg Krünitz's
ökonomisch-technologische Encyklopädie oder allgemeines System der
Staats-, Stadt-, Haus- und Landwirthschaft, und der Kunstgeschichte in
alphabetischer Ordnung, 141*, 642-649. Berlin: Pauli.

S. 642

Daß die Beschäftigungen der Scheidekünstler für die Fortschritte der
Naturkunde von der größten Wichtigkeit sind, hat die Erfahrung
bewiesen; denn wir haben ihr in dieser Hinsicht die wichtigsten
Aufschlüsse zu verdanken, und die Zahl der *Wissenschafter* und
Dilettanten, die sich mit derselben beschäftigen, nimmt täglich zu; auch
wird sie jetzt weit häufiger, nicht nur von solchen Personen, die sie als
Hülfswissenschaft nöthig zu haben glauben, als die Aerzte, Apotheker,
Technologen etc., sondern auch von *Wissenschaftern*, die sich ganz
damit beschäftigen, betrieben; [...].

Radlof hat ältere Artikel versammelt, die er jedoch auffälligen Veränderungen unterworfen hat.

Radlof, Johann Gottlieb (1825). *Teutschkundliche Forschungen und
Erheiterungen, 1. Bd*. Berlin: Vossische Buchhandlung.

S. 5f.

[...]; gleich als drohete noch jetzo, schon lange zerbrochen des Römer-
joches, der furchtbare Liktor mit Beil und Ruthengebunde, de'n edelsten
freyen Teutschen das Unterwerfungsgeständniß ewig öffentlich ab; oder
als bekännten nur einzig die *Wissenschafter* –, sie, die als die fähigsten
ja vor Allen am meisten verpflichtet, das schönste Gemeingut der
Völkerschaft, die gemeinsame Sprache wissenschaftlich noch auszubilden – dieser eigenen Sprache so wenig sich mächtig, daß sie auf
eigenes Schaffen gänzlich verzichtend, gezwungen wären, nur todte
Wörter fremder Sprachen sich anzukinden, [...].

Dieser leicht veränderte Text wurde bereits 1812 veröffentlicht.

S. 109

[...]; so wenig die Herrenhuther es übel nehmen, wenn man sie Gläubige
und Fromme begrüßt; so wenig auch angehende *Wissenschafter* die
Betitelung Musensöhne sich misdeuten, obwol bis heute noch unerklärbar 'was doch den göttlich-jungfräulichen Musen wol menschliches
begegnet, daß sie in Deutschland so viele Söhne bekommen.

Dieser leicht veränderte Artikel wurde bereits 1807 veröffentlicht.

S. 277f.

Männer, die nur durch große Kenntnisse und Erfindungen in den Wissenschaften sich auszeichneten, Naturkündiger, Vernunft- und Allthumsforscher oder Philosophen, kurz *Wissenschafter**) aller Klassen, hatten auf jenes Auszeichnungswort fast keinen Anspruch.

*) Unterscheidet man die mehr gedächtnissmäßige Gelehrsamkeit mit Recht von der Wissenschaft, so ist doch zwischen dem Gelehrten und dem *Wissenschafter* ein nicht kleiner Unterschied. Möchte doch also die Obernschaft der berühmten Leipziger Schriftenthumszeitung jenen Sprachrichterhelden, der unlängst den *Wissenschafter* für einen Schnizer erklärte, künftig bey ähnlichen Miserklärungen, geradezu in die Anfangsschule verweisen.

Vorstehender Artikel wurde 1813 veröffentlicht. Er wurde Veränderungen unterzogen. Neu tritt auf das Wort ‚Sprachrichtler‘, dessen l anzeigt, dass dies ein schlechter Richter sein muss.

Mier, Friedrich (1825). Morgenstunden eines Zeitungsschreibers. *Der Baierische Volksfreund, Jg. 1825, Nro. 118+119+120+121+122+123, 478-480+483-484+486+489+493-495+498-499.*

S. 486

Eine kleine litterärische Schmuggelei lasse ich mir gefallen, es bringt Leben hinein, und macht das stillstehende Wasser der Tageslitteratur flüßig, aber dieses ist zu grob. Es ist zwar ein Feind mehr. Dieser Dramaturg und *Wissenschaftler* behandelt aber seine Freunde so gut, daß man nicht wünschen kann, ihre Zahl zu vermehren.

Doch auch in diesem Jahr herrschen die wissenschaftlichen Männer. Selbst für ein Stellengesuch werden diese herangezogen.

anon. (1825). Anzeigen. *Der Baierische Volksfreund, Jg. 1825, Nro. 68, Intelligenzblatt zur Zeitschrift, Nro. 6,* unpaginiert.

Ein *wissenschaftlicher Mann* wünscht für die Nachmittagsstunden Beschäftigung im Kopiren, oder Uebersetzen, Korrespondenz, Rechnen u. a., erbiethet sich auch zum Unterrichte in Gegenständen und Sprachen.

Johann Wilhelm Ebel (1784–1861), Prediger zu Königsberg in Preußen, vertritt die Ansicht, für einen echten wissenschaftlichen Mann gehöre auch die passende Gemütspädagogik.

Ebel, Johannes Wilhelm (1825). *Über gedeihliche Erziehung.* Hamburg: Friedrich Perthes.

S. 179

Wahrlich, um ein *wissenschaftlicher Mann* im ächten Sinne des Worts zu werden, ein wahrhaft Gebildeter zu seyn, dazu gehört eben so viel

Anlage des Gemüths als des Geistes, und wo jene fehlt oder große Schwierigkeiten, viel Leichtsinn, hervorstechende Eitelkeit und Aehnliches drohen, vielleicht jetzt schon sehr sichtbar werden, da sollten Eltern der Welt eine Plage, dem Zöglinge eine größere Verantwortlichkeit, und sich selbst ein Herzeleid ersparen, welches sie früher oder später unvermeidlich treffen müßte, ob sie sich schon eine Freude darin geträumt hatten.

Der General Graf von Anhalt konnte gebildete und wissenschaftliche Männer ohne Ranghochmut anerkennen.

anon. (1825). Von Friedrich dem Einzigen. *Didaskalia oder Blätter für Geist, Gemüth und Publizität, Nro. 340,* unpaginiert.

fünfte und sechste Seiten

Der ehemalige Besitzer des Gutes Moys bei Görlitz, Herr L. genoß die Ehre, daß der damals in dieser Stadt stehende General, Graf von Anhalt, ein Herr, welcher gebildete und *wissenschaftliche Männer* in jedem Stande nach Verdienst zu schätzen wußte, ihn oft besuchte, und, allen Stolz auf seinen hohen Rang bei Seite setzend, ihn eines sehr freundschaftlichen und vertraulichen Umgangs würdigte.

Leopold Immanuel Rückert (1797–1871), evangelischer Theologe und Diakon, bearbeitete das Problem, wie wir als wissenschaftliche Männer mit der Frage nach dem Teufel umgehen.

Rückert, L. J. (1825). *Christliche Philosophie oder: Philosophie, Geschichte und Bibel nach ihren wahren Beziehungen zu einander, 2. Bd.* Leipzig: C. H. F. Hartmann.

S. 167

Zwar darfs uns keinen Anstoß geben, Unvollständigkeit zu finden, da ihr Geschäft in diesen Schriften [des N. T.] nicht ist, Unbekanntes zum ersten Male vorzutragen, sondern an Bekanntes zu erinnern; zwar kann uns auch die wenig wissenschaftliche Form ihrer Darstellungen, ja selbst der Mangel wissenschaftlicher Schärfe nicht mehr irre machen, da wir wissen, daß weder sie selbst *wissenschaftliche Männer* waren, noch ihre Leser; [...].

Johann Gottlieb Radlof bleibt ein Anhänger des Wortes 'Wissenschafter'.

Radlof, Johann Gottlieb (1826). *Teutschkundliche Forschungen und Erheiterungen für Gebildete, 2. Bd.* Berlin: Vossische Buchhandlung.

S. 117

Im letztern Falle ist sie also Sprache durch Schrift, im erstern aber fast gleichgehaltig wie Büchersprache. Wegen dieser beiden schon längst gewöhnlichen Bedeutnisse bleibt es also dem *Wissenschafter* ein Fehler,

einer` Schrift, die nicht gesprochen werden, doch aber durch Wissen-
schaftlichkeit und Bestimmtheit über alle bisherigen Schreibungsweisen
sich ganz erheben soll, den ungenauen und doppelsinnigen Namen
Schriftsprache zu geben.

Ähnliches gilt weiterhin für Jacob Salat, bei dem jedoch der Wissenschafter
wie auch der Aufklärling einen geringeren Rang einnimmt als etwa ein
Gelehrter.

Salat, J. (1826). *Darstellung der allgemeinen Philosophie. Aus dem
Standpunkte der höheren Bildung der Menschheit; mit besonderer
Hinsicht auf ein Bedürfniß unserer Zeit, 2. Aufl.* München: Joseph A.
Finsterlin.

S. 202

Selbst die schöne und edle Inkonsequenz, die neuerlich da und dort zur
Sprache kam, und die offenbar nur das Uebersinnliche, den Gegenstand
der Philosophie und hiemit diese selbst betreffen kann, weiset hinein
oder zurück auf jenen tiefern, wahrhaft metaphysischen Grund, wie
solcher zunächst im gedachten Subjekte sich findet, während freylich
der bloße Logiker, der etwa *Wissenschafter* heißen mag, eine schöne
Folgewidrigkeit geradezu widersinnig finden muß.

S. 314

Also über jenen Ausdruck der Schule und Kirche, einer früheren Zeit,
spotten, und nichts weiter als eine Popularität, oder höchstens eine
fromme, erbauliche Formel, darin erblicken, mag nur ein Aufklärling
und der bloße *Wissenschafter*, der Intellektualist, der sogenannte
Idealist, d. i. der Spekulant, dem keineswegs der Scharfsinn und hiemit
die Schärfe, wohl aber jede Tiefe gebricht.

Jacob Salat lässt keine Ruhe aufkommen.

Salat, J. (1826). *Lehrbuch der höhern Seelenkunde; oder: Psychische
Anthropologie. Eine Vorarbeit in Absicht auf die Hauptlehren vom
Höchsten der Menschheit. Auch für Kirche und Staat! 2. verm. Aufl.*
München: Joseph A. Finsterlin.

S. 49f.

d) die Menschwerdung des Thierischen: ein Ausdruck, welcher nicht
allein dem Materialisten, sondern auch dem einseitigen *Wissenschafter*
wie ein Paradoxon auf der einen Seite, und wie baarer Mysticismus auf
der andern erklingen dürfte!

S. 388

Aber so mächtig ist 1. das logische Blendwerk: „ Natur überhaupt" oder
„im weitern Sinne" und 2) das empirische Blendwerk: „Thatsachen"!

Geblendet und gebunden von dem erstern, hat ein solcher *Wissenschafter* noch keine Ahnung davon, daß jenes Wort sich zur Bezeichnung eines Gattungsbegriffes darum nicht eigne, weil es mit dem Beyworte geistig oder sittlich eine Metapher ist; [...].

Friedrich Ferdinand Hempel (1778–1836), Jurist und Schriftsteller, entfloh nach einer Insolvenz richtung Odessa und Pest und publizierte manches, so unter Pseudonym sein gern verschwiegen angewendetes Reimlexikon.

Syntax, Peregrinus (1826). *Allgemeines deutsches Reimlexikon, 1. Bd.* Leipzig: F. A. Brockhaus.

Der Autor hält auf S. 165 fest, dass sich auf vieles, das mit den Silbenfolge ‚after‘ mit kurzem a endet, auch *Wissenschafter* reimt; auf ‚aftern‘ *Wissenschaftern*; auf ‚afters‘ *Wissenschafters*. Da ergeht es diesem Wort nicht anders als den Anwartschaftern, den Botschaftern, den Gesellschaftern oder den Kundschaftern. Für die Endung ‚aftler‘ werden keinerlei Reimangebote dargereicht, was Pingelige als einen Vorteil des ‚Wissenschaftlers‘ gegenüber dem ‚Wissenschafter‘ auslegen mögen.

Im Weiteren zeigen sich wiederum Beispiele für die Übermacht wissenschaftlicher und ähnlicher Männer.

Der *Versuch einer allgemeinen deutschen Synonymik* wurde 1795 von Johann August Eberhard (1739–1809) begonnen und 1802 mit dem sechsten Band beendet. Johann Gebhard Ehrenreich Maaß (1766–1823) eröffnete 1818 weitere Bände mit Zusätzen, die 1822 beendet wurden. Eine dritte Ausgabe setzte Johann Gottfried Gruber (1774–1851) seit 1826 fort. Sie wurde 1830 vollendet. Das Wort im Titel ‚deutschen‘ wurde gegen ‚teutschen‘ ausgetauscht.

Eberhard, Joh. Aug., Maaß, Joh. Geb. Ehrenr., Gruber, J. G. (1826). Aufklärung, Gelehrsamkeit, Wissenschaft. *Versuch einer allgemeinen teutschen Synonymik: in einem kritisch-philosophischen Wörterbuche der sinnverwandten Wörter der hochteutschen Mundart. 3. Ausg. von J. G. Gruber, 1. Bd.* Halle: Ruff.

S. 243f.

Ein aufgeklärter Mann braucht nicht gerade ein gelehrter und *wissenschaftlicher Mann* zu seyn. Wenn ein Bauer z. B. von seiner Landwirthschaft, von seinen Pflichten, kurz von dem, was er in seiner Lage unmittelbar gebraucht, klare und deutliche Begriffe hat, ohne sich durch Reichthum an anderweitigen erlernten Kenntnissen auszuzeichnen, und ohne um die letzten Gründe derer, die er wirklich hat und gebraucht, sich zu bekümmern; so ist er ein aufgeklärter Bauer, aber kein gelehrter und kein *wissenschaftlicher Mann.* –

Eben so ist Gelehrsamkeit nicht alle Mal auch Wissenschaft; denn es kann jemand eine große Menge erlernter Kenntnisse innehaben, ohne ihre letzten Gründe zu kennen und ihren Zusammenhang mit diesen einzusehen. So kann Jemand eine reiche und ausgebreitete Geschichtskenntniß aus neuern Schriften sich erworben haben, ohne bis zu den Quellen zurück zu gehen und diese kennen zu lernen. Alsdann ist er ein gelehrter Kenner der Geschichte, aber kein *wissenschaftlicher Geschichtsforscher*. –

Auch umgekehrt: der *wissenschaftliche Mann* braucht nicht gerade gelehrt zu seyn. Es kann der Geist Kraft und Fertigkeit besitzen, seine Kenntnisse auf ihre letzten Gründe zurück zu führen, ohne eben eine große Menge erlernter Kenntnisse zu besitzen. –

Ferner: der gelehrte Mann ist nicht notwendig auch aufgeklärt; denn der Mensch kann eine große Menge erlernter Kenntnisse inne haben, ohne daß viel Licht und Klarheit darin herrscht. –

Der *Wissenschaftliche* dagegen ist, als solcher, nothwendig auch aufgeklärt; denn nur durch Klarheit und Deutlichkeit des Denkens wird es möglich, den Zusammenhang einer Wahrheit mit ihren letzten Gründen einzusehen.

Damit wird ein neues Substantiv erzeugt, das ,Wissenschaftliche', das sich allerdings nicht recht durchsetzen wird, vermutlich wegen des gleichlautenden Adjektivs.

Weber, Carl Julius (1826). *Deutschland, oder Briefe eines in Deutschland reisenden Deutschen, 1. Bd.* Stuttgart: Gebrüder Franckh.
S. 33

Im Auslande opfert man weit mehr Zeit den geselligen Vergnügungen, bei uns der Eingezogenheit und dem Nachdenken – dorten finden sich die Gelehrten in der Regel nur in der Hauptstadt, bei uns überall im kleinsten Landstädtchen oft, und zwar keine eruditi, sondern denkende *wissenschaftlich gebildete, dabei praktische und handelnde Männer.*

Friedrich Wilhelm von Thiersch (1784–1860) studierte in Leipzig und Göttingen Philologie. Er wurde in Bayern Gymnasial-, dann Lyzeumslehrer, erhielt vom hellenophilen König Ludwig I. den Auftrag, das höhere Bildungswesen Bayerns umzugestalten, und hieß bald „Vater der humanistischen Bildung".

Thiersch, Friedrich (1826). *Ueber gelehrte Schulen, mit besonderer Rücksicht auf Bayern. 1. Ueber die Bestimmung der gelehrten Schulen und den Lehrstand.* Stuttgart: J. G. Cotta.
S. 162

Wir werden aber hier, wo von Wissenschaft und wissenschaftlicher Würde die Rede ist, den Theologen, den Rechtskundigen, den Arzt zunächst nicht bloß in seiner praktischen Wirksamkeit betrachten, die ihrerseits wieder nur dann volle Bedeutung und Sicherheit hat, wenn sie aus tiefer Einsicht herausgeht, und durch eine gründliche Kunde des Dazugehörigen gleichsam belebt und getragen wird; sondern wir werden den dieser Dinge Kundigen als einen Gelehrten vom Fach, als einen *wissenschaftlichen Mann* in das Auge fassen, der seinen Gegenstand, seinen Ursprung, seine Entwicklung, seine Ausdehnung mit allen Hülfsquellen, die ihm zu seinem Bestand und Wachstum offen sind, kennt und umfaßt, der auf der Höhe seines Faches steht, und eben dadurch als dessen Vertreter, Pfleger und Mehrer, als ein wahrer Gelehrter kann betrachtet werden.

Fidelis Scheu (1780–1830) studierte Philosophie und Medizin in Wien und Prag und wurde 1807 Dr. med. Später wurde er Klosterarzt der Prämonstratenserabtei Stift Tepl und Brunnen- und Badearzt im stiftseigenen Marienbad. Dort lernte er Goethe kennen, mit dem sich eine lebenslange Freundschaft entwickelte.

Scheu, Fidelis (1826). *Über die chronischen Krankheiten des männlichen Alters, ihre Vorbeugung und Heilung.* Prag: Kronberger und Weber.

S. 147

Bei dieser Gelegenheit kann ich das Beispiel eines Geistlichen nicht mit Stillschweigen übergehen, der ein sehr *scientifischer Mann*, die böse Gewohnheit hatte, bis nach Mitternacht außer dem Bette zu lesen und um diese Zeit noch schwarzen Kaffee zu trinken, um sich wach zu halten.

Die Benennung ,scientifischer Mann' war damals schon unüblich, wurde aber mühelos verstanden.

Friedrich Wilhelm Barthold (1799–1858) studierte in Berlin zunächst Theologie, ging dann in die Geschichtswissenschaft über, begab sich nach Breslau, beendete sein Studium und veröffentlichte sein erstes Buch. Später wurde er Ordinarius für Geschichte in Greifswald.

Barthold, Friedrich Wilhelm (1826). *Johann von Werth im nächsten Zusammenhange mit der Zeitgeschichte.* Berlin: G. Reimer.

S. 6

[...] Johann von Werth ein durchaus *unwissenschaftlicher Mann*, und sogar der ersten Elemente unkundig [...]

Dieser Johann von Werth (1591–1652) war einer der bekanntesten deutschen Reitergenerale im Dreißigjährigen Krieg.

Christian Moritz Pauli (1785–1825) war Gymnasiallehrer und Sprachwissenschafter. Die Ausführungen über Kalitte sind zu lang, um hier Raum zu finden.

Krünitz (1827). Schmetterling. *Dr. Johann Georg Krünitz's ökonomisch-technologische Encyklopädie oder allgemeines System der Staats-, Stadt-, Haus- und Landwirthschaft, und der Kunstgeschichte in alphabetischer Ordnung, 146*, 714-744. Berlin: Pauli.

S. 715

Woher kommt oder stammt in der Mark Brandenburg, besonders in der Mittelmark, das Wort Kalitte, womit die untere Volksklasse den Schmetterling benennt? Hierauf erfolgte von dem nun verstorbenen Dr. Chr. Mor. Pauli, einem als *Wissenschafter* und Sprachforscher rühmlichst bekannten Manne, die folgende Beantwortung, [...].

Radlof, unermüdlich, verwendet das Wort ‚Wissenschafter' in keineswegs abwertender Weise.

Radlof, Johann Gottlieb (1827). *Teutschkundliche Forschungen und Erheiterungen für Gebildete, 3. Bd.* Berlin: Vossische Buchhandlung.

S. 174f.

Dichter haben andere Zwecke, und folglich auch andere Mittel, als die *Wissenschafter*, und dennoch den Zweck „verstanden zu werden", mit diesen gemein. Dem *Wissenschafter* ist veste, gleichsam meßkundliche Bestimmtheit der Sprache durchaus nothwendig, weil Gedankenwissenschaft ohne diese kaum denkbar ist; [...].

S. 176

Sind die Stammwörter der eigentliche Grundstoff jeder gebildete Ursprache, wodurch die Rede, und also auch alle Sprachlehre erst möglich wird: so muß auch eine vollständige und gesichtete Ansammlung de`rselben, als den Grundstockes de`r gesammten Gedankenzeichen, für jeden Denkenden, den Lehrer wie den Schüler, den *Wissenschafter* wie den Schriftsteller, ein wichtiger Gegenstand der Betrachtung seyn.

Georg Franz August de Longueval, Baron von Vaux, Graf von Buquoy (1781–1851) studierte Mathematik, Physik, Chemie, Technologie, Nationalökonomie, Anatomie, Zoologie, Botanik und Philosophie auf der Wiener Ritterakademie.

Buquoy, Georg von (1827). *Anregungen für philosophisch-wissenschaftliche Forschung und dichterische Begeisterung, in einer Reihe*

von Aufsätzen eigenthümlich der Erfindung und der Ausführung.
Leipzig: Breitkopf und Härtel.

S. 666f.

Wir besitzen keinen eigenthümlichen Ausdruck, um überhaupt Jenen zu bezeichnen, der durch eigene Produktivkraft die Wissenschaft pflegt. Fälschlich nennen wir ihn oft einen Gelehrten, da er ja auch ein ungelehrter Selbstdenker seyn kann. So wie nun Künstler Jeder heißt, der die Kunst selbstproduktiv treibt, sey er übrigens artistisch gelehrt gebildet, oder ein Originalgenie; eben so könnte *Wissenschaftler* oder *Wissenschäftler* oder *Wissenschafter* oder *Wissenschäfter* Jeder genannt werden, der die Wissenschaft selbstproduktiv (nicht als Mäzen, als bloßer Wissenschaftsbeförderer) pflegt, er möge nun als Gelehrter den von andern begonnenen Faden weiter fortspinnen, oder als ungelehrtes Originalgenie, rücksichtslos gegen bisherige Forschung, sich sein eigenes wissenschaftliches Gebiet hinzaubern.

Graf Buquoy offeriert vier Varianten des Wortes für jemanden, der sich wissenschaftlich betätigt. Anscheinend sind sie ihm gleich gültig und sollen für eine große Menge Kandidaten gelten, unabhängig vom Universitäts-Studium oder Abschluss eines solchen.[96]

Wilhelm Traugott Krug über den Belletristen, dessen etwas irreleitende deutsche Bezeichnung und die Einbildungskraft.

Krug, Wilhelm Traugott (1827). *Allgemeines Handwörterbuch der philosophischen Wissenschaften, nebst ihrer Literatur und Geschichte. Nach dem heutigen Standpuncte der Wissenschaft, 1. Bd.* Leipzig F. A. Brockhaus.

S. 270

Bellettrist bedeutet eigentlich einen, der sich mit den schönen Wissen-schaften (belles lettres) beschäftigt – man könnt' es also im Deutschen durch *Schönwissenschaftler* übersetzen – wird aber auch oft in der Bedeutung von Schöngeist genommen. S. diese beiden Artikel.

S. 604f.

Daher soll der schöne Künstler nicht seine Besonnenheit verlieren, damit seine Einbildungskraft nicht ausschweifend oder excentrisch werde, weil sie in diesem Falle nichts als regellose Frazzenbilder oder Misgeburten hervorbringen würde. Diese Regel gilt aber nicht bloß für

---

[96] Buquoys Übersicht über die sprachlichen Möglichkeiten der Benennung jener, die durch eigene Produktivkraft die Wissenschaft pflegen, wird mit einer auffallenden Veränderung auch gedruckt in *Isis, 1829, Hft. XI*, Sp. 1123.

den Künstler, sondern auch für den *Wissenschaftler* und den Menschen überhaupt.

Krugs Hinweis erfolgt im dritten Band.

> Krug, Wilhelm Traugott (1828). *Allgemeines Handwörterbuch der philosophischen Wissenschaften nebst ihrer Literatur und Geschichte. Nach dem heutigen Standpuncte der Wissenschaft, 3. Bd.* Leipzig F. A. Brockhaus.

S. 597

> *Schönwissenschaftler* haben die neuern Puristen für Belletristik gebraucht. Die Endung giebt aber dem Worte eine üble Nebenbedeutung, so daß es vielmehr einen affectirten Belletristen bezeichnet, also einen nahen Verwandten des Schöngeistes. [...]. Die Benennung ist jedoch überhaupt nicht recht passend, da es eigentlich keine schöne Wissenschaften giebt.

Die neuern Puristen, also selbsternannte Sprachreiniger, wollten im Deutschen das französische Wort ‚Belletrist' umgehen und übersetzten es daher anspruchslos mit ‚Schönwissenschaftler' oder auch ‚Schönwissenschafter', dabei nicht selten die so Bezeichneten verprellend.

Elkan Henle (1761–1833), Kaufmann und Kämpfer für Emanzipation der bayerischen Juden. In diesem Werk kritisierte er den Reformkatechismus des Alexander Behr.

> Henle, Elkan (1827). *Die Stimme der Wahrheit. In Beziehung auf den Kultus der Israeliten und die diesfalls eingeleitete Umstaltung, mittelst Religionslehre, Konsistoriums und hoher Talmud-Schulen etc. etc. in drey Abtheilungen.* Fürth: s. n.

S. 85

> Es ist Wenigen so bekannt als mir, wie sehr diese schroffe Idee von einigen Reformatoren zum Hebel der ganzen Maschine für künftigvorzuschlagende Reformationen im Kultus der Israeliten ausersehen wurde. Man muß vermög dieses Projectes für jede israelitische Gemeinde einen Rabbiner zu religiösen Funktionen, (er bedarf nur talmudistischer Gelehrsamkeit) und einen Prediger, (er bedarf nur des Rufs als *Wissenschaftler*) anstellen etc.

Salat greift auf den wissenschaftlichen Mann zu, der zu einer Pseudogestalt umgewandelt wird.

> Salat, J. (1827). *Grundlinien der allgemeinen Philosophie. Nach der zweyten Auflage seiner Darstellung.* München: Joseph A. Finsterlin.

S. 69

Wer möchte läugnen, daß auch der Sophist, sey es dann der Rabulist oder sonst irgend ein feiner Weltling, die Logik wohl und zwar mit Auszeichnung lehren könnte? Wofern ein Solcher, z. B. der feine und zugleich unsittliche Politiker, aus dem Felde seiner Praxis in das Gebiet dieser Theorie einträte; so könnte und würde er nun desto mehr als Logiker, als *wissenschaftlicher Mann* in dieser Gestalt, erglänzen.

Johann Friedrich Eusebius Lotz (1771–1838) studierte in Jena die Rechtswissenschaft und arbeitete hauptsächlich im Dienst des Doppelherzogtums Sachsen-Coburg und Gotha.

Sch-n (1827). [Rezension:] Lotz, Johann Friedrich Eusebius (1821+1822). Handbuch der Staatswirthschaftslehre [Drei Bände]. Erlangen: Palm und Enke. *Ergänzungsblätter zur Jenaischen Allgemeinen Literatur-Zeitung, Num. 88+89*, Sp. 315-322+323-330.

Sp. 317

Es muß daher die Regierung aus Personen bestehen, welche tüchtige Natur-, Fabrik- und Maschinen-Kenner, gute Rechner oder Mathematiker sind, und die Land- und Forst-Oekonomie, die Vieh- (besonders die Schaaf-) Zucht u. s. w., den Bergbau, das Hütten-, Fabrik- und Handlungs-Wesen durchaus verstehen; und es kann nicht schwer halten, eine solche Regierung zu bilden, da es selbst von ihr abhängt, auf Förderung der Wissenschaften zu sehen, und nur *wissenschaftliche Männer* zum Staatsdienste zu berufen.

Karl Christian Friedrich Krause (1781–1832) studierte Philosophie und Mathematik in Jena und hörte Fichte und Schelling. Er dozierte als Privatdozent in Jena, in Berlin, in Göttingen, konnte aber keine Professur besetzen. Sein eigenes System der Philosophie nannte er Wesenlehre.

Krause, Karl Chr. Fr. (1828). *Abriß des Systemes des Philosophie des Rechtes, oder des Naturrechtes. Nebst einer kurzen Darstellung der geschichtlichen Entwickelung der Begriffe des Rechtes und des Staates in den bekanntesten Systemen der Philosophie.* Göttingen: Dieterich.

S. 175

Man pflegt diese in der geschichtlichen Gegebenheit des Lebens sehr schwierige Lehre gewöhnlich nur von Seiten des davon jetzt auch leider unter den gebildeteren Völkern für die *Wissenschafter* und Künstler noch ganz oder großentheils abhangigen Eigenthumrechts an nützlichen Gütern zu betrachten, und dabei noch dazu das erst mittelbare und nur theilweise Recht der die süßere Erscheinung und Darstellung der reingeistigen Wissenschaftwerke und Kunstwerke besorgenden und befördernden Gewerke und Gewerbe (z. B. der Buchhändler und

Kunsthändler, deren Sachrecht daran übrigens allerdings auch unverletzt zu erhalten ist), in rechtliche Betrachtung zu ziehen, und dabei jenes ursprüngliche, und heilige Recht der Urheber der Geisteswerke in Wissenschaft und Kunst entweder ganz zu vergessen, oder doch nur als Nebensache hintanzusetzen, – das Recht: den Kreis seiner Mittheilungen, – sein Publicum, sich selbst zu wählen und zu bestimmen, und nach eignem Ermessen zu erweitern, oder auch zu verengern.

Der Philologe Johann Christoph Vollbeding hat sein *Gemeinnütziges Wörterbuch* erneut überarbeitet. Ein Teil stammt aus früheren Auflagen und zeigt den Wissenschaftler noch mit l, der neuere Teil ist ergänzt worden und zeigt ihn ohne das l mit jener üblen Nebenbedeutung.

Vollbeding, Joh. Chr. (1828). *Gemeinnütziches Wörterbuch zur richtigen Verdeutschung und verständlichen Erklärung der in unserer Sprache vorkommenden fremden Ausdrücke. Für deutsche Geschäftsmänner, gebildete Frauenzimmer und Jünglinge bearbeitet, 3. Aufl.* Berlin: C. Fr. Amelang.

S. 359

homme de lettres (spr. Omm–): Gelehrter, *Wissenschaftler*.

S. 363

Literator: Bücherkenner, Kenner des Zustandes der Gelehrsamkeit; Gelehrter; der Wissenschaftsfreund, *Wissenschafter*.

Die l-Losigkeit wäre ein interessantes Zeichen, wäre es denn sicher, dass es den Wunsch des Autors erfüllt, nicht der Absicht oder dem Irrtum des Setzers entspringt. Anders macht es Heinsius. Er kehrt hier wieder zurück zum Einsatz dieses l.

Heinsius, Theodor (1828). *Vollständiges Wörterbuch der deutschen Sprache mit Bezeichnung der Aussprache und Betonung für die Geschäfts- und Lesewelt. 1. Bd., A-F.* Wien: Christian Friedrich Schade.

S. XII

Der Dichter und Redner empfindet das freilich nicht, denn die Sprache des Gefühls ist unter uns reich und ausgebildet; aber der *strenge Wissenschaftler*, der Künstler, der Krieger, der Kaufmann, hat, jeder für sich, nur zu verlieren, weil er seine Sprache nicht aus dem innersten Leben des Volks, sondern aus fremdem Boden mit der Sache herüber genommen hat.

Auch in diesem Jahr wird der Gebrauch des Wortes ‚Wissenschafter‘ durch ‚wissenschaftlicher Mann‘ und dessen Plural überflügelt.

anon. (1828). Korrespondenz-Nachrichten. London. Mai. *Morgenblatt für gebildete Stände, No. 137*, 545-548.

S. 548

Man fragte, was denn aus den vielen Flüßchen werde, die ihr klares Wasser in frühern Zeiten durch die Stadt und die Vorstädte gewälzt, und man erfuhr, daß sie zum Wegwaschen des städtischen Unraths benutzt werden, und mit 145 schwarzen Cloakenmündungen in die Themse einbrechen; und um auch die lezte Hoffnung zu vernichten, dieses Höllenwasser werde täglich einmal wenigstens von dem Meere aufgenommen, bewiesen einige boshafte *wissenschaftliche Männer*, daß das Wasser der Themse eigentlich nie in das Meer fließe, sondern durch jene große Wassermasse aufgehalten, von der Ebbe und Fluth in beständiger Schwingung erhalten werde, und eigentlich nur durch die Ausdünstung einen Abgang erleide.

Friedrich Ludwig Keller (1799–1860) studierte Rechtswissenschaften in Berlin und Göttingen und wurde in seinem Heimatland Professor in Zürich.

Keller, F. L. (1828). *Die neuen Theorien in der Zürcherischen Rechtspflege*. Zürich: Geßner.

S. 18f.

Jedem *wissenschaftlichen Mann* aber ist es eben so begreiflich, daß man Römisches Recht zum Zweck der formellen Bildung des juristischen Verstandes studiren könne, wie er einsieht, daß beim Studium Römischer und Griechischer Sprache die allgemeine formelle Bildung im Ganzen Hauptzweck ist; und so lächerlich man es finden würde, wenn jemand aus dem letztern den Verdacht schöpfen wollte, man gehe damit um, in unserm guten Zürich die Leute Lateinisch oder Griechisch reden zu machen, gerade so verkehrt ist der Schluß: Weil man Römisches Recht kenne und liebe, so strebe man danach, dasselbe auf Kosten des Zürcherischen einzuführen.

Hier werden die Fortschritte der Wissenschaft in der Erkundung der Geschichte der deutschen Sprache gelobt. Autor 107 ist nicht ermittelt.

107. (1829). Deutsche Sprache, Poesie und Sitte. *Blätter für literarische Unterhaltung, Jg. 1829, Nr. 176*, 702-704.

S. 703

Warum zweifeln, wo wir so gern hoffen? Haben wir nicht in allen Lebensbeziehungen Wunder erlebt in Deutschland, seit das 19. Jahrhundert anbrach? Fahre der *Wissenschafter* fort, nach historischen und philosophischen Gründen die Urzeiten zu erschließen; das Glück des Vaterlandes wird ihm gewiß mit noch immer wichtigern Entdeckungen wunderbar günstig und bestätigend entgegenkommen und so immer mehr hier das alte, dort ein neues Deutschland entstehen.

Jacob Salat, Vertreter eines aufgeklärten Katholizismus, polemisiert abermals gegen Fichte, Schelling, Hegel, die er als Wissenschafter diskreditiert, gegen Baader, Eschenmayer, Wilhelm Anton Günther und andere Vertreter des katholischen Obskurantismus. Wie ‚Grundbestimmung' und ‚Grundlegung' nahelegen, auch gegen Wolff und Wolffianer.

Salat, J. (1829). *Wahlverwandtschaft zwischen dem sogenannten Supernaturalisten und Naturphilosophen mit Verwandtem. Auch gegen neue Umtriebe des Obskurantismus, vornehmlich im deutschen Osten und Norden. Nebst Aufschlüssen über Neues im Süden.* Landshut: Joseph Thomann.

S. 89

Gegen diese wissenschaftliche Bestimmung, die vielleicht sodann eine Grundbestimmung heißt, sticht freylich nicht wenig ab, was oben (S. 55) vom Geiste, auch in subjektiver Hinsicht, gesagt wurde. Indess, der muthige *Wissenschafter* (dieser Art) erklärt wohl nicht nur den guten Geist, sondern auch jenen der Wahrheit und Tugend, für eine Popularität; und warum nicht auch den heiligen Geist? Die Wissenschaft spricht!

Johann Jacob Ewich (1788–1863) wurde Volksschullehrer. Er war mit Adolph Diesterweg befreundet und verfasste pädagogische Lehrbücher.

Ewich, Johann Jacob (1829). *Human, der Lehrer einer niederen und höheren Volksschule in seinem Wesen und Wirken. II. Theil. Der Lehrplan.* Wesel: J. J. Bagel.

S. 226

Man gebe der Jugend in der Geographie und Geschichte nicht zu viel gleichartige Dinge, aus denen sie nur ein und dieselbe Wahrheit, Lebensregel, etc. ziehen kann, oder, die in dieser oder einer andern Rücksicht gar nichts gelten. Dinge der Art sind für den *Wissenschafter*, für den Forscher; aber nicht für denjenigen, der hier nur auf allgemeine Bildung Anspruch macht.

Georg Ferdinand Forstner von Dambenoy (1764–1836) studierte in Jena, war Gutsherr, arbeitete als Agrarschriftsteller und erhielt 1817 die Professur der Staatswissenschaften in Tübingen.

Forstner, Georg v. (1829). *Gegenwärtiger Zustand der deutschen Landwirthschaft bey ihren dringendsten Bedürfnissen.* Tübingen: C. F. Osiander.

S. 28

Jene abstrakten *Wissenschaftler* leisten der Industrie (rebus sic stantibus) nur im ganz verjüngten Maasstabe Dienste; sie sind im eigentlichen Sinne des Wortes, bloße Nullen, wie die Romanenhelden, vor welchen jedes Hinderniß verschwindet und welche ungeheure Thaten ohne die geringste Mühe und Anstrengung da volbringen, wo die Einbildungs-kraft zauberisch herrscht.

Jean-Pierre Abel-Rémusat (1788–1832) studierte Medizin, spezialisierte sich jedoch auf Sinologie. Er wurde Professor am Collège de France.

anon. (1829). Einiges über China und Chinesen nach Abel-Remusat. *Wiener Zeitschrift für Kunst, Literatur, Theater und Mode, 14, Nr. 139,* 1138-1143.

S. 1143

Nehmen wir aber auch an, die Chinesen, die zu uns kommen, seyen unterrichtet, und nicht so unwissend wie gewöhnlich: so werden wir doch wenig Wichtiges von ihnen erfahren. Der Titel Literat darf uns nicht irreführen. In China gibt es wie bey uns eine Menge *Wissen-schäftler,* aber nur wenige Gelehrte. Käme auch ein chinesischer Literat, Baccalaureus oder Licenziat zu uns, so würde er uns kaum etwas von dem lehren können, was wir wissen wollen. Dieß wird klar, wenn wir die Ordnung bedenken, der diese Literaten in ihren Studien folgen und den Zweck, den sie dabey haben, was sie damit erreichen wollen. Sie legen sich ihr ganzes Leben auf das Studium der Wissenschaften, die sie zu Amt und Würden führen können. Deshalb lesen sie nichts als moralische Schriften.

Das Wort ‚Wissenschäftler' ist offensichtlich nicht sehr schmeichelnd verwendet.

Louis Antoine Fauvelet de Bourrienne (1769–1834), Diplomat und Politiker sowie lange Zeit Privatsekretär des Napoleon Bonaparte. In diesem Absatz geht es um das Pariser Institut und die Klasse für schön-wissenschaftliche Literatur.

de Bourrienne, Louis Antoine Fauvelet (1829). *Memoiren des Staats-ministers von Bourrienne über Napoleon, das Directorium, das Consulat, das Kaiserreich und die Restauration, 5. Th.* Leipzig: Paul Gotthelf Kummer.

S. 147

Uebrigens machte es dem Oberconsul Vergnügen, bei dieser Gelegen-heit den *Schönwissenschaftern* zu beweisen, daß er sie nicht sehr achte. Wenn er mit mir von ihnen sprach, nannte er sie nur Schwätzer (phraseurs). Er verzieh ihnen nicht, ihre Ueberlegenheit in einem Fache, in dem er zurückstand, und bis auf einige ihn rührende Witzblicke habe ich keinen Mann gekannt, welcher für schöne Gedichte und Prosa unempfindlicher war als Napoleon.

Das Wort ‚Schönwissenschaftern‘ ist die schon etwas veraltete Eindeutschung für ‚gens de lettres‘. Dies sind entsprechenden Originalsätze.

de Bourrienne, Louis Antoine Fauvelet (1829). *Mémoires sur Napoléon,
le Directoire, le Consulat, l'Empire et la Restauration. T. 5.* Paris:
Ladvocat.

S. 245

D'ailleurs le premier consul n'était pas faché de témoigner, en agissant
de la sorte, le peu d'estime qu'il faisait des *gens de lettres*. Quand il
m'en parlait, lorsque j'étais auprès de lui, il les appelait des phraseurs;
[...].

Eines Stellenangebots wegen wird ein wissenschaftlicher Mann gewünscht.

anon. (1829). Angebotene Stellen. *Allgemeiner Anzeiger der Deutschen.
Der öffentlichen Unterhaltung über gemeinnützige Gegenstände aller
Art gewidmet, 77 (56),* Sp. 643.

Sp. 643

In einer Apotheke einer Mittelstadt des Voigtlandes, wird kommende
Ostern ein solider und *wissenschaftlicher Mann,* der sich nöthigenfalls
einer Prüfung unterwerfen kann, als Gehülfe gesucht.

Einen wissenschaftlichen Mann als Apothekengehilfen zu suchen, klingt
etwas unpassend.

R...s, A. (1829). Kanton Solothurn. *Der aufrichtige und wohlerfahrene
Schweizer-Bote, Nr. 53,* 420-421.

S. 421

Diese Mängel werden zum Nachtheil unserer Jugend um so verderblicher wirken, weil um und um, in großen und kleinen Städten, ja sogar
die jesuitische Schule in Freiburg nicht ausgenommen – vor der uns
unsere hohe Landesregierung ewig bewahren wolle – zur Bildung
wissenschaftlicher Männer und künftiger guter Handwerker weit mehr
gethan wird, als bei uns.

Johann Jakob Friedrich Weinbrenner (1766–1826) war der klassizistische
Architekt, der besonders das Stadtbild Karlsruhes und auch des sonstigen
großherzoglichen Badens prägte.

Weinbrenner, Friedrich (1829). *Denkwürdigkeiten aus seinem Leben,
von ihm selbst geschrieben.* Heidelberg: Georg Reichard.

S. 13

Nachdem nun Major Lux, der ein äußerst gebildeter und *wissenschaftlicher Mann* war (dessen Asche ich hier noch meinen Dank für seine mir
erwiesene Leitung bringe), unsere Arbeiten und gegenseitige In-
structionen gesehen hatte, freute er sich über unsere Lernbegierde, und

rieth mir an, ich sollte aufs neue das Gymnasium besuchen, um die reine und angewandte Mathematik, so wie die Physik gründlich zu erlernen, und das, was ich bisher in dem Schulunterricht versäumt, so viel wie möglich nachzuholen.

Neben dem wissenschaftlichen Mann tritt auch der unwissenschaftliche auf, eine Negation, die mit ‚Wissenschafter' nicht herbeizuzaubern ist.

Ritter, Heinrich (1829). *Geschichte der Philosophie alter Zeit. 1. Th.* Hamburg: Friedrich Perthes.

S. 165

Wir enthalten uns also des Gebrauchs solcher Zeugnisse, welche, nur der Sage entnommen, in späterer Zeit zur Beglaubigung eines Vorurtheils von *unwissenschaftlichen Männern* sind gebraucht worden, und nur über die Lehre von der Seelenwanderung entscheiden wir uns, daß sie den Pythagoreern und den Aegyptern gemein war.

Johann Georg Mußmann oder Mussmann (1798–1833) studierte in Halle, promovierte in Berlin, habilitierte sich in Halle und erlangte dort 1829 eine außerordentliche Professor. Er war zunächst ein Jünger Hegels, ging aber bald auf Abstand zu ihm.

Mussmann (1830). Ersch, J. S. & Gruber, J. G. (Hrsg.). Obscurant und Obscurantismus. *Allgemeine Encyklopädie der Wissenschaften und Künste: in alphabetischer Folge / 3. Section, O-Z, 1. Th.*, 210-217.

S. 217

Der sich dem Neuen widersetzende und selbiges bestreitende ältere Kunstgeist offenbart sich aber so als Obscurant, d. h. als ein solcher, welcher sich nicht mehr zu der vollkommen freien Erfassung, Erkennung und Beurtheilung des wirklich und wahrhaft oder vollkommen erschienenen Kunstschönen erheben kann. Welche Kämpfe daher die wahren Künstler, wie die wahren *Wissenschafter*, mit dem ungebildeten oder halbgebildeten Volksgeiste zu bestehen, und welche Vorsicht sie in der Vollbringung des Neuen stets nöthig gehabt haben, lehrt die Geschichte und heutige Erfahrung zur Genüge.

Oertel verwendet weiterhin das Wort ‚Schönwissenschafter', das bereits in der ersten Auflage 1806 aufscheint. Eine Bewertung nimmt er nicht vor.

Oertel, Eucharius Ferdinand Christian (1830). *Gemeinnütziges Fremdwörterbuch zur Erklärung und Verdeutschung der in unsrer Sprache vorkommenden fremden Wörter und Ausdrücke, nach ihrer Rechtschreibung, Aussprache, Abstammung und Bedeutung aus alten und neuen Sprachen erläutert. Ein Hülfsbuch für Geschäftsmänner und Gebildete aus allen Stände, 4. Aufl., 1.+2. Bd.* Ansbach: W. G. Gassert.

S. 134

Belles lettres, f. franz. spr. bell Letter, v. lat. bellae litterae: die schönen Wissenschaften, schönen Redekünste. Belletrist, *Schönwissenschafter*, Schönredekünstler, Schöngeist, Liebhaber der schönen Wissenschaften. Belletristerei, Beschäftigung mit den schönen Wissenschaften. Belletristisch, *schönwissenschaftlich*, schönredekünstlich, schöngeisterisch.

S. 411

Humanist, *Schönwissenschafter*, der sich mit den Humanioribus od. schönen Wissenschaften beschäftigt, versch. v. Humorist. Humanität, humanitas, ein Modeausdruck von Herder und seinen Nachahmern [...].

Hier ist zu bemerken, dass ‚Scienz‘ in dieser Auflage des Fremdwörterbuches nicht mehr vorkommt. Ein paar Auffrischungen hat Oertel somit vorgenommen. Er nimmt sich auch des Wortes ‚Wissenschafter‘ an. Die mit l ergänzte Version wird gleichfalls behandelt, nicht ohne den Kontrast zwischen beiden hervortreten zu lassen.

Oertel, Eucharius Ferdinand Christian (1830). *Grammatisches Wörterbuch der Deutschen Sprache; wobei zugleich Abstammung, Laut- und Sinnverwandtschaft, Sprachreinigung und Wortneuerung beachtet wird. Für Schriftsteller, Schullehrer, Friedens- und Kriegsbeamte, Kanzleiherren, Buchhändler, Kauf-, Handels- und andere Geschäftsleute, 2. Bd., 2. Abt.* München: Ernst August Fleischmann.

S. 262

Wissenschafter, wer einer Wissenschaft obliegt. *Wissenschaftler*, kleinlichter Wissenschafter.

Johann Chrysostomus Sporschil (1800–1863) war Journalist und Fachschriftsteller.

Sporschil, Johann (1830). *Vollständiges Englisch-Deutsches und Deutsch-Englisches Wörterbuch, enthaltend alle in beiden Sprachen allgemein gebräuchliche Wörter. In zwei Theilen. Theil II. Deutsch und Englisch. Nach den anerkannt besten Schriftstellern, insbesondere nach Heinsius großem, volksthümlichen Wörterbuche der deutschen Sprache bearbeitet.* Leipzig: A. G. Liebeskind.

S. 758

Wissenschaftler, m. (pl. –), cont. scholar.

Hier muss geklärt werden, was die Abkürzung „cont.“ besagt: „contemptuously, or marks a word of contempt,“ verächtlich, oder bezeichnet einen Ausdruck der Verachtung (S. XIX des ersten Bandes). Damit liegt Sporschil richtig. Merkwürdig ist nur, dass dem Wort ‚Wissenschafter‘ kein Platz eingerückt wurde. Es könnte ein Versehen sein.

Carl Friedrich Zelter (1758–1832) gehörte als Professor der Königlich Preußischen Kunstakademie an. Er zielte mit ‚den frostigen Wissenschaftlern' offensichtlich auf die Professoren der Berliner Universität.

Zelter, Carl Friedrich (1830/o. J.). [Brief an Goethe, 15. Juni 1830] Riemer, Friedrich Wilhelm (1834). *Briefwechsel zwischen Goethe und Zelter in den Jahren 1796 bis 1832, 5. Bd., die Jahre 1828-1832.* Berlin: Duncker und Humblot.

S. 460

Wir präpariren uns (im großen Universitäts-Hörsale) am 25sten d. eine tüchtige Musik, die wir uns selber machen, zum Feste der Augsburgischen Konfession abzusingen und den frostigen *Wissenschaftlern* das Fell zu rucken. Niemand hat gedacht daß das gehen würde und siehe es geht.

Zusammenfassend ist festzustellen: Oertel, Sporschil und Zelter bewerten ‚Wissenschaftler' in gleicher Weise, und so war es damals üblich.

Goethe gab der viel längern, durch ‚Mann' bereicherten Ausdrucksweise den Vorzug. Ein Wissenschafter kommt bei ihm nicht vor.

Goethe, Johann Wolfgang (1830). Betrachtungen im Sinne der Wanderer. Kunst, Ethisches, Natur. *Goethe's Werke. Vollständige Ausgabe letzter Hand, Bd. 32*, 213-255. Stuttgart, J. G. Cotta.

S. 242-243

Weder Mythologie noch Legenden sind in der Wissenschaft zu dulden. Lasse man diese den Poeten, die berufen sind sie zu Nutz und Freude der Welt zu behandeln. Der *wissenschaftliche Mann* beschränke sich auf die nächste klarste Gegenwart. Wollte derselbe jedoch gelegentlich als Rhetor auftreten, so sey ihm jenes auch nicht verwehrt.

Joseph Johann Littrow (1781–1840) war Professor der Astronomie, erst in Krakau, dann Kasan, dann Wien. Über die Brille weiß er dies zu sagen.

Littrow, Joseph Johann (1830). *Dioptrik, oder Anleitung zur Verfertigung der Fernröhre.* Wien: J. B. Wallishausser.

S. 424f.

Diese in der That grosse und wohlthätige Erfindung, die unser Leben durch eine wundervolle Unterstützung unsers edelsten Sinnes gleichsam zu verlängern bestimmt ist, indem sie uns von der traurigen Unthätigkeit, der grössten Beschwerde des höheren Alters, befreyt, und die besonders den *wissenschaftlichen Mann*, wenn ihn die Natur schon zu verlassen scheint, wieder mit neuen jugendlichen Kräften ausrüstet, seine angefangenen Arbeiten zu vollenden, und seine in dem Laufe des ganzen Lebens gesammelten Erfahrungen zu ordnen, und niederzulegen

als den Zeugen seiner Bemühung, als das Erbe für die Nachwelt, – diese
preiswürdige Erfindung hätte, einmal gemacht, nicht mehr verloren
gehen können.

Friedrich Ernst Daniel Schleiermacher (1768–1834) studierte evangelische
Theologie in Halle, wurde 1796 Prediger an der Berliner Charité und 1806
Professor in Halle. 1810 ernannte man ihn zum Ordinarius und Gründungs-
dekan der Theologischen Fakultät der Berliner Universität. Philipp Karl
Buttmann (1764–1829) wirkte als Bibliothekar, Pädagoge, klassischer
Philologe und Mitglied der Berliner Aufklärungsbewegung.

> Schleiermacher, Friedrich Ernst Daniel (1830). Gedächtnißrede auf
> Philipp Buttmann. Gelesen in der öffentlichen Sitzung vom 8. Julius
> 1830. *Sitzungsberichte der Berliner Akademie der Wissenschaften.*
> Berlin: Königliche Akademie der Wissenschaften.

S. XIf.

Denn hat uns irgend ein *wissenschaftlicher Mann* verlassen: so
wetteifern nach Maassgabe als er ausgezeichnet war, gleich alle
litterarischen Blätter um den besten Nekrolog, gehn auch dem gelehrten
Deutschland mit möglichst genauen Verzeichnissen seiner Schriften an
die Hand und voran, ja auch das allgemein menschliche wird in dem
Maass wie es sich darbietet mit in die Darstellung gezogen, so daß uns,
die wir nur an Einen Tag jährlich gebunden sind, selten etwas übrig
bleiben würde, als berichtigende und ergänzende Wiederholung dessen
was schon außer unserm Kreise gesagt worden ist.

Placidio Soukias Somalean (1776–1848), Arcivescovo Di Siunia, Abate
Generale Della Congregazione dei Monaci Armeni Mechitaristi di S.
Lazzaro.

> Neumann, Carl Friedr. (1830). [Rezension:] Somal, Placidio Sukias
> (1929). Quadro della storia letteraria di Armenia. Venezia: Tipografia
> Armena di S. Lazzaro. *Morgenblatt für gebildete Stände. Litera-*
> *tur-Blatt, No. 34,* 133-134.

S. 134

Vorzüglich kann sich das dreizehnte Jahrhundert dreier ausgezeichneten
Historiker rühmen, Vanagan, Vartan der große und Cyriakos; das Werk
des erstern beschäftigt sich großentheils mit der Geschichte der
Mongolen und was dem Verfasser in der Gefangenschaft und Sklaverey
widerfahren ist; Vanagan ward nämlich, wie viele andere *wissenschaft-*
liche Männer seiner Zeit, von den Horden des Tschinggis um 50 Piaster
verkauft.

Karl Ferdinand Gutzkow (1811–1878), Schriftsteller und Dramatiker, der eine wichtige Figur in der jungdeutschen Bewegung spielte. Er bringt in dieser anonymischen Arbeit eine Übersicht der zeitgenössischen Zeitschriften der belletristischen Sorte. ‚Naturalist‘ steht für jemanden, der etwas nur nach natürlicher Anlage, also ohne jede Kunst betreibt.

anon. (1831). Emanation des Objects aus dem Subject. *Forum der Journal-Literatur. Eine antikritische Quartalschrift, 1 (1)*, 1-40.

S. 34f.

Doch ich glaube, es wird hier Zeit sein zu erinnern, dass ich nicht darauf allein lossteure, die schönwissenschaftliche Literatur möchte von der hohen und höchsten Welt beachtet werden, vielmehr bring’ ich in Erinnerung, dass die bisher beleuchtete Abhülfe anerkannter Uebelstände nur theilweis empfohlenes Mittel zu einem höheren Zweck sein sollte. Denn wenn auch eine gewisse rege Theilnahme der Gelehrten an dem Treiben der Naturalisten, wie man die *Schönwissenschaftler* genannt hat, zweckmässig und erspriesslich sein muss, so dürfen wir doch bei der blossen Berücksichtigung und Theilnahme nicht stehen bleiben, sondern die Hauptaufgabe liegt weiter hinaus, und in ihr wesentlich das Heil unserer Gesammtliteratur.

Krug verweist auf die Ähnlichkeit der Endsilbe bei ‚Künstler‘ und ‚Wissenschaftler‘. Er hätte ebenso gut auf ‚Tischler‘ hindeuten können, hätte jedoch auch die Unähnlichkeit zwischen ‚Wissenschaftler‘, ‚Gesellschafter‘ und so fort in Kauf nehmen müssen.

Krug, Wilhelm Traugott (1831). *Universalphilosophische Vorlesungen für Gebildete beiderlei Geschlechts.* Neustadt a. d. Orla: Johann Karl Friedrich Wagner.

S. 356

Der rohe Mensch weiß wohl auch etwas. Aber sein Wissen ist so beschränkt, und so zerstückelt, daß es den Namen der Wissenschaft gar nicht verdient. Denn Wissenschaft bedeutet ein gründliches, geordnetes innig zusammenhangendes Wissen.

Um aber zu einem solchen Wissen zu gelangen, ist Studium d. h. beharrliches Lernen und Nachdenken erfoderlich. Darum nennt man die, welche sich den Wissenschaften ergeben, mit Recht Studirende, obwohl das Studiren sich nicht blos auf die Jugendzeit beschränken, sondern das ganze Leben hindurch gehen soll. Wer so studirt hat, könnte nach der Aehnlichkeit des Wortes Künstler ein *Wissenschaftler* heißen. Man nennt ihn aber lieber einen Gelehrten, weil Lehren und Lernen immer

Hand in Hand gehen müssen, wenn der Mensch es zur Wissenschaft bringen soll.

Der Chirurg Albert Sachs (1803–1835) verfasste im letzten Viertel des Jahres 1831 dieses Tagebuch. Einige seiner Schriften, in denen er Verordnungen der Regierung kritisierte, wurden mit einer Kriminaluntersuchung beantwortet.

Sachs, Albert (1831). Bedingte Contagiosität. *Tagebuch über das Verhalten der bösartigen Cholera in Berlin, No. 37*, 145-146.

S. 145

Hr. Lorinser sagt (in seinem äußerst tüchtigen gearbeiteten, sehr beherzigenswerthen, und mit einer, den Verfasser als *ächten Wissenschaftler* adelnden Rücksichtslosigkeit geschriebenen Aufsatze pag. 1519 d. St. Z.): [...].

Sachs setzt das Wort ‚Wissenschaftler' lobend, nicht herabsetzend ein.

Sachs, Albert (1831). Schluss. *Tagebuch über das Verhalten der bösartigen Cholera in Berlin, No. 92*, 376-370.

S. 370

Meiner Pflicht als getreuer Unterthan, Praktiker, *Wissenschaftler* und Bürger glaube ich in den jüngsten vierthalb Monden mit redlichem Willen nachgekommen zu seyn; möchte ich auch dem theilnehmenden Leser genügt haben. Dr. Albert Sachs.

Auch folgendes unsignierte Kapitel wird von Sachs stammen.

anon. (1831). Kritik. *Tagebuch über das Verhalten der bösartigen Cholera in Berlin, No. 38*, 149-152.

S. 150

Was aber den abgeleugneten Beruf, als Widersacher aufzutreten, anbelangt, so müssen wir namentlich auch zu unserer eigenen Rechtfertigung erklären, daß wir es für unsern Beruf als Arzt in Bezug auf die Bevölkerung, unter der wir practiciren, als *Wissenschaftler* in Bezug auf unsere Wissenschaft, als Bürger in Bezug zu unsern Mitbürgern, und ganz vorzüglich als Pflicht eines getreuen Unterthans gegen unsern erhabenen Beherrscher erachten, gegen Alles, was uns in Rücksicht auf ein so allgemeines Interesse nachtheilig dünkt, uns, weil es Noth thut, auf eine bescheidene Weise offen auszusprechen, und zwar auf die Weise und an den Orten, wo dieser unser Ausspruch möglichst wirksam und beachtet wird.

Christian Heinrich Nebbien (1778–1841), Gartenbaupraktiker, Landschaftsarchitekt und Landwirtschaftsbetreiber.

Nebbien, C. H. (1831). *Die Einrichtungskunst der Landgüter auf fortwährendes Steigen der Bodenrente, Aus einer zwanzigjährigen Praxis, an mehr als achtzig Gütern, in den verschiedensten Ländern und Klimaten Teutschlands, hiemit zu Grundriß und System gebracht, Bd. 1.* Prag: C. G. Calve.
S. 7
Vor alten Zeiten, als noch lebendige Kunst ein teutsches Eigenthum war, machte man mit den bloßen *Wissenschaftlern* nicht viele Umstände, und nannte sie eben geradezu nur Schulfüchse. Man wollte damit sagen, daß es eben tausendmal leichter sei, etwas zu wissen, als es auch zu können.
Hugh Crow (1765–1829) war Kapitän auf Sklavenhändlerschiffen. Seine Reminiszenzen werden noch heute gelesen.
anon. (1831). [Rezension:] Crow, Hugh (1830). Memoirs of the late captain Hugh Crow, of Liverpool, comprising a narrative of his life, together with descriptive sketches of the Western coast of Africa etc. London: Longman and Co. *Morgenblatt für Gebildete Stände, Literatur-Blatt, Jg. 1831, No. 43,* 172.
S. 172
Crow hingegen, nicht so verschlossen wie unsre Kontinentalen, hat sich auf dem Meere größere Aufrichtigkeit erworben und sagt laut, läßt drucken, anzeigen und verkaufen: Ich John Crow, Schiffer von Liverpool, habe jahrelang Sklavenhandel getrieben, und bin ein *wissenschaftlicher Mann,* wer kauft bei Longman und Komp. zu London Skizzen der westlichen Küste von Afrika?
Viele Teile des Buches wurden von Crow selbst geschrieben, der letzte Schliff jedoch stammt von seinen Testamentsvollstreckern.
Johann Nepomuk Rust (1775–1840), 1800 in Prag Dr. med. chir., wurde einer der führenden wissenschaftlichen Chirurgen. Ernst Blasius (1802–1875) gehörte ebenfalls zu den führenden Chirurgen seiner Zeit.
Blasius, Ernst (1831). Chirurgus. Rust, Johann Nepomuk (Hrsg.) (1831). *Theoretisch-praktisches Handbuch der Chirurgie, mit Einschluss der syphilitischen und Augen-Krankheiten; in alphabetischer Ordnung, Bd. 4,* 776-806. Berlin: Th. Chr. Fr. Enslin.
S. 788
Um sich selbst den Weg zu bahnen, um *gelehrter und wissenschaftlicher Arzt* zu seyn, dazu gehört mehr geistiges Vermögen, als man von der grossen Menge, welche an Aerzten nothwendig sind, fordern kann, und zwischen den Aerzten, welche ich hier meine, und den Routiniers, welche nur den Mechanismus des Handelns, nicht die Gründe dazu

kennen gelernt haben, ist noch ein grosser und wesentlicher Unterschied. Die *wissenschaftlichen Aerzte* sind fähig, die Arzneikunde zu fördern, die anderen setzen das Vorhandene in Cours, aber mit Bewusstseyn dessen, was sie thun; sie vervielfältigen die Anwendung des von Anderen Geschaffenen, und diese Differenz ist in allen Branchen mit Recht und aus Nothwendigkeit gestattet.

Mußmann spricht über das Studium der Philosophie im Verhältnis zum Studium so genannter Berufswissenschaften.

Mußmann, Johann Georg (1832). *Vorlesungen über das Studium der Wissenschaften und Künste auf der Universität. Ein Taschenbuch für angehende Studirende.* Halle: Friedrich Ruff.

S. 83f.

Entgegengesetzten Falles bringt vielleicht beim besten und ernstesten Willen, beim angestrengtesten Fleiße alle Bemühung des empirischen und positiven *Wissenschafters* und Praktikers wenig oder keinen Gewinn für die Wissenschaft, wie für das Leben; und selbst der so sehr gerühmte Nutzen solcher Thätigkeit muß, wie die Erfahrung so vielfältig lehrt, in Zweifel gezogen werden, weil diese Thätigkeit weder einen richtigen Ausgangs- noch Zielpunkt hat, und der Erfolg mehr oder weniger dem Glücke und Zufall überlassen ist, Mächten, denen der denkende Mensch niemals etwas überlassen wird.

S. 125f.

Zum deutlichen Beweise, wie schwer es ist, und wie lange es dauert, ehe, ich will nicht sagen, ein ganzes Volk, sondern nur die Wissenden und *Wissenschafter* desselben zum wahren Bewußtsein ihrer selbst und zum Verständniß des Geistes gelangen, der ihre Zeit bewegt, ja man könnte sagen, in ihrem eigenen Mark und Gebeine sich regt, und sich ein ihm gemäßes Dasein zu geben strebt.

Rechtlieb Zeitgeist klingt wie ein Pseudonym. Vermutet wurde das 1840 in Andreas Gottfried Schmidts *Gallerie*,[97] S. 241, allerdings ohne Identifizierung des richtigen Namens. N. B. Kassandrus[98] (1967), S. 19, vermutet dahinter den Führer der Radicalen in Jena und Gesinnungsfreund des Kotzebue-Attentäters Sand, Karl Theodor Christian Follen (1796–1849).

---

[97] Schmidt, A. G. (1840). *Gallerie deutscher Pseudonymer Schriftsteller, Vorzüglich des letzten Jahrzehents.* Grimma: Verlags-Comptoir.

[98] Kassandrus, N. B. (1967). *Die Entlarvung der reactionairen Umtriebe vom Wiener Kongress bis zum Frankfurter Wachensturm. Aspekte zu einer Verteidigung der liberal-demokratischen Bewegung.* Gießen: M.-G.-Schmitz, S. 19.

Zeitgeist, Rechtlieb (1832). *Entlarvung der sogenannten demagogischen Umtriebe. Ein Beitrag zur Geschichte der europäischen Reaction seit dem Jahre 1815.* Altenburg: Literatur-Comptoir.
S. 542
„Aber man verdamme nicht Alle weil einer gesündigt; man entziehe nicht Allen, was zum Wesen der Sache gehört, man lasse nicht der Wissenschaft entgelten, was dieser oder jener *Wissenschafter* verbrochen!"
Dieser Satz ist zusammen mit anderen als Zitat gekennzeichnet. Doch wird die Quelle nicht genannt. Er stammt von Wilhelm Traugott Krug (1819). Und es zeigt eine bedeutende Abweichung vom Original, denn zwar ist hier von *Wissenschafter* die Rede, bei Krug jedoch stand *Wissenschaftler*. Krug wählte also die herabwürdigende Schreibweise. Dem Rechtlieb Zeitgeist hatte offensichtlich nicht gepasst, dass sein Freund Sand entwürdigt wurde. Er strich einfach einen einzigen Buchstaben.
    Justus Liebig (1803–1873) war der berühmte Chemiker, seit 1860 Präsident der Bayerischen Akademie der Wissenschaften.
    Liebig, Justus (1832). Bemerkungen zur vorhergehenden Abhandlung. *Annalen der Pharmacie, 2 (1)*, 19-30.
S. 20
Man betrachtet z. B. bei uns die Bekanntschaft mit den neueren Sprachen als etwas so wesentliches und natürliches für den Chemiker und den *wissenschaftlichen Mann* überhaupt, dass man gar nicht daran denkt, dass es anders seyn könnte. In Frankreich ist aber diese Kenntniss etwas ganz Ungewöhnliches. Was das schlimmste ist, so werden sie in dieser Einseitigkeit, durch einen gränzenlos lächerlichen und für den *wissenschaftlichen Mann* unnatürlichen Hochmuth auf die Vorzüge und Vortrefflichkeit ihrer Nation bestärkt und erhalten. Nur die Chemiker aus der guten Zeit, Gay-Lussac, Dulong, Arago, sind im Stande, ausländische Aufsätze zu lesen. Daher kommt es nun, dass viele unserer Pharmaceuten von ächter wissenschaftlicher Ausbildung den jüngeren französischen Chemikern weit überlegen sind.
Junius Traveller ist ein Pseudonym für Johann Karl August Lewald (1792–1871), Schriftsteller mit mehreren Pseudonymen, Theatermann und Freund Heinrich Heines. In einer unbedeutenden Quarantaine-Anstalt äußert er gegenüber deren Betreiber Zweifel am Nutzen dieser Einrichtung.
    Traveller, Junius (1832). Die Quarantaine in Kehl. Mittheilung eines Reisenden. *Der deutsche Horizont. Ein humoristisches Blatt für Zeit, Geist und Sitte, 2 (105)*, Sp. 833-835.

Sp. 833

„Glauben Sie, mein Herr", schnauzte er mich an, „daß sich *wissen-schaftliche Männer* zu einer Täuschung der Art verleiten würden?"

„Ich wollte niemand, am wenigsten die *wissenschaftlichen Männer*, mit meinem Zweifel touchiren," sagte ich höflich.

„Ohne diese Anstalt hätten wir längst die Cholera," brummte er weiter [...].

Carl Ferdinand Bräunig (1803–1862) war ein sächsischer Pfarrer.

Bräunig, Carl Ferdinand (1832). Der Deutsche Gottesdienst nach seinem Einflusse auf den Fortgang der Kirchenverbesserung unter dem Volke. Rede, gehalten bei der von der historisch- theologischen Gesellschaft zu Leipzig den 25. Juni 1830 veranstalteten Feier. *Zeitschrift für die historische Theologie, 1 (1),* 111-126.

S. 111

War Melanchthon, der *Mann der Wissenschaft und Gelehrsamkeit,* es werth, dass ihm vor diesem Kreise *gelehrter Männer* in der Sprache der Wissenschaft ein ehrenvolles Denkmal gesetzt ward: so verdient wohl auch das Deutsche Volk, dem, wie dem Freunde der Wissenschaft, das heutige Fest gleich hohe Erinnerungen erneuert, eine Erwähnung, und Sie vergönnen darum, meine Herren, in Ihrer Mitte sicher auch der Sprache Ihres Volkes ein Wort.

Wilhelm Martin Leberecht de Wette (1780–1849) war ein deutsch-schweizerischer Theologe. Er studierte in Jena, promovierte dort und wurde Privatdozent. Er übernahm eine Professur in Heidelberg und später in Berlin. Da er ein Trostschreiben an die Mutter Karl Ludwig Sands, des Kotzebue-Mörders, geschickt hatte, wurde er in Berlin entlassen. 1822 übernahm er eine Professur in Basel, später auch die Schweizer Staatsangehörigkeit.

de Wette, Wilhelm Martin Leberecht (1833). *Lehrbuch der christlichen Sittenlehre und der Geschichte derselben.* Berlin: G. Reimer.

S. 262f.

Dem Gelehrten oder *Wissenschafter* ist Wahrheit das Ziel des Strebens, am wenigsten der eigene Nutzen, auch nicht zunächst und hauptsächlich die nutzbare Anwendung des Erforschten und Entdeckten; und daher ziemt ihm Wahrheitsliebe, als sittliche Gesinnung, aus sittlicher Wurzel entspringend, welche ihm auch die nöthige Geistesfreiheit bringen wird, ohne welche er die Wissenschaft nicht weiter fördern kann.

Dieses Buch ist eine Art Zusammenfassung der aus drei Bänden und einigen Teilen bestehenden *Vorlesungen über die christliche Sittenlehre* de Wettes aus den Jahren 1819, 1819, 1821, 1823 und 1824. Darin kommt das Wort ‚Wissenschafter' nicht vor, nur: „Der Stand der eigentlichen Lehrer oder Gelehrten hat es zuvörderst mit der Erforschung der Wahrheit zu thun."[99] Das Wort ‚Wissenschafter' wurde erst mit Auflage 1833 eingeführt.

Krünitz (1833). Speisen. *Dr. Johann Georg Krünitz's ökonomisch-technologische Encyklopädie oder allgemeines System der Staats-, Stadt-, Haus- und Landwirthschaft, und der Kunstgeschichte in alphabetischer Ordnung, 157, 149-161.* Berlin: Pauli.

S. 154

Die animalischen Speisen geben viel mehr Blut und Nahrung, und erfordern also, wenn sie gut bekommen sollen, weit mehr Arbeit und körperliche Bewegung, sonst wird man vollblütig. Leute, die viel sitzen, und Gelehrte, *Wissenschafter*, die ihren Kopf oder Geist anstrengen müssen, bekommt diese Nahrung nicht so gut, weil sie keine so starke Restauration brauchen; sie bedürfen nur der feinen Nahrungssäfte, die zu den Geistesbeschäftigungen dienen.

Mehr Einsätze des Wortes ‚Wissenschafter' oder seiner Varianten sind in diesem Jahr nicht zu finden. Dazu einige Beispiele. Goethe spricht in seinem Reisebericht von der Stiftung Senckenberg, gestiftet von Johann Christian Senckenberg (1707–1772), Arzt, Naturforscher, Botaniker. Er nennt ihn nicht etwa einen Wissenschafter, sondern einen wissenschaftlichen Mann, erweitert noch mit dem Wort ‚kenntnißreich'.

Goethe, Johann Wolfgang (1833). Aus einer Reise am Rhein, Main und Neckar in den Jahren 1814 und 1815. *Goethe's Werke, Vollständige Ausgabe letzter Hand, 43. Bd; Goethe's Nachgelassene Werke, 3. Bd.,* 239-428. Stuttgart: J. G. Cotta.

S. 355

Hier ist nun wohl vor allen Dingen die Absicht des Stifters zu bedenken, der, als *wissenschaftlicher, kenntnißreicher Mann*, sein Hospital nicht besser zu versorgen glaubte, als wenn er ihm eine Studien- und Lehr-Anstalt an die Seite setzte.

Rahel Antonie Friederike Varnhagen von Ense, geborene Levin (1771–1833), Berliner Schriftstellerin und geschätzte Salonleiterin.

Rahel (1833). *Ein Buch des Andenkens für ihre Freunde.* Berlin: s. n.

S. 393

---

[99] De Wette (1824). *Vorlesungen über die Sittenlehre. Die besondere Sittenlehre, Bd. 2.* Berlin: G. Reimer. S. 424.

Ungeheuer Fromme müssen wohl kein Bild der Welt gebrauchen; oder eins haben, welches ich nicht kenne; sie sehen grad nach oben, wo ich nichts als Sterne sehe, wenn's hell ist. *Wissenschaftliche Menschen* bearbeiten Einen Geistesstrahl; hingeführt bis zur allgemeinen Sonne des Wissens.

Der Brief wurde am 23. Januar 1822 geschrieben. Er enthält bedeutungsreiche Abweichungen von der gängigen Redensart ‚wissenschaftlicher Mann'.

Johann Gustav Droysen (1808–1884), Historiker und Theoretiker der Geschichtswissenschaft.

Droysen, Johann Gustav (1833). *Geschichte Alexanders des Großen.* Hamburg: Friedrich Perthes.

S. 109

Der Marsch ging über Perkote nach Lampsakus; diese Stadt hatte sich bisher entschieden für das Persische Interesse ausgesprochen, und durch ihr Benehmen gegen Memnon und seine Söldner Alexanders gerechten Unwillen auf sich geladen; jetzt wußten die Bürger keine andere Rettung, als durch eine Gesandtschaft des Königs Gnade zu erflehen; an ihrer Spitze stand Anaximenes, der als *wissenschaftlicher Mann* berühmt, und bei König Philipp früher gern gesehen war; auf seine Fürbitte verzieh Alexander der Stadt.

Das neunzehnte Jahrhundert II, 1834-1866

Der verschollene Mensch ist der unbekannte Erfinder der Buchstaben.
Krünitz (1834). S. S. Sprache und Sprachkunst (Fortsetzung). *D. Johann Georg Krünitz's ökonomisch-technologische Encyklopädie oder allgemeines System der Staats-, Stadt-, Haus- und Landwirthschaft, und der Kunstgeschichte in alphabetischer Ordnung, 160*, 1-355. Berlin: Pauli.
S. 38
In das geheime Dunkel des fernsten Alterthums verhüllt, sagt Blair, ist der große Enfinder aller der Ehre beraubt, die noch jetzt seinem Andenken von allen *Wissenschaftern* erwiesen werden würde.
Cabulistanisch nannte man die Sprache, die in Kabul und Umgebung gesprochen wird und auch Afghanisch hieß oder heißt.
Krünitz (1834). Sprache (Cabulistanische). *D. Johann Georg Krünitz's ökonomisch-technologische Encyklopädie oder allgemeines System der Staats-, Stadt-, Haus- und Landwirthschaft, und der Kunstgeschichte in alphabetischer Ordnung, 160*, 399-403. Berlin: Pauli.
S. 402
Die *Wissenschafter* lesen alle Bücher wie Schulknaben in einer bestimmten Ordnung fort. Bei dieser Art zu studieren fehlen ihnen die mancherlei Kenntnisse Europäischer Männer von Bildung, obgleich sie auf der andern Seite das, was sie gelernt haben, gut wissen.

Krünitz (1834). Sprache (Gelehrten-). *D. Johann Georg Krünitz's ökonomisch-technologische Encyklopädie oder allgemeines System der Staats-, Stadt-, Haus- und Landwirthschaft, und der Kunstgeschichte in alphabetischer Ordnung, 160*, 508-513. Berlin: Pauli.
S. 510
Uebrigens blieb die Lateinische Sprache immer noch in dem sechzehnten und siebzehnten Jahrhunderte diejenige Sprache, in welcher man viele wissenschaftliche, besonders philologische, juristische, medizinische und philosophische, Werke schrieb, welches auch noch bis zum letzten Drittel des verwichenen Jahrhunderts bei mehreren Völkern, wie z. B. bei den Deutschen, Schweden, Dänen, Holländern etc. geschah, also bei den nördlichen Völkern; denn die westlichen schrieben ihre Werke in den oben genannten Zweigen schon in der Muttersprache, besonders die Franzosen, die hierin die Bahn brachen, ja selbst viele

Gelehrten und *Wissenschafter* anderer Völker benutzten diese Sprache,
da sie am meisten unter den gebildeten Klassen der kultivirten Völker
verbreitet war, zum Niederschreiben ihrer Werke, um sie dadurch
allgemeiner zu machen.

In diesem Band des Krünitz sind eine Anzahl weiterer Stellen zu finden, in
denen das Wort ‚Wissenschafter' eingesetzt wurde. Sie zu zitieren, brächte
jedoch nur wenig neues. Daher zum nächsten Band, dem aus der größeren
Zahl seiner Beispiele nur ein einziges entnommen sei.

Krünitz (1834). Sprache (Portugiesisch). *D. Johann Georg Krünitz's
ökonomisch-technologische Encyklopädie oder allgemeines System der
Staats-, Stadt-, Haus- und Landwirthschaft, und der Kunstgeschichte in
alphabetischer Ordnung, 161*, 40-87. Berlin: Pauli.

S. 57

Gelehrte, besonders Franzosen und Engländer, fingen nun an nach
Portugal zu reisen, um dieses Land, in Hinsicht seiner Verfassung,
seiner Sitten und Gebräuche, seiner Natur- und Kunstprodukte etc.,
näher kennen zu lernen, welches so lange wegen der Inquisition und
wegen anderer, den Fremden drückende, Verhältnisse, dem *Wissenschafter* eine terra incognita gewesen war.

Mit „nun" ist die Regierungszeit Johannes V. von 1706 bis 1750 bezeichnet.

Friedrich Heinrich Bothe (1772–1855), klassischer Philologe, Überset-
zer, Schriftsteller, lebte als Privatdozent an verschiedenen Orten. Friedrich
August Wolf wurde bereits erwähnt. Wilhelm Körte (1776–1846),
Schwiegersohn Wolfs, Literaturhistoriker.

Bothe, F. H. (1834). [Rezension:] Körte, Wilhelm (1833). Leben und
Studien Friedrich August Wolf's, des Philologen. 2 Bde. Essen: G. D.
Bädeker. *Heidelberger Jahrbücher der Literatur, 27 (10+11)*, 151-
160+161-166.

S. 163

W. ertrug mit vieler Ruhe diesen Streit und Widerstreit des Dichter und
Kunstfreunde, die kaum im Stande waren, seine Gründe, wenigstens in
ihrer Gesammtheit, wovon er die Hauptwirkung erwartete, zu wägen: er
hatte Dies vorausgesehn. Kränkender war der Widerspruch einiger
Wissenschafter und Männer vom Fach, wie des Homeriden Voss, der
sich jedoch mehr zu jener ersten Klasse hielt;

Georg Ernst Adam Wahlert (1782–1850), Lehrer und Schriftsteller.

anon. (1834). [Rezension:] Wahlert, G. E. A. (1832). Die Satzbildungs-
Lehre der deutschen Sprache. Hamm: Schulz. *Rheinische Blätter für*

Erziehung und Unterricht mit besonderer Berücksichtigung des Volksschulwesens, N. F. 9 (3), 359-364.

S. 364

Denn wesentlich giebt es nur zwei consequente Lehrweisen: elementarisch und wissenschaftlich. Jene beginnt mit apriorischen Constructionen, aus dem menschlichen Geiste heraus; diese hält sich an die Fälle der Thatsachen und des Lebens. Die Speculation darüber liefert das Regelwerk. Dieses voranstellen, ohne wissenschaftliche Construction, genügt weder dem *Wissenschafter*, noch ist es für den elementarischen Unterricht brauchbar.

Jakob Heinrich Kaltschmidt (1799–1872), Lexikograph und Sprachwissenschafter. Er studierte zunächst Theologie, ging aber über zur Philologie.

Kaltschmidt, Jakob Heinrich (1834). *Vollständiges stamm- und sinnverwandtschaftliches Gesammt-Wörterbuch der Deutschen Sprache aus allen ihren Mundarten und mit allen Fremdwörtern. Ein Hausschatz der Muttersprache für alle Stände des Deutschen Volkes worin allen einfachen und zusammengesetzten Wörtern [...]*. Leipzig: Karl Tauchnitz.

S. 1074

der *Wissenschafter*, –ler, ein Systematiker, e. Stockgelehrter.

Das soll heißen: Der Wissenschafter ist ein Systematiker, der Wissenschaftler hingegen ein in seine Wissenschaft verbohrter Mensch, der nichts anderes kennt oder wahrnimmt. Kaltschmidt erklärt das Adjektiv ‚stockgelehrt' mit „steifgelehrt, pedantisch" (S. 933).

Karl Hoffmeister (1796–1844) studierte in Straßburg und Heidelberg Theologie, wurde Gymnasiallehrer und wanderte nicht nach Amerika aus.

Hoffmeister, Karl (1834). *Romeo, oder, Erziehung und Gemeingeist. Aus den Papieren eines nach Amerika ausgewanderten Lehrers, Bd. 3.* Essen: G. D. Bädeker.

S. 153f.

Wir haben noch keine wissenschaftliche Pädagogik, und der Grundsatz alles Erziehens steht noch nicht fest. Die einen nennen Naturgemäßheit als diesen Grundsatz, als wenn man damit wüsste, was der Natur gemäß ist. Andere preisen eine harmonische Ausbildung aller Anlangen des Menschen, als wenn alle Anlagen gleich wichtig und damit das Ziel der Ausbildung genannt wäre. Noch andere – meistens „*Wissenschaftler*" – ergötzen sich an den unergötzlichen bildlichen Ausdrücken: Gottähnlichkeit, Divinität u. s. w.

Die Bezeichnung ‚Wissenschaftler' steht offensichtlich für Schluderer.

Dies gilt ähnlich, wenn auch auf höherer Ebene für eine erweiterte Auflage Webers, in der ein berühmter Korse als Wissenschaftler auftritt.

Weber, Carl Julius (1834). *Deutschland, oder Briefe eines in Deutschland reisenden Deutschen, Bd. 3, 2. Aufl.* Stuttgart: Hallberg.

S. 89

Lycurgs Erziehung führte geradezu zum Despotismus, und Napoleon hatte Lycurg'sche Erziehungsweise im Sinne, denn er war ein *Wissenschaftler* ohne Menschenthum – ohne Humaniora im Sinne der Alten!

Christian Ludolf Wienbarg (1802–1872) war Schriftsteller des Vormärz, wie er auf Seite V deutlich werden lässt: „Dir junges Deutschland widme ich diese Reden, nicht dem alten".

anon. (1834). [Rezension:] Wienbarg, Ludolf (1834). *Aesthetische Feldzüge. Dem jungen Deutschland gewidmet.* Hamburg: Hoffmann und Campe. *Literarische Zeitung, Jg. 1834, Nr. 21*, Sp. 353-354.

S. 353

Erst künftige Zeiten, nachdem die Kämpfe der Gegenwart überwunden sind, werden die neuen Wendepunkte des ganzen literarischen Lebens richtig fassen und begreifen, welche in Börne, Heine u. Menzel ihre Angeln haben. Wienbarg gehört als Aesthetiker, als *Wissenschaftler*, dieser Gemeinschaft an, obwohl er nicht die jähe Hitze der Leidenschaft mit ihnen theilt.

Weshalb der unbekannte Rezensent auf „Wissenschaftler" mit l zugegriffen hat, verbleibt unsicher. Es klingt nicht nach Abwertung, eher nach Unkenntnis des Sprachgebrauchs.

Johann Christian August Heinroth (1773–1843) studierte von 1791 bis 1797 in Leipzig Medizin und Philosophie. 1811 erhielt er dort die Professur für Psychische Therapie, 1827 die Professur für psychische Medizin.

Heinroth, Johann Christian August (1834). *Die Lüge. Ein Beitrag zur Seelenkrankheitskunde, für Aerzte, Geistliche, Erzieher u. s. w.* Leipzig: Friedrich Fleischer.

S. 9

Nicht das menschliche Wissen, es reiche so weit es wolle, ist verpönt, aber die Vergötterung der Wissenschaft ist es, indem sie den Blick des Menschen vom lebendigen Gott abzieht und einem blos menschlichen Machwerk zuwendet, dem nun die Ehre widerfährt, die Gott allein gebührt. Ein entschiedener Götzendienst! Denn erwarten nicht die *Wissenschaftler* von dem Gegenstande ihrer Verehrung Glück, Heil, und Segen, und Gedeihen des Einzelnen und des Ganzen?

Wissenschaftler sind ihm offenbar Gotteslästerer, die der Wissenschaft gottesgleiche Ehren erweisen. Viele Theologen hegten ähnliche Ansichten. Keller, Wilhelm (1834). Ansichten eines deutschen Botanikers und Blumisten über die Systeme. *Blumen-Zeitung, 7*, Sp. 140.

Sp. 140

Der botanische Sexualist legt sich, mit Vater Linné, die Pflanzen zurecht, auseinander oder zusammen zur Uebersicht, je nachdem ein unscheinbares Ding von Reproduktions-Organ ähnlich oder unähnlich erscheint. Er thut recht damit, denn er ist ein *Wissenschäftler.* Was aber in aller Welt soll der Blumist mit einem System anfangen, [...].

‚Wissenschäftler' bringt eine gewisse Unzufriedenheit zu Papier.

Die Bezeichnung ‚wissenschaftliche Männer' ist keineswegs unmodern geworden. Dafür ein Beispiel aus Blättern, die wohl etwa 1835 eingingen. *Morgenblatt für gebildete Stände. Intelligenz-Blatt, Jg. 1834, Nro. 41,* S. 172. (Anzeige:)

S. 172

Bei C. A. Jenni, Sohn, in Bern ist erschienen und in allen Buchhandlungen zu erhalten:

Die Schweiz. Blätter für das In- und Ausland von einem Vereine *wissenschaftlicher Männer.*

Oertel klärt wieder den Unterschied zwischen mit l und ohne l.

Oertel, Eucharius Ferdinand Christian (1835). *Grammatisches Wörterbuch der Deutschen Sprache; wobei zugleich Abstammung, Laut- und Sinnverwandtschaft, Sprachreinigung und Wortneuerung beachtet wird. Für Schriftsteller, Schullehrer, Friedens- und Kriegsbeamte, Kanzleiherren, Buchhändler, Kauf-, Handels- und andere Geschäftsleute, 2. Bd., 2. Abt., 2. Aufl.* München: Ernst August Fleischmann.

S. 262

Wissenschafter, wer einer Wissenschaft obliegt. *Wissenschaftler,* kleinlichter Wissenschafter.

Der gleiche Text steht in Oertels dritter Auflage, 1838, S. 262.

Krünitz (1835). Staat (Beschluß). *D. Johann Georg Krünitz's ökonomisch-technologische Encyklopädie oder allgemeines System der Staats-, Stadt-, Haus- und Landwirthschaft, und der Kunstgeschichte in alphabetischer Ordnung, 163,* 1-529. Berlin: Pauli.

S. 68

Nachdem Moses die Hebräer aus Aegypten nach Kanaan zurückgeführt und in Kanaan eingesetzt hatte, wo das Land unter die zwölf Stämme der Nation vertheilt wurde, ward der dreizehnte Stamm, der Stamm

Levi, der gleichsam einen gelehrten erblichen Adel ausmachte und *Wissenschafter* aus allen Zweigen des Wissens enthielt, dazu bestimmt, die Priester für die übrigen Stämme daraus zu wählen.

August Friedrich Gfrörer (1803–1861) studierte Philosophie und evangelische Theologie in Tübingen, wurde Bibliothekar und publizierte als Historiker. 1846 wurde er Professor für Geschichte in Freiburg. Das Zitierte findet sich erst in der zweiten Auflage in seiner Vorrede.

Gfrörer, A. Fr. (1835). *Kritische Geschichte des Urchristenthums. 1. Th. Philo und die jüdisch-alexandrinische Theosophie. 1. Abth., 2. Aufl.* Stuttgart: E. Schweizerbart.

S. xxxvif.

Denker, von der Klasse des Herrn Dr. Dähne, bilden sich nämlich ein, die sogenannte Philosophie sey eine Gesammtentwickelung der Vernunft aller derjenigen unter einem Volke, die in der Schule, oder außer derselben, metaphysicam traktiren, mit andern Worten: sie sey ein republikanisches Produkt, an dessen Fabrikation die Masse der „philosophisch gebildeten" Leute durch gemeinsames Denken arbeite. [...]; ja ich bin der Ueberzeugung, daß in der unendlichen Mehrzahl philosophischer Werke nicht eine Manifestation eigenthümlichen Idealgeistes, noch Anstrengungen solider Logik vorauszusetzen seyen, sondern daß man aus ihnen nicht nur den Ort, wo ein solcher „*Wissenschafter*" studirt, das Jahr in dem er seine philosophische Weihe empfangen, und die wechselnden Zeitansichten, die damals herrschten, sondern auch die Staatseinrichtungen und den politischen Wind, unter dessen Auspicien solche Bücher empfangen wurden, a priori bestimmen könne.

Der genannte Dr. Dähne ist August Ferdinand Dähne (1807–1893), ebenfalls evangelischer Theologe, der 1834 eine *Geschichtliche Darstellung der jüdisch-alexandrinischen Religions-Philosophie* schrieb.

Theodor Mundt (1808–1861), Schriftsteller und Publizist des Vormärz, studierte zunächst Jura, wechselte in die philosophische Fakultät und promovierte 1830. 1835 erfolgte ein Beschluss des Bundestages, der seine Schriften wie auch die Heines, Gutzkows, Wienbargs und Laubes verbot.

Mundt, Theodor (1835). Lebensmagie. *Zeitung für die elegante Welt, 35, (115-126),* 457-458, 461-463, 466-467, 470-471, 473-474, 477-479, 482-483, 486-487, 489-490, 493-494, 498-499, 301-302 (u. s. w.).

S. 466

Du bist doch ein eingefleischter Gelehrter und Subtilitätenkrämer! – lachte Iltis. – Solche *Wissenschaftler*, wie ich Deinesgleichen nennen möchte, und die man in unserer Zeit auf den Universitäten, wo die flotten Bursche täglich seltener werden, zu Dutzenden antrifft, solche junge, greisenhafte *Wissenschaftler* möchten aller Dinge Ursprung und Wesen ergründen, und diejenigen Dinge am liebsten, die ihnen gerade die unbegreiflichsten sein und bleiben müssen.

Eine Variante dieses Artikels erschien 1837 in *Charaktere und Situationen: vier Bücher, 2. Th.*, Wismar: H. Schmidt u. v. Cossel's Rathsbuchhandlung, der eine eigenartige Mutation im Wort hinter ‚Solche' enthielt, die vermutlich auf einen schläfrigen Setzer zurückgeführt werden muss.

S. 47f.

Du bist doch ein eingefleischter Gelehrter und Subtilitätenkrämer! – lachte Iltis. – Solche Wissenschaften, wie ich Deinesgleichen nennen möchte, und die man in unserer Zeit auf den Universitäten, wo die flotten Bursche täglich seltener werden, [...].

Johann Andreas Voigtländer (1780–1845), protestantischer Theologe in Sachsen, jüngerer Bruder des Theologen Johann Friedrich Voigtländer (1769–1844).

Voigtländer, J. A. (1835). Schleiermachers und Lessings Rationalismus nach seinem philosophischen und historischen Elemente. Zwei Sendschreiben. *Tübinger Zeitschrift für Theologie, Jg. 1835, 1. Hft.*, 72–112.

S. 104

Werden nicht namentlich die *Wissenschaftler* und Glaubenslehrer, welche sich in Parallelen zwischen der Menschwerdung des Sohnes Gottes und den mancherlei jüdischen und heidnischen Sagen von übernatürlichen Empfängnissen ausgezeichneter Männer wohlgefallen, den Beweis führen, durch die Annahme eines fleischgewordenen Gottes komme in den rationalistischen Glauben ein seinem wahren Wesen widerstreitendes Element?

Friedrich Fischer (1801–1853), studierter Theologie, wurde Professor der Philosophie in Basel.

anon. (1835). [Rezension:] Fischer, Friedrich (1834). Die Naturlehre der Seele, für Gebildete dargestellt, 1. Hft. Basel: Schweighauser. *Literarische Zeitung, 2 (1)*, Sp. 1.

Sp. 1

Wollten die *Wissenschaftler* fortfahren, sich abzuschließen, der Witz unserer Zeit würde ihnen den Schleier, in den sie sich mit Gewalt hüllen möchten, mit Gewalt zerreißen.

Die Ausdrucksart des wissenschaftlichen Mannes stirbt keineswegs aus, wie es etwa der Heidelberger Historiker, Publizist und Politiker Georg Gottfried Gervinus (1805–1871) zeigt.

Gervinus, Georg Gottfried (1835). [Rezension:] Wilda, W. E. (1831).
Das Gildenwesen im Mittelalter. Halle: Renger. *Heidelbergische
Jahrbücher der Literatur, Bd. 28 (34-36)*, 541-566.
S. 545
> Wir sind leider Gottes mit Urgeschichten der Völker und Staaten
> überschüttet genug; und so niederschlagend es für den *wissenschaft-*
> *lichen Mann* ist, wenn er so vielen Schweiß und Mühe an die Urbarma-
> chung so hoffnungslos-steriler Räume verschwendet sieht, so konnte
> man doch dort sich leichter Trösten, [...].

Dem Gegenstück zum wissenschaftlichen Mann begegnet man ebenfalls.

Stokes, William (1835). *Ueber die Heilung der innern Krankheiten von
dem Standpunkte der neuesten Erfahrungen am Krankenbette. Vorlesungen, gehalten 1833-1834 an der medizinischen Schule (Park-
Street) zu Dublin.* Leipzig: Christian Ernst Kollmann.
S. 156
> Bis jetzt ist das Raisonnement der Phrenologen meistens nur höchst
> oberflächlich gewesen. Wenn erst alles Unnütze und Lächerliche, das
> durch das sonderbare Treiben *unwissenschaftlicher Männer* in das
> Gebiet der Phrenologie hineingekommen ist, hinweggeräumt sein wird,
> dann wird man einsehen, dass sie zu den grössten Entdeckungen, die im
> Gebiete der moralischen und physischen Natur je gemacht worden sind,
> gehört.

Der Krünitz kritisiert das Konzept Gelehrtenrepublik, ohne Klopstock zu
nennen.

Krünitz (1836). Staat (Lehr-). *D. Johann Georg Krünitz's ökonomisch-technologische Encyklopädie oder allgemeines System der
Staats-, Stadt-, Haus- und Landwirthschaft, und der Kunstgeschichte in
alphabetischer Ordnung, 164*, 92-93. Berlin: Pauli.
S. 92
> Gelehrtenstaat, Gelehrtenrepublik, uneigentlich, nicht nur die Verbin-
> dung der Gelehrten und Künstler untereinander durch ihre Geistes-
> verwandtschaft und Geistesrichtung, sondern auch das gemeinsame
> Bestreben aller Lehrer, *Wissenschafter* und Künstler durch ihre Lehre
> und ihre Werke, sowohl zur Nacheiferung, als auch zur Verbreitung
> nützlicher Kenntnisse zum Wohle des Gesammtkörpers, des Staates,
> unter dem Volke. Die Republik, welche die Gelehrten bilden, ist jedoch
> kein abgeschlossener Körper [...].

Im Krünitz wird festgehalten, dass Stadtkalender keine Staatskalender sind.
Denn sie sind nicht nach den Ministerien, Kollegien etc. geordnet.

Krünitz (1836). Staatsadreßbuch, Staatskalender, Staatsalmanach. *D. Johann Georg Krünitz's ökonomisch-technologische Encyklopädie oder allgemeines System der Staats-, Stadt-, Haus- und Landwirthschaft, und der Kunstgeschichte in alphabetischer Ordnung, 164*, 99-133. Berlin: Pauli.

S. 126

[...], sondern nur nach dem Alphabete mit denen der übrigen Residenz- oder Stadtbewohner, der *Wissenschafter*, Künstler und Gewerbetreiben gemischt; es ist ein bloßer Wohnungsanzeiger, [...].

Krünitz (1836). Staatserziehung. *D. Johann Georg Krünitz's ökonomisch-technologische Encyklopädie oder allgemeines System der Staats-, Stadt-, Haus- und Landwirthschaft, und der Kunstgeschichte in alphabetischer Ordnung, 164*, 342-437. Berlin: Pauli.

S. 385

[...]; auch fiel es hier gewiß keinem Gelehrten oder *Wissenschafter* ein, ein Mädchen wegen eines Sprachschnitzers zu belehren oder wohl gar damit aufziehen zu wollen, wie es jetzt so häufig geschieht, er würde ganz naiv ausgelacht und als ein Schulpedant verschrien worden seyn.

Krünitz (1836). Staatspopulation: *D. Johann Georg Krünitz's ökonomisch-technologische Encyklopädie oder allgemeines System der Staats-, Stadt-, Haus- und Landwirthschaft, und der Kunstgeschichte in alphabetischer Ordnung, 164*, 565-613. Berlin: Pauli.

S. 598

Es wird daher in neuester Zeit bei der steigenden Kultur nicht an Kunstfleiß und Kunstprodukten fehlen, sie werden im Ueberflusse vorhanden seyn; es wird nicht fehlen an geschickten Handwerkern, Künstlern und Kaufleuten; es wird nicht fehlen an *Wissenschaftern* und Gelehrten in allen Fächern des Wissens, nicht an Erfindungen, um mechanische Kräfte für menschliche und thierische arbeiten zu lassen; es wird also mit einem Worte nicht fehlen an Producenten aller Art, lebendigen und leblosen, ob es aber nicht auf die Folge an hinlänglichen Arbeitsquellen für Menschenhände und an Absatz fehlen wird?

Weitere zahlreiche Stellen, die durch ‚Wissenschafter‘ geziert werden, entfallen wegen üppiger Anzahl.

In einer Übersetzung aus dem Englischen eines Romans des Edward Bulwer Lytton findet sich das Wort ‚Wissenschäftler‘. Welchem englischen Wort dies entsprechen soll, ist zu prüfen.

Lytton, Edward Bulwer (1836). *Meine Novelle, oder Wechselfälle im englischen Leben, von Pisistratus Caxton [1. Th.]*. Stuttgart: J. B. Metzler.

S. 384

Riccabocca. – „Ja; aber die *Wissenschäftler* unserer Tage fordern uns auf, die militärische Zucht und die Eigenschaften, aus welchen sie hervorgeht, zu streichen aus der Liste der nützlichen Künste."

Im Englischen steht:

Lytton, Edward Bulwer[100] (1851). *My novel; or: varieties in English life. By Pisistratus Caxton. Vol. I.* Leipzig: Bernh. Tauchnitz.

S. 391f.

Riccabocca. – "Yes; but your *knowledge-mongers* at present call upon us to discard military discipline, and the qualities that produce it, from the list of the useful arts."

Knowlegde-mongers könnte als Wissenskrämer übersetzt werden. ‚Wissenschäftler‘, heute wenig verständlich, traf jedoch das Gemeinte, also das Unwürdige der Beschäftigung, damals recht gut.

Hinter der Chiffre 73, die den Rezensenten angibt, steckt niemand anders als Georg Gottfried Gervinus.

73. (1836). [Rezension:] Dahlmann, F. C. (1835). Die Politik, auf den Grund und das Maß der gegebenen Zustände zurückgeführt. 1. Bd. Göttingen: Dieterich. *Blätter für literarische Unterhaltung, Jg. 1836, Nr. 112+113+114+115*, 481-483+485-487+489-490+493-495.[101]

S. 482

Ein Mann, der sich so entschieden an Volk und Vaterland mit seiner Lehre schließt, könnte gar kein Systematiker und *Wissenschaftler* von so ausschließender Art sein, daß er die praktischen Foderungen an die Wissenschaften ablehnen könnte, und er bewährt durch jene Entschiedenheit seinen bestimmten Beruf zur praktischen Politik.

Die *Allgemeine Zeitung* gab es seit 1798. Ihre Verbreitungsorte waren Tübingen, Stuttgart, Ulm, Augsburg und München. Diese Tageszeitung war offensichtlich konfessionell ungebunden und in Süddeutschland sehr verbreitet und geschätzt, weniger aber vom *Der Katholik*.

---

[100] Die Erstausgabe stand leider nicht zur Verfügung, wird jedoch nicht abweichen.
[101] Siehe auch *Ueber Dahlmann's Politik* in Gervinus (1838). *Historische Schriften, Bd. 7, Gesammelte kleine Schriften*, 593-618. Karlsruhe: Friedrich Wilhelm Hasper. S. 599f.

anon. (1836). Von der Isar. *Der Katholik; eine religiöse Zeitschrift zur Belehrung und Warnung, 59 = Jg. 16, Beilage zum Katholiken, Nro. IL, LVIII-LX.*

S. LVIIIf.

Damit aber der menschliche Dünkel noch mehr gekirrt werde, umgeben sich diese protestantischen Lichtzieher mit der Hülle der so hoch gepriesenen Wissenschaft, wodurch sie jeden Widersacher als einen Feind des Fortschritts und der Aufklärung des Menschengeschlechts verschreien. Hierzu stehen ihnen auch vielfache Mittel und Wege zu Gebote. Namentlich ist es diesen *Wissenschaftlern* wie auch dem so genannten jungen Deutschland gelungen, in die Spalten der *Allgemeinen Zeitung* ihre Theorien von Aufklärung und Beglückung des Menschengeschlechts in kleinern und größern Portionen, als Correspondenzartikel oder philosophische Erörterungen niederzulegen und unbeachtet in alle Welt zu verbreiten.

Welches Quantum an Verachtung und Abscheu das Wort ‚Wissenschaftler‘ in bestimmten Kreisen transportierte, ist hier augenscheinlich geworden.

Karl Friedrich Dobel war evangelischer Dekan in Kempten und wurde bekannt als teutscher Sprachreiniger. Ob seine Vorschläge tatsächlich wiedergeben, was mit ‚Humanist‘ gesagt wird, ist fraglich.

Dobel, Karl Friedrich (1836). *Verteutschungsbuch der in unserer Sprache gangbaren fremden Wörter und Redensarten, nebst einem erklärenden Verzeichnisse der gewöhnlichen Abkürzungen, 3. Aufl.* Kempten: Tobias Dannheimer.

S. 176

Humanist, Sprachgelehrter, *Schönwissenschafter.*

Der wissenschaftliche Mann dominiert weiterhin, so etwa hier.

Hans Georg Nägeli (1773–1836) war Musikpädagoge, Komponist, Verleger und wurde 1836 Dr. h. c. der Universität Bonn. Er soll Autor dieses Buches sein.

anon. (1836). *Laienworte über die Hegel-Straussische Christologie.* Zürich: Orell, Füßli und Compagnie.

S. 9

Jeder schriftstellernde Fachmann, der sich einer gewissen Vollständigkeit seiner Fachbildung bewußt ist, meint, er sei als ein *Mann der Wissenschaft* auch ein *wissenschaftlicher Mann*, Philosoph, vermengt daher auch beliebig die Philosophie mit seiner Fachwissenschaft; und wo vollends die Fachwissenschaft zugleich Sachwissenschaft ist, das heißt, wo sie im Historischen wurzelt, da wird häufig das Fach- und

Sachwissenschaftliche mit Philosophemen so bunt vermengt, daß der Schriftsteller, als ein philosophierender, muß verunglücken. Das von Krünitz begonnene Riesenwerk ist weiterhin in der Verbreitung des Wortes ‚Wissenschafter' führend. Zunächst geht es um Zivilorden, dann um die Auswirkungen der Leselust auf Publikationen, schließlich um die Verringerung der Zahl deutscher Universitäten.

Krünitz (1837). Staatsverwaltung (Beschluß). *D. Johann Georg Krünitz's ökonomisch-technologische Encyklopädie oder allgemeines System der Staats-, Stadt-, Haus- und Landwirthschaft, und der Kunstgeschichte in alphabetischer Ordnung, 166*, 1-397. Berlin: Pauli.

S. 316

Dessenungeachtet erweckte er ein reges Streben unter allen Klassen von Gewerbetreibenden, von *Wissenschaftern* und Künstlern, um ihn zu verdienen. Nach diesem Orden erschienen auch bald in den Staaten Deutschlands, und in andern Staaten Civilverdienstorden, um fleißige und geschickte, auch lange und treu gediente Beamte und andere verdienstvolle und tugendhafte Männer in den Wissenschaften und Künsten, in den Gewerben und im Handel durch eine solche Auszeichnung zu ehren und zu belohnen; [...].

Es gilt noch heute für den Verdienstorden der Bundesrepublik Deutschland.

Krünitz (1837). Staatswirthschaft. *D. Johann Georg Krünitz's ökonomisch-technologische Encyklopädie oder allgemeines System der Staats-, Stadt-, Haus- und Landwirthschaft, und der Kunstgeschichte in alphabetischer Ordnung, 166*, 398-734. Berlin: Pauli.

S. 704

[...] und dann hat dieses auch noch den Vortheil, daß alle Neuigkeiten immer im Buchhandel ausgelegt werden können, also der *Wissenschafter* und auch der Liebhaber der Lektüre sie ansehen und durchblättern kann, und also eher zum Ankaufe gereizt wird, als durch die bloße Anzeige in den öffentlichen Blättern.

Krünitz (1837). Staatswirthschaft (Beschluß). *D. Johann Georg Krünitz's ökonomisch-technologische Encyklopädie oder allgemeines System der Staats-, Stadt-, Haus- und Landwirthschaft, und der Kunstgeschichte in alphabetischer Ordnung, 167*, 1-572. Berlin: Pauli.

S. 526

Diese Leselust erweckte die Schreiblust unter den *Wissenschaftern* und Gelehrten; es erschienen nun Tageblätter und Journale, Morgen- und Abendblätter, ästethische Zeitschriften, Flugblätter, Monats; und

Quartalschriften, Schriften in zwanglosen Heften, Zeitschriften, politische und andere Zeitungen aller Art, als Staats-, Handels-, Landwirthschaftliche-, Gewerbs-, juristische, medizinische, Kirchen-, Literatur-, Reise-, Garten-, Theater-, Wochen-, Sonntags-, Mode- etc. Zeitungen, Polizey-, Intelligenz- und Amtsblätter, Jahrbücher oder Annalen, Portefeuilles, Magazine, Archive, Beiträge, Repertorien, Blätter über Kunst-, Militair- und andere Wochenblätter, Nachrichten, Beobachter, Almanache und Taschenbücher, Broschüren, bänderreiche Werke über alle Wissenschaften, Originale und Uebersetzungen, Conversations- und Zeitungslexika etc. etc.

S. 566

Die Aufhebung dieser Hochschulen war daher den Herrschern, wie schon bemerkt worden, gewiß erwünscht, indem sie die dazu angewiesenen Fonds zu andern Zwecken besser benutzen konnten, nicht so den größten Teil der Gelehrten und *Wissenschafter*; denn wenn sich gleich lange schon viele Stimmen gegen die vielen Hochschulen im protestantischen Deutschlande erhoben hatten, so fanden sich auch eben so viele Stimmen zu ihrer Vertheidigung.

Diese Aufhebung mancher Hochschule verlief unter Napoleons Herrschaft über deutsche Staaten. Krünitz bringt auch in diesem Band weitere Stellen mit dem beliebt werdenden Wort, die keineswegs alle gezeigt werden.

Hans Ferdinand Massmann oder Maßmann (1797–1874) begann, in Berlin Theologie und Klassischen Philologie zu studieren, wurde aber als Mitglied der Urburschenschaft, Anhänger Friedrich Ludwig Jahns und Teilnehmer des Wartburgfestes 1817 Opfer der Demagogenverfolgung. Er begann, sich mit philologischer Mediävistik zu befassen, konnte sich in München habilitieren und wurde dort Ordinarius für deutsche Sprache und Literatur auf einem der ersten Lehrstühle für Germanistik.

Massmann, H. F. (1837). *Zur Mitfeier des Göttinger Jubelfestes am 17. September 1837. In gothischer Sprache.* München: G. Franz.

S. 8

Und ihr *Wißenschafter* alle
im Geist mir erscheint,
So Lehrer als Jünger,
zusammengepaart [...].

Dieses Zitat wurde seiner Übersetzung aus dem Gothischen entnommen.

Gottschalk Wedel hieß tatsächlich Anton Wilhelm von Zuccalmaglio (1803–1869). Er hatte die Rechtswissenschaften in Heidelberg studiert und wurde Freimaurer.

Wedel, Gottschalk (1837). Nachwort. *Neue Zeitschrift für Musik, 6,* 97-98.

S. 97f.

Große Tonkünstler mögen wohl wie große Künstler und *Wissenschaftler* überhaupt (namhaft wären viele Mathematiker, die doch zu den gründlichst Gebildeten gehören müssen) oft einen Anschein von Einfalt, ja von Stumpfsinn dem Weltmann gegenüber haben; aber gerade nur darum, weil sie aus der Welt, von der sie fast unabhängig sind, sich auf ihre glückseligen Eilande zurückgezogen, von wo aus sie uns ihre süßen Träume oder ihre ewigen Wahrheiten zusenden.

Es hat gelegentlich den Anschein, dass Personen, die stärker zum Künstlertum als zur Wissenschafterei neigen, das Wort ,Wissenschaftler' verwenden, ohne es als diskreditierend verstanden zu haben. Wedel alias Zuccalmaglio regte in folgendem Beitrag an, eine Versammlung aller wohlmeinenden Christen einzuberufen.

Wilhelm Ernst Weber (1790–1850) studierte in Leipzig Sprachwissenschaft und wurde Lehrer in wichtigen Positionen, ein bedeutender Schulmann also, wie man sich damals ausdrückte.

Weber, Wilhelm Ernst (1837). *Schule und Leben. Vorträge und Abhandlungen pädagogischer Inhalts.* Halle: Waisenhaus.

S. 31

Ist denn Sprache etwas mehr als Mittel? Die Sachen sind es, welche man kennen muß! Laßt die Umschweife hinweg, befleißigt Euch einer schlichten, tüchtiger Einseitigkeit, überlaßt den vielzüngigen welschen Galimathias den Philologen, und bildet Euch zu Deutschen *Wissenschaftlern*, Deutschen Geschäftsleuten, Deutschen Sängern!

Er meint es wohl aufrichtig mit dem l in den Wissenschaftlern. Noch ernster meint er es mit dem wissenschaftlichen Mann.

Weber, Wilhelm Ernst (1837). *Zum Gedächtniss von Gottfried Reinhold Treviranus. An seinem Grabe gesprochen.* Bremen: Johann Georg Heyse.

S. 6

Aber was Treviranus als *wissenschaftlicher Mann* war, wie bedürfte das eines Heroldsamtes, da seine zahlreichen Werke, und an ihrer Spitze seine Biologie und seine Erscheinungen und Gesetze des organischen Lebens, von Geschlecht zu Geschlecht glänzen werden an dem Himmel der Litteratur in Gesellschaft aller der Sterne, [...].

Nicht nur der Mann, auch die wissenschaftlichen Männer bleiben weiterhin lebendig und kregel.

anon. (1837). [Rezension:] Weber, Wilhelm & Weber, Eduard (1836). Mechanik der menschlichen Gehwerkzeuge. Eine anatomisch-physiologische Untersuchung. Göttingen: Dieterich. *Göttingische gelehrte Anzeigen unter der Aufsicht der Königl. Gesellschaft der Wissenschaften, Jg. 1837, I, 10./11.+12. Stück*, 80-104+105-107.

S. 82
Jene wohl gewählten, wichtigen interessanten und zu lösen nicht unmöglichen Aufgaben haben zu allen Zeit die Aufmerksamkeit der *wissenschaftlichen Männer* auf sich gezogen und werden es noch mehr thun, so bald durch ernstliche Forschung zu ihrer Lösung eine glückliche Bahn gebrochen worden ist.

Krünitz erläutert, weshalb man in den Städten Geistliche nicht mehr wegen ihres Standes, sondern individuell nach jeweiliger Charakterart schätzte.

Krünitz (1838). Stadtwirthschaft. *D. Johann Georg Krünitz's ökonomisch-technologische Encyklopädie oder allgemeines System der Staats-, Stadt-, Haus- und Landwirthschaft, und der Kunstgeschichte in alphabetischer Ordnung, 168*, 115-452. Berlin: Pauli.

S. 130
Dagegen erfordern keinen Gewerbeschein, außer den Staats- und Kommunalbeamten zur Ubernahme ihres Amtes, den Künstlern, *Wissenschaftern* etc., diejenigen Personen, welche sich vom Nähen, Stricken, Tambouriren, Tapisseriearbeit, Schneidern, Illuminiren, Spinnen, Wollkämmen und Sortiren, Spulen, Seidewickeln, Zwirnen, Federreißen und Federkesseln, Seifekochen im Hause etc. bloß für ihre Person nähren, wenn sie aber mit Gehülfen arbeiten, so müssen sie einen Gewerbeschein lösen.

Krünitz verweist auf einen bereits erschienenen Artikel.

Krünitz (1838). Stand. *D. Johann Georg Krünitz's ökonomisch-technologische Encyklopädie oder allgemeines System der Staats-, Stadt-, Haus- und Landwirthschaft, und der Kunstgeschichte in alphabetischer Ordnung, 169*, 544-513. Berlin: Pauli.

S. 600
Was die Klassifikation der Eximirten oder des höheren Bürgerstandes betrifft, wozu man alle Königlichen Beamten, die nicht dem Adelstande angehören, Gelehrte, *Wissenschafter*, Künstler etc. rechnet, so ist darüber schon das Nöthige unter Staat, [...], und unter Stadtwirthschaft, [...], gesagt worden.

Johann Friedrich Schaffer (1776–1844), Lexikograph und Lehrbuchverfasser.

Schaffer, J. F. (1838). *Nouveau dictionnaire français-allemand et allemand-français. 2. Tome. Allemand-français. 3. Section. S–Z.* Hanovre: Hahn.

S. 669

Wissenschafter, s, m. érudit; homme de lettres, m.
Wissenschaftler, s, m. faux savant, savantasse, m.[102]

Die Unterscheidung zwischen den beiden Wörtern ist auch hier eindeutig. Im nächsten Jahr erscheinen zahlreiche Aufsätze, die nicht immer erkennen lassen, ob den Verfassern diese Unterscheidung bewusst ist.

Gfrörer, A. Fr. (1838). *Kritische Geschichte des Urchristenthums. 2. Th., Das Jahrhundert der Heils, 1. Abth.* Stuttgart: E. Schweizerbart.

S. XII

Und wenn man dem großen *Wissenschafter* vollends Einfluß auf die Anstellungen gibt, so wird seine neue Religion die Runde machen, wenigstens so lange der Eigennutz der Betheiligten dabei seine Rechnung findet.

Mit dem hier ironisch eingesetzten Wort ‚Wissenschafter‘ sind die nachkantischen Verfechter der deutschen Metaphysik gemeint.

Im folgenden Buch erscheint mehrfach das Wort ‚Wissenschaftler‘, ohne dass die Bedeutung sich verdeutlicht. Zwei Beispiele.

anon. (1838). *Aphorismen zur Apologie des Dr. Strauss und seines Werkes.* Grimma: J. M. Gebhardt.

S. VI

Darum laßt uns nur nicht ängstlich sein; wir wollen unsre Stelle, an die der Herr der Zeiten uns gestellt hat, recht baun, wie die *Wissenschaftler* ihre Stelle. recht baun mögen. Der Herr wird's nicht an der Aussöhnung fehlen lassen!

S. 44

Daß also Dr. Strauß nur desultorisch in seiner Einleitung verfuhr, ist vom Gegebenen als nothwendig gefordert; wo nichts ist, hat der Kaiser nicht blos, hat auch der *Wissenschaftler*, der Kritiker, das Recht verloren.

Eine Beurteilung dieser so genannten Aphorismen bringt Ernst Gotthelf Gersdorf (1804–1874). Er studierte Theologie in Leipzig und wurde

---

[102] Das Wort ‚savantasse‘ lässt sich übersetzen mit gelehrter Prahler, großthuerischer Halbwisser. So jedenfalls Sachs-Vilatte (o. J., ca 1900), *Enzyklopädisches Wörterbuch der französischen und deutschen Sprache, 1. Teil, 2. Bd.* Berlin: Langenscheidt. S. 1401.

Bibliothekssekretär der Königlichen Bibliothek in Dresden. Später leitete er die Universitätsbibliothek in Leipzig. Das Zitierte stammt aus seiner Besprechung der *Aphorismen zur Apologie des Dr. Strauss*. Gersdorf konnte immerhin ermitteln, dass der anonyme Verfasser geistlichen Standes ist. Dort war Dr. Strauss unbeliebt.

> Gersdorf, E. G. (1838). *Repertorium der gesammten deutschen Literatur, Bd. 18.* Leipzig: F. A. Brockhaus.

S. 387

> Mehrmals fehlt es an Klarheit der Begriffe, an Sicherheit und Richtigkeit der Urtheile und an logischer Ordnung; der Ausdruck endlich ist breit und theilweise verfehlt, wie „*Wissenschaftler*" für: Freunde der Wissenschaft u. a.

Vermutlich sollte das derart verstanden werden: Falls so etwas wie Freund der Wissenschaft gemeint sein sollte, dann ist das Wort ‚Wissenschaftler' verfehlt, wie auch Schaffer zeigte.

Abraham Alexander Wolff (1801–1891), Oberrabbiner und Prediger, beklagte die Behinderung der Juden in Wissenschaften und Künsten durch die Christen.

> Wolff, Abraham Alexander (1838). *Drei Vorlesungen als Einleitung zu Vorträgen über das Judenthum in der Erscheinung und in der Idee.* Kopenhagen: G. Philipsen.

S. 16f.

> So schied man, was nur in seiner Verbindung zu wahrem Gedeihen hätte führen können; und das Bestreben der *Wissenschaftler* schien offenbar darauf auszugehen, sich, mit jedem neuerrungenen Standpunkte, des Juden zu entäußern. [...].

Karl August Friedrich Luther (1809–1838), Lehrer von Beruf, versuchte, eine Servibilis genannte Figur in Goethes *Faust I* (4214-4220) zu erklären, die über Dilettanten spricht. Andere Autoren identifizierten sie mit bestimmten Individuen.

> Luther, C. A. F. (1838). *Iris. Neueste Schriften für Geist und Herz. Eine Festgabe für Gebildete.* Hamburg: W. L. Anthes.

S. 185

> Servibilis (der Dienstbare), der die Brocken-Scene schließt, bezieht sich höchst wahrscheinlich nicht auf ein einzelnes Individuum, sondern auf die ganze Zunft der *Wissenschaftler* und artistischen Stümper, die in ihrer oft vielgeschäftigen Unbedeutenheit, das zudringliche Wichtigthun noch nie verleugnet haben.

Wenn mit „Wissenschaftler" Stümper bezeichnet wurden, dann ist der
Ausdruck mit dem l der passende.

  104. (1838). Amerikanische Geschichtsschreibung. *Blätter für litera-*
  rische Unterhaltung, Jg. 1838, 2. Bd., Nr. 271+272+273, 1101-1103
  +1105-1106+1109-1111.
S. 1109
  Ebenso wird von [William] Penn gesagt: von Natur und durch Leiden
  menschlich, in vertrautem Verhältnisse mit der königlichen Familie, mit
  Sunderland und Sidney eng verbunden, mit Russet, Halifax, Shaftesbury
  und Buckingham bekannt, als Mitglied der königlichen Gesellschaft
  Newton's und der großen Gelehrten jenes Zeitraumes Genosse, schätzte
  er die Eingebungen eines freien Geistes mehr als die Ansprüche der
  Wissenschaftler und achtete die einfältige Aufrichtigkeit des notting-
  hamer Schäfers (G. Fox) höher als das Ansehen der Hochschulen und
  die Weisheit der Philosophen.

Ludwig Feuerbach (1804–1872) studierte Philosophie und Theologie in
Erlangen, Heidelberg und Berlin. Er habilitierte sich 1828 in Erlangen für
Philosophie. Das Wort ‚Wissenschafter' verwendet er nicht, dagegen
reichlich die Wendung des wissenschaftlichen Mannes.

  Feuerbach, L. (1838). *Pierre Bayle, nach seinen für die Geschichte der*
  Philosophie und Menschheit interessanten Momenten, dargestellt und
  gewürdigt. Ansbach: C. Brügel.
S. 189ff.
  Wenn Bayle nicht theoretisch den Begriff des Philosophen in sich
  verwirklicht hat, so stellt er ihn wenigstens von Seiten seines Charakters
  dar. Wir erblicken in ihm einen praktischen Philosophen, ausge-
  schmückt mit den Tugenden des *wissenschaftlichen Mannes.* Gleich
  Leibnitz, gleich Spinoza ist er ein Abbild von dem Wesen der Wissenschaft: Der *wissenschaftliche Mann* ist ein muthiger Kämpfer für Recht
  und Wahrheit, aber für sich selbst friedfertiger Natur. [...]. Der *wissen-*
  schaftliche Mann ist, weil friedfertig, auch nicht rechthaberisch. Ihm
  liegt mehr daran, belehrt zu werden, als recht zu haben. [...]. Der
  wissenschaftliche Mann bekümmert sich nicht um das Geschwätze der
  großen Menge. [...]. Der *wissenschaftliche Mann* kennt keinen höhern
  Genuß als Arbeit und Thätigkeit.. Jeder andre Genuß hat für ihn nur die
  Bedeutung der Erholung. [...] Der *wissenschaftliche* Mann ist human –
  unendlich fern von den Anmaßungen des Eigendünkels. etc, etc.

Dieses Loblieb auf den wissenschaftlichen Menschen wird in einer anonymen Broschüre *Offener Brief an die Bonner Studenten*, Bonn: P. Pleimes, 1845, als Feuerbach-Zitat wiedergegeben.

108. (1838). Die religiöse Skepsis und Pietät der Deutschen im Spiegelreflex britische Kritik. *Blätter für literarische Unterhaltung, Jg. 1838, 2. Bd., Nr. 310*, 1259-1260.

S. 1260
Es wäre darum an der Zeit, daß ein kräftiger Geist die religiöse Literatur Deutschlands bearbeite; freilich eine Riesenarbeit, der nicht leicht jemand gewachsen sein dürfte. Ein Mann der Kirche nämlich würde den Gegenstand durch presbyterianische oder bischhöflich-kirchliche Augengläser ansehen; ein *Mann der Wissenschaft* sei zu trocken, zu materiell, und ein Literat zu witzelnd und oberflächlich.

Krünitz (1839). Stein. *D. Johann Georg Krünitz's ökonomisch-technologische Encyklopädie oder allgemeines System der Staats-, Stadt-, Haus- und Landwirthschaft, und der Kunstgeschichte in alphabetischer Ordnung, 171*, 231-628. Berlin: Pauli.

S. 339
Allein nicht bloß die Chemie verändert die Klassifikation der Steine nach den Erden, als Basen derselben, und nach ihren Eigenschaften, sondern auch die Krystallographie, und die Anwendung der Mathematik auf die Mineralien veränderten ihren Umfang als Wissenschaft, dehnten sie mehr aus, so, daß das Studium derselben auch für sich schwieriger, wenn nicht aufgehalten wird; wenn man gleich zugeben kann, daß der junge klassisch gebildete *Wissenschafter* wenigstens mit der Mathematik vertraut seyn wird, um hier keinen Aufenthalt in seinen Studien zu finden, den er doch finden würde, wenn er sich erst mit der Stöcheometrie etc. beschäftigen müßte, so wie überhaupt mit denjenigen Zweigen der Mathematik, die auf das Steinreich Anwendung finden.

J. H. Rausse ist das Pseudonym des Naturheilkundlers und Hydropathen Heinrich Friedrich Francke (1805–1848).

Rausse, J. H. (1839). *Wasser thut's freilich! Miscellen zur Gräfenberger Wasserkur.* Zeitz: Julius Schieferdecker.

S. 36
Wenn der Wissenschaft oder vielmehr den *Wissenschaftlern* etwas daran läge, diesen Zeitraum ausfindig zu machen, so möchte das, freilich sehr mühsam, auf folgende Weise am genauesten zu erforschen zu sein: [...].

Er behandelt die Frage, welche Zeit es braucht, bis sämtliche Arome eines Leibes ersetzt worden sind. Die Männer der Wissenschaft geben allerdings diskrepante Antworten auf solche Fragen, so dass der Autor wohl annimmt, ihnen liege daran nichts.

Christian Charles Josias von Bunsen (1791–1860), war Diplomat. Seine Witwe hieß Baroness Frances Waddington Bunsen (1791–1876).

Bunsen, Christian Carl Josias Freiherr von (1839). Brief an Lepsius. Nippold, Friedrich (Hrsg.) (1869). *Aus seinen Briefen und nach eigener Erinnerung geschildert von seiner Wittwe, 2. Bd.,* 78-79. Leipzig: F. A. Brockhaus.

S. 78

Einen Sommer in Aegypten zuzubringen, wenn man sich vorher vom September an acclimatisirt hat und das Klima nicht Augen und Leber angreift, kann räthlich sein für einen *wissenschaftlichen Mann*, falls sein Beruf es mit sich bringt. In den Sommer hineinzureisen, hat noch Niemand derart ungestraft gethan. Sehen Sie Champollion's, Rosellini's, Wilkinson's Beispiele, um nicht von Burkhardt und so vielen Anderen zu reden, die dort starben oder blind wurden.

Eduard Gans (1797–1839) studierte Jus, Philosophie und Geschichte in Berlin, Göttingen und Heidelberg. In den 1820er Jahren wurde er als getreuer Anhänger Hegels Professor für Rechtswissenschaften in Berlin.

anon. (1839). Eduard Gans. *Hallische Jahrbücher für deutsche Wissenschaft und Kunst, 2, Nro. 132,* Sp. 1049-1053.

S. 1049

Gans war ein *Mann der Wissenschaft*, er war aber auch ein Mann des Lebens, er war gleichzeitig bedeutend als Charakter, wie als Lehrer, und muthig wie Keiner hat er in der Zeit der Reaction dem Freiheitsdrange, der Ermannung des selbstbewußten Geistes, das Wort geliehen, hat er für den wahrhaften Beruf des preußischen Staates gestritten; dies Verdienst wollte man ehren, und es ist ein schönes Zeichen der Zeit, daß so glänzend geschah.

Im ersten Zitat des Krünitz geht es um Friedrich den Großen, König von Preußen.

Krünitz (1840). Sterndeuterey. *D. Johann Georg Krünitz's ökonomisch-technologische Encyklopädie oder allgemeines System der Staats-, Stadt-, Haus- und Landwirthschaft, und der Kunstgeschichte in alphabetischer Ordnung, 173,* 363-396. Berlin: Pauli.

S. 378f.

Und dennoch stritt dieser große Monarch so gern mit den Gelehrten über die Unsterblichkeit der Seele, war dieses sein Lieblingsthema, welches er so gern in seinen Gesprächen mit ausgezeichneten *Wissenschaftern* berührte, und worin er gleichsam sie zu bestreiten suchte.

S. 391

Außer der höchst merkwürdigen Prophezeyung der Französischen Revolution, die Jacques Cazotte im Jahre 1783 in einer heitern Gesellschaft von *Wissenschaftern* gemacht haben soll, wie auch schon oben angeführt worden, und die selbst die grauenvollsten Details dieser Revolution auf die Gesellschafts-Glieder, in deren Kreise er sich befand, und auf sich selbst, enthält, darf man nur diejenigen Vorzeichen hier anführen, die der Himmel selbst als warnend bei der Vermählung des Dauphins, nachherigen Königs Ludwig des Sechzehnten, mit der Tochter Maria Theresias, der Marie Antoinette, im Jahre 1770, blicken ließ; [...].

Krünitz schätzt Streitschrift, wenn sie sinnvoll durchdacht wurden.

Krünitz (1840). Streitschrift. *D. Johann Georg Krünitz's ökonomisch-technologische Encyklopädie oder allgemeines System der Staats-, Stadt-, Haus- und Landwirthschaft, und der Kunstgeschichte in alphabetischer Ordnung, 175*, 598-605. Berlin: Pauli.

S. 598

Wenn die Verfasser der Sache gewachsen sind, und Fleiß anwenden, so sind dergleichen Schriften, weit meistens einzelne Materien darin umständlich abgehandelt werden, nützlich, und eine gut gewählte Sammlung derselben hat für den *Wissenschafter* einen großen Werth.

Im folgenden Zitat mag ein eigenartiger Fehler vorliegen.

anon. (1840). Nichtpolitische Zeitung. *Neue Würzburger Zeitung, Jahrgang 1840, Nro. 275*, unpaginiert.

letzte Seite

Würzburg, 15. Sept. Wir vernehmen soeben, daß unser verehrter Mitbürger Herr Dr. Geigel von dem Vereine, großherz. Badischer Medizinalbeamten zur Förderung der med. *Wissenschafter* zum correspondirenden Mitgliede ernannt wurde.

Damals war ein solcher Verein nicht in Erscheinung getreten, wohl aber der Verein großherzlich Badischer Medizinalbeamten zur Förderung der Staatsarzneykunde, der in- wie ausländische Mitglieder umfasste.

Arnold Ruge (1802–1880) studierte Philosophie in Halle, Jena, dann Heidelberg. Dort verhaftete und verurteilte man ihn im Frühjahr 1824 unter dem Vorwurf, Mitglied einer geheimen verbotenen Verbindung zu sein.

1830 begnadigte ihn der preußische König. Später wurde er Privatdozent, später Buchhändler und 1848 in die Nationalversammlung in Frankfurt gewählt. Schließlich emigrierte er nach England.

Ruge, Arnold (1840). Das Manifest der Philosophie und seine Gegner. *Hallische Jahrbücher für deutsche Wissenschaft und Kunst, 3, No. 178,* Sp. 1420-1424.

Sp. 1423

Man könnte gegen den Vorwurf der Abstraction einwenden, alle *Wissenschaftler* von Profession hätten eine abstracte Stellung. Die Wissenschaft, die Philosophie und ihre Probleme geben allerdings ein Reich, welches nicht von dieser Welt ist, aber dennoch ist es eine egoistische Abstraction, wenn die Universitätsgelehrten sich weder als Gemeinde- noch als Staatsbürger betheiligen, jede Verfassung und jede Entwickelung des Staates als ein fremdes Phänomen betrachten und nach Gelegenheit so gut in Rußland hausen mögen, als mitten in Deutschland.

Im Jahr, in dem Carl Julius Weber (1767–1832) starb, erschienen die ersten beiden Bände des *Demokritos.* Später wurden viele seiner ungedruckten Schriften publiziert, darunter auch Fortsetzungen des *Demokritos.*

Weber, Carl Julius (1840). *Demokritos oder hinterlassene Papiere eines lachenden Philosophen, Bd. 10.* Stuttgart: Hallberger.

S. 373

Wenn ich gewiß wäre, bloß ausgelacht zu werden, möchte ich hier wohl manche ganz bestimmte Vorschläge, und recht ex animo wagen, um den Weg der Wissenschaften von der einen Seite abzukürzen, während er sich von der andern erweitert, und Manches zu den bereits im Staube schlummernden Scholastikern noch hinwerfen, womit zunächst die *Brodwissenschaftler* sich placken müssen, und oft mit größtem Ernste placken, bis ihnen in praxi die Augen aufgehen, und sie die verlorene Zeit bedauern.

S. 386

Napoleon gehörte unter die *Wissenschaftler* ohne Menschenthum so gut als Abbé Desfontaines, der sich bei dem Minister d'Argenson entschuldigte: Il faut pourtant que je vive.

Der Brodwissenschaftler trat schon früher auf. Es ist ein Schmachwort gegen jemanden, der wegen der Broterwerbsmöglichkeiten eine Wissenschaft studiert, nicht um ihrer selbst willen.

Moritz Karl August Axt (1801–1862), seit 1825 Dr. phil., klassischer Philologe und Gymnasiallehrer. 1837 wurde er zum Professor ernannt.

Axt, Moritz (1840). *Das Gymnasium und die Realschule. Ein Gutachten, veranlasst durch den Dilthey-Schachtischen Streit.* Darmstadt: G. Jonghaus.

S. 70

Die Scholastiker verfielen nicht sowohl des neuen Gedankens, als aus sprachlicher Unkunde und Liederlichkeit in jene Barbareien, die so sehr im Geschmacke gewisser *Wissenschaftler* sind [...], welche allein zu denken glauben und die Schamlosigkeit haben, den Philologen als solchen es abzusprechen [...].

Schleiermacher verfolgte die Tradition, wissenschaftsbefasste Personen durch einen längeren Ausdruck zu kennzeichnen, die in dieser Zeit durchaus vorherrschte.

Schleiermacher, Friedrich (1840). *Friedrich Schleiermacher's sämmtliche Werke. Erste Abtheilung. Zur Theologie, 11. Bd. Friedrich Schleiermacher's literarischer Nachlaß. Zur Theologie, 6. Bd. Geschichte der christlichen Kirche.* Berlin: G. Reimer.

S. 527

Der zweite ist Wilhelm, Bischof von Paris (ft. 1249), in seiner Theologie ein freier *wissenschaftlicher Mann*; was aber den Inhalt betrifft: so hat er sich nicht über die kirchliche Tradition erhoben.

Das ist für einen Bischof wohl kein gravierender Vorwurf.

anon. (1840). China und England. *Allgemeine Zeitung, Jg. 1840, Nr. 119*, 947-948.

S. 948

Wie viel ward nicht in der zweiten Hälfte des sechzehnten Jahrhunderts bis auf unsere Zeit über das Culturystem des östlichen Asiens in allen Sprachen Europa's geschrieben und gedruckt! Wer aber mag diese umfang- und gehaltreichen Werke lesen? So viel auch *wissenschaftliche Männer* sich Mühe geben, die westliche Welt über China, über seine Verfassung, Religionen und Sitten aufzuklären; es war alles vergebens. Der Chinese galt und gilt als für einen ceremoniösen Alltagsmenschen, dessen bloßes Erscheinen die heiterste Gesellschaft zur Langeweile umstimmt.

Wo Riemer diese Sprüche vorfand, ist seinen Angaben nicht zu entnehmen.

Riemer, Friedrich Wilhelm (1841). *Mittheilungen über Goethe. Aus mündlichen und schriftlichen, gedruckten und ungedruckten Quellen, 1. Bd.* Berlin: Duncker und Humblot.

S. 438

Durch die bisher vergönnte Theilnahme an der intellectuellen und ästhetischen Bildung, welche die Christen mit Mühe sich hatten erwerben müssen, und nur durch Mithülfe der griechischen und römischen Heiden im Stande gewesen waren den alten jüdischen Sauerteig in etwas los zu werden, fühlen auch sie sich wohlfeilern Kaufs in den Stand gesetzt mit den geistigen Mitteln ihrer Wirthe ebenso zu operiren, wie schon längst mit den irdischen Moyens, um am Ende auch darin zu Gläubigern derer zu werden, deren Schuldner sie hätten bleiben sollen. Nun wenden sie die geistigen Waffen gegen die Christen, gegen die Erstgeburten des deutschen Genies; und nicht nur den Poeten, auch den *Wissenschaftern* kann eine ägyptische Catastrophe in figürlichem Sinne drohen: denn die goldenen und silbernen Gefäße der Intelligenz haben sie bereits auch abgeborgt, und wissen sie vortrefflich zu ihrem Vortheil und Genuß zu gebrauchen.

Im Krünitz wurde in diesem Jahr eine so umfangreiche Vielzahl des Wortes ‚Wissenschafter' verwendet, dass sich der Eindruck aufzwängt, es handele sich bereits um das Standardwort zur Bezeichnung wissenschaftlich tätiger Personen. Die konkurrierenden längeren Wendungen sind allerdings immer noch zahlreicher vertreten, wie an Proben gezeigt wird.

Krünitz (1841). Stubengelehrter. *Dr. Johann Georg Krünitz's ökonomisch-technologische Encyklopädie oder allgemeines System der Staats-, Stadt-, Haus- und Landwirthschaft, und der Kunstgeschichte in alphabetischer Ordnung, 176*, 317-332. Berlin: Pauli. S. 325f.

Uebrigens mißbraucht man die Benennung eines Stubengelehrten sehr, wenn man alle diejenigen Gelehrten oder vielmehr *Wissenschafter,* welche in Aemtern und Bedienungen stehen, und mit öffentlichen Geschäften überhäuft sind, deshalb Stubengelehrte heißt, weil sie nicht von ihrer Stube und sonst in keine andere Gesellschaft, als in ihr Collegium kommen. [...]. Noch weniger schicklich ist es, wenn man einen Gelehrten oder ausübenden *Wissenschafter,* der von seiner Geschicklichkeit in der Praxis vorzügliche Proben abgelegt hat, deshalb einen schlechten Praktiker nennen will, weil er wenig zu thun hat, ihm das Glück nicht wohl will, gleichsam als wenn ein mit Geschäften überhäufter Praktiker, kein schlechter Praktikus seyn könnte, und wer viel auszuführen oder zu verrichten hat, solches auch gut ausführen müsse.

In Krünitzens Band 176 gibt es weitere Stellen, in denen das Wort auftritt. Um den Leser nicht zu sehr zu ermüden, seien sie ausgelassen.

Krünitz (1841). Studieren. *Dr. Johann Georg Krünitz's ökonomisch-technologische Encyklopädie oder allgemeines System der Staats-, Stadt-, Haus- und Landwirthschaft, und der Kunstgeschichte in alphabetischer Ordnung, 177,* 32-171. Berlin: Pauli.

S. 37

Wenn daher *Wissenschafter* die Ansicht haben, daß die Wissenschaften auch als Mittel des Lebensunterhalts betrachtet werden müssen, so ist diese Ansicht wohl nicht unrichtig, wenn sie gleich nicht als allein herrschende betrachtet werden darf und muß; [...].

S. 48

Eben so ist es mit dem Gelehrten oder *Wissenschafter,* der seinem Sohne eine gelehrte Erziehung zu geben sucht; er erweckt dadurch in ihm allmählich die Neigung zum gelehrten Stande. Dies ist der gewöhnliche Gang.

S. 144

[...] passende Titel und Dekorationen; die Letztern sollen zwar den wahren *Wissenschafter* nicht reizen, allein sie gehören doch dazu, anerkannte Verdienste zu belohnen.

Und noch weitere Stellen, welche man eigenhändig nachschauen kann.

Krünitz (1841). Studierstube. *Dr. Johann Georg Krünitz's ökonomisch-technologische Encyklopädie oder allgemeines System der Staats-, Stadt-, Haus- und Landwirthschaft, und der Kunstgeschichte in alphabetischer Ordnung, 177,* 173-183. Berlin: Pauli.

S. 174

Wenn ein Gelehrter, *Wissenschafter* oder Schriftsteller, in einer Stadt nicht auf eine gewissen Gegend angewiesen, oder sonst an dieselbe, seiner Geschäfte wegen, angewiesen ist, so muß er in einer Gegend nahe dem Thore wohnen, wo gewöhnlich die Hinterzimmer eine freie Aussicht auf Gärten oder auf das Feld haben, auch in der Stadt selbst, wenn Gärten hinter dem Hause liegen; denn es thut dem Auge ungemein wohl, wenn es nach einiger Anstrengung vom Studiertische einmal wieder auf das Grün der Gärten blicken und sich hier erholen kann; [...].

S. 181

Man könnte auch weiße [Gardinen] wählen, sie schmutzen aber zu sehr, wenn in dem Zimmer Tabak geraucht wird, wie es doch gewöhnlich geschieht, das es wenige Gelehrte oder *Wissenschafter* giebt, die nicht Tabak rauchen.

Wie mag ein regelmäßiger Stuhlgang entstehen? Krünitz erläutert.

Krünitz (1841). Stuhlgang. *Dr. Johann Georg Krünitz's ökonomisch-technologische Encyklopädie oder allgemeines System der Staats-, Stadt-, Haus- und Landwirthschaft, und der Kunstgeschichte in alphabetischer Ordnung, 177,* 242-260. Berlin: Pauli.

S. 243f.

Der Stuhlgang geht regelmäßig von Statten, wenn man in seiner gewohnten Lebensart nichts ändert, die genossenen Speisen gehörig verdauet, die nöthigen Flüssigkeiten nach dem Bedürfnisse der Natur zu sich nimmt, und sich hinreichende Bewegung macht, die ohnehin bei den arbeitenden Klassen des Volks nicht fehlt, wohl aber bei den sitzenden mit der Feder arbeitenden Geschäftsleuten, Gelehrten, *Wissenschaftern* und Schriftstellern, und um so mehr, wenn sie ihre Arbeit in der Nacht fortsetzen, die Denkkraft stark, ja übermäßig anstrengen, wodurch das Blut mehr, denn gewöhnlich, nach dem Kopfe gezogen wird, und dann die gewohnte Zeit der Ausleerung hält, diese nicht umgeht, wodurch sehr leicht Hartleibigkeit erzeugt wird.

Der stümperhafte angeblich wissenschaftliche Mann heißt Wissenschaftler.

Krünitz (1841). Stümper. *Dr. Johann Georg Krünitz's ökonomisch-technologische Encyklopädie oder allgemeines System der Staats-, Stadt-, Haus- und Landwirthschaft, und der Kunstgeschichte in alphabetischer Ordnung, 177,* 377-378. Berlin: Pauli.

S. 377

Hauptsächlich gebraucht man dieses Prädikat bei den Arbeiten der Handwerker und Fabrikanten; dann auch von denen der Künstler und *Wissenschafter,* und nennt Alles stümperhaft, was nicht ausgeführt, sondern nur übereilt gemacht wird.

Carl Johann Hoffmann (1819–1874) studierte ab 1838 in Gießen und Heidelberg und wurde 1841 Doktor der Rechtswissenschaften.

Hoffmann, Karl Joh. (1841). Noch ein Wort über die Kunst. *Allgemeiner Anzeiger und Nationalzeitung der Deutschen, Jg. 1841, 2. Bd., Nr. 236,* Sp. 3041-3048.

Sp. 3045f.

Jene Allgemeinheit des Individuellen, welche man am Kunstwerk Ideal nennt, ist selbst nichts Anderes, als der wissenschaftliche Geist, nur in dumpfer, bewußtloser Weise, oder, wie Schiller selbst erkannt hat, pathologisch, ohne freie Selbstständigkeit, die höchste, göttliche Eigenschaft; weßhalb sich auch bei den Thieren ausgezeichnete Künstler finden, aber keine Spur von Wissenschaft, wie sie auch, eben wegen Mangel an Wissenschaft, eine Gemeine bilden, aber keine Gemeinde.

Der Künstler ist somit eben nur ideell, insofern er auch *Wissenschafter* ist, nur mit dem Unterschiede, daß Flittergold mehr schimmert als echtes, und das Kunstwerk so etwas mehr und höher zu seyn scheint, während es in der That viel weniger und geringer ist.

Der Wiener Joseph Alois Gleich (1772–1841) verfasste reichlich Schauerromane, Dramen und eine heitere Volkszeitschrift im Wiener Tonfall, die Briefe eines Gumpoldkirchners.

anon. (1841). *Komische Briefe eines Gumpoldskirchners an seinen Schwager in Feselau über Wien und seines Tagsbegebenheiten, 10 (8), 3. Brief.* Wien: Bauer und Dirnböck.

S. 49

Wahrscheinli is dös wieder dumm, aber es is mir zu verzeihn, kein *Wissenschafter* bin i nit, i bin nur ein simpler Mensch, deßwegn kann i a so etwas nur aus dem G'sichtspunkt der simplen Menschheit betrachten.

Ludwig Feuerbach war durch seine radikalen Schriften in den zuständigen Ministerien so verpönt, dass eine behördliche Position nicht mehr in Frage kommen konnte. Da der Herausgeber der Briefe die Orthographie vermodernisierte, lässt sich nicht sicher sagen, ob das l im Naturwissenschaftler wirklich von Feuerbach stammte

Feuerbach, Ludwig (1841). Brief an Christian Kapp. Feuerbach, Ludwig (1988). *Briefwechsel II (1840-1844).* Berlin: Akademie-Verlag.

S. 50

Zum Professor der Philosophie qualifiziere ich mich nicht, eben weil ich Philosoph bin und zwar Kryptophilosoph. Als *Naturwissenschaftler* wäre ich leichter unterzubringen.

Kratander, gräzisierender Name ohne Familienname, der kräftiger Mann bedeuten soll, heißt bürgerlich angeblich Carl Wilhelm Mann. Auf den 264 Seiten des Buches erscheint das Wort ‚Mann' 24 Mal, zuerst auf Seite 1. Das mag Zufall sein.

Kratander (1841). *Anti-Strauß. Ernstes Zeugniß für die christliche Wahrheit wider die alte und neue Unglaubenslehre.* Stuttgart: J. F. Steinkopf.

S. 191

Daher versteckt er auch seine Angriffe auf die Schrift hinter erdichtete Schwierigkeiten, welche die Auslegekunst, welche die Sammlung des Kanons bereiten, dem die Kirche allein als Stütze dienen könne, welche die Lehre von der Inspiration in sich trage, und endlich muß freilich das kritische Messer auch hier alles durchhauen, denn ein jeder *Wissen-*

schaftler fühlt ein Dutzend Alexander in sich, um alle gordischen Knoten in der Welt, um alle Räthsel zu dialysiren, und ist zehenmal klüger als Salomo, der das Kind doch nur zu zertheilen drohte, während der Hegeling es förmlich in effigie zerhaut.

Hegelinge sind die Hegelanhänger, also nicht anders als Hegel selbst unerwünschte sowie unchristliche Figuren.

William Whewell (1794–1866) wurde in Cambridge zunächst Professor der Mineralogie, dann Professor of moral theology and casuistical divinity. Er wurde durch seine wissenschaftshistorischen Arbeiten berühmt.

> Whewell, W. (1841). *Geschichte der inductiven Wissenschaften, der Astronomie, Physik, Mechanik, Chemie, Geologie etc. von der frühesten bis zu unserer Zeit, nach dem Englischen des W. Whewell mit Anmerkungen von J. J. Littrow, 3. Th.* Stuttgart: Hoffmann.

S. 347f.

Obschon vielleicht noch nie irgend ein *wissenschaftlicher Mann* einen größeren Einfluß und eine so allgemeine Bewunderung erreicht hat, als Linné, so sprechen doch die verständigsten Botaniker von ihm nicht sowohl als von einem großen Entdecker, sondern immer nur als von einem strengen und scharfsinnigen Reformator.

Karl Ferdinand Voigdt (1804–1887), Prediger und Lehrer am Friedrichskollegium Königsberg in Ostpreußen.

> Voigdt (1841). *Zur Erinnerung an J. F. Herbart. Worte gesprochen am 28. Oktober 1841 in der öffentlichen Sitzung der Königl. Deutschen Gesellschaft zu Königsberg.* Königsberg: Theodor Theile.

S. 6

[...] wo [in Königsberg] man ihn nicht bloß als *Mann der Wissenschaft*, sondern als einen überhaupt ausgezeichneten und hoch hervorragenden Menschen geachtet und verehrt hatte, dessen Abgang von hier darum mit Recht die Beweise der Werthschätzung von der gemessensten und sich selbst verwahrenden Achtung bis zur innigsten Anhänglichkeit hervorgerufen hatte.

Es gelang mir nicht, für dieses Jahr neue Fälle der Verwendung des Wortes ‚Wissenschafter‘ aufzufinden. Es gab zwar Texte des Jean Paul in seinen *Sämmtlichen Werken*, aber sie wurden die in früheren Ausgaben dargestellt. Doch werden einige Auftritte der Wissenschaftler angeboten.

Johann Emanuel Veith (1787–1876), jüdischer Abstammung, sollte wie sein Vater Rabbiner werden, trat aber 1816 zum Katholizismus über. Er studierte Philosophie unter Brentano, dann Medizin und Tiermedizin, schließlich Theologie und wurde Domprediger bei St. Stephan in Wien.

Veith, Joh. Em. (1842). *Die Erweckung des Lazarus*. Wien: Braumüller und Seidel.

S. 153

So ist es nun vor allem merkwürdig, daß Martha keineswegs sagt: ich glaube, ich hoffe, daß mein Bruder auferstehen werde, sondern: ich weiß. Woher weiß sie das? Gewiß aus der Schriftlehre und Tradition ihres Volkes. Schön ist es, daß sie zwischen Glauben und Wissen nicht so feindselig unterscheidet, wie es die überspannten *Wissenschaftler*, und ihnen gegenüber die einseitigen Glaubensvertreter, neuerlichst wieder versucht haben.

Theodor Mundt war mitwirkender Herausgeber dieser Zeitschrift.

Modestus (1842). Geschichte der deutschen Bühne. *Der Freihafen. Galerie von Unterhaltungsbildern aus den Kreisen der Literatur, Gesellschaft und Wissenschaft, 5 (4)*, 44-65+97-126. Altona: Johann Friedrich Hammerich.

S. 121f.

[...] was man sonst so von Beförderung der Künste und Wissenschaften sagt, und meint, ist, bei Licht besehen, eigentlich nur ein artiger Unsinn. Warum? Weil Künste und Wissenschaften keines Schutzes bedürfen; denn sie sind Begriffe. Man müßte also Künstler und *Wissenschaftler* beschützen, in denen sie sich offenbaren. Dies ist wiederum nicht möglich, noch leicht. Denn um zu schützen und zu fördern, muß man zuvor die großen Geister erkennen. Dieses Erkennen setzt aber gleiche Geisteskraft voraus oder wenigstens ähnliche.

Dr. Robert Haas (1806–1872) veröffentlichte schon ein Buch zum Thema.[103]

Haas, Robert (1842). Die Nothwendigkeit einer Reform der Kirche, gemeinfaßlich aus den heiligen Urkunden und der Geschichte. *Der Vorläufer, eine Zeitschrift zur Beförderung grösserer Mündigkeit im häuslichen und öffentlichen Leben, No. 79+80*, Sp. 625+628+633-637.

Sp. 634

Alle diese Urtheile bestätigen also meine Behauptung, daß der bisherige kirchliche Zustand einer Reform bedürfe, daß ein Neues sich entwickle, und daß es ein achtbarer Beruf ist, dieses in geschichtlicher und besonnener Weise zu fördern. Jene Zustimmung erhält aber insofern

---

[103] Haas, Robert (1841). *Die Nothwendigkeit einer Reform der Kirche, auf dem Standpunkte der frommen Politik biblisch und kirchengeschichtlich begründet, Bd. 1.* Stuttgart: Adolph Krabbe.

noch eine wichtige Bedeutung, als sie keineswegs nur einer gewissen
Parthei angehört, sondern damit nachgewiesen ist, daß die Ueberzeugung von der nothwendigen Erneuerung unseres religiösen Lebens
eine allgemeine sei. Dafür stimmten ja Laien und Geistliche, Professoren und Pfarrer, Rationalisten und Supranaturalisten, Hegelianer und
Mystiker, Katholiken und Protestanten, Journalisten und *Wissenschaftler*, Deutsche und Schweizer.

Der Name des Verfassers ist unbekannt. Bekannt ist hingegen Bruno Bauer
(1809–1882), atheistischer Theologe, junghegelianischer Philosoph,
Historiker und einer der führenden Köpfe des Linkshegelianismus. Bauer,
seit 1839 Privatdozent in Bonn, wurde wegen atheistischer Philosophie-
lehre entlassen.

> anon. (1842). Die wissenschaftlichen Kämpfe in Preußen. *Beilage zur
> Allgemeinen Zeitung, Jg. 1842, Nro. 196*, 1561-1563

S. 1562

Jeder *wissenschaftliche Mann* wird wünschen, daß das Falsche auch
ferner nicht von außen her gehemmt werde, sondern in sich selbst zu
Grunde gehe, und eben deßhalb wird es manchem unerwünscht seyn,
daß unsere Regierung einzuschreiten und dem Licentiaten Bauer die
licentia docendi zu entziehen sich bewogen fühlte.

Und noch die wissenschaftlichen Männer.

> anon. (1842). Stimmen über die deutschen Jahrbücher und die Richtung
> ihrer Schule. *Beilage zur Allgemeinen Zeitung, Jg. 1842, Nro. 121*, 962-
> 964.

S. 963

Die Regierung, die preußische so gut als die sächsische, sagt ehrlich: die
Wissenschaft ist frei; und keine Behörde, die *wissenschaftliche Männer*
zu ihren Mitgliedern zählt, wie das die beiderseitigen Cultusministerien
thun, kann damit anfangen, wenn eine wissenschaftliche Entdeckung
vorliegt, zu fragen: ist nun diese Entdeckung christlich oder anti-
christlich, theistisch oder pantheistisch, oder atheistisch wie dieß ihr
rheinischer Correspondent mit Strauß und Feuerbach macht.

Johann Joseph Görres (1776–1848) begann als Anhänger der Heidelberger
Romantik, wurde Gymnasiallehrer, dann Universitätsprofessor, später
katholischer Publizist.

> Görres, J. v. (1842). *Die christliche Mystik, 4. Bd., 2. Abth.* Regensburg:
> G. Joseph Manz.

S. 138

Wer in dieser Sache volle Gewißheit zu haben wünscht, mag sich an Bruder Andreas von Genua wenden, einen *Mann großer Wissenschaft* und frommen Lebenswandels; ihn führe ich hier als noch lebenden Zeugen an.

Auch der unwissenschaftliche Mann kommt noch vor.

Platner, Ernst, Bunsen, Carl, Gerhard, Eduard, Röstell, Wilhelm, Ulrichs, Ludwig (1842). *Beschreibung der Stadt Rom. III. Bd. Die sieben Hügel, der Pincio, das Marsfeld und Trastevere.* Stuttgart: J. C. Cotta.

S. 648

Leonardo Cetuso, aus Carisi in der Dioces von Salerno, diente unter Gregor XIII. als Stubenfeger (Scopatore Secreto) des päpstlichen Palastes. Man nannte ihn als einen gemeinen *unwissenschaftlichen Mann* spottweise den Gelehrten (il letterato).

Krünitz bleibt dem Wissenschafter treu.

Krünitz (1843). Termini technici. *Dr. Johann Georg Krünitz's ökonomisch-technologische Encyklopädie oder allgemeines System der Staats-, Stadt-, Haus- und Landwirthschaft, und der Kunstgeschichte in alphabetischer Ordnung, 182,* 92-93. Berlin: Pauli.

S. 93

Gleich diesen angeführten Kunstausdrücken findet man nun in allen Wissenschaften und Künsten dergleichen Ausdrücke, ja bis zum niedrigsten Handwerke herab; jede und jedes hat ihre besonderen Ausdrücke, die man wissen muß, um den *Wissenschafter*, Künstler und Handwerker da, wo er solche anbringt, zu verstehen.

Was Weber mit dem Wissenschaftler andeuten will, bleibt fraglich.

Weber, Carl Julius (1843). *Demokritos oder hinterlassene Papiere eines lachenden Philosophen, Bd. 11.* Stuttgart: Scheible, Rieger & Sattler.

S. 88

Es gibt Pinsel feiner Art, die sich über bloße Sinnengenüsse erheben, und der Wissenschaft und Kunst zu huldigen wissen, und diese sind dann wieder dem eigentlichen Künstler und *Wissenschaftler* wahre Mäcenaten.

Ernst Heinrich Pfeilschmidt (1809–1894) studierte von 1830 bis 1833 in Leipzig Theologie. Seit 1838 war er Diacon an der Annenkirche zu Dresden, als liberaler Pfarrer boten sich ihm keine Aufstiegschancen.

Pfeilschmidt, Ernst Heinrich (1843). *Der Proceß der hallischen und deutschen Jahrbücher vor Regierung und Ständeversammlung des Königreichs Sachsen. Ein actenmäßiger Beitrag zur Geschichte des*

Kampfs zwischen dem Christenthume und der neuesten Philosophie.
Grimma: I. M. Gebhardt.

S. 66

Die Theologen wußten, was sie thaten, als sie mit Feuer und Schwert für ihre Satzungen fochten; seit sie aber aufhören, productiv zu sein, haben sie aufgehört zu sein. Ihr Mysterium ist verrathen, schon durch die Rationalisten und die Aufklärung; und nun soll die Leipziger Censur die Theologie schützen, nun da die Theologen selbst die Axt an die Wurzel gelegt, soll die Stütze der Polizei den sinkenden Baum halten? – Es ist zu spät: es lebt kein Mensch mehr in Deutschland, der sich von den Theologen seinen Gott machen ließe, und die Theologen selbst sind zu bescheiden, um sich noch für Künstler zu halten: sie wollen nur *Wissenschaftler* und Kritiker, gelehrte Menschen, keine Kirchenväter und Heilige mehr sein. Man weiß es wohl, wie es mit den Theologen steht, [...].

Diese Jahrbücher, die Pfeilschmidt nennt, vertraten die linkshegelianische Richtung und erregten politische Verfolgungen, nicht zuletzt wegen ihrer Kritik am protestantischen und katholischen Klerus über dessen Gezänk um die Kindererziehung in konfessionellen Mischehen.

anon. (1843). Zürich. *Frankfurter Ober-Postamts-Zeitung, Jg. 1843, Nro. 58*, 466.

S. 466

Wenn endlich überhaupt ein *wissenschaftlicher Mann* etwas leisten soll, so muß er im Besitze eines ruhigen und ungestörten Lebens seyn. Hätten wir wohl die erhabenen Tragödien von Schiller bekommen, wenn man ihn, nachdem er von Stuttgart geflohen war, zu Mannheim, Rudolstadt und Jena fortgejagt hätte?

In nächster Feststellung geht es um die Amtsenthebung des Professors der praktischen Theologie an der Universität Dorpat, Carl Christian Ulmann (1793–1871).

anon. (1843). Aus den deutsch-russischen Ostsee-Provinzen. *Kemptner Zeitung, Jg. 1843, Nr. 37*, 130-131.

S. 131

Reflexionen über das Mitgetheilte sind unnöthig; daß *wissenschaftliche Männer* in einer Disciplinarsache mit einer Strafe, welche Schande involvirt, mit einer Härte, welche unverhältnißmäßig erscheint, belegt werden, möchte, vom russischen Standpunkt aus gesehen, löblich erscheinen, wenn nur das strenge Recht selbst gerettet wäre.

Carl Lebrecht Krutzsch (1772–1852) lehrte als Professor an der Sächsischen Akademie für Forst- und Landwirte in Tharandt.

> Krutsch, K. L. (1844). *Gebirgs- und Bodenkunde für den Forst- und Landwirth, 1. Th. Die Gebirgskunde, 2. Aufl.* Dresden: Arnold.

S. VI.

> In einem Buche, welches keine Beiträge zu einer Wissenschaft liefert und für den *Wissenschafter* nicht geschrieben ist, sondern blos die Bestimmung hat, den Laien an den Ergebnissen ihrer Forschungen Theil nehmen zu lassen, hält es der Verfasser für prunkenden Ueberfluß, mit „Literatur" auszustehen. Für Leser solcher Bücher sind Citate wissenschaftlicher Werke unnütz.

Staatliche zoologische Gärten ware noch nicht erfunden.

> Krünitz (1844). Thier. *Dr. Johann Georg Krünitz's ökonomischtechnologische Encyklopädie oder allgemeines System der Staats-, Stadt-, Haus- und Landwirthschaft, und der Kunstgeschichte in alphabetischer Ordnung, 183*, 354-726. Berlin: Paul.

S. 598

> Die Kabinette der Fürsten, wenn sie *Wissenschafter* zu Vorstehern haben, sind die Einzigen, die man als auf die Dauer angelegt betrachten kann, und die auch zu einiger Vollständigkeit gelangen, da alle neuen Entdeckungen ihnen zukommen; die Privatkabinette sind aber alle zu früh der Zerstreuung unterworfen, wenn der Besitzer stirbt und Erben hinterläßt, die sich in seine Besitzungen, seine Verlassenschaft, theilen sollen, sie werden dann öffentlich an den Meistbietenden verkauft [...].

Eine neue Wissenschaft entsteht.

> Krünitz (1844). Thierarzneywissenschaft. *Dr. Johann Georg Krünitz's ökonomisch-technologische Encyklopädie oder allgemeines System der Staats-, Stadt-, Haus- und Landwirthschaft, und der Kunstgeschichte in alphabetischer Ordnung, 184*, 222-241. Berlin: Pauli.

S. 231

> [...] so fing man doch jetzt an, die Thierkrankheiten systematisch zu behandeln, und die Thierarzneykunde als eine Wissenschaft zu betreiben, und wenn auch beim Beginnen dieser Schulen mehr auf die Ausbildung geschickter Kurschmide gesehen wurde, sie also mehr der Pferdearzneykunst angehörten, so war doch ein großer Schritt geschehen, der auch bald seine Früchte in so fern zeigte, daß sich jetzt auch andere *Wissenschafter* auf die Thierarzneykunst legten, besonders Aerzte und Kameralisten, so auch praktische Oekonomen, und daß man beim Heilverfahren mehr die Mittel prüfte, und sich nicht bloß auf die

angegebenen Rezepte verließ, die man für diese oder jene Krankheit verzeichnet fand.

Joseph Ennemoser (1787–1854) promovierte 1816 zum Dr. med. in Berlin, wurde Professor der medizinischen Fakultät in Bonn, sowie magnetischer Arzt und quasiphilosophischer Schriftsteller.

Ennemoser, Joseph (1844). *Geschichte der Magie.* Leipzig: F. A. Brockhaus.

S. 280f.

Wenn die genannten Anhaltspunkte auf festem Grunde bestehen und, wie mir scheint, nicht leicht wegzuräumen sind: so läßt sich daraus einstweilen für die *Wissenschaftler* noch Folgendes folgern:

1) daß es in der Natur allerdings einen allgemeinen Zusammenhang und ein gegenseitiges Wechselverhältniß nach sympathischen und antipathischen Gegensätzen gebe [...].

2) Daß die Welt kein mechanisches Uhrwerk sei, das nur nach einer zwecklosen Nothwendigkeit abläuft [...].

3) Daß man aber auch von einem absoluten Geisterreich außer der Natur gar nichts wisse.

Und weitere Punkte dieser Sorte.

Daniel O'Connell (1775–1847), genannt The Liberator, ein irischer Politiker, der die Union mit England auflösen wollte.

anon. (1844). Daniel O'Connell's Vertheidigungsrede und die Handelsfreiheit in Irland und China. *Das Zollvereinsblatt, 2 (9)*, 177-179.

S. 177f.

Nie ist ein offenbarer Sophismus mit größerer Insolenz einer wortgläubigen Zunft von *Wissenschaftlern* als praktische Weisheit aufgebunden worden, und wer noch Zweifel hegt daß die englische Theorie des freien Handels lediglich nach dem Bedürfniß Englands zugeschnitten sey, der muß bei einem Argument ins Klare kommen, das in die Sprache der Wahrheit übersetzt nichts anders heißt als: die Verzehrung der irischen Landrente in England ist Altengland vortheilhaft, ergo – ist sie durch die Grundsätze der Nationalökonomie und der Staatsweisheit gerechtfertigt.

Der Mensch, der seinen Namen auf einen Buchstaben reduziert, nennt sich am Anfang des Artikels einen Sprachreiniger oder Puristen, dieses doch ohne Übertreibung. Was der beste Sinn des Wortes ,Wissenschaftler' sein sollte, ist leider unklar.

K. (1844). Sprachreinigkeit der deutschen Sprache betr. *Allgemeiner Anzeiger und Nationalzeitung der Deutschen. Der öffentlichen Unter-*

haltung über gemeinnützige Gegenstände aller Art gewidmet, Jg. 1844, Nr. 206, Sp. 2675-2680.

Sp. 2679

Dem *Wissenschaftler* (im besten Sinne das Wort genommen) kommt es zu, daß er sich mit alten und neuen Sprachen möglichst bekannt mache, weil eben die Ausdrucksweise der Wissenschaft auf Ruinen der alten und auf Fragmente (Bruchstücke) der neuen Völker und ihrer Sprachen gebaut hat und fortbaut, der dadurch erzielten Kürze bedarf und so am besten Weitläufigkeit und Verwirrung vermeidet.

Karl Wilhelm Gottlob Kastner (1783-1857), Professor der Chemie und Physik in Erlangen, unterbreitete die „Errichtung von Gedenkhallen; darunter verstehend Hallen, in welchen die Gedenkzeichen aller zu ihrer Zeit als werthvoll und wichtig erkannten, geistigen Erzeugnisse heimgegangener vaterländischer Erfinder und Erfindungs-Veredeler, in dankbarer Rückerinnerung und zum ehrenden Andenken, sorgfältig und wohlgeordnet aufbewahrt werden." Auch ein Gedenkbuch soll dazugehören. Dass ihn Walhalla bei Regensburg inspirierte, liegt nahe.

anon. (1844). Kastner und die deutschen Gewerbsschulen. *Deutsche allgemeine Zeitschrift für die technischen Gewerbe. Unter Mitwirkung von Gelehrten und Praktikern, 1 (6)*, 186-188.

S. 188

Demselben Gedenkbuche will K. aber auch eingetragen wissen: ausführliche Nachrichten von den Leistungen vaterländischer Künstler jeder Art, mithin sowohl jener, welche einer oder der anderen bildenden Kunst mit achtungswerthem Erfolge zugethan gewesen, als auch der Dichter, die das Land geboren, oder doch gastfreundlich sich angeeignet; und damit die Halle nachweise alles Geistig-Hohe, was das Vaterland gezeuget oder gepfleget, so soll es in diesem Gedenkbuche auch nicht fehlen an gedrängt gehaltenen Rückerinnerungen an solche ausgezeichnete *Wissenschaftler* (Schulweise), deren lebendigen Mitwirkes zur geistigen Veredelung ihrer Zeitgenossen die Geschichte der einzelnen Wissenschaften mit Achtung gedenkt.

Hier mag aus dem Oxymoron des ausgezeichneten Wissenschaftlers geschlossen werden, der Verfasser wisse nicht, was er da niederschreibt.

anon. (1844). [Rezension:] Luppoldi de Bebenburg Ritmaticum querulorum et lamentosum dictamen de modernis cursibus et defectibus regni ac imperii Romanorum a. 1341. *Literarische Zeitung, Jg. 1844, No. 13*, Sp. 206.

Sp. 206

Der Autor war aus dem edlem Geschlecht der Küchenmeister von Rotenburg, ward Archidiakonus an der Kirche zu Würzburg und gleich nach der Mitte des 14. Jahrhunderts Bischof zu Bamberg. Als ein redlicher und *wissenschaftlicher Mann* suchte er bei dem Streit zwischen den Päpsten und Ludwig dem Baier aus den Thatsachen der Vergangenheit und den Grundsätzen des Rechts die Wahrheit zu erforschen.

Dieser anonyme Aufsatz kämpft gegen die These des Theologen und Berliner Professors Philipp Konrad Marheineke (1780–1846), der heutige Zweck der Universität sei der handwerkliche, der hinter dem wissenschaftlichen zurückstehe.

anon. (1844). Ueber das Verhältniß der deutschen Universitäten zu den Anforderungen der Gegenwart, VII, 2. Der kirchliche Charakter der theologischen Fakultäten. *Literarische Zeitung, Jg. 1844, No. 56*, Sp. 885-893.

Sp. 886

Gewiß ist es recht, über eine solche Herabwürdigung der Universitäten sich zu entrüsten und es ist ein Verdienst, einer solchen Ansicht sich zu widersetzen, wenn sie nur irgendwo vorkäme. Daß sie sich längst gebildet habe und heutiges Tages häufig sei, muß schlechthin in Abrede gestellt werdeu: es ist auf protestantischem Gebiet kein *wissenschaftlicher Mann* bekannt, der zu ihr sich bekennen würde. Gesetzt aber es gebe beschränkte Köpfe, denen die Universitäten für Anstalten gelten, in welchen der Geist zur Zwangsarbeit anzuhalten ist; so ist es unrecht, solcher Thorheit durch eine so emphatische Polemik eine Wichtigkeit beizulegen, die sie im geringsten nicht hat.

Krünitz (1846). Trauer. *Dr. Johann Georg Krünitz's ökonomisch-technologische Encyklopädie oder allgemeines System der Staats-, Stadt-, Haus- und Landwirthschaft, und der Kunstgeschichte in alphabetischer Ordnung, 187*, 192-219. Berlin: Pauli.

S. 200

Es bildeten sich Vereine, wozu Beamte, *Wissenschafter*, Künstler, Kaufleute, Handwerker etc. traten, die sich durch Unterschrift verpflichteten, die Trauer bei den Mannspersonen auf einen schwarzen Flor um den Arm, und bei den Frauenspersonen auf ein schwarzes Band auf dem Kopfzeuge oder um die Haube einzuschränken.

Johann Baptist Baltzer (1803–1871) studierte Theologie in Bonn, wurde 1829 Priester, promovierte 1830 in München und wurde Ordinarius für

Dogmatik in Breslau. Er attackierte die linkshegelianischen „weiland-hallischen und deutschen Jahrbücher". 1845 erschienen die erste und auch die zweite, um Beilagen verlängerte, ansonsten unveränderte Auflagen.

Baltzer, J. B. (1845). *Preßfreiheit und Censur mit Rücksicht auf die Trierer Wallfahrt und den doppelten Anklagezustand der schlesischen Tagespresse. Ein Wort für unsere Zeit.* Breslau: Georg Philipp Aderholz.

S. 11

Es soll dabei nicht bestritten werden, daß die Verstandeskräfte, die in jenen Jahrbüchern hervortraten, innerhalb ihres eng gezogenen, im Diesseits abschließenden Anschauungskreises, eine mit Gelehrsamkeit gepaarte Gewandtheit und Schönheit der Form, ja selbst einen Glanz des Stils entwickelt haben, der bis dahin in der deutschen Wissenschaft vergebens gesucht wurde. Aber gerade dieser Glanz war es, der unsere deutsche Jugend noch weit mehr blendete, als die Entschiedenheit, womit man die subversivsten und radicalsten Grundsätze gegen Kirche und Staat, gegen Hierarchie und Monarchie, gegen Priesterthum und Königthum, als zwei höhere in ein Jenseits hinüberweisende Auctoritäten zu predigen sich nicht gescheut hat. Es wurde dadurch eine Zeitrichtung ins Leben gerufen, die zunächst die studierende Jugend ergriff, aus der dann, wie im Schnellschritte, eine nach verschiedenen Seiten allumher sich ausbreitende neue Generation von *Wissenschaftlern* und Literaten, von Schöngeistern und Redacteuren, von Faiseurs und Raisonneurs; von Artikelschreibern, Halbwissern und Lärmmachern entstanden ist.

Theologen nutzen weiterhin das schimpftragende Wort ‚Wissenschaftler', ihrer Ansicht nach, die sich aus weiteren Schimpfwörtern ergibt, zu recht.

Emanuel Swedenborg (1688–1772), Mystiker, Theosoph. Das Original heißt Arcana coelestia quæ in scriptura sacra, seu verbo Domini sunt, detecta. Es besteht aus acht Bänden, Tafels Übersetzung aus sechzehn.

Swedenborg, Emanuel (1845). *Himmlische Geheimnisse, welche in der Heiligen Schrift oder in dem Worte des Herrn enthalten, und nun enthüllt sind. Hier zuerst, was in dem Ersten Buche Mosis. Zugleich die Wunder, welche gesehen worden in der Geisterwelt und im Himmel der Engel. Aus der lateinischen Urschrift übersetzt von Dr. Joh. Fried. Immanuel Tafel. 1. Bd.* Tübingen: Verlags-Expedition.

S. 119

Ein *Wissenschaftler*, oder wer aus den Wissenschaften seine Schlüsse zieht, der sagt: Was ist der Geist, als etwa ein Hauch oder eine Wärme,

oder irgend etwas anderes, das Gegenstand meines Wissens ist; wenn dergleichen erloschen ist, so verschwindet er; haben nicht auch die Thiere einen Leib, Sinne, etwas Vernunftähnliches, und doch sagt man, sie werden sterben, und des Menschen Geist werde leben? So läugnen sie, daß es einen Geist gebe.[104]
Tafel hat das Wort ‚Scientificus' übersetzt mit ‚Wissenschaftler', und das zu recht, denn es wird damit eine hier unerwünschte Figur entwertet.

Abraham Geiger (1810–1874) studierte in Heidelberg, Bonn und promovierte in Marburg. Er wurde Rabbiner in Wiesbaden und danach Breslau. Er vertrat eine gemäßigte Position innerhalb des Reformjudentums und förderte die Erforschung des Judentums.

Geiger, Abraham (1845). Einige Ansichten über die nächste Rabbiner-versammlung. Dritter Artikel. *Allgemeine Zeitung des Judenthums. Ein unpartheiisches Organ für alles jüdische Interesse in Betreff von Politik, Religion, Literatur, Geschichte, Sprachkunde und Belletristik, 9 (26)*, 384-389.

S. 385f.

So muß daher auch die Reform und die Rabbinerversammlung, welche dieselbe vertreten und fördern will, so zu Werke gehn, daß sie dem Bedürfnisse, welches schon mehr zum allgemeinen Bewußtsein gekommen ist, zunächst Befriedigung verschafft, daß sie aber ferner die wahrhafte Tiefe des religiösen Sinnes durch geeignete Institutionen zu erschließen und die Hindernisse, welche sich entgegenstellen, allmälig zu beseitigen mitwirkt. Sie wird in dieser Weise allerdings blos Bruchstücke liefern und die vorgeblich konsequenten *Wissenschaftler* werden schadenfroh auf solche Halbheiten hinweisen, dennoch wird sie das Bewußtsein haben, durch solche Bruchstücke nicht etwa neue Ruinen zu schaffen, sondern eine Lebenskraft zu stärken, die dann durch ihr Wachsthum, um so leichter die weiteren Hindernisse beseitigt, um so rascher die rostigen Fesseln sprengt.

Unter „Germann" verbarg sich Johann Michael Thumser (1810–1887), der eine militärische Karriere ablegte und auch als Schriftsteller zu Geld kam.

---

[104] Im Original heißt es: Qui *Scientificus* est, seu ex scientiis concludit, is dicit, quid spiritus, nisi forte halitus vel calor, vel aliud quidpiam quod scientiae ejus est, quo extincto evanescit; annon animalia quoque habent corpus, sensus, analogon rationis, et illa dicunt moritura, et hominis spiritum victurum; ita negant dari spiritum. Emanuel Swedenborg (1833). *Arcana coelestia etc.* Tübingen: Zu Guttenberg. S. 72.

Germann (1845). *Ansichten über das deutsche Wehrwesen mit Versuchen zu seiner Vervollkommnung.* Bamberg: Züberlein.
S. 261f.
Für den Großtheil der Kriegsanführer dürfte daher die blose Kunstfertigkeit, practische Bildung genügen, ja sie dürfte sogar theilweise zur Ausübung im Kriege selbst besser, als die wissenschaftliche sein; denn der Fachgeübte (Praktiker), welcher für jedes Uebel nur ein Gegenmittel kennt und die Anordnung und Ausführung rasch zu treffen weiß, ist weit entschlossener und kräftiger im Handeln, als mancher *Wissenschäftler* (Theoretiker), welcher bei wirklicher Gefahr häufig klügelt und zaudert und in der zweifelhaften Wahl und unsicheren Ausführung von mehren ihm bekannten Gegenmitteln, den wichtigen Augenblick versäumt und daher nicht selten durch eine weniger richtige, aber rasch und kräftig ausgeführte Handlung seines kunstgewandten (praktischen) Gegners besiegt wird.
Diese Auflage des Dobelschen Verteutschungsbuches verspricht, stark vermehrt und verbessert zu sein. Seine beiden Vorschläge zur Verteutschung bleiben so fragwürdig wie in der dritten Auflage.
Dobel, Karl Friedrich (1845). *Verteutschungsbuch der in unserer Sprache gangbaren fremden Wörter und Redensarten, nebst einem erklärenden Verzeichnisse der gewöhnlichen Abkürzungen, 4. Aufl.* Kempten: Tobias Dannheimer.
S. 179
Humanist, Sprachgelehrter, *Schönwissenschafter.*
Johannes Fallati (1809–1855) war Tübinger Professor für Statistik und politische Geschichte. Er wurde als Mitglied des altliberalen Juste Milieu süddeutscher Prägung Abgeordneter in Frankfurter Nationalversammlung.
Fallati (1844). Das Vereinswesen als Mittel zur Sittigung der Fabrikarbeiter. *Zeitschrift für die gesamte Staatswissenschaft. Bd. 1 (4),* 737-791.
S. 737
Die Ereignisse des letzten Sommers in den Fabrikbezirken Schlesiens und Böhmens haben jetzt auch uns Deutschen, früher als wir erwarteten, die Gefahren des Proletariats nahe gerückt. [...]. Längst haben zwar *Männer der Wissenschaft* vorausgesehen und vorausgesagt, was kommen würde, und vorzubauen ermahnt, aber ihre Stimme verhallte, wie die Stimme des Propheten in der Wüste.
Auch hier geht es um den Weberaufstand.

W., A. (1845). Ueber das Vereinswesen als Mittel zur Sittigung der Fabrikarbeiter. *Sonntagsblatt zur Weser-Zeitung, Jg. 1845, Nr. 45*, 1-2.

S. 1

In der Einleitung spricht der Verfasser es als zuerst wünschenswerth aus, daß die Stimmen *wissenschaftlicher Männer* über die Gefahren des Proletariats in die Bureaux der Regierungen den Weg finden möchten, daß die Männer der Regierung ernstlich in die Frage eindringen und aufhören, vom Revolutionsgeist, communistischer Aufhetzung, arbeitsscheuem Gesindel zu reden.

Carl Gustav Carus (1789–1869) studierte von 1804 bis 1806 in Leipzig Physik, Botanik und Chemie, anschließend Medizin. 1811 wurde er zum Dr. phil. sowie zum Dr. med. promoviert. In seiner umfassenden Laufbahn arbeitete er als Arzt, als Naturphilosoph, als Psychologe, der sich mit dem Unbewussten befasste, und als geschätzter Maler.

Carus, Carl Gustav (1846). *Psyche. Zur Entwicklungsgeschichte der Seele*. Pforzheim: Flammer und Hoffmann.

S. 257

Ist es doch aus eben diesem Grunde bisher Dichtern immer vollkommner gelungen in Schilderung einzelner ganz aus ihrer eignen Phantasie hervorgegangenen Charaktere, den Gegensatz des Männlichen und Weiblichen in ausnehmender Klarheit darzustellen, als es Psychologen und Philosophen in wissenschaftlichen Deductionen vermocht haben. Der Dichter nämlich verhält sich hier zum *Wissenschafter* auch wie ein Weibliches zum Männlichen, und eben weil es das Mysterium als solches, d. i. mehr unbewußt, erfaßt, kommt er ihm oft näher als der letztere, wenn dieser nämlich überall von dem Grundsatze ausgeht, Alles und Jedes ins klare Bewußtsein ziehen zu wollen.

Noch ein Krünitz, diesmal zum Trieb.

Krünitz (1846). Trieb (Ehr-), Trieb zum Ehrgeize. *Dr. Johann Georg Krünitz's ökonomisch-technologische Encyklopädie oder allgemeines System der Staats-, Stadt-, Haus- und Landwirthschaft, und der Kunstgeschichte in alphabetischer Ordnung, 188*, 5-8. Berlin: Pauli.

S. 5

Schon der Eifer und die Nacheiferung, um zu irgend einer Höhe in der Betreibung seines Faches zu gelangen, sey es nun als Staatsbeamter, sowohl im Civil- als Militairfache, oder als Künstler, Kaufmann, Fabricant, etc., oder als Gelehrter, *Wissenschafter* etc., immer in Beziehung nach einem höheren Ziele zu streben, und solches auf dem gebotenen Wege zu erreichen suchen: als Beamter zu hohen Würden, als

Künstler in der Kunst, [...] als Gelehrter, *Wissenschafter* etc. sich durch Entdeckungen, Erfindungen etc. auszuzeichnen, und so Allen zu nützen, [...].

Johann Baptist Salfinger (1818–1858), katholischer Geistlicher und Schriftsteller, studierte im Seminar zu Linz, erhielt 1843 die Priesterweihe und ließ sich später in Wien zum Doktor der Theologie promovieren. Er berichtet von seiner Reise durch verschiedene europäische Länder, im Zitat über das Haus der Josephiten in Löwen. Hier wird das Wort ‚wissenschafter' wieder einmal in eigenartiger Weise als Adjektiv eingesetzt.

Salfinger, J. B. (1846). *Rundschau in kirchlichen Lebensgebieten Deutschland's, Helvetien's, Frankreich's und Belgien's*. Regensburg: Georg Joseph Manz.

S. 314

Vor Kurzem sind in das Ordenshaus dieser Väter nach Löwen eben vier junge Australier angekommen, um von da nach erhaltener religiös-*wissenschafter* Erziehung wieder in ihre Heimath mitten im Ozean zurückzukehren, damit sie auch dort den Segen und das Heil des Christenthums verbreiten und pflegen.

Gemeint ist vermutlich ‚religiös-wissenschaftlicher Erziehung'.

Friedrich Adolph Wilhelm Diesterweg (1790–1866) studierte an der Hohen Schule Herborn philosophische Disziplinen, Mathematik und Naturkunde einschlossen. Er wurde Lehrer und Leiter eines Lehrerseminars.

Diesterweg, F. A. W. (1846). Mangel der Befähigung der Geistlichen für den Schulaufsichtspunkt. *Rheinische Blätter für Erziehung und Unterricht mit besonderer Berücksichtigung des Volksschulwesens, N. F. 34 (1)*, 250-256.

S. 252

Wir bilden unsre Lehrer so gut, wie sie irgend in der Welt gebildet werden, und wir bilden unsre Geistlichen in pädagogischer und praktischer Beziehung überhaupt so schlecht, als es irgend wo (oder nirgend?) geschieht. Sie sind Theoretiker, *Wissenschafter* oder *Wissenschaftler*, Prediger des Glaubens, nimmermehr aber wahre Volkslehrer, oder einzelne werden es trotz ihrer theoretischen Vorbildung, und darum sind sie (der Mehrzahl nach) nicht zu Aufsehern und Führern für unsre Lehrer geeignet.

Das Spiel mit den zwei Schreibweisen und Bedeutungen der beiden Wörter für Personen, die mehr oder weniger über Wissenschaften wissen, trifft.

August Fuchs (1818–1847) studierte in Leipzig und Berlin klassische Philologe. Er arbeitete an Schulen, erhielt jedoch nie eine feste Anstellung.

Als Autor wissenschaftlicher Werke schaffte er sich einen gewissen Ruf. Im zitierten Abschnitt behandelte er die politische Großwetterlage im Frankreich der ersten Hälfte des neunzehnten Jahrhunderts.

Fuchs, August (1846). *Grundriß der Geschichte des Schriftenthums der Griechen und Römer und der Romanischen und Germanischen Völker.* Halle: C. A. Schwetschke und Sohn.

S. 136

Die während der Staatsumwälzung herrschenden, sich vielfach durchkreuzenden und widersprechenden Staatslehren wurden durch Napoleon unterdrükkt, und erst mit der Wiederherstellung der Bourbons begann ein neues, reges Leben, indem die beiden Hauptparteien der Anhänger der Regierung (rechte Seite) und der Gegner der Regierung (linke Seite, Freistaatliche oder Republikaner und freisinnige Verfassungsfreunde oder Liberale, zu denen seit 1830 die Anhänger der Bourbons oder Legitimisten kamen) sich einander bekämpften, und die *Wissenschaftler* (Doctrinairs z. B. Guizot, Cousin, Villemain, Royer-Collard, Jouffroy u. s. w.), welche ihre Staatsansichten auf die Wissenschaft gründen (während jene auf die Erfahrung), zwischen beiden Parteien in der Mitte standen.

Wilhelm Steinhäuser (1816–nach 1857) war Maler in Berlin, der in den 1840er Jahren eine Erweckung erfuhr und dieses Buch verfasste, in dem die jüngere Wissenschaft und ihre Wissenschaftler angegriffen wurden.

Steinhäuser, W. (1846). *Unsterblichkeit im Bunde einer lichtgerechten Welt- und Gottesanschauung begründet im materiellen Wesen der Natur. Eine Schrift für die Interessen einer befriedigenden Wahrheit und gegen die vornehme Freigeisterei des neunzehnten Jahrhunderts.* Berlin: E. H. Schroeder.

S. 41

Ja wohl, Ihr Herren *Wissenschaftler*, es war ein kühner, hehrer Gedanke, welcher den Geist unserer Urväter so schnurstracks diesem großen universellen Bewußtsein entgegenführte. Es ist diese alte Gottesidee, bei Licht betrachtet, gar nicht so unsinnig, als Ihr so arithmetisch herauszutheoretisiren wißt.

Niels Nikolaus Falck (1784–1850) war seit 1814 ein ordentlicher Professor der Rechte an der Universität Kiel und einer der angesehensten Rechtshistoriker seiner Zeit.

anon. (1846). Falck (Niels Nikolaus). *Allgemeines deutsches Volks-Conversations-Lexikon und Fremdwörterbuch. Ein unentbehrliches Handbuch für Jedermann, 3. Bd.,* 403-404. Hamburg: Tramburg.

S. 404

Die Unbill, die im Laufe der Jahre auf sein Vaterland übermüthig gehäuft wurde, drang ihm nur in's Gemüth, und verarbeitete sich in ein inniges tiefes Bedauern, ein in Wehmuth schwimmendes Mitleid, aber es drang nicht bis in die Galle, und regte nicht bis zum Zornmuth auf. Gelehrte Bedenken über die Schritte der Gegner wuchsen dem tiefen *Wissenschaftler* in copiösester Fülle zu, aber die Entschlüsse zur That blieben aus, und es war F. eine derjenigen Ammen, die die Bewegung in Schleswig-Holstein in Schlaf singen zu müssen glaubten. Das ist nicht im Argen gemeint, denn F. ist ein würdiger Mann und ausgezeichneter Gelehrter, aber es gehört dies zur Skizze seines ganzen Charakters.

Christian Wilhelm von Schütz (1776–1847), genannt Schütz-Lacrimas, studierte Rechtswissenschaft in Würzburg und Erlangen. Er gehörte zu den Berliner Romantikern, nur fiel der Erfolg seiner Publikationen gering aus. 1830 wechselte er zum Katholizismus und entfremdete manche Freunde.

Schütz, Wilhelm von (1846). *Protestantischer Jesuitenhaß und katholischer Fastengruß. Der Gesellschaft Jesu und ihren Freunden gewidmet.* Augsburg: Karl Kollmann.

S. 57f.

Der Stoiker macht sich das Statut [...], durch ihn selbst zur vollkommenen Tugend gelangen zu können. Mag ihm das in einzelnen Fällen gelingen! – Aber wie oft geschieht es? Und was dann? – Der Stoiker wird das allerverzagteste Wesen; er macht selbst seinem Leben ein Ende. Wenn das die *Wissenschäftler* stoische Größe und Kraft nennen, wenn sie darin Muth und Entschlossenheit, wohl gar Tugend sehen wollen; so urtheile ich mit Shakespeare anders, und das wahre Verhältniß der Sache entnimmt am besten man aus dem berühmten Monolog, welchen der Dichter seinen Hamlet sprechen läßt.

Über Hamburger Censoren.

anon. (1846). Tagebuch I. Aus Hamburg. *Die Grenzboten, Zeitschrift für Politik und Literatur, 5. Jg., Bd. 3, Nr. 37,* 456-458.

S. 457

Hauptcensor übrigens ist der Dr. Hoffmann, ein großer Bücherkenner und *Bibliothekswissenschaftler* und wenn dieser gute Mann einmal etwas zu censiren bekommt, was über die Stadtklatsche und Journalistenstänkerei hinausgeht, so erklärt „er ganz offenherzig auf dem Censurbogen, er halte sich nicht befugt, das Imprimatur zu ertheilen". Ein Censor und nicht befugt? Aber warum ist der Mann denn eigentlich Censor?

Friedrich Julius Otto (1809–1870) war einer der Erfinder der Schießbaumwolle, die er 1846 synthetisierte. Anders als seine Vorgänger Christian Friedrich Schönbein (1799–1868) und Rudolf Christian Böttger (1806–1881) gab er das Darstellungsverfahren bekannt.
R. (1846). Frankfurt, 11. Oct. (Eingesandt). *Frankfurter Oberpostamts-Zeitung. Jg. 1846, No. 285*, S. 2822.
S. 2822

Durch diesen von Hrn. Otto, einem Deutschen und überdieß einem Collegen der genannten zwei Erfinder, gethanen Schritt, hat sich derselbe nicht blos in den Augen seiner *Wissenschaftsgenossen*, sondern vor ganz Deutschland eine Ehrensäule eigener Art errichtet, weil Jedermann und ohne Zweifel auch Herr Prof. Otto wußte (da öffentliche Blätter vielfach davon gesprochen!), daß die beiden Erfinder der Schießwolle ihr Eigenthumsrecht zu wahren und sicher zu stellen eben im Begriffe standen.

G., G. G. (1846). Was ist Wissenschaft? *Allgemeiner Anzeiger und Nationalzeitung der Deutschen, Jg. 1846, Nr. 249*, Sp. 3201-3205.
Sp. 3203f.

Wer also Bücher schreibt, die nur Einer oder Zwei ganz verstehen, der kann für diese Zwei ein *höchst wissenschaftlicher Mann* seyn, aber den Andern, die ihn gar nicht verstehen, ist er gar nichts. Fragt man nun, wie viele Menschen es giebt, die ohne Commentar (Erklärung) den Kant ganz verstehen, d. h. Alles, was er gesagt hat, jeden Satz, erklären oder mit eigenen Worten wiedergeben können, so wird deren Zahl nicht sehr groß seyn.

Krünitz (1847). Uhr (künstliche). *Dr. Johann Georg Krünitz's ökonomisch-technologische Encyklopädie oder allgemeines System der Staats-, Stadt-, Haus- und Landwirthschaft, und der Kunstgeschichte in alphabetischer Ordnung, 193*, 319-336. Berlin: Pauli.
S. 320

So hat man noch eine ziemliche Anzahl alter Wand-, Tafel- und Stutzuhren mit sehr sinnreichen Kunstwerken verbunden, die man noch in Fürstlichen und andern Privat-Kunstkabinetten aufgestellt findet, die aber in neuerer Zeit, da man wohl die Uhren im Geh- und Schlagwerke zu verbessern, ihnen gefälligere Formen und artige Verzierungen zu geben bemühet war; [...]; sie behalten ihren Werth für den *Wissen-*

schafter, den Gelehrten, aber das Publikum achtet nicht mehr, bei der jetzt großen Anzahl von mechanischen Erfindungen, [...].

Joseph Dominik Carl Brugger (1796–1865) studierte seit 1815 Naturwissenschaften, Medizin und Theologie in Freiburg im Breisgau. 1824 wurde er Priester, 1828 Dr. theol. 1846 verließ er die römisch-katholische Kirche und wurde Mitglied der Deutschkatholischen Bewegung.

Brugger, J. D. C. (1847). *Das Urbild der deutschen Reinsprache, aus der Geschichte, dem Wesen und dem Geiste unserer Sprache dargestellt. Nebst einem Fremdwörterbuche worin viele Wörter neu übersetzt und ausführlich erklärt sind.* Heidelberg: Julius Groos.

S. 8

Da wird sich Niemand wundern, daß die deutsche Sprache nicht gekannt und erkannt und gewürdigt werde, weil man ihr alle ausländischen vorzieht. Ja selbst eine große Anzahl von Gelehrten und *Wissenschaftern*, Schriftnern und Tagschreibern kennt die deutsche Sprache nicht ihrem ganzen Umfange nach, sondern nur so weit, als sie für ihre Bedürfnisse, jeder für sein Fach es bedarf und benöthigt ist.

S. 256

Da ist es freilich rein unmöglich, etwas zur Reinigung der deutschen Sprache zu thun, wenn nicht ein anderer und zwar ächt deutscher Geist bei den Gelehrten und bei den *Wissenschaftern* erwacht.

S. 291

Studium. Ist Fleiß, Eifer, Erforschung, Forschniß. Studien die Wißlaufbahn. Student ist ein Wißner, *Wissenschafter*; ein Mittel- oder Hochschüler.

Ottomar Behnsch (1813–1869) besuchte die Jesuitenschule in Sagan, das Gymnasium in Sorau und studierte evangelische Theologie in Halle und Breslau. Er wurde Lehrer, verlor aber diese Stellung wegen seiner demokratischen Gesinnung und Aktivitäten.

[Vermutlich] Behnsch (1847). Lebensbeschreibung des Dr. Brugger, Geistlichen der christkatholischen Gemeinde in Heidelberg etc. *Für Christkatholisches Leben. Materialien zur Geschichte der christkatholischen Kirche. Unter Mitwirkung sämmtlicher Gemeinden, 5. Bd.*, 143-146. Breslau: A. Gosohosky (L. F. Maske).

S. 144

So war er auch im Jahre 1816 Mitglied einer großen Hochschulgesellschaft von 80 *Wissenschaftern*, die unter dem Namen „Eintracht" bestand, und wissenschaftliche Bildung und tonkünstlerische Unterhaltung zum Zwecke hatte.

Samuel Tayler Coleridge berichtete über Klopstock mit dem Fehler eines überflüssigen Buchstaben r.

> Coleridge, Samuel Taylor (1847). *Biographia literaria or biographical sketches of my literary life and opinions, 2. Bd., 2. Aufl.* London: William Pickering.

S. 252

> By means of three critical journals (the Literatur-Briefe, the Bibliothek der Schönen *Wissenschaftern*, and the Allgemeine deutsche Bibliothek,) which he conducted with the powerful co-operation of Lessing, and of his intimate friend Mendelssohn, and to which he contributed largely himself, he became very considerable in the German world of letters, and so continued for the space of twenty years.

Klopstock befasste sich sicher nicht mit schönen Wissenschaftern.

> anon. (1847). Lombardisch-venetianisches Königreich. *Oesterreichischer Beobachter, Jg. 1847, No. 278,* 1123-1124.

S. 1124

> Der Fürst von Canino ist ein *wissenschaftlicher Mann*; er wurde in der ersten Sitzung [des neunten italienischen Congreß zu Venedig] zum Präsidenten der Section der Zoologie etc. gewählt. Seine erste Rede in dieser Section nahm eine politische Farbe an, was ohne Zweifel dem Geiste zuwider ist, der die Arbeiten einer streng wissenschaftlichen Versammlung leiten soll; [...].

Im Krünitz wird sich um Ungelehrtes gekümmert.

> Krünitz (1848). Ungelehrt. *Dr. Johann Georg Krünitz's ökonomisch-technologische Encyklopädie oder allgemeines System der Staats-, Stadt-, Haus- und Landwirthschaft, und der Kunstgeschichte in alphabetischer Ordnung, 196,* 276-279. Berlin: Pauli. (Ernst Litfaß).

S. 277f.

> [...] zu den Halbgelehrten rechnet man häufig auch die *Facultätswissenschafter*, wenn sie sich bloß begnügen, dasjenige zu erlernen, was sie in ihrem Amte brauchen, aber sich weiter nicht um das Wesen ihrer Wissenschaft, die sie dazu gebrauchen, bekümmern, wie es viele Theologen, Juristen etc. machen; denn ihr Zweck war nicht in der erwählten Wissenschaft fortzustudieren, wie dieses die Akademiker, die Professoren auf den Universitäten und andere Gelehrte thun, sondern sie nützen sie bloß für das Amt, in welchem sie wirken.

S. 278f.

> In so fern würde man jetzt den Ungelehrten zu den Nichtgebildeten rechnen müssen, und die Zwitterart Halbgelehrter müßte ganz gestrichen

werden, so daß es nur wirkliche Gelehrte, *Wissenschafter*, welche die Wissenschaften bloß als Broderwerb treiben, wie die Theologen, Juristen, Kameralisten etc., und Gebildete, die sich eine Uebersicht von mehreren Wissenschaften verschafft haben, gleichsam ein encyklopädisches Wissen besitzen, um damit in dem jetzigen Verkehr, dem jetzigen gesellschaftlichen Leben fortzukommen, [...] gäbe.

Auch Ungleiches wird abgehandelt.

Krünitz (1848). Ungleich. *Dr. Johann Georg Krünitz's ökonomisch-technologische Encyklopädie oder allgemeines System der Staats-, Stadt-, Haus- und Landwirthschaft, und der Kunstgeschichte in alphabetischer Ordnung, 196,* 377-379. Berlin: Pauli. (Ernst Litfaß).

S. 378

So werden in Ressourcen und andern geselligen Vereinen höherer Art außer den Staats- und Stadt-Beamten nur *Wissenschafter*, Künstler, Kaufleute und Fabrikanten aufgenommen. So auch in Freimaurerlogen; dagegen giebt es Bürger-Vereine oder Bürger-Ressourcen, wo Gleichheit herrscht, keine Ungleichheit der Stände.

Maximilian Robert Preßler oder Pressler (1815–1886) studierte Ingenieurwesen in Dresden und wurde Professor an der sächsischen Akademie für Forst- und Landwirthschaft zu Tharand.

Preßler, Max. Rob. (1848). *Das Normalgymnasium, eine dem Boden der forst- u. landwirthschaftlichen Pädagogik entsprungene, im Geiste rationeller Menschen- und Berufsbildung entwickelte und im Interesse aller höheren Fachschulen dargestellte Theorie einer zeitgemäßen Umgestaltung des humanistischen Unterrichtswesens. Zur Beherzigung für das deutsche Volk, seine Regierungen und seine Pädagogen, 1. Buch, Ideen.* Dresden: Arnold.

S. 42f.

Denn während er [der Mathematiker] sich aufreiben muß in vergeblichen Anstrengungen, sein Auditorium zu beseelen, fesselt der *Naturwissenschafter* durch den anschaulichen Reiz allein blos seiner Objekte oder seiner Experimente mit leichter Mühe die Zuhörer an sein Katheder.

S. 115

Weil aber keine Anlage, keine Kraft des Geistes umsonst da ist; weil, jede gebührend auszubilden, das einzige gesunde Prinzip der humanistisch-formalen Bildung sein muß, und weil gerade jene anschauende Kraft der Seele, obgleich sie für jeden Menschen nöthig, für den praktischen *Naturwissenschafter*, also für den Arzt, Forst- und

Landwirth, Techniker u. dgl. die Seele selber von deren Thätigkeiten ist: so ist auch von selber klar, daß dieser Theil der intellektualen Erziehung einer der beachtenswerthesten Punkte in unserem Systeme werden müsse.

Fragen der Konstitution Frankreichs.

Verhandlungen der französischen Nationalversammlung über die Präsidentenwahl (6 und 7 Okt.). *Allgemeine Zeitung, Jg. 1848, Nr. 287+ 288+289*, 4532-4534+4548-4550+4561-4564.

S. 4549

So werde man einen Antagonismus zwischen der vollziehenden Gewalt und der Nationalversammlung einführen, man werde eine starke Gewalt schaffen und ihr in der Verfassung gebrechliche Ketten anlegen mit den Worten: du sollst dich nicht sträuben, dich nicht schütteln, die Bändchen nicht zerreißen womit wir dich umschlungen haben. Dieß sey gegen die Natur jeder konstitutionellen und logischen Organisation, und welchen Ausweg man habe? Keine Kammerauflösung, kein Zurücktreten des Präsidenten, keine Appellation an das Land! Aber die Theilung der Gewalten – dieser Einwurf der Gelehrten, der konstitutionellen *Wissenschafter*! Nun, diese Theilung der Gewalten sey nicht nothwendig eine Theilung der Souveränetät, [...].

Wiedergabe der Betrachtung der Wissenschaft durch C. G. Carus.

F. (1848). [Rezension:] Carus, Carl Gustav (1848). Mnemosyne. Blätter aus Gedenk- und Tagebüchern. Pforzheim: Flammer & Hoffmann. *Literarische Zeitung, Jg. 1848, Nr. 50*, 785-786.

S. 785

Hat sich doch die Wissenschaft allermeist vom Leben getrennt; und damit noch nicht genug, ist man fortwährend bemüht die Wissenschaft selbst in tausend Beete und Fächer abzutheilen, um den Geist womöglich auf die Specialität des Allereinzelsten zu beschränken, als da sind: Orographie, Hydrographie, Entomologie u. s. w. Philosophie und Kunst können damit natürlich keine Gemeinschaft haben, und ist solcher Weise das ganze Geistesleben in tausend Stücke zerfahren, die von tausend gelehrten Leuten als ihr Privateigenthum gehandhabt und bewirthschaftet werden. Wo bleibt am Ende das geistige Band? So ist unsere moderne Bildung trotz alles Reichthums doch todt, unerquicklich, und trotz aller Vielseitigkeit oft die ungeheuerste Einseitigkeit. Der Künstler ein Ignorant in der Wissenschaft, – der *Wissenschafter* ein Philister, der höchstens den Musen gestattet ihn in Schlaf zu singen; der

Physiker ein krasser Materialist, – der Philosoph eine aufgeschwollene Blase voll Leerheit.

Karl Friedrich Ludwig Kannegiesser (1781–1861) studierte Theologie und Philosophie in Halle. Er wurde Dozent für neuere Literatur in Breslau und übersetzte neuere und antike Literatur.

Kannegießer, K. L. (1848). Ueber Schiller's Wort: „Die Kunst, o Mensch, hast du allein." *Neues Jahrbuch der Berlinischen Gesellschaft für Deutsche Sprache und Alterthumskunde, 8*, 185-195.

S. 189f.

Ich sagte mit Recht, daß nicht bloß der Künstler eine solche Ahnung habe, sondern auch der *Wissenschaftler* und der Tugendhafte und Fromme. Denn so wenig wie die Schönheit hier eigentlich zu finden ist, eben so ist es ja auch mit der Wahrheit, Tugend und Frömmigkeit. Auch der Wahrheitsliebende oder Forscher kommt mit seinen tiefsten Untersuchungen nicht bis zum Kern und zum wahren Licht, auch der Tugendhafteste und Frömmste ist nicht makellos.

Franz Sylvester Jordan (1792–1861) studierte Philosophie, Rechte und Kameralistik an den Universität Wien und Landshut. 1821 wurde er Professor für Staatsrecht in Marburg. Wegen seiner politischen Tätigkeiten als Liberaler wurde er verfolgt und zu Festungshaft verurteilt. Das Urteil hob man später auf. 1848 war er Abgeordneter in der Frankfurter National-versammlung. In den *Gesprächen*, die er als Manuskripte eines Unbekann-ten erhalten haben will, stellt er damalige politische Positionen dar.

Jordan, Sylvester (1848). *P. Gespräche über Staat und Kirche, aufgezeichnet von J. Steverlys und herausgegeben von Sylvester Jordan.* Frankfurt am Main: J. V. Meidinger.

S. 234

Das kommt, wenn Sie, Herr Philosoph, es nicht zu wissen vorgeben, lediglich daher, daß die Regierungen und Kirche es in ihrer philosophi-schen Bildung oder Gewissenslosigkeit noch nicht bis zur Höhe der absoluten *Wissenschaftler* gebracht haben, um das irdische Wohl der Völker in der Aufhebung des Eigenthums, in der Emancipation der Weiber und der damit verbundenen Vernichtung der Ehen und des Familienverbandes, in der Emancipation der jüdischen Wucherer und in der Zügellosigkeit aller Art zu entdecken, sondern noch den alten ehrbaren und christlichen Begriff von der leiblichen Wohlfart haben; dieser aber dem durch und durch verdorbenen, zügel- und glaubenlosen Geschlechte der Gegenwart nicht mehr behagt.

Steverlys ist eine Verunstaltung des Sylvester, J. steht für Jordan. P. steht
wohl nicht, wie manche annehmen, für persönliche, sondern für politische.
Johannes Erichson (1777–1856) studierte in Jena und Greifswald Theologie
und wurde Professor der Aesthetik in Greifswald.

Erichson, Johannes (1848). *Ueber den Kampf des Geistes des Uni-
versalismus und Particularismus in unserer Zeit. Zwei academische
Reden, zur Feier des Geburtstages Sr. Majestät des Königes von
Preussen Friedrich Wilhelm IV. auf der Universität zu Greifswald den
15. October in den Jahren 1843 und 1844 gehalten.* Greifswald: C. A.
Koch.

S. 35f.

Von Kant schreibt sich das berühmte Wort her: Die Anschauung ist
ohne den Begriff blind, und der Begriff ohne die Anschauung leer. Von
diesem Ausspruch haben unsere *Wissenschaftler* dem ersten Theil einen
absoluten Cultus geweihet, und haben durch den Begriff so viel
Helligkeit hineingebracht, dass man vor Licht selbst nicht mehr sehen
konnte. Was die andre Hälfte des Spruchs betrifft, von der Leerheit des
Begriffs ohne die Anschauung, so glauben sie diesem Genüge geleistet
zu haben, wenn sie ein minimum der Anschauung, wie es die Homöopa-
then in ihre Gläser flüssen, aufzuzeigen vermögen.

Es wird wiedergegeben, was der Saint-Simonist Jules Vinçard
(1796–1878), Präsident der Delegierten im Palais Luxembourg, am 5.
Dezember 1848 sprach.

anon. (1848). Französische Republik. *Neue Rheinische Zeitung, 2.
Beilage zu Nr. 163* unpaginiert.

zweite Seite der Beilage

[...] Auf, Studenten! laßt uns zusammen wandeln, unser Ziel ist eins.
Verschieden mögen unsre Missionen sein, aber vor Gott sind sie gleich.
Der Menschengeist ist ein Bergstrom, er kehrt niemals zurück zur
Vergangenheit. Ihr habt fortan neue Gesetze zu entwerfen, um so ein
noch nie dagewesenes Weltalter zu formen, wo gesetzlich jeder Mensch
die Früchte seiner Thätigkeit genießt. Ihr habt fortan jene alten,
gehässigen *Wissenschaftler* zu bekämpfen die noch immer jedem jungen
Aufschwung tückisch entgegenstreben. Ihr habt fortan unsere körperlichen Leiden zu untersuchen, und zu mildern; beweist woher sie
entstehen. Ihr sollt die Lehrer der Volksmassen sein, und die Bildung zu
einem Erbtheil Aller erheben; heute ist sie nur das erbärmliche Privilegi-
um Einzelner.

Johann Baptist Friedreich (1796–1862) studierte in Würzburg Medizin und wurde dort Professor der Heilkunde. Er gehörte zu den führenden Somatikern der Psychiatrie.

anon. (1848) [Rezension:] Friedreich, J. B. (1848). Zur Bibel. Naturhistorische, anthropologische und medicinische Fragmente. Nürnberg: Bauer und Raspe. *Allgemeiner Anzeiger und Nationalzeitung der Deutschen, Jg. 1848, Nr. 233*, Sp. 3149-3152.

Sp. 3149

Es wird hoffentlich auch nicht vorkommen, daß ein *wissenschaftlicher Mann*, dessen Meinungsäußerung in Zukunft von keiner Censur mehr Zwang erfahren wird, den Werth der Bibel aus den Augen verlöre, die die Geschichte eines der geistig am höchsten stehenden Völker des Altertums enthält. Aber der Verfasser steht der alten bangen und kleinmüthigen Orthodoxie, die überall Wehe! rief, eben so fern, als der religiösen Frivolität, die Strauß und Bruno Bauer und Feuerbach von befangenen Gegnern unterschoben wurde, [...].

Joseph Freiherr von Hammer-Purgstall (1774–1856) war ein Pionier der Orientalistik und begründete die wissenschaftliche Osmanistik.

Hammer-Purgstall, Joseph Freiherr v. (1848). Rede zur feierlichen Eröffnung der kaiserl. Akademie der Wissenschaften am 2. Februar 1848 gesprochen von deren Präsidenten (Schluß). *Österreichische Blätter für Literatur und Kunst, Geschichte, Geographie, Statistik und Naturkunde, 5 (31)*, 129-132.

S. 129

Unter Ludwig XIV. wären weder die französische Akademie der Sprache, noch die der Wissenschaften ohne Richelieu und Colbert entstanden. Laßt uns also, ihr *Wissenschaftsgenossen*, für die von seiner Majestät des Kaisers allerhöchster Huld gewährte Gnade dieser neuen und höchsten wissenschaftlichen Anstalt, mit dem lebendigsten Dankgefühle durchdrungen, zugleich den erleuchteten Staatsmännern, welche den Plan vorgezeichnet und die Mittel zur Ausführung herbeigeschafft haben, auf das innigste dankbar verbunden sein.

Die Bezeichnung ‚künstlicher Mensch' ist jetzt vom Maschinen-Mann übernommen worden.

anon. (1848). London. *Magdeburgische Zeitung, Jg. 1848, No. 118*, unpaginiert.

letzte Seite

Der „Globe" vergleicht die großen Plane des kleinen Louis Blanc mit
den Schöpfungen Frankenstein's (Roman von Mrß. Shelley, in welchem
ein *künstlicher Mensch* gemacht wird).
Gustav Adolf Fricke (1822–1908) studierte Theologie, Philologie und
Philosophie in Leipzig, wurde 1846 Dr. phil. und Dr. theol., wirkte als
Privatdozent, bis er 1851 ordentlicher Professor für Systematische
Theologie in Kiel wurde. Später ging er zurück nach Leipzig.

Fricke (1849). Die Philosophie in ihrer Anwendung auf die neben ihr
stehenden Wissenschaften. *Deutsche Universitäts-Zeitung. Centralorgan für die Gesammtinteressen deutscher Universitäten, 1 (6+7+
8+10+12)*, 61-63+69-71+73-78+85-89+97-100.

S. 63

Die geringe Reife der Philosophie selber und die überzeitige Ver-
pfropfung derselben auf das gleichfalls junge, ungepflegte Reis
empirischer und historischer Wissenschaft, trug und trägt die Schuld an
jenen theilweise in der That sehr bedeutenden Nachtheilen! Sie müssen
jeden ächten *Wissenschafter* nur doppelt und dreifach auffordern, durch
rührige Selbstbearbeitung und zunächst wissenschaftlich praktische
Bethätigung der gereinigten philosophischen Resultate, jenen Nachtheilen vorzubeugen: die wahr und kräftig erfasste Wesenheit ihres
Gehaltes nach Recht und Gebühr auszubeuten. Oder gilt nur von der
Philosophie der alte Spruch nicht: abusus non tollit usum? [...].
Sie beruhen, schärfer betrachtet, auf dem Mangel philosophischer
Anschauungsweise, den wir eben an unsern *Wissenschaftern* und
Studirenden rügen zu müssen glauben.

S. 70

Eben so ist es – in Folge des Erwähnten – unbestreitbare Thatsache,
dass die Philosophie von vielen, übrigens gesunden und tüchtigen, selbst
denkenden Praktikern nicht weniger als Theoretikern, mit sehr miss-
trauischem Auge betrachtet wird. Aber mag es auch so sein: die
Wissenschafter neben und ausser der Philosophie werden daraus zur
Abwehr der Philosophie und zur Berechtigung ihrer Sonderstellung
gegen dieselbe unmöglich viel gewinnen. Hoffentlich werden sie gerecht
genug sein sich zu erinnern, dass der im Volke leider so oft erwähnte
theoretische „Professorenzopf" der Theologen, Juristen, Mediciner und
der übrigen *Wissenschafter*, welche ausser der Philosophie im engeren
Sinne zur philosophischen Facultät gerechnet zu werden pflegen, nach
der öffentlichen Meinung zu schliessen, mindestens eben so lang ist, als
der der Philosophen.

Frickes Artikel über Philosophie enthält weitere Auftritte des hier im Mittelpunkt stehenden Wortes, deren Zitierung sich erübrigt.

Maßmann, H. F. (1849). Vorwort. *Altes und Neues vom Turnen. Freie Hefte, Hft. 2*, V-XXXII.

S. IXf.

Wenn aber der neue und neueste Gegner sich in das faltenreiche Schleppgewand des wahren *Wißenschafters* [...], des Philosophen (was Steffens wenigstens war), des Anthropologen, Psychologen, Physiologen, Pädagogen u. s. w. kleidet, dabei Ästhetik und Logik zur Schau trägt, so hat letztere vor Allem, als die Kunst und Wißenschaft des folgerechten und gesunden Denkens ihr strenges Richteramt zu übernehmen und hat es bereits übernommen: dem Mathematiker Lion zu Göttingen gebürt das Verdienst, dem Premierlieutenant und gymnastischen Schriftsteller Hg. Rothstein zuerst die Philosophenkappe und noch etwas dazu abgezogen zu haben.

Zwei erwähnte Personen seien knapp dargestellt. Hugo Rothstein (1810–1865) wurde preußischer Offizier, dann Lehrer und Schriftsteller, nicht zuletzt über das Turnen. Justus Carl Lion (1829–1901) studierte in Göttingen und wurde dort Lehrer. Er gilt als Sportpionier.

Es geht um die Anerkennung der in der Frankfurter Nationalversammlung debattierten Reichsverfassung. Studenten wollten die Anerkennung erreichen, die bayerische Regierung hingegen nicht.

anon. (1848). Politischer Tagesbericht. *Deutsche Reichstags-Zeitung, Jg. 1849, 23. Mai, No. 120*, 506-507.

S. 507

In Würzburg kam es zwischen Chevauxlegers und Studenten zu ernstlichen Streithändeln, wobei erstere blank zogen und mehrere Verwundungen vorfielen. Die Studenten haben beschlossen, wenn ihnen von den Behörden nicht Sicherheit für ihre Person und ihr Leben geleistet werde, einen allgemeinen Studentenauszug aus Würzburg zu veranlassen. Diese „freien *Wissenschaftler*" (!) scheinen etwas mehr Courage zu haben als Hr. Beseler.

Carl Georg Christoph Beseler (1809–1888), Jurist, Hochschullehrer, preußischer Politiker, Mitglied des Preußischen Herrenhauses. In der Frankfurter Nationalversammlung war er ein führendes Mitglied im Verfassungsausschuss.

Heyse, Johann Christian August (1849). *Handwörterbuch der deutschen Sprache mit Hinsicht auf Rechtschreibung, Abstammung und Bildung, Biegung und Fügung der Wörter, so wie auf deren Sinnverwandtschaft.*

Nach den Grundsätzen seiner Sprachlehre angelegt. 2. Th., 2. Abt.
Magdeburg: Wilhelm Heinrichshofen.
Auf den Seiten 1965 und 1966 gibt es zwar die Wörter ‚Wissenschaft' und
‚wissenschaftlich', jedoch weder ‚Wissenschafter' noch ‚Wissenschaftler'.
Anton Günther (1783–1863) studierte Jus und Philosophie, wurde zum Dr.
theol. promoviert, erhielt die Priesterweihe und wurde 1821 Jesuitennovize,
verließ diesen Orden, ging nach Wien und gründete eine katholisch-
philosophische Lehre namens Güntherianismus. 1857 setzte die katholische
Kirche seine Schriften auf den Index der verbotenen Bücher. Johann
Emanuel Veith (1787–1876) war Arzt und katholischer Priester. Als
solcher war er lange Zeit Domprediger im Wiener St. Stephansdom. Als
Arzt trat er für die Homöopathie ein.

   Peters, Adolf (1849). Ueber die philosophische Behandlung der
besondern Wissenschaften, insbesondere der reinen Mathematik.
Jahrbücher der Freien Deutschen Akademie 1 (2), 363-374.
S. 369
   Nur ein großer philosophischer *Scientifiker* wird den verworrenen
Knäuel lösen, nachdem hinlänglich kundige Philosophen der Mathematik ihm von allen Seiten die Wege gebahnt haben werden. Nur
dieser wird mit organisirender und zugleich scientifisch-schöpferischer
Kraft alle Kreise unsrer Wissenschaft durchbringen und dadurch mit
unwiderstehlicher Gewalt auf die Geister beider Ordnungen, sowohl die
scientifischen, als die philosophischen, wirken.

   Weber, Wilhelm Ernst (1849). *Die deutsche Revolution, die National-
Versammlung und die Fürsten. Herzensergießungen eines deutschen
Mannes aus dem Lehrstande.* Hamburg: Hoffmann und Campe.
S. 63f.
   Denn den großen Gelehrten macht auch das viele Sitzen nicht, noch die
Bücher, sondern allein der Geist. Wenn sie in Leipzig einen Magister,
d. i. einen Meister in freien Künsten und freiem Wissen, ernennen: so
legen sie ihm einen aufgeklappten Aristoteles vor, zu bedeuten, daß aus
dem Studium der gelehrten Vorwelt der *Mann der Wissenschaft* seinen
Geist zu nähren hat. Dann aber schlagen sie ihm das Buch zu und
erklären ihm, auch ohne Bücher müsse der Gelehrte seinen Mann stehn.

   Ein Studirender (1850). Über die Vorgänge der letzten Zeit in der
Studentenschaft Leipzigs. *Akademische Monatsschrift, Centralorgan für
die Gesammtinteressen deutscher Universitäten, 2*, 67-72.

S. 71f.

In unserer Zeit ist es nicht mehr mit dem Brodstudium gethan. Um wahrer *Wissenschafter*, d. h. ein mitten im Leben stehender *Wissenschafter* zu sein, ist es nothwendig, dass man sich eine allgemeine Bildung aneigne und hiezu besonders philosophischen Studien sich unterziehe.

Gravi, W. (1850). *Tod und Leben*. Leipzig: Ernst Schäfer.

S. 16

Ja, untersuchen wir das Erkennen des reifen Menschen genauer, es ist eben nur eine Art Denken, wenigstens nicht ohne Denken; und zwar nicht bloß bei *Wissenschaftern*, nein auch bei Leuten anderen Standes.

Hans Christian Ørsted (1777–1851) studierte in Kopenhagen Naturwissenschaften und Pharmazie und promovierte über Kants Naturphilosophie. Seine Entdeckungen im Gebiet der Elektrizitätslehre machten ihn berühmt.

Ørsted, Hans Christian (1850). *Der Geist in der Natur, I, Deutsch von K. L. Kannegießer*. Leipzig: Carl B. Lorck.

S. 191

Unter solchen Umständen halte ich es nicht für unpassend, wenn wir auf Veranlassung der Feierlichkeit des Tages unsere Ueberzeugung von der Harmonie der Religion und der Wissenschaft durch die Betrachtung zu verstärken suchen: wie der *Wissenschafter*, wenn er sein eigenes Bestreben durchaus versteht, die Pflege der Wissenschaft als eine Sache der Religion ansehen muß.

S. 192

Der *Wissenschafter* will wissen, was mitten in allen Abwechselungen das Beständige, das Unverursachte ist, das sich hinter den unzähligen verursachten Dingen verbirgt, das Einheitsband, welches die Zersplitterung der Dinge trotz aller ihrer mannigfaltigen Zertheilungen und Trennungen verhütet.

Kannegießer, K. L. (1850). Vorwort des Uebersetzers. Ørsted, Hans Christian (1850). *Der Geist in der Natur, I, Deutsch von K. L. Kannegießer, III-IV*. Leipzig: Carl B. Lorck.

S. IV

[...] außerdem habe ich auch einige minder übliche Wörter z. B. *Wissenschafter* (Pfleger der Wissenschaft) gebraucht und der Deutlichkeit wegen die verstandsgemäße Wortfügung der Urschrift oft vorgezogen, [...].

Beachtenswert ist Kannegießers Bemerkung, das Wort ‚Wissenschafter' sei „minder üblich". Noch weniger üblich ist allerdings die Wendung ‚Pfleger der Wissenschaft'. Tatsächlich sind um 1850 Wortkombinationen wie ‚Mann der Wissenschaft' oder ‚wissenschaftlicher Mann' öfters aufzufinden als ‚Wissenschafter', doch letzteres ist dabei, den längeren umständlichen Kombinationen den Rang abzulaufen. Im zwanzigsten Jahrhundert werden sie zu Raritäten.

Ørsted, Hans Christian (1850). *Der Geist in der Natur, II, Die Naturwissenschaft und die Geistesbildung, Deutsch von K. L. Kannegießer.* Leipzig: Carl B. Lorck.
S. 37f.

Indem man den Gewerbetreibenden von wissenschaftlichem Unterricht ausschließen will, verlangt man zugleich, daß der *Wissenschafter* herausfinden soll, welcher Gebrauch in den Werkstätten von seiner Wissenschaft gemacht werden kann, er soll daher Vorschriften erlassen, von deren Gründen der Gewerbetreibende nicht unterrichtet zu sein braucht. Man trägt dem *Wissenschafter* hiemit die Ehre an, des Gewerbetreibenden Vormund zu sein; aber er muß sich diese verbitten, sowohl seinetwegen als um des Gewerbetreibenden willen. Es ist fast unmöglich, daß der *Wissenschafter*, wenn er auch einen praktischen Blick mit seiner tieferen Einsicht vereinigt, für alle die kleinen Einzelheiten Auge haben soll, wovon des Verfahrens Glück oder Unglück in der Werkstatt abhängig werden kann.

Weitere Auftritte des interessierenden Wortes finden sich in diesem Buch. Ihre Zitierung erscheint entbehrlich.

Fricke, G. A. (1850). *Lehrbuch der Kirchengeschichte, 1. Th. Bis zum entscheidenden Uebergange der christl. Kirche an die germanischen Völker (im 8. Jahrhundert).* Leipzig: Weidmann.
S. XIII

Und so möge denn dieser Erstling eines grösseren Versuches ruhig seine Strasse ziehen und eine ernste, aber auch wahrhaft ernste Wechselwirkung mit der Erfassung verwandter junger Männer und *Wissenschafter* finden.

Der Rezensent, vermutlich ein Theologe, betrachtete die Wortbildung ‚Wissenschafter' für schlecht. Was hätte er über ‚Wissenschaftler' gedacht?

Hp. (1850). [Rezension:] Fricke, G. A. (1850). Lehrbuch der Kirchengeschichte, 1. Th., Bis zum entscheidenden Uebergange der christlichen Kirche an die germanischen Völker. Leipzig: Weidmann. *Göttingische gelehrte Anzeigen. Unter der Aufsicht der Königl. Akademie der Wissenschaften, Jg. 1850, 2, 133-134, 1323-1335.*

S. 1335

Aber fast noch übler als alles dieses ist die durchaus ungenießbare Ausdrucksweise des Verf. Wortbildungen wie „*Wissenschafter*", „Wesensthümlichkeit", „Amtschaft", „Vollumfang", „Besonderfassung", an welche sich das gewöhnliche deutsche Ohr nur mit Mühe gewöhnt, finden sich auf jeder Seite unsrer Schrift in Menge vor, und machen die ungeheuerlich langen, mit krampfhaft verschlungenen Zwischensätzen reichlich ausstaffirten Perioden noch unverständlicher, als diese schon ihrer bloßen Construction nach sind.

Christoph Huldreich Rennecke (1797–1881) war protestantischer Pastor.

Rennecke, Christoph Huldreich (1850). *Die Lehre vom Staate, nach principieller Begründung, und mit besonderer Berücksichtigung des christlichen Princips.* Leipzig: Dörffling und Franke.

S. 69f.

Damit nun dieser Urdrang des Genies es sich nicht gelüsten lasse seine radikale Gesinnung gegen das Bestehende zu richten, so muß er lernen, wo das Bestehende hergekommen ist, und es muß die Stelle angezeigt werden, wo wirklich weiter zu bauen ist. Oft ist die radikale Gesinnung nur ein verborgener Wissenstrieb, durch dessen Befriedigung sie sich legt. Die *Wissenschafter* sollten vom Staate dazu angehalten werden auf diesen Wissenstrieb besondere Rücksicht zu nehmen, um die Jugend vor allen Dingen über Grund und Herkommen des Bestehenden zu unterweisen, dann möchten sie auch über das Untergegangene nähere Auskunft geben.

Krünitz (1850). Venedig [1. Th.]. *Dr. Johann Georg Krünitz's ökonomisch-technologische Encyklopädie oder allgemeines System der Staats-, Stadt-, Haus- und Landwirthschaft, und der Kunstgeschichte in alphabetischer Ordnung, 203,* 506-558. Berlin: Pauli.

S. 521f.

Ueberhaupt findet der junge Künstler, der sich der Zeichenkunst und Malerey gewidmet, einen Schatz von Kunstsachen, besonders Gemälden nicht nur in den öffentlichen Museen, Kirchen und Kunstsammlungen, sondern auch in denen der Privaten, in den Palästen und Schlössern der Großen und Reichen, wozu die Künstler und *Wissenschafter* Zutritt haben.

Franz v. Baader, (1765–1841), Arzt und höherer Bergbaubeamter in Baiern, seit 1826 Professor in München, von Jakob Böhme, Fichte und Schelling inspirierter Philosoph katholischer Provenienz. Dieser Bericht aus dem Zarenreich verdeutlicht seinen, in der katholischen Kirche verbreiteten Widerwillen gegen die Wissenschaft, die von üblen Wissenschaftlern betrieben wird.

Baader, Franz Ritter von (1850). Kurzer Bericht an das deutsche Publicum über meine im Herbste des Jahres 1823 unternommene literarische Reise nach Rußland und deren Erfolg. Hoffmann, Franz (Hrsg.), *Franz Baaders Kleine Schriften. Aus Zeitschriften zum erstenmale gesammelt und herausgegeben. 2. verm. Aufl.*, 526-536. Leipzig: Herrmann Bethmann.

S. 527

Dieser ideophobe Geist war es, der schon unter dem vielgepriesenen Zeitalter Ludwigs des Vierzehnten den Grund zu einer Verbindung oder vielmehr Verschwörung der *Wissenschaftler* gegen die christliche Religion legte, ein Bund, der später unter dem Namen des Encyclopädisten-Vereins bekannt geworden, und über dessen Betriebsamkeit und Erfolg die Welt nun hinreichend belehrt ist. Hätten die Gutgesinnten dieser antireligiösen Akademie bei Zeiten eine religiöse entgegengesetzt, so würde ohne Zweifel erstere nicht jenes Unheil gestiftet haben, das sie wirklich stiftete; aber es ging der guten Sache auch hier wie gewöhnlich: sie hatte nämlich meist nur schlechte d. i. faule Vertheidiger.

Karl Schmidt, (1819–1864), studierte in Halle Theologie und wurde Oberlehrer in Köthen, dann Schulrat schließlich Pfarrer.

Schmidt, Karl (1850). *Eine Weltanschauung. Wahrheiten und Irrthümer.* Dessau: Julius Fritsche.

S. 265

Metternich – den rationalistischen Politikern ein Gräuel, den historischen *Wissenschaftlern* oft unverständlich und ungenießbar – ein Kerl für sich. Die Erklärung seines Charakters findet sich in der Romantik, und die seines Jesuitismus darin, daß er, eine Vergangenheit, in der Gegenwart stand.

Bei Raumer geht es um die gesetzgebende französische Nationalversammlung 1791-1792.

Raumer, Friedrich von (1850). *Geschichte Europas seit dem Ende des fünfzehnten Jahrhunderts, Bd. 8.* Leipzig: F. A. Brockhaus.

S. 444

Unter den 745 Mitgliedern der gesetzgebenden Versammlung, waren fast 400 Advokaten und Juristen, meist unbekannt und den niederen Behörden entnommen, etwa 170 vereidete Priester und eben so viel Literaten und *Schönwissenschaftler* geringeren Rufes und nur bemerkbar geworden durch ihr kühnes Hervortreten und Vielreden in Klubs und Volksversammlungen.

Der auf S. 59 genannte Hauch ist Adam Wilhelm Hauch (1755–1838), Chemiker und Physiker. Er avancierte in Dänemarks Armee zum Major und zum Obersthofmarschall am Kopenhagener Königshof.

Oersted, Hans Christian (1851). *Gesammelte Schriften, Bd. 4, Charakter und Reden.* Leipzig: Carl B. Lorck.

S. 18

Ihren Zweck strebt die Gesellschaft durch einen großen Verein geistiger Kräfte zu erreichen. Wohl mag jeder *Wissenschafter* seine neuen Gedanken in seinem eigenen Selbst erzeugen und nähren; aber dieß schließt nicht den Nutzen der gegenseitigen Mittheilung aus.

S. 59

Wir kommen jetzt zu der Periode, in welcher unser Hauch öffentlich als *Wissenschafter* auftrat.

S. 182

Das Bestreben nach dem unnützen Gelehrsamkeitsschimmer hat offenbar viele unserer *Wissenschafter* abgehalten, für dänische Sprache und dänisches Schriftenthum zu wirken.

Weitere Stellen, die ‚Wissenschafter‘ einsetzen, sind im Buch zu finden.

So sprach der schwedische König zu den versammelten Naturforschern auf dem Lustschloss Drottningholm im Juli 1851.

anon. (1851). Schweden. *Donau-Zeitung. Vereinigte Blätter des Kourier an der Donau und der Passavia, Jg. 1851, Nro. 211*, unpaginiert.

dritte Seite

Mit diesen Wünschen bringe ich einen Toast auf das beständige Wohlergehen der hier versammelten scandinavischen *Wissenschafter*.

Friedrich Wilhelm Thieme (1792–1852) unterlässt es, das Wort ‚Wissenschafter‘ in seinem Wörterbuch aufzuführen. Er übersetzt nur ‚Wissenschaftler‘, ohne dessen herabsetzenden Klang zu erwähnen, der das englische Wort ‚scholar‘ nicht begleitet.

Thieme, F. W. (1851). *Neues vollständiges kritisches Wörterbuch der Englischen und Deutschen Sprache, 2. Th.* Leipzig: Gustav Mayer.

S. 466

Wissenschaftler, m . -s , pl. -, scholar.

Natale de Beroaldo Bianchini (1779–1854) stellt sich im Vorwort vor.
Beroaldo B^{ni}, N^{le} de (1851). *Die Schöpfung oder das entschleierte
Universum. Auszug aus der Armonia universale. Deutsch und metrisch
von Jean Baptist Roßmann.* Wien: Tendler & Comp.
S. III
Ich schreibe keine Abhandlungen; dazu reichen meine Kräfte nicht hin:
ich lese nur Materialien zusammen, und wer den Willen hat, und sich
dazu berufen fühlt, soll das Gebäude aufrichten. Ich bin *kein Wissen-
schaftler,* und von den Künsten kenne ich nur die Kriegführung, in deren
technischem Theile ich so Manches geleistet zu haben glaube.
Weshalb der Übersetzer Roßmann ‚Wissenschaftler' schreibt, ist unbekannt, vermutlich aus Unkenntnis der zugehörigen Nuance.
Königlich wissenschaftliche Deputation für das Medicinal-Wesen
(1851). Aeusserung der wissenschaftlichen Deputation für das
Medicinal-Wesen auf die Remonstration des Medicinal-Collegiums.
*Neue Auswahl medicinisch-gerichtlicher Gutachten mit Genehmigung
des Herrn Ministers der geistlichen, Unterrichts- und Medicinal-
Angelegenheiten, 1. Lieferung,* 177-188.
S. 178
Wir glauben dasselbe auch von uns und zwar schon um deswillen, weil
wir in dem Dr. N. einen *minder wissenschaftlichen,* in dem Chirurg O.
einen *gar nicht wissenschaftlichen Mann* gefunden haben, und man aus
so verschiedenen Prädicaten doch nicht dieselbe Schlussfolge einer zu
grossen persönlichen Sympathie für das handelnde Triumvirat herleiten
kann.

Krünitz (1852). Verleihbibliothek. *Dr. Johann Georg Krünitz's
ökonomisch-technologische Encyklopädie oder allgemeines System der
Staats-, Stadt-, Haus- und Landwirthschaft, und der Kunstgeschichte in
alphabetischer Ordnung, 211,* 525-271. Berlin: Pauli.
S. 525
[...] da einige dergleichen Bibliotheken auch wissenschaftliche Werke
zu einem gleichen Zwecke aufgestellt haben, so ist dieses auch noch von
besonderem Nutzen für *Wissenschafter,* die dieses oder jenes Werk
schnell nutzen, sich bloß einige Notizen daraus machen wollen, und es
doch nicht, da sie es nicht selbst besitzen, anderweitig bekommen
können.
Der anonyme Autor ist anscheinend J. D. C. Brugger. Der genannte
G. Scheibel konnte nicht näher bestimmt werden.

anon. (1852). *Der Deutschkatholizismus in seiner Entwicklung dargestellt in der Geschichte der deutschkatholischen Gemeinde Heidelberg. Nach urkundlichen Quellen und mit amtlichen Schriftstücken, wodurch auch Licht über manche Verhältnisse anderer Gemeinden verbreitet wird.* Heidelberg: Bangel und Schmitt.

S. 116

Auch Verfolgung und Ausweisung mußte sich Scheibel gefallen lassen, und zwar in Kippenheim, wie aus folgendem bezirksamtlichen Erlaß von Ettenheim an das Bürgermeisteramt in Kippenheim erhellt.

„Es ist zur Kenntniß des Amtes gekommen, daß sich ein vormaliger *Wissenschafter* (Student) der Gottgelehrtheit, Namens Scheibel, in Kippenheim in der Absicht aufhält, um dort Anhänger des Deutschkatholizismus zu gewinnen. Ist dieses der Fall, so ist derselbe sogleich auf schickliche Weise vorrufen zu lassen und zu befragen, warum er sich in Kippenheim aufhalte und dessen Reiserechtfertigung (legitimation) zu untersuchen."

Der Deutschkatholizismus, eine fortschrittliche katholische Protestbewegung, entstand anlässlich der als unchristlich aufgefassten Ausstellung des Heiligen Rocks bei der Trierer Wallfahrt 1844.

Diesterweg, Adolph (1852). *Astronomische Geographie und populäre Himmelskunde. Zum Schulgebrauch und Selbstunterricht. 4. Aufl.* Berlin: Th. Chr. Fr. Enslin.

S. XXVIII

In größeren Städten nehmen schon Frauen an populären Vorlesungen Theil; darum werden, hoffen wir, auch die Männer, besonders Lehrer, nicht zurück bleiben wollen. Und dieser Umstand wird die eigentlichen *Wissenschafter* mehr und mehr ermuthigen, sich populärer Darstellung zu befleißigen – ein Gewinn, wenn auch nicht gerade für die Wissenschaft selbst, doch für die allgemeine Bildung.

Weinmann (1852). Zur Abwehr einiger in der neuesten Zeit der Volksschule gemachten Vorwürfe. *Magazin für Pädagogik. Katholische Zeitschrift für Volkserziehung und Volksunterricht, N. F. 10 (1),* 43-61.

S. 50

Warum wollen sie überall in der Volksschule „das große Loch des Nichtswissens" finden, weil die Volksschule, die bescheiden und ehrlich bestrebt war, nach ihrer Bestimmung und ihren Mitteln ihre Aufgabe zu erfüllen, in dem Maßstabe des stolzen *Wissenschäfters* einen gar zu bescheidenen Raum einnimmt?

Christian Friedrich Koch (1798–1872) wurde einer der bedeutenden
Juristen im Gebiet der preußischen Zivilrechtswissenschaft.

> Koch, Christian Friedrich (1852). *Prozeß-Ordnung nach ihrer heutigen
> Geltung. Unter Weglassung der obsoleten oder aufgehobenen Vor-
> schriften und Einschaltung der jüngeren noch geltenden Bestimmungen,
> mit den Präjudizen des höchsten Gerichts, so wie mit nachweisenden
> und erläuternden Anmerkungen.* Berlin: T. Trautwein.

S. 253

> In einem Erk. d. Ob.-Tr. v. 10. Mai 1847 wird gesagt: diese Vorschrift
> gehöre der Beweistheorie an, stelle aber keinen Rechtsgrundsatz auf.
> Diese Sprechweise ist einem *Wissenschaftler* unverständlich. Soll es
> denn in der „Beweistheorie" keine Rechtssätze geben?

Das Wort ‚Wissenschaftler' ist hier vermutlich nicht herabsetzend gemeint.
Autor wie Beschriebener sind Theologen, die Ausdruckweise erscheint
schwarmtypisch. ‚Wissenschäftler' ist eindeutig herabwürdigend eingesetzt.

> Knapp, Albert (1852). *Leben von Ludwig Hofacker, weil. Pfarrer zu
> Rielingshausen, mit Nachrichten über seine Familie und einer Auswahl
> aus seinen Briefen und Cirkularschreiben.* Heidelberg: Karl Winter.

S. 46f.

> [...] Gottheit des Sohnes, Versöhnung durch Sein Blut und Wiedergeburt
> durch den heiligen Geist, wahrhaftig vertraut werden. Wo diese drei
> herrlichen Ströme in einem Herzen zusammenfließen, da wird ein
> Mensch nach der göttlichen Verheißung von Gott selbst gelehrt, und
> erlangt himmlische Fundamentalbegriffe, göttliche Reichs-Ideen und
> siegreiche Herzenserfahrungen, worüber ihm das meiste Treiben der
> jetzigen unbekehrten *Wissenschäftler* als Unrath erscheint.

Am Ende dieser Literaturbesprechung steht eine Zusammenstellung der
populärwissenschaftlichen Bücher der letzten drei Jahrzehnte, die als
Weihnachtsgeschenke geeignet sind.

> anon. (1852). Literatur. *Der Bayerische Landbote, 28 (350)*, 1506-1507.

S. 1506

> Die Wissenschaft ist seit Jahrhunderten, obschon im steten Fortschritte
> begriffen und zu den wundervollsten nicht bloß theoretischen, zu
> erstaunlichen praktischen Resultaten gelangt, ein Geheimniß für die
> Mehrheit – für das Volk geblieben; [...] seit Kurzem erst haben sich, und
> gerade die geistreichsten, verdienstvollsten *Wissenschaftler* mitleidvoll
> des armen Volkes erbarmt und die Resultate der wissenschaftlichen
> Forschungen und Bestrebungen mit sammt den Begründungslehren, ja

in systematischem Zusammenhange diese selbst oder aphoristisch wenigst die Einzelheiten dem Volke geboten.

Dieser Nekrolog gilt Joseph Reubel (1779–1852), seit 1832 Professor für Physiologie, seit 1840 für Anthropologie und Psychologie in München.

anon. (1852). Nekrolog. *Der Bayerische Landbote, 28, No. 322*, 1394-1395.

S. 1394

Bei der Wohlfeilheit und Flachheit des gegenwärtigen Strebens wird jeder *Scientifiker* Lücken finden, die sich schwer ausfüllen lassen, und die ganze Vergangenheit zurückrufen, um sie mit den Leistungen der Jetztzeit zu vergleichen.

Wer oder was ist der bei Hundeshagen genannte wissenschaftliche Mensch. Der durch die Wissenschaft als Objekt bestimmte oder einer, der sich um wissenschaftliche Forschung bemüht?

Hundeshagen, Karl Bernhard (1852). *Rede zum Geburts-Feste des höchstseligen Grossherzogs Karl Friedrich von Baden und zur akademischen Preisverleihung am 22. November 1852.* Heidelberg: Georg Mohr.

S. 19f.

Dieser Nenner aber heisst: Mensch. Es ist nicht der Mensch des Räthsels der Sphinx; denn dieser ist lediglich Naturwesen und wird daher nur an der Zahl seiner Beine erkannt. Es ist auch nicht der Mensch der hellenischen Philosophie denn ihr lediglich *wissenschaftlicher Mensch* ist nicht der Mensch der Gattungseinheit, weil es für die Gattungseinheit Merkmale geben muss, welche unabhängig sind von besondern geschichtlichen Bedingungen und begünstigten Stellungen des menschlichen Individuums, welche auf einem weit allgemeinern Boden gesucht werden müssen, als demjenigen, auf welchem die Wissenschaft zu Hause ist und ihrer Natur nach zu Hause sein kann.

Oersted, H. C. (1853). Der Weg von der Natur zu Gott. *Meyer's Volksbibliothek für Länder-, Völker- und Naturkunde, 3. Bd.*, 5-63. Hildburghausen: Bibliographisches Institut.

S. 9f.

Hier ist als ein Ergebniß von großen und weitläufigen Untersuchungen, welche viele Menschenalter hindurch von *Wissenschaftern* angestellt sind, hinzuzufügen, daß alle die Naturgesetze, nach denen die Kugeln unserer Sonnenwelt sich bewegen, eine zusammenhängende Einheit ausmachen, so daß die eine nicht weggedacht werden kann, ohne daß man die andern zugleich wegdenken müßte. [...].

Es gibt Einige, welche aus Gründen, die sie selbst am besten kennen müssen, es gerne sähen, wenn die Leute glaubten, daß Alles, was die *Wissenschafter* beweisen: z. B. daß die Erde, weit entfernt, stille zu stehen, sich bewege; daß es viele dergleichen Kugeln gebe wie die Erde u. s. w., nur erkünstelte gelehrte Meinungen seyen, ohne sicheren Grund. Da die Unkundigen sich nicht mit allen den Beweisen vertraut machen können, worauf die *Wissenschafter* die von ihnen aufgestellten Meinungen stützen, so denken diese Gegner, sie könnten der Menge leicht aufbinden, daß diese Meinungen nur Hirngespinnste seyen. Aber hierin betrügen sie sich selbst; denn vermittelst der Natur-Gesetze können die *Wissenschafter* unzählige Himmelsbegebenheiten voraussagen, deren richtiges Eintreffen auch Die überzeugen muß, welche die Untersuchungen selbst nicht fassen, worauf die Voraussagungen gebaut sind.

Kannegießer, K. L. (1853). Ueber Verdeutschung des Fremdwortes Philosophie. *Neues Jahrbuch der Berlinischen Gesellschaft für Deutsche Sprache und Alterthumskunde, 10*, 202-204.
S. 202f.

Alle andern stellvertretende Ausdrücke [...] beziehen sich sämmtlich auf Wesen und Inhalt, z. B. All- oder Grund- oder Vernunftwissenschaft, Wissenschaftslehre, oder gar Wissenschaftswissenschaft [...]. Und doch möchte Wissenschaft in letzterer Hinsicht noch eher zu gebrauchen sein als Weisheit, insofern das Eigenschaftswort wissenschaftlich längst im Gebrauch ist, auch das Hauptwort *Wissenschafter* durch die ähnlichen Wörter Kundschafter, Wirthschafter, Gesellschafter gerechtfertigt sein kann, und man aus demselben Grunde auch wohl das Zeitwort wissenschaften nicht zurückweisen dürfte. [...].

So wären dann, selbst ohne Hinzuthun von Weisheiter für Philosoph, die nothwendigsten Redetheile von diesem Stamme durch Weltweiser, Weltweisheit, weisheiten und weisheitlich ersetzt, woneben denn eine zweite Reihe von dem Stamme wissen treten könnte, nämlich Wissenschaft, *Wissenschafter*, wissenschaften, wissenschaftlich, wenn man dieser Reihe nicht lieber die allgemeine Bedeutung der Beschäftigung mit den Wissenschaften lassen, und zumal das Zeitwort wissenschaften für einen der hartnäckigsten, am schwersten auszurottenden Eindringlinge studiren benutzen wollte, obgleich hiefür auch forschen, obliegen, treiben geltend zu machen ist.

Kannegießer schlug etwas mehr vor, als seine Zeitgenossen verdauen
konnten. Das Verbum ‚wissenschaften' schlug nicht ein, studiert wird noch
heute.

anon. (1853). Aphorismen eines emeritirten Professors. *Akademische
Monatsschrift. Centralorgan für die Gesammtinteressen deutscher
Universitäten. Der „Deutschen Universitäts-Zeitung" 5. Jg., 320-322.*
S. 321
Immer habe ich die Bildsamkeit unserer deutschen Sprache bewundert.
Aber die neueste Zeit war mir denn doch zu productiv in neuen Wörtern
und Redensarten. [...]. Die „Tragweite" einer Behauptung, oder Frage,
oder Massregel ist aus dem Frankfurter Parlament zum Modewort
geworden, von den „Errungenschaften" ganz zu schweigen, die einen
ehemaligen „Burschenschafter" zum Vater haben, dem einige jüngere
Gelehrten den „*Wissenschafter*" als analoge Wortbildung oder Miss-
bildung an die Seite stellten.

Dieser Emeritus wird aus dem achtzehnten Jahrhundert stammen, in dem
der ‚Wissenschafter' bereits aufgetaucht, doch nicht verbreitet war, also
eine Analogiebildung zum Burschenschafter ausgeschlossen ist. Verbreitet
waren damals insbesondere Botschafter, Kundschafter, Wirthschafter als
bestens konstituierte Analogievorlagen für den Burschenschafter.

-s (1853). Reiseskizzen aus dem Gesenke. III. *Troppauer Zeitung, 47
(251)*, (ohne Paginierung).
S. 3
Rings um den Fall und über ihm ist üppige beinahe tropische Vegeta-
tion. Es wuchert fast mannshohes Farrnkraut, auch eine Art Lattich
(Pestwurz, tussilago pestasites) mit so hohen Stielen und breiten
Blättern, daß man ein Tropengewächs zu sehen glaubt. Die Scene
erscheint wie ein holdes romantisches Geheimniß, und die ganze
Existenz des Falles wurde wirklich vor zwanzig Jahren noch von einem
recht minutiösen *Wissenschafter* und Autopten in der Sudetenkenntniß,
dem Professor Prudlo am katholischen Gymnasium zu Breslau, in
Zweifel gezogen.

Die Suche nach Mitbewohnern einer Wohngemeinschaft ließ sich bereits
in der Mitte des neunzehnten Jahrhunderts dadurch auf Niveau heben, dass
die Eigenschaften des bereits daselbst Wohnenden als die eines wissenschaftlichen Mannes angepriesen wurden.

anon. (1853). Gesuch eines Mitbewohners. *Magdeburgische Zeitung,
Jg. 1853, Nr. 164*, unpaginiert.

In einer eleganten, dabei billigen Möbelwohnung, mit vorzüglich guter Aufwartung, wird ein Mitmieter gesucht. Der bisher allein dort Wohnende ist ein *wissenschaftlicher Mann* von Universitätsbildung. Vielleicht würde dies manchem Reflectanten in Bezug auf eigene Weiterbildung beachtenswerth erscheinen. Näheres in der Schmilinskyschen Buchhandlung, Breiteweg Nr. 185 am Kornmarkt.

Es empfahl sich wohl immer noch, einen einfachen Arzt von einem wissenschaftlichen zu unterscheiden.

Pissling, Wilhelm Fr. (1853). Medizinische Skizzen aus den südslavischen Ländern. Von Dr. Lambl. Mitgetheilt nach dem čechischen Original. *Zeitschrift der kais. kön. Gesellschaft der Aerzte zu Wien. 9. Jg., 2. Bd.*, 53-64.

S. 54

Öfters hörte ich von Kaufleuten, welche von Travnik, Sarajevo, Mostar und anderen grossen Städten kamen, dass ein *wissenschaftlicher Arzt* dort viel verdienen könne, weil mit Ausnahme des Paschas oder Veziers, welche ihre eigenen Ärzte (meistens Italiener) haben, die übrige Medizin bloss alten Weibern, Fratern (Mönchen, sogenannten Franziskanern), hie und da auch dem Ortshirten oder dem Schmiede überlassen sei, welche nach alten ererbten Vorschriften kuriren.

H. (1854). [Rezension:] Oersted, H. C. (1854). Der Geist in der Natur, 2. Bd.. Leipzig: Carl B. Lorck. *Hamburger literarische und kritische Blätter, 30 (29)*, 225-226.

S. 226

Ich habe so viele Beispiele von dem schaamlosen Verfahren gesehen, das von den Feinden der Wissenschaft angewandt worden ist, um die Ungelehrten zu blenden, daß ich hier einem an sich selbst ganz ungiltigen Einwande entgegentreten will; man wird nämlich sagen können: „es ist nicht viele Jahre her, daß der Almanach voll von Voraussagen war, welche sehr oft fehlschlugen, nämlich die Wetterprophezeiungen; wir haben hierin so viele Beispiele von Irrthümern, welche von *Wissenschaftern* begangen wurden, daß wir ihnen wohl weit mehrere zutrauen können." Man braucht freilich nicht *Wissenschafter* zu sein, um zu sehen, wie schlecht dieser Einwand ist; denn wenn alle anderen Voraussagen des Almanachs richtig befunden werden, so zeigt die Unsicherheit der Wetterprophezeiungen ja nur, daß man die Gesetze der Wetterveränderungen noch nicht kennt.

Nils Johan Andersson (1821–1880) war Botaniker. Das Innere des Landes liegt auf der Insel Neu-Guinea. Die Ausstellung zeigte Anderssons Forschungsergebnisse seiner Weltumsegelung.

> Andersson, N. J. (1854). *Eine Weltumsegelung mit der Schwedischen Kriegsfregatte Eugenie (1851-1853). Deutsch von Prof. Dr. K. L. Kannegießer.* Leipzig Carl B. Lorck.
>
> S. 260
>
> Viele *Wissenschafter* haben, vornehmlich unter Brisbane's und Macquarie's Regiment, mehr oder minder ausgedehnte Entdeckungsreisen in das Innere des Landes unternommen.
>
> S. 375
>
> In Deutschland ist es wieder eine andere Volksclasse, welche diese Ausstellungen besucht. Der Mann von Fach, der *Wissenschafter* findet sich ein, betrachtet, philosophirt, theoretisirt und schreibt lange und natürlicherweise gelehrte Abhandlungen pro et contra.

Mathias Drbal (1829–1885) lebte als Herbartianer und Landesschulinspektor in Brünn, Mähren. Robert Zimmermann (1824–1898) wirkte seit 1852 als Herbartianischer Philosophieprofessor in Prag. Carl Sigmund Barach (1834–1885), Philosoph, vertrat einen ethischen Idealismus.

> Drbal, Mathias (1854). *Die absolute Kritik. Antwort auf das Sendschreiben des Herrn Sigmund Barrach*[105] *an Herrn Dr. Robert Zimmermann, k. k. o. ö. Professor der Philosophie an der Prager Universität.* Wien: Wilhelm Braumüller.
>
> S. 40
>
> In diesem Falle ist es bei gewissenhaften *Wissenschaftern* Sitte, zu lesen, ehe man schreibt, und rathsam, nichts zu erdichten. Eine Kritik, die statt des Gegebenen Erdichtetes, Untergelegtes kritisirt, ist verächtlich.

Meïr Aron Goldschmidt (1819–1887), Verleger, Journalist und Schriftsteller in Kopenhagen. Er zeigt, dass die Titulierung als Wissenschafter sich längst als persönliche Anrede wirksam einsetzen lässt.

> Goldschmidt, Meir (1854). *Heimathlos. Eine Erzählung. Aus dem Dänischen.* Wurzen: Verlags-Comptoir.
>
> S. 11
>
> „Nun, und die Wissenschaft, die ist wohl auch Nichts werth?" [...].

---

[105] Barach, Siegmund (1854). *Ueber spekulative Aesthetik und Kritik. Ein Sendschreiben an Herrn Dr. Robert Zimmermann, Professor der Philosophie an der Prager Universität.* Wien: Tendler & Comp.

„Die Wissenschaft! Ei, was wißt Ihr denn? Was ist der Tisch da? Ja, da
sitzt Ihr schon fest. Was ist der Tisch? Antworten Sie mir, Herr
Wissenschafter!"

Die bei Theologen verbreitete Abscheu gegen Naturwissenschafter zeigt
sich auch bei Schmidt wieder durch das kleine l.

Schmidt, Karl (1854). *Buch der Erziehung. Die Gesetze der Erziehung
und des Unterrichts, gegründet auf die Naturgesetze des menschlichen
Leibes und Geistes. Briefe an Aeltern, Lehrer und Erzieher.* Köthen:
Paul Schettler.

S. 124

Das zweite und nahrhafteste Nahrungsmittel des Hirnes und des Geistes,
welches der Welt erst ihre Nährkraft gibt, ist Gott. [...]. Die Naturwissenschaften, für sich betrachtet, sind lauter Stückwerk, eitel Mechanismus, Tod und Materialismus. Der *Naturwissenschaftler*, der nicht
von Gott anfängt, sieht in den Einzeldingen nicht die Spuren der
Gottheit, nicht der Gottheit ewige Spiegel und Siegel: [...].

Theologen erlernen eine Tendenz, die missliebige Rivalität der Wissenschaft, zumal der Naturwissenschaften, durch Einsatz des l nieder-
zudrücken.

Hier geht es um einen englischen Marktschreier mit dem vermutlich
erfundenen Namen Barry du Barry, der billiges Mehlmaterial als kostbares
Universal-Medikament[106] namens Revalenta arabica verhökerte. Es geht um
nicht weniger als um die Frage, wer oder was zur Wissenschaft oder zu
einer Pseudowissenschaft gehört.

anon. (1854). Die Pfälzer Zeitung schreibt. *Neue Passauer Zeitung [Jg.
1854], No. 95,* 379.

S. 379

Nun haben einige *wissenschaftliche Männer*, wie Dr. Winkler[107] in
Darmstadt, Professor Dr. Wurzer in Bonn und Apotheker Dr. Frickhin-

---

[106] Du Barrys Reklameschrift: Du Barry (1850). *On the speedy and permanent
removal of indigestion, constipation, diarrhea, nervous, bilious, liver complaint,
and their numerous consequences; or, the human frame, (however seriously
impaired,) effectually restored to health and vigour, without medicine,
galvanism, hydropathy, inconvenience, or expense by a simple, pleasant, and
natural remedy etc. etc.* London: Du Barry & Co. 127, New Bond Street.

[107] Winckler, F. L. (1853). Vorschrift zur Bereitung der Revalenta arabica. *Jahrbuch für practische Pharmacie und verwandte Fächer, 26 (3).* 149.

ger[108] in Nördlingen, [...] den skandalösen Betrug enthüllt, worauf der Marktschreier mit unmächtigen Drohungen und Schmähungen antwortet, als hätten die genannten Männer irgend einen andern Zweck als das Publikum vor Schaden zu warnen.

Die Heimzahlung des Barry du Barry ist eine Anzeige, kein Zeitungsartikel.

du Barry, Barry (1854). *Du Barrys Relevanta Arabica und ihre Widersacher. Allgemeine Zeitung, Jg. 1854, Nr. 156, 2496.*

S. 2496

Es ist ein eigenthümlicher Charakterzug des rohen, unwissenden und ungebildeten Menschen seine verschrobenen Ansichten mit grober Dreistigkeit im rücksichtslosen Widerspruch mit den gediegenen Forschungen *wissenschaftlicher Männer* auszuposaunen. Tritt nun noch Brodneid hinzu, so hört selbst aller Respect vor Wahrheit auf, und Verleumdung wird die ausschließliche Waffe des Neiders.

Brugger, J. D. C. (1855). *Fremdwörterbuch für das deutsche Volk mit 14000 Fremdwörtern, worunter sehr viele neue sich befinden, mit neuen Uebersetzungen, die nicht blos zum Verständniß der in Zeitungen uns Büchern aller Art vorkommenden Fremdwörter dienen, sondern auch zum Verdrängen derselben durch deutsche Wörter im Leben geeignet sind.* Heidelberg: Bangel und Schmitt.

S. 187

Student, l., *Wissenschafter*, Mittelschüler, Hochschüler, ein Rechtsbeflissener, der Arzneikundebeflissener, der Weltweisheitbeflissener, Gottgelehrtheitbeflissener.

Dieser Verdrängensvorschlag Bruggers, sortiert nach den alten vier Fakultäten, hat sich nicht durchgesetzt.

anon. (1855). *Akademische Streifzüge in Aphorismen.* Leipzig: Herrmann Bethmann.

S. 50f.

Ein gelernter Schreiber, der sich durch Talent zu einem Staatsmanne emporgeschwungen hatte, sagte in einer Kammerrede, man müsse bei den Ausgaben des Staats den Einnahmen desselben „Rechnung tragen",

---

[108] Frickhingers (1818–1907) Schrift: Frickhinger, Albert (1854). *Revalenta arabica des Du Barry, ein grossartiger Betrug. Aufklärung für diejenigen, welche sich der Revalenta bedienen wollen. Zugleich ein offenes Wort über die Geheimmittel an die deutschen Regierungen und Medicinalbehörden.* Noerdlingen: C. H. Beck.

und bald trug jeder berufene und unberufene Redner diesen oder jenen Umständen „Rechnung"! Die „Tragweite" einer Behauptung, oder Frage, oder Maaßregel ist aus dem Frankfurter Parlament zum Modewort geworden, von den „Errungenschaften" ganz zu schweigen, die einen ehemaligen „Burschenschafter" zum Vater haben, dem einige jüngere Gelehrten den „*Wissenschafter*" als analoge Wortbildung oder Mißbildung an die Seite stellten.

Der Burschenschafter, wie bereits bemerkt, wurde errichtet analog zu Botschafter, Gesellschafter, Kundschafter, Wirthschafter und vielleicht auch zu Wissenschafter, nicht umgekehrt.

Hier geht es um die Schuld an einem unangemessenen allgemeinen Argwohn gegenüber der Wissenschaft.

R., D. (1855). [Rezension:] Der chemische Ackersmann. Naturkundliches Zeitblatt für Deutsche Landwirthe. *Centralblatt für die gesammte Landeskultur, 6 (4+5)*, 30-32+37-40.

S. 38f.

Die Schuld an dieser für die Wissenschaft freilich nicht eben schmeichelhaften Interpretation liegt jedoch keineswegs in dieser selbst, sondern vielmehr lediglich in den ungeschickten *Wissenschaftlern*, die sie in unrechter Form und am unrechten Orte zu Markte bracht.

Gemeint sind offensichtlich miserable Wissenschaftsbeflissene.

Moritz Kloss (1818–1881) war Pädagoge, Förderer des Turnsports und Autor vieler Bücher über das Turnen. Karl Wilhelm Ideler (1795–1860) amtierte seit 1840 als Direktor der psychiatrischen Klinik in Berlin.

Kloss, M. (1855). [Rezension:] Ideler, Karl Wilhelm (1855). Handbuch der Diätetik für Freunde der Gesundheit und des langen Lebens. Berlin: Trowitzsch und Sohn. *Neue Jahrbücher für die Turnkunst. Freie Hefte für Erziehung und Gesundheitspflege, 1*, 172-177.

S. 175

Der Verfasser anerkennt mit der Ruhe des vorurtheilsfreien *Wissenschaftlers* vollständig die Berechtigung jener grossen Turnperiode in Berlin und würdigt verdientermassen die Rolle, welche das Turnen damals „unter der Leitung seines wackeren Meisters Jahn, dem das Elend des Vaterlandes in's Herz gedrungen war," übernahm [...].

Ob der Ausdruck ‚Wissenschaftler' Ideler gefallen hätte, bleibt ungewiss.

anon. (1855). Naturforschung und Glaube. *Der katholische Volksfreund. Wochenschrift für häusliche Erbauung und Belehrung des katholischen Volkes, 5 (2)*, 16-18.

S. 16f.

Kaum war der erste Band von Humboldt's *Kosmos*, diesem „Evangelium der Natur", erschienen, als sich ein ganzer Schwarm naturwissenschaftlicher Dilettanten und sonst „Gebildeten" darüber herwarf und es
mit einem gewissen Heißhunger verschlang [...]. Freilich, was das Auge
sieht, glaubt das Herz (oder wenigstens die Gedankenlosigkeit), und hat
man vor etlichen Jahren nicht alles bestätigt gesehen, was die „neueste
Forschung" bietet; sind nicht ein paar preußische Windbeutel (wissenschaftliche Spekulanten oder spekulirende *Wissenschäftler*) mit
geologischen Nebelbildern von Stadt zu Stadt gezogen und haben der
staunenden Menge die Wunder der Urwelt, ja die ganze Schöpfung des
Erdballs vor Augen geführt?

Wie weit der Autor theologisch gebildet war, ist nicht zu ermitteln. Doch
‚Wissenschäftler' meint er eindeutig herabsetzend, das l des Wortes durch
das ä verschärfend.

Andere Wege, mit Wissenschaft befasste Leute zu benennen, bleiben
zweifellos erhalten. Dafür Beispiele.

Karl David August Röder (1806–1879) studierte Recht und Philosophie.
Ihn überzeugte die Weltsicht des Philosophen Karl Christian Friedrich
Krause (1781–1832). Röder habilitierte sich in Heidelberg, wurde
Professor der juristischen Fakultät und blieb dies bis ans Lebensende.

Röder, Carl David August (1855). *Der Strafvollzug im Geist des Rechts.
Vermischte Abhandlungen denkenden Rechtspflegern gewidmet.*
Leipzig: C. F. Winter.

S. 230

Auch wenn er ein *wissenschaftlicher Mann* ist, der die Geschichte kennt,
so bleibt doch die Geschichte seines eigenen Lebens immer Das worum
sich hauptsächlich seine Gedanken drehen, und sie alle laufen schließlich darauf hinaus: Wie ganz anders, wie viel besser könnte es mit mir
stehen? Aber wie auch dieser Mann oder ein anderer Untersuchungs-
gefangener durch die Stimme seines Gewissens in Unruhe versetzt
werden möge, in Gemeinschaft mit anderen Gefangenen bringe man ihn
nicht.

anon. (1855). Unterhaus. *Magdeburgische Zeitung, 2. Beylage zu No.
116*, unpaginiert.

erste Seite der 2. Beylage

[Premier Palmerston] hat nie gesagt, dass eine sachkundige Commission
zur Prüfung von Dundonalds's Projecten neuerdings d. h. seit dem
letzten Ministerwechsel ernannt worden sei. Vielmehr wurde der Plan

schon im Laufe des vergangenen Sommers und Herbstes einer aus Militärs und *Männern der Wissenschaft* bestehenden Commission vorgelegt; seitdem habe er andere *wissenschaftliche Männer* zur Rathe gezogen, und wahrlich, so weit es ihm möglich sei, sich eine Ansicht zu bilden, so schienen die Schwierigkeiten der Ausführung zu steigen, je länger man über den Plan nachdenke. (Hört, hört!)

Admiral Lord Dundonald (1775–1860), früher bekannt als Lord Cochrane, hatte Vorschläge zur Vernichtung russischer Festungen vorgelegt. Man befand sich im Krim-Krieg.

Johann Evangelist Auer (1825–1884) aus Wien wurde 1853 an der Universität Gießen zum Dr. phil. promoviert.

Auer, Johann Ev. (1855). Kaiser Julian der Abtrünnige im Kampfe mit den Kirchenvätern seiner Zeit. *Oesterreichische Blätter für Literatur und Kunst. Beilage zur Oesterreichisch-Kaiserlichen Wiener Zeitung, Jg. 1855, No. 29,* 211-212.

S. 212

Kein halbwegs *wissenschaftlicher Kopf* läßt sich durch solche Beweise überführen, wo blos nach Vermuthungen geurtheilt und aus Möglichkeiten Schlüsse gezogen werden.

Der Kopf als pars pro toto.

Bertel Thorvaldsen (1770–1844), berühmter klassizistischer Bildhauer.

Thiele, Just Matthias (1856). *Thorvaldsen's Leben nach den eigenhändigen Aufzeichnungen, nachgelassenen Papieren und dem Briefwechsel des Künstlers. Deutsch unter Mitwirkung des Verfassers von Henrik Helms, 2. Bd.* Leipzig: L. Wiedemann.

S. 12

Die Huldigung, die ihm bei größerer Oeffentlichkeit von einem zahlreichen Kreis im Lokal der königlichen Schützengilde zu Theil ward, überstrahlte alle anderen Festlichkeiten. Dieselbe ging von der Studentenschaft aus, allein die Listen zur Antheilnahme bedeckten sich so schnell mit Namen, das man sie aus Rücksichten auf das Lokal sehr bald schließen mußte, weshalb die Anwesenden nur aus den älteren Künstlern der Akademie, so wie aus älteren und jüngeren *Wissenschaftern* der Universität bestanden.

Es geht, versteht sich, um die breite Huldigung Thorvaldsens bei seiner Rückkehr nach Kopenhagen 1818.

Pollak, J. (1856). Die Juden in Persien und Modechais' und Esthers Grabmal. *Jahrbuch für Israeliten 5617, n. F. 3,* 142-152.

S. 142f.

Minder glücklich sind wir mit denjenigen, die uns viel näher wohnen: es ist nämlich auffallend, daß, nachdem jetzt die großen Entfernungen sich so gewaltig reducirt haben, über die jüdischen Verhältnisse Innerasiens bisher so dürftige Nachrichten zu uns gelangt sind; die Flußgebiete des Euphrat und Tigris, die Ebenen Irans namentlich, von so vielen Seiten zugänglich, gewährten schon seit mehreren Jahrhunderten europäischen *Wissenschaftern* und Kaufleuten wohlwollende Aufnahme, und wurden für dieselben auch in der That in mannigfacher Beziehung ein eben so anziehender als häufig besuchter Schauplatz.

Unter dem Verfassernamen verbirgt sich Camill Franz Karl Adam Freiherr Schlechta von Wschehrd (1822–1880) alttschechischen Adelsgeschlechts. Er studierte Jus, nahm 1848 an der Revolution teil, wurde zum Tod durch Strang verurteilt, dann für Festungshaft begnadigt.

Schlechta, Kamil Maria (1856). *Neueste Schule. Erzählung der Erzählungen mitgeteilt aus dem Bundesbuche, 1. Th.* Leipzig: Christian Ernst Kollmann.

S. 212f.

Dort Graf Querriri, platt, nichtssagend, wie sie tausendfach gut oder schlecht beschrieben vorliegen. Schranzenfratze, dem anderen Gelichter bis zur Nasenspitze ähnelnd; dasselbe Lächeln, der gleiche Bückling, bebend vor den Brauenrunzeln des Gebieters, vor ihm kriechend, nach unten frech knechtend. *Wissenschafter* des Erbärmlichen, Künstler des Unbedeutenden, Gewerber des Ueberflüssigen.

Gustav Dethlef Hinrichs (1836–1923), geboren in Dithmarschen, studierte in Kopenhagen, wanderte 1861 aus in die USA, wurde Professor für Physik und Chemie an der Universität Iowa.

Hinrichs, Gustav (1856). *Die electromagnetische Telegraphie sammt den nöthigen Kenntnissen aus der Physik, leichtfaßlich-wissenschaftlich dargestellt.* Hamburg: Perthes-Besser & Manke.

S. 31

Obgleich erst im Jahre 1833 in Deutschland von den berühmten *Wissenschaftern* Gauß und Weber in einer telegraphischen Verbindung der Göttinger Sternwarte mit dem ebendaselbst befindlichen physikalischen Kabinette die erste wirkliche Telegraphen-Linie auf der Erde errichtet wurde, so ist doch schon jetzt, also in einem Zeitraum von ungefähr 20 Jahren, der ganze von civilisirtern Völkern bewohnte Theil unsers Planeten mit einem Netze von Telegraphen-Linien überzogen.

Die Wissenschaftler als die Unwissenden.

anon. (1856). [Rezension einiger Schriften von und über Franz von Baader.] Philosophie. *Literaturblatt*, 305-308.
S. 308
Hieraus aber sieht man ein, was es mit jenem verlorenen Wort auf sich hat, von welchem unsere *Wissenschaftler* seit lange nicht mehr wissen. Mit diesem Begriff eines verlorenen Wortes fällt auch jener der dem Menschen entgangenen sowohl göttlichen als auch natürlichen Hierogryphik zusammen, [...].
Es geht um das Thema des Tischrückens dank Wissenskraft. Zimmermann bezieht sich auf das Buch des Joseph Ennemoser (1787–1854). Der Magnetismus im Verhältniß zur Natur und Religion, 2. Aufl., 1853, das einen Anhang über das beliebt gewordene Tischrücken enthält. In späteren Zeiten der elektrischen Beleuchtung starb diese Beliebtheit aus.

Zimmermann, W. F. A. (1856). *Naturkräfte und Naturgesetze. Populäres Handbuch der Physik zum Selbstunterricht für die Gebildeten jeden Standes, 1. Bd., Elektricität. Magnetismus. Galvanismus*. Berlin: Gustav Hempel.
S. 354
Wenn nun Männer wie Ennemoser, von denen wenigstens die Absicht, sich täuschen zu lassen und Andere zu täuschen, nicht vorliegt, auf dergleichen Dinge so geradezu eingehen, so unbedingt daran glauben, so ist es nicht zu verwundern, daß tausend andere, *weniger wissenschaftliche Menschen* noch viel leichter von dem wunderbar scheinenden hingerissen wurden, und das geschah denn auch in einem hohen Grade. Allerdings haben die gelehrten Physiker, die Professoren an Universitäten, sehr an diesem Unheil Schuld, denn sie verschmäheten es, sich damit zu befassen und das Publikum, welches sich ja gern belehren lassen wollte, aufzuklären; [...].
Der Autor dieses Buches wird nicht genannt. Es ist der Schriftsteller Franz Binnewerck. In der zitierten Szene geht es um Einstellung neuer Lehrkräfte in einem Pensionat.

anon. (1857). *Narren-Album*. Leipzig: Christian Ernst Kollmann.
S. 204
Freilich gebot es der Fortschritt der Künste und Wissenschaften, sich junger Kräfte zu bedienen, und die Directrice kam deshalb oft in den Fall, die Josephstugenden der jungen Künstler und *Wissenschafter* zu prüfen und zu untersuchen, ob ihnen ihre Unschuld oder ihre Mäntel das Liebere seien.

Diese heute rätselhaften Mäntel bezeichnen wohl die Bemäntelung, die Dissimulation oder Maskierung ihrer Verstöße gegen die genannte Tugend.

Adalbert Stifter (1805–1868), Schriftsteller des Biedermeier, schrieb Erzählungen, Novellen und Romane.

Stifter, Adalbert (1857). *Der Nachsommer, Eine Erzählung, Bd. 1.* Leipzig: C. F. Amelang.

S. 14f.

Endlich trat in Bezug auf mich die Frage heran, was denn in der Zukunft mit mir zu geschehen habe, und da that der Vater etwas, was ihm von vielen Leuten sehr übel genommen wurde. Er bestimmte mich nehmlich zu einem *Wissenschafter* im Allgemeinen. Ich hatte bisher sehr fleißig gelernt, und jeden neuen Gegenstand, der von den Lehrern vorgenommen wurde, mit großem Eifer ergriffen, so daß, wenn die Frage war, wie ich in einem Unterrichtszweige genügt habe, das Urtheil der Lehrer immer auf großes Lob lautete.

Das Wort ‚Koriphäen' kann der Respektsteigerung nicht dienen.

Schneider, H. K. (1857). An die gesammten Pädagogen und praktischen Schulmänner. *Allgemeine deutsche Lehrerzeitung, [Jg. 1857,] No. 16,* 113-118.

S. 114

Würden die jährlichen Versammlungen deutscher Lehrer, wie die anderer Korporationen, nicht nur von praktischen Schulmännern, sondern auch von den Koriphäen der wissenschaftlichen Pädagogik und den hohen Leitern des Unterrichtswesens besucht, wie z. B. die Versammlung deutscher Land- und Forstwirthe von Bauern, *Wissenschaftlern*, Grafen und Fürsten besucht wird, so würde sie im Respekte steigen und allseits geehrt und geachtet werden.

Louis-Jean Verger war ein einunddreißigjähriger Geistlicher, der den Erzbischof von Paris, Marie-Dominique-Auguste Sibour, am 3. Januar 1857 erdolchte und deswegen 1857 zum Tode verurteilt wurde.[109]

anon. (1857). Der Schädel Verger's phrenologisch untersucht. *Ansbacher Morgenblatt, Jg. 13, Nr. 50,* 199.

S. 199

Die Organe der Liebe, der Philogenitur fehlen ganz. Der Muth trifft auffallend nach außen hervor. Nehme man diese Symptome zusammen, so erklären sich die Widersprüche die in Verger's Benehmen so sehr

---

[109] Sorel, Alexandre (1857). *Assassinat de Mgr l'archevêque de Paris; Verger: sa biographie et son procès par un sténographe.* Paris: Alphonse Taride.

auffielen. (Was können sich die *Wissenschäftler* doch nicht Alles erklären!)

Das Wort ‚Wissenschäftler' ist alles andere als lobend gemeint. Es drückt Verachtung aus.

Flügel, Felix (1858). *Praktisches Englisch-Deutsches und Deutsch-Englisches Wörterbuch in zwei Theilen, 2. Th., Deutsch-Englisch, 4. Aufl.* Leipzig: Julius E. Richter.

S. 1115

Wissenschafter, (str.) m. mod. scientific or learned man.

Wissenschaftler, (str.) m. cont. sciolist, one who dabbles in science.

Abkürzungen aufgelöst: str. verweist auf die starke Deklination; m. auf maskulin; mod. bedeutet Mode; cont. heißt contemptuous, verachtend. Das dem Wort ‚Wissenschafter' trotz seines Alters ein modischer Charakter zugeschrieben wird, mag erstaunen. Es wird in der zweiten Hälfte des neunzehnten Jahrhunderts zunehmend häufig eingesetzt. Gleichzeitig geschieht es auch mit der eine Verachtung hervorhebenden Variante, nur haben nicht alle Verwender diese Note verstanden.

Der Autor ist vermutlich Adolf Zeising (1810–1876). Als Mitglied der Deutschen Akademie der Naturforscher Leopoldina wurde er Paracelsus genannt. Er studierte in Berlin und Halle hauptsächlich Philologie und Philosophie, wurde Lehrer und Gymnasialprofessor. In der Revolution von 1848/49 entwickelte er sich zu einem der liberalen Wortführer, wurde deswegen aus dem Schuldienst entlassen und lebte als freier Schriftsteller in München.

Paracelsus junior, Theofrastus Bombastus (1858). *Die Charlatanerie und ihre Parteigänger. Eine naturwissenschaftlich-kommerzielle Studie.* Wien: Rudolf Lechner.

S. 8

17. Der *Wissenschafter* sucht den Irrthum auf – um daraus die Wahrheit abzuleiten; der Charlatan sucht die Wahrheit auch – um daraus Täuschungen darzustellen.

S. 20

Der *streng wissenschaftliche Mann* ist nur eine schöne, aber todte, kalte Marmorstatue; der Charlatan dagegen ein lebenathmender, laub- und fruchtbekränzter Bachus; – der *Wissenschafter* ist, je gereifter, je vollendeter, desto mehr Sklave seiner Ueberzeugung, desto mehr strauchelt er im Leben an den Hemmschuh seines Systems und – seines Gewissens; je vollendeter der Charlatan, desto freier ist er, desto leichter und anmuthiger bewegt er die ihm ergebenen Gemüther und sich selbst zu Allem.

 Svenn Henrik Helms (1814–1876).

Helms, S. Henrik (1858). *Neues vollständiges Wörterbuch der Dänischen und der Deutschen Sprache. Nebst einem kurzen Abrisse der Formenlehre beider Sprachen, 1. Th.* Leipzig: Karl Tauchnitz.

S. 480

Videnskapsmand, en (pl. -maend) der Gelehrte, Freund der Wissenschaften, *Wissenschafter.*

24. (1858). [Rezension:] anon. (1857). Verhandlungen des Hils-Solling-Forstvereines. Holzminden: C. C. Müller. *Allgemeine Forst- und Jagdzeitung, N. F. 34*, 181-185.

S. 181

Der Verein wolle nur seine Mitglieder auf das von den *Wissenschaftern* aufgefundene schätzbare Material hinweisen, dasselbe zur Benutzung empfehlen, statistische Notizen sammeln, die Resultate vergleichender Untersuchungen über das Verhalten, den Betrieb und den Ertrag der Holzarten, den Erfolg der in Anwendung genommenen Culturmethoden mittheilen etc.

‚Werkelmann‘ ist ein Wiener Ausdruck für den Drehorgelmann oder Leierkastenmann.

anon. (1858). [Theaterkritik:] Der Werkelmann und seine Familie. Lebensbild mit Gesang von Anton Langer. *Figaro. Humoristisches Wochenblatt, Jg. 1858, No. 1*, 75.

S. 75

Dieser Werkelmann, der scientifisch richtig sein Geselchtes vor der Linie kauft, wo es bedeutend billiger ist, ist eine höchst gelungene Figur aus dem Volke, das der *Scientifiker* Hr. Langer bis auf seine geheimsten bei Custozza und Soma-Campagna erhaltenen Stich- und Schußwunden zu kennen scheint. [...].

Ferdinand Brandes war reformierter Pfarrer zu Göttingen.

Brandes, Ferdinand (1858). *Wir werden leben! Gespräch über Unsterblichkeit!* Göttingen: Vandenhoeck & Ruprecht.

S. 193

Ach, bei aller unserer Kunstliebhaberei und bei allem hochgesteigerten Wissen wie viel Gemeinheit in Gesinnung und That, wie viel Mangel an rechtem sittlichem Urtheil doch noch! Der Mensch soll auch hier mehr sein, als bloßer Künstler und *Wissenschaftler*, sein letzter Lebenszweck

ist auch hier das sittliche Können und die volle Erkenntniß des gött-
lichen Willens, und wieder also geht es hier auf die persönliche
Aneignung oder vielmehr Herausgestaltung der vor Gott geltenden
Gerechtigkeit hinaus!

Solche Erkenntnisse lassen sich durch Wissenschaft kaum gewinnen.

    H., O. (1858). Auswärtige Stimmen über die allgemeine Versammlung
der Berg- und Hüttenmänner. *Oesterreichische Zeitschrift für Berg- und
Hüttenwesen, 6 (22)*, 171-172.

    S. 172 (Stimme des *Mining-Journal* / Versammlung in Wien im Mai 1858)
Ein Congreß dieser Art in Cornwall oder sonstwo würde die Ansprüche
zahlloser Pseudo-*Wissenschaftler* umstürzen, welche durch das Land
wandern, im eigenen Interesse das Publikum mit lockenden Plänen
überschwemmen, zur Schmach und Schande des Bergbaus. Wenn
Wissenschaft und Praxis mit einander verbunden auftreten, ist der Beruf
solcher Nichtswürdiger zu Ende!

Hermann Ernst Plaßmann (1817–1864), Professor der Philosophie.

    Plaßmann, Hermann Ernst (1858). *Die Schule des h. Thomas von
Aquino. Zur genaueren Kenntnißnahme und weiterer Fortführung für
Deutschland neu eröffnet.* Soest: Nasse.

    S. 96

[...]: ich nehme mich rücksichtlich der ganzen neueren Wissenschaft,
wenn es sich nicht um factische Experimente handelt, ganz außerordentlich in Acht, mich von Namen blenden zu lassen. Die fortwähren-
den Evolutionen und Revolutionen der nachscholastischen Wissenschaft
machen mit Recht behutsam. Die Prahlereien der reformatorischen
Wissenschaftler ist man zu sehr gewohnt, als daß darüber das Alte mit
mitleidigem Lächeln anzusehen wäre.

Wer mit angeblichen wissenschaftlichen Erkenntnissen prahlt, soll gern
Wissenschaftler genannt werden. Was aber der Paderborner Professor mit
,reformatorisch' sagen will, bleibt mir unklar.

    anon. (1858). Umschau. *Landshuter Zeitung, 10. Jg., Nr. 105*, 421-422.

    S. 421

Die geoffenbarte Wahrheit kann doch kein Hemmniß der Wissenschaft
sein; sie ist es nur für den wissenschaftlichen Irrthum und die Lüge, für
das Ausschweifen in das Nichts. Bei den freien *Wissenschaftlern* fehlt's
eben daran, was gerade ins Reich der Wissenschaft einführt, am
gläubigen, demüthigen, kindlichen Sinn, der nicht bloß in's Himmel-
reich, sondern auch ins Reich des Wissens einführt.

Wissenschaftler sind hier die Figuren, die ihr Metier nicht beherrschen. Ohne Bezug auf das Können wird dieses Wort auch gern angewendet, wenn es um Ungläubige oder gar Atheisten gehen soll.

Weber, Carl Julius (1858). *Demokritos oder hinterlassene Papiere eines lachenden Philosophen*, Bd. 11, 6. *Ausgabe*. Stuttgart: Rieger.

S. 193

Ach, in der gelehrten Welt ist gerade wie in der höhern Welt auch unendlich viel, was bloß glänzt, aber nicht nützt. Was läßt sich auch viel von bloßen *Brodwissenschaftlern* für das Ganze erwarten?

S. 210

Menschen ohne Wissenschaft sind gar wohl erträglich, wenn sie nur gute Menschen sind; ehrsame und bescheidene Bürger, fleißige, geradsinnige Landleute gewähren Gelehrten, die sich zu benehmen wissen, oft angenehmere Unterhaltung als Herren Collegen, und *Wissenschaftler* ohne Menschenthum gehören unter die unerträglichsten Geschöpfe.

Rudolf oder Rudolph Wagner (1805–1864) war Anatom, Physiologe und Zoologe. Er hatte in München und Erlangen studiert und wurde 1840 Ordinarius in Göttingen. Im so genannten Materialismusstreit um 1854 verteidigte er die Schöpfungslehre des Alten Testaments und kämpfte gegen Materialisten wie Carl Vogt.

anon. (1858). [Rezension:] Wagner, Rudolph (1857). Der Kampf um die Seele vom Standpunkt der Wissenschaft. Sendschreiben an Herrn Leibarzt Dr. Beneke in Oldenburg. Göttingen: Dieterich. *Psyche. Populär-wissenschaftliche Zeitschrift für die Kenntniss des menschlichen Seelen- und Geisteslebens, 1 (2)*, 77-83.

S. 77

In den Beilagen zur Augsburger allgemeinen Zeitung hatte Rudolf Wagner während der Jahre 1851 und 1852 eine Reihe von „physiologischen Briefen" veröffentlicht, über welche Gegner und Freunde ihres Urhebers gleichermaßen ungünstig urtheilten, so daß dieser selbst zu dem Bekenntniß gebracht wurde, er habe in diesen Kindern der Stimmungen des Tages, die er am liebsten der Vergessenheit überlassen wünschte, etwas in Inhalt und Form, ja wohl in der ganzen Aufgabe Verfehltes den Lesern dargeboten. Ein schlimmes Geständniß für einen *wissenschaftlichen Mann*, von dem man unter allen Umständen hätte erwarten dürfen, daß er auf dem Gebiete seiner eigentlichen Berufswissenschaft nur Reifes und allseitig Durchdachtes vor die Oeffentlichkeit bringen würde.

Heinrich Friedrich Karl vom und zum Stein (1757–1831), preußischer Staatsmann, wegen seiner Aufstandspläne gegen Napoleon 1808 entlassen, gründete 1819 die Monumenta Germaniae Historica.

Arndt, Ernst Moriz (1858). Meine Wanderungen und Wandelungen mit dem Reichsfreiherrn H. K. F. v. Stein.[110] Berlin, 1858. *Beilage zu Nr. 204+213+216 der Allg. Zeitung, Jg. 1858*, 3313-3315+3457-3458+ 3505-3507.

S. 3506

Altenstein nämlich war als ein sehr *wissenschaftlicher Mann* dem Staatskanzler [Stein] besonders empfohlen, um aus der französisch-napoleonischen Löwenhöhle Paris den Raub deutscher Denkmäler, Bibliotheken, Urkunden u. s. w. wieder herauszuholen – ein Diebsraub, welchen das erste gebildetste Volk Europa's, wie es sich immer betitelt, mit der schamlosesten Habgier aus allen Ländern zusammengeschleppt hatte.

Binnewerck, Fr. (1859). *Der echte Ring. Roman in sechs Büchern, 2. Bd., (3. und 4. Buch)*. Leipzig: Christian Ernst Kollmann.

S. 49

Dennoch gab es unter den *Wissenschaftern* und auf den Universitäten noch Leute, die von sich glaubten, was ihr wissenschaftliches Thun und Treiben angehe, gehöre eben nur vor das Forum der Wissenschaft.

S. 223

Was aber soll der Laie von der Kirche halten, wenn die tonangebenden *Wissenschafter* sie ignoriren? [...]. Es sind die *Wissenschafter*, die Dichter und Denker im Allgemeinen, es ist die Geistesaristokratie, die sich nicht nur von der Kirche losgesagt hat, die auch immer und immer den eignen Gott im Herzen predigt, die immer und immer zum religiösen Subjektivismus mahnt, und nicht die Segnungen der Gemeinsamung, der Verbundenheit im religiösen Bedürfniß, der sich einander anfügenden, ergänzenden, läuternden und erhebenden Gottanschauung begriffen hat!

Theodor Wittmaack (1817–1873), neurologisch interessierter Holsteiner, der sich als praktischer Arzt in Altona niederließ.

[110] Im zweiten und dritten Beitrag wird Stein als ‚H. K. J. v. Stein' geschrieben. Die Reihenfolge des zweiten und dritten Vornamen ist bereits in Arndts Buch vertauscht.

Wittmaack, Theodor (1859). *Handbuch der rationellen Therapie vom heutigen Standpunkt wissenschaftlicher Forschung und klinischer Erfahrung für praktische und angehende Aerzte, 2. Bd.* Leipzig: Ernst Schäfer.

S. 228

Dietl hat eben mit seiner Statistik, wenn sie im reinen Licht betrachtet wird, nichts weiter bewiesen, als was jeder gute *Wissenschafter* längst wusste; dass nämlich sowohl Bouilland wie Peschier und Anhänger sehr grobe Irrthümer begangen, dass mit anderen Worten der, der darauf ausgeht, das Blut innerhalb des lebenden Organismus in Blutwasser umzuwandeln, sehr schlecht in der Behandlung der Pneumonie fährt im Vergleich zu dem, der lieber gar nichts thut.

Müller, Karl (1859). Albrecht von Haller. *Die Natur. Zeitung zur Verbreitung naturwissenschaftlicher Kenntniß und Naturanschauung für Leser aller Stände, 8 (47+49)*, 369-371+387-390.

S. 389

Unterdeß hatte die Muse der Dichtkunst für ihn gethan, was bisher die Wissenschaften versagt hatten. Weit über die Grenzen seines Vaterlandes hinaus, bis nach England, Frankreich und Italien, war der Ruf seiner Gedichte gedrungen, welche im Jahre 1732 zuerst anonym erschienen. Sie gerade lenkten die öffentliche Aufmerksamkeit allgemeiner auf ihn hin und waren wenigstens für die damalige hannöver'sche Regierung kein Grund, zu glauben, daß ein Dichter nicht auch ein tüchtiger *Wissenschafter* sein könne.

Der Rezensent, dem Paracelsus' Buch durchaus zusagt, endet mit [...] „da die Homöopathie gewiss als organisirte Charlatanerie des neunzehnten Jahrhundertes zu betrachten ist, so empfehlen wir als Devise: Ceterum autem censeo, homöopathiam esse delendam!".

Friedrich, Emil (1859). [Rezension:] Paracelsus der Jüngere, Theophrastus Bombastus (1858). Die Charlatanerie und ihre Parteigänger. Eine naturwissenschaftlich-commercielle Studie. Wien: Lechner. *Aerztliches Intelligenzblatt, 6 (13), 1859*, 157-159.

S. 158

17) Der *Wissenschafter* sucht den Irrthum auf – um daraus die Wahrheit abzuleiten; der Charlatan dagegen sucht die Wahrheit auf – um daraus Täuschungen darzustellen.

Tült, Robert (1860). *Die Verschleimungen der Darmschleimhaut, Brust und Harnwerkzeuge, als Grundursache der meisten jetzigen Leiden, wie Magenschwäche, Magenkrampf, abnorme Säurebildung des Magens, veralteter Magenhusten, Kreuzschmerzen, Rheumatismus, Schleimkolik, Hämorrhoiden, Flechten, Nervenschwäche, Kurzathmigkeit, Blähsucht, Urinbeschwerden, weißer Fluß, Mangel an Appetit, Ekel, Ohrensausen, Augenschwäche, Drüsenleiden etc. In's Deutsche übertragen von Dr. August Wunder.* Altona: Verlagsbureau.
S. 37

– da endlich überwand ich mich als ein von der Wissenschaft verlassener *Wissenschafter* zu Experimentiren am eigenen Körper. Doch zum Experimentiren taugt der *Wissenschafter* weniger, als der Laie, weil er die Hülfe immer zu weit sucht und den Wald vor den Bäumen nicht sieht.

Bernhard Maria Schmitz (1819–1881), Romanist, Anglist und Lehrer.

Schmitz, Bernh. (1860). *Encyclopädie des philologischen Studiums der neueren Sprachen, hauptsächlich der französischen und englischen. Erstes Supplement.* Greifswald: C. A. Koch.
S. 27

[...] er möge von vorne herein zwei Werke anlegen: in dem Einen möglichst vollständig die allgemeine Sprache der Nation verzeichnen, in dem Anderen ebenso vollständig die besonderen Terminologien aller *Wissenschafter*, Künstler und Techniker und meinethalben zugleich auch jegliches Kauderwälsch aller Gauner und Lotterbuben.

So Schmitzens Empfehlung an Lexikographen, sie sollten nicht alles und jedes in ein einziges Werk hineinpacken.

Diesterweg, Adolph (1860). *Populäre Himmelskunde und astronomische Geographie, 6. Aufl.* Berlin: Th. Chr. Fr. Enslin.
S. 185

Die Forschungen der Gelehrten (der *Wissenschafter*) werden oft von den Dichtern voraus geahnet, sie sind gewissermaßen Propheten. So sagt Schiller (in seinem Gedichte: „Die Freundschaft"): [...].

Hinrichs, Gustav (1860). *Der Erdmagnetismus als Folge der Bewegung der Erde im Aeter.* Kopenhagen: Cohen.
S. 29

Dennoch sind von fernern *Wissenschaftern* Bedenken dawider erhoben, welche es höchst wünschenswerth machen, auch die mathematische Seite meiner Theorie bekannt werden zu lassen. Wenn denn der

Naturforscher durchaus in mathematischer Rüstung auftreten muss, um einem „kühnen Gedanken" als Naturwahrheit Anerkennung zu verschaffen, so sei auch dies Opfer freudig gebracht.

Oskar Wislicenus war praktischer Arzt in Eisenach, wissenschaftlich anscheinend wenig erfolgreich.

Wislicenus, Oskar (1860). *Entwicklung eines wahrhaft physiologischen Heilverfahrens*. Leipzig: Eduard Haynel.

S. 282

Die physiologischen Arzneiprüfungen sind ein nothwendiges Erforderniß zu einem physiologischen Heilverfahren. Die modernen Freigeister der Medizin jedoch, die sich physiologische Aerzte nennen, die Alles auf die Forschungen der Physiologie zurückführen und die Physiologie fortwährend im Munde führen, diese *Wissenschaftler* sind noch nicht einmal so weit vor geschritten, die Nothwendigkeit physiologischer Arzneiprüfungen einzusehen. Sie verdienen also ihren Namen in der That ganz und gar nicht.

Bogumil Goltz (1801–1870), humoristisch-pädagogischer Schriftsteller, hatte die Universität Breslau besucht.

Goltz, Bogumil (1860). *Typen der Gesellschaft. Ein Complimentir-Buch ohne Complimente*. Grünberg: W. Levysohn.

S. 122

Ein unwissender Naturalist, wie Kasperle, kann auf dem Theater ergötzlich sein; aber vor den säkularisirten und säkularisirenden *Wissenschaftlern* der Natur, vor den Tempelstürmern drehen sich dem religiösen und poetischen Menschen die Eingeweide im Leibe herum.

Daniel Sanders (1819–1897), Lexikograf, Linguist, Dichter und Übersetzer.

Sanders, Daniel (1860). *Wörterbuch der deutschen Sprache, mit Belegen von Luther bis auf die Gegenwart, 1. Bd., A-K*. Leipzig: Otto Wigand.

S. 1057

Schönwissenschaftler und Schön-K[ünstler], H[erder] 9, 328.

Ferdinand Karl Franz Ritter von Hebra (1816–1880), geboren Ferdinand Karl Franz Schwarzmann, studierte in Graz und Wien, wurde 1841 Dr. med., spezialisierte sich als Dermatologe und wurde 1869 Ordinarius.

Hebra, Ferdinand Ritter v. (1860). *Handbuch der speciellen Pathologie und Therapie, Bd. 3, Acute Exantheme und Hautkrankheiten*. Erlangen: Ferdinand Enke.

S. 394

Es ist geradezu unbegreiflich, wie Aerzte manchmal selbst ungünstig endigende künstlich erzeugte Pusteln und Furunkel als kritische Ablagerungen ansehen konnten und können, und es ist sehr zu bedauern, dass selbst für *wissenschaftliche Menschen* der Ausspruch von Naturärzten und Laien massgebend geworden ist.

Wilhelm Hoffmann erläutert den Unterschied zwischen zwei Wörtern.

Hoffmann, Wilhelm (1861). *Vollständigstes Wörterbuch der deutschen Sprache* (Bd. 6). Leipzig: Dürr.
S. 782
Wissenschafter [...], einer der sich mit dem Studium einer Wissenschaft beschäftigt.
Wissenschaftler [...], im spöttischen Sinn einer der eine Wissenschaft betreibt; [...].

Bertha Maria Freifrau von Marenholtz-Bülow (1810–1893), Kämpferin für Frauenrechte und Kindergarten-Pädagogin der Fröbelbewegung.

Marenholtz-Bülow, Bertha v. (1861). Das Kind. *Die Erziehung der Gegenwart. Beiträge zur Lösung ihrer Aufgabe mit Berücksichtigung von Friedrich Fröbels Grundsätzen, 1 (3)*, 17-21.
S. 20
Alle großen Wohlthäter der Menschheit, alle ihre wahren Helden, ihre Märtyrer, ihre Heiligen, alle wahrhaft großen Künstler und großen Wahrheitsforscher und *Wissenschafter*, – wie auch die kindlich und fromm ihr Dasein verlebenden einfachen Seelen – waren Kinder Gottes.

K. M. steht für Karl Müller.

M., K. (1861). [Rezension:] Schmidt, Karl (1861). Die Geschichte der Pädagogik u. s. w., 2. und 3. Bd. Cöthen: Paul Schettler. *Naturwissenschaftliches Literaturblatt. Beilage zur „Natur", Jg. 1861, 10 (4)*, 29-32.
S. 31
Es trägt eben den Geist der neuesten Zeit an sich, daß es, indem es seinem wissenschaftlichen Standpunkte durchaus nichts vergibt, zu gleicher Zeit dem *Wissenschafter* wie dem Laien gerecht wird.

Burckhardt (1861). In Sachen der Waldwerthberechnung. *Monatschrift für das Forst- und Jagdwesen, Jg. 1861*, 252-261.
S. 253
Der Verfasser selbst hat die Rechnung nach den von jetzt an zu erwartenden Erträgen (Zukunfterträgen) als das Principale bei Waldwerthanschlägen im engern Sinne vorangestellt und verdenkt es

den strengen *Wissenschaftern* gar nicht, daß sie dieses Princip als den rothen Faden im Gewande verfolgen.

Heinrich Ewald (1803–1875), Orientalist, evangelischer Theologe sowie Feind des evangelischen Theologen Ferdinand Christian Baur (1792–1860).

Ewald, Heinrich (1861). Das Verhältniß der Biblischen wissenschaft zu unsrer zeit, ihre verirrungen und ihre bedürfnisse. *Jahrbücher der Biblischen wissenschaft, 11*, 69-147.

S. 113f.

Kein einziger ächt *wissenschaftlicher mann* und noch mehr kein einziger wahrer christlicher lehrer wird zwar schule machen wollen, eine schule von anhängern stiften, und dann seine eigne schule über alles loben: Baur ist schon als emsiger stifter beständiger belober und eifriger beförderer seiner schule in den augen jedes besseren philosophen und theologen vollkommen gerichtet, obwohl er es darin nur seinem Hegel nachmacht; auch wird seine schule nach seinem tode sicher noch erbärmlicher wie staub verfliegen als die dieses.

anon. (1861). Herrn Graf's Rheinreisetagebuch. *Fliegende Blätter, 34 (832+833+834)*, 185-188+193-195+201-202.

S. 201

Die Stadt Heidelberg haben wir gans links liegen lassen, weil sie nichts Merkwirdiges anbieten kann, aber auch weil darin so viele Herren Studiosibus studieren und hatten wir von einen so gelehrten Umgang noch von Bonn aus mehr als genug. Wir waren deshalb froh, daß sie unsere verklebten landesväterliche Oeffnungen auf dem Hute nicht bemerkten, da sie uns als *Wissenschaftsgenossen* und Kommiltonnen sonst wohl gleich wieder zu einer Sitzung eingeladen hätten.

Frühere Abschnitte finden sich im Jahr 1860 in Bd. 33. Sie allesamt aufzuzählen, brächte keine Erträge. Die orthographischen Extravaganzen sind absichtlich erzeugt und finden sich auch in den früheren Abschnitten. Sie sollen wohl die Beschränktheit des Herren Graf veranschaulichen.

Johann Caspar Bluntschli (1808–1881), Schweizer Protestant. 1836 wurde er Ordinarius für Rechtswissenschaft in Zürich, 1848 in München, zum Wintersemester 1861 in Heidelberg. Im katholischen München war er wegen freimütiger liberaler Sprache unliebsam geworden.

Bluntschli, Johann Caspar (1861). Ansprache. *Die Zeit. Tageblatt für Politik, Handel und Wissenschaft, Jg. 1861, Nr. 96*, 1159.

S. 1159

Der Weg zur Wahrheit muß mit dem Zweifel beginnen, und wenn Manche in dem Zweifel den Teufel sehen, so kann der *wissenschaftliche Mann* nicht zu Gott gelangen, ohne zuvor mit diesem Teufel Bekanntschaft gemacht zu haben.

anon. (1861). Hamburg. Im October (Privatmitth.). *Allgemeine Zeitung des Judenthums. Ein unparteiisches Organ für alles jüdische Interesse, 25 (42)*, 605-606

S. 606

Als deutsche Juden wissen wir, daß alle diejenigen unserer *Männer der Wissenschaft* und des Fortschritts, alle unserer Vorkämpfer auf dem politischen Gebiet protestantisch studirt haben, während die einzige katholische Universität in Deutschland, die von Juden frequentirt wird, meist nur Finsterlinge und dünkelhafte, *unwissenschaftliche Männer* geliefert hat.

Brugger, J. D. C. (1862). *Geschichte der Gründung und Entwicklung des Vereins der deutschen Reinsprache mit Angabe der vorzüglichsten Mitglieder von 2400, deren Ansichten und Leistungen; mit Aufzählung sämmtlicher 453 Ortschaften und der 8 Zweigvereine; mit Veröffentlichung vieler Briefe (darunter von Hammer-Purgstall, Dr. Eduard Duller, Nees von Esenbeck, Dr. Kannegießer, v. Großheinrich in Petersburg u. s. w.) und Vorträge vom Jahre 1848 bis 1861.* Heidelberg: J. C. B. Mohr.

S. 348

Noch hatte ich keinen Pfennig Reisegeld, um nach Hause zu gehen. Ich ging zu einigen bekannten Bürgersleuten (*Wissenschafter* waren nur noch wenige da, von meinen Bekannten kaum einer), die mir pumpen sollten, aber die hatten ja nichts. So lag ich denn noch in Jena bis zum 8. Herbstmonat, dem Tage, wo ich vor einem Jahre in Heidelberg anlangte, und dessen Erinnerung ich festlich in Jena beging. Meine Hausfrau, bei der ich den Tisch habe, hatte Klöse gekocht, auf die man bekanntlich Durst bekommt. Deshalb ließ ich mir einen tüchtigen Kaffee machen, setzte mich mit einem im Hause wohnenden *Wissenschafter*, ebenfalls Gottesgelehrter, in das Hausgärtchen, rauchte dazu eine Pfeife und erging mich mit ihm über Betrachtungen, woher ich Geld nehmen sollte. Aber alle Rathschläge und Entwürfe, die wir machten, waren unausführbar und brachten kein Geld.

Dies war Teil eines Briefes des Edinhardt Reichardt, eines jungen Mitglieds des Vereins der deutschen Reinsprache.

Sch-r (1862). [Rezension:] Peter, Hermann (1862). Untersuchungen über den Bau und die Entwickelungsgeschichte der dicotyledopischen Brutknospen. Hameln: Schmidt und Suckert. *Bonplandia. Zeitschrift für die gesammte Botanik. Organ für Botaniker, Pharmaceuten, Gärtner, Forst- u. Landwirthe, 10 (21)*, 325.

S. 325

[...] da bekanntlich die grössten *Wissenschafter* vielmehr die Kartoffelknollen für partielle Anschwellungen der wirklichen Wurzeln ausgeben und diesen argen Missgriff schon zum eingebürgerten Gewohnheitsfehler gemacht haben!

Ströbel, K. (1862). Ueber die Revision der Lutherschen Bibel. *Zeitschrift für die gesammte lutherische Theologie und Kirche, 23 (3)*, 426-480.

S. 428

Man betrachte doch einmal die eigentlichen Dränger nach „Bibelrevision"; sind sie Freunde oder Feinde des Evangeliums? Gehören die ärgsten Schreier nicht zu dem Schwarme der Zwinglianer, Unionisten, Lichtfreunde, Zukunftskirchenträumer, Enthusiasten? Rechnen sie bei ihrem Vorhaben nicht auf den unbedingten Beifall aller glaubenslosen *Wissenschäfter* und Kritikaster?

Rudolf Virchow (1821–1902), vielseitiger Arzt, Pathologe, Anthropologe, Prähistoriker und Politiker.

W., S. (1862). Silhouetten vom preußischen Landtage. 2. Koryphäen der Fortschrittspartei. *Die Gartenlaube. Illustrirtes Familienblatt. 10. Jg. (1862), Nr. 13*, 206-207.

S. 207

Aber weit davon entfernt, nur der trockene, denkende *Wissenschaftler* zu sein, ist Virchow als Redner geistreich, witzig, von feingespitztester Ironie: er gleicht einem Meister der französischen Fechtkunst mit dem Floret, sicher im Ausfall und elegant dabei, kaltblütig und mit Unfehlbarkeit den Gegner bei jeder Blöße verwundend.

Schelling, Friedrich Wilhelm Joseph von (1862). *Clara oder Zusammenhang der Natur mit der Geisterwelt. Ein Gespräch.* Stuttgart: Cotta.

S. 57

Ich habe, sagte sie hierauf, vor der Wissenschaft immer die Achtung empfunden, die jemand für etwas hat, das ihm selbst versagt ist, und wovon er doch herrliche Wirkungen sieht. Denn Sie wissen ja selbst, mit welchem Zutrauen ich mich immer an Sie gewendet als einen *wissenschaftlichen Mann*, bei dem mir, wie ich fest überzeugt war, geistiger Rath nie fehlen könnte. Eine gewisse Sicherheit, Zuverlässigkeit, Beständigkeit scheint nur mit Wissenschaft existiren zu können.

Hätte Schopenhauer gewusst, dass im heutigen Deutsch der Bundesrepublik der Wissenschaftler den Wissenschafter verdrängt hat, hätte er dies als Beispiel seiner Beschwerde zu Papier gebracht.

Schopenhauer, Arthur (1862). *Parerga und Paralipomena II, 2. Aufl. (§ 283)*. Berlin: A. W. Hayn.

S. 563

Bloß der Deutsche macht keine Umstände, sondern geht nach seiner Laune, nach seiner Kurzsichtigkeit und seiner Unwissenheit mit der Sprache um – wie es seiner geistreichen Nationalphysiognomie entspricht.

Dies Alles sind keine Kleinigkeiten: es ist die Verhunzung der Grammatik und des Geistes der Sprache durch nichtswürdige Tintenklexer, nemine dissentiente. Die sogenannten Gelehrten (*wissenschaftliche Männer*!) eifern vielmehr den Journal- und Zeitungslitteraten nach: es ist ein Wettstreit der Dummheit und Ohrenlosigkeit. Die deutsche Sprache ist gänzlich in die Grabuge gerathen: Alles greift zu, jeder tintenklexende Lump fällt darüber her.

Beissel, Ch. (1863). Nordische Ortsnamen, nach den Sprachforschern N. M. Petersen und Lyngbye. *Archiv für das Studium der neueren Sprachen und Literatur, 34*, 203-209.

S. 203

Den Lehrern der Geographie besonders, nehme ich an, dürfte daher eine gedrängte Zusammenstellung der wesentlichsten Bestandtheile der geographischen Namen nicht unwillkommen sein; auch Andere, *Wissenschafter* und Lehrer, werden, wenn sie nicht das Feld der Linguistik bearbeiten, mehr Nutzen aus kurzen übersichtlichen Bemerkungen ziehen können als aus weitläufigen Werken, aus denen sie das Nöthige mühsam herauslesen sollen, wozu sie oft weder Zeit noch Lust haben.

anon. (1863). [Rezension:] Oerstedt, H. C. (1850). Der Geist in der Natur. *Unterhaltungen am häuslichen Herd, 4. Folge, Bd. 1 (27)*, 540-541.

S. 540

Dieser Stimmung kommt Oersted entgegen; er erläutert einige einfache physikalische und astronomische Begriffe dem Laienpublikum; denn dem „*Wissenschafter*", wie er durchgängig den Gelehrten nennt, müssen sie ebenso bekannt sein als das Alphabet dem Sprachkundigen. Das gilt wohl weniger für Oerstedt als für seinen Übersetzer.

Schuler, Michael (1863). Die Versammlung der Zukunftskirchler. Ein Aufzug ohne besonderen Auftritt. *Sion. Eine Stimme in der Kirche für unsere Zeit, 32 (103)*, Sp. 1325-1330.

Sp. 1325

Antichrist: [...]
Die Tagesordnung, Jeder weiß, warum,
Gibt ihr den Namen: Antichristenthum.
Berathen wir, wie man den alten Glauben
Mit Sicherheit vermag der Welt zu rauben;
Erst müssen wir die Todespfeile schiften,
Daran die alte Kirche geht zu Grund,
Eh' wir die neue Weltgemeinde stiften,
Gegründet auf der *Wissenschafter* Mund.

Der Antichrist sagt selbstverständlich nicht ein beleidigendes ‚Wissenschaftler', sondern verdammt gleich jeden Mann der Wissenschaft.

anon. (1863). Beurtheilung des naturwissenschaftlichen Literatur-Blattes. *1864! Jahrbuch für Lehrer und Schulfreunde, 14. Jg.*, 1863, 6-7.

S. 7

Es trägt eben den Geist der neuesten Zeit an sich, daß es, indem es seinem wissenschaftlichen Standpunkte durchaus nichts vergibt, zugleich dem *Wissenschafter* wie dem Laien gerecht wird. Das ist derselbe protestantische Geist, welcher Luther die Scheidewand zwischen Priester- und Laienthum niederreißen ließ, derselbe Geist, der seit den letzten Jahren unseres Jahrhunderts dem deutschen Volke eine völlig neue Literatur für alle Altersstufen und jeden Beruf, der der göttlichen Wissenschaft erst ihre höchste Weihe gab, indem er ihr den volksthümlichen Charakter einhauchte.

Berthold August Richard Sigismund (1819–1864) wurde zunächst Arzt, dann Pädagoge, Schriftsteller und Politiker. Hier liefert er ergötzliche Schilderungen der Tonsprache der Vögel.

Sigismund, Berthold (1863). Aus dem Leben der Vögel. *Unterhaltungen am häuslichen Herd, 4. Folge, Bd. 1, Nr. 3*, 52-55.

S. 53

Aber – könnte ein strenger *Wissenschaftler* sagen – das sind anthropomorphistische Träume eines Dichters, der unterlegt, wo er nicht auszulegen vermag; der das Leben und Weben seines erregbaren Ich hinüberträgt in das Reich der dumpfen Naturtriebe.

Julius Hamberger (1801–1885), lutherischer Theologe und Schriftsteller.

Hamberger, Julius (1863). [Rezension:] Ernst Renan's „Leben Jesu". (Beleuchtet von einem Protestanten.). *Wiener Kirchenzeitung für Glauben, Wissen, Freiheit und Gesetz, Jg. 1863, Nr. 41*, 643-645.

S. 644

Nicht einmal in dem allerverworrensten Traume scheint sich aus den Bestandtheilen der Evangelien eine solche Kombination, wie dieses Charakterbild des Herrn und sein Lebensgang nach Renan ergeben zu können, und dergleichen wird uns hier als das Resultat *wissenschafter* [!] Forschung dargeboten. Nicht minder erweiset sich unser Verfasser als einen wahren Visionär des Krummen und Verkehrten auch in seinem Urtheile über den doktrinären Gehalt der Evangelien.

Unklar bleibt, ob das Wort ‚wissenschafter' ein Adjektiv sein soll oder ob ein Druckfehler vorliegt. Dass Rezensent Renan unzufrieden ist, bleibt klar.

Ernst Ferdinand Friedrich (1831–unbekannt). Er verwendet das Wort ‚Wissenschafter' an vielen Stellen des Buches, einige seien zitiert. „Dewette" steht für Wilhelm Martin Leberecht de Wette.

Friedrich, Ernst Ferdinand (1864). *Beiträge zur Förderung der Logik, Noëtik und Wissenschaftslehre, Bd. 1*. Leipzig: F. A. Brockhaus.

S. 26f.

Kundigkeit (gnaritas) nämlich heißt zwar zunächst der Besitz von Kenntnissen überhaupt (possessio notitiarum), fernerhin jedoch vorzugsweise der ruchbar, lautbar, kundbar und offenbar werdende Besitz von Kenntnissen, nicht das verschlossen-kundige, sondern das offenkundige Wesen des *Wissenschafters* (possessio notitiarum non tam arcana, quam publica). Offenkundig verfährt der *Scientif* oder — „*Wissenschafter*" ein glücklicher Ausdruck schon bei Dewette – als solcher, mag er nun ein mehr gelehrter oder ein mehr forschender *Mann der Wissenschaft* sein, mag er vorherrschend litterär-scientifisch oder vorherrschend rationell-scientifisch zu Werke gehen; er betreibt sein Wesen notorisch, auf deutsch: fachkennerisch, nach Beschaffenheit des [...] eugnomon s. notor a. d. Fachkenners, sofern er für Dilettanten, Neulinge und Laien Autorität ist, und konnotorisch a. d. fachgenössisch, nach Beschaffenheit des Konnotors, Mitfachkenners oder Fachgenossen, sofern er mit anderen Notoren oder Fachkennern gemeinschaftliche Sache macht; dafür ist er *Scientif* (scientifex s. homo scientificus), daß er kund und zu wissen thue, daß er andere Personen, seien sie Fachgenossen oder seien sie Dilettanten, Neulinge und Laien, wissend mache (scientes faciat).

S. 201f.

Denn der echte *Wissenschafter* einer Nation hat als solcher die Pflicht, auch von den *Scientifen* anderer Kulturvölker Notiz zu nehmen und an der litterarhistorischen Maßregel festzuhalten, deren Grundsatz lautet: „Der Nachkommendank ist die Kulturbasis."

S. 230

Vorstehende Fabel, gegen Selbstüberhebung, Aufgeblasenheit und Dickthuerei des Mitgliedes einer Gemeinschaft gerichtet, möge mit ein Dämpfer sein auf laute Erneuerung des Rangstreites unter den *Wissenschaftern*, der doch heutzutage – Dank Wolffianern und Kantianern – für abgethan gelten kann; [...].

S. 432

Polemik gegen Hegel ist wohlberechtigt; über der Polemik gegen ihn darf man aber nicht undankbar werden; suum cuique; aus polemischer und apologetischer Stimmung müssen wir uns zur ireneutischen Stimmung echter *Wissenschafter* zu erheben trachten.

L., T. (1864). [Rezension:] Brehm, A. E. [Ohne Jahr]. Illustrirtes Thierleben. Eine allgemeine Kunde des Thierreichs. Hildburghausen: Bibliographisches Institut. *Allgemeine Forst- und Jagdzeitung, N. F. 40 (11)*, 426-431.

S. 426

Ueber diejenigen Anschauungspunkte des Werks jedoch, über welche nur der Fachmann, der *Wissenschafter*, ein zutreffendes und verläßliches Urtheil fällen kann, namentlich darüber: was dieses der Wissenschaft, der Naturforschung gegenüber leistet, welchen Rang es in dieser Beziehung einnimmt, welche Lücke es hier auszufüllen berufen, verweisen wir auf die bezüglichen sehr anerkennenden öffentlichen

Aussprüche eines Carl Vogt, E. A. Roßmäßler, Rudolph Wagner, Dr. Oscar Schmidt, Lazar, Dr. Möbius, Dr. F. Schödler, Professor Owen und Anderer.

anon. (1864). [Rezension:] Thiele, H. (1863). Der dritte Ostertag, ein Gespräch. Halle: Mühlmann. *Theologisches Literaturblatt, 41 (31)*, 188.

S. 188

Auch dieser ist trefflich gezeichnet, und der theologische Leser erkennt in ihm sofort den Vertreter einer bekannten Richtung, welche die Vermittlung der Christenthums mit der Culturentwicklung anstrebt und von der Kirche ihre eigenen Gedanken hat, – ein Mann, der bei aller innigen lautern Frömmigkeit als *Wissenschaftler* doch auf etwas bedenkliche Wege gerathen scheint.

Wissenschaft Betreibende sind dem Theologen der Häresie verdächtig.

anon. (1864). Kirche oder Partei? *Der Katholik. Zeitschrift für katholische Wissenschaft und kirchliches Leben, 44, 2. Hälfte*, 585-614.

S. 607

Aber wir dächten doch, wenn Dr. Michelis über den gegenwärtigen Zustand der Kirche öffentlich ein so gräuliches Urtheil abgibt, so müßte er wenigstens die Gerechtigkeit haben, es zu speciciren, und wenigstens die Klugheit, sich nicht mit dem gemeinen Troß protestantischer *Freiwissenschaftler* verwechseln zu lassen.

Friedrich Michelis (1815–1886) wurde 1838 Priester, 1864 Professor der Philosophie am Lyceum Hosianum in Braunsberg, Ermland. Er veröffentlichte 1865 *Kirche oder Partei? Ein offenes und freies Wort an den deutschen Episkopat*. Münster: Brunn. Da er sich dem Alt-Katholizismus anschloss, verbot der Bischof der Diözese ihm die Tätigkeit am Lyzeum. 1870 wurde er exkommuniziert. In der „Würzburger Adresse" geht es um Reform des Schulwesens in Bayern.

14. (1864). [Rezension:] Boden, August (1862). Lessing und Goeze. Ein Beitrag zur Literatur- und Kirchengeschichte des 18. Jahrhunderts. Leipzig: C. F. Winter. *Blätter für literarische Unterhaltung, Jg. 1864, Bd. 1, (Nr. 10)*, 169-176.

S. 170

Aus den unbedeutendsten Vorfällen folgert Röpe das Kühnste; so nennt er auch eine einfache Uebersendung Lessing's seiner Abhandlung: „Wie die Alten den Tod gebildet", eine freundliche Zuschrift und folgert daraus gleich weiter, daß Lessing in Goeze den wahrhaft *wissenschaft-*

lichen Mann erkannt habe; aus einem Citat einer Schrift Luther's bei Goeze schließt er kühn, daß Goeze Luther'schen Geist besessen habe. Georg Reinhard Röpe (1803–1887), Lehrer am Johanneum in Hamburg, hatte ein 1860 erschienenes Buch über Johann Melchior Goeze verfasst.

D. (1864). Étranger. Allemagne. M. Renan et la Gazette ecclésiastique évangélique de Berlin. *Revue catholique de l'Alsace, 6*, 177-184.

S. 177f.

Autre contradiction non moins palpable: M. Renan reconnait d'une part la justice des accusations élevées par les Juifs contre le Sauveur, et de l'autre il s'abandonne aux plus fortes invectives contre les auteurs de sa mort: „Un homme étranger à toute science (ein *unwissenschaftlicher Mann*) peut seul tenter ainsi de se soustraire aux inévitables conséquences de sa manière de voir. Il faut être ici chrétien ou juif; point de milieu."

Wundt, Wilhelm (1864). *Vorlesungen über die Menschen- und Thierseele, 2. Bd*. Leipzig: Leopold Voß.

S. 206

Der *wissenschaftliche Forscher*, der untersuchende Richter und Arzt, der praktische Geschäftsmann, sie alle folgen gleicher Weise jenem Takt, der das Resultat richtig vorausgreift. Ihnen allein ist er die Maxime ihres Handelns, und keiner von ihnen wird ohne ihn in seiner Sphäre Erfolg haben. Der *wissenschaftliche Forscher und Untersucher* darf freilich nicht auf den Takt allein vertrauen, dieser soll ihm nur den Weg zeigen, auf dem er zum bewußten Erkennen kommt.

S. (1865). [Rezension:] Brandt, M. G. W. (1865). Unsere Kinder, eine Gabe Gottes, ein Segen des Hauses. Vätern und Müttern in Freud und Leid gewidmet. Basel: C. Detloff. *Evangelisches Schulblatt, 9*, 126-128.

S. 127

Wenn [...] der Gelehrte und *Wissenschafter* in die Nacht hinein über Büchern sitzt, Vocabel mit Vocabel, Form mit Form vergleicht, und zu der eigenthümlichen Denkweise und Ideenverbindung eines Volkes hinabsteigt [...] und wir, wir sollten fertig sein?

Heimbach, Matthias & Schuler, Georg Michael (1865). *Schaubühne des Todes. Leichenreden für alle Fälle, Stände und Altersklassen*. Augsburg: B. Schmid. (A. Manz).

S. 98

Ohne die Kunst und Wissenschaft, gut zu sterben, hilft keinem Künstler und *Wissenschafter* sein Werk etwas.

anon. (1865). Zweites Vereinsjahr, 1863/64. *Jahrbuch des oesterreichischen Alpen-Vereines, 1*, 355-378.
S. 366
In Wien verstarb Herr H. Walter und Herr E. Maux, als *Wissenschafter*, Forscher und Sammler, besonders von Landkarten bekannt, auf seiner Besitzung in Potschach; [...].
Gutmütiger Versuch, den Gegensatz zwischen beiden Wörtern verständlich zu machen.

Kaltschmidt, Jacob Heinrich (1865). *Vollständiges stamm- und sinnverwandtschaftliches Gesammt-Wörterbuch der Deutschen Sprache aus allen ihren Mundarten und mit allen Fremdwörtern. Ein Hausschatz der Muttersprache für alle Stände des deutschen Volkes. 5. wohlfeile Ausgabe.* Nördlingen, C. H. Beck.
S. 1074
der *Wissenschafter*, *-ler*, ein Systematiker, e. Stockgelehrter.
Klare Unterscheidung zwischen beiden Wörtern:

Sanders, Daniel (1865). *Wörterbuch der deutschen Sprache, mit Belegen von Luther bis auf die Gegenwart, 2. Bd., 2. H., S-Z.* Leipzig: Otto Wigand.
S. 1640
Wissenschafter, m., -s; uv.: (selten) Einer, der – und insofern er – eine Wissenschaft treibt. Nat.-B. 17, 197; , G. 1, 438 etc,; Der größte Kriegs-W. Preußens. Scherr Bl. 2. 230 etc., vgl. verächtl.: Bei uns armen *Wissenschaftlern.* Blumenau 1, 212; *Schönwissenschaftler.* H[erder] 9, 328 etc.

Daubitz, R. F. (1865). 10,000 Thaler Belohnung!! *National-Zeitung (Morgenausgabe), Jg. 18, Nr. 117*, 6-7.
S. 7
Um nun diese stümperhaften *Wissenschaftler*, die sich durch diese Behauptungen bereits selber widersprochen, ein für allemal zum Schweigen zu bringen, setze ich hiermit eine Belohnung von zehn Tausend Thalern aus, nicht etwa für Jeden, der den Beweis liefert, daß mein Liqueur Rhabarber oder Coloquinten enthält, [...] sondern für einen Jeden, der mir beweis't, daß ich während der ganzen Zeit meines

Geschäfts-Betriebes auch nur ein Loth Rhabarber oder Coloquinten angekauft habe.

Das Adjektiv ‚stümperhaft' für ‚Wissenschaftler' trifft.

anon. (1865). [Rezension:] Hoppe, J. (1864). Die Dankbarkeit des Kranken. Leipzig: Friedrich Fleischer. *Allgemeine medicinische Central-Zeitung, 34 (33)*, Sp. 289-290.

Sp. 290

Es ist auch nicht immer zu unterschreiben, dass der Arzt Ansprüche an den Dank des Kranken hat oder macht, denn man kann sich doch auch viele moderne *reine Wissenschaftler* denken, die ja von pietistischer Seite so angefeindet werden – welche im Kranken nur das objectum curationis et experimenti sehen und ihn nur wie ein Individuum mit einer anonymen Zuchthäuslernummer handhaben.

Das Adjektiv ‚reine' vor ‚Wissenschaftler' bedürfte einer Aufklärung.

anon. (1865). Ein wissenschaftlicher Mann. *Fremden-Blatt (Wien), 19. Jg., Nr. 161.*

unpaginiert

Ein *wissenschaftlicher Mann* wünscht Privat-Stunden im Französischen, in seiner Wohnung, sowie auch in Häusern zu bekommen. Adresse: Mariahilferstraße Nr. 12. Thür 4.

Der Bonner Anatomieprofessor Mayer hielt den Neandertal-Fund für das Skelett eines Kosaken aus der Zeit des russischen Vormarsches nach Paris.

Mayer, Franz Josef Carl (1865). Ueber den sog. Neanderthal-Schädel. Als schliessliche Replik auf Prof. Huxley's Entgegnungen (S. dieses Archiv 1865, Hft. 1). *Archiv für Anatomie, Physiologie und wissenschaftliche Medicin, Jg. 1865*, 482-491.

S. 483

Als nun durch die engländischen Naturforscher der Fund zu einer europäischen Frage erhoben und der Düsselthal-Schädel selbst als ältestes Denkmal fossiler Menschen-Ueberreste und als den Affentypus derselben unwiderleglich beweisend, gepriesen wurde, als selbst Prof. Huxley dem fossilen sog. Neanderthal-Menschen ein Atavis edite simiis zurief, schien es mir Zeit, mit meinen früheren Beschreibungen und mit meinen Bedenken hervorzutreten. Hat doch jeder *wissenschaftliche Mann* ebenso das Recht wie die Pflicht, seine Ueberzeugungen zu veröffentlichen und nicht zu scheuen, wenn ihm von anderer Seite mit einem Kampfe, der einerseits für den Vorzug eigener Ansichten, andererseits pro domo, so zu sagen, geführt wird, entgegengetreten wird.

Rosenthal, David August (1866). *Convertitenbilder aus dem neunzehnten Jahrhundert. 1. Bd., 2. Abth., Deutschland II.* Schaffhausen: Hurter. S. 812

[Zitat[111] des August Friedrich Gfrörer:] Unsinn ist das Ganze, doch hats Methode, es ist nämlich ein System, das die Jungen anstaunen, weil sie es nicht versehen. Und wenn man dem großen *Wissenschafter* vollends Einfluß auf die Anstellungen gibt, so wird seine neue Religion die Runde machen, wenigstens so lange der Eigennutz der Betheiligten dabei seine Rechnung findet. Ja, was so ein Metaphysiker nicht Alles kann.

Marenholtz-Bülow, Bertha von (1866). *Die Arbeit und die neue Erziehung nach Fröbels Methode.* Berlin: Th. Chr. Fr. Enslin. S. 183

Es bleibt den *Wissenschaftern* von Fach überlassen, Fröbels Entdeckung zu erforschen, um sich davon zu überzeugen: daß er das Princip der menschlichen Thätigkeit (geistigen wie körperlichen) gefunden, und mögen sie alsdann die wissenschaftlichen Beweise dafür feststellen.

Bericht über einen Socialwissenschaftlichen Congress in London. anon. (1866). London. *Außerordentliche Beilage zur Allgemeinen Zeitung, Nr. 287, Jg. 1866,* S. 4715-4716

S. 4715f.

Die Erklärung dieses scheinbaren Widerspruchs ist sehr einfach. Sobald diese *Wissenschaftler* von der Höhe ihrer theoretischen Discussionen zu praktischen Vorschlägen herabsteigen verrathen sie ihre Schwäche und werden philanthropische Dilettanten.

Karl Theodor von Gohren (1836–1923), Agrikulturchemiker. Gohren, Th. v. (1866). Naturwissenschaft und Landwirthschaft. *Der fränkische Landwirth. Organ des Landwirtschaftlichen Vereins für Unterfranken und Aschaffenburg, 1, 8+9+10,* 61-63+70-72+77-79.

S. 63

Unser enthusiastischer *Wissenschaftler* weiß, daß beide Männer bereits sehr Tüchtiges für die Landwirthschafts-Wissenschaft geleistet haben, da er aber selbst kein Urtheil zu fällen vermag, hat er die Qual, zwischen den Autoritäten wählen zu müssen.

---

[111] Gfrörer, A. Fr. (1838). *Kritische Geschichte des Urchristenthums. 2. Th., Das Jahrhundert der Heils, 1. Abth.* Stuttgart: E. Schweizerbart. S. XII.

Das neunzehnte Jahrhundert III, 1867-1900

Fricke, Gustav Adolf (1867). Einige Bemerkungen über Schleiermacher und sein Jubiläum 1868. [Rezension:] Kittlitz, Richard v. (1867). Schleiermachers Bildungsgang. Ein biographischer Versuch. Leipzig: Engelmann. *Allgemeine Kirchen-Zeitung, 46, (88+89)*, 697-701+705-708.

S. 698
Unser Verfasser stellt dieß ganz zurück. Allerdings war seine Aufgabe nicht, Schleiermacher als *Wissenschafter* darzustellen. Aber die Wurzeln seiner späteren wissenschaftlichen Darstellung hätten unsers Erachtens einfach darum aufgezeigt werden müssen, weil sie vollständig in dieser Periode bereits vorhanden und einer populären Darlegung sehr wohl fähig sind, ja, in den Briefen geradezu populär vorliegen.

Gemeint war die Frage der Prädestination, klarer die christologische Frage.

anon. (1867). Ueber Kesselexplosionen und Vorkehrungen zur Sicherheit der Kessel. *Jahresbericht über die Fortschritte der mechanischen Technik und Technologie. Mit besonderer Berücksichtigung der technischen Literatur, 4.+5. Jg.*, 205-224.

S. 205
Es ist die Pflicht der Practiker und *Wissenschafter*, über die leider noch immer zahlreich vorkommenden Dampfkesselexplosionen eifrigst nachzudenken und bei vorgekommenen Fällen auf das Sorgsamste Untersuchungen über die Ursachen der Explosion anzustellen und endlich deren Resultate genau zu veröffentlichen.

Der Nekrolog gilt dem Biologen Emil Adolf Rossmässler (1806–1867).

Schmidt, Adolf (1867). Nekrolog. *Malakologische Blätter. Als Fortsetzung der Zeitschrift für Malakologie, 14*, 183-190.

S. 184
Damit hatte er seine Befähigung zum *Naturwissenschafter* hinlänglich dokumentirt, so dass sein Gönner, der Hofrath Reichenbach, ihm die Stelle eines Professors der Zoologie an der forst- und landwirthschaftlichen Akademie in Tharand antrug, in der Zuversicht, dass er, obwohl noch nicht Zoologe, sich doch bald die zum zoologischen Unterrichte an jener Anstalt nöthigen Kenntnisse erwerben werde.

Friedrich Albert Lange (1828–1875) studierte Theologie, Philosophie und Philologie und wurde 1857 Privatdozent für Philosophie und Pädagogik in

Bonn. Von 1870 bis 1872 lehrte er in Zürich als Professor für induktive Philosophie und wurde schließlich nach Marburg berufen.

Wd. (1867). Ein Idealist. [Rezension:] Friedrich Albert Lange (1866). Geschichte des Materialismus und Kritik seiner Bedeutung in der Gegenwart. *Neue Freie Presse, Morgenblatt, Jg. 1867, No. 1109*, 1-3.

S. 2

Aber muß denn auch der *Wissenschaftler*, der auf die atomistische Methode angewiesen ist, durchaus sofort das Weltganze erklären wollen, das heißt sich nun auch selbst auf das Gebiet der spekulativen Baukunst begeben, wo es ihm doch meist sehr schlecht geht, und zwar aus naheliegenden Gründen: weil eben der philosophische und historische Sinn bei ihm in der Regel zu schwach ausgebildet sind!

Dargestellt wird die Wahl auf der Generalsynode. Daniel Schenkel, großherzoglich badischer Kirchenrath und Heidelberger Professor der Theologie, war der oft befehdete Verfasser des *Charakterbild Jesu* (1864). Sein neuestes Werk heißt *Christenthum und Kirche im Einklange mit der Cultur-Entwicklung*, 2 Bde. (1867).

anon. (1867). Aus Baden. *Beilage zu Nro. 86 des Pfälzischen Kurier, Die Heimatzeitung der Vorderpfalz, Jg. 1867,* nicht paginiert.

unpaginiert

Die liberale Mehrheit ist gesichert, man sieht auch alle guten Namen unter den gewählten; auch Schenkel selbst, den man dem Landvolk oft wie den Antichrist vormalt, ist natürlich gewählt. Für eine Vermittlungstheorie wie die Schenkel'sche so angefeindet zu werden, das könnte wahrlich alle *Wissenschäftler* belehren, die Halbheit wie den Satan zu fürchten.

Aufgezeichnet wird die Versammlung Deutscher Naturforscher und Aerzte in Frankfurt, 1867.

anon. (1867). Die Entwässerung und Reinigung der Städte. *Fränkischer Kurier (Mittelfränkische Zeitung. Nürnberger Kurier), 14, Nr. 271,* ohne Paginierung.

erste Seite

Eine Stunde stritten die Herren, ob die Versammlung überhaupt die Aufgabe habe, Nützliches zu schaffen, oder blos wissenschaftliche Fragen ohne praktischen Endzweck zu diskutieren. Da erklärten die Einen vom Standpunkt des Katheders den Unterschied zwischen *Wissenschäftler* und Handwerker, die Anderen entschuldigten ihre mangelnde Energie wirklich nur damit, daß sie unzulänglich unterrichtet seien.

Paul Friedrich Reinsch (1836–1914), Phykologe oder Algenforscher und Paläontologe, Lehrer an Gymnasien in Erlangen, Zweibrücken, Baselland. Er unternahm ausgedehnte Forschungsreisen.

Reinsch, Paul (1867). *Das Mikroskop in seiner Bedeutung für die Erweiterung der Naturerkenntniss, für die Entwicklung der physikalischen, der beschreibenden und physiologischen Wissenschaften, wie auch für einige Zweige des bürgerlichen Lebens.* Nürnberg: J. A. Stein.

S. 41f.

[...] sind beide streitende Parteien im Vordergrunde des Kampfplatzes in subjektiven Verwickelungen begriffen, während sowohl für die eine, mit den dialektischen Waffen zungenfertiger Dogmatik stechende Partei (Dogmatiker, Schematiker und Scholasten) als für die andere, mit den wenigstens einen Schein und den ersten Beginn von Wahrheit an sich tragenden Resultaten von sonst ganz guten und unter Umständen ganz brauchbaren Specialuntersuchungen um sich schlagende Partei (Empiristen, *„reine exakte Wissenschäftler"* und *„exakte Wissenschäftler"*, die nebenbei noch „politische Glaubenshelden" sind) bezüglich des gar nicht auf dem Kampfplatze anwesenden und sich weder um „Scholasten" noch um *„Wissenschäftler"* sich bekümmernden Princips eine objektive Wahrheit gar nicht erhellt. Es lag nicht weit entfernt, dieses langen und in der neueren Zeit unerquicklich hervorgetretenen Streites und der erfolglosen Bemühungen der „Scholasten" und der *„Wissenschäftler"* (16) vorübergehend zu erwähnen; [...].

S. 201 [Anmerkung 16]

Unter dem hier gebrauchten Ausdruck *„Wissenschäftler"*, der nur in niederem Sinne zu nehmen ist, sind nicht die Anhänger der Wissenschaft und im Sinne der Wissenschaft strebende Geister gemeint, sondern Solche, welche, die „ Wissenschaft" als Deckmantel ihrer absichtlich verhüllten Interessen und Bestrebungen benutzend, sich der Ergebnisse der wissenschaftlichen Forschung, zu deren Vermehrung sie selbst gewöhnlich sehr wenig beigetragen haben, auf die sie sich aber sehr viel zu Gute halten, zur inkonsequent und unlogisch durchgeführten Beweisführung von Sachen und Ansichten bedienen (die ganze neuere Materialistische Schule), zur Beweisführung von Ansichten, welche auf eine Vernichtung der theistischen und christlichen Basis, auf die Vernichtung des Lebensnerves der Gesellschaft und des Individuums abzielen.

Anmerkung 16 zeigt, wie das Wort ‚Wissenschäftler' beurteilt wurde: „nur in niederem Sinne".

Die Zeitschrift des Königlich Sächsischen Statistischen Bureau's verwendet den Ausdruck ‚Naturwissenschafter‘. Hier ein Beispiel, weitere in verschiedenen Jahrgängen sind nachweisbar, bleiben aber erspart.

anon. (1867). *Zeitschrift des K. Sächsischen Statistischen Bureau's, 13. Jg.*

S. 71

Das naturwissenschaftliche Studium ist noch freier von Rücksichten auf formelle Qualification. Die Procentziffern der Ausländer sind denn auch hier durchschnittlich höher als die der Inländer, was unter den eigentlichen Facultätsstudien nirgends der Fall ist. „Mathematiker und *Naturwissenschafter*“ sind nur aus Thüringen nnd Preussen in grösserer Zahl nach Leipzig gekommen; dagegen zahlreiche „*Naturwissenschafter*“ aus Süddeutschland, Russland und dem fernen Auslande.

Wilhelm Heinrich Riehl (1823–1897), Journalist und Kulturhistoriker.

Riehl, Wilhelm Heinrich (1867). *Die Naturgeschichte des Volkes als Grundlage einer deutschen Social-Politik, 1. Bd., 6. Aufl.* Stuttgart: J. G. Cotta.

S. 299

So fehlt es denn in fast allen solchen Kleinstaaten an jedem größeren Sammelplatze wissenschaftlichen und künstlerischen Strebens, und ganz in gleicher Weise wie der Gewerbstand verbauet ist und die Bauersleute mit der kläglichen kleinen Arbeit für des Leibes Nothdurft sich abquälen, ist auch die Geistesarbeit zur Kleinkrämerei heruntergedrückt. Da sich dem *wissenschaftlichen Mann* gar keine andere Aussicht eröffnet, als für den Hausbedarf einer eng begrenzten Amtsthätigkeit seine Talente und Kenntnisse zu vernutzen, so begreift sich's, daß ein weitgreifender wissenschaftlicher Drang ebenso wenig sich entfalten mag, als die große Speculation auf gewerblichem Gebiet.

Lucas, Newton Ivory (1868). *Englisch-Deutsches und Deutsch-Englisches Wörterbuch, Bd. II. Deutsch-Englisch, 2. Abth.* Bremen: C. Schünemann.

S. 2312

Wissenschafter, m. (mod.) scientific or learned man.

Wissenschaftler, m., (gen. -s; pl. -; cont.) one who dabbles in science, sciolist.

Das durch ein *l* verlängere Wort kommt wieder einmal schlechter weg.

anon. (1868). Lokales. *Der Bayerische Landbote, Jg. 44, No. 310,* unpaginiert.

zweite Seite

Indem der Redner nach einer nur kurzen Pause nun den für alle Regierungen und Fürsten beherzigungswerthen Punkt beleuchtet, „welches Glück den Fürsten von Rom zum Lohn geworden ist – laut den unläugbaren Thatsachen der unbestechlichen Weltgeschichte" schloß derselbe seinen Vortrag, in welchem Er sich abermals als einen sowohl gründlich und umfassend gebildeten *Wissenschafter*, als auch als einen für die Religion gleichwie für das Vaterland begeisterten Apostel der Wahrheit und aufrichtig und treu gesinnten Freund des Volkes beurkundete, mit unseres Schiller's unsterblichen Worten: „Die Weltgeschichte ist das Weltgericht!"

Der gelobte Redner ist C. Scholl aus Nürnberg, vermutlich Carl Scholl (1820–1907), ein Theologe und Revolutionär, der ein Prediger deutschkatholischer und freireligiöser Gemeinden wurde, so auch in Nürnberg.

Gl. (1868). Obduktionshaus und Morgue in Berlin. *Über Land und Meer. Allgemeine Illustrierte Zeitung, 20. Bd., 10. Jg.*, 796-798.

S. 798

„Ach, Sie sind ein ewiger Zweifler."

„Das ist die Pflicht eines jeden *Wissenschafters*, denn all' unser Wissen gibt keine Gewißheit, sondern nur höhere Wahrscheinlichkeit, und der Zweifel spornt zu neuen und sorgfältigeren Forschungen an."

Das war das Ende eines Dialogs mit einem Arzt der Berliner Charité.

Friedrich Wilhelm Gubitz (1786–1870), Grafiker, Schriftsteller, Theaterkritiker.

Gubitz, F. W. (1868). *Erlebnisse. Nach Erinnerungen und Aufzeichnungen, 1. Bd.* Berlin: Vereins-Buchhandlung.

S. 312

Das ist ein Vorwurf, bei dem man sich vor allem über den Standpunkt zu einigen hätte, der weder mit dem Schulmaaßstabe noch mit der Ueberschwenglichkeit allein so leicht zu begründen ist als manche *Wissenschaftler* oder Heißgehirne sich einbilden.

Die abwertende Konnotation ist kaum zu überhören.

Stegmann, Heinrich (1868). Das Theater als Hege- und Pflegestätte der Sprache. *Deutscher Sprachwart. Zeitschrift für Kunde und Kunst der Sprache; insonderheit für Hege und Pflege unserer Muttersprache in allen ihren Mundarten; für Schirm und Schutz ihrer Gerechtsame in Heimat und Fremde; für Reinheit und Richtigkeit ihres Gebrauchs in Rede und Schrift, 3 (19)*, 297-298.

S. 297

Die Schaubühne sollte die wahre Hege- und Pflegestätte der Muttersprache sein. Denn unsere Sprache wird eigentlich nirgend rein gesprochen, weil sie keine Mundart ist und nicht im Boden des Volkslebens wurzelt, sie ist vielmehr die Schöpfung unserer Dichter und *Wissenschaftler*, nichts desto weniger ist sie aber doch der Hort des deutschen Geistes.

Hier muss wohl mit einer aufwertenden Konnotation unschönerweise gerechnet werden.

Evangelisch-Lutherische Diakonissen-Anstalt Neuendettelsau (1868). *Vierzehnter Jahresbericht über den Bestand und Fortgang der Diakonissen-Anstalt zu Neuendettelsau 1866/67*. Ansbach: Carl Junge.

S. 52

Daß man Schulen halten kann ohne alle Erziehung, das beweisen allenthalben unsere deutschen Schulen, trotz aller Demonstrationen der *Wissenschäftler*; aber es ist unmöglich, zu erziehen, ohne daß für eine entsprechende Schule gesorgt wird. Deshalb muß das Diakonissenhaus entweder alle Gesuche um Uebernahme von Kindern zur Erziehung aufgeben, oder es muß eine Elementarschule halten.

Das Wort ,Wissenschäftler' ist keineswegs schmeichelnd gemeint.

Z., A. (1868). Dr. Friedrich Pauli (ein Nekrolog). *Aerztliches Intelligenz-Blatt, 15 (15)*, 203.

S. 203

So war er mit den übertriebenen mikroskopischen und mikrochemischen Bestrebungen nicht einverstanden; sein Hauptziel war und blieb immer die Heilung des Kranken!

So der *wissenschaftliche Mann*! – Am Kranken-Bette war er ein mitfühlender Freund, der kein Arm und Reich, kein Hoch oder Nieder kannte, voller Aufopferungs-Fähigkeit und Güte.

Könnte dies die Stimme eines Priesters gewesen sein?

anon. (1868). Hohe's Eröffnungsrede. *Donau-Zeitung, Jg. 1868, Nr. 294*, unpaginiert.

erste Seite

Mir ist es z. B. unbegreiflich, daß man die Heiligkeit des Eides verlangt und 4 Jahre Zuchthaus auf Meineid setzt, während jeder Lotterbube als aufgeklärter und *wissenschaftlicher Mann* gilt, der Gott läugnet, seine Gebote frech übertritt und seine Priester höhnt.

Über das Erste Vatikanische Konzil, eröffnet am 8. Dezember 1869, wird hier anonym unterrichtet.

anon. (1869). *Das Concil, die Kirche und die Wissenschaft. Stimmen aus Österreich*. Wien: Karl Czermak.

S. 59

Da die Vertreter der kirchlichen Richtungen den Unterricht beherrschten und so einen ungeheuren Einfluss auf die Geister ausübten, dieser Einfluss aber den *Wissenschaftern* als ein unrechtmässiger und verderblicher erschien, weil das von Jenen Gelehrte den Anspruch auf Wahrheit mit Unrecht festhielt, so entspann sich ein langdauernder Kampf zwischen Kirche und Wissenschaft um die Schule oder den öffentlichen Unterricht. In diesem Kampfe hat die Wissenschaft gesiegt [...].

S. 69

Es wäre ein grosser Schritt, wenn die schon seit Jahrhunderten bestehenden Congregationen und Orden, welche sich dem Jugendunterricht widmen, mit Sack und Pack in das Lager der *Wissenschafter* völlig übergehen wollten. Hoffentlich gibt das Concil hiezu Veranlassung.

Freundlicherweise spricht der Anonymus von Wissenschaftern.

anon. (1869). Paris. *Allgemeine Zeitung, Jg. 1869, Nr. 216*, 3333.

S. 3333

In dieser raschen Laufbahn der menschlichen Existenzen, in dieser eiligen Bewegung der einander folgenden Geschlechter muß das Niveau der Bürgertugenden, wie das jene kühnen *Wissenschafter* welche täglich die Geheimnisse der Gottheit entdecken, sich beständig nur heben.

Philipp Lange (1813–1899), Arzt, der sich Philipp Galen nannte.

Galen, Philipp (1869). *Der Löwe von Luzern. Roman, 2. Bd.* Berlin: Otto Janke.

S. 208

Indessen, wir Alle, und selbst die erfahrensten und muthigsten *Wissenschafter* sind nicht im Stande, dergleichen Unternehmungen allein und auf eigene Gefahr auszuführen, sie bedürfen der mächtigen Hülfe der den Bergen nahe wohnenden und mit ihren Schrecken vertrauten Männer.

Ferdinand Ludwig Stolte (1809–1874), Schauspieler, dramatischer Schriftsteller, Bühnenleiter.

Stolte, Ferdinand (1869). *Faust. Dramatisches Gedicht in vier Theilen, 3. Th., Ahasverus.* Hamburg: Hoffmann & Campe.

S. 301

Kunst ist was And'res. – Kunst greift ein in's Leben.
Sie ist die angewandte Wissenschaft,

Die thätig wirket als Gestaltungskraft. –
So lange ein Jurist nur *Wissenschafter* bleibet,
Ein unnütz schwätzig Mundwerk er noch treibet; –
Doch, wenn er erst die Kunst so recht versteht,
Die jedem Recht die rechte Nase dreht,
Giebt er der Wissenschaft des Handwerks goldnen Boden,
Auf welchem wahre Kunst weiß Schätze auszuroden.
Was hätte Goethe über diesen Faust gedacht, wäre er noch am Leben?
  anon. (1869). Frankreich. Paris. *Straubinger Tagblatt, 9 (193)*, 814-815.
S. 815
  Zwei Aerzte haben das Irrsinnszeugniß ausgestellt und damit ist man vor
  jeder Verantwortung gedeckt. Und da man stets zwei solcher *Wissen-*
  schaftler findet, welche für Geld zu allem fähig sind, so kann man
  hierzulande jeden beliebigen Menschen in ein Irrenhaus einsperren, d.
  h. lebendig begraben lassen.
Eindeutig abwertende Bedeutung, gekennzeichnet durch das *l.*
  anon. (1869). Frankreich. Paris. *National-Zeitung (Morgen-Ausgabe.)*
  21. Jg., No. 243, unpaginiert.
dritte Seite
  Diese Andeutungen sind nothwendig, um jenseits der Grenze die letzte
  Verhandlung des Senats und das verzweifelte Gebahren des Herrn
  Dupanloup verständlicher zu machen und zugleich es zu erklären, wie
  in solcher Zeit der als Materialist, das ist als *rein wissenschaftlicher*
  Mann, verschrieene Claude Bernard, der berühmte Physiologe, in die
  von den Herren Broglie, Falloux, Montalember, Dupanloup etc.
  beherrschte französische Akademie gewählt werden konnte. Es hat bei
  dieser Gelegenheit ein eindeutiges Schwanken in der klerikalen Partei
  gegeben.
Die Zeitschrift des Königlich Sächsischen Statistischen Bureau's kennt in
ihren Statistiken nicht nur den Ausdruck ‚Naturwissenschafter', sondern
auch ‚Wissenschafter'. Hier ein Beispiel, weitere in den verschiedenen
Jahrgängen sind nachweisbar, bleiben aber hier erspart.
  anon. (1870). *Zeitschrift des K. Sächsischen Statistischen Bureau's, 16.*
  Jg.
S. 129
  Stand und Beruf der tödtlich Verunglückten.
  Wissenschafter, Künstler, Studirende, Musiker.
Johannes Scherr (1817–1886) brach seine Ausbildung zum katholischen
Priester ab und wandelte sich zum Lehrer und fruchtbaren Schriftsteller.

Scherr, Johannes (1870). *Farrago*. Leipzig: Otto Wigand.

S. 33f.

Der Vorwurf, ausschließlich und hochmüthig zu sein, trifft freilich mehr die Masse als die Spitzen der exakten *Wissenschafter*, obzwar es nur einem Humboldt gegeben war, Idealismus und Realismus in völlig harmonischem Gleichmaß zu repräsentiren.

Paul Lindau (1839-1919), Schriftsteller, Journalist, Theaterleiter.

Lindau, Paul (1870). *Harmlose Briefe eines deutschen Kleinstädters, 1. Bd.* Leipzig: A. H. Payne.

S. 133

Die anspruchsvolle Menge verlangt bestimmte Thatsachen und der *Wissenschafter*, welcher sich dazu bequemt, den Ansprüchen dieser Menge zu genügen, kommt wider Willen dazu, an die Stelle der Vermuthungen bestimmte Behauptungen treten zu lassen und Hypothesen für Thatsachen auszugeben. Darin liegt die Gefahr derartiger „populärer" Vorträge.

Vilhelm Bergsøe (1835–1911), Romancier und Naturforscher.

Bergsöe, Wilhelm (1870). *Aus der alten Fabrik, 1. Bd.* Leipzig: Albert Fritsch.

S. 189

Ich war als Dichter geboren, ich hatte *Wissenschafter* sein wollen und ich endigte als – Bummler.

Hagke, Freiherr von (1870). [Redebeitrag]. *Stenographische Berichte über die Verhandlungen des Reichstages des Norddeutschen Bundes. I. Legislatur-Periode. Session 1870. 1. Bd.* Berlin: Buchdruckerei der Norddeutschen Allgemeinen Zeitung.

S. 325

Da es leider bis jetzt der Wissenschaft nicht gelungen ist, ein wirksames Mittel gegen die entsetzliche Krankheit der Tollwuth ausfindig zu machen, so ist es, glaube ich, Aufgabe jedes *Wissenschafters* und jedes *Nichtwissenschafters* – so ist es Aufgabe eines jeden denkenden Menschen, der sich ein warmes Herz für die Leiden seiner Mitmenschen bewahrt hat, die Spuren zu verfolgen, die geeignet erscheinen, ein Mittel gegen diese entsetzliche Krankheit ausfindig zu machen [...].

Hermann Theodor Wangemann (1818–1894), lutherischer Theologe, Direktor der Berliner Missionsgesellschaft.

Str. (1870). [Rezension:] Wangemann (1868). Pastor Knak und seine Gegner. Ein Beitrag zur Orientirung in den Motiven des neuesten

Kirchenstreites. Berlin: Beck. *Zeitschrift für die gesammte lutherische Theologie und Kirche, 31 (2)*, 367-372.

S. 367

Des „neuesten Kirchenstreites" wirkliche „Motive" sind die längst von uns vermutheten. Herr Aufklärer fand es an der Zeit, die heilige Inquisition, um die er den Ultramontanismus schon längst im Stillen beneidet hatte, nun auch seinerseits ins Leben zu rufen. Herr *Wissenschäfter* und Herr Freisinner und Herr Toleranzer sagten ihre energische Mitwirkung zu; also ward des fortschrittlichen Zeitgeistes hohes Officium ad exstirpandos haereticos inaugurirt.

Der Fall Roms bestand in der Übernahme des Kirchenstaates durch das Königreich Italien, die erst gelang, als dessen französischer militärischer Schutz nach der Schlacht von Sedan und Ausrufung der französischen Republik wegfiel. Der kirchliche Abscheu gegen die Wissenschaften zeigt sich im *l* des ‚Wissenschaftler'.

anon. (1870). Pius IX. und der Jubel seiner Gegner. *Das Vaterland. Zeitung für die österreichische Monarchie, 9 (285)*, S. 1.

S. 1

Die sogenannte deutsche Wissenschaftlichkeit zum Unterschiede von der echten und katholischen jubelt bei dem Falle Roms, aber mit Unrecht; in diesem provisorischen Sturze wird auch sie fallen, und zwar für immer. Ihr Glaubensmotiv ist nicht mehr die göttliche und kirchliche Auctorität; die sogenannten Resultate der deutschen Wissenschaftlichkeit sind es. Mögen nun auch diese Resultate durch die Gewalt der hieraus sich allmälig ergebenden Consequenzen bis zur Leugnung der Wahrheit der Kirche oder bis zum nacktesten Rationalismus und Unglauben gelangen – gleichviel, sie sind das Glaubensmotiv für die deutschen *Wissenschaftler*. [...]. Und jetzt, nachdem seit Jahren die Gottlosigkeit ihre lang vorbereiteten Pläne gegen Rom ausgeführt und jener alle vom Erlöser vorausverkündete Haß sein Opfer gefunden – da triumphiren die Fallibilisten und deutschen *Wissenschaftler* und jubeln über die gerechte Strafe, welche den heil. Vater wegen der Glaubensentscheidung des Vaticanischen Concils ereilt habe.

Auch der Regensburger *Volksfreund* schlägt diesen Ton an. Die Glaubensentscheidung betrifft das neu gebackene Dogma der Unfehlbarkeit des Papstes.

anon. (1870). Die Gegner Pius IX. *Der katholische Volksfreund, 3 (44)*, 347-349.

S. 349

Und jetzt, nachdem seit Jahren die Gottlosigkeit ihre lang vorbereiteten Pläne gegen Rom ausgeführt und jener alte vom Erlöser vorausverkündete Haß seine Opfer gefunden – da triumphiren die Fallibilisten und deutschen *Wissenschaftler* und jubeln über die gerechte Strafe, welche den heil. Vater wegen der Glaubensentscheidung des Vaticanischen Concils ereilt habe!

Wissenschaftliche Männer sind nicht notwendig Wissenschaftler.

Ewald, Heinrich (1870). [Rezension:] Renan, Ernest (1870). Das Leben Jesu. Supplement, neue Vorreden des Verfassers und einen Anhang über das vierte Evangelium enthaltend. Deutsche Ausgabe. Leipzig: F. A. Brockhaus. *Göttingische gelehrte Anzeigen unter der Aufsicht der Königl. Gesellschaft der Wissenschaften, Jg. 1870, Stück 27,* 1049-1062.

S. 1050

Wäre nun Renan ein *wahrhaft wissenschaftlicher Mann,* der unter anderm die deutschen Erkenntniss und Behandlung der Biblischen und der Christlichen Dinge sich viel tiefer und sicherer angeeignet hätte als dies bis jetzt bei ihm der Fall ist, so würde er [...]. Allein dazu fehlte es ihm an Fähigkeit und Ruhe [...].

Constantin François Chasseboeuf Boisgirais, Comte de Volney (1757–1820), Orientalist und Geschichtsphilosoph.

Volney, C. F. (1871). *Die Ruinen.*[112] *Betrachtungen über den Auf- und Niedergang der Reiche. Aus dem Französischen deutsch von Dr. August W. Peters.* Bremen: J. Kühtmann.

S. 340

Warum auch sollten die Hirten im Alterthum solch tüchtige *Wissenschafter* gewesen sein, während unsere Schafmeister, Rinderhüter und göttlichen Sauhirten sich der Unwissenheit angelegentlich befleißigen?

Müller, Karl (1871). Die Wanderblöcke im Aargau, 3. Artikel. *Die Natur, 20 (13),* 97-100.

S. 98

---

[112] Volney (1791). *Les ruines, ou méditation sur les révolutions des empires.* Paris: Desenne. Der wiedergegebene Satz auf S. 368: Si les anciens pasteurs furent si studieux et habiles, comment arrive-t-il que les modernes soient si ignorans et si négligens? Der Übersetzer hat sich reichliche Freiheiten erlaubt.

Alle diese Moränen enthalten auch ähnliche bedeutende Blöcke, wie wir sie im Bünzthale beobachten konnten, theilweis Blöcke, welche das Staunen sowohl der Laien, als auch der *Wissenschafter* von je erregten.

Johann Eduard Erdmann (1805–1892) war seit 1839 Ordinarius der Philosophie in Halle und zählte zur Hegelianischen Rechten.

Erdmann (1871). *Sehr Verschiedenes je nach Zeit und Ort. Drei Vorträge*. Berlin: Wilhelm Hertz.
S. 7f.

Während der Sprachgebrauch die von dem Worte „Kunst" abgeleiteten Wörter „künstlich" und „Künstler" sanctionirt hat, ist er bei dem Worte „Wissenschaft" minder liberal gewesen. Wissenschaftlich erlaubt er noch, *Wissenschaftler* wäre eine Neuerung und ich muß mir das Wort Naturwissenschaftler um so mehr versagen, als ich bemerkt habe, daß es mißfällig ist.

Dass ‚Wissenschafter' schon seit zwei Jahrhunderten verwendet wird, hat Erdmann nicht bemerkt. Und es bleibt unerforscht, wie auch das alte, in frühneuzeitlichem Deutsch und anderen germanischen Sprachen zu vernehmende Wort ‚Künstner' zu ‚Künstler' wurde.

Die Wissenschaftler mit dem *l* sind offensichtlich die lediglich beschränkt brauchbaren Kollegen.

anon. (1871). [Über den geistlichen Abgeordneten Dr. Ginzel]. *Das Vaterland. Zeitung für die österreichische Monarchie, 12 (199)*, 2.
S. 2

Ob sich Herr Dr. Ginzel als katholischer Priester eines solchen Consortiums aus der Synagoge und der Freimaurerloge nicht schämt? Doch gewisse gelehrte *Wissenschaftler* sehen aus ihrer Lichthöhe unter ihnen Alles in Finsterniß und Unwissenheit gehüllt, und namentlich ist es die Unwissenheit des Seelsorgeclerus, welche nach Ginzel's Ueberzeugung alles Unheil der Gegenwart verschuldet.

Dem Rezensenten missfallen paradoxe „gewisse gelehrte Wissenschaftler".

Hemmerlin, Andreas (1871). *Bunter Strauss. Gedichte*. Rixheim: A. Sutter.
S. 322

    Die freisinnige Welt.

    Die Liberalen.

Ja! es sollte der Pabst entsagen der weltlichen Herrschaft,
Um bloß Seelenmonarch über die Völker zu sein.

    Die *Wissenschäftler*.

Ei! wozu ein Monarch der unsre Seelen beherrsche?
Pures Thier ist der Mensch – Unding ein Seelenmonarch!
     Tutti quanti.
Weg mit dem Pabst, mit dem Könige weg! Wir leben in Freiheit
Und wir folgen jetzt nur unserer Mutter Natur!
     Das unbeschränkte Naturrecht.
Franz, dein Weib ist mein, nach dem heiligen Recht des Naturtriebs.
– Fritz, nach meinem Trieb, schieß ich dich nieder, du Hund!
Eine nicht sonderlich ehrenhafte Aktionsgruppe, zu der die Wissenschäftler
zu zählen sind.

Johann Joseph Ignaz Döllinger (1799–1890), katholischer Theologe und
Kirchenhistoriker, einer der geistigen Väter der altkatholischen Kirche.

Lang, Wilhelm (1871). Das neueste Dogma und das Auftreten Döllinger's. *Im neuen Reich. Wochenschrift für das Leben des deutschen
Volkes in Staat, Wissenschaft und Kunst, 1*, 577-586.

S. 584f.

Und bei aller Verehrung, die ein Döllinger herausfordert, ist es doch
dem Protestanten unmöglich zu verkennen, daß sich der Münchener
Gelehrte heute in einer Lage befindet, die für jeden *wissenschaftlichen
Mann*, der zum Bekenntniß des Katholicismus hält, auf jedem Punkt
sich ergeben kann und auch oft genug sich wiederholt hat, nur daß sie
selten die Lösung findet, die ihr der Freimuth Döllinger's gegeben. Die
Frage ist zuletzt immer wieder die, wie ist das Princip des Katholicismus
überhaupt mit dem Princip der wissenschaftlichen Forschung ver-
träglich?

Ludwig Friedrich Griesinger (1767–1845), Jurist.

Pallmann, Reinhold (1871). Griesinger (Ludwig Friedrich). J. S. Ersch
& J. G. Gruber (Hrsg.), *Allgemeine Encyklopädie der Wissenschaften
und Künste: in alphabetischer Folge von genannten Schriftstellern
bearbeitet, Erste Section, A-G, Hermann Brockhaus (Hrsg.), 21*, 45-47.
Leipzig: F. A. Brockhaus.

S. 46

Man darf deshalb mit Recht von ihm sagen, er war mehr Civilist als
Publicist, mehr Gelehrter als Staatsmann. Das kann aber seinen Werth
als Mensch, als *Mann der Wissenschaft* und als Vertreter des Volkes
nicht beeinträchtigen.

Julius Theodor Christian Ratzeburg (1801–1871), Professor der Naturwissenschaften an der Forstlehranstalt Eberswalde.

R. (1872). [Rezension:] Wiese (Gustav Ernst Friedrich). J. T. C. Ratzeburg (1872). *Forstwissenschaftliches Schriftsteller-Lexikon*, 502-507. Berlin: Fr. Nicolai.

S. 507

Wiese, inmitten einer Universitätsstadt hat manche Gelegenheit gehabt, im Geheimen wie öffentlich das Gebahren der *Wissenschafter* kennen zu lernen, insbesondere die Geringschätzung des Fachmannes, der doch berufen ist, den Gehalt vieler ihrer Lehren zu prüfen. [...]. *Wissenschafter* wie Fachmann müssen beide diesem Ziele folgen, indessen der erstere würde bescheidner gegen den letztern sein, wenn er diese Wahrheit stets vor Augen hätte.

Eugen Karl Dühring (1833-1921), Philosoph, Nationalökonom, einer der Begründer des Antisemitismus, der neuen, nicht religiös, sondern rassisch begründeten Ablehnung der Juden.

Dühring (1872). [Rezension:] Die Gelehrtenbiographie und das neue Werk über A. von Humboldt. Alexander von Humboldt, eine wissenschaftliche Biographie. 3 Bde. Lp. 1872. *Die Gegenwart. Wochenschrift für Literatur, Kunst und öffentliches Leben, 2 (46)*, 359-362.

S. 361

Ja man kann noch hinzusetzen, daß in ihrem wissenschaftlichen Gehaben bisweilen etwas Kinderhaftes und am unrechten Orte Weibliches liege. Empfänglichkeit für vielerlei, was gefällt, ist ihr Schicksal, und hiedurch wird dieser Schlag von *Wissenschaftern* trotz aller Vielseitigkeit und ungeachtet eines oft erstaunlich weiten Gesichtskreises zum unwillkürlichen Sklaventhum gegen die Sphären erniedrigt, in denen ihn die äußeren Berührungen mit allerlei Eindrücken gleichsam auffangen.

Mutmaßlich ist es Vinzenz (Andreas) Knauer (1828–1894), Benediktiner, der diesen *Malleus* verfasste. Er studierte Philosophie in Wien, dann Theologie in St. Pölten. 1853 wurde er Priester, 1878 Privatdozent für Philosophie in Innsbruck, 1889 in Wien.

anon. (1872). *Malleus haereticorum*[113] *das ist: Römisch-katholische Briefe zur gründlichen Abfertigung der schrecklich um sich greifenden altkatholischen Ketzerei.* Prag: F. Kempsky.

---

[113] Der Titel orientierte sich an des Augustiners Georgius Eder (1580) *Malleus Haereticorum. De variis falsorum dogmatum notis atque censuris libri duo. In quibus vniuersa penè hæreses & cognoscendi, & fugiendi ratio continetur. Sive methodus contra sectas. etc.* Ingolstadii: David Sartorius. 2. Aufl. 1581.

S. 4f.

Wie wir mittelst Dekret vom 15. März 1616 dem Galiläi bewiesen, daß die Erde feststehe und sein Satz von der Bewegung der Erde „falsch, philosophisch absurd und dogmatisch irrig" sei, so werden Wir nunmehr das Heer der „deutschen *Wissenschaftler*" mit all seinen Rittern, Reisigen und Troßbuben in die Pfanne hauen, indem Wir die sämmtlichen gegen das Dogma der päpstlichen Unfehlbarkeit vorgebrachten Bedenken und Einwürfe mit dem Lichte Unserer im Collegium Hungarico-Germanicum, in der Sapienza und Sopra Minerva strahlenden Wetterleuchtungsapparate beleuchten, in ihrer Nichtigkeit bloßlegen und so dem Feinde alle Waffen nehmen, auf die er sich verließ. Wir beanspruchen dabei nicht im mindesten originell zu sein, sondern bekennen in Demuth, daß Wir eigentlich dem größeren Theile nach nur Gesagtes, wenn auch vielleicht in durchsichtigerer Weise wiederholen.

Die Biographin[114] Knauers nennt seinen Malleus oder Ketzerhammer eine „satirische Abhandlung", und es ist kaum möglich, diese Feststellung nicht ernst zu nehmen. Knauer trifft den Zeitton mit dem Wort ‚Wissenschaftler', das theologische Gewohnheiten und Abneigungen akkurat wiedergibt.

anon. (1872). Tagesbericht London. *Neuburger Wochenblatt, 69 (82)*, S. 431-432.

S. 432

In Wirklichkeit gibt es eine solche Feindschaft [zwischen Arbeit und Kapital] nicht, was auch die sozialistischen Demagogen und halbsozialistischen *Wissenschaftler* sagen, die sich die Erfindung neuer volkswirthschaftlicher Systeme zur undankbaren Aufgabe gemacht haben, zum Gegentheil sagen mögen.

Offensichtlich ist die Bezeichnung „Wissenschaftler" kein Kompliment

Heinrich von Mühler (1813–1874), Jurist, Politiker, Mitglied des Evangelischen Oberkirchenrats, 1862 bis 1872 preußischer Kultusminister.

anon. (1872). Herr von Mühler und die theologischen Facultäten. *Grenzboten, Zeitschrift für Politik, Literatur und Kunst, 31. Jg., I. Sem., 1. Bd., Nr. 9*, 365-368.

S. 367

Die anderen 16 Herren aber, welche durch ihn ernannt wurden, haben alle zur Zeit ihrer Berufung keinen Namen unter den *wissenschaftlichen*

---

[114] Mann, Christine (2010). *Zwischen Tradition und Moderne. Der Güntherianer Vinzenz A. Knauer (1828–1894) auf der Suche nach Wahrheit in Freiheit.* Frankfurt am Main: Peter Lang. S. 205.

Männern Deutschlands gehabt; und grade die auffallendsten Berufun-
gen, wir setzen dies der Darstellung der Broschüre hinzu, sind gegen
den Willen der Facultäten erfolgt. Daß der Minister ein einzigesmal
einen *wissenschaftlichen Mann*, ohne daß er von den Facultäten
gewünscht worden, ernannt habe, ist uns völlig unbekannt. Aber grade
seine Octroyirungen sind erfolgt zu Gunsten derjenigen Kategorie, die,
sei es von einer akademischen oder einer pastoralen Beschäftigung her,
wegen ihrer „apologetischen" Leistungen durch Mühler ausgezeichnet
werden mußten.

Eine sparsame Literaturanzeige aus Schweinfurt.

Schweinfurter Tagblatt, 18, Nr. 222, 1257-1260.

S. 1259

Das neueste Werk „Kaufmännischer *Wissenschafter*" ist billig zu
verkaufen. Wo? Sagt die Exped. des Tagblattes.

Woldemar Gottlob Schmidt (1836–1888), evangelischer Theologe, seit
1876 Professor der Theologie in Leipzig.

Schmidt, Woldemar (1873). Ueber den Begriff und die practische
Bedeutung des kirchlichen Dogma's. *Jahrbücher für Deutsche
Theologie, 18 (3)*, 406-421.

S. 421

Die Kritik, welche dem von der Kirche gewonnenen Erkenntnißschatz
zu Theil wird, ist oft nur Raisonnement eines unter dem Eindruck
fremder Objecte stehenden Verstandes, während doch dem Christen, wie
dem modernen *Wissenschafter*, wahre Erkenntniß nur die Erfahrung
bringt, nämlich eine Erfahrung, die durch die vom Herrn bestellten
Medien in ihm geweckt wird.

Seit wann bestellt der HErr Medien?

Schroot, A. (1873). *Wissenschaft und Leben. Studien. Praktische
Anwendungen. Resultate. In gemeinverständlicher Fassung.* Hamburg:
Otto Meißner.

S. 117

Man hat darüber geklagt, daß unseren *Wissenschaftern* die philosophische Bildung, resp. Durchbildung fehle; nichts mag wahrer sein. So
lange aber unsere Fachphilosophen keine praktischen Philosophen
werden, so lange auf diesem Felde nicht der Geschäftsgeist den
Schulgeist durchsetzt, wird eine Besserung in diesem Sinne kaum
eintreten können.

Angeblich hatte der Experimentalforscher Michael Faraday (1791–1867)
aus dem Jenseits Bedeutendes mitzuteilen.

R., S. (1873). Geisterfeste Dienstmädchen. *Daheim, ein deutsches Familienblatt, 9*, 95-96.

S. 95

Die Wissenschaften, mit denen irdische *Wissenschaftler* (scientists) gegenwärtig bekannt sind, haben sich noch nicht in das Reich des Geistes erstreckt. Sie gehen nur mit der Materie um; deshalb glaubt der irdische *Wissenschaftler* [...] nicht an den modernen Spiritismus.

Auch hier lässt sich spüren, dass der Mann der Wissenschaft durch das *l* keineswegs gelobt werden soll. Der englische Ausdruck wäre ‚sciolist'.

anon. (1873). ¤. Feierabend. *Ein Unterhaltungsblatt zur Straubinger Zeitung, No. 26, 30. Juni 1873*, 4.

S. 4

Ein „*Wissenschaftler*" hat untersucht, wer die kräftigsten Lungen hat – Mensch, Hund oder Frosch. Die Stimme des Menschen kann man auf 1000 Schritte, die des Hundes auf 1800. Die des Frosches ist auf 1900 hören. Also im Vergleich der Größe ist der Frosch „Schreikönig".

Man weiß es ja, die Wissenschaftler sind etwas absonderlich. Und wem das *l* nicht deutlich genug ist, der bekommt durch Anführungszeichen definitive semantische Sicherheit.

Sigismund Ludwig Borkheim (1826–1885), Weinhändler, Publizist, Revolutionär, folglich politisch verfolgt, Freund des Karl Marx, der ihm den ersten Band des *Kapital* widmete. Borkheim verfasste diesen Artikel.

anon. (1873). Ein Bonner Professor [Adolph Held] contra Artikel des „Volksstaat". *Der Volksstaat. Jg. 5, Nr. 73*, unpaginiert.

erste Seite

Ich will ihre Leser nicht mit Geschichtscitationen beleidigen, die in unberechenbarer Zahl von Beispielen beweisen, welch lächerliche und gräuliche Schwindel unter der Fahne „Vaterland" von jeher abgespielt worden sind. Die ganze Erde ist das Vaterland, die „Vaterländer" sind die reellen Paradiese der Abderiten, der Michel, Cockneys, gobemouches, Prawoßlawnye, Starowjärzy und Papanatas, zu denen sich die *Staatswissenschaftler* wie Herr Held für begrenztes Gehalt mit ganz besonderem Behagen rechnen.

Adolph Held (1844–1880), seit 1872 in Bonn Ordinarius für Staatswissenschaften. Das *l* drückt eindeutig Verachtung aus.

Karl Joseph Hefele, seit 1853 von Hefele (1809–1893), katholischer Kirchenhistoriker, dritter Bischof des Bistums Rottenburg-Stuttgart.

anon. (1873). Landau, 9. August. *Der Eilbote. Tageblatt für die Stadt und den Bezirk Landau, Jg. 1873, No. 184*, unpaginiert.

erste Seite

> In der ganzen kirchenpolitischen Entwicklung der letzten Jahre gibt es
> kein bejammerswürdigeres Beispiel, als die Männer, welche wie Bischof
> Hefele, nach der Ueberzeugung ihrer ältesten, bewährtesten Freunde von
> dem Unfehlbarkeitsdogma auch nicht einen Deut glauben, aber aus
> Pflicht gegen die Kirche so thun zu müssen glauben, als wenn sie daran
> glaubten. Am schwersten muß diesen sonst so achtungswerthen
> Unglücklichen die Empfindung sein, daß keiner ihrer alten Freunde das
> von ihnen dargebrachte „Opfer der Intelligenz" für des Preises werth
> erachtet und die meisten ihre Hochschätzung der alten *Wissenschafts-*
> *genossen* erheblich abgemindert haben. Man wandelt – scheint es –
> nicht ungestraft mit dem Pallium!

Nietzsche lehnte vermutlich das Wort ‚Wissenschafter' ab, jedenfalls zog
er die Umschreibung mit zwei Wörtern vor, die er unüblicherweise nicht
mit ‚Mann' garnierte.

> Nietzsche, Friedrich (1873). *Unzeitgemässe Betrachtungen I, David*
> *Strauss. Der Bekenner und Schriftsteller*. Leipzig: E. W. Fritzsch.

S. 53

> Es liegt ja im Wesen des *wissenschaftlichen Menschen* (ganz abgesehen
> von seiner gegenwärtigen Gestalt) ein rechtes Paradoxon: er benimmt
> sich wie der stolzeste Müssiggänger des Glücks: als ob das Dasein nicht
> eine heillose und bedenkliche Sache sei, sondern ein fester, für ewige
> Dauer garantirter Besitz.

S. 54

> Dieses Paradoxon, der *wissenschaftliche Mensch*, ist nun neuerdings in
> Deutschland in eine Hast gerathen, als ob die Wissenschaft eine Fabrik
> sei, und jede Minuten-Versäumniss eine Strafe nach sich ziehe. Jetzt
> arbeitet er, so hart wie der vierte Stand, der Sclavenstand, arbeitet, sein
> Studium ist nicht mehr eine Beschäftigung, sondern eine Noth, er sieht
> weder rechts noch links und geht durch alle Geschäfte und ebenso durch
> alle Bedenklichkeiten, die das Leben im Schoosse trägt, mit jener halben
> Aufmerksamkeit oder mit jenem widrigen Erholungs-Bedürfnisse
> hindurch, welches dem erschöpften Arbeiter zu eigen ist.

Der Rezensent des David Friedrich Strauss hingegen garniert mit Mann.

> E., H. (1873). [Rezension:] Strauss, David Friedrich (1872). Der alte
> und der neue Glaube. Ein Bekenntniss. Leipzig: S. Hirzel. *Göttingische*
> *gelehrte Anzeigen, Jg. 1873, Bd. 1*, 136-149.

S. 138

Wenn der Verf. ruhig und, wie es sich für einen *wissenschaftlichen
Mann* ziemt, lernbegierig um sich blicken mag, so wird er leicht sehen
dass nicht bloss seine eignen vor 37 Jahren aufgestellten Meinungen
über das Neue Testament (dem Alten blieb er ebenso wie sein Tübingi-
scher Lehrer Baur ausserdem immer ganz fremd) sondern auch die eben
dieses seines Lehrers heute, ja schon seit 20–30 Jahren so vollständig
widerlegt und seitdem eine so gänzlich verschiedene Biblische Wissenschaft emporgekommen ist, [...].
Die Wissenschafter treten in dieser Zeit bereits in Massen auf und müssen
erleben, wie ihr Ansehen sinkt.

> Scherr, Johannes (1874). *Gesammelte Studien und Bilder, Bd. 1,
> Menschliche Tragikomödie.* Leipzig: Otto Wigand.

S. 51

Der Vorwurf, ausschließlich und hochmütig zu sein, trifft freilich mehr
die Masse als die Spitzen der exakten *Wissenschafter*, obzwar es nur
einem Humboldt gegeben war, Idealismus und Realismus in völlig
harmonischem Gleichmaß zu repräsentieren.
Stigmatisierungen wie an Louise Lateau werden im Munde eines protestantischen Mediziners unchristliche Erklärungen ertragen müssen.

> Schuler (1874). *Professor Virchow's Rede über Louise Lateau, die
> Stigmatisirte von Bois d'Haine. Compaß für das Katholische Volk,
> Hft. 6.* Würzburg: Leo Woerl.

S. 26

Für uns Hr. Professor haben Ihre Worte keine Knalleffecte, mögen sie
auch Orakelsprüche für Ihre Breslauer modernen *Wissenschafter* sein.
Emil Adolf Roßmäßler (1806–1876) studierte Theologie und Botanik,
wurde 1830 Professor der Zoologie in Tharandt, 1848 Abgeordneter der
Frankfurter Nationalversammlung, hatte einen Hochverratsprozess zu
überstehen, verließ die Professur und lebte als Redner und Schriftsteller.

> Roßmäßler, E. A. (1874). *Mein Leben und Streben im Verkehr mit der
> Natur und dem Volke.* Hannover: Carl Rümpler.

S. 155

Darum beschloß ich, meine konchyliologischen Arbeiten wieder
aufzunehmen, um, indem ich mir in den Augen der die populäre
Darstellung der Naturwissenschaft hassenden *Wissenschafter* dadurch
die Wiederanerkennung als Ebenbürtiger, erzwang, zugleich meinen
Volksbüchern bei diesen Herren wenigstens ein Geltenlassen zu
erobern.

Nietzsches Auffassung des wissenschaftlichen Menschen lässt sich nicht als sonderlich erbaulich bezeichnen.

Nietzsche, Friedrich (1874). *Unzeitgemässe Betrachtungen II, Vom Nutzen und Nachtheil der Historie für das Leben.* Leipzig: E. W. Fritzsch.

S. 101f.

Die deutsche Jugenderziehung geht aber gerade von diesem falschen und unfruchtbaren Begriffe der Cultur aus: ihr Ziel, recht rein und hoch gedacht, ist gar nicht der freie Gebildete, sondern der Gelehrte, der *wissenschaftliche Mensch* und zwar der möglichst früh nutzbare *wissenschaftliche Mensch*, der sich abseits von dem Leben stellt, um es recht deutlich zu erkennen; ihr Resultat, recht empirisch-gemein angeschaut, ist der historisch-aesthetische Bildungsphilister, der altkluge und neuweise Schwätzer über Staat, Kirche und Kunst, das Sensorium für tausenderlei Anempfindungen, der unersättliche Magen, der doch nicht weiss, was ein rechtschaffner Hunger und Durst ist.

Friedrich Max Müller (1823–1900) studierte in Leipzig Philologie und Philosophie, befasste sich mit Arabistik und Sanskritologie, wurde Professor in Oxford, England.

Müller, Max F. (1874). *Einleitung in die vergleichende Religionswissenschaft. Vier Vorlesungen im Jahre MDCCCLXX an der Royal Institution in London gehalten.* Strassburg: Karl J. Trübner.

S. 129

Wenn wir an die Religionen der Menschheit ohne Vorurtheil herantreten, und uns bei ihrer Behandlung denselben Gleichmuth zu bewahren wüssten, mit dem der Freund der Wahrheit und *der Mann der Wissenschaft* jeden andern Gegenstand behandelt, so würden wir schon lange die natürlichen Grenzlinien erkannt haben, welche die ganze Welt der Religionen in große Continente zertheilen.

Johann Gustav Eduard Otto Dammer (1839–1916), Chemiker, Lexikograph, sozialdemokratischer Politiker.

anon. (1875). [Rezension:] Dammer, Otto (1875). Kurzes chemisches Handwörterbuch etc. 8.-13. Lief. Berlin: Robert Oppenheim. *Engineering D. A. Polytechnische Zeitung, 3 (51)*, 588-589.

S. 589

Mit welcher Sorgfalt der Verfasser alle vulgairen und wissenschaftlichen Ausdrücke sammelt und benutzt, um dies Handwörterbuch allgemein nützlich zu machen und um sowohl den Laien als den *Wissenschafter* „finden" zu lassen, was er sucht, davon zeugen sowohl die Artikel, die sich z. B. an die Metalle und Metalloide knüpfen, als auch solche, die der organischen Chemie angehören, in welcher bekanntlich die heutigen wissenschaftlichen Namen so fremdartig klingen gegenüber den Handelsnamen.

Ludwig Wilhelm Schaufuß (1833–1890), Entomologe.

> Schaufuss, Ludwig Wilhelm (1875). Pseudanthropos fuliginosus Schauf., eine neue Chimpanze-Varietät. *Zoologische Mittheilungen, Bd. 2, Lief. 3*, 345-357. Dresden: Selbstverlag.

S. 347

> Die hiesige Presse witzelte über die Dresdner *Wissenschaftler* und frug ganz keck an, warum man denn erst Leute von auswärts kommen lassen müsse, um zu erfahren, was für einen Affen man uns gekauft hatte.

Stutz versucht eine abstrakte Aufklärung über Feinde Luthers.

> Str. (1875). [Rezension:] Stutz, U. (1874). Der Alte und der Neue Glaube, oder Christenthum und Naturalismus. An Strauss und den zürcherischen Reformern geprüft. Zürich: Hanke. *Zeitschrift für die gesammte lutherische Theologie und Kirche, 36 (4)*, 762-764.

S. 762f.

> Es ist ihm die Erkenntniss aufgegangen, dass nicht nur ein Strauss, Lang, Biedermann und ihresgleichen, sondern überhaupt alle Aufklärer, *Wissenschäfter*, Zeitstimmler und Protestantenvereiner seit 1760, ächte Nachkommen Zwingli's und naturwüchsige Feinde Luther's sind, und dass der Unterschied zwischen Wittenberg und Zürich, zwischen deutscher und helvetischer Reformation kein anderer ist, als der Unterschied zwischen dem „Alten und dem Neuen Glauben", zwischen „Christenthum und Naturalismus".

Was genau Hoffmann, Oberlehrer in Arnstadt, mit dem Wort ‚Wissenschaftler' aussagen will, bleibt unklar. Das Verringern des th zu t hält er für richtig. Es mag ihn aber wurmen, dass diese Germanisten auf seinen monströsen Vorschlagssalat nicht recht eingehen mögen.

> Hoffmann, Karl (1875). *Die neuhochdeutsche Rechtschreibung vom Standpunkte der Sprachphysiologie und Sprachgeschichte. Versuch einer wissenschaftlich richtigen und praktisch einfachen Lösung.* Arnstadt: Emil Frotscher.

S. 113

> Die *Wissenschaftler* der deutschen Sprache, die Germanisten, schreiben schon lange kein th mehr.

Es geht um Émile Littré (1801–1881), Philologen, Philosophen, Medizinhistoriker, der als Agnostiker aus der Kirche austrat.

rho. (1875). Die „unschuldigen" Brüder Freimaurer. *Bamberger Volksblatt, No. 161, 2.*

S. 2

Am 8. Juli war in Paris ein großes Freimaurerfest. [...] die feierliche Aufnahme des berüchtigten Gottesläugners Littre [...] Rede, in welcher er die Frage beantwortete, „was er Gott schulde?". Und die Antwort des „Bruders" war: Der Mensch schulde Gott einfach gar nichts. Der *Mann der Wissenschaft* verstehe eine solche Frage überhaupt nicht, weil er nicht mit den Augen der Einbildungskraft sehe, sondern sich der reinen Vernunft als Leuchte bediene. Der *Wissenschaftler* kenne keine Offenbarung u. s. w.

Oscar Blumenthal (1852–1917), Schriftsteller, Bühnendichter. Ob die Bezeichnung „Wissenschafter" sinnvoll ist, bleibt wenig verständlich. Gemeint sind populär-wissenschaftliche Wandervorleser [...].

Blumenthal, Oscar (1876). *Allerhand Ungezogenheiten, 3. Aufl.* Leipzig: Ernst Julius Günther.

S. 14

[...] im Interesse unserer Winterabende möchte es nicht unverdienstlich sein, zur Diagnose der so heftig ausgebrochenen Vorleser-Epidemie ein Scherflein beizutragen. Gegen jene in Literatur machenden commis voyageurs, die mit einem flüchtig ausgearbeiteten Manuscript ganze Provinzen abgrasen, ist freilich schon häufig und mit Fug geeifert worden. Fast scheint es auch, daß diese abenteuerlich umherziehenden *Wissenschafter* eben nicht mehr recht – ziehen wollen.

Otto Glagau (1834–1892), Journalist, Schriftsteller, überzeugter Antisemit.

Glagau, Otto (1876). *Der Börsen- und Gründungs-Schwindel in Berlin. Gesammelte und stark vermehrte Artikel der „Gartenlaube".* Leipzig: Paul Frohberg.

S. XXXI

Ein Jude sorgt und kämpft stets für den andern; sie machen ununterbrochen für einander die wüthendste Reclame. Ihre Schriftsteller und Künstler, ihre *Wissenschafter* und Politiker sind in aller Leute Mund, paradiren täglich in den Zeitungen, werden mit Ehre und Lohn überschüttet. Hätte ein Christ die Lasker'schen „Enthüllungen" gemacht, sie wären wenig beachtet, schnell vergessen worden. So aber hoben die Juden den kleinen Lasker auf ein Piedestal von der Höhe des Montblanc, priesen und feierten ihn als die Uneigennützigkeit und Tapferkeit in Person, machten aus ihm einen jüdischen Heiligen.

Eduard Lasker (1829–1884), Jurist und preußischer Politiker jüdischer Abstammung. In einer Rede vor dem Reichstag warnte er 1873 vor den riskanten Spekulationen an den Börsen und war damit an der Auslösung des berüchtigten Gründerkrachs beteiligt.

Robert Dale Owen (1801–1877), Politiker, Sozialreformer, bekannte sich zum Spiritualismus, der später Parapsychologie genannt wurde.

> Owen, Robert Dale (1876). Das streitige Land. (The Debatable Land between this World and the Next. With Illustrative Narrations). *Psychische Studien, 3 (5)*, 209-218.

S. 216

> Mr. Owen befriedigt sich damit nicht, diese Dinge auf sich beruhen zu lassen (wie die Skeptiker), noch dieselben verächtlich zu ignorieren (wie die *Wissenschafter*); sondern er schreibt sie wirklich Geistern zu, deren Wirksamkeit er durch noch andere Zeugnisse für erwiesen hält, von deren Natur wir bereits einige Beispiele gegeben haben.

In Paris wird über die Einführung des Systems der metrischen Maße nicht ohne Zank nachgedacht.

> anon. (1876). Paris, 12. Jan. *Augsburger Postzeitung, Jg. 190, Nr. 13*, 102.

S. 102

> Die alten Maße und Gewichte sind eben aus einem praktischen Bedürfnisse hervorgegangen, während die Zehntheilung nur den luftigen vorgefaßten Meinungen der *Wissenschaftler* entsprechen.

Friedrich Heinrich Dieterici (1821–1903), Arabist, Orientalist, nach vielen Orientreisen 1850 ernannt zum außerordentlichen Professor für arabische Literatur an der Universität Berlin.

> Dieterici, Friedrich Heinrich (1876). *Die Philosophie der Araber im 10. Jahrhundert n. Chr.* Leipzig: J. C. Hinrichs.

S. 115

> Wenn auch der *wissenschaftliche Mann* stirbt, so lebt doch sein Gedächtniss im Kreise der Gelehrten. So heisst es im Koran 4, 12.

Karl Hillebrand (1829–1884), Publizist, Literaturhistoriker.

> Hillebrand, Karl (1876). *Zeiten, Völker und Menschen. 3. Bd., Aus und über England*. Berlin: Robert Oppenheim.

S. 27

> Es ist lange her, seit die anglicanische Geistlichkeit, ehedem die Pflanzschule der Gelehrsamkeit und der Staatsweisheit, einen irgend bedeutenden einflußreichen *Mann der Wissenschaft* oder der Politik hervorgebracht. Bentley war Lehrer der Theologie, Berkeley war

Bischof: heute sind die eminentesten Professoren in Cambridge und Oxford sämmtlich Laien.

Lindau, Paul (1877). [Rezension:] Uarda. Roman aus dem alten Aegypten von Georg Ebers. *Die Gegenwart. Wochenschrift für Literatur, Kunst und öffentliches Leben, 12 (37)*, 167-171.

S. 167

Die Wiederbelebung der Todten, der Wiederaufbau ihrer vernichteten Städte, die Wiederherstellung einer zu Grunde gegangenen Cultur aus dem verhältnißmäßig geringen Material, das uns überkommen ist – das ist ebenso wohl die Arbeit des *Wissenschafters*, des Ethnographen, des Archäologen und Historikers, wie die Arbeit des Dichters.

Marthe, F. (1877). [Rezension:] Begriff, Ziel und Methode der Geographie und v. Richthofen's China, Bd. I. *Zeitschrift der Gesellschaft für Erdkunde zu Berlin, 12*, 422-478.

S. 445

In einer gewissen Beziehung lautet Geosophie bedeutungsvoll, es gemahnt an Philosophie, und mit Recht. Denn kein Geograph wird zum wahren *Wissenschafter* sich emporschwingen, wenn er nicht eine philosophische Ader in sich trägt.

Henry Slade (1836–1905) war ein amerikanischer Trickbetrüger und Scharlatan, der sich anprieß als jemand, der in Séancen mit Geistern Verstorbener Kontakt aufnehmen könne. 1876 wurden seine kostspieligen Betrügereien von sachkundigen Zauberkünstlern entlarvt.

Die Redaktion des B. Fr. (1877). [Äußerung]. *Bamberger Volksblatt, Nr. 266, Jg. 1877, 2*.

S. 2

Wir haben dem nur noch hinzuzufügen daß wir in die Glaubwürdigkeit unseres Mitarbeiters das größte Vertrauen setzen dürfen und wir seinem Wunsche beistimmen, daß es Pflicht und Ehrensache der Stadt der Intelligenz sein muß, auf den Kern der Sache zu kommen, daß unsere *Wissenschafter* nicht vornehm über den Unsinn die Nase rümpfen oder leichtsinnig die „Sache" als „Schwindel" erklären dürfen. Es fehlt M. Slade nicht an Besuchern, [...].

Hermann Ferdinand Freiligrath (1810–1876), freier Schriftsteller, Lyriker, Übersetzer, Revolutionär, der später vom Revolutionieren Abstand nahm.

Freiligrath, Ferdinand (1877). *Neue Gedichte*. Stuttgart: J. G. Cotta.

S. 316

Doch vorab möcht' ich bemerken, daß es ganz und gar nicht fein
Für einen *Wissenschäftler*, seinen Nächsten zu zerbläu'n,
Und, wenn ein Mitglied etwa nicht all' seine Schrullen glaubt,
Dem Mitglied einzuprügeln die Wissenschaft durch's Haupt.
S. 317
Nun sollt ein *Wissenschäftler*, wie ich das Ding versteh',
Nicht den andern „Esel" heißen, – selbst nicht implicite;
Noch sollte das betreffende Individuum, o weh!
Mit Steinen repliciren, es gehe wie es geh'!

anon. (1877). Bischof Ketteler †. *Süddeutsche Presse und Münchener Nachrichten, Jg. 1877, Nr. 164*, 1-2.
S. 1
Fast erschrocken entgegnete Herr v. Schulte: aber Exzellenz, der Bischof Ketteler ist ja ein sehr mittelmäßiger Theologe, kein *wissenschaftlicher Mann* und in gelehrten theologischen Kreisen nichts weniger als angesehen. Windthorst entgegnete: ganz recht, aber er ist ein energischer Mann und ein Baron.

Dühring, E. (1878). *Logik und Wissenschaftstheorie*. Leipzig: Fues's Verlag (R. Reisland).
S. 142
In der Forschung, die man, gebildet durch positive Muster und auf eigne Gesichtspunkte hin unternimmt, kommt es vor Allem darauf an, nur das anzugreifen, was zugleich einem natürlichen Wissenstriebe der Menschheit entspricht und einer Bewahrheitung oder Controle durch besondere Thatsachen fähig ist. Was dagegen Jedermann von der Gasse zu bestreiten im Stande wäre, kann keinen Reiz für gediegenere *Wissenschafter* haben.
S. 475
Um den Schein des Modernen zu erzeugen, wird gelegentlich auch wohl irgend ein reicher Privatmann trotz des sogenannten Dilettantismus, der doch sonst jedem freien, unzünftigen und unakademischen *Wissenschafter* angehängt und vorgeworfen wird, in die Reihe der Akademiemitglieder aufgenommen.
Andreas Obsieger (1824–1898), Philosoph und Schriftsteller.
Obsieger, Andreas (1878). *Der Weltreformator des XIX. Jahrhunderts. 1. Theil, Der vorbereitende Theil*. München: Selbstverlag des Autors.
S. 85f.

[...] jenes wunderbarste Allerhöchste „Zero", das sich in idealen Begriffen und bildlichen Vorstellungen so erhaben und heilig im Heiligen Genius der Religion, im schöpferischen Genius der Poesie und im forschenden Genius der Philosophie spiegelt im feierlichsten Moment der großartigsten Function der im Handeln treu vereinigten Potenzen des Geistes, Gemüthes und Sinnes der Priester, Künstler und *Wissenschafter* so wie aller großen und edlen Menschen, und das Grundwesen von deren Disciplinen oder Lehren für das Leben bildet: [...].

S. 243

Er übergibt sie besonders Jenen, welche als Dichter und Künstler, als Denker und *Wissenschafter* zur schaffenden Menschheit gehören; denn diese sind die geistigen Führer derselben [...].

Obsieger, Andreas (1878). *Der Weltreformator des XIX. Jahrhunderts. 3. Theil, Der poetische Messias, 2. Buch.* München: Selbstverlag des Autors.

S. 7f.

Waren doch gerade damals beim Beginn der großen Bewegung der Geister im Jahre 1848 so wenige Staatsmänner wie *Wissenschafter* und Künstler, Denker aber gar nicht, die auch nur im entferntesten daran zu denken fähig waren, daß die großen Momente des Geistes-, Gemüths- und Sinnenlebens der Vergangenheit, wie sie zu den verschiedensten Zeiten und in den verschiedensten Ländern, unter den verschiedensten Völkern, der Menschheit Göttlichkeit beurkundend, auf dem Gebiete der Religion, der Kunst, der Wissenschaft und selbst im Leben an den Tag traten, ihre sichere Consequenz, ihre harmonische Vereinigung zu einem schönen Ganzen haben müssen, [...].

Lindau, Paul (1878). *Johannistrieb. Schauspiel in vier Aufzügen.* Berlin: Georg Stilke.

S. 42

Zwei *Wissenschafter* von Ruf rüsteten sich zu einer Erpedition nach Centralafrika, und ich durfte mich ihnen als Botaniker anschließen.

Wilhelm Karl Raabe (1831–1910), Schriftsteller, Erzähler und Romancier. Raabe, W. (1878). Wunnigel, 16.+17.+18. Kapitel. *Westermann's illustrirte deutsche Monatshefte, 1878, Nr. 64 der 3. Folge*, 369-384.

S. 370

„Ich aber einen Maulesel! In Raff's Kindernaturgeschichte finden Sie nichts von dem Vieh, alter Freund, aber schlagen Sie nur nach im Buffon oder sonst einem ernsthaften *Wissenschaftler* und Sie werden finden, daß ich Sie in meinem Geständniß um ein Bedeutendes übertrumpfe!"

Georges-Louis Leclerc, Comte de Buffon (1707–1788), berühmter Naturforscher, Verfasser der umfangreichen Histoire naturelle.

Oelz, Joseph Anton (1878). [Rede für die Einrichtung einer Irrenanstalt]. *Stenographische Sitzungsberichte der ersten Landtags-Session in Vorarlberg zu Bregenz (V. Landtags-Periode)*, S. 61. Bregenz: J. N. Teutsch.

S. 61
Nun das Fruchtbringen einer Irrenanstalt ist nicht wie bei einer Baumwollenfabrik, sondern es ist Nutzen in sanitärer Hinsicht. Damit aber eine Irrenanstalt, wie jede Krankenanstalt, in dieser Hinsicht gedeihe und dem Lande einen Nutzen bringe, muß sie einen begabten, fähigen Direktor haben; das ist eine unter allen *wissenschaftlichen Männern* ausgemachte Sache. Es ist aber unmöglich, einen fähigen Direktor für die Anstalt lange zu erhalten, wenn er nicht einen Gehilfen hat, weil er sonst zu sehr mit Nebengeschäften überhäuft wird, welche die wissenschaftliche Thätigkeit hindern und jedem *wissenschaftlichen Mann* derlei Geschäfte verleiden.

Arnold Pick (1851–1924) studierte Medizin, wurde 1877 Sekundar-Arzt in der Prager Irrenanstalt, habilitierte sich und wurde später Direktor der Landesirrenanstalt in Dobrzan.

Pick, A. (1879). [Rezension:] Nothnagel, H. (1879). Topische Diagnostik der Gehirnkrankheiten. Eine klinische Studie. *Archiv für Psychiatrie und Nervenkrankheiten, 10 (2)*, 564-565.

S. 565
Wenn wir oben das Werk einen Markstein in der Geschichte der Wissenschaft genannt, so ergiebt sich schon daraus von selbst, dass für alle künftigen Forscher auf diesem Gebiete hier die breite Basis für den weiteren Ausbau gegeben ist; allein nicht blos für den *Wissenschafter* knüpft sich ein wesentliches Interesse an das Studium des Buches, wir glauben vielmehr, dass auch dem practischen Arzte eine reiche Ausbeute aus demselben erwachsen wird; [...].

Es folgt die Suche nach einer Stellung.

Möller, Georg C. (1879). *1. Beiblatt zum Kladderadatsch, 32 (50)*, unpaginiert.

letzte Seite

Für chem. Fabriken und Bierbrauereien. Ein Chemiker, der schon 5
Jahre als Dirigent bei einer grossen deutschen Fabrik thätig war, sucht
baldmöglichst eine ähnliche Stelle. [...]. Besonders gute Empfehlungen
und Referenzen von *Wissenschaftern* und Fabrikanten sind vorhanden.
Noch ein fehlgelaufener Wissenschafter über Ersch & Gruber.

Bernardes Branco, Manoel (1879). *Portugal e os estrangeiros. Obra
dividida em 4 partes. Adornada de nove retratos, Tom. 2.* Lisboa: A. M.
Pereira.

S. 433

Escreveu tambem um importante artigo ácerca do nosso Gil Vicente na
importantissima obra Allgemeine Encyklopedi der *Wissenschafter* und
Kunstein alphabetischer Folge von genannten Schriftstellern bearbeitet
und kerausgegeben von J. Sm. Ersch und J. Gf. Gmber. 1818, 1878.

Wilhelm Jensen (1837–1911), holsteinischer Lyriker, Schriftsteller, zieht
über die deutschen Literaturhistoriker her.

Jensen, Wilhelm (1879). Wilhelm Raabe. Ein Beitrag zur Würdigung
des Dichters. *Westermann's illustrirte Monats-Hefte, 47 (1)*, 106-123.

S. 109

Ihre Urtheilssprüche werden niedrigeren und höheren Schulknaben
eingetrichtert und der andere „*Wissenschaftler*“, der die moralische
Benöthigung empfindet, in einer müßigen Stunde den Umfang seiner
Kenntnisse auch auf das literarische Gebiet auszudehnen, schöpft seine
Belehrung aus den Quellen ihrer Weisheit, die ihm den „schöngeistigen
Firlefanz“ gleichfalls in einer wissenschaftlichen Retorte mundgerecht
machen.

Ernst Bertheau (1812–1888), protestantischer Theologe und Orientalist.

Bertheau, E. (1879). Ewald, Georg Heinrich August. In Herzog, J. J. &
Plitt, G. T. (Hrsg.), (1879). *Real-Encyklopädie für protestantische
Theologie und Kirche, 4*, 440-447. Leipzig: J. C. Hinrichs.

S. 445

Wer ihm [Ewald] nicht beistimmte, war nach seinem Urteile ein
unwissenschaftlicher Mann und ein Feind der Warheit. Auch gegen
Männer, deren Überlegenheit in Dingen, mit welchen sie sich genauer
beschäftigt hatten als er, zuzugeben ihn nicht hätte schwer fallen sollen,
trat er in vornehm absprechender und unziemlicher Weise auf.

Eduard Wilhelm Baltzer (1814–1887), evangelischer Theologe, Demokrat,
Vegetarier, Erfinder der Jugendweihe.

Baltzer, Eduard (1879). *Empedocles. Eine Studie zur Philosophie der Griechen*. Leipzig: Oscar Eigendorf.
S. 36
So wird er [Empedocles], wie Pythagoras, zum vielseitigen *wissenschaftlichen Mann*: er ist vor Allem ein Naturforscher – in dem wir den künftigen Aristoteles entstehen sehen – und schrieb „über die Natur" ein viel citirtes Werk nach pythagorischer Weise in poetischer Form: [...].

anon. (1880). Das Diplomatische Corps am Berliner Hofe. *Der Kulturkämpfer. Zeitschrift für öffentliche Angelegenheiten, 1 (9)*, 27-35.
S. 34
Was endlich den Gesandten der Vereinigten Staaten von Nordamerika anbelangt, so vereinigt Andrew D. White, wie seine Vorgänger, in sich den Politiker und den *Wissenschafter*. Auf der schmächtigen Gestalt sitzt ein scharfgeschnittener Kopf mit klugen Augen. Die Redeweise ist ruhig, pointirt und nicht selten voll Witz und Humor.

anon. (1880). Zur Entlarvungsgeschichte der Mrs. Corner. *Psychische Studien. Monatliche Zeitschrift, vorzüglich der Untersuchung der wenig gekannten Phänomene des Seelenlebens gewidmet, 7 (4)*, 190-191.
S. 191
Wie zweischneidig ist doch dieser Ausspruch in Bezug auf unsere sogenannten *Wissenschafter*, welche vor lauter Schwindel und Betrug, der ihnen beim Spiritismus beständig vorgaukelt, die einfachsten Wahrheiten nicht mehr zu erkennen und selbst wirkliche Thatsachen nicht mehr als solche aufzufassen und richtig zu deuten verstehen! Nun, die Welt wird bald genug inne werden, auf welcher Seite die grössere Zuverlässigkeit der Beobachtung und auf welcher das blinde Vorurtheil gegen unumstössliche Facta sich dokumentiren.

1880 erschien Konrad Dudens *Vollständiges Orthographisches Wörterbuch der deutschen Sprache. Nach den neuen preußischen und bayerischen Regeln*. Leipzig: Bibliographisches Wörterbuch. Die angegebene Vollständigkeit war ein hohles Versprechen, Wörter wie ‚Wissenschafter' und ähnliche werden nicht aufgeführt.

Dühring, E. (1881). *Der Werth des Lebens populär dargestellt, 3. Aufl.* Leipzig: Fues (R. Reisland).
S. 255

Innerhalb des Gelehrtenbereichs ist es aber wiederum das Philosophen-thum, welches den Anspruch hat, innerhalb des Schlechtesten, wozu es die *Wissenschafter* überhaupt moralisch gebracht haben, das Aller-schlechteste aufzuweisen. Hiebei sei bemerkt, dass ich nicht an blosse Ungereimtheiten denke, die auf Irrthum beruhen; denn diese Art des Fehlgreifens ist zwar auch den Gelehrten und den Philosophen in grösserem Maasse als andern Sterblichen eigen; aber dies rührt eben von der umfassenderen Bethätigung des Verstandes her, mit welcher der Spielraum für die Möglichkeiten des Unrichtigen erweitert wird.

Alexander Bain (1818–1903), Philosoph, Psychologe Pädagoge.

Sulzbach, A. (1881). [Rezension:] Bain, Alexander (1880) Erziehung als Wissenschaft. Leipzig: Brockhaus. *Blätter für literarische Unterhal-tung, Jg. 1881, 1. Bd., 3. Hft.*, 38-43.

S. 41

Doch die Frage theilen zu wollen, sodaß deren eine Hälfte zur Beant-wortung den Pädagogen und *Naturwissenschaftern* überlassen wird, während die Lösung der andern, der wesentlichen, den praktischen Aerzten vorbehalten bleiben soll, das scheint uns doch nicht richtig.

Wilhelm Hohoff (1848–1923) studierte Theologie, wurde Priester und befasste sich gründlich mit Karl Marx. Die zitierte Schrift behandelt seine Kontroverse mit August Bebel.

Hohoff, Wilhelm (1881). *Protestantismus und Socialismus. Historisch-politische Studien.* Paderborn: Bonifacius.

S. 85f.

Ein *wissenschaftlicher Koryphäe* erste Ranges, im Vergleich zu dem selbst ein „Säkulargenie" wie Ferdinand Lassalle sehr unbedeutend erscheint, der Vernichter der scheußlich-elenden, funesten liberalen Bourgeois-Oekonomie, Karl Marx, der Verfasser des in der Socialwis-senschaft für alle Zeiten epochemachenden Werkes über „Das Kapital", hat das Uebel, an dem die von Christentum und der Kirche abgefallene Welt krankt, mit markiger Prägnanz also charakterisirt: [...].

Edward William Cox (1809–1879), Jurist und gläubiger Spiritualist.

Cox, Edward W. (1882). Die Theorie und die Thatsachen der psy-chischen Kraft. *Psychische Studien. Monatliche Zeitschrift, vorzüglich der Untersuchung der wenig gekannten Phänomene des Seelenlebens gewidmet, 9 (9)*, 385-391.

S. 389

Wir sind nach ihrer Meinung Narren, dass wir den Beweis unserer Sinne annehmen. Wir sollen ja nicht sehen, was wir sehen, noch hören, was wir hören. Der *Wissenschafter* weiss, wenn er auch seine Augen und Ohren verschliesst, viel besser, was vorging, als wir, die wir Augenzeugen desselben waren.

Andreas Sigismund Marggraf (1709–1782), seit 1744 Mitglied der physikalischen Klasse der Akademie der Wissenschaften zu Berlin.

anon. (1882). Andreas Sigismund Marggraf. *Neue Zeitschrift für Rübenzucker-Industrie, 8 (19)*, 193.

S. 193

In den Kreisen der Industriellen und *Wissenschafter*, welche zunächst davon berührt werden, und die auch die weiteren Kreise der Gebildeten für ihren Gedanken gewonnen haben, hat sich vielseitig der Wunsch geregt, bei diesem Anlasse das segensreiche Wirken des verdienstvollen Mannes durch ein dauerndes Zeichen der Erinnerung zu ehren.

Krause, Karl Christian Friedrich (1882). *System der Aesthetik oder der Philosophie des Schönen und der schönen Künste*. Leipzig: Otto Schulze.

S. 131

Jedem Künstler (sowie jedem *Wissenschafter*) ist, sowie jedem Menschen, erstwesentlich, dass er schaufühle, ja schaufühlwolle und schaufühlwolllebe die Wahrheit, dass er in Wesen, dass Wesen intheilwesen ist er, dass er urendliches Ingliedwesen in Wesen ist, und dass sein Werk er selbst intheil ist.

Joseph Epping (1835–1894), Jesuit, Altorientalist, Astronomiehistoriker.

Epping, Joseph (1882). *Der Kreislauf im Kosmos. Ergänzungsheft 18 zu den Stimmen aus Maria-Laach*. Freiburg im Breisgau: Herder.

S. 23

„Wissenschaftliche Phantasie"! Da haben wir den Angelpunkt, worum sich die ganze moderne Wissenschaftlichkeit dreht. Was kümmert sich ein phantastischer *Wissenschaftler* noch um die Lücken in seinem System! Analogien sind bald aufzufinden, und mit diesen lassen sich nicht bloß einzelne Löcher zustopfen, sondern ganze Abgründe ausfüllen.

Julius Friedrich August Bahnsen (1830–1881), 1853 promovierter Philosoph, später Hauslehrer, dann Gymnasiallehrer.

Bahnsen, Julius (1882). *Der Widerspruch im Wissen und Wesen der Welt. Princip und Einzelbewährung der Realdialektik, 1. Bd., 2. Ausg.* Leipzig: Th. Grieben (L. Fernau).

S. 64

Nur wenn wir in der allverbreiteten Neigung, die realen Geschehnisse auf ein Wunderbares, als ein Gegennatürliches, zurückzuführen, die Auflehnung der Ahnung von der antilogischen Beschaffenheit des innersten Weltwesens wider die allseitige Behauptung der *Wissenschaftler* von der „Vernünftigkeit" derselben erkennen, wird uns deren Macht über die Gemüther bei allen Völkern und zu allen Zeiten überhaupt verständlich und erklärlich.

Raabe, Wilhelm (1882). Fabian und Sebastian. Eine Erzählung. *Westermann's Illustrirte Deutsche Monatshefte. Ein Familienbuch für das gesammte geistige Leben der Gegenwart, 51*, 145-192+289-437.
S. 312
Er ist ziemlich satt vom Tische aufgestanden; er war mir trotz Allem stets ungemein sympathisch, und ich bin auch lange genug sein Tischgenosse gewesen, um als Mensch und als *wissenschaftlicher Mensch* einige bescheidene Zweifel in jener Beziehung hegen zu dürfen.

Conrad, Michael Georg (1883). *Madame Lutetia! Neue Pariser Studien.* Leipzig: Wilhelm Friedrich.
S. 170
Wir haben ausgezeichnete Schriftsteller, hervorragende *Wissenschafter*, geschäftsgewandte Parlamentarier, hochangesehene Techniker. Warum sind sie unvermögend, in der höheren Ordnung des National- und Menschheitslebens zu wirken? Weil sie persönlich meistens nur Philister und Leisetreter, egoistische Schleicher und verlederte Fachleute ohne den göttlichen Funken höheren Menschentums und ohne den Enthusiasmus edler, weltweiter Kulturanschauungen sind.

Hitze, Franz (1883). *Schutz dem Handwerk!* Paderborn: Bonifacius.
S. 125
Jeder ist versucht, seinen Beruf, seine Thätigkeit zu überschätzen; der Praktiker verkennt gar leicht die Bedeutung der Wissenschaft und Politik; der *Wissenschaftler* und Politiker ist versucht, die Schöpfungen der privaten Praxis zu unterschätzen. Der Seelsorger glaubt, die Kirche müsse die soziale Frage lösen; der Staatsbeamte meint, der Staat müsse alles machen.

Kirchner, Friedrich (1883). *Der Spiritismus, die Narrheit unseres Zeitalters.* Berlin: Carl Habel. (C. G. Lüderitz)

S. 73
Je weiter daher die Naturforschung in den Zusammenhang der Welt
eindringt, desto mehr schwinden die Wunder. Zwar in dem Sinne wird
auch ein *wissenschaftlicher Mensch* von Wundern reden, als er damit
staunenswerthe Dinge meint: so spricht er von den „Wundern der
Sternenwelt, dem wunderbaren Bau des Auges" u. dgl. Aber er ist sich
dabei bewußt, daß diese „Wunder" keine Verlegungen, sondern grade
Erweisungen der Naturgesetze sind.

Seyerlen, Rudolf (1884). Vorwort des Herausgebers. Johann Caspar
Bluntschli (1884). *Denkwürdiges aus meinem Leben. 1. Teil. Die
schweizerische Periode. 1808-1848.* V-VIII. Nördlingen: C. H. Beck.
S. VI
Er war Statsmann und *Wissenschafter*, philosophischer Denker und
religiöser Charakter, eifriger Patriot und warmer Freund der gesamten
Menschheit, Mitglied des Maurerbundes und Mann der Kirche, in der
ausgebreitetsten Beziehung zu Männern fast aller Gesellschaftskreise,
in Verbindung mit Angehörigen fast aller civilisierten Nationen,
daneben aber für das stille Glück des Familienlebens, wie nicht minder
auch für das hohe Gut der Freundschaft ebenso empfänglich, wie
derselben bedürftig, ausgezeichnet gleichermassen durch einen offenen
Sinn für die Natur, wie durch feinen Kunstsinn; [...].

Köhler, Oswald (1884). Die vierte Dimension der Gespenstergläubigen.
Die Neue Zeit, 2 (8), 371-374.
S. 371
Aehnlich muß die Sachlage bei denjenigen unserer *Wissenschafter*
aufgefaßt werden, welche vor lauter Gelehrsamkeit die einfachsten
Dinge der Erkenntnis nicht mehr begreifen, in den Elementen allen
Wissens sich nicht mehr zurechtfinden können.
Johannes Rehmke (1848–1930), seit 1887 Ordinarius für Philosophie in
Greifswald.
Rehmke, J. (1884). [Rezension:] Pesch, Tilman (1883). Die großen
Welträtsel. Philosophie der Natur, 1. Bd. Freiburg: Herder. *Deutsche
Litteraturzeitung, 5. Jg., 2.Th., Nr. 32*, Sp. 1155-1157.
Sp. 1156
Denn es ist und bleibt wahr, der außerkatholische Standpunkt in unserer
wissenschaftlichen Gegenwart ist diesem thomistischen so fremd und
entgegengesetzt, dass eine Verständigung unmöglich ist; eine Polemik

wäre selbst auf diesem Gebiet der Naturphilosophie mit dem katholischen *Wissenschaftler* ebenso endlos und aussichtslos, wie sie es bekanntlich mit demselben ist auf dem Gebiet des Kirchlichen und Religiösen.

Fontane, Theodor (1884/1885?). Unverändert der Deine. [Fragment, erstmals 1966 veröffentlicht in] Fontane, Theodor [Walter Keitel, Hrsg.] (1966). *Sämtliche Werke, [Abt.1]. Romane, Erzählungen, Gedichte; Bd. 5,* 829-832. München: Carl Hanser.
S. 831

Der Minister lächelte: „Daß doch die besten Menschen sich in eine Opposition hineinreden und eine Neigung haben von Dingen zu reden, die jenseits ihrer Sphäre liegen. Du kümmerst dich um Kunst und ähnlichen allerliebsten Stips des Daseins und hältst doch eine Kammerrede, wie wenn du mich oder Ihn aus dem Sattel werfen wolltest. Aber es ist wunderbar, die *Schönwissenschaftler* sind immer an der Tête ... etc." Balthasar biß sich auf die Lippen [...].

Johannes Friedrich Guttzeit (1853–1935) war zunächst preußischer Offizier, wurde dann Vertreter einer naturnahen Lebensweise.

Guttzeit, Johannes (1885). *Der konsequente Humanismus, oder der natürliche Weg zu Gesundheit, Veredlung, Lebensfreude, Gemütsruhe und langem Leben.* Stettin: Wittenhagen.
S. 8

Wer als *Wissenschafter* auftritt, dem muß seine Kenntnis sagen, daß alles, was Nerven hat, Schmerz empfindet, und wer sich als Mensch hinstellt, ja nur als Lebewesen, das nicht zur Klasse der Raubtiere gehört, dem muß sein Mitgefühl sagen, wo er Schonung zu üben hat.

Wiss, Eduard (1885). [Rezension:] Tylor, Eduard B. (1883). Einleitung in das Studium der Anthropologie und Civilisation. Braunschweig: Vieweg & Sohn. *Vierteljahrschrift für Volkswirtschaft, Politik und Kulturgeschichte, Jg. 22, 1. Bd.,* 215-220.
S. 215

Die wertvollsten populären Werke wissenschaftlicher Lehren und Untersuchungen haben wir immer von den Matadoren solcher Wissenschaften selbst erhalten. Wir erinnern nur an A. v. Humboldt, Schleiden, Helmholtz u. a. Auch dies Werk ist die Arbeit eines der berühmtesten *Wissenschafter* der Anthropologie.

Zadek, J. (1885). Noch einmal Zola. *Die Neue Zeit, Revue des geistigen und öffentlichen Lebens, 3*, 175-179.

S. 178f.

Man kann gegen die Behauptung Zola's, daß der Romanschriftsteller die experimentelle Methode auch auf seinem Gebiete anwenden könne, anwenden müsse, so manches einwenden. Vor allem dies, daß der *Naturwissenschafter* ohne jede vorgefaßte Meinung, mit vollster Unbefangenheit an das Experiment geht und die Ergebnisse, welche dasselbe zu Tage fördert, einfach zu Protokoll nimmt. [...]. Der *Naturwissenschafter* beweist – der Romanzier kann nur überzeugen.

Wesendonck, H. (1885). Herr Dr. Rein als Reformator der Schulen. *Paedagogium, 7 (3)*, 198-208.

S. 199

Wir nehmen Dr. Rein die Wandlung seiner Ansichten durchaus nicht übel, aber wir fragen: verdient es die deutsche Lehrerschaft, nun gleich mit Spott und Hohn beworfen und als „Dilettanten", „Vulgärpädagogen", „bloße Praktiker" etc. gescholten zu werden, wie dies in der Presse der sogenannten „*Wissenschaftler*" zum guten Tone gehört und alle Augenblicke geschieht, wenn sie solche subjective Wandlungen gar nicht oder nicht gleich zur selbigen Stunde wie Rein mitmachen wollen, wenn sie nicht zu den chamäleonartigen Naturen gehören, die heute schwarz als schwarz, morgen aber als weiß, übermorgen als roth etc. ansehen können?

Hans Rasmus Johann Malling-Hansen (1835–1890), Pastor und Vorstand des königlichen Dovstummeinstitut Kopenhagen, Erfinder der ersten serienmäßig hergestellten Schreibmaschine.

Malling-Hansen, R. (1886). Einige Resultate der täglichen Wägungen von c. 130 Zöglingen des Königl. Taubstummen-Instituts in Kopenhagen. Lange, C. (Hrsg.), *Congrès périodique international des sciences médicales, 8me session, 1884, Copenhague*; 103-104. Copenhague: Gyldendal (F. Hegel & Fils).

S. 104

Aber selbst wenn ein *Wissenschafter* den Einfall gehabt hätte, tägliche Wägungen einer Menge Kinder auf einmal zu unternehmen, so hätte wohl kein Vorsteher oder Director dieser Kinder an die völlige Harmlosigkeit, an das nicht Störende und nicht Zeitraubende solcher Arbeiten geglaubt.

Friedrich Otto Richard Falckenberg (1851–1920). Seit 1889 Ordinarius der Philosophie in Erlangen, befasste sich mit der Geschichte der Philosophie. Falckenberg, Richard (1886). *Geschichte der neueren Philosophie von Nikolaus von Kues bis zur Gegenwart. Im Grundriss dargestellt.* Leipzig: Veit & Comp.

S. 24f.

Als Vorläufer dieser Schule [der italienischen Naturphilosophie] darf Hieron. Cardanus, Arzt in Mailand (1501–1576) betrachtet werden, dessen phantastische Neigungen durch mathematische Bildung zwar nicht unterdrückt, doch gezügelt werden. Während das Volk die Dogmen der Kirche in unterwürfigem Glauben hinzunehmen hat, darf und soll der *Wissenschaftler* alles der Wahrheit hintansetzen. Der Weise gehört zu der seltenen Klasse von Menschen, die weder täuscht noch getäuscht werden; die übrigen sind Betrüger oder Betrogene oder beides.

Nietzsche bleibt weiterhin bei den längeren Ausdrucksversionen und er weiß von wissenschaftlichen Leuten nicht allzu viel Gutes zu berichten.

Nietzsche, Friedrich (1886). *Jenseits von Gut und Böse. Vorspiel einer Philosophie der Zukunft.* Leipzig: C. G. Naumann.

S. 140

Im Verhältnisse zu einem Genie, das heisst zu einem Wesen, welches entweder zeugt oder gebiert, beide Worte in ihrem höchsten Umfange genommen –, hat der Gelehrte, der *wissenschaftliche Durchschnittsmensch* immer etwas von der alten Jungfer: denn er versteht sich gleich dieser nicht auf die zwei werthvollsten Verrichtungen des Menschen. In der That, man gesteht ihnen Beiden, den Gelehrten und den alten Jungfern, gleichsam zur Entschädigung die Achtbarkeit zu – man unterstreicht in diesen Fällen die Achtbarkeit – und hat noch an dem Zwange dieses Zugeständnisses den gleichen Beisatz von Verdruss. Sehen wir genauer zu: was ist der *wissenschaftliche Mensch*? Zunächst eine unvornehme Art Mensch, mit den Tugenden einer unvornehmen, das heisst nicht herrschenden, nicht autoritativen und auch nicht selbstgenügsamen Art Mensch: [...].

Gyzicki, G. v. (1887). Briefe über die neuere philosophische Literatur. *Deutsche Rundschau, 52,* 306-317.

S. 307

Gewiß findet sich, leider, auch in diesem Kreise nur zu vieles „Menschliche, Allzumenschliche"; aber daß Sätze, wie diese Dühring'schen: –

„Die Gelehrten und *Wissenschafter* sind zu moralischen Mißgebilden geworden, wie die Mönche." „Das Gelehrtenreich hat die größte moralische Schlechtigkeit auszuweisen, die überhaupt denkbar ist" – nicht von krankhaftem Mißtrauen zeugen, werden Wenige glauben. Dühring's Gerechtigkeitsliebe hätte ihn davon abhalten sollen, über ganze Classen der Gesellschaft den Stab zu brechen.

R., K. (1887). [Rezension:] Glaser, L. (1887). „Catalogus etymologicus Coleopterum et Lepidopterum". Erklärendes und verdeutschendes Namenverzeichniß der Käfer und Schmetterlinge für Liebhaber und wissenschaftliche Sammler, systematisch und alphabetisch zusammengestellt. Berlin: R. Friedländer & Sohn 1887. *Isis. Zeitschrift für alle naturwissenschaftlichen Liebhabereien. (Verkehrsblatt für naturgeschichtlichen Kauf und Tausch), 12 (37)*, 289.
S. 289
Dieser Katalog soll ein wichtiges Hilfsmittel beim Selbstunterricht sowol der angehenden *Wissenschafter* als auch der Liebhaber sein, und in diesem Sinn sei er bestens empfohlen.

Steinhauser, S. & sieben weitere Unterschriften (1887). Zur Beglückwünschung eines Gelehrten. *Zeitschrift für mathematischen und naturwissenschaftlichen Unterricht, 18*, 155.
S. 155
Es werden bald 25 Jahre, daß Eugen Dühring für Vermehrung und Reform der Wissenschaft in mehreren Gebieten als Denker und Philosoph, als Nationalökonom, als Mathematiker und *Naturwissenschafter* und nicht zum wenigsten als populärer und nationaler Schriftsteller und zwar mit immer neuer Hervorkehrung frischer Kräfte des Geistes und Charakters gewirkt hat.

m (1888) [Rezension:] Kleinpaul, Rudolf (1888). Sprache ohne Worte. Idee einer allgemeinen Wissenschaft der Sprache. Leipzig: Wilhelm Friedrich. *Beilage zur Allgemeinen Zeitung, Jg. 1888, Nr. 284*, 4179-4180.
S. 4179
Das zweite Capitel selbst bringt unter dem Titel „Die Sprache des Angesichts" eine Geschichte der Physiognomik und diese selbst, wie sie sich uns nach den leiblichen Analogien, nach Leib und Seele, Nationalität und Race, Stand und Profession, Erfahrungen, Schicksal und

Kleidung und nach dem heutigen Stande, nicht dieser Wissenschaft, die als solche kaum mehr existirt, sondern der *Wissenschaftern* darstellt.

Schmick, J. H. (1888). *Ist der Tod ein Ende oder nicht? Gespräche über das Erdenleben und die Menschennatur.* Leipzig: Max Spohr.
S. 8
Ich möchte nun gern einmal von Ihnen hören, Herr Justizrat, was Sie und die *Naturwissenschafter* mit Ihrer mehrfach erwähnten Überzeugung voraus haben vor denen, die da meinen, es ließe sich zu ihren gunsten etwas im großen Getriebe ändern, und es sei ein wohlwollender oder übelgesinnter höherer Wille, der jeden Augenblick eingreifen und die Dinge so oder anders wenden könne.

Tille, Alexander (1888). *Aus den Ehrentagen der Universität Bologna im Juni 1888.* Leipzig: Roßberg.
S. 12
Die Farbe gab die Facultät an. Die Literaturstudenten (Philologen) trugen weiße, die Juristen blaue, die Mediciner rothe und die Mathematiker (*Naturwissenschaftler*, Philosophen, Techniker) grüne Mützen.

Otto Luedecke (1851–1910), Geologe und Mineraloge, Universität Halle. Luedecke (1889). [Rezension:] Vogel, G. (1888/89). Photographische Mittheilungen. *Zeitschrift des Vereins zur Förderung der Photographie und der Deutschen und Schlesischen Gesellschaft von Freunden der Photographie, 25*, 208-209.
S. 209
In denselben finden wir über fast alle Theile der photographischen Praxis wichtige Aufschlüsse und Mittheilungen, wodurch die Zeitschrift eine wahre Fundgrube für den alleinstehenden *Wissenschafter,* Künstler, Industriellen etc. geworden ist.

William Thierry Preyer (1841–1897) wurde 1862 in Heidelberg zum Dr. phil. promoviert, habilitierte sich 1865 in Bonn, wurde 1866 Doktor der Medizin und ging später nach Berlin. Er befasste sich mit Entwicklungsphysiologie sowie -psychologie.
Preyer, Wilhelm (1889). *Biologische Zeitfragen. Schulreform – Lebenserforschung – Darwin – Hypnotismus.* Berlin: Allgemeiner Verein für Deutsche Litteratur.
S. 32

Das alles ist die Schuld des Gymnasialunterrichts. Ich kann es im einzelnen beweisen, daß nicht allein die angehenden Mediciner und *Naturwissenschafter* das Nothwendige nicht gelernt und viele unnöthige todte Kenntnisse als Gymnasiasten erworben haben, sondern auch, was schlimmer, die Fähigkeit, das Nothwendige zu lernen, ihnen dadurch verkümmert worden ist.

S. 46

Altphilologen, d. h. künftige Gymnasiallehrer, giebt es zu viele. Ihre Zahl wird abnehmen, weil der Besuch der Gymnasien abnehmen wird, und die der *Naturwissenschafter* wird wachsen, weil sie den Bedarf noch nicht deckt.

Heinrich Gottlieb Hermann Conradi (1862–1890), Schriftsteller des Naturalismus.

Conradi, Hermann (1889). *Wilhelm II und die junge Generation. Eine zeitpsychologische Betrachtung.* Leipzig: Wilhelm Friedrich.

S. 52

Mit einer unendlichen Verachtung sieht der jüngere Nachwuchs unserer Mediziner und *Naturwissenschaftler* auf die ältere Generation herab, der sie doch Alles: Materie, Methode, Pioniervorarbeit, Bahn, Wegweiser u. s. w., erst verdankt. [...]. Kein Zweifel: den meisten *Wissenschaftlern* aus der jungen Generation ist ein derartiger breiter Fortentwicklungsprozeß vollkommen unmöglich. Im Gegenteil: sie verengen sich immer mehr – [...].

Ulrich von Wilamowitz-Moellendorff (1848–1941), klassischer Philologe.

Wilamowitz-Moellendorff, Ulrich von (1889). *Einleitung in die attische Tragödie (Euripides / Herakles, erklärt, Bd. 1).* Berlin: Weidmann.

S. 133

der ansatz zu einer lösung der grossen geschichtlichen aufgabe war da. aber als erst ein *naturwissenschaftler* und dann ein schönredner die schulleitung des peripatos übernahm, verdorrte die blüte.

Schletterer, August (1890). Die Gruppe der Hymenopteren-Gattungen Leucospis Fab., Polistomorpha Westw. und Marres Walk. *Berliner entomologische Zeitschrift, 35 (2)*, 141-302.

S. 143

Wie sehr einem durch derlei armselige Beschreibungen die Arbeit erschwert wird, davon wüsste jeder aufrichtige Forscher genug zu erzählen. Möchten doch die berüchtigten „*Wissenschafter* um jeden Preis" den Wink beherzigen, welcher der ganzen Stümpergilde im

allgemeinen erst jüngst von einem der vorzüglichsten Hymenoptero-
logen, dem trefflichen Dr. Schmiedeknecht in seiner neuesten Abhandlung, zu Theil geworden!

anon. (1890). [Rezension:] Kirchliches Jahrbuch für den Kanton Bern,
Bd. 1. *Schweizerische Reformblätter, 24 (4)*, 63-64.
S. 64
Der Bericht über die kirchliche Lage im Kanton Bern kommt S. 107 auf
die Gegner unserer Volkskirche zu sprechen und führt darunter „die
Modernen, die *Wissenschafter*, die Materialisten" u. s. w. an. Bekannt-
lich versteht man nun sehr oft unter den „Modernen" die Freunde der
modernen Weltanschauung, des freien Christentums, kurz die Reformer.

Preyer, W. (1890). *Der Hypnotismus. Vorlesungen gehalten an der k.*
Friedrich-Wilhelms-Universität zu Berlin. Wien: Urban & Schwarzen-
berg.
S. 17f.
Was ist Einbildungskraft? Wenn Physiker und Aerzte und andere
Naturwissenschafter einen solchen Satz mit einer solchen Bestimmtheit
aussprechen, dann müssen sie wenigstens die Pflicht fühlen, anzuregen
zur Untersuchung der Frage, was Einbildungskraft ist und wie sie so
auffallende körperliche Veränderungen, wie Krämpfe, Erbrechen u. s.
w. zu Stande brachte.

Kreutz, Th. (1890). Christliche und moderne Psychologie. *Katholische*
Lehrerzeitung. Organ zur Förderung des katholischen Lehrerverban-
des, 1 (28), 877-886.
S. 885
Das sind die Konsequenzen der Verneinung der rein geistigen Anlagen
im Menschen. Wie stolz war doch der Mensch, bevor ihn die moderne
Wissenschaft daran erinnerte, daß sein Geist nicht frei sei! Doch was ist
Stolz, was Demut, was ist Tugend, was Laster, was sind Wahrheit und
Irrtum anders als die Folgen eines unwandelbaren Naturgesetzes. –
Genug des Unsinnes! – Hat doch das vermeintliche Naturgesetz die
modernen *Wissenschaftler* zu gut erzogen, als daß sie sich selbst ernst
nähmen. Wahrlich! [...] die furchtbaren Folgen des Naturalismus,
Nationalismus, Materialismus, Socialismus und Anarchismus.
August Julius Langbehn (1851–1970), 1881 promoviert, Lehrer, Völki-
scher, Schriftsteller, Journalist, Kulturpessimist, Wunderheiler, Deutscher.

Von einem Deutschen (1890). *Rembrandt als Erzieher, 8. Aufl.* Leipzig: C. L. Hirschfeld.

S. 76

Nur Derjenige hat das reiche Kapital der Mystik zu seiner Verfügung, welcher ihm ein gleich reiches Kapital von Realistik entgegenzusetzen weiß; er schlägt dann sowohl den Mystiker, der die Wissenschaft, wie den *Wissenschaftler*, der die Mystik nicht kennt; in medio salus. Mystik ist Gefühlssache; sie läßt sich nicht erlernen; [...].

Kierkegaard, Sören (1890). *Zur Psychologie der Sünde, der Bekehrung und des Glaubens. Zwei Schriften.* Leipzig: Fr. Richter.

S. 48

Daß der *Mann der Wissenschaft* sich selbst vergessen soll, ist ganz richtig, aber darum ist glücklicherweise die Sünde auch kein wissenschaftliches Problem, und darum ist kein *Mann der Wissenschaft* noch irgend sonst ein Projektenmacher verpflichtet zu vergessen, wie die Sünde in die Welt kam.

Goethe, Wolfgang (1891). Geschichte meines botanischen Studiums, Lesarten. *Goethes Werke, II. Abth., 6. Bd.,* 365-400. Weimar: Hermann Böhlau.

Lesart S. 391

Die Professoren Prätorius, Schlegel und Rolfink, erwarben durch Einrichtung botanischer Anstalten sich um die Wissenschaft großes Verdienst, Rupp's Flora Jenensis erschien 1718, und nicht allein am Orte selbst, sondern auch in der Gegend verbreitete sich das frohe Naturstudium.

Lesart S. 381

[...] erwarben durch Einrichtung botanischer Anstalten sich um die *Wissenschafter* großes Verdienst [...].

Lesart S. 381 wirkt unzutreffend. Nur Lesart S. 391 klingt sinnvoll.

Wittig, Gregor Constantin (1891). Miss Annie Eva Fay in Leipzig. *Psychische Studien, 18 (1),* 6-10.

S. 9

Weshalb hat man es denn seiner Zeit den Spiritisten und Spiritualisten so stark verübelt, dass sie an noch weit wundersamere Leistungen ihrer Medien glaubten und an ihnen als Thatsachen unerschütterlich festhielten, trotzdem alle Welt über Betrug und Schwindel schrie, wie bei Hansen's ersten hypnotischen Experimenten? Wenn die damals so superklugen Herren *Wissenschafter* von vornherein fein selbst mit beobachtet hätten, so würden sie vielleicht noch geistersichtiger geworden sein, als die von ihnen Jahrzehnte lang aufs beste verleumdeten Spiritisten und Vertreter der psychischen Theorie, [...].

Hartmann, K. A. Martin (1891). Rektor Volkmann von Schulpforta und der französische Unterricht auf den Gymnasien. *Zeitschrift für französische Sprache und Literattur, 13 (1)*, 229-232.
S. 230
Ein billiger Beurteiler darf vor allem nicht übersehen, dass auch an vollständigen Gymnasien der französische Elementarunterricht leider nur zu oft nicht in den Händen von Fachmännern liegt. Hier wird ein *Naturwissenschafter* damit betraut, dort ein Theolog, dort ein Altphilolog, dort ein Mathematiker. So ist es nur zu oft in Preussen, und ähnlich auch in Sachsen.
Neumann-Hofer, Otto (1892). Helmholtz auf dem Goethe-Tage. *Das Magazin für Litteratur, Jg. 61, 27,* 436-438.
S. 437
Künstler wie *Wissenschafter* werden mit dem Anfangs- und Endpunkt der helmholtzische Betrachtung durchaus einverstanden sein.
S. 438
[...], der Künstler müsse ein außerordentlich treues Gedächtnis für die einzelnen Erinnerungsbilder haben, der *Wissenschafter* könne ein so treues Gedächtnis entbehren.

Krause, Karl Christian Friedrich (1892). *Vorlesungen über Naturrecht oder Philosophie des Rechts und des Staates.* Leipzig: Otto Schulze.
S. 274
Auch nach den inneren Verrichtungen z. B. ist es ein urschönes Verhältniss, wo der Mann *Wissenschafter*, das Weib Künstlerin (Kunstin) ist. Der leibliche Lebensverein der Ehegenossen ist aber selbst wiederum nicht bloss oder überwiegend eheliche Umarmung und was dazu hinführt und sie begleitet.
Der Nebelspalter war und ist ein Schweizer Satireblatt.
anon. (1892). Wer hat Recht? *Der Nebelspalter. Illustrirtes humoristisch-satyrischen Wochenblatt, 18, No. 48*, unpaginiert.
erstes Blatt
Dir geht es am allerschlimmsten dabei,
Du stehst wie zwischen zwei Bündeln Heu

Der Esel einst, und schmollst und grollst,
Und weißt nicht, wem du trauen sollst
Von den streitenden Herren *Wissenschaftern*,
Die deine zweifelnde Seele umklaftern.
Der Nebelspalter wurde 1933 im Deutschen Reich verboten.

Schultes (Berichterstatter) (1892). Über Auswahl und Behandlung der neusprachlichen Lektüre für die oberen Klassen der Gymnasien und Realschulen. *Verhandlungen der Direktoren-Versammlung in den Provinzen des Königreichs Preussen seit dem Jahre 1879, Fünfte Direktoren-Versammlung der Provinz Schleswig-Holstein, 41*, 147-161.
S. 149
Wir Schulmänner aber haben zu prüfen, was von dem durch die Wissenschaft Errungenen und Erkannten für unsre vorbildenden Zwecke das brauchbarste ist. Der *Wissenschaftler* ist der Fabrikant; der Schulmann ist dem Kaufmann vergleichbar, welcher die dem Consumenten brauchbarste Ware zu übermitteln hat.

Sachs, Karl (1892). *Encyklopädisches französisch-deutsches und deutsch-französisches Wörterbuch. Hand- und Schul-Ausgabe, 66. Auflage*. Berlin: Langenscheidt.
S. 869
Wissenschafter [...] homme de science et de littérature, erudit.
Wissenschaftler [...] verächtlich für *Wissenschafter*, etwa: savant pédant.
Eine deutliche Aussage.

anon. (1893). Herr Dr. Paul Lindau schreibt uns. *Münchner neueste Nachrichten, Jg. 46, N. 485*, 1-2.
S. 1
Es interessirte mich natürlich vor Allem, zu erfahren, ob dieser Allard mit dem doppelten und wechselnden Bewußtsein ein „dichterisches Phantasieprodukt," oder ob der hier geschilderte Zustand von ernsten *Wissenschaftern* beobachtet und wissenschaftlich begründet sei.

Döll, Emil (1893). *Eugen Dühring. Etwas von dessen Charakter, Leistungen und reformatorischem Beruf. Eine populäre Gedenkschrift aus eigenen Wahrnehmungen, mündlichem und brieflichem Verkehr.* Leipzig: C. G. Naumann.
S. 30f.
An Eugen Dühring. Mit Ausgang 1886 sind es fünfundzwanzig Jahre, dass Sie hochverehrter edler Mann, für Vermehrung und Reform der

Wissenschaft in mehreren Gebieten als Denker und Philosoph, als Nationalökonom, als Mathematiker und *Naturwissenschafter* und nicht zum wenigsten als populärer und nationaler Schriftsteller, und zwar mit immer neuer Hervorkehrung frischer Kräfte des Geistes und Charakters, gewirkt haben.

Nach Angaben der Herausgeber der Werke Goethes (S. 360) wurde dieser Ausspruch auf einem Zettel gefunden, der keine Datierung erlaubte. Er mag in den 1820er Jahren geschrieben sein.

Goethe, Johann Wolfgang (1893). *Goethes Werke, II. Abtheilung (Naturwissenschaftliche Schriften), 11. Bd.* Weimar: Hermann Böhlau.

S. 260

Der gemeine *Wissenschaftler* hält alles für überlieferbar und fühlt nicht, daß die Niedrigkeit seiner Ansichten ihn sogar das eigentlich Überlieferbare nicht fassen läßt.

Falls Goethe oder sonstwer dies niederschrieb, es ist fraglos herabsetzend gemeint.

Arnold Dodel (1843–1908), von 1883 bis 1903 Ordinarius für spezielle, dann für allgemeine Botanik in Zürich, Sozialist und Freidenker.

Dohm, Hedwig (1893). *Der Frauen Natur und Recht, 2. Aufl.* Berlin: Friedrich Stahn.

S. 221f.

Professor Arnold Dodel, ein hervorragender *Wissenschaftler* und langjähriger Docent an der Züricher Universität schreibt (Frankfurter Ztg. 1893): „Thatsache ist, daß die Anwesenheit studirender Damen auf die männlichen Studenten günstig, veredelnd und sittigend einwirkt. Das können wir Lehrer der Hochschule alle bezeugen, [...]".

Lou Andreas-Salomé (1861–1937), Schriftstellerin, befreundet mit Nietzsche, Rilke und später mit S. Freud, zu dessen Schülerin sie wurde.

Andreas-Salomé, Lou (1894). *Friedrich Nietzsche in seinen Werken.* Wien: Carl Konegen.

S. 127

So schuf Nietzsche gewissermaassen einen neuen Stil in der Philosophie, die bis dahin nur den Ton des *Wissenschafters* oder die dichterische Rede des Enthusiasten vernommen hatte: er schuf den Stil des Charakteristischen, der den Gedanken nicht nur als solchen, sondern mit dem ganzen Stimmungsreichthum seiner seelischen Resonanz ausspricht, mit all den feinen und geheimen Gefühlsbeziehungen, die ein Wort, ein Gedanke weckt.

Dühring, E. (1894). *Gesammtcursus der Philosophie, 1. Th., Kritische Geschichte der Philosophie*. Leipzig: O. R. Reisland.
S. 285
Dies gewöhnliche Schicksal, welches alle grossen geistigen Erzeugnisse und alle Bücher treffen wird, die dem gemeinen Schlage der Philosophirer und *Wissenschafter* aus irgend welchen Gründen oder Interessen zunächst nicht als citirbar erscheinen, erklärt sehr Vieles von jenen verborgenen Einflüssen des Genies, denen die Geschichtsschreibung erst spät oder auch niemals auf die Spur kommt. Bei einem Autor wie Spinoza müssen wir diese stille Wirksamkeit in reichlichem Maasse voraussetzen.

anon. (1894). Dühringianer und Antisemiten Förster'scher Richtung. *Mitteilungen aus dem Verein zur Abwehr des Antisemitismus, 4 (29)*, 228.
S. 228
Ekelhaft ist das knechtische Nachbeten des „Meisters" in allem und jedem und zur Werthschätzung dieses „*Wissenschafters*" hinreichend.
Dies zielte besonders, doch nicht nur auf Dühring.
Fontane, Theodor (1894). *Von vor und nach der Reise. Plaudereien und kleine Geschichten. 2. Aufl.* Berlin: F. Fontane & Con.
S. 226
Dies Erlebnis, wie schon angedeutet, war für Lezius' Entwicklungsgang als *Wissenschaftler* entscheidend gewesen. Er suchte seitdem nach einer Brücke von Gentiana pannonica nach Gentiana asclepiadea hinüber, zwischen welchen beiden eine noch unentdeckte Species liegen mußte.

Altenkrüger, Franz Ludwig Ernst (1894). *Friedrich Nicolais Jugendschriften*. Berlin: Heymann.
S. 55
Nachdrücklich wendet sich Nicolai gegen die stubenhockerische Abgeschiedenheit der deutschen Gelehrten und *Schönwissenschaftler*, die ohne eine Ahnung vom Leben zu haben, Satiren über die menschlichen Tugenden und Laster ... (schreiben??).

Knabe (1894). Über Leben und Wirken Frie[d]rich Albert Langes. *Mittheilungen an die Mitglieder des Vereins für hessische Geschichte und Landeskunde, Jg. 1893*, 17-20 .
S. 20

Manchem Vorurtheil hatte der als Arbeiter-Agitator und Materialist verschrieene Lange zu begegnen, aber bald hatten seine Vorlesungen grossen Erfolg. Die Studenten hingen an ihm, wie Professor Cohen mittheilt, und die Professoren lernten an ihm den Charakter und den *wissenschaftlichen Mann* schätzen und ehren.

> Strauß, David Friedrich (1895). *Ausgewählte Briefe, herausgegeben und erläutert von Eduard Zeller*. Bonn: Emil Strauß.

S. 239

Ganz gleichartig sind unsere beiden Naturen darin, daß sie künstlerisch-wissenschaftliche sind. Den Unterschied in dieser Einheit möchte ich so ausdrücken, daß Du ein wissenschaftlicher Künstler, ich ein künstlerischer *Wissenschafter* bin, d. h. Dir ist die Kunst Stoff, den Du wissenschaftlich behandelst, mir ist die Wissenschaft Stoff, den ich künstlerisch zu gestalten strebe.

Strauss' Brief richtet sich an Friedrich Theodor Vischer (1807–1887), Professor der Philosophie in Tübingen, Zürich und Stuttgart.

> Dühring, E. (1895). *Gesammtcursus der Philosophie, 2. Th. Wirklichkeitsphilosophie*. Leipzig: O. R. Reisland.

S. 320

Eigensüchtige Phantastik, welche den Thatsachenbestand beugt und das eigne Gesicht im Spiegel nicht richtig sieht, sondern unter allen Umständen vortrefflich finden will, das ist ja selbst bei verdienstlichen *Wissenschaftern* eine bekannte Erscheinung, deren Folgen der Kenner bei der Kritik stets veranschlagt.

S. 511

Die *Wissenschafter* sind ohnedies eine Kaste, durch welche in den obern Regionen und für die Höhergebildeten die Priester abgelöst worden. Bei dieser Ablösung ist nun eine neue verworfene und verblendete Selbstsucht in neuen Täuschungs- und Fälschungsapparaten verkörpert worden. Wer heute Reines und Durchgreifendes wissen will, muss vor allen Dingen gegen das Gros der *Wissenschaftspriester* Front machen.

S. 524

Es heisst, den Bock zum Gärtner machen, wenn man verlogene *Wissenschafter*, sozusagen Auguren und Eingeweidegucker im staatsmässig bestallten und bezahlten Cultus des Wissens, zu Richtern über das bestellen will, was den Menschen frommt.

Elise Therese Levien (1849–1908) nannte sich als Autorin Ilse Frapan. Seit 1901 hieß sie Ilse Akunian. Sie schrieb Romane und Novellen.

Frapan, Ilse (1895). *Flügel auf! Novellen*. Berlin: Gebrüder Paetel.
S. 112

„Ich bin kein Ausnahmegeschöpf, ich bin vom Gros, gut und gern,"
sagte er, während seine Stirn sich röthete, „ich bin ein einfacher
Arbeiter. Ich mache keine Ansprüche, dem *Wissenschaftler* ist diese
Vorstellung fremd. Sein weiterer Blick läßt ihn auch seine Stellung klar
übersehen. [...]."

Ploetz, Alfred (1895). *Grundlinien einer Rassen-Hygiene, Bd. 1. Die
Tüchtigkeit unsrer Rasse und der Schutz der Schwachen. Ein Versuch
über Rassenhygiene und ihr Verhältniss zu den humanen Idealen,
besonders zum Socialismus*. Berlin: S. Fischer.
S. 16

Es giebt ausser der Selections-Theorie noch verschiedene Entwicke-
lungshypothesen, die sich aber nicht entfernt einer solchen weitver-
breiteten Anerkennung unter den *Wissenschaftlern* erfreuen, und die das
Stadium nebelhafter Hypothesen so wenig überwunden haben, dass ich
mich in diesen Blättern darauf beschränken muss, nur die
Darwin-Wallace'sche Form der Entwickelungslehre in's Auge zu fassen,
[...].

Dem folgen bei Ploetz weitere Auftritte der Wissenschaftler.

anon. (1895). Agrar-Debatte auf dem social-demokratischen Parteitage.
Breslau. *Neue Freie Presse, Morgenblatt, Nr. 11183*, 8-9.
S. 8

Aber die große Masse gewinnt man nicht, indem man ihr sagt, eure Lage
kann vorläufig nicht eine Besserung erfahren, aber für die fernere
Zukunft, da versprechen wir euch ein Eldorado. Wenn wir das gethan
hätten, dann bestände unsere Partei vielleicht aus einer Secte von
Wissenschaftlern, es wäre aber nicht eine große politische Partei.

Das Wort ‚Wissenschaftler' kann kaum freundlich gemeint sein.

anon. (1895). [Suchanzeige.] *Neue Freie Presse. Morgenblatt. Nr.
11148* (7. September 1895), 4.
S. 4

Wirksamer Unterricht in der engl. Sprache u. Literatur durch bescheiden
tüchtigen Professor, weder Schuldilettant, Titular-*Wissenschäftler*, noch
geborenen Engländer, vermittelt gegen nicht exploitives Honorar. F.
Dickin, Alserstraße Nr. 37.

Das Wort ‚Wissenschäftler' ist gewiss unfreundlich.

anon. (1896). Die Demokratie und die ethische Bewegung. Eine Betrachtung zum internationalen ethischen Kongreß in Zürich. *Ethische Kultur. Wochenschrift für sozial-ethische Reformen, 4 (36)*, 281-284.

S. 283

Von einer Würdigung des Formellen muß ich als Sozial-*Wissenschafter* und (speziell in diesem Falle) Sozial-Ethiker gänzlich absehen.

Rohden, G. von (1896). Die „Forderungen der Gegenwart" und der christliche Religionsunterricht. *Evangelisches Schulblatt, 40 (6)*, 225-249.

S. 229

Gerade in diesem Punkte, daß wir in Christo die Offenbarung Gottes erkennen, über welche kein Fortschritt hinaus möglich ist, scheiden wir uns ganz bewußt und principiell von allen *Wissenschaftlern*, die die Religion mittels der Evolutionshypothese zu analysieren und „begreifen", d. h. den überweltlichen Ewigkeitscharakter aus ihr hinwegzudenken unternehmen.

Julius Platter (1844–1923), 1873 promovierte in Innsbruck zum Dr. iur., seit 1879 Professor an der Universität Zürich, seit 1884 Professor für Nationalökonomie am Polytechnikum Zürich.

Platter, Julius (1897). *Demokratie und Socialismus*. Leipzig: Georg H. Wigand.

S. VII

Da die Meinungen über diesen Punkt, sowohl über die Beteiligung an sich, wie über ihre specielle Form, einstweilen weit auseinandergehen, so haben wir eine Umfrage veranstaltet, sowohl bei einer Anzahl einheimischer und auswärtiger Parteigenossen, wie bei denjenigen Politikern, *Wissenschaftern* und Vertretern bürgerlicher Parteien, die hierbei hauptsächlich in Frage kommen.

Lothar, eigentlich Rudolph Lothar Spitzer (1865–1943), Schriftsteller, bespricht zwei Bücher der Laura Marholm, darunter *Die Psychologie der Frau* (1897). Berlin: Karl Duncker.

Lothar, Rudolph (1897). Zur Psychologie der Frau. *Beilage zur Allgemeinen Zeitung, Jg. 1897, Nr. 236*, 3-6.

S. 3

Sie kämpft für ihre Idee als Novellistin wie als *Wissenschaftlerin*.

Otto Julius Bierbaum (1865–1910), Journalist und Schriftsteller.

Bierbaum, Otto Julius (1897). *Stilpe. Ein Roman aus der Froschperspektive*. Berlin: Schuster & Loeffler.
S. 10
Stilpe senior empfand wie jeder Vater seinen Sohn als eine Fortsetzung seiner selbst; was lag da näher, als daß er in ihm auch den zukünftigen Fortsetzer seiner Lebensaufgabe sah? Und nun konnte er sich zwar sagen, daß er selbst schon manchen Schmetterling zur Ehre der Wissenschaft aufgespießt hatte, aber die sattsam bekannte Bescheidenheit unsrer exakten *Wissenschaftler* erfüllte ihn doch zu sehr, als dass er nicht auch hätte hinzufügen müssen: Es giebt immer noch unaufgespießte Schmetterlinge genug, ja übergenug.

Andreas-Salomé, Lou (1898). *Fenitschka. Eine Ausschweifung. Zwei Erzählungen*. Stuttgart: J. G. Cotta Nachf.
S. 18
„Je reiner, je strenger und sicherer ihre Erkenntnismethoden sind, desto bewußter und größer dann auch ihr Verzicht auf das volle, das wirkliche Erfassen selbst des kleinsten Lebensstückchens. – – Deshalb ist der *Wissenschafter*, der ihr dient, an so viel Selbstkasteiung gebunden, an so viel bloße Schreibtischexistenz und geistige Bleichsucht."
Es sprach die Romanfigur Max Werner zu Fenia.
-ir (1898). Aus den Niederlanden. *Beilage zur Allgemeinen Zeitung, Jg. 1898, Nr. 43*, 8.
S. 8
Mag der Hr. Seydel auch noch soviele Jahre schon in unserm Lande leben, so erhält er doch als *wissenschaftlicher Mann* nicht dieselben Rechte wie ein Niederländer, bevor er nicht unsre schwierigen niederländischen Prüfungen gemacht hat.

Fontane, Theodor (1899). *Der Stechlin*. Berlin: F. Fontane & Co.
S. 288
Er kann ihnen aber mannigfach behilflich sein, wenn Ihnen daran gelegen sein sollte, sich um das Wesen der englischen Dissenter, ihre Chapels und Tabernakels zu kümmern. Er ist ein *Wissenschaftler* auf diesem Gebiet. Und ich kenne ja Ihre Vorliebe für derlei Fragen.
Aus einem Brief der Romanfigur des Rex über einen Freund in England.
Grimm, Jacob und Wilhelm (1899). *Deutsches Wörterbuch, 9. Bd.* Leipzig: S. Hirzel.
S. 1527

Schönwissenschaftler, m. der die schönen wissenschaften treibt, belletrist: auch in zeiten und ständen, wo man's nicht vermuthet, siehet man jetzt *schönwissenschaftler* und schönkünstler, wie man sie gern entbehrte. Herder.
Die Fortsetzer der Brüder Grimm haben, wie sich zeigt, bloß Herder und seinen Spott zu bieten.
Weth, Auguste (1900). *Ein Tor tut sich auf: Lebensbuch für Mädchen.* Innsbruck: Tyrolia.
S. 174
Wir hören von *Wissenschaftern*, die so gefangen sind von ihren Versuchen, daß sie in den Laboratorien und Maschinensälen tages und nächtelang aushalten und am liebsten sich daneben ein Bett aufschlagen ließen, [...].
Zeißig, Emil (1900). Das Warum und Weil in der Volksschul-Formenkunde. (Eine pädagogische Studie). *Pädagogische Monatshefte, 6 (8)*, 420-431.
S. 420
Doch wir dürfen nicht vergessen, daß die Volksschulmethodik außer ihren Fachmännern auch anderen *Fachwissenschaftler*, Männern anderer Wissenschaften (die Pädagogen sind ja auch *Wissenschaftler*, und die Pädagogik vom rechten Schlage steht ja auch in dem Range einer Wissenschaft) wesentliche Förderungen verdankt: [...].

anon. (1900). Aachen, 19. Sept., 72. Deutscher Naturforscher- und Aerztetag. *Beilage zur Allgemeinen Zeitung, Jg. 1900, Nr. 216*, 7-8.
S. 7f.
Rudolf Virchow schilderte die Aachener Naturforscherversammlung von 1847 und kam dann auf die Gegenwart zu sprechen: Er komme eben von Paris [...] Es sei nichts vorgekommen, was beunruhigend oder verletzend hätte wirken können. Die *Männer der Wissenschaft* sollten diese Mäßigung alle lernen, um in dem schweren Kampfe gewappnet zu sein, der Europa bevorstehe.
1900 erschien Konrad Dudens *Vollständiges Orthographisches Wörterbuch der deutschen Sprache mit zahlreichen kurzen Wort- und Sacherklärungen und Verdeutschungen der Fremdwörter. Nach den neuen amtlichen Regeln. 6. Aufl.* Leipzig: Bibliographisches Wörterbuch. Die Vollständigkeit war weiterhin ein gehaltloses Versprechen, Wörter wie ‚Wissenschafter‘ und ähnliche werden nicht aufgeführt. Im zwanzigsten Jahrhundert wird sich das merkwürdig ändern.

Das zwanzigste Jahrhundert
und einige dem folgenden Jahre

In diesem Abschnitt werden Belege nur noch in geringen Zahlen als Zitate vorgestellt. Die Masse einschlägiger Zitate wäre einfach überwältigend, führte aber kaum etwas vor, das nicht bereits in älteren Beispielen zu finden war. Ein wichtiger Wandel im Gebrauch der Wörter stellt sich in diesem Jahrhundert langsam ein. Dem Wort ‚Wissenschafter‘ wird weniger Platz eingeräumt, statt dessen tritt ‚Wissenschaftler‘ stärker in den Vordergrund und verliert teilweise seine abwertende Bedeutung. Will jemand deutlich zeigen, dass er eins dieser Wörter anerkennend oder herabwürdigend einsetzen will, muss er auf Adjektive zurückgreifen.

Der langsame, doch stetige Verlust des Wortes ‚Wissenschafter‘ erscheint im Laufe der Herrschaft der NS-Diktatur in deren Herrschaftsbereich sich abzuschließen. Er ist damit regional eingeschränkt auf den Herrschaftsbereich des Deutschen Reiches und der diesen nachfolgenden Besatzungszonen wie auch der daraus entstandenen westlichen, östlichen und spät vereinigten Republiken. In anderen Regionen, in der Deutsch die übliche Sprache war und ist, blieben beide Ausdrücke, die im neunzehnten Jahrhundert in nahezu jedem besseren Wörterlexikon deutlich getrennt wurden, in Gebrauch. Die Schweiz durchlebte diese Diktatur nicht, und in Österreich musste sie nicht einmal halb so lang wie im Reich erduldet werden, einem Territorium zudem, in dem mit Kriegsende eine breite Bewegung gegen alles aufzutreten politisch ratsam war, das einen reichsdeutschen Geruch trug. Dadurch entstand eine Sprachgrenze an politischen Grenzen und, soweit es die beiden Wörter betrifft, eine Grenze, deren Überschreiten wechselseitiges Missverstehen erzeugen mochte.

Für den Verlust eines Wortes im Deutschen Reich war sicher nicht ein einziger Faktor verantwortlich. Sich gegenseitig unterstützende Elemente kommen in Frage. Zunächst schreibende Leute, tätig in Zeitungen oder als schlichtere Romanverfasser, die nicht auf einer höheren Schule oder Universität gelernt hatten, worin sich die beiden Wörter unterscheiden, und daher wahllos das eine oder das andere drucken ließen. Dies lässt sich bereits in der zweiten Hälfte des neunzehnten Jahrhunderts gelegentlich beobachten.

Sodann die Ideologie alias Weltanschauung der NSDAP, die Behauptungen vertrat, denen gründliche wissenschaftliche Forschungen nur schaden konnten und die daher der Wissenschaft als potentiell gefährlicher Unternehmung grundsätzlich distanziert gegenüberstand, auch wenn sie ihre Ideologeme als wissenschaftlich blendend belegt zu verkaufen suchte. Ähnlich hatten sich vor und in dem neunzehnten Jahrhundert die christlichen Kirchen, zumal die römisch-katholische, gegen Leute der Wissenschaft geäußert, denn die Kirchen bestanden auf dem Besitz ewig gültiger Erkenntnisse dank der Offenbarung oder der voluntas divina Christi ore enunciata. Auch die Ideologie der Sowjetunion beanspruchte ihre Dominanz gegenüber wissenschaftlichen Erkenntnissen, die nur bei Widerspruchsfreiheit gegenüber dem dialektischen Materialismus oder Marxismus-Leninismus akzeptiert, anderenfalls als idealistischer Unsinn verdammt wurden. Das gerade die NS-Partei großen Wert darauf legte, die deutsche Sprache in ihrem Sinne zu verdrehen, hat zu einigen literarischen Untersuchungen geführt.[115]

Schließlich trat ein Faktor auf, dessen Auswirkungen auf sehr viel niederer und platter Ebene zu lokalisieren ist, die Firma, die das bald nur noch Duden genannte Nachschlagewerk in Millionenauflagen zu Markte trug und immer noch trägt. Sie eroberte sich im zwanzigsten Jahrhundert eine Art Monopol in Sachen deutscher Orthographie, suggerierte eine amtliche Autorität und erledigte in eben jenen Auflagen, die in der NS-Diktatur erschien, das Absterben des Wortes ‚Wissenschafter‘. Dass Ministerien auf die Bearbeitung des Dudens einwirkten, ist bekannt[116]. Ob dabei zu den Wörtern ‚Wissenschafter‘ und ‚Wissenschaftler‘ Anweisungen geäußert wurden, kann ich nicht beurteilen. Dass damals in der Redaktion des Duden nicht nur unverdächtige und wissenschaftlich makellose Figuren saßen, darf als unangesprochen angenommen werden.

Die Aufsätze und Bücher, die sich mit dem NS-Wortgut im Duden befassen, haben gute Ernte in leichtem Spiel, wenn sie einfach nur gucken,

---

[115] Hier einige einschlägige Werke: Ehlich, Konrad (Hrsg.) (1989). *Sprache im Faschismus*. Frankfurt am Main: Suhrkamp. Mentrup, Wolfgang (2007). *Stationen der jüngeren Geschichte der Orthographie und ihrer Reform seit 1933*. Tübingen: Gunter Narr.

[116] Sauer, Werner Wolfgang (1988). *Der „Duden“. Geschichte und Aktualität eines „Volkswörterbuchs“*. Stuttgart: J. B. Metzler. Müller, Senya (1994). *Sprachwörterbücher im Nationalsozialismus. Die ideologische Beeinflussung von Duden, Sprach-Brockhaus und anderen Nachschlagewerken während des „Dritten Reiches“*. Stuttgart: M&P.

welche Wörter nach Kriegsende ausgesondert wurden. Was aber bei einer ernsthaften Suche obendrein bedacht werden sollte, wenn es auch unendliche Mühe verzehrte, ließe sich aus diesen Worten Dolf Sternbergers gewinnen.

Lange hatten wir geglaubt, dieser gewalttätige Satzbau, diese verkümmerte Grammatik, dieser monströse und zugleich krüppelhafte Wortschatz seien der Ausdruck der Gewaltherrschaft – ihr Ausdruck oder ihre bleckende Maske –, und so würde dies alles auch mit ihr in Trümmer sinken. Es ist auch mit ihr in Trümmer gesunken. Aber kein reines und neues, kein bescheidneres und gelenkigeres, kein freundlicheres Sprachwesen ist erstanden. Sondern der durchschnittliche, ja, der herrschende deutsche Sprachgebrauch behilft sich mit diesen Trümmern bis auf unsern Tag.[117]

Zu den Trümmerstücken gehört ersichtlicherweise das harmlos klingende Wort ‚Wissenschaftler‘, das dem Raum des dudenmäßig totgetretenen Wortes ‚Wissenschafter‘ übernommen hat, jedenfalls in den Nachfolgestaaten des Deutschen Reiches.

Um diese Verwandlung der Orthographie eines einzelnen, heutzutage als ideologisch unverdächtig geltenden Wortes zu beobachten, verfolge man die hier nach Erscheinungsjahren vorgelegten Dudenzitate. Auch werden Sätze aus der NS-Zeit in größerer Menge als sonst in diesem Abschnitt vorgetragen. NS-Größen werden zitiert nicht aus Freude an ihren Beschwörungsformeln, sondern um zu belegen, dass dort dem unwürdigen ‚Wissenschaftler‘ reichlich Raum gegeben wurde, Raum, der sich in der Bundesrepublik und der DDR als Herrschaftsraum fortsetzte.

Franke Schievelbein, Gertrud (1901). Stark wie das Leben (Fortsetzungsroman). *Der Romanleser, 3 (27)*, 29-33.

S. 29

Alle diese Begebenheiten, die den meisten *Wissenschaftern* strengster Observanz nicht recht in den Kram passten, waren für Ernst eine unversiegbare Quelle der Empörung und der Indignation.

Baumeister, A. (1901). Die Ergebnisse der Berliner Schulkonferenz vom Juni 1900 II. *Allgemeine Zeitung. Beilage zur Allgemeinen Zeitung, Jg. 1901, Nr. 97*, 4-7.

---

[117] Sternberger, Dolf (1957). Vorbemerkung 1957. Sternberger, Dolf, Storz, Gerhard, Süskind, Wilhelm Emanuel (1957). *Aus dem Wörterbuch des Unmenschen*. Hamburg: Claassen. S. 11-12. (Erste Ausgabe 1945).

S. 6

Nun ist bekanntlich die Lage derartig, daß nach allerhöchster Bestimmung nicht über die Zahl von 30 Wochenstunden hinausgegangen
werden darf; und die *Naturwissenschafter* legen sofort Protest gegen die
Vermehrung auf Kosten ihrer Fächer ein.

anon. (1902). Sozialdemokratischer Parteitag. Sechster Sitzungstag.
Allgemeine Zeitung, Zweites Abendblatt, Nr. 255, 5.

S. 5

Der Fehler ist eben, daß man einen *Wissenschafter* zum Redakteur der
Neuen Zeit gemacht hat. (Bebel ruft: Aha!) Kautsky ist als *Wissen-
schafter* ganz vorzüglich. Dennoch ist er ein sehr schlechter Redakteur.
(Unruhe. Zurufe: Da haben wirs ja!).

Jetzt kommt ein Meckerer ironiesatt zu Wort, falls er kein Spaßvogel war.
Grantler, Michel (1902). Mehr Konsequenz! Zuschrift. *Münchner
Neueste Nachrichten, 55. Jg, No. 265*, 3.

S. 3

Alle, die mit dem studirenden Jüngling in Berührung gerathen können,
müssen konfessionell geprüft sein, wenn nicht des Jünglings Seelenheil
gefährdet werden soll. [...]. Mit allen diesen kann der junge *Wissenschafter* in Berührung kommen. Kurz, Gretchen Landmanns Liebling-
frage: ‚Wie hast Du's mit der Religion?'muß noch viel öfter gestellt
werden.

Gustav Moritz Wustmann (1844–1910), klassischer Philologe, Gymnasiallehrer, Stadthistoriker und anspruchsvoller Sprachpfleger.

Wustmann, Gustav (1903). *Allerhand Sprachdummheiten. Kleine
deutsche Grammatik des Zweifelhaften, des Falschen und des Häßlichen. Ein Hilfsbuch für alle die sich öffentlich der deutschen Sprache
bedienen. 3. Aufl.* Leipzig Fr. Wilh. Grunow.

S. 65f.

Im Buchhandel redet man von Sortimentern, in der gelehrten Welt von
Naturwissenschaftern und *Sprachwissenschaftern*, in der Malerei von
Landschaftern, und in der Politik von Reformern, Sozialreformern und
– Attentätern! Da manche dieser Bildungen unleugbar einen etwas
niedrigen Beigeschmack haben, der den von Verbalstämmen gebildeten
Substantiven auf er (Herrscher, Denker, Kämpfer) nicht anhaftet, so
sollte man sich recht mit ihnen in acht nehme.

S. 66

Noch viel deutlicher liegt nun dieses Geringschätzige in den Bildungen auf ler, wie Geschmäckler, Zünftler, Tugendbündler, Volksparteiler, Freischärler, Protestler, Radler, Sommerfrischler, Barfüßler, Zuchthäusler; deshalb ist es unbegreiflich, wie manche Leute so geschmacklos sein können, von Neusprachlern und von *Naturwissenschaftlern* zu reden. Wustmann spricht aus, was manche Autoren, die Wendungen wie ‚Mann der Wissenschaft‘ oder ‚wissenschaftlicher Mensch‘, nicht aber ‚Wissenschafter‘ verwenden, wohl denken, wenn auch nicht artikulieren. Der vermeintlich neologistische ‚Wissenschafter‘ mag für manchen Leser einen niedrigen Beigeschmack haben können, ‚Wissenschaftler‘ jedoch verweist, so überdeutlich Wustmann, auf unbegreifliche Geschmacklosigkeit. Es sei denn, man habe die Absicht, etwas Herabsetzendes zu äußern.

Prompt ein Beispiel für die Geschmacklosigkeit mit -ler, die Wustmann im selben Jahr bemängelt, bietet auf sich selbst bezogen Albert Görland (1869–1952), Volksschullehrer, 1898 promoviert, 1919 habilitiert.

Görland (1903). [Rezension:]. G. Uphues, Einführung in die moderne Logik 1 (1901). *Die deutsche Schule. Monatsschrift. 7(1+2)*, 64-65+118-119.

S. 119

Trotzdem also das Buch für einen weiteren Lesekreis ganz gewiß viel mehr Gutes als Nachteiliges stiften wird, trotzdem muß ich als *Wissenschaftler*, dem die Fundamentierung das Bedeutsamste ist, aussprechen, daß ich das Buch für eine Katabasis nach Kant auf ethischem Gebiete halte.

Der Verfasser der Glossen war Eduard Rudolf Grimm (1848–1932), seit 1892 Hauptpastor an der Hauptkirche St. Jacobi in Hamburg. Anscheinend schätzt er jegliche Wissenschafter gering.

Grm. (1903). Glossen zur Frage der Leben Jesu-Forschung. *Beilage zur Allgemeinen Zeitung, Jg. 1903, Nr. 277*, 441-443.

S. 443

Alles, was Menschenpersönlichkeiten wertvoll macht, ja alles sogar, was die *Wissenschaftler* selbst befähigt, in einem großen Sinne Wissenschaft zu treiben, Wahrheitsmut, Uninteressiertheit, weiter Blick und weites Herz, ist der Wissenschaft selbst inhaltlich nicht erforschbar. Wie es denn auch den *Wissenschaftlern*, die ihr Metier am meisten loben und in ihre Kappe am meisten vernarrt sind, durchaus nicht allzu häufig eignet. Es gibt *Wissenschaftler* von fabelhafter Routiniertheit in ihrem Betrieb, die einem echten Menschen so ähnlich sehen wie eine Apotheke einem Laubwald.

Herbert George Wells (1866–1946), Schriftsteller, einer der Pioniere der Science Fiction.

Wells, H. G. (1904). *Die Riesen kommen!* Minden in Westfalen: J. C. C. Bruns.[118]

S. 141

Die beiden *Wissenschafter* sahen einander an. Eine Zeitlang sprachen nur ihre Augen.

Goldschmidt, Ludwig (1905). Kant und Häckel. *Beilage zur Allgemeinen Zeitung, Jg. 1905, Nr. 219*, 561-563.

S. 563

Um den klugen Hans hätte sich kein *wissenschaftlicher Mann* bemühen sollen – bei jedem Hunde sind seine Leistungen täglich zu beobachten. Der kluge Hans war ein in diesen Jahren berühmtes Pferd, dem grundschulmäßige Denk- und Rechenfähigkeiten zugeschrieben wurden.[119]

Wirth, A. (1906). [Rezension:] Fick, August (1905). Vorgriechische Ortsnamen. Göttingen: Vandenhoeck u. Ruprecht. *Beilage zur Allgemeinen Zeitung, Jg. 1906, Nr. 207*, 462.

S. 462

Nun kommt ein Fachgenosse der klassischen Philologen, einer, der in treufleißiger Sonderarbeit schon viele Jahre hindurch seine Autorität bewährt hat, und verwendet so ziemlich dieselbe Methode, die zwar schon von Pauli und Kretschmer verwertet wurde, die aber trotzdem so oft schon von „ernsten" *Wissenschaftern* für unzulässig erklärt wurde: [...].

Wirth meint wohl August Friedrich Pauly (1796–1845) und Paul Kretschmer (1866–1956).

anon. (1906). 12. Hauptversammlung des Allgemeinen Deutschen Neuphilologenverbandes. Ein kritischer Rückblick. *Beilage zur Allgemeinen Zeitung, Jg. 1906, Nr. 154*, 34-36.

S. 35

Eine Kritik der Grundsätze Schneegans' von Seiten der sogenannten reinen *Wissenschaftler* wird nicht ausbleiben.

---

[118] Originaltitel: *The food of the gods and how it came to earth*.

[119] Siehe Gundlach, Horst (2006). Carl Stumpf, Oskar Pfungst, der Kluge Hans und eine geglückte Vernebelungsaktion. *Psychologische Rundschau, 57 (2)*, 96–105.

Es geht um Heinrich Schneegans (1863–1914), deutsch-französischer Romanist und Literarhistoriker. Wer oder was aber sind die reinen Wissenschaftler?
Dohm, Hedwig (1907). *Die Antifeministen. Ein Buch der Verteidigung.* Berlin: Ferd. Dümmler.

S. 154

Meine nörgelnden Widerlegungen wären kleinlich? Ein gediegener *Wissenschafter*, der einmal nebenher – wahrscheinlich in der Schonzeit seines Geistes – ein paar Streiflichter auf die Frauenfrage fallen läßt, brauche ja nicht jedes Wort auf die Goldwage zu legen. Ja, das soll er allerdings, ehe er für die größere Hälfte des Menschengeschlechts eine Zwangsbestimmung dekretiert.

Vályi, Felix (1907). [Rezension:] Feilberg, Ludwig (1906). Zur Kultur der Seele. Beiträge zu einer praktischen Psychologie. Jena: E. Diederichs. *Beilage zur Allgemeinen Zeitung, Jg. 1907, Nr. 15,* 118-119.

S. 119

Auf den Namen eines „wissenschaftlichen" Systems hebt Feilberg bescheiden keinen Anspruch, obzwar seine geistreichen Ausführungen hier und da auch den „*Wissenschaftler*" tief zu interessieren mögen.
Franz Müller-Lyer (1857–1916), Psychiater, interessiert an Soziologe, Entdecker der Müller-Lyerschen Größentäuschung.[120]

Müller-Lyer, F. (1908). *Phasen der Kultur und Richtungslinien des Fortschritts. Soziologische Überblicke.* München: J. F. Lehmann.

S. 39

Das Gebiet der Kultur ist weit; um darüber zu herrschen, müssen wir es – nach dem alten Spruch der Römer und der *Wissenschafter* – zuerst teilen.

Skridla, Heinrich (1909). Über die Verarbeitung kleinkörniger und großkörniger Gerste (Schluß). *Bayerisches Brauer-Journal. Zeitschrift für Brauerei und Mälzerei, 19 (9),* 75-77.

S. 77

[...] dann können wir mit Bestimmtheit annehmen, daß es uns bei gemeinschaftlicher Arbeit (ich meine *Wissenschafter*, Brauer und Landwirte) in kürzerer oder längerer Zeit wohl gelingen wird, eine Brücke über die Kluft zu schlagen, die zwischen dem heutigen Stande

---

[120] Müller-Lyer, Franz (1889). Optische Urtheilstäuschungen. *Archiv für Physiologie, Jg. 1889, Suppl.,* 263–270.

der Entwicklung unseres Braugewerbes und dem zu erreichen Möglichen noch besteht, um so auf gemeinsamer Straße zum wirtschaftlichen Wohlergehen weiterschreiten zu können, (Lebhafter Beifall).

anon (1910). Kleine Mitteilungen. *Münchner neueste Nachrichten, Morgenblatt, Jg. 63, Nr. 202, 3.*
S. 3
Am 14. Mai soll in Kassel eine Tagung stattfinden, durch die der Zusammenschluß der Verbände wissenschaftlicher Vereine an den deutschen Hochschulen zu einem deutschen *Wissenschafter*-Bund herbeigeführt werden soll. Dr. Lietzmann (Barmen) wird über die Vorarbeiten und Beweggründe sprechen, die zu dieser Tagung Anlaß gaben.
Der Deutsche *Wissenschafter*-Verband (DWV), ein Dachverband für studentische Korporationen, wurde in der Tat am 14. Mai 1910 in Kassel aus sieben fachwissenschaftlichen Verbänden mit 82 Vereinen zusammengeschlossen. Er wurde 1935 auf staatliche Anordnung aufgelöst, 1953 beschloss man in Marburg seine Wiedergründung. Der Verband ist heute noch existent.

Meißner, P. (1910). Robert Koch †. *Allgemeine Zeitung, Jg. 113, Nr. 23*, 442.
S. 442
Robert Koch war eine Persönlichkeit, der alle Äußerlichkeit verhaßt war. Ein *Wissenschaftler* in des Wortes bester Bedeutung: frei von jeder Eitelkeit, stets nur bedacht, wissenschaftliche Tatsachen festzustellen, daraus streng logische Schlüsse zu ziehen.
Das klang damals absurd, denn worin sollte die „beste Bedeutung" des abschätzigen Wortes ‚Wissenschaftler' bestehen?

Hillquit, Morris (1911). *Der Sozialismus, seine Theorie und seine Praxis.* Übersetzt von Adolf Hepner. München: Ernst Reinhardt.
S. 96
[...]; wissenschaftliche Entdeckungen sind sehr häufig, wie mechanische Erfindungen, die Resultate geplanter und Kollektivarbeit. Auf seine eigenen individuellen Hilfemittel angewiesen, wäre der moderne *Wissenschafter* beinahe hilflos.

anon. (1911). Monismus und Religion. *Evangelisches Schulblatt, 55 (12)*, 513.
S. 513

Die heutige Wissenschaft glaubt jeden Augenblick die Religion vernichtet zu haben; aber seltsam, der Gegner bleibt am Leben. Der *Wissenschaftler* fühlt, daß die alte Macht etwas in sich birgt, was seinem Anprall widersteht. Der moderne *Wissenschaftler* erkennt, daß die bloße Wissenschaft zur Erschaffung eines ersehnten neuen Glaubens nicht genügt.

Mary Baker Eddy (1821–1910), Gründerin der Christian Science, ins Deutsche übersetzt als Christliche Wissenschaft.

> Eddy, Mary Baker (1912). *Wissenschaft und Gesundheit mit Schlüssel zur Heiligen Schrift*. Boston: Allison V. Stewart.
> S. 182
> Das Heilen der Kranken durch das göttliche Gemüt allein, das Austreiben des Irrtums durch Wahrheit, beweist deine Stelle als Christlicher *Wissenschafter*.

Dies ein Beispiel aus der Sekte, die das Wort ‚Wissenschafter' okkupiert.

> anon. (1912). Sombart und das Judenproblem. *Czernowitzer Allgemeine Zeitung, Jg. 1912, Nr. 2496*, 1-2. (Abdruck aus der *Frankfurter Zeitung*).
> S. 1
> Er besitzt nicht die Ueberzeugungskraft starker intuitiver Geister, auch nicht die Gründlichkeit und Zuverlässigkeit der *Scientifiker*.

Der Scientifiker oder Szientifiker zeigte noch etwas Überlebenswillen.

> Rave (1913). Die Schröder-Stranz-Expedition. *Münchner Neueste Nachrichten, Morgenblatt, 66. Jg., Nr. 388*, 1-2.
> S. 2
> Nachdem wir das Nordkap wieder hinter uns hatten, begann für die *Wissenschafter* erst richtig ihre eigentliche Tätigkeit.

> Braun, Otto (1913). Die neue Fichte-Ausgabe von Fritz Medicus. *Kant-Studien, 18*, 263-270.
> S. 264
> Wenn man sich allerdings die Medicus-Ausgabe näher ansieht, so wird man sich als *Wissenschaftler* zweifellos zum Ankauf entschliessen, denn sie bringt, wie gesagt, das meiste und alles Wichtige in gereinigten, kritischen Texten. Und so möchte ich ausdrücklich diese Ausgabe als die Grundlage für die weitere Fichte-Forschung begrüssen,

Heinrich Rickert (1863–1936), Ordinarius für Philosophie in Freiburg und Heidelberg, Neukantianer.

Rickert, Heinrich (1913). *Die Grenzen der naturwissenschaftlichen Begriffsbildung. Eine logische Einleitung in die historischen Wissenschaften, 2. Aufl.* Tübingen: J. C. B. Mohr (Paul Siebeck).
S. IX
Wie nahe wir als *wissenschaftliche Menschen* überhaupt dem Lebendigen kommen können, ist nicht das Thema dieser Schrift.

Sachs (1914). [Rezension:] Schneider, Wilhelm (1913). Der neue Geisterglaube. Tatsachen, Täuschungen und Theorien, 3. Aufl. Paderborn: Ferdinand Schöningh. *Allgemeine Zeitung, Jg. 117, Nr. 29,* 467-468.
S. 467f.
Schließlich berührt sich die Anschauung des Verfassers in hohem geistigen Rang mit der jedes kritischen *Wissenschaftlers*, wenn er die Mehrzahl der spiritistischen Phänomene aus rein natürlichen Ursachen ableitet und ein abergläubisches Wahnsystem aufs schärfste verurteilt.
Karl Halfdan Eduard Larsen (1860–1931), Schriftsteller, der sich in späten Jahren mit dem Verhältnis zwischen Deutschland und Dänemark befasste.
Larsen, Karl (1915). *Deutschlands Nationalmilitarismus und anderes, 3. Aufl.* Berlin: Erich Reiß.
S. 17f.
Er sprach von einem hervorragenden deutschen *Wissenschafter*, einem Kunsthistoriker, wenn ich mich recht entsinne, und sagte von ihm, daß es ein ungeheuer intelligenter Mann wäre, mit dem mein ebenso intelligenter Däne ausgezeichnet über alle möglichen geistigen Fragen reden könnte; aber sobald man auf das Militär zu sprechen kam, „wurde er blödsinnig".

anon. (1916). Die wirtschaftliche Bedrückung der Schweiz. *Münchner Neueste Nachrichten, Jg. 69, Nr. 590,* 1.
S. 1
Mißtrauischer wird man dagegen den Versicherungen der französischen *Wissenschafter* und Politiker, daß Frankreich für die Freiheit und das Recht der kleinen Staaten kämpfe und gleichsam einen Befreiungskrieg für die Neutralen führe, dort gegenüber stehen, wo man weiß, daß sich der wirtschaftliche und politische Druck der Entente auf die kleinen neutralen Staaten in der letzten Zeit ungemein verschärft und beinahe unerträglich gestaltet hat.

Steiner, Hans (1916). Deutsche Sprache oder Kauderwelsch? *Der Kampf. Sozialdemokratische Monatsschrift, 9 (3)*, 118-127.

S. 121

War doch einstens, als das Deutsche noch zu unentwickelt war, das Lateinische die ausschliessliche Sprache der Wissenschaft und der Kirche. Unter den Folgen dieser geschichtlichen Tatsache leiden wir heute noch, wo die Wissenschaft nicht mehr das Vorrecht einer Kaste ist und die *Wissenschafter* es nicht mehr unter ihrer Würde finden, von ihren Schätzen dem Volke mitzuteilen. Aber das Fremdwort macht es nicht leicht, die althergebrachte Fremdheit zu überwinden [...].

Eduard Engel (1851–1938) studierte Sanskrit sowie klassische und romanische Philologie in Berlin, wurde 1874 in Rostock promoviert.

Engel, Eduard (1917). *Sprich Deutsch! Zum Hilfsdienst am Vaterland.* Leipzig: Hessen & Becker.

S. 41

Und wie sollte man im Gespräch oder im öffentlichen Leben, als Redner, Zeitungsmann, streitender *Wissenschafter* zu etwas, noch mehr gegen irgend etwas Stellung nehmen ohne das Allerweltswelschwort energisch?

Heimsoeth, Heinz (1917). Leibniz' Weltanschauung als Ursprung seiner Gedankenwelt. Zum 200. Todestage des Denkers am 14. November 1916. *Kant-Studien, 21*, 365-395.

S. 370f.

Der Tendenzgedanke der Confessio Naturae durchzieht das ganze Lebenswerk; er ist es, der den Philosophen mit dem *Wissenschaftler* sich verbünden, ihn auf so weite Strecken in die Naturerforschung sich vertiefen lässt: Kampf gegen Atheismus und Naturalismus, den „blossen Physikern" zum Trotz, doch gerade mit Beweiswaffen aus ihrem eigenen System.

Karl Viëtor (1892–1951), Germanist, seit 1925 Ordinarius für Neuere Deutsche Literaturgeschichte in Gießen, 1937 ausgewandert, wurde Professor in Harvard.

Viëtor, Karl (1917). Die Hölderlin-Ausgaben. *Allgemeine Zeitung, Jg. 120, Nr. 33*, III.

S. III

So wird das Hölderlin'sche Erbe endlich in zwei gleich guten Ausgaben vollständig dargeboten werden, und die Entscheidung für oder gegen mag mehr nach persönlichen, als nach sachlichen Gesichtspunkten geschehen. Der *Wissenschaftler* wird wohl die Müller'sche Ausgabe vorziehen, weil für seine Zwecke bequemer; dem Leser oder Liebhaber wird die der Insel dieselben Dienste tun.

Inglstedt, Viktor (1918). *Warum wir nicht siegten – Eine anthropologische Studie*. Beuthen, O. S.: Sphinx-Verlag.

S. 5

Alles zusammengenommen handelt es sich um ein großes Individuengemisch, in der Hauptsache sekundärer, tertiärer und noch weit mehrfach zusammengesetzter Mischnaturelle. Es ist aber ebenso selbstverständlich und dem physiognomischen *Wissenschafter* bekannt, daß jedes Land und jedes Volk ihm ganz eigentümliche Naturelle besitzt.

Engel, Eduard (1918). *Gutes Deutsch. Ein Führer durch Falsch und Richtig*. Leipzig: Hesse & Becker.

S. 62

Andre als Wustmann haben Neubildungen wie *Wissenschafter*, Genossenschafter, Draufgänger, Wichtigtuer, Volksparteiler verdammt, und Wustmann, der nie fehlt, wo deutsche Versuche zur Neuschöpfung benörgelt werden, fragt: „wie manche Leute so geschmacklos sein können, von Neusprachlern und Naturwissenschaftlern zu reden", also einen andern Geschmack zu haben als er? Niemand wird im hohen Stil *Wissenschafter* und Naturwissenschaftler schreiben; auch für Neusprachler wird man da eine andre Wendung suchen und finden. Wustmanns Grund für Bemäkelung des Wortes ‚Naturwissenschaftlern' ist das l. Dass er ‚Wissenschafter' benörgelt habe, ist übertrieben.

Kaphan, Fritz (1919). Etappe und Geschichtswissenschaft. *Internationale Monatsschrift für Wissenschaft, Kunst und Technik, 13 (4)*, Sp. 437-442.

Sp. 439

Für den *Wissenschaftler* und speziell für den der historischen Disziplinen [...] bietet die Etappe sicherlich vielseitige Anregungen.

anon. (1920). Verteilung der Nobelpreise für Physik und Chemie. *Allgemeine Zeitung. 123. Jg., Nr. 27*, III.

S. III

Mitglieder der schwedischen wissenschaftlichen Akademie hoben bei Uebergabe der Preise die großen Verdienste der deutschen Preisträger um die wissenschaftliche Erkenntnis hervor. Auf dem anschließenden

Bankett hielt der Engländer Barkla eine Rede, die Aufsehen erregte und von den zahlreich anwesenden *Wissenschaftern* mit lebhaftem Beifall begrüßt wurde.

Charles Glover Barkla (1977–1944), Professor für Physik an der Universität Edinburgh, erhielt 1917 den Nobelpreis für Physik.

Bleuler, Eugen (1921). *Naturgeschichte der Seele und ihres Bewusstwerdens. Eine Elementarpsychologie.* Berlin: Julius Springer.
S. 37

Behandelt man diese Dinge mit der nämlichen Logik, wie sie überall angewandt wird, wo es auf strenge Folgerichtigkeit ankommt, oder zieht man auch hier aus den Tatsachen die nämlichen Schlüsse, wie sie ein vernünftiger *Wissenschafter* an allen andern Orten ausnahmslos zieht, so kann man nur eine beständige Wechselwirkung zwischen physischer und psychischer Funktion konstatieren.

Eugen Bleuler (1857–1939), Zürcher Psychiater von Weltruf.

anon. (1921). Exkommuniziert. *Salzburger Wacht. Organ für das gesamte werktätige Volk im Lande Salzburg, 23 (18)*, 8.
S. 8

Das Santo Ufficio in Rom hat wieder einmal einen Priester, Bonajuti, wegen seiner „ketzerischen Schriften" exkommuniziert. Was der „Ketzer" geschrieben hat, wissen wir nicht, aber es spricht Bände, dass heute noch, ganz so wie „vor grauen Jahren", die römisch-katholische Kirche gegen Priester und *Wissenschafter*, die sich erlauben, anderer Meinung zu sein, mit mittelalterlichen Exkommunikationen vorgegangen wird.

Zwei Beispiele für ‚Wissenschaftler', das erste mit vermutlich neutraler, das zweite mit herabsetzender Wertung.

Gunkel, A. (1922). Der unzufriedene Lehrer. Ein Beitrag zur künftigen Lehrerbildung. *Pädagogische Post, 1 (3)*, 15-16.
S. 15

Um die eben angedeuteten Erfolge in der Bildungsarbeit erreichen zu können, muß der Lehrer selbst dieses Interesse besitzen und ebenfalls fähig sein, aus eigener Kraft in der Wissenschaft fortschreiten zu können. Er muß *Wissenschaftler* sein, auch der Lehrer der Kleinen.

Finkler, Walter (1922). Mujerades. *Der Tag, 1 (24)*, 3.
S. 3

Die Kirche und die unter ihrem Einfluß stehenden *Wissenschaftler* sehen eine unüberschreitbare Kluft, einen prinzipiellen Unterschied zwischen

Mensch und Tier. Prinzipiell ist der Unterschied zwar nicht, aber er besteht.

Howald, Ernst (1923). Ionische Geschichtsschreibung. *Hermes, 58,* 113-146.

S. 140

Dadurch ist die Berechtigung gegeben, daß wir Herodot in einen Kreis hineinstellten, der in erster Linie doch Dichter, nicht *Wissenschaftler* umschließt; [...].

1923 erschien *Duden, Rechtschreibung der deutschen Sprache und der Fremdwörter mit Unterstützung des Allgemeinen Deutschen Sprachvereins* [...] *nach den für Deutschland, Österreich und die Schweiz gültigen amtlichen Regeln, 9. Aufl., 6. Neudr.* Leipzig: Bibliographisches Institut. Die immer wieder angeführten amtlichen Regeln sind nicht sehr umfangreich, müssen folglich für den großen Rest der aufgenommenen Wörter durch andere, wohl selbstgemachte Regulatorien ergänzt werden. In dieser Auflage zu finden ist auf S. 549: ‚Wissenschaft[l]er‘. Welchen amtlichen Regeln diese beklammerte Rechtschreibung entspricht, bleibt dunkel, vermutlich aber keiner einzigen. Duden weckt den Eindruck, es handle sich um zwei Varianten der Orthographie, während man hier unzweifelhaft zwei verschiedene Wörter verschmelzen lässt.

Friedrich Gundolf, ein geschmackvoller Germanist, befasst sich mit Schleiermachers Romantik.

Gundolf, Friedrich (1924). Schleiermachers Romantik. *Deutsche Vierteljahrsschrift für Literaturwissenschaft und Geistesgeschichte, 2 (3),* 418-509.

S. 506

Richtig hat er überall den Weg Platons beschrieben, aus einem Friedrich Schlegelschen Takt für antike Gesinnung – aber in der Darlegung seines Ziels ist er schon ganz moderner *Wissenschafter* und, wenn auch mit mehr Sinn für Form und Geist, nicht fern von gewissen gestrigen pfäffisch empfindsamen Plattheiten.

Schon vor hundert Jahren ein heißes Thema.

Hundt, Paul (1924). Eßt Vollkornbrot! *Gesundbrunnen 1924,* 152-153.

S. 152f.

Mehr Vieh wünschen wir zu halten, [...] ein Tun, das von *Wissenschaftlern* und einsichtigen Volkswirten schon längst als irrig hingestellt worden ist.

Milkau, Fritz (1925). *Bibliothekwesen oder Bibliothekswesen?* Uppsala: Almqvist & Wiksell.

S. 450

Indes müsse man bedauern, dass während 150 Jahren – hier scheint Schottelius zum Ausgangspunkt genommen zu sein – kein Spracher und kein *Wissenschafter* auf dies grundlose, form- und ohrwidrige -s merksam geworden und Andre davor gewarnet habe.

anon. (1925). Wissenschaftler oder Wissenschafter? *Mitteilungen des Deutschschweizerischen Sprachvereins, 9 (11/12)*, unpaginiert.

erste Seite

In der „Neuen Zürcher Zeitung" ereiferte sich kürzlich ein Einsender unter dem Titel „Verdeutschungssucht" über die Frechheit der „Sprachnörgler", statt Wissenschaftler zu sagen Wissenschafter, was grundfalsch sei, denn das Wort sei entstanden aus „Wissenschaftl(ich Gebildet)er" (also zu lesen in der „Neuen Zürcher Zeitung" 1925, Nr. 408!!), und man sage ja auch Basellandschäftler und Markgräflerinnen und Künstler und nicht Künster.

Ob man Wissenschafter oder Wissenschaftler sagen solle, das hat mit Verdeutschungssucht nichts zu tun, das eine ist so deutsch wie das andere, nur vielleicht nicht so gutes Deutsch. [...]. Die Ableitung auf –er ist die Regel, die auf –ler durchaus die Ausnahme und meistens durch falsche Anlehnung an richtige Fälle entstanden.

Es folgt eine gründliche Behandlung des Themas, deren Nachdruck hier über Gebühr Platz einnähme. Der Interessierte lese sie an genannter Quelle.

Harry Elmer Barnes (1889–1968), US-amerikanischer Historiker, vertrat seine These über die Schuld am Ersten Weltkrieg.

anon. (1926). Die Skala der Kriegsschuld. Deutschland steht nach Professor Barnes an letzter Stelle – Die Hauptschuld tragen Frankreich und Rußland. *AZ am Morgen, Jg. 129, Nr. 170*, 2. (28.7.1926).

S. 2

Es ist nur bedauerlich, daß die Behandlung der Kriegsschuldfrage bei uns auch bereits wieder eine Parteisache geworden ist und daher auch *Wissenschafter*, wie Barnes, die sich wenigstens bemühen, objektiv zu sein, von den verschiedenen Chauvinistenverbänden aller Art mit Beschlag belegt werden.

Ferdinand Tönnies (1855–1936), Soziologe, Nationalökonom, Philosoph, Privatdozent, dann Professor in Kiel, Freund Theodor Storms.

Tönnies, Ferdinand (1926). *Soziologische Studien und Kritiken. 2. Sammlung*. Jena: Gustav Fischer.

S. 108

Jeder theoretische Mensch – um so das, was der *Wissenschafter* gleich dem Philosophen ist, zu bezeichnen – ist zugleich Wisser und Denker. Aber der *Wissenschafter* ist seinem Namen gemäß in erster Linie „Wisser", der Philosoph wird oft genug schlechthin als „Denker" bezeichnet.

Keyserling, Hermann (1926). *Menschen als Sinnbilder*. Darmstadt: Otto Reichl.

S. 42

Gerade im systematischen Denken war ich besonders schwach. Die Schubfachabart des Gedächtnisses, deren ein echter *Wissenschaftler* schwer entraten kann, fehlte mir vollkommen; [...].

anon. (1927). Die Todkrankheiten im Stahlschrank. Besuch bei den Bazillen – in München und im Berliner Robert-Koch-Institut. *AZ am Abend, Jg. 130, Nr. 271*, 3.

S. 3

Aber der Ruhm der *Wissenschaftler* ist ein Zufall, denn da ist kein Unterschied zwischen König und Kärrner, und König ist nur, wer das letzte Steinchen trug zu einem der Türme am unendlichen Bau der Wissenschaft.

Prof. Dr. Ernst Grünfeld (1883–1938), Direktor des Seminars für Genossenschaftswesen an der Universität Halle.

Grünfeld, Ernst (1928). *Das Genossenschaftswesen, volkswirtschaftlich und soziologisch betrachtet*. Halberstadt: H. Meyer.

S. 37

Man könnte also sagen, daß von Gradunterschieden abgesehen, das Urteil der wissenschaftlich gebildeten Genossenschafter und der genossenschaftlich gebildeten *Wissenschafter* darin übereinstimmt, daß eine Reform des kapitalistischen Systems durch den Konsumverein möglich ist, [...].

anon. (1928). Linzer Kino. Alraune. Kolosseum-Kino. *Tagblatt. Organ für die Interessen des werktätigen Volkes, 13. (32.) Jg., Nr. 278*, 9.

S. 9

Hier der kurzgefaßte Inhalt: Der Mediziner und Forscher ten Brinken hat sich seit vielen Jahren mit dem Problem der künstlichen Befruchtung befaßt. Seine Tierversuche sind gelungen, nun will er auch den Menschen zu seinem Objekt machen. Brinken ist nur *Wissenschaftler*, jede Regung des Herzens steht ihm ferne, über die Menschenliebe spöttelt er.

Freytag, Willy (1928). Der Realismus und das Transzendenzproblem. *Archiv für die gesamte Psychologie, 63,* 1-236.
S. 128
Gerade diese letztere Erscheinung ist sehr häufig. Nicht nur *unwissenschaftliche Menschen*, die doch nur selten Verständnis für die ganze Frage haben, sondern vor allem auch berufene wissenschaftliche Vertreter des Realismus, in der Naturwissenschaft, zeigen sich bei genauerer Prüfung als solche verkappten Antirealisten.

Jung, Eduard (1929). *Das konstitutive Prinzip oder Bildungsprinzip in der organischen Natur.* Leipzig: Felix Meiner.
S. 292
Aber auch der *Wissenschafter*, selbst in der reinen Mathematik oder reinen Logik, wird stets durch Wünsche zur intellektuellen Arbeit nicht nur angespornt, sondern in einem fort geleitet.

Erdmannsdörffer, H. G. (1929). Zum 19. Januar. Eine Erinnerung. *Mecklenburgische Blätter, Organ des Landesverbandes Meckl.-Schwerin der Deutschen Demokratischen Partei, 1 (3),* 4-5.
S. 4
Der 19. Januar ist fast unbemerkt vorübergegangen. Wer hat wohl daran gedacht, daß 10 Jahre vorher, am 19. Januar 1919, die Wahlen der verfassungsgebenden Nationalversammlung der deutschen Republik stattgefunden haben? Ein Tag von weltgeschichtlicher Bedeutung – und vorübergerauscht ohne Gedenkfeier, ohne die sonst bei Jubiläen üblichen „gehaltvollen" Erinnerungsaufsätze hervorragender Politiker und *Wissenschaftler*!

W., R. (1930). [Rezension:] Siegmund Freud: Das Unbehagen in der Kultur. Wien: Internationaler Psychoanalytischer Verlag, Wien. 1930. *Bildungsarbeit. Blätter für sozialistisches Bildungswesen. Sonderbeilage 1930,* 50.

S. 50

Er schreit nicht erschreckt über den ‚Untergang des Abendlandes' auf,
sondern stellt als wahrhaft *wissenschaftlicher Mensch* mit – oft
erschütternder – Sachlichkeit fest, was ist.

Gerlich, Fritz (1931). Kants Urnebel und der biblische Schöpfungs-
bericht. *Illustrierter Sonntag, Jg. 3, Nr. 27*, 1-2.

S. 2

Nicht nur das Weltbild des biblischen Schriftstellers, sondern auch das
moderner *Wissenschafter* wie Kant ist eine Spekulation auf Grund von
Wahrnehmungen der Gegenwart und jüngsten Vergangenheit.

Z., F. (1931). Der Fehlerzirkel. *Mecklenburgische Blätter, Organ des
Landesverbandes Lübeck-Mecklenburg der Deutschen Staatspartei, 3
(20)*, 5.

S. 5.

Die *Wissenschaftler* sind in der ganzen Welt einig, daß der übersteigerte
Protektionismus eine der Hauptursachen der heutigen Krise bildet.

ref. (1932). Hitleritis ist heilbar. Man braucht den Führer nur aus der
Nähe zu betrachten. *Der gerade Weg. Deutsche Zeitung für Wahrheit
und Recht, 4 (17)*, 4.

S. 4

Man brachte Hitler nach Bayreuth in das Haus Wahnfried. Vielleicht
glaubte man dort, er sei der große deutsche Held, der dem Meister von
Bayreuth immer vorschwebte; auf alle Fälle konnte Hitler die teuto-
nische Vernebelung der Hirne, welche ein anderer großer Demagoge im
Gewande des *Wissenschaftlers*, H. St. Chamberlain, eingeleitet hatte,
fortsetzen.

Houston Stewart Chamberlain (1855-1927), Wagners Schwiegersohn, von
Nazis als ihr Vordenker aufgefaßt.

Gerlach, Fritz (1932). Hat Hitler Mongolenblut? Eine rassewissen-
schaftliche Untersuchung über den Erwecker der nordischen Seele. *Der
gerade Weg. Deutsche Zeitschrift für Wahrheit und Recht, 4 (29)*,
1+3+6.

S. 6

Es ist doch sicher kein Zufall, daß in Günthers – also des approbierten
völkischen *Wissenschaftlers* – „Rassenkunde des deutschen Volkes"

kein Porträt irgendeines besonders hervorragenden Führers der
Hitlerpartei erscheint.
Gemeint ist Hans F. K. Günther (1891–1968), Germanist, Dr. phil., 1935
wurde er Professor für Rassenkunde, Völkerbiologie etc. in Berlin.
Helmuth Plessner (1892–1985), seit 1926 außerordentlicher Professor
für Philosophie in Köln, 1933 wegen jüdischer Herkunft seines Vaters
entlassen. Ab 1934 in Groningen, dort nach NS-Besetzung der Niederlande
entlassen. Er tauchte unter. 1946 berief ihn Groningen auf den Lehrstuhl für
Philosophie, 1952 wurde er Professor für Soziologie in Göttingen.
    Plessner, Helmut (1933). [Rezension:] Geistiges Sein, Nicolai Hart-
manns neues Buch[121]. *Kant-Studien, 38*, 406-423.
S. 408
Es bedarf für einen wissenschaftlich gesonnenen Philosophen, das ist
seine letzte Überzeugung, keiner besonderen Anstalten künstlicher Art,
um sich der Welt zu versichern. Denn er wurzelt in ihr mit allen
Organen und ist ihr von Natur erschlossen. In dem vortheoretischen
Seins- und Lebensverhältnis, das der Mensch auch noch als *Wissenschafter* und Philosoph bewahrt, ist ihm die „natürliche" Grundebene
seinshaft gesichert und aufgeschlossen, in der die Probleme den von
selbst gegebenen Ansatzpunkt ihrer Bearbeitung besitzen.

    anon. (1933). Wir haben Arbeit. Arbeiter-Jugend. *Monatsschrift der
sozialistischen Arbeiterjugend, 25 (2)*, 35-36.
S. 36
Die amerikanischen Technokraten sind keine Glückseligkeitsschwärmer
und keine Sozialisten; an ihrer Spitze steht ein berühmter Ingenieur, und
der Kern der Bewegung sind Techniker und *Wissenschaftler* von hohem
Rang. Ihre Erkenntnis von der Unhaltbarkeit der jetzigen wirtschaftlichen und sozialen Zustände ist für uns nicht neu, aber sie wird weite
nichtsozialistische Kreise drüben und bei uns aufhorchen lassen und die
antikapitalistische Stimmung besonders der erwerbslosen Jungen
verstärken.
Lothar August Arnold Stengel von Rutkowski (1908–1992), Arzt, Dichter,
Rassenhygieniker.

---

[121] Hartmann, Nicolai (1933). *Das Problem des geistigen Seins. Untersuchungen
zur Grundlegung der Geschichtsphilosophie und der Geisteswissenschaften.*
Berlin: W. de Gruyter.

Stengel von Rutkowski, Lothar (1933). Rasse und Geist. *Nationalsozialistische Monatshefte, Wissenschaftliche Zeitschrift der N. S. D. A. P.,* *4 (35)*, 86-90.

S. 87f.

Die Zeitmeinung, Wissenschaftlichkeit müsse unbedingt mit einer möglichst von Wertung, Persönlichkeit, Temperament, kurz allen Zeichen der Lebendigkeit freien Betrachtungsweise verbunden sein, hat den Menschen – als Wesen mit Blut, Volkseigenheit und Charakter ausgeschaltet – und statt seiner mehr und mehr die Sache, das Objekt, auf den Thron erhoben, das nun eigenmächtig und herrisch den *Wissenschaftler* tyrannisiert, ihm den Anbau neuer Gebiete an das Labyrinth der Disziplinen allein auf Grund der Menge des Stoffes, ohne Sorgen um Planmäßigkeit und organischen Zusammenhang, vorschreibt, und ihn vom Forscher und Lehrer zum Institutsdiener und Verwaltungsbeamten herabgedrückt hat.

Matthes Ziegler (vor 1933 Johannes Matthäus Ziegler, nach 1945 Matthäus Ziegler) (1911–1992), Theologe, führender Mitarbeiter im Amt Rosenberg, Verbindungsmann zwischen Rosenberg und Heinrich Himmler, Leiter des Berliner Instituts zum Studium der Judenfrage.

Ziegler, Matthes (1933). Zur geistigen Krisis der Gegenwart. *Nationalsozialistische Monatshefte, Wissenschaftliche Zeitschrift der N. S. D. A. P., 4 (35)*, 91-94.

S. 94

Der heute herrschende Historizismus jedoch ist ein Erzeugnis des begrifflichen Denkens. Es wird solange das wissenschaftliche Denken beherrschen, solange wir nicht *Wissenschaftler* haben, die in erster Linie Künstler sind, die den Mut haben, aus dem Instinkt und aus der Intuition zu leben, die nicht auf eine „objektive Wahrheit" hinarbeiten, sondern ihr ganzes Wirken im konkreten Anspruch des Lebens erfassen.

Richard Eichenauer (1893–1956), Musiklehrer, seit 1932 im Rasse- und Siedlungshauptamt der SS, tätig, seit 1935 Leiter der Bauernhochschule in Goslar.

Eichenauer, Richard (1933). Gedanken über die Tonkunst im neuen Reich. *Nationalsozialistische Monatshefte, Wissenschaftliche Zeitschrift der N. S. D. A. P., 4 (43)*, 452-461.

S. 457

Es ist ja nicht wahr, daß eine neue Jugend – übrigens ohne Unterschied der politischen Richtung – die alten Zeiten um des „historischen Reizes" willen suche; einfach deswegen nicht wahr, weil von solchem Reiz meistens nur der *Musikwissenschaftler* etwas weiß, der die Zeiten kraft seiner Kenntnisse bewußt vergleicht.

In zweiten Jahr der Herrschaft Hitlers lieferte Duden dem Markt eine neue Auflage, ausgetragen durch einen neuen Verantwortlichen, Dr. Otto Victor Emanuel Basler (1892–1875). 1919 legte er das Lehramtsstaatsexamen für Deutsch, Geschichte und Französisch ab. Von 1929 bis 1938 war er Außenmitarbeiter der Dudenredaktion, von 1936 bis 1945 Direktor der bayerischen Armeebibliothek in München. In den späten Kriegsjahren stellte er die von Minister Rust geförderten *Regeln für die deutsche Rechtschreibung und Wörterverzeichnis* (1944) zusammen, die er nach dem Krieg leicht modifiziert unter eigenem Namen publizieren ließ. Seit 1947 Professor für Deutsche Philologie in München.

Basler, Otto (1934). *Der Große Duden. Rechtschreibung der deutschen Sprache und der Fremdwörter. [...]. 11., neubearbeitete und erweiterte Auflage.* Leipzig: Bibliographisches Institut.
S. 650
[...];*Wissenschaft[l]er* m.; -s, -; [...].
Dieser Eintrag stammt aus früheren Auflagen. Verantwortlich für die Mindestempfehlung der Winkelklammer waren wohl die österreichischen und Schweizer Buchdruckerverbände. Die Naziherrschaft im Deutschen Reich wurde durch eine Fülle einschlägiger Neueinträge honoriert.[122]

Basler, Otto, Mühlner, Waldemar & Reichsleitung des Nationalsozialistischen Lehrerbundes (1934). *Der Kleine Duden. Reichsschulwörterbuch der deutschen Rechtschreibung. Für die Volksschule bearbeitet nach den für das Deutsche Reich gültigen amtlichen Regeln.* Leipzig: Bibliographisches Institut AG.
S. 277
[...]; *Wissenschaft[l]er* m.; -s, -; [...].
Auch hier die noch übliche Winkelklammer.

Schramm, H. (1934). Das Judentum im heutigen Österreich. *Nationalsozialistische Monatshefte, Zentrale politische und kulturelle Zeitschrift, 5 (52)*, 666-672.
S. 666f.

---

[122] Vgl. Sauer, Werner Wolfgang (1988), 10. Kapitel. Derselbe: Der Duden im „Dritten Reich" (1989). Ehlich, Konrad, *Sprache im Faschismus*, 104-119. Frankfurt am Main: Suhrkamp.

Das beliebteste Beweismittel, das in letzter Zeit gegen den immer stärker aufflammenden Antisemitismus ins Treffen geführt wird, ist der Hinweis auf hervorragende Leistungen jüdischer *Wissenschaftler* und Künstler, auf die Taten jüdischer Frontkämpfer usw., womit die Ungerechtigkeit des Antisemitismus nachgewiesen werden soll. Man hat sich sogar zur Behauptung verstiegen, daß „nur der Neid auf die jüdische Tüchtigkeit und die Erfolge der Juden" die Ursache der aufkommenden antisemitischen Welle seien. Es ist nicht nötig, sich bei der Feststellung des fraglichen Wertes der jüdischen Leistungen in Wissenschaft, Kunst und Soldatentum lange aufzuhalten.

Walter Schulze-Wechsungen (1902–1944) studiert Philosophie in Jena, seit 1929 Mitglied der SA, 1930 der NSDAP, seit 1933 Landespropagandaleiter im Reichsministerium für Volksaufklärung und Propaganda.

> Schulze-Wechsungen (1934). Politische Propaganda. *Unser Wille und Weg. Monatsblätter der Reichspropagandaleitung der NSDAP. Herausgeber Joseph Goebbels, 4 (11)*, 323-332.

S. 328

> Die Zeit ist da, in der auch der *Wissenschaftler* künftig als letzte, höchste und ausschlaggebendste Betrachtung nicht nur die Wissenschaft allein, sondern das Interesse seines Volkes, das Interesse dieser Allgemeinheit als das für ihn höchste Gesetz in alle seine Arbeiten mit hineinzulegen und zu denken hat.

Ohne österreichische oder Schweizer Beteiligung marschiert die Firma F. A. Brockhaus weiter und lässt das Wort ‚Wissenschafter' nicht mehr zu, nur noch ‚Wissenschafter'. Daran ändert sich lange Zeit nichts.[123]

> S. n. (1935). *Der Sprach-Brockhaus. Deutsches Bildwörterbuch für jedermann*. Leipzig: F. A. Brockhaus.

S. 734

> [...] der *Wissenschaftler*, -s/-. [...].

Anders klingen Gedanken aus der Schweiz.

---

[123] Siehe etwa die 4. Auflage 1944, S. 735, oder die 5. Auflage 1947, S. 734. Erst später findet sich eine zusätzliche Bemerkung, so in der 8., völlig neubearbeiteten und erweiterten Auflage des Sprach-Brockhauses, S. 802:
[...] der *Wissenschafter*, †, noch M schweiz. und österr., *Wissenschaftler*, -s/-, jemand, der in der Wissenschaft tätig ist, Gelehrter.
Das Kreuz † steht für veraltet; M hier für „österreichische und schweizerische Spezialausdrücke, die weder mundartlich noch umgangssprachlich sind".

Staiger, R. (1935). Krieg dem Krieg! *Der Freidenker. Organ der freigeistigen Vereinigung der Schweiz, 18 (19)*, 145-147.

S. 147

Beherzigen wir die Worte, die ein Grosser als Mensch und *Wissenschafter* an uns gerichtet hat, August Forel, der selbst ein Wegbereiter des Völkerfriedens war [...].

Karl Astel (1898–1945), Mediziner, Rassenforscher, Rassenhygieniker, Politiker. Er machte 1919 mit im Freikorps Epp, 1920 im Bund Oberland, 1923 im Hitler-Ludendorff-Putschversuch. 1935 wurde er Professor in Jena, verantwortlich für Zwangssterilisationen. April 1945 Suizid.

Astel, Karl (1935). Rassendämmerung und ihre Meisterung durch Geist und Tat als Schicksalsfrage der weißen Völker. *Nationalsozialistische Monatshefte, Zentrale politische und kulturelle Zeitschrift, 6 (60)*, 194-215.

S. 205

In diesem Sinne ist z. B. Rüdin, der den Wert einer empirischen Erbprognose erkannt, sie begründet und so ausgebaut hat, daß auf ihr heute das Gesetz zur Verhütung erbkranken Nachwuchses fußen kann, einer der allerbedeutendsten *Wissenschaftler.*

Johann Gerhard „Hans" Hagemeyer (1899–1993), Kaufmann, Beauftragter des NSDAP-Ideologen Alfred Rosenberg für Schrifttumsfragen. 1933 Leiter der Reichsstelle zur Förderung des deutschen Schrifttums, 1934 bis 1943 Leiter im Amt Schrifttumspflege.

Hagemeyer, Hans (1935). Von der inneren Wehrhaftigkeit des deutschen Volkes. *Nationalsozialistische Monatshefte, Zentrale politische und kulturelle Zeitschrift, 6 (62)*, 431-439.

S. 436

Wenn nun heute auf Grund solcher Vorfälle von der jungen Generation Front gegen die Wissenschaft gemacht wird, so darf das keinen Menschen mit gesundem Verstand in Staunen setzen, doppelt nicht, wenn man weiß, daß die *Wissenschaftler* aller Fakultäten selten geworden sind, die für ihre Überzeugung auch zu leben und zu sterben bereit sind, d. h. zum mindesten bereit sind, die feste Pfründe eines Lehrstuhls für die Verteidigung ihres Gedankengutes aufs Spiel zu setzen.

Sektionschef Dr. Mumelter vom Deutschen Sprachverein Wien erklärt die bessere Lösung für eine sich verbreitende sprachliche Divergenz darstellt.

Deutscher Sprachverein (1936). *Wissenschafter*, nicht *Wissenschaftler*. *Salzburger Volksblatt, 66. Jg., Folge 207*, 7.

S. 7

In dieser Zeit der wissenschaftlichen Tagungen werden die Gelehrten, die an diesen Zusammenkünften teilnehmen, immer wieder als *Wissenschaftler* bezeichnet, ja sie nennen sich wohl selbst auch *Naturwissenschaftler*, *Sprachwissenschaftler*, *Geisteswissenschaftler* oder ähnlich. Nun wird im Deutschen aus Hauptwörtern, die eine Sache bezeichnen, die Bezeichnung für die, die diese Sache betreiben oder mit ihr zu tun haben, durch Anfügen der Nachsilben –er oder –ler gebildet. Doch von den Hauptwörtern, die aus –schaft ausgehen, wird die Ableitung allgemein nur durch die Silbe – e r gebildet: Gesellschafter, Genossenschafter, Wirtschafter, Botschafter usw. Dazu kommt, daß die Nachsilbe – l e r gewöhnlich nur gebraucht wird, wenn das Hauptwort von einem Zeitwort auf –eln herkommt: Bettler, Bummler, Bastler, Radler u. a.; nur Künstler bildet eine Ausnahme. Das gibt der ungewöhnlichen Bildung „*Wissenschaftler*" – die Hochsprache verwendet heute weder die eine noch die andere Ableitung – einen Beigeschmack von Geringschätzung. Man soll daher, wenn man der Kürze halber eine solche Abkürzung gebraucht, nicht *Wissenschaftler*, sondern *Wissenschafter* sagen und schreiben.

Die hier aufgerufene Hochsprache soll vermutlich sich mit ‚Gelehrter' oder ‚Mann der Wissenschaft' oder ‚wissenschaftlicher Mensch' begnügen.

Der gleiche Text wird zwei Tage später in der *Freien Stimmen* gedruckt, ergänzt um die Bemerkung, dass Mumelter vom Deutschen Sprachverein Wien ihn erzeugte.

Mumelter (1936). Wissenschafter, nicht Wissenschaftler. *Freie Stimmen. Deutsche Kärntner Landeszeitung, 56. Jg., Folge 209*, 3. (Freitag, den 11. September 1936).

Auch Leonhard Franz (1895–1974), Vorgeschichter, damals a. o. Professor für Urgeschichte an der Deutschen Universität Prag, übernimmt den Text in einem Artikel, aus dem zwei Abschnitte vorgelegt werden.

Franz, Leonhard (1936). Vorgeschichtler oder Vorgeschichter? *Nachrichtenblatt für Deutsche Vorzeit, 12 (8-9)*, 179-180.

S. 179

Kürzlich hat es mir ein Kritiker in einer reichsdeutschen Zeitschrift angekreidet, daß ich in einer Schrift durchgehend die Form „Vorgeschichter" verwendet habe, nicht die übliche „Vorgeschichtler". Die letztere ist aber sprachlich ebensowenig berechtigt wie Bildungen „*Wissenschaftler*, Kunstgeschichtler".

S. 180

[...]. Echte ler-Ableitungen werden, wie schon Dr. Mumelter hervorgehoben hat, nur von Wörtern gebildet, die selbst schon ein l führen, aber nicht nur von Zeitwörtern; während einer, der nur ein Häusel sein Eigen nennt, ein Häusler ist, wird, wer ein Haus besitzt, ein Hauser genannt. Der auf einem Bühel wohnt, ist ein Bühler oder auch ein Pichler und führt, weil schon das Grundwort ein l hat, dieses zu Recht, wogegen ein Dichtler dies nicht täte, weil das Dichten ohne l vor sich geht; es gibt aus dem gleichen Grunde auch keinen Physikler. Ein Dichter ist kein Künster, sondern ein Künstler, worin jedoch die Anhänger der l-Ableitung um jeden Preis keine Unterstützung sehen dürfen, denn der Künstler ist einer jener Fälle, die ihr l nur einer Analogie zu echten ler-Ableitungen verdanken; im Schwedischen heißt der Künstler bezeichnenderweise konstnär. [...].

Die eingangs erwähnte Kritik aus reichsdeutscher Feder zeigt, dass sich schon vor Jahren im Reich etwas starkgemacht und zur fixen Gewohnheit verankert hat, das den Bewohnern ehemals Habsburger Landstriche und anderer Regionen außerhalb des Reichs unschön vorkommt. Franz' Äußerung über die schwedische Version des Künstlers kann durch eine norwegische, ‚kunstner', unterstützt werden; sie kann auch durch die in einer noch näher verwandten Sprache ergänzt werden; das niederländische Wort lautet ‚Kunstenaar', vermeidet ebenfalls die krude l-Ableitung, die das Wort ‚künsteln' im Hintergrund rauschen lässt.

Johannes Stark (1874–1957), Physiker, erhielt 1919 den Nobelpreis, seit 1930 Mitglied der NSDAP, von 1933 bis 1939 Präsident der Physikalisch-Technischen Reichsanstalt, 1934 bis 1936 Vorsitzender der Deutschen Forschungsanstalt, bekämpfte Juden, zumal Einstein. Dass hier der Naturwissenschafter ohne l geschrieben wurde, ist kein Fehler, sondern gehört zu einer alten Tradition. Philipp Lenard (1862–1947), Physiker, erhielt 1905 den Nobelpreis, setzte sich seit 1923 für Hitler ein, wurde hitzköpfiger Antisemit, bekämpfte besonders Albert Einstein und dessen Relativitätstheorie. Verfasste eine Deutsche Physik (1935/36).

Stark, J. (1936). Philipp Lenard als deutscher Naturforscher. Rede zur Einweihung des Philipp-Lenard-Instituts in Heidelberg am 13. Dezember 1935. *Nationalsozialistische Monatshefte. Zentrale politische und kulturelle Zeitschrift der NSDAP, 7. Jg., Hft. 71*, 106-112.

S. 106

Mir selbst ist es eine Ehre, daß ich darlegen darf, woran der Name Lenard-Institut die deutschen *Naturwissenschafter* in der Zukunft mahnen soll. [...]. Aber der Name Lenard-Institut soll mehr sein als eine Ehrung für Lenard und eine Erinnerung an ihn. Er soll darüber hinaus allen deutschen *Naturwissenschaftern* den Naturforscher Lenard als großes Vorbild zur Nacheiferung hinstellen. [...]. Wohl alle *Naturwissenschafter* stimmen in dem Wunsche überein, neue Erkenntnisse zu gewinnen oder gar große Entdeckungen zu machen.

So schrieb man auch im Elsas ohne l-Ableitung.

anon. (1936). Forschungsabteilung Judenfrage. Die neueste deutsche Errungenschaft. *La Tribune juive, Avec le Bulletin officiel des communités israelites de Strasbourg et Metz, 18 (48)*, 742.

S. 742

Wir haben in unseren Reihen die grössten *Wissenschafter*, Kapazitäten, die die ganze Welt anerkennt, wir haben Mediziner, Biologen, Juristen, Staatsrechtler, Nationalökonomen, die den Stolz ihres Landes bilden, wir haben Nobel-Preisträger, auf die wir bei jeder Gelegenheit mit Selbstbewusstsein hinweisen, aber sie alle dienen nicht unserer Sache.

Gerhard Wagner (1888–1939), Mediziner, seit 1929 in der NSDAP, 1933 Reichsärzteführer, trat ein für die Zwangssterilisation der Juden und Behinderten sowie für Euthanasie, die absichtliche Herbeiführung des Todes bei unerwünschten Menschenexemplaren.

Wagner, Gerhard (1936). Rasse und Bevölkerungspolitik. *Der Parteitag der Ehre [...]. Offizieller Bericht über den Verlauf des Reichsparteitages mit sämtlichen Kongreßreden*, 150-160. München: Franz Eher Nachf.

S. 150

Die andere Gruppe ist die der Objektiven, der Gelehrten und *Wissenschaftler*, die allerdings – auch im Ausland – immer kleiner wird, wie aus den verschiedensten zustimmenden Entschließungen ausländischer und internationaler Gesellschaften zu unseren rassehygienischen und erbbiologischen Maßnahmen hervorgeht. Wir können diesen unseren gelehrten Kritikern nur erwidern, daß unser Erb- und Rassengedanke letztes Endes nicht unserer wissenschaftlichen, sondern unserer nationalsozialistischen Überzeugung entspringt, und daß es nicht gelehrte *Wissenschaftler* waren, sondern einzig und allein unser Führer Adolf Hitler, der den Erb- und Rassengedanken zum Mittelpunkt unserer nationalsozialistischen Weltanschauung und zum Grundstein unseres völkischstaatlichen Wiederaufbaues gemacht hat.

Petersen, Werner (1936). Die Bedeutung der Frühgeschichte für den deutschen Bauern. *Odal. Monatsschrift für Blut und Boden, 4 (8)*, 655-663.

S. 656
Der *Wissenschaftler*, dessen Wiege vielleicht in der Großstadt stand, dessen Jugend sich deshalb zu mehr als drei Vierteln fernab von dem naturnahen Leben da draußen abspielte, oder der Bauer, der durch seine praktische Arbeit und sein naturnahes Leben einen ganz anderen Bild für praktische Notwendigkeiten und Möglichkeiten besitzt als jeder, der dem ländlichen und damit natürlichen Leben entfremdet ist. Es zeigt sich vielleicht aus dem eben Gesagten, wie notwendig es ist, daß Bauer und *Wissenschaftler* auf dem Gebiet der Frühgeschichte zusammenarbeiten.

Ilse Schwidetzky (1907–1997), führende Rassenanthropologin der NS-Ideologie, 1937 habilitiert, Mitherausgeberin der *Zeitschrift für Rassenkunde*, 1947 a. o. Professur, 1961 Ordinariat in Mainz.

Schwidetzy, I. (1936). Die VIII. Tagung der Deutschen Gesellschaft für Physische Anthropologie. *Zeitschrift für Rassenkunde und ihre Nachbargebiete, 4 (3)*, 319-320.

S. 319
Einleitend sprach der Leiter des Rassenpolitischen Amtes der NSDAP, Dr. Groß über „Rassenpolitische Forderungen an die deutsche Wissenschaft". Klar und eindringlich trat er für eine saubere Trennung von Wissenschaft und Politik ein, denn das reine Erkenntnisstreben dürfe von politischen Gegenwartsforderungen nicht eingeengt werden. Wohl aber könne man erwarten, daß der *Wissenschaftler* nicht in die politische Erziehungsarbeit eingreift, die gradlinig und unter Umständen einseitig sein muß, um zunächst festgewurzelte Irrtümer auszurotten. Sie ist nicht der Ort für wissenschaftliche Teilfragen und Diskussionen. Jeder deutsche *Wissenschaftler* wird diese Worte um so mehr bejahen, als gelegentlich allzu Eifrige die klaren Grenzen zum Schaden beider Teile verwischen möchten.

Mann, Thomas (1936). Freud und die Zukunft. Festvortrag im Wiener Akademischen Verein für medizinische Psychologie zu Sigmund Freuds

80. Geburtstag. *Imago. Zeitschrift für psychoanalytische Psychologie, ihre Grenzgebiete und Anwendungen, 22 (3)*, 257-274.[124]

S. 257

Meine Damen und Herren! Was legitimiert einen Dichter, den Festredner zu Ehren eines großen Forschers zu machen? [...]. Geschieht es vielleicht in der Erwägung, dass der Dichter als Künstler, und zwar als geistiger Künstler, zum Begehen geistiger Feste, zum Festefeiern überhaupt berufener, daß er von Natur ein festlicherer Mensch sei als der Erkennende, der *Wissenschaftler*?

Es ist staunenswert, dass Wörtergourmet Mann gerade in Wien, der Hauptstadt eines der Länder, die den überlieferten Unterschied zwischen ,Wissenschafter' und ,Wissenschaftler' immer noch kennen und einsetzen, die degradierende Version mit dem l ausspricht und in Wien drucken lässt.

anon. (1937). Obst in der Flasche. Die steigende Bedeutung des Süßmostes – Frischobst durch das ganze Jahr. Erfrischend und gesundheitsfördernd. *NSK Sonderdienst. Volk und Bauer. Amtliches Organ des Reichsamtes für Agrarpolitik der NSDAP. [Beigabe der Nationalsozialistischen Partei-Korrespondenz]. NSK Folge 165,* Blatt 7.

Bl. 7

Von erfahrenen Praktikern wurde sie hier in engster Zusammenarbeit mit hervorragenden *Wissenschaftern* rasch auf eine erstaunliche Höhe gebracht, und deutsche Verfahren und Apparate haben im letzten Jahrhundert schnell die Welt erobert, [...].

Diese entlegene landwirtschaftliche Beigabe *Volk und Bauer* zur Partei-Korrespondenz war eins der wenigen Organe, welche ohne das l sich äußern konnten.

Hitler, Adolf (1937). Rede des Führers und Reichskanzlers vom 30. Januar 1937, dem 4. Jahrestage der nationalsozialistischen Revolution, vor dem Deutschen Reichstag in der Krolloper zu Berlin. In Meier-Benneckenstein, Paul (1938). *Dokumente der deutschen Politik, Bd. 5,* 23-56. Berlin: Junker und Dünnhaupt.

S. 36

Der Versuch, aus wirtschaftlichen Methoden ein Dogma zu formulieren, wurde von vielen mit jener gründlichen Emsigkeit, die den deutschen *Wissenschaftler* nun einmal auszeichnet, betrieben und als National-

---

[124] Dies war ein Vorabdruck mit Genehmigung des Verlages Dr. Bermann-Fischer, Wien. Dieser Verlag gab anschließend heraus: Mann, Thomas (1936). *Freud und die Zukunft.* Wien: Bermann-Fischer. Zitat darin S. 7f.

ökonomie zum Lehrfach erhoben. Und nur nach den Feststellungen dieser Nationalökonomie war Deutschland ohne Zweifel verloren. Dass jemand, der Hitler heißt und sich für einen Künstler hält, auch den Wissenschafter mit einem zusätzlichen l verziert, lässt sich nachempfinden.
anon. (1937). Außenpolitische Umschau. *Der Wiener Tag, 16, Nr. 4898,* 3.
S. 3
Die Erwartungen, die man an die Rede des Kanzlers geknüpft hat, sind wohl nur zum Teil erfüllt worden, und was die einschneidenden Maßnahmen anlangt, so kann man die Stiftung von drei Preisen zu je 100.000 Reichsmark für deutsche Künstler und *Wissenschafter*, die erfolgt ist, damit man, wie Generaloberst Goering sagte, nicht wieder die Schande erleben muß, dass ein ausländisches Komitee einen „mit Zuchthaus bestraften Verbrecher" mit einem Preise belehnt, kaum als einschneidende politische Maßnahme betrachten.
Das war der 1935 Carl von Ossietzky zugekommene Friedensnobelpreis.
Wiegand, Eberhard (1937). Katholische „Bevölkerungspolitik". *Volk und Rasse, 12 (4),* 142-143.
S. 143
Gerade auf dem Gebiet der Bevölkerungs- und Rassenpolitik muß man leider immer wieder die Feststellung machen, daß sich die katholischen *Wissenschaftler* nicht immer exakter Sachlichkeit bedienen, wenn sie sich darum bemühen, ihre Ansichten zu vertreten.
Heinz Wülker, im Stabsamt des Reichsbauernführers Walter Darré beschäftigt, erforschte bevölkerungsbiologische Verhältnisse des Landvolkes.
Wülker, Heinz (1937), Erbgutauslese und Bauerntum. *Volk und Rasse, 12 (6),* 234-241.
S. 235
Hier wird z. B. die Gruppe der erfolgreichen *Wissenschaftler* andere ausgesiebte Erbanlagen enthalten als etwa 100 Offiziere oder Handwerker, Bauern oder Ärzte.
1937 erschien *Der große Duden, Rechtschreibung der deutschen Sprache und der Fremdwörter nach den für das Deutsche Reich, Österreich und die Schweiz gültigen amtlichen Regeln, 11. Auflage, 1. verbesserter Neudruck.* Leipzig: Bibliographisches Institut. Coyright 1934. Darin ist weiterhin unverändert zu finden auf S. 650: ,*Wissenschaft[l]er*'.
Frick, Heinrich (1938). Wehrwille. *Allgemeine schweizerische Militärzeitung. Journal Militaire Suisse. Gazetta Militare Svizzera, 84 (6),* 314-328.

S. 324

Das Vertrauen unseres Volkes in die *Wissenschafter* unseres Landes kann den Wehrwillen des Volkes eminent stärken. Nur schon der Stolz ist etwas wert.

Alfred Rosenberg (1893–1946), alter Kämpfer, bemühte sich mit mäßigem Erfolg, Chef-Ideologe der NSDAP zu werden, wurde 1934 „Beauftragter des Führers für die Überwachung der gesamten geistigen und weltanschaulichen Schulung und Erziehung der NSDAP".

Rosenberg, A. (1938). Der Kampf zwischen Schöpfung und Zerstörung. Kongreßrede auf dem Reichsparteitag der Arbeit am 8. September 1937 (München 1937). *Dokumente der deutschen Politik, 5*, 62-73.

S. 65

Die Staatsmänner und sog. *Wissenschaftler*, die über diese Konsequenzen des Nationalsozialismus glauben noch spötteln zu müssen, zeigen dabei nicht etwa eine geistige Überlegenheit, sondern nur ihren Mangel sowohl an streng geschichtlich biologischer Einsicht als auch Mangel an Charaktergröße.

Karl Rosenfelder (1904–1945), 1931-1933 arbeitslos, ab Juni 1933 Mitarbeiter der Nordischen Stimmen, ab 1935 Schriftleitung eines Informationsdienstes im Archiv für kirchenpolitische Fragen bei der Dienststelle des Beauftragten des Führers für die Überwachung der gesamten geistigen und weltanschaulichen Schulung und Erziehung der NSDAP. 1937 Eintritt in die NSDAP, weitere Aufgaben in NS-Schriften.

Rosenfelder, Karl (1938). Romkirchliche Einkreisungspolitik. Zum Kampf gegen die nationalsozialistische Weltanschauung. *Nationalsozialistische Monatshefte, 9. Jg., Hft. 94*, 17-32.

S. 19

Die vor kurzem gegründete Päpstliche Akademie, der bedeutende katholische und nichtkatholische *Wissenschaftler* und Forscher angehören, die Gründung der Universität Salzburg (siehe Deindl: „Die ‚katholische Universitätsidee im deutschen Sprachraum", „NS-Monatshefte", Oktober 1937), die wachsende Einbeziehung der Erblehre, Volkskunde und Rassenforschung in den Arbeitsbereich der römischen *Wissenschaftler*, sind die bemerkenswertesten Züge dieses Vorganges, der unsere höchste Aufmerksamkeit verdient. Die Wissenschaft – vom Vatikan aus gesehen – bedroht heute nicht mehr den Herrschaftsanspruch und die Primatstellung des römischen Priesters. Die Romkirche hat im Hinblick auf die Möglichkeit eines Bündnisses, das sie gewillt ist, in den Kampf gegen die nationalsozialistische Weltanschauung einzusetzen, ihrerseits mit Zugeständnissen an die Wissenschaft nicht gekargt.

Coca-Cola (1838). Coca-Cola hat Weltruf! *Illustrierter Beobachter, 13 (39)*, 1429.

S. 1429

Vom Geist peinlichster Sauberkeit sind die lichten Betriebsräume, in denen „Coca-Cola" erzeugt wird, die modernen Maschinen blincken und blitzen, glanzklar sind die Flaschen. Geschulte Kräfte sind hier am Werk, und erfahrene *Wissenschaftler* überwachen laufend die Herstellung. Ja, rein und gesund ist „Coca-Cola", köstlich und erfrischend. Hunderttausende trinken täglich überall in Deutschland [...].

Der kleine Duden. Für die Volksschule bearbeitet nach den für das Deutsche Reich gültigen amtlichen Regeln. Zweite Aufl. (1939). Leipzig: Bibliographisches Institut AG.

S. 400

[...]; *Wissenschaft[l]er* m.; -s, -. [...].

Das Winkelklammer-l stammt aus älteren Duden-Ausgaben. Wie Lehrer und Schüler der Volksschule damit umzugehen hatten, bleibe offen. Otto Basler wird nicht genannt, nur die Fachschriftleitung, zu der er gehörte.

Schw. (1939). Amerikanischer *Wissenschaftler* hetzt gegen die Deutsche Rassenforschung. *Volk und Rasse, 14 (5)*, 115-116.

Dies war die Überschrift eines Artikels in einem einschlägigen Journal.

anon. (1939). Ein Minister macht sich lächerlich. *Neues Wiener Tagblatt, Jg. 73, Nr. 47*, darin *Wiener Mittagsausgabe, Jg. 1939, Nr. 39*, 2.

S. 2

Was aber müssen dies für „Wissenschaftler" sein, wenn sie unwidersprochen folgende Weisheiten des Landwirtschaftsministers zur Kenntnis nehmen: Minister Wallace erklärte, dass den deutschen Jungen und Mädchen gelehrt werde, ihre Rasse und ihre Nation hätten das Recht, alle andern zu beherrschen!

Der Wissenschaftler mit l wird in Österreich weiterhin verwendet, wenn die Wissenschaftlichkeit des Betroffenen erheblichen Zweifeln unterliegt.

Heinrich Härtle war Hauptstellenleiter im Amt Wissenschaft des Reichsleiters Alfred Rosenberg.

Härtle, Heinrich (1939). Weltanschauung und Wissenschaft. *Nationalsozialistische Monatshefte, 10 (114)*, 771-779.

S. 776

Wissenschaftler, die ihr Denken und Forschen in den Dienst des deutschen Schicksalskampfes stellen, wurden und werden mit den höchsten Ehren des Reiches ausgezeichnet. Umgekehrt scheuen wir uns keinen Augenblick, mit aller Härte gegen Wissenschaftserscheinungen und *Wissenschaftler* vorzugehen, welche sich am Lebenskampf unseres Volkes vergehen.

Dr. Gerhard Baumann war Leiter der Propagandahauptstelle der Reichs-dozentenführung.

Baumann, Gerhard (1939). Propaganda und Wissenschaft. *Unser Wille und Weg. Monatsblätter der Reichspropagandaleitung der NSDAP. Die parteiamtliche Propagandazeitschrift der NSDAP, Herausgeber: Joseph Goebbels, 9 (4)*, 88-90.

S. 89

Aus unserer weltanschaulichen Haltung heraus müssen wir es jedoch ablehnen, daß der *Wissenschaftler* sich vollkommen vom Gesamtleben der Nation abkapselt und sich um des Schicksal seines Volkes weder persönlich noch durch seine Arbeit interessiert.

Walter August Ludwig „Bubi" Schultze (1894–1979), Chirurg, Medizinal-beamter, Politiker, Teilnehmer am Hitler-Putsch 1923, Mitorganisator der nationalsozialistischen Krankenmorde.

Schultze (1939). Rede des Reichsdozentenführers Reichsamtleiter Professor Dr. Schultze über „Grundfragen der deutschen Universität und Wissenschaft" anläßlich der Einweihung der ersten Akademie des NSD-Dozentenbundes zu Kiel am 21. Januar 1938. *Dokumente der Deutschen Politik, Grossdeutschland 1938, 6*, 630-640.

S. 640

Der Nationalsozialistische Deutsche Dozentenbund aber ist und wird die Gemeinschaft sein, in der sich die echten und wahren nationalsozialisti-schen *Wissenschaftler* zusammenfinden.

Jäger, Gertrud (1940). *Schellings politische Anschauungen*. Berlin: Dr. Emil Ebering.

S. 77.

Das Ziel aller deutschen *Wissenschaftler* war, „die Lebendigkeit der Natur und ihre innere Einigkeit mit geistigem und göttlichen Wesen zu sehen".

Hat Schelling von Wissenschaftlern geredet? Nein. Bei ihm lautet es so:

Schelling, Friedrich Wilhelm Joseph von (1861). Ueber das Wesen deutscher Wissenschaft. (Fragment). (Aus dem handschriftlichen

Nachlaß). In Schelling, *Sämmtliche Werke, Erste Abtheilung, 8. Bd.*, 1-18. Stuttgart: J. G. Cotta.

S. 7

Dahin, nach diesem Ziel hat alle deutsche Wissenschaft getrachtet von Anbeginn, nämlich die Lebendigkeit der Natur [...].

Stecher, G. (1940). [Rezension:] Beiträge zum neuen Deutschunterricht. Huhnhäuser, Pudelko, Jacoby (Hrsg.), (1939). Frankfurt a. M.: Moritz Diesterweg. *Deutsche Wissenschaft, Erziehung und Volksbildung, Amtsblatt des Reichsministeriums für Wissenschaft, Erziehung und Volksbildung und der Unterrichts-Verwaltungen der Länder, 6 (18),* 91*-92*.

S. 92*

Ziele und Wege des Jugendunterrichts sind ihrem Wesen nach im tiefsten Grunde von der Arbeit des *Wissenschaftlers* unterschieden.

Rudolf Mentzel (1900–1987), Chemiker und Wissenschaftsfunktionär, Mitglied der SA, der SS, der NSDAP, Ministerialdirigent im Reichsministerium für Wissenschaft, Erziehung und Volksbildung, Forschungsgebiet Chemiewaffen, einflussreicher Wissenschaftspolitiker des NS-Reiches. Anscheinend ein regelrechter Wissenschafter.

Mentzel, Rudolf (1941). Die Nachkriegsaufgaben der deutschen Hochschulen. *Das Junge Deutschland. Amtliches Organ des Jugendführers des Deutschen Reiches, Jg. 1941, 35 (9),* 225-229.

S. 226f.

Es ist daher kein Zufall, daß Partei und Staat in innigem Zusammenwirken miteinander gerade die künftigen Hochschullehrer mit ganz besonderer Sorgfalt ausgelesen haben, denn der beste deutsche *Wissenschafter* in Leistung und Haltung ist als Hochschullehrer gerade gut genug.

Johannes Wilhelm Öhquist (1861–1949), finnischer Beamter, Sprachlehrer, Kunsthistoriker, Schriftsteller.

Öhquist, Johannes (1941). *Das Reich des Führers. Ursprung und Kampf, Weltanschauung und Aufbau des Nationalsozialismus geschildert von einem Ausländer.* Bonn: Ludwig Rohrscheid.

S. 251f.

Und in einer Kundgebung vom 11. November 1933 in Leipzig richteten deutsche *Wissenschaftler* von Weltruf (der Mediziner Geheimrat Prof. Dr. Sauerbruch, der Kunsthistoriker Prof. Pinder, der Anthropologe. Prof. Dr. Eugen Fischer, der Philosoph Prof. Dr. Heidegger) einen

Appell an die Gebildeten der ganzen Welt und forderten ihr Verstehen für Hitlers Kampf um Deutschlands Gleichberechtigung.

Kroh, Oswald (1941), Ein bedeutsamer Fortschritt in der deutschen Psychologie. *Zeitschrift für Psychologie, 151 (1)*, 1-19.
S. 14
Nicht etwa der Herkunft der deutschen Psychologie wegen, die sich auf ihrem Wege zur selbständigen Wissenschaft von der Philosophie löste, sondern deshalb, weil jeder *Fachwissenschaftler*, der Anspruch auf vollwertige Ausbildung erhebt, sich auch über die Voraussetzungen und die Konsequenzen seiner Fächer unterrichten sollte.

Fervers, Kurt (1941). E. R. Jaensch zum Gedenken. *Das Junge Deutschland. Amtliches Organ des Jugendführers des Deutschen Reichs. Sozialpolitische Zeitschrift der deutschen Jugend, 35 (6)*, 168.
S. 168
Eine Veröffentlichung über das Werk und das Vermächtnis von Prof. E. R. Jaensch verdient gerade an dieser Stelle eine besondere Würdigung, denn wenig *Wissenschaftler* haben ihre Verbundenheit mit der Jugend, und insbesondere mit der Hitler-Jugend, so stark und so eindeutig bekundet wie der große Marburger Psychologe.
1941 erschien
Der große Duden, Rechtschreibung der deutschen Sprache und der Fremdwörter nach den für das Deutsche Reich und die Schweiz gültigen amtlichen Regeln. 12., neubearbeitete und erweiterte Auflage. Leipzig: Bibliographisches Institut. (Copyright 1941).
S. 672
[...], *Wissenschafter* †, *Wissenschaftler*.
Auf S. 12* wird Kreuz (†) erklärt. „Mit dem Kreuz ist veraltetes Wortgut bezeichnet." Das wohlwollende Wort ‚Wissenschafter' wird somit zum veralteten Wortgut und empfohlen, statt dessen das abqualifizierende Wort mit dem l zu schreiben.
Dies entsteht keineswegs auf einer allgemeinen Vorliebe für die Wendung ‚-schaftler', sondern zielt konkret auf ‚Wissenschaftler'. Das lässt sich einfach belegen. Auf S. 81 steht der Botschafter ohne Variante. Auf S. 88 steht der Burschenschafter, ergänzt durch die Winkel-Klammer, die hier dem Leser empfiehlt, nicht etwa vom Burschenschaftler zu sprechen. Auf S. 194 steht der Gefolgschafter ohne Variante. Auf S. 203 folgt der Gesellschafter und die Gesellschafterin, beide ohne Variante. Dem folgt auf

S. 205 der Gewerkschaft[l]er mit der für Beliebigkeit stehenden eckigen Klammer. Dass in Gewerkschaften tätige Personen bei den NS-Herrschern missliebig waren, ist bekannt. Da kann man dem Rat Suchenden gern suggerieren, das Schimpfwort sei ebensoviel wert wie die traditionelle Form. Umgekehrt verlief es beim Buschenschaftler, weil mancher Burschenschafter die NS-Herrschaft freudig begrüßte. Dann erscheint auf S. 324 der Kundschafter, auch ohne Variante, auf S. 330 der Landschafter, ebenso ohne Variante. Auf S. 671 tauchen der Wirtschafter und die Wirtschafterin auf, erläutert als Verwalter. Dazu kommt als nächstes Wort der Wirtschaftler, verworren erläutert als „wer sich theoretisch od. praktisch mit der Wirtschaft beschäftigt". ‚Wirtschafter' und ‚Wirtschaftler' werden somit als zwei verschiedene Wörter mit verschiedenen Bedeutungen dargestellt. Ähnliches war vor gar nicht langer Zeit auch für den Bereich der Wissenschaft üblich, allerdings nie im Duden. Und jetzt werden der Wissenschafter mit Grabeskreuz † versehen und der unbehelligte Wissenschaftler vorgebracht. Dies ist eine Sonderbehandlung, die nicht aus einem allgemeinen sprachlichen Wandlungsvorgang entsteht. Ihre Motive werden verschwiegen. Gleichwohl übernimmt die Mehrzahl der Bewohner des kleindeutschen Reiches diese Behandlung durch die Scheinautorität eines Dudens.

Ob dies gelenkt wurde durch die tendenziell verachtende Haltung der herrschenden Partei für Menschen der Wissenschaft, lässt sich mutmaßen, doch wohl nicht belegen. Es ist auch unwahrscheinlich, dass es von hoher oder höchster Stelle vorgeben wurde. Eher ließen sich untergeordnete Chargen verdächtigen, den mutmaßlichen Wunsch der Herrschaft zu bedienern.

Meyers Lexikon, 8. Aufl., 9. Band, 1942, durch NS-Stellen überprüft, stellt Sp. 134 fest: Das maßgebliche Rechtschreibe-Wb. ist heute „Der Große Duden" 1941 (12. Ausg.).

Wilhelm Hermann Hehlmann (1901–1997), Volksschullehrer, dann Studium der Pädagogik und Psychologie bis zur Habilitation. 1933 Beitritt in NSDAP, NSKK, NSLB, NSDDB. 1938 Teilnehmer der Parteiamtlichen Prüfungskommission zum Schutze des nationalsozialistischen Schrifttums, 1939 Dozent der Adolf-Hitler-Schule in Sonthofen. Seit 1948 wissenschaftlicher Berater für F. A. Brockhaus, gegebenenfalls Beratler.

Hehlmann, Wilhelm (1942). *Pädagogisches Wörterbuch*. Stuttgart: Alfred Kröner.
S. 315

Ordensburg, N. S. [...] Gastlehrer sind hauptamtlich tätige *Wissen-schaftler* und die politischen Führer der Partei. Als Akademie für die weltanschauliche Schulung, die Heranbildung von Lehrern und die einheitliche Ausrichtung der Lehrpläne soll die Hohe Schule der Partei am Chiemsee dienen, die bereits eine Reihe von Außenstellen (z. B. Frankfurt a. M. und Halle) errichtet werden.

Reichsminister für Wissenschaft, Erziehung und Volksbildung Bernhard Rust (1883–1945), auch preußischer Kultusminister, studierte vielerlei Fächer, wurde in Hannover Studienrat, bis er 1930 aus dem Staatsdienst flog und Abgeordneter im Reichstag wurde. Seit 1925 Mitglied der NSDAP und SA. Von 1934 bis 1945 leitete er das Reichsministerium für Wissenschaft etc. zu leiten. Er bemühte sich um Rechtschreibereformen.

> Rust, Bernhard (1942). [Gedenkrede Dr. Carl Krümmel]. *Deutsche Wissenschaft, Erziehung und Volksbildung, Amtsblatt des Reichs-ministeriums für Wissenschaft, Erziehung und Volksbildung und der Unterrichtsverwaltung der Länder, 8, 311-312.* Zentralverlag der NSDAP.

S. 312

> Seine großen Erfolge als Soldatischer Erzieher, als Sportlehrer und *Wissenschaftler* wurden in einem Abschiedsschreiben des Reichswehr-ministers ehrenvoll anerkannt.

Bewohner der Ostmark halten sich nicht für verpflichtet, von traditionellen Ausdrucksweisen gemäß Duden oder Brockhaus abzuweichen.

> anon. (1943). Die Antwort auf den Luftterror bleibt nicht aus. Vergel-tung wird vorbereitet. *Völkischer Beobachter. Kampfblatt der na-tionalsozialistischen Bewegung Großdeutschlands, Wiener Ausgabe, 56 Jg., 156. Ausg., 1.*

S. 1

> Unsere *Wissenschafter* in ihren Laboratorien, unsere Arbeiter in den Fabriken, unsere jungen Piloten auf unseren Flugfeldern treibt dieser Gedanke zur Rache an.

Auch in Heiratsanzeigen blieb der Wiener dem alten Ausdruck treu.

> anon. (1943). Heiratsanzeigen. *Neues Wiener Tagblatt, 77. Jg., Nr. 351, 6.*

S. 6

> Akademiker, 51/171, situiert, sucht sympath. warmfühl. Gattin. *Wissenschafter* mit lukrativem Fund. Nur gute Kreise, kein Privatleben, kinderliebend Bedingung. Nichtanonyme, letzte Bildzuschriften unter „Ebenbürtig 8730" Verlag.

Walter Groß (1904–1945), alter Kämpfer, Arzt, Rassenhygieniker, Politiker, Publizist, seit 1925 in der NSDAP, seit 1942 Leiter des Hauptamtes Wissenschaft im Amt Rosenberg.

Groß, Walter (1943). Nationalsozialismus und Wissenschaft. *Nationalsozialistische Monatshefte, Zentrale politische und kulturelle Zeitschrift, 14 (154)*, 4-23.

S. 4

Auch die gut gemeinte Verschwommenheit schadet, und Klarheit fördert, selbst wenn sie hart erscheint – in diesem Satz ist sich der Nationalsozialist mit dem deutschen *Wissenschaftler* einig.

S. 10

Hin- und hergerissen zwischen dem stets lauter werdenden Streit der Meinungen, der Parteien, der Tageskämpfe, hat sich am Schluß ein großer Teil auch der deutschen *Wissenschaftler* dem Geist der jeweils herrschenden Mächte resigniert ausgeliefert, während der charakterstärkere Rest in der Flucht vor allen Gesichtspunkten außerhalb seines engsten Fachgebietes die letzte Rettung ungestörter ernster Arbeit erblickte.

Sowie noch vielerlei mehr von Ähnlichem in diesen Ausführungen ...

Albert Speer (1905–1981), Hitlers Lieblingsarchitekt, seit 1942 Reichsminister für Bewaffnung und Munition.

Speer, Albert (1943). An die schaffende Jugend. *Das Junge Deutschland. Amtliches Organ des Jugendführers des Deutschen Reichs. Sozialpolitische Zeitschrift der deutschen Jugend, 37 (11)*, 259-260.

S. 259

Das Schicksal der Nation liegt in zehn bis zwanzig Jahren in euren Händen. Seid euch dessen bewußt und denkt daran, daß das Können der deutschen Qualitätsarbeiter, das technische Wissen unserer Ingenieure und die grundlegenden Forschungen unserer *Wissenschaftler* die tragenden Pfeiler sind, auf denen wir unsere Zukunft heute aufbauen.

Der Reichsorganisationsleiter war Dr. Robert Ley (1890–1945), alter Kämpfer, als Gauleiter Rheinland-Süd wegen Alkoholismus entlassen. Seit 1933 Leiter des „Aktionskomitees zum Schutze der deutschen Arbeit" zwecks Zerschlagung der Gewerkschaften, Erfinder der KdF.

anon. (1943). Nationalsozialismus und Wissenschaft. *Der Hoheitsträger. Der Reichsorganisationsleiter der NSDAP, 7 (6)*, 16.

S. 16

Wir erinnern uns noch, wie der Gegentypus mit eigenem Geltungsstreben und leerem Wortstreit die Haltung der *Wissenschaftler* und

Gelehrten so beeinflußte, daß sie sich als Ablehnung gegen die ersten nationalsozialistischen Kämpfer auswirken mußte. [...]. Abschließend wird an die Wissenschaft mit Recht die Forderung auf Einhaltung ihrer Grenzen gerichtet, insbesondere auch in den Fragen der Erziehung. Adolf Hitlers politische Führung trägt allein vor der Geschichte und der Nation die Verantwortung.

Reichsministerium für Wissenschaft, Erziehung und Volksbildung [Hrsg.] (1944). *Regeln für die deutsche Rechtschreibung und Wörterverzeichnis.* Berlin: Deutscher Schulbuchverlag.
S. 93

[...]; die Wissenschaft; der *Wissenschaftler*; wissenschaftlich; [...].

Hiermit wird diese Rechtschreibungsregelung, die das Wort ‚Wissenschafter' nicht aufführt, nicht von einem Autor oder einem privaten Verlag umgestaltet, sondern von einer amtlichen Stelle, die eine amtliche Norm festlegt. Dazu heißt es auf S. 2:

Nach Zulassung durch die Reichsstelle für das Schul- und Unterrichtsschrifttum als Lernbuch eingeführt durch Erlaß des Reichserziehungsministeriums E IIa (C 6) 5/44 vom 20. Februar 1944.

Der zuständige Minister Bernhard Rust, schon länger für Orthographiereformen aufgeschlossen, bewilligte den Vorschlag dieser Reichsstelle, ein einheitliches Rechtschreibwerk für das gesamte Reich herauszugeben. Die Arbeit für das Regelwerk leistete der Duden-erfahrene Otto Basler. Die Drucktype ist recht klein, sodass 96 Seiten oder 6 Bogen ausreichen, die Wörtermenge aufzunehmen. Das Regelwerk soll Schüler während ihrer gesammten Schulzeit begleiten, zunächst werden die Schüler der 4. Klassen damit versorgt.[125] Basler wird nach dem Krieg seine Arbeit nicht unnütz verkommen lassen. Siehe dazu Basler (1948).

Himmler, Heinrich (1944). [Brief vom 25. Mai 1944 an SS-Obergruppenführer Oswald Pohl]. In Poliakov, Léon & Wulf, Joseph (1989). *Das Dritte Reich und seine Denker. Dokumente und Berichte.* Wiesbaden: Fourier. 319.
S. 319

Unter den Juden, die wir jetzt aus Ungarn herbekommen, sowie auch sonst unter unseren Konzentrationslager-Häftlingen, gibt es ohne Zweifel eine ganze Menge von Physikern, Chemikern und sonstigen *Wissenschaftlern.*

---

[125] Runderlass des Ministeriums vom 20. 5. 1944. *Deutsche Wissenschaft, Erziehung und Volksbildung, 10 (12)*, 136.

Ich beauftrage den SS-Obergruppenführer Pohl, in einem Konzen-
trationslager eine wissenschaftliche Forschungsstelle einzurichten, in der
das Fachwissen dieser Leute für das menschenbeanspruchende und
zeitraubenden Ausrechnen von Formeln, Ausarbeiten von Einzelkon-
struktionen, sowie aber auch zu Grundlagen-Forschung angesetzt wird.

Rebmann, Hans (1944). *Die kriegsbedingte Oelproduktion durch
vermehrten Oelpflanzenanbau in der Schweiz.* Bern: G. Grunau.
S. 32
Seither ist die Sojabohne vom europäischen Markt nicht mehr verschwunden. Ihre Anpflanzung fand jedoch, ausser bei *Wissenschaftlern*,
kein besonderes Interesse, lohnte sie sich doch wegen ihres niederen
Einfuhrpreises in keiner Weise.

Ekowski, Adalbert (1944). Goethe als Philosoph nach den Aufzeichnungen Fr. W. Riemers *Deutsche Vierteljahrsschrift für Literaturwissenschaft und Geistesgeschichte, 22 (3),* 300-326.
S. 301
Goethes Geist lebte vielmehr nehmend, gebend, gestaltend im Ganzen
des abendländischen Kulturgutes seines Zeitalters, insbesondere des
deutschen Idealismus, wie jeder große Philosoph oder *Fachwissen-
schaftle*r in seiner Art auch.
Am 11. März 1945. Kurz vor dem Zusammenbruch.
Bi. (1945). Dr. Josef Bergauers „KlingendesWien". *Völkischer
Beobachter. Kampfblatt der nationalsozialistischen Bewegung Groß-
deutschlands, Wiener Ausgabe, 58. Jg., 66. Ausg.,* 4.
S. 4
Ein zweites Werk dieser Art „Auf den Spuren berühmter Menschen in
Wien" erweitert den musikalischen Plan des ersten Buches auf alle
großen Komponisten, Dichter, Bühnensterne, bildende Künstler,
Wissenschafter und Staatsmänner.
Am 27. Oktober 1945. Nach dem Zusammenbruch.
Matura, A. (1945). Atomkräfte. Eine naturwissenschaftliche Plauderei
zu einem aktuellen Thema. *Oberösterreichische Nachrichten, Heraus-
gegeben von den amerikanischen Streitkräften für die Bevölkerung
Oberösterreichs, 1 (61),* 3.
S. 3
Ausbau des Atoms? Ganz recht, denn das Atom ist nur im landläufigen
Sinne der allerkleinste Baustein, in Wirklichkeit arbeiten die *Wissen-*

schafter schon seit Jahrzehnten, zuerst in Spekulationen, später in vielen mühevollen Versuchen mit noch kleineren Einheiten, nämlich Atomkernnen, Elektronen, Positronen und Neutronen.

General Clark (1946). Amerika hilft heute und in Zukunft. Feierliche Gründung der Oesterreichisch-amerikanischen Gesellschaft in Wien. *Oberösterreichische Nachrichten. Unabhängiges Tagblatt Österreichischer Demokraten, 2 (5), 1.*
S. 1
Wir wollen aber auch, dass die führenden amerikanischen Geister, *Wissenschafter*, Künstler, Gelehrte, Architekten usw., zu uns kommen. Wir wollen das gegenseitige Verständnis durch besseres Verständnis der Sprache, durch Lesezirkel, Konversationsabende usw. fördern.
Soweit ein Zitat aus Österreich, jetzt eins aus Bayern.
anon. (1946). Verbindung mit dem Mond. *Passauer Neue Presse 1 (1)*, 2. Lizenz Nr. 16 der Nachrichtenkontrolle der Bayerischen Militärregierung.
S. 2
Das amerikanische Kriegsministerium teilte mit, daß es *Wissenschaftlern* im Ever-Signal Laboratorium in Belmar (New Jersey) gelungen ist, mit Hilfe des Radar-Apparates erstmalig eine Verbindung mit dem Mond herzustellen.

Müller, Aloys (1947). *Welt und Mensch in ihrem irrealen Aufbau. Grundzüge der Philosophie, 4. Aufl.* Leiden: E. J. Brill.
S. 1
Darin sind nun bestimmte menschliche Haltungen vorausgesetzt, von denen drei für jeden *Wissenschafter* gelten.

Planck, Max (1947). *Sinn und Grenzen der exakten Wissenschaft, 2. Aufl.* Leipzig: Johann Ambrosius Barth.
S. 29
Bis vor kurzem mochte eine technische Ausnutzung der in den Atomkernnen schlummernden Energie utopisch erscheinen. Seit etwa 1942 jedoch hat die großartige Zusammenarbeit englisch-amerikanischer *Wissenschaftler* mit der amerikanischen, durch enorme Staatsmittel unterstützten Industrie sie verwirklicht.

1947 erschien *Duden. Rechtschreibung der deutschen Sprache und der Fremdwörter, 13. Aufl.*. Leipzig: Bibliographisches Institut, also in der sowjetischen Besatzungszone. Für die amerikanische Zone wurde ein Lizenzdruck ausgehandelt. Dieser erschien 1948 in Wiesbaden: R. Herrosé. *Veröffentlicht unter der Zulassung Nr. US-W-2041 der Nachrichtenkontrolle der Militärregierung.* Damit beginnen einige Jahrzehnte der Konkurrenz zwischen dem Ost- und dem West-Duden.

Auf Seite 669 stehen die Wörter 'Wissenschafter †' und 'Wissenschaftler'. Dem ersten Wort ist ein Kreuz, †, nachgesetzt, nicht anders als in der Kriegsausgabe. Eine Erklärung dieses theologischen Zeichens findet sich nirgends, doch heißt es zweifellos immer noch: das Wort ist verstorben, leblos, selig, tot. Die Kennzeichnung aus der NS-Zeit wurde offensichtlich einfach abgeschrieben. Hier wird sich in der sowjetischen wie in der amerikanischen Besatzungszone gleich verhalten.

Basler, Otto (1948). *Deutsche Rechtschreibung. Regeln und Wörterverzeichnis.* München: Leibniz-Verlag.[126]

S. 97

[...]; die Wissenschaft; der *Wissenschaftler*; wissenschaftlich; [...].

Leibniz-Verlag war ein politisch unverbrauchter Name des R. Oldenbourg Verlags. Unter dem restaurierten Verlagsnamen wurde 1949 die zweite Auflage erzeugt und bis zur vierzehnten Auflage 1960 fortgesetzt. Über 400.000 Exemplare wurden insgesamt hergestellt. Basler hat einige kleinere Modifikationen des ministeriellen Erlasses vorgenommen. Der neuen Zeit entsprechend verschwand die Hitler-Jugend, dafür erscheint der 1944 fehlende Herrgott. Doch die große Mehrzahl der Wörter übernahm Basler unverändert der von ihm eingerichteten Ausgabe des Reichsministeriums für Wissenschaft etc., darunter nicht zuletzt das vereinsamt auftretende Wort 'Wissenschaftler'.

Wieso eine politische Grenze als Trennlinie des Wortgebrauchs entstanden ist, erscheint jetzt durchsichtig. Das Regelwerk von 1944 galt nicht für die Schweiz. Es galt zwar zunächst auch in Österreich alias

---

[126] Copyright 1948 by Leibniz-Verlag (bisher R. Oldenbourg Verlag), München. Veröffentlicht unter der Zulassungsnummer US – B – 179 der Nachrichtenkontrolle der Militär-Regierung (Dr. Manfred Schröter und Dr. Rudolf C. Oldenbourg). Genehmigt für den Gebrauch in Schulen durch Education and Religious Affairs Branch Office of Military Government for Bavaria (US) 10. 6. 48 A. Auflage 200 000. Druck: Verlagshaus der Amerikanischen Armee, München 13, Schellingstraße 39.

Ostmark, doch dort wurden 1945 sämtliche Erlasse und Gesetze Berliner Herkunft weggeräumt. Nur der Rest des Reiches folgte getreu dem NS-Erlass des Jahres 1944.

Mann, Thomas (1948). *Doktor Faustus. Das Leben des deutschen Tonsetzers Adrian Leverkühn, erzählt von einem Freunde.* Stockholm: Bermann-Fischer.[127]

S. 560

Und nun stelle man sich vor, [...], wie diese Herren, *Wissenschaftler* selbst, Gelehrte, Hochschullehrer, Vogler, Unruh, Holzschuher, Institoris und dazu Breisacher, sich an einer Sachlage ergötzten, die für mich soviel Schreckhaftes hatte, und die sie entweder schon als vollendet, oder doch als notwendig kommend betrachteten.

Der Freund des Tonsetzers berichtet von den Herrenabenden des Kridwiß-Kreises in München-Schwabing, an denen dieser und sein Freund teilnahmen. Verdanken wir das *l* Thomas Mann selbst, oder stecken dahinter unorientierte Setzer?

anon. (1949). *Wissenschafter* arbeiten um Projekt eines „Erden-Trabanten". *Salzburger Volkszeitung, 5 (39)*, 1.

S. 1

Der amerikanischen Regierung unterstellte *Wissenschafter* arbeiten gegenwärtig an einem Raumschiff, das sich in der Stratosphäre mit einer Geschwindigkeit von 16.000 km in der Stunde fortbewegen soll. [...]. Die *Wissenschafter* erwogen auch den Abschuß einer Rakete jenseits des Gravitationsfeldes der Erde, das um die Erde kreisen würde wie ein Miniaturmond. [...]. Einige *Wissenschafter* glauben, daß jene Nation, die als erste eine Raumplattform für den Abschuß oder die Fernsteuerung von Raumraketen errichtet, die Welt beherrschen wird.

Weber, Wilhelm & Topitsch, Ernst (1951). Das Wertfreiheitsproblem seit Max Weber. *Zeitschrift für Nationalökonomie, 13 (2)*, 158-201.

S. 158

Somit ist es unerläßlich, auch die philosophische Basis des Streites um die wertfreie Wissenschaft mit zu berücksichtigen; zumal da es obendrein manchmal offenkundig wird, daß sich Nationalökonomen und

---

[127] Zitiert aus D2, dem Wiener Druck 1948, dem an manchen Stellen gegenüber dem Erstdruck ED gekürzten und vom Autor gewünschten Text, siehe Ruprecht Wimmer, *Kommentar zu Doktor Faustus* (2007), Frankfurt a. M.: S. Fischer, Bd. 10, 2 der großen kommentierten Frankfurter Ausgabe, S. 85f.

sonstige *Fachwissenschafter* nicht ganz zu Recht auf ihre Gewährs-
männer von der Philosophie berufen. Besonders die Existenzphilosophie
scheint in dieser Hinsicht mißverstanden zu werden!
Heinrich Richter ist ein Pseudonym für Heinrich Abel (1908–1965),
zunächst NS-Anhänger, dann Einstellungswandel durch viele Jahre sowje-
tischer Kriegsgefangenschaft, später erster Inhaber eines Lehrstuhls für
Berufs-. Wirtschafts- und Arbeitspädagogik an der TH Darmstadt[128].

> Richter, Heinrich (1951). Entwicklung und Gestaltung der Sowjetintel-
> ligenz. *Frankfurter Hefte. Zeitschrift für Kultur und Politik, 6 (4)*, 282-
> 286.

S. 284f.

> Die zweite Gruppe, die „theoretische Intelligenz", deckt sich im
> wesentlichen mit dem Bereich, den wir der Intelligenz zumessen.
> Hierher gehören alle *Wissenschafter* in den zahlreichen Akademien und
> Forschungsstätten, die Künstler und Literaten, die Lehrer aller Grade,
> die Ärzte, Juristen, Ökonomen und Agronomen. Diese Schicht wächst
> ungestüm an und ist prozentual erheblich stärker als etwa im deutschen
> Volk. Die dritte und letzte Gruppe ist die „praktische Intelligenz". Stalin
> prägte diesen Begriff anläßlich eines Empfanges von *Wissenschaftern*
> im Kreml kurz vor dem Krieg und stellte als Vertreter dieses Zweiges
> der „Wissenschaft" Stachanow und Papanin vor, die in der Feierstunde
> mit unter den Gästen waren.

Das Wort ‚Wissenschafter' lässt sich also trotz Duden und Kreuz (†) oder
Basler noch 1951 auf deutschem Territorium immer noch einsetzen.

> anon. (1951). Lehrplan für den Deutschunterricht in den Klassen 5 bis
> 8 der Grundschule. *Lehrplan für den vorbereitenden Fachunterricht.*
> *Lehrplan für Grundschulen, Deutsch. 1. bis 8. Schuljahr.*
> Berlin/Leipzig: Volk und Wissen Verlag.

S. 125

> Der Schüler vom 5. bis 8. Schuljahrs wird mit einigen wesentlichen
> Abschnitten aus Werken fortschrittlicher Dichter, Arbeiterführer und
> *Wissenschaftler* Deutschlands und anderer Länder bekannt gemacht.

> Richtlinien für die Arbeit der Stationen der Jungen Naturforscher. Vom
> 2. März 1953. *Verfügungen und Mitteilungen des Ministeriums für*
> *Volksbildung, 1,* 41-42 (=5-6)

---

[128] Bruchhäuser, Hanns-Peter (2009). *Heinrich Abel, eine deutsche Karriere.*
Magdeburg: Mitteldeutscher Wissenschaftsverlag.

S. 41 (=5)

Die Stationen der Jungen Naturforscher vermitteln den Jungen Pionieren und Schülern die Grundlagen der wissenschaftlichen Weltanschauung. Sie erziehen die Jungen Pioniere und Schüler in Liebe zu ihrer deutschen Heimat, zur Regierung der Deutschen Demokratischen Republik, im Vertrauen zur Sozialistischen Einheitspartei Deutschlands, der Vorhut des deutschen Volkes im Kampf um Einheit und Frieden. [...]. Sie veranstalten Treffen mit *Wissenschaftlern*, Meisterbauern, Aktivisten und anderen bedeutenden Persönlichkeiten des öffentlichen Lebens, die z. B. Vorträge über die Lehren Mitschurins und Lyssenkos und deren praktische Anwendung [...].

anon. (ca. 1954). Abitur. Student in der SBZ. *Aufzeichnungen junger Hochschüler aus der sowjetischen Besatzungszone*. Hrsg. von „Freiheit", Aktion d. Jugend. Bonn: Ministerium f. gesamtdt. Fragen.
S. 3

Was wissen Sie über den heldischen Lebenslauf des größten genialsten Führers, Freundes und Lehrers des deutschen Volkes und der Weltfriedensfront (an der Spitze die mächtige, friedliebende, sozialistische Sowjetunon), des größten *Wissenschaftlers* aller Zeiten, Josef Wissarionowitsch Stalin?

Isler-Hungerbühler, Ursula (1956). *Johann Rudolf Rahn, Begründer der schweizerischen Kunstgeschichte*. Zürich: Schultheß & Co. AG. = Mitteilungen der Antiquarischen Gesellschaft in Zürich (Kantonaler Verein für Geschichte und Altertumskunde), 39. Bd.
S. 35f.

Sie sollte jedoch bald Gelegenheit haben, Rat und teilnehmende Liebe dem jungen *Wissenschafter* in einer wichtigen Angelegenheit zukommen zu lassen, wußte sie doch als mütterliche Freundin schon früh um die wachsende Neigung Rudolfs zu ihrer Nichte Caroline. Caroline Meyer von Knonau [...]

Junghanns, Herbert (1956). *Röntgenkunde und Klinik vertebragener Krankheiten. Eine Sammlung von Vorträgen*. Stuttgart: Hippokrates.
S. 132

Sie wenden sich daher an uns *Wissenschaftler*, sie in diesem Bestreben zu unterstützen.

anon. (1957). Entdeckungsgeschichte *Der Grosse Brockhaus, 16. Aufl., Bd. 11*, S. 325

S. 325

Im 17. und 18. Jahrh. hatten die iberischen Mutterländer die Erforschung der lateinamerikan. Kolonialbereiche durch europ. *Wissenschaftler* zu unterbinden versucht.

1957 erschien im Westen *Der Große Duden. Wörterbuch und Leitfaden der deutschen Rechtschreibung, 14. Aufl.* Mannheim: Bibliographisches Institut. Dort findet sich auf S. 750 das Wort ‚Wissenschaftler‘, das Wort ‚Wissenschafter‘ ist nicht anzutreffen. Dem Sterben und Tod dieses Wortes folgt das Vergessen. Wilhelm Hehlmann berät diesen Verlag.

Sociale wetenschappen. Tilburg - Band 2 (1958)

S. 219

De wetenschappelijke kennis is de these en de katholieke *wetenschapper* hield nog vast, dat er dan nog altijd als hypothese een groot onbekend terrein zou overblijven, dat God was.

‚Wetenschappler‘ gibt es in dieser Sprache nicht. Es bleibt reichsdeutsche Eigenart.

Der Große Brockhaus hat das Wort ‚Wissenschaftler‘ sich zu eigen gemacht und ‚Wissenschafter‘ verbannt. Eine Ironie ist nicht zu erkennen, doch wäre es ein Leichtes, eine unfreiwille Gattung der Ironie herauszulesen. Hier eins der vielen möglichen Beispiele.

anon. (1958). Weltbild. *Der große Brockhaus, 16. Aufl., Ergänzungsband*, 23-32. Wiesbaden: F. A. Brockhaus.

S. 29

Allerdings verlangt das Volk von der neuen geistigen Führerschicht, zu der es die *Wissenschaftler* erhoben hat, daß ihre Bemühungen darauf gerichtet sein sollen, der Gesamtheit wie dem Einzelnen Sicherheit und Wohlstand, die Lebensziele der Massen, zu garantieren. So hat sich die Glaubensbereitschaft des westlichen Menschen zum Großteil in einen säkularisierten Glauben an die Wissenschaft verwandelt, der bis in die Pseudowissenschaft der Astrologie reicht. Im übrigen setzen auch die politischen Richtungen das Ansehen der *Wissenschaftler* für ihre Zwecke ein.

Wilhelm Hehlmann beriet, wie erwähnt, den Verlages F. A. Brockhaus.

Häberlin, Paul (1959). Philosophie und Wissenschaft. *Zeitschrift für Philosophische Forschung, 13 (1)*, 3-15.

S. 4

Damit ist bereits gesagt, daß hier die Begriffe nicht „Dingbegriffe",
sondern Funktionsbegriffe sind. Philosophie und Wissenschaft sind
nirgends außer im Philosophieren und in der wissenschaftlichen
Tätigkeit. -- Es ist zugleich gesagt, daß die Begriffe überall zu finden (d.
h. der Bestimmung zugänglich) sind, wo diese Tätigkeiten sich finden.
Also nicht notwendig nur dort, wo man von einem „Philosophen"
(„*Wissenschafter*") zu sprechen pflegt. Philosophie oder Wissenschaft
ist auch anderswo eventuell anzutreffen.

Paul Häberlin (1878–1960), Schweizer Philosoph, Psychologe, Pädagoge.
    Austeda, Franz (1960). Zur Eigenart und Typik der philosophischen
    Begriffsbildung. Ernst Topitsch, *Probleme der Wissenschaftstheorie.*
    Festschrift für Victor Kraft, 73-100. Wien: Springer-Verlag.
S. 73
    Der *Wissenschafter* sucht die Wirklichkeit zu erkennen; [...].

Bei Grimm & Grimm werden Campe (1811) und der Unterschied zwischen
Wissenschafter und Wissenschaftler zitiert. Zum ‚Wissenschaftler' heißt es:
    Grimm, Jacob & Grimm, Wilhelm (1960). *Deutsches Wörterbuch, Bd.*
    14, II. Abt. Leipzig: S. Hirzel.
S. 798
    in der gegenwart hat das wort diesen nebensinn verloren und ist an die
    stelle des nicht mehr gebräuchlichen *wissenschafters* getreten.

„Nebensinn" ist das falsche Wort. Das Herabsetzende und Spottende, das
mit ‚Wissenschaftler' einherging, war der Sinn. In der DDR war er wohl
wirklich verloren. Von der deutschen Sprache insgesamt kann das hingegen
nicht gesagt werden.

    Basler bleibt sich treu in der Vermeidung des Wortes ‚Wissenschafter'.
Die 2. bis 13. Auflagen seiner *Deutschen Rechtschreibung* zu überprüfen,
erscheint unnötig. Die 14. ist die letzte.
    Basler, Otto (1960). *Deutsche Rechtschreibung. Regeln und Wörter-*
    verzeichnis, 14. Aufl.. München: R. Oldenbourg.
S. 107
    [...] die Wissenschaft; der *Wissenschaftler*; wissenschaftlich; [...].

Im Niederländischen bleibt man der überkommenen Schreibweise treu.
    Sociale wetenschappen. Tilburg. (1961), Bde. 4-5.
S. 162
    De combinaite van het theoretisch begrippenkader en de soms aan-
    grijpende „illustrative readings" maken het voor den *wetenschapper*
    zowel als voor de geïnteresseerde leek bijzonder aantrekkelijk.

1961 erschien *Der Große Duden. Wörterbuch und Leitfaden der deutschen Rechtschreibung, 15. Aufl.* Mannheim: Bibliographisches Institut. Dort findet sich auf S. 767 das Wort ‚Wissenschaftler', das Wort ‚Wissenschafter' ist nicht anzutreffen. Der Wissenschafter, offensichtlich ausgerottet, bleibt mausetot, was immer aus Österreich oder der Schweiz gedacht oder gesagt werden möchte.

> *Duden Band 7. Etymologie. Herkunftswörterbuch der deutschen Sprache.* (1963). Mannheim: Dudenverlag.

S. 768

> *Wissenschafter* m („ein Wissenschaft Treibender" um 1800; heute veraltet, dafür das urspr. abwertend gebrauchte *Wissenschaftler* m, Ende des 18. Jh.s);

‚Wissenschafter' ist jedoch um einiges älter als diese Jahresangabe verrät.

> Groth, Otto (1966). *Die unerkannte Kulturmacht. Grundlegung der Zeitungswissenschaft.* Berlin: Walter de Gruyter & Co.

S. 142

> Auch unter den *Wissenschaftlern* gibt es viele „*Brotwissenschaftler*" und „*Ordenswissenschaftler*", solche, die ihre Wissenschaft des Erwerbes und Gewinnes oder Ehren und Auszeichnungen wegen betreiben, es gibt immer solche, die ihre Wahrheitssuche nach dem Gebot oder Gefallen der Mächtigen ausrichten, sich hüten, die Wahrheit, die nach oben oder in der Gesellschaft anstoßen könnte, auszusprechen und sich nur allzu bereit den Ideen der Zeit und den Herrschern des Staates unterwerfen.

Otto Groth (1875–1965), Journalist und Medienwissenschafter.

> Emge, Carl August (1967). *Der Weise. Gedanken über die Möglichkeit sinnvoller Haltung im Wechsel der Situationen.* Berlin: Duncker & Humblot.

S. 9

> Will man die Tragweite dieser Einsicht für die „Weisheit" bestimmen, so muß man als *Wissenschafter* gründlich verfahren.

> Ebner, Jakob (1969), *Wie sagt man in Österreich? Wörterbuch der österreichischen Besonderheiten. Duden-Taschenbücher, Bd. 8.* Mannheim: Bibliographisches Institut, Dudenverlag.

S. 244f.

> Wissenschafter, der; -s, -: österr. (und schweiz.) auch für „Wissenschaftler". Üblich ist in Österr. (wie in Binnendt.) die Form mit -ler, die Form ohne -l- wurde von manchen behördlichen Stellen propagiert, weil

-ler abwertend schien. Außer in amtlichen Texten und manchen Zeitungen hat sich die Form aber nicht durchgesetzt: [...].
Hier ging die Firma Duden fehl. Man hätte gern gewusst, welche „behördliche Stellen" sich in Österreich um die Propaganda gegen das -*l*- bemüht hatten. Die Unterscheidung zwischen den beiden Varianten, die nichts weniger darstellen als zwei verschiedene Wörter mit unterschiedlichen Bedeutungen, trat bereits im achtzehnten Jahrhundert auf. Sie wurde einschließlich des Unterschiedes in ihrer Bedeutung reichlich in den Wörterbüchern des neunzehnten Jahrhunderts belegt, auch wenn das gelegentlich von einigen Autoren nicht wahrgenommen wurde. Heute noch gibt es keineswegs notwendigerweise unverständige Leute, die den Unterschied zwischen den Wörtern ,Gewerkschafter' und ,Gewerkschaftler' oder ,Burschenschafter' und ,Burschenschaftler' nicht begriffen haben und sich ohne Absicht in herabsetzender Weise äußern. Erst im zwanzigsten Jahrhundert setzte sich die -*l*-Form der Wissenschaft Betreibenden langsam zur vorherrschenden Form im Deutschen Reich dank Dudens Diensten durch, während in der Schweiz und Österreich beide Schreibweisen erhalten blieben, die längere in der Tat meist in abwertender Bedeutung.

Widmaier, Hans Peter (1970). Arbeitsorientierte Wachstumspolitik. Hans K. Schneider, (Hrsg.), *Beiträge zur Wachstumspolitik*, 109-131. Berlin: Duncker & Humblot.
S. 125
Die Anzahl neuer *Wissenschaftler* wird als Funktion der Zahl lehrender *Wissenschafter* und der Zeit angesehen: $f(F_t, t)$.
Was hier vorliegt, klingt nach Tippfehler oder absichtlicher Begriffsverwirrung, ansonsten nach Satire.
Duden Band 8, Sinn- und sachverwandte Wörter und Wendungen (1972). Mannheim: Bibliographisches Institut.
S. 279
Gelehrter, *Wissenschaftler, Wissenschafter* (veraltend, schweiz., österr.),
Hier wird ein wenig zurückgerudert, vermutlich für den Auslandsumsatz.
Clausen, Lars (1973/1987). Rede auf Arno Schmidt. Hans-Michael Bock & Thomas Schreiber (Hrsg.), *Über Arno Schmidt II. Gesamtdarstellungen*, 220-228. Zürich: Haffmans.
S. 228
Näher rückt er den *Wissenschaftern*. Denn er gibt der Kunst, hier der literarischen, die Ziele einerseits unermeßlichen Einbezugs alles Einmaligen und anderseits kühner Vorwegsynthese; zwei Aufgaben also,

die die sich zwischen diesen extremen Erkenntnisprogrammen bewegen-
den *Wissenschafter* erst zuallerletzt gelöst nennen dürften.

Dudenredaktion (1980). *Duden Rechtschreibung der deutschen Sprache
und der Fremdwörter, 18. Aufl.* Mannheim: Bibliographisches Institut,
Dudenverlag.
S. 768
> *Wissenschafter* (schweiz., österr. auch, sonst veralt. für *Wissen-
> schaftler*); *Wissenschaftler* [...].

Dem ,Wissenschafter' wird regionales Überleben zugeschrieben, und zwar
in Bereichen, in denen es der NSDAP nicht vergönnt war, zwölf Jahre lang
zu gebieten.

Drosdowski, Günther, et al. (1981). *Duden Das große Wörterbuch der
deutschen Sprache in sechs Bänden, 6. Bd.* Mannheim: Bibliographisches Institut Dudenverlag.
S. 2893
> *Wissenschafter*, der; -s - (österr., schweiz., sonst veraltet): *Wissen-
> schaftler*; *Wissenschafterin* (österr., schweiz., sonst veraltet) [...];
> Wissenschaftler, der; -s, - [...]; *Wissenschaftlerin*, die; -, nen: [...].

Wie konnte eine herabsetzende Machart mit einem überflüssigen Buchstaben eine Veralterung des keineswegs herabsetzenden älteren Wortes
bewirken, zumal eine, die sich nicht über die Grenzen der Bundesrepublik
und der DDR überträgt?

Plessner, Helmuth (1981). Grenzen der Gemeinschaft. Eine Kritik des
sozialen Radikalismus. In Plessner, Helmuth, *Gesammelte Schriften V*,
7-133. Frankfurt am Main: Suhrkamp.
S. 38
> Wer einfach mitmacht, Ingenieur, Politiker, Militär, *Wissenschafter*, ist
> es ohne weiteres noch nicht, denn wie wenigen geht die Fraglichkeit
> ihres Milieus überhaupt auf, und wie gut ist es, daß sie ihnen nicht
> aufgeht.

Das Original wurde 1924 gedruckt. Das Zitat soll zeigen, dass ,Wissen-
schafter' in den 1980er Jahren in der Bundesrepublik noch gedruckt werden
konnte, ohne als vermeintlicher Tippfehler um *l* erweitert zu werden.

Bauder, Kathrin (1983). Neu-Erfindung der Wissenschaft. *Emanzipation. Zeitung der Organisation für die Sache der Frauen (OFRA)*, 9 (6),
22.
S. 22

Also, feministische *Wissenschafterinnen* schliesst Euch an und arbeitet mit. Kontaktadresse: Lisbeth Freivogel, Feministische Wissenschaft Schweiz, Postfach 272, 3000 Bern 26. Mein Name: Kathrin Bauder.

Van Dale (1983). *Groot woordenboek Duits-Nederlands.* Utrecht: Van Dale Lexicografie.
S. 1441

Wissen-schafter (m.; -s, -) (Oostr., Zwi.), -schaftler (m.; -s, -), wetenschapsbeoefenaar, *wetenschapper.*
Zwei bekannte deutschsprachige Staaten ziehen die kürzere Form vor wie auch die Niederlande.

Schmidt, Richard W. (1984). [Rezension:] Marti, Hanspeter (1982). Philosophische Dissertationen deutscher Universitäten 1660-1750. Eine Auswahlbibliographie. München: Saur. *Zeitschrift für Philosophische Forschung, 38,* 343-347.
S. 345

Durch den „Basler Fonds zur Förderung der Weiterbildung junger *Wissenschafter"* unterstützt, besuchte der Autor ca. 50 Bibliotheken der Bundesrepublik und der DDR, teilweise auch des Auslandes (Straßburg, Kopenhagen, Oxford, CSSR).
Das ‚Basler' bezieht sich auf die Stadt Basel, nicht etwa auf Otto Basler.

Kuczynski, Jürgen (1987). *Tagebuch.* Berlin: [Archiv der Berlin-Brandenburgischen Akademie der Wissenschaften].
S. 1

Es scheint mir das Werk eines ehrlichen Genossen und eines für seine Arbeit begeisterten *Wissenschaftlers,* wie es so manche in der schon Jahrtausende wahrenden Geschichte der wissenschaftlichen Intelligenz gegeben hat – in einer Zeit des noch ganz jungen Sozialismus in der Deutschen Demokratischen Republik, in der es die Intelligenz zum Teil schwer und niemals leicht hatte. Das Werk auch eines *Wissenschaftlers,* der das Glück hatte, schon 1930 zur Partei zu kommen, nachdem er bereits seit 1927, zum Teil als Kundschafter, zum Teil als Journalist für die Sowjetunion gearbeitet hatte.
Und viele andere Stellen. Merkwürdig, dass er nicht Kundschaftler schrieb.

Adank, This (1988). Die Calcitkluft im Gonzen. *Werdenberger Jahrbuch, 1,* 109-110.
S. 110

Was er da sah, liess ihn alles vergessen: Calcitwände in einer solchen Vielfalt, mit Brocken von derartiger Grösse, wie sie er in seiner Zeit als

Geologe noch nie erblickt hatte, und in solchen Mengen, dass er sich selbst als *Wissenschafter* noch im Märchenland glaubte.
Adank bezieht sich auf Bernhard Rudolf Studer (1794–1887), Geologe in Bern. Werdenberg ist eine Ortschaft im Kanton St. Gallen.
Förtsch, Eckart & Burrichter, Clemens (1992). Technik und Staat in der Deutschen Demokratischen Republik (1949-1989/90). Hermann, Armin & Sang, Hans-Peter, (Hrsg.) (1992). *Technik und Staat*. Düsseldorf: VDI-Verlag. 205-228.
S. 208
NS-belastete *Wissenschaftler* erhielten bis mindestens 1947 Berufs-verbote; [...].
Gäbe es noch die frühere Bedeutung des ‚Wissenschaftler', wären das erfreuliche Vorgänge.
Stifter, Christian H. (1997). *Die Wiederaufrüstung Österreichs. Die geheime Remilitarisierung der westlichen Besatzungszonen 1945-1955*. Innsbruck: Studien-Verlag.
S. 127
Nachdem amerikanische Geheimdienste bereits in den Jahren zuvor sowohl *NS-Wissenschafter* als auch NS-Geheimdienstfachleute erfolgreich angeworben hatten, ging man ab 1948 mit Unternehmungen wie „Operation Blockstone" in die Offensive.

anon. (2002). Paul Niggli-Stiftung. *Schweizerische mineralogische und petrographische Mitteilungen, 83 (1)*, 143.
S. 143
Die Medaille wird verliehen an junge, maximal 35 jährige schweizeri-sche *Wissenschafterinnen* und *Wissenschafter*, die [...].
Adolf Schlatter (1852–1939), evangelischer Theologe. Seine Forschungs-schwerpunkte lagen in der Entwicklung einer „empirischen Theologie" sowie in der beobachtenden Auslegung des Neuen Testaments.
anon. (2004). Kirchen & Religionen (November 2002). *Das St. Galler Jahr 2004, 1*, 128-130.
S. 128
Eine historisch-kritische Theologie hatte zwar erhebliche Forschungs-ergebnisse erzielt, der Glaubensaspekt war aber oft auf der Strecke geblieben. Dieses Problem stiess bei Schlatter auf eine Frage, die ihn schon seit der Kantonsschulzeit beschäftigt hatte: Konnte man ein gläubiger Mensch und zugleich ein kritischer *Wissenschafter* sein? An der Kantonsschule hatte er unter verschiedenen Gegensätzen gelitten.

Steger, Philipp (2004). Der Lieben-Preis: Aus der Monarchie ins vereinte Europa. *NU – Jüdisches Magazin für Politik und Kultur, Hft. 17*, 25-28.

S. 25

Der Lieben-Preis zählte zu den prestigeträchtigsten wissenschaftlichen Auszeichnungen, die in der Monarchie zu erlangen waren. Zukunftsweisend war die Auswahl junger *Wissenschafter* und *Wissenschafterinnen*, die später zu international anerkannten Experten in ihrem Feld wurden: [...].

Hentschel, Uwe (2004). Naturerfahrung und Landschaftsdarstellung in den Beschreibungen des Rheinfalls bei Schaffhausen im 18. und 19. Jahrhundert. *Jahrbuch der Österreichischen Goethe-Gesellschaft, Bd. 106/107*, 81-117.

S. 92

Doch Meiners, der versierte *Wissenschaftler*, wollte mehr als nur einen unbestimmten Eindruck vermitteln.

Christoph Meiners (1747–1810) war Ordinarius für Philosophie in Göttingen. Der Verfasser Hentschel ist ein Reichsdeutscher. Daß er ausgerechnet für die *Österreichische Goethe-Gesellschaft* Meiners einen Wissenschaftler nennt, also die Formulierung gebraucht, mit der Goethe ebenso wie heutige Österreicher die Wissenschaftspfuscher benennen, lässt den Verdacht aufkommen, dass er mit Lichtenbergs[129] Auffassung dieses Meiners übereinstimmt.

Schoenaerts, Peter & van Loo, Helga (2008). *Thematische woordenschat. Nederlands vor anderstaligen.* Amsterdam: Intertaal.

S. 296

de *wetenschapper* [-s] iemand die vor zijn beroep een bepaalde wetenschapp beoefent.

---

[129] Lichtenberg, Georg Christoph (1967). *Schriften und Briefe. Bd. 4.* München: Carl Hanser. Darin Brief an Georg Forster, Juli 1788, S. 738: [..] „wenn aber Meiners, auf Empfehlung des Don Pomposo Zimmermann und für seine erbärmliche Kompilation neuer Zeit, Hofrath würde," [...]. Der Herausgeber Wolfgang Promies vermutet, Meiners' „Kompilation neuer Zeit" sei dessen *Grundriß der Theorie und Geschichte der schönen Wissenschaften* (1787), Lemgo: Meyer. „Don Pomposo" ist Johann Georg Ritter von Zimmermann, großbritannischer Leibarzt in Hannover, Anhänger und Freund Lavaters, hannoverscher Hofrat seit 1788.

Schleiss, A. (2009). *11. Treffen junger Wissenschafterinnen und Wissenschafter an Wasserbauinstituten. Beiträge der Teilnehmer.* Lausanne: École polytechnique fédérale de Lausanne.

Das Buch stammt aus der Schweiz.

Thürer, Daniel & Schmid, Karin Spinnler (2009). Ein typisch-untypischer Schweizer Staatsrechtler. Die Bedeutung Carl Hiltys für das schweizerische Staatsleben. *Werdenberger Jahrbuch, 22,* 204-214.

S. 213

Schliesslich war Carl Hilty ein engagierter *Wissenschafter.* Auf Französisch würde man von einem «intellectuel engagé» sprechen. Seine Vorlesungen und Schriften verfolgten ein stark staatsbürgerlich geprägtes Ziel. Die Staatsrechtswissenschaft sollte auch einen „volkspädagogischen" Zug haben.

Zu Plotin passt nur die vornehmste Ausdrucksweise.

Plotin (2015). *Enneaden.* Berlin: Contumax-Hofenberg

S. 405

Der *Mann der Wissenschaft* wenigstens legt sich gleichsam drein und entwickelt sicherlich das Uebrige daraus durch logische Consequenz. So zeigt auch der Geometer in der Analysis, wie das Eine zuvor alles in sich begreift, wodurch die Analysis geschieht, sowie das Folgende der Reihe nach, was aus demselben erzeugt wird.

Peter Heisch (1935–2019), aufgewachsen im badischen Offenburg, begab sich mit 24 Jahren nach Schaffhausen, wurde Schriftsetzer, Korrektor und Chefkorrektor der *Schaffhauser Nachrichten.*

Heisch, Peter (2019). Wortschatz: Helvetismen. Hüben *Wissenschafter,* drüben *Wissenschaftler. Sprachspiegel. Zweimonatsschrift, 75 (2),* 61.

S. 61

Was Wissenschaft ist, glauben die meisten zu wissen. Das Lexikon definiert sie als methodisch geordnetes, begründetes Erkenntnisverfahren. Wozu Gottfried Benn die sarkastische Bemerkung einfiel, es handle sich dabei vielmehr „um ein Sammelsurium charakterlosen Weiterwurstelns, ein entscheidungs- und verantwortungsloses Entpersönlichen der Welt". Ist das vielleicht der Grund dafür, dass man ihre Exponenten je nach Gutdünken bald als *Wissenschafter,* bald als *Wissenschaftler* bezeichnet, was dafür spräche, dass man sie nicht immer für ganz voll nimmt? [...].

Bei der Lesart *Wissenschaftler,* aus der man einen leicht ironisch gefärbten, geringschätzigen Unterton herauszuhören glaubt, handelt es sich in der Tat um die ursprünglich abwertend gebrauchte, heute aber als moderner betrachtete Version. Dagegen gilt der aus der Barockzeit stammende und eine gewisse behäbige Seriosität ausstrahlende *Wissenschafter* als veraltet und ist vorwiegend noch in der Schweiz und in Österreich gebräuchlich.

Mein Vorbehalt gegenüber der Denotation *Wissenschaftler* ist allerdings weder rational noch historisch begründeter Natur, sondern stützt sich rein gefühlsmässig auf die Tatsache, dass man sich damit fatalerweise verbal auf die Ebene von Gauklern, Tüftlern, Grüblern und Grantlern begibt. Wohl niemandem käme es jemals in den Sinn, nach dem gleichen Muster von Gewerkschaftlern oder Handwerklern, geschweige denn von Botschaftlern zu sprechen.

onlinelektorat.at (29. Juli 2020)

Wissenschafter und *Wissenschaftler* – welche Schreibweise ist die richtige? Mit dieser Frage werden wir im Zuge des Lektorierens immer wieder konfrontiert. Die Antwort lautet: Beide Schreibweisen sind richtig – die Zielgruppe ist entscheidend! *Wissenschafter* ist laut Duden im österreichischen und Schweizer Sprachraum gebräuchlich, *Wissenschaftler* hingegen im deutschen.

Wustmann, Gustav (2020). *Allerhand Sprachdummheiten. Kleine deutsche Grammatik des Zweifelhaften, des Falschen und des Häßlichen. Ein Hilfsbuch für alle, die sich öffentlich der deutschen Sprache bedienen. 12. Aufl.* Berlin: De Gruyter.

S. 67

Im Buchhandel spricht man von Sortimentern, in der gelehrten Welt von *Naturwissenschaftern* und *Sprachwissenschaftern*, in der Malerei von Landschaftern und in der Politik von Botschaftern, Reformern und – Attentätern.

Die erste Auflage stammt aus dem Jahre 1891. Da hilft nach 130 Jahren nichts als ein Benn-artiges Weiterwursteln.

Sollten Leser den Eindruck gewonnen haben, der Verfasser bemühe sich, Lesende zu veranlassen, ihre bisherige Wortwahl umzubauen und Trümmer einer Sprache zu räumen, so seien sie versichert, dies sei nicht der Fall. Einige der zitierten Autoren mögen dergleichen angestrebt haben, doch dem Verfasser wäre ein derartiges Bemühen fremd. Jede und Jeder zwitschere, wie ihr oder ihm das Schnäbelchen gewachsen.

Personenregister